CW01659266

DEUTSCHE TEXTBIBLIOTHEK

herausgegeben von Gotthart Wunberg

Band 5

Die fünfziger Jahre

Beiträge zu Politik und Kultur

Herausgegeben von Dieter Bänsch

gnv Gunter Narr Verlag Tübingen

CIP-Kurztitelaufnahme der Deutschen Bibliothek

Die fünfziger Jahre : Beitr. zu Politik u. Kultur /
hrsg. von Dieter Bänsch. – Tübingen : Narr, 1985.
(Deutsche Text-Bibliothek ; Bd. 5)
ISBN 3–87808–385–8 kart.
ISBN 3–87808–725–X geb.

NE: Bänsch, Dieter [Hrsg.] ; GT

© 1985 · Gunter Narr Verlag Tübingen
Alle Rechte vorbehalten. Nachdruck oder Vervielfältigung, auch auszugsweise, in allen Formen wie Mikrofilm, Xerographie, Mikrofiche, Mikrocard, Offset verboten.

Satz und Druck: Laupp & Göbel, Tübingen 3 (Kilchberg)
Verarbeitung: Braun + Lamparter, Reutlingen
Printed in Germany

ISBN 3–87808–725–X (geb.)
ISBN 3–87808–385–8 (kt.)

Aber wir Deutschen sind wirklich ein komisches Volk. Wir meinen, wir haben es vergessen und jetzt müßte das auch bei den anderen vergessen sein. Wenn z. B. in einer sehr angesehenen deutschen politischen Zeitung vor zwei Tagen zu lesen war, es sei jetzt an den Alliierten, dafür zu sorgen, daß das deutsche Vertrauen zu ihnen wieder stärker würde, ich wiederhole, eine sehr angesehene Zeitung schreibt diesen Satz wörtlich am Schluß einer Glosse, dann greife ich mir an den Kopf geradezu und sage mir immer wieder: Wer hat eigentlich den Krieg gewonnen? Wer hat ihn angefangen, und wer hat ihn gewonnen?

(Konrad Adenauer am 6. September 1951 bei einem Tee-Empfang für in Bonn akkreditierte Journalisten)

Was vor einem Jahrzehnt undenkbar erschien, ist heute zur Tatsache geworden. Deutschland hat die Katastrophe überstanden. Die Brände sind gelöscht, die Schuttberge beseitigt, die Schrecken des apokalyptischen Strafgerichts verflogen. Man sieht in den Ruinen keine Menschen mehr über das Unfaßbare weinen. Die Verzweiflung über das Geschehene und die Furcht vor dem Kommenden sind dem Maschinenlärm des Wiederaufbaus gewichen. Die zerschlagenen Städte richten sich mit einem neuen Antlitz wieder auf und leben ungestüm einer neuen Zeit entgegen. Ist dieser Szenenwechsel das Wunder, auf das im Zusammenbruch viele hofften, weil nur ein Wunder Deutschland retten zu können schien? Wenigstens von einem Wirtschaftswunder wird gesprochen, und viele sind von ihm so begeistert, daß sie die furchtbaren Wunden vergessen, die dem deutschen Volk, dem deutschen Staat geschlagen worden sind.

(Walter Muschg, Der Wiederaufbau der deutschen Literatur, 1957)

Inhalt

Dieter Bänsch

Vorwort mit Bildern

Die fünfziger Jahre – es läßt sich nicht ermitteln, wer zum erstenmal die chronologische Einheit als schlagwörtliche Bezeichnung für die historische Periode benutzt hat. Wahrscheinlich war es eine allmählich sich einschleifende Redeweise, viele haben daran mitgewirkt, politische Journalisten, Politiker, melancholische Geschäftsleute. Das Schlagwort ist da und es ist nostalgisch. Es appelliert an Vorstellungen von der Einfachheit der Anfänge, der Selbstverständlichkeit von Wachstum, dem gediegenen Aufgehen von Kalkulation. Es steht in Analogie zur Redeweise von den goldenen Zwanzigern, aber ohne deren Geschmack nach Verruchtheit und bösem Ende. Es verströmt Biedersinn, tüchtig hat es sich die Ärmel aufgekrempelt, stolz klopft es sich noch in der Erinnerung an die Brust. Es verspricht Zukunft in unserer Vergangenheit.

Wie war das noch? Die Jüngeren können es nicht wissen; es ist schon viel, wenn sie von den Vätern vom Wiederaufbau gehört haben und von der Leistung, von der man noch gewußt habe, was sie ist. Und was wissen die Älteren? Wenig von der Gründung des Staates und ihrer Vorgeschichte, mehr von Adenauer, noch mehr von Erhard, dem sagenhaften Mann mit der langen Zigarre, der den Karren aus dem Dreck zieht, irgendwie das neue Geld bringt und das Ende des Hungers. Plötzlich stehen die Obsthändler wieder an der Straßenecke und werfen herausfordernd die sattgelben Orangenbälle in die Luft. Ami-Packungen aufgerissen riechen wie Weihnachten. Die Familiengeschichten, Trennung und Wiederfinden, die Sagen von der Heimkehr: als sich der Schlagbaum an der Demarkationslinie hebt und man mit unsicheren Schritten in die Freiheit marschiert; der englische Offizier zählt schon gar nicht. Eine Kolonne singender Mönche zum Empfang, hinter ihr eine Kolonne singender Nonnen, eine Offizierin der Heilsarmee, die Kämme, Schuhcreme, Rasierklingen regnen läßt; vor dem Lagertor Friedland im Schlamm stehend hunderte Frauen, die an Latten genagelte Fotografien vermißter Männer hochheben. Befragungen durch gelangweilte amerikanische und britische Geheimdienstleute: Wieviel Roheisen hat der Russe pro Tag geschmolzen; das Entlassungspapier muß mit dem Daumen bestempelt werden, dann ist man entlassen, nehmen wir an in eine Stadt namens Göttingen. Man hat sie noch nie gesehen, Novemberabend, Brikettgeruch in den leeren Straßen, die Fenster ohne Verdunkelungen: da sitzen sie in den schwach erleuchteten Stuben, ganz fremd und ganz vertraut, von den alten dunklen Möbeln umgeben, die Wellensittiche zugedeckt, im Hintergrund die schweren alten Standuhren mit den langsam sich hin- und herbewegenden Perpendikeln. Ein paar Wochen später steht in den Zeitungen, daß es neue Soldaten geben wird, und man trägt noch den abgeschabten alten grauen Rock unter der Wattejacke, ohne Adler und Schulterklappen.

Wie weit greifen solche Bilder? An die entscheidenden Vorgänge der fünfziger Jahre und ihrer unscharfen Ränder reicht private Erfahrungsepik selten heran; sie nimmt sie nicht wahr, auch wo sie von ihnen durchzogen oder grundiert ist. Heinrich Bölls Erzählungen „Als der Krieg ausbrach" und „Als der Krieg zu Ende war", Exempel eines breiten Nachkriegsgenres, belehren darüber, wie schwer es selbst in Kunstprosa sein kann, aus der Partikularität des kleinen Mannes heraus historische Schlüsselsituationen anzuvisieren. Unversehens verkürzt Geschichte sich zum lächerlich leerlaufenden oder in Kleinigkeiten sich verhakelnden Chaos, Erzählen wird, so gedächtnis- und trauerfördernd es sein will, zur sanft aufgeblähten Rechtfertigung der Überlebenden. Der am schwersten darstellbare Vorgang der fünfziger Jahre ist die Herausbildung einer neuen Massenloyalität – man muß sagen: Heranbildung, denn ihr Forciertsein ist unübersehbar. Einer Massenloyalität vor Millionen Toten und nur langsam niedriger werdenden Trümmerhaufen: dennoch kann sie benutzt werden zur Absicherung politischer Entscheidungen wie der Remilitarisierung, die den ersten einfachen Wünschen und Hoffnungen der Nachkriegszeit zuwiderlaufen, sogar zentralen Geboten der mit erstem demokratischem Ernst ausgearbeiteten Verfassungen. Wie ist dieses erstaunliche Phänomen zu erklären? Zahllose ruiniert und blessiert Davongekommene müssen sie mitgetragen haben. Zu simpel die Annahme, die plötzlich eröffnete Möglichkeit der Befriedigung lange aufgestauter Bedürfnisse, die Aufforderung zu ungehemmtem Konsum habe sich in prinzipielles Einverständnis verwandelt. Auch vor den vollen Regalen waren die Deutschen jener Jahre nicht gleich. Aber zur Stärkung der neuen Loyalität hat der neue Konsum beigesteuert, auch zum schnelleren Vergessen von Krieg und Faschismus. Er erschien als Wahrzeichen kollektiver Entlastung.

Innen dauerte die Angst an, draußen das Angstmachen; das ist auch ein Stück Erklärung. Angstmachen ist das probate Mittel in den Wahlkämpfen der fünfziger Jahre: Russen, Chinesen, Sozialisten; erst in den Sechzigern beginnt es sich abzunutzen. Für wie labil die Bindung der Bevölkerung an den neuen Staat und seine politischen Grundentscheidungen gehalten wird, zeigt sich an der Remobilisierung des Kultes der überdimensionalen Person. Seine faschistische Variante war nach 1945 unter dem Programm der demokratischen Umerziehung zurückgedrängt worden; in seiner neuen Form ist er zwar nicht mehr faschistisch, hat aber auch keinen Platz in einer republikanisch-demokratischen Kultur. Nicht zu seiner Rechtfertigung, aber zu seiner politischen Ätiologie scheint sich sagen zu lassen, daß er zum kalten Krieg gehört und importiert ist als massenpsychologisch veranschlagter Gegenzug zum Kult Stalins als des weisen Führers und Lehrers und aller anderen sozialistischen weisen Lehrer und Führer. Noch in den überdrehten Formen von Verehrung, die wenig später Kennedy in der Bundesrepublik genießt, erst recht in der hochschwappenden Gefühlswelle nach seiner Ermordung und der Benennung ungezählter Straßen, Plätze und Gebäude nach seinem Namen läßt sich das fassen: eine Verquickung kaltschnäuzigen Propagandakalküls und rauschhafter deutscher Siegfriedstimmung. Züge solchen Personenkultes beherrschen auch das populäre Bild Adenauers. Er kann nicht als junger Held dargestellt werden, aber als ein von der Vorsehung berufener weiser Alter. Angedichtet wird ihm, er sei Rosenzüchter, Illustrierte bringen ihn näher und heben ihn zugleich hinweg durch Abbildungen mit Strohhut und Kleingärtnerschere; zwischen ihn und die Wähler schiebt sich der Humbug der Journalisten. Höhepunkt ist die Rückkehr von der Reise nach Moskau September 1955, im Gepäck die Zusage der Entlassung aller noch festgehaltenen deutschen Kriegsgefangenen: wie spontan auf dem Flugfeld ein dankendes deutsches Mütterchen, die symbolische Mutter Deutschland. Wer hatte sie dort hingeschafft? Die Kontinuität der schönen Künste vertritt, Beethoven ähnelnd, die Pianistin Elly Ney; in den Konzertpausen rezitiert sie aus dem Heiligenstädter Testament: dem Schicksal in den Rachen greifen, während weißgekleidete Mädchen im Publikum für den Wiederaufbau der Bonner Beethovenhalle sammeln. Man steckt das Geld wie in der Kirche in herumgereichte samtene Beutel. Für die Kontinuität der Wissenschaft operiert Professor Sauerbruch, dazwischen blickt er, wenigstens im Film, auf zum Himmel; die neuen Frauen- und Familienblätter polieren unermüdlich, als handle es sich um seligen Frühjahrsputz, am Glanz des alten Adels. Unterstellt wird wieder und nicht einmal zu Unrecht ein Bedürfnis des Volkes, den Repräsentanten der Macht zu huldigen; Bedingung ist nur, daß sie sich nicht mehr klirrend finster aufführen, sondern moderat. Einer der für kurze Zeit Mächtigsten ist der Scharlatan Bruno Gröning; mit einem Schwarm ekstatisierter Anhänger durchzieht er die Bundesländer und vertreibt zu Kügelchen zusammengeknülltes Stanniol als Wundermittel. Madame Buchela, Hellseherin in der Nähe Bonns, rühmt sich einer großen politischen Klientel.

Das ist das Milieu, in dem Wolfgang Koeppen seinen Abgeordneten Keetenheuve, die Hauptfigur des Romans „Das Treibhaus", zugrunde gehen läßt. Er springt von einer Rheinbrücke, zurückgekehrter Emigrant, zur Anpassung nicht fähig; es ist die Zeit der Wiederbewaffnungsdebatte. Eine erfundene Figur, aber hinter ihrem erfundenen Scheitern gibt es viel wirkliches. Wie z. B. steht es an den Universitäten? In welcher Verfassung haben sie Hitler und den Krieg hinter sich gelassen? Wer 1950 anfängt zu studieren, kann sich in eine unwirkliche Welt versetzt glauben. Er findet noch Ausläufer idealistischen Nachkriegsüberschwangs, hört von openend-Seminaren in Hunger, Finsternis und Kälte, läßt sich Visionen einer deutschen Wiedergeburt aus dem Geiste der Philosophie oder Poesie, vom Brückenschlag zwischen Ost und West auseinanderlegen, aber die speckigen Offiziersmützen an den Garderobenhaken und die an Seminartischbeine gebundenen struppigen Selbstmitleidshunde verschwinden; die Währungsreform hat durchgeschlagen. Heidegger tritt wieder auf, aus silberner antikisierender Kulisse, zwei Lorbeerbäumchen vor dem Pult; als er eine Redepause ankündigt, sagt er mit düsterem Nachdruck: „Bleiben Sie auf Ihren Plätzen!" Der Spezialist für Tristan und Isolde kommt zur ersten Seminarsitzung noch feierlich im Gehrock und ausgetretenen Lackschuhen, versucht mit kämpfender Stimme die staufische Epik gegen den Zeitgeist zu stellen, aber der Verkehrslärm vor den Fenstern ist stärker. Stipendiatenabende, auf denen Scharaden gespielt werden, zu erraten ist der lange Name der Stipendienanstalt, dann kommt ein Haydn-Trio; als die miteingeladenen älteren Professoren aufgeräumt von Troeltsch, Triepel, Trendelenburg, Windelband, Radbruch zu erzählen anfangen, die Zigarillos gezückt werden, springt der hochtalentierte Stipendiat dazwischen, reißt die Streichholzschachtel aus der Jackentasche und bietet Feuer. Was ist wohl aus ihm geworden? Selber ein Professor oder sogar ein Minister? Man müßte beschreiben, wie in einem geschlossenen, scheinbar autarken Raum ein plötzliches Absinken der Temperatur registriert wird, um den Reaktionsnotstand der Universitäten nach der Mitte der fünfziger Jahre zu verdeutlichen. Die Kritik Georg Pichts und anderer bahnt sich an, immer massiver wird die Mahnung von ganz draußen, daß die Wissenschaft auch verwertbare Ergebnisse zu liefern, technologische Rückstände abbauen zu helfen, Mobilität und Innovativität zu fördern habe; inmitten einer Studentenschaft, die wie eine permanente Jahreshauptversammlung geschniegelter Schaltstellenanwärter aussieht, bilden sich Vorstufen der späteren Protestpotentiale. Aber bis in die sechziger Jahre hinein kaum ein Wort zur jüngeren Vergangenheit; kritische Reflexion der Rolle der Universitäten nach, aber auch schon vor 1933 gilt als unakademisch. Dafür hinterlassen Druck und Sog des pragmatistischen Nachkriegskapitalismus bald ihre Spuren. Unter der Wirkung der Produktionsziffern und der Konsumwellen beginnen auch Wissenschaftler und Wissenschaftsplaner, im Begriff des Output zu denken, althergebrachte wissenschaftliche Charaktere sich zu verändern. In die europäische Bildungsgeschichte gehört der Typus des fahrenden Scholaren. Seit den späteren fünfziger Jahren entsteht der Typus des fahrenden Dozenten. Ruhelos reist er den Schlagworten vorauf oder hinterher, um immer up to date zu sein.

Die Beiträge dieses Bandes sind offenbar darin einig, daß die deutschen fünfziger Jahre einen Vorlauf haben, der bis auf die Währungsreform zurückreicht und die Gründung der beiden deutschen Staaten einschließt. Einig sind sie augenscheinlich auch darin, daß die fünfziger Jahre als historische Periode bis in die Anfänge der sechziger hineinreichen. Als Terminus ad quem drängt sich die SPIEGEL-Affäre vom September 1962 auf: nach ihr, der ersten großen Krise der neuen Republik, ist alles anders. Bemerkenswert, daß sie von einem Presseartikel, also einem Stück Gebrauchsliteratur ausgeht. Die parteipolitische Opposition, so muß man den folgenden Beiträgen entnehmen, hat keine Chance; wenige Seiten Gedrucktes erschüttern die Regierung und leiten das Ende einer ganzen Ära ein. Noch erinnerlich die dichte Menge von

Bürgern der süddeutschen Universitätsstadt, die am Abend der Verhaftung Augsteins und anderer vor dem Redaktionsgebäude der gut liberalen Regionalzeitung steht und auf neue Nachrichten wartet. Sie hätten auch in den vier Wänden abgewartet werden können, aber der Drang, republikanisch auf die Straße zu gehen, Wildfremden die Hand zu schütteln, sich zum Trinken einzuladen, ist nicht zu unterdrücken. Beinahe eine Demonstration, aber kaum Polizei. Wäre dies bei einem neuen fundamentalen Angriff auf die Pressefreiheit wiederholbar? Zumindest die Straßen sind abgebrauchter. Aber auch vorher hat es Situationen gegeben, in denen der bürgerliche Dissens die etablierte Macht herausfordert und bloßstellt. Im Gedächtnis geblieben ist Willi Forsts Film „Die Sünderin" nicht wegen ästhetischer Qualitäten, sondern wegen der Kampagne, die gegen die winzige Nacktszene mit Hildegard Knef betrieben wurde, erst recht aber wegen der Empörung über diesen Versuch einer Leinwandzensur. Noch war die Erinnerung lebendig, daß wenige Jahre vorher, z. B. in Dresden, auf improvisierten Rosten aus Eisenbahnschienen Bombenkriegsopfer verbrannt worden waren, die mehr Blick auf unbekleidete menschliche Körper freigegeben hatten als Forsts Filmsequenz. Die Versuche, Schriftsteller und Bücher zu verdrängen, haben demgegenüber weniger Publizität, verraten aber deutlicher die moraltheologische Kuratel, unter die das Leben gestellt werden soll. Bezeichnendster Vorgang ist von heute her gesehen die Strafanzeige gegen Arno Schmidt und Alfred Andersch wegen Pornographie und Gotteslästerung – Andersch hatte in seiner Zeitschrift „Texte und Zeichen" Schmidts Erzählung „Seelandschaft mit Pocahontas" veröffentlicht. Dabei könnte das Wüten auch hochgestellter Politiker gegen die „Pinscher" – so Erhard – ein Moment von Verständlichkeit haben. Es gibt keine andere Periode in der deutschen Literatur, in der sich die Schriftsteller vor derselben doppelten Aufgabe einer Wiederherstellung der unabhängigen Rede und, noch schwieriger, einer restitutio ad integrum der Sprache befunden hätten. Blättert man heute in einer der Nachkriegsanthologien, etwa Hans Werner Richters Kriegsgefangenenanthologie „Deine Söhne Europa", in Richters ersten Romanen, in der Zeitschrift „Der Ruf", dann wird die Dürftigkeit der Anfänge sichtbar, der Zwang, fertile Vorbilder zu finden, aber auch der ungeheure Zuwachs an Sprachmächtigkeit, den die fünfziger Jahre bringen. Er wird nicht allein gegen die Nachwirkung der faschistischen Propaganda und die Fortdauer der

Kalligraphie erarbeitet, sondern auch gegen das sich einnistende neue Idiom, das christlich Salbungsvolle, die Schwarz-Weiß-Rhetorik des kalten Krieges, den pseudopoetischen klebrigen Reklamejargon, neue Wirklichkeitsverneblung, Stimmungsmache, Kulissenschieberei, und darauf reagieren alle die gereizt, die das Widerständige daran zumindest dumpf wahrnehmen. Nicht bloß die politische Opposition hat sich von dieser oppositionellen Literatur zugleich gestützt und herausgefordert sehen dürfen, das erreichte Maß an wirklicher Trauer und wirklicher Toleranz wäre ohne sie unerreichbar geblieben. Das sind freilich immer noch die Jahre, in denen Bertolt Brecht offiziell unerwünscht ist, vor allem an Schulen, in denen Thomas Mann und andere Emigranten von neuem auf das albernste gerüffelt werden und in denen es für Studenten gefährlich sein kann, sich als Leser von Adorno, Horkheimer, Benjamin, Bloch, Lukács zu erkennen zu geben. Als 1959 die „Blechtrommel" erscheint, darf die spießige Empörung noch einmal so hoch aufschäumen, daß das Buch manchenorts nur unter dem Ladentisch oder in neutrales braunes Packpapier gewickelt verkauft werden kann. Aber das Gelächter über den Cordon sanitaire gesunder Volksmeinung ist schon zu groß.

Überhaupt ist 1959 das Jahr, in dem plötzlich ein Luftzug weht. Wollte man die sechziger Jahre darstellen, dann müßte man mit diesem Jahr ansetzen. Nur sind die sechziger Jahre als Dekade keine so deutlich herauslösbare historische Einheit wie die fünfziger: die Periode, die mit ihnen beginnt, greift weit in die siebziger hinein, und innerhalb ihrer läuft vieles, was in den Anfängen noch aufeinander bezogen scheint, auseinander. Ein Versuch wie dieser, Entwicklungen in der Kunst, Phänomene aus der Kulturgeschichte, Vorgänge und Fakten aus der Politik sich wechselseitig beleuchten, konturieren und verknüpfen zu lassen, hätte dort mit größeren Schwierigkeiten zu rechnen. Freilich ist auch dieser Versuch schon auf die Findigkeit der Leser angewiesen. Es wird leicht sein, das Ineinandergreifen von Tendenzen der Politik und der Wirtschaft in den fünfziger Jahren zu erkennen, auch die Unterstützung, die ein Medium wie der Film diesen Tendenzen schuldig ist. Leicht auch noch, die Reflexe des kulturellen Amerikanismus zusammenzudenken als Kennzeichen eines Jahrzehnts, das die Trümmer in großem Umfang beseitigt und in ebensolchem Umfang erhaltenswürdige Reste der Vergangenheit: ein Zusammenwirken von politischer Restauration und rücksichtsloser Entledigung von steinerner Historie. Nicht von ungefähr gibt es nur wenige Städte, deren in den endvierziger und fünfziger Jahren konzipierter Wiederaufbau menschliche Nähe mitkonzipiert hat. Schwerer dann, die Situation und die Möglichkeiten der Künste und der Kunstproduzenten abzuschätzen. Die Bilder hervorbringende Kunst und die Musik haben eine ähnlich komplexe Aufgabe wie die Literatur: die Wiederherstellung der Freiheit ihres Mediums und zugleich deren Verteidigung gegen neue Versuche normativer Einschnürung. Zweifellos sind gerade die Künste in den ersten anderthalb Nachkriegsjahrzehnten Träger utopischer Intention, und sie können zumindest anfangs mit einer die Inbrunst streifenden Aufnahmewilligkeit rechnen. In dem Maße, in dem sie die durch den Faschismus unterdrückte europäische Vorkriegsmoderne wiederentdecken, sich die Nachkriegsmoderne aneignen und selber konzeptionell ausgreifen, mindert und differenziert sich das Interesse. Wenn Günter Eich in einem seiner ersten Nachkriegsgedichte Hölderlin auf Urin reimt, zerschlägt er lyrische Konventionen, aber das nach Aufhebung verlangende Leidensmoment einer äußersten Spannung zwischen Materialität und Idealität, das er anzugeben versucht, braucht sich noch nicht an der Frage zu erproben, wieviel Leidenserfahrung virtueller Leser die Umtauschquote der Währungsreform und das Ende der Bewirtschaftung auslöschen. Der Zusammenprall der neuen Musik mit dem im Faschismus überdauerten bürgerlichen Konzertbetrieb und seinen alten Hörgewohnheiten ist unvermeidlich. Das in Sonntagskleidern harrende Publikum erwartet klaren aufrichtenden Klang, kann also den Entzug von Euphonie nicht ertragen. Picasso wird weithin zum negativen Reiznamen für alles, was nicht die regelhaftere Physiognomie von pflügenden Bauern zeigt. Hat dieser zähe Widerstand die Künste nur gestärkt? Man müßte die fünfziger Jahre auch unter dem Gesichtspunkt durchforschen, welche eben angesetzten Linien wieder abbrechen, welche Talente, kaum sind sie hervorgetreten, wieder aufhören. Das Abbrechen oder Aufhören braucht noch nicht Zeichen eines lähmenden Konflikts mit der Mehrheitspolitik und der Mehrheitskultur zu sein. Aber die allgemeine Konfrontation von Kunst und politischer Macht drückt durch in viele Lebensläufe, in Exempel einer neuen inneren Emigration und einer neuen Emigration nach draußen – von denen, die eine halboffizielle, regierungsnahe Kulturgestik vollführen wie der renommierte Friedrich Sieburg, Journalist mit geflissentlich übersehener faschistischer Vergangenheit, ist schon innerhalb der fünfziger Jahre immer weniger die Rede. Der Gruppe 47 wird heute gelegentlich angekreidet, sie habe sich in den Literaturbetrieb integrieren lassen und damit ihre literaturpolitischen Ziele verraten; ein Vorwurf mit verdecktem Revoltetraum. Wie hätte eine Revolte der Schriftsteller aussehen sollen und was waren die Ziele dieser Gruppe, die gar keine Gruppe war? Sie hat mit Verlegern wie dem alten Rowohlt gemächert, als es darauf ankam, Füße auf den Boden zu kriegen; zu keinem Zeitpunkt ihrer Geschichte, die hauptsächlich in die fünfziger Jahre fällt, hat sie das neue große Fressen in Sicherheit und Freiheit abgesegnet.

Materielle Interessen scheinen dem nostalgischen Zug zurück zu den fünfziger Jahren nicht so wichtig zu sein, es scheint bloß um ideelle zu gehen. Die Zeit, in der alle noch selbstloser waren und alle noch fragloser einig: die Ausarbeitung von Zweifeln an solchen rückwärtsgerichteten Wunschbildern fällt den folgenden Beiträgen zu. Das Buch, Ergebnis einer Marburger Ringvorlesung, ist antinostalgisch. Seine Bebilderung hat die Funktion, Schocks zu erzeugen, die den Wunsch nach Rückkehr in die ungeprüfte Vergangenheit erschweren, aber das Auffinden unerledigter historischer Momente erleichtern sollen. Deshalb setzen die Bilder auch im Jahre 1945 ein und laufen auf die fünfziger Jahre zu, ehe sie sich in ihnen aufhalten. Womit setzen sie ein? Mit einem der Bilder, die man im Gedächtnis haben sollte, wenn man über den Verlauf der Nachkriegsgeschichte nachdenkt. Es ist im April 1945 von Margaret Bourke-White im KZ Leipzig-Mochau aufgenommen: Leichen von Häftlingen am elektrisch geladenen Drahtzaun.

Abb. 1: KZ Leipzig-Mochau: Leichen am Drahtzaun

Abb. 2: Gefangennahme deutscher Soldaten vor dem Kölner Dom
Abb. 3: Berlin nach dem Waffenstillstand
Abb. 4: Das zerstörte München
Abb. 5: Hunger in Hamburg

Abb. 6: Ausschlachtung eines verendeten Pferdes
Abb. 7: Fahrt auf der Eisenbahn

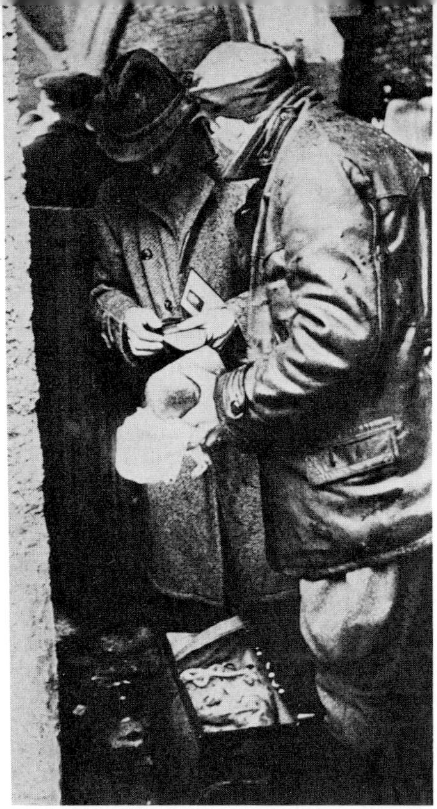

Abb. 8: Schwarzmarkt im Münchener Hauptbahnhof

Abb. 9: Grenzgänger zwischen Ost und West

Abb. 10: Heimkehrer

Abb. 11: Schuljunge bei der Untersuchung durch das alliierte Ernährungskomitee

Abb. 12: Schaufenster nach der Währungsreform

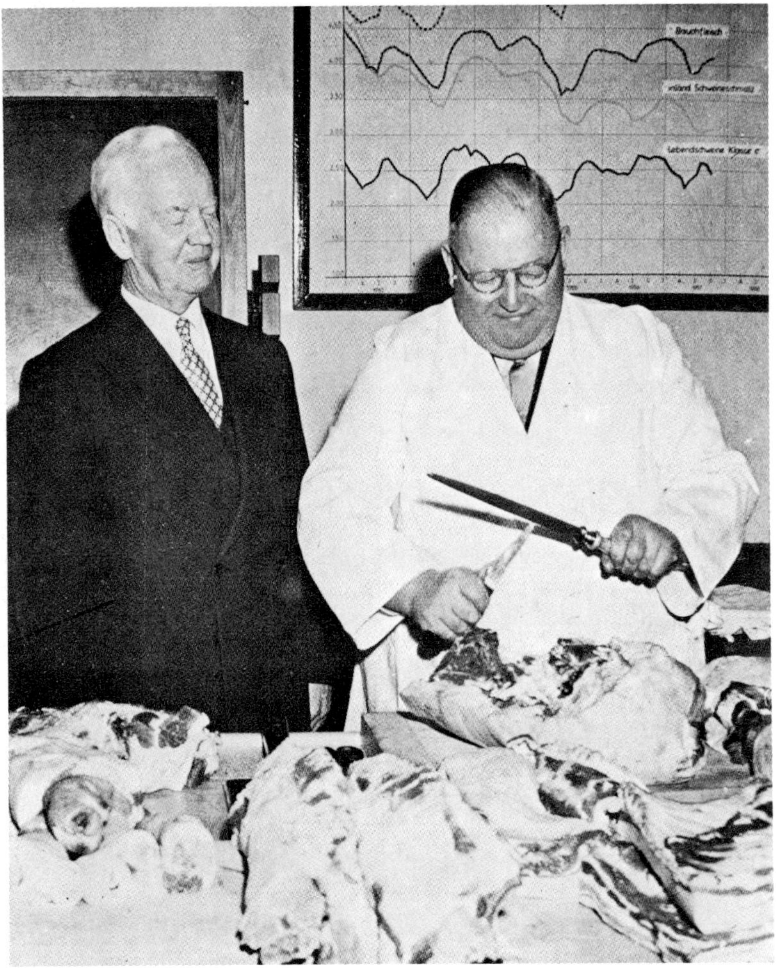

Abb. 13: Heinrich Lübke, Ernährungs- und Landwirtschaftsminister von Nordrhein-Westfalen

Abb. 14: Staatsbesuch des Kaisers von Äthiopien
Abb. 15: Adenauers Töchter

Abb. 16: Elly Ney

Abb. 17: Massenversammlung Bruno Grönings

Abb. 18: Bundeskanzler Adenauer bei seiner Ansprache vor den ersten Freiwilligen der neuen deutschen Streitkräfte

Abb. 19:
Das neue Heim

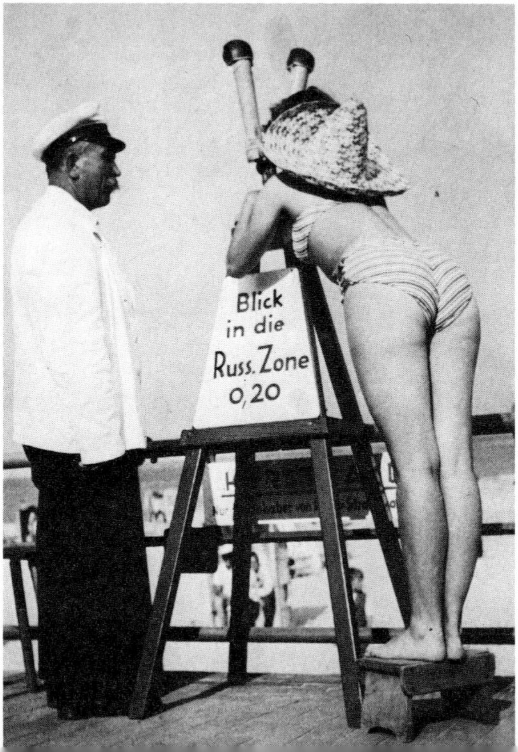

Abb. 20:
Blick in die Zone

Hans Karl Rupp

„wo es aufwärts geht, aber nicht vorwärts ...“ Politische Kultur, Staatsapparat, Opposition

Die fünfziger Jahre – sind sie mehr als eine kalendarische Einheit, begrenzt durch die Willkür des Dezimalsystems? Sind sie eine besondere Phase in der Geschichte der Bundesrepublik und ihrer Gesellschaft? Nein und ja. Es gäbe auch andere hervorstechende Daten für die Geschichte dieses Staates und seiner Gesellschaft: zum Beispiel 1945 und 1966/67, das Jahr der bedingungslosen Kapitulation, zugleich das Jahr der Ermöglichung einer Entwicklung aufwärts, und die Jahre der ersten großen ökonomischen Krise. Innerhalb dieser ersten Phase ökonomischen Wachstums sind die fünfziger Jahre aber der Zeitraum, in dem dieses Wachstum unaufhaltsam erschien und in dem die Steigerungsraten des Bruttosozialprodukts einerseits und der Rückgang der Arbeitslosenzahlen andererseits geradezu phantastische Größen erreichten. In dem es aufwärts ging, immer nur aufwärts; in dem es aber, um das bekannte Diktum Hans Magnus Enzensbergers abzuwandeln, immer fraglicher wurde, ob auch vorwärts. In dem die sich formierende Nachkriegsgesellschaft zunehmend mit dem Erreichen materiellen Auskommens und anwachsendem Konsum sich zufrieden gab – schon darin liegt das Besondere dieser Jahre. Politische Kultur, Staatsapparat und Opposition zeigen sich im Rückblick in vielfältiger Weise davon bestimmt.

I

Wenn wir die politische Kultur unseres Landes betrachten, müssen wir von den Lebensverhältnissen, den kollektiven psychischen Verarbeitungsproblemen und dem „kulturellen Erbe“ ausgehen. An dieser Stelle sind freilich nur einige Skizzierungen möglich.[1]

Die Lebensverhältnisse der erdrückenden Mehrheit der Bevölkerung waren nach dem Krieg für lange Zeit katastrophal. Woh-

1 Hierzu ausführlicher H. K. Rupp, Politische Geschichte der Bundesrepublik Deutschland, Stuttgart–Berlin–Köln–Mainz, 2. Auflage 1982, S. 45ff., 87ff.

nen, Essen, Kleidung, ärztliche Versorgung, Fahrten zur Arbeitssuche, all dies warf für die Menschen der Jahre 1945 bis 1948 schwere, zum Teil unlösbare Probleme auf. In den ersten Monaten und Jahren nach dem Krieg besserten sich die Lebensverhältnisse nicht, sie verschlechterten sich – für die meisten. Im Winter 1947/48, dem sogenannten Steckrübenwinter, kam es an vielen Orten des Ruhrgebietes zu Hungerdemonstrationen, und dies trotz martialischer Drohungen alliierter Ortskommandanten. Kollektive Aktionen dieser Art waren freilich selten; die Individuen sahen sich aufgrund ihrer unterschiedlichen Nöte und Ängste voneinander isoliert. Frank Deppe hat es einmal so ausgedrückt: „Der einzelne war weithin zum ‚Robinson', zum gesellschaftlichen Selbstversorger geworden."[2] Erst die Marshallplan-Hilfe schien diesem „bösen Traum" (Hans-Peter Schwarz) ein Ende zu machen. Der Beitrag des Marshall-Plans für den Wiederaufbau war, vor allem als sozialpsychologischer Faktor, erheblich; in den Medien wurde ihm gleichwohl die alleinige Urheberschaft an der ökonomischen Erholung Westdeutschlands, am Wirtschaftswunder zugeschrieben. Das Bild, das sich die Westdeutschen von Amerika machten, änderte sich zusehends: bald wurden die Vereinigten Staaten zum ökonomischen, wenn auch nicht so sehr zum politischen Ideal.[3]

Die deutsche Bevölkerung, viel stärker in die Verbrechen des faschistischen Systems verstrickt als die Nachkriegsgesellschaft es wahrhaben wollte, mußte indessen nicht nur die Gegenwart, sondern auch ihre jüngste Vergangenheit verarbeiten, mußte mit ihr leben. Es gab mehrere Mechanismen, diese Vergangenheit zu bewältigen. Zunächst bot sich an, sich mit denen zu identifizieren, die im Dritten Reich, wie man wußte oder annahm, Widerstand geleistet hatten. Das war einmal die Arbeiterbewegung, über deren Widerstandskampf es Informationen gab, wenn diese Informationen auch eher aus dem persönlichen Erfahrungsbereich stammten als aus den Medien. Gegen eine solche Identifikation aber trat alsbald die Majorität der Meinungsträger an. Das Vorbild der Arbeiterbewegung, so verbreitete sie, werde geradewegs in eine neue totalitäre Diktatur führen. Hierauf wird gleich noch zurückzukom-

2 Frank Deppe, Das Bewußtsein der Arbeiter, Köln 1971, S. 279.

3 Siehe A. J. Merrit/R. L. Merrit (Hrsg.), Public Opinion in Occupied Germany. The OMGUS-Surveys 1945–1949, Urbana–Chicago–London 1970 (Reprint).

men sein. Zum anderen gab es sehr viele Berichte vom Widerstand kirchlicher Kreise, vor allem in dem Teil der Medien, der den Besatzungsmächten verbunden war. Die nachträgliche Identifikation mit dem – in Wirklichkeit schwachen – kirchlichen Widerstand kam der Mentalität der Bevölkerungsschichten entgegen, die sich sehr weit auf den deutschen Faschismus eingelassen hatten. Die christliche Religion verbürgte die Chance der tätigen „Buße", der „Umkehr". Dieser Mechanismus gewann in den fünfziger Jahren ohne Zweifel eine wichtige Funktion für das Wahlverhalten großer Teile der Bevölkerung, ja für deren politisches Verhalten überhaupt.

Für die Bewältigung der Vergangenheit zeichnete sich aber bald so etwas wie ein Königsweg ab. Seine Rechtfertigung war der ständige Blick über die Elbe. Entstand nicht auf der anderen Seite des Eisernen Vorhangs eine Diktatur ähnlich der Diktatur nach 1933? Wurden nicht auch „drüben" freie Wahlen abgeschafft, widerspenstige Bürger „abgeholt" und verschleppt? Legte sich nicht über die ganze Region zwischen Elbe und Oder erneut das engmaschige Netz gesellschaftlicher Überwachung? Gegen dieses System zu kämpfen – war das nicht Sühne für das eigene Versagen, für die eigenen Irrtümer, die eigene Schuld? Der Antikommunismus der Nachkriegszeit, der auch die Bundesrepublik mitbegründen half – Alfred Grosser fand die Worte: „Die Bundesrepublik wurde 1949 als eine Zwillingsschwester des Atlantikpaktes geboren. Vater war der Kalte Krieg"[4] –, hatte freilich ebenfalls seine spezifische Vergangenheit. Als wichtiges Element des nationalsozialistischen Rassismus steckte er noch in den Köpfen der gesamten erwachsenen Bevölkerung. Dazu kam, daß der „Rußlandfeldzug" auch von ideologischen Gegnern des Nationalsozialismus befürwortet worden war, z. B. von der Führung der Evangelischen Kirche als Kampf „aller Deutschen" gegen den Atheismus. Der Antikommunismus saß also bereits tief in der Bevölkerung, als er seine neue Rolle als „Bewältiger der Vergangenheit" bekam. In ihm verschmolz auf eigentümliche Weise Altes und Neues, die aufrichtige Reue mit dem heimlichen Rechthaben, die tätige Umkehr mit dem Gefühl, doch schon früher etwas Sinnvolles getan zu haben, z. B. indem man am „Krieg im Osten" teilgenommen hatte. Daß er politisch so

4 Alfred Grosser, Die Bundesrepublik Deutschland. Bilanz einer Entwicklung, Tübingen 1967, S. 12.

wirksam bleiben konnte – die CDU/CSU-Wahlergebnisse[5] und die Programmatik aller Parteien[6] mit Ausnahme der KPD belegen dies –, hatte indessen einen weiteren Grund. Die Ähnlichkeiten zwischen NS-Staat und DDR waren konkret erfahrbar aus Berichten von Tausenden und Abertausenden von DDR-Flüchtlingen, mit denen die Westdeutschen in Berührung kamen. Auch und gerade für Gegner das Nationalsozialismus war erschreckend, was an Manipulierung und Unterdrückung politischer Meinung, was an sublimer und offener Terrorisierung der Bevölkerung wieder in einem Teil Deutschlands Realität geworden war. Dies zu erkennen bedurfte es keineswegs der plakativen und falschen Gleichsetzung „Rot gleich Braun", die unablässig die Medien verbreiteten.

Auf welche vornationalsozialistischen Denkstrukturen konnten diejenigen Westdeutschen zurückgreifen, die in der Bevölkerung demokratische Strukturen und demokratisches Verhalten wiederbeleben wollten? Welche kollektiven Traditionen andererseits mußten sie fürchten? Der demokratische Gedanke, in Deutschland weitergegeben durch die Arbeiterbewegung und die liberalen Parteien, hatte sich erstmals 1918 politisch durchsetzen können. In der Weimarer Republik war er – insbesondere von der politischen Rechten bis hin zur Staatsführung um Hindenburg und von einem Teil der herrschenden Lehre der Rechtswissenschaft – massiv bekämpft und schließlich erdrückt worden. Demgegenüber blieb durchgängig jene obrigkeitsstaatliche Tradition wirksam, die sich im 19. Jahrhundert in Deutschland schon einmal gegen das Vordringen demokratischer und emanzipativer Ideen erfolgreich zur Wehr gesetzt hatte. Als 1951 Meinungsforscher von einem repräsentativen Querschnitt der erwachsenen Bevölkerung wissen wollte, ob es nicht für unser Land am besten wäre, wieder einen Kaiser oder König zu haben, befürworteten dies 32% der Befragten, während ebensoviele sich zwischen ja und nein nicht zu entscheiden wußten. Nur 36% der Befragten erklärten: „Nein, finde ich

5 Die CDU/CSU erhielt bei der Bundestagswahl 1949 31,0% der Stimmen, 1953 45,2% und 1957 50,2%. Ausführliche Beschreibung und Analyse der Ergebnisse der Bundes- und Landtagswahlen der fünfziger Jahre bei H. Kaack, Geschichte und Struktur des deutschen Parteiensystems, Opladen 1971.

6 Die Parteienprogrammatiken finden sich sämtlich bei O. K. Flechtheim (Hrsg.), Dokumente zur parteipolitischen Entwicklung in Deutschland. Mehrere Bände, Berlin 1962ff.

nicht."[7] Noch 1963 sprachen sich bei einer ähnlichen Umfrage 18% für eine Monarchie und nur 59% dagegen aus.[8] Unter den am meisten verehrten „großen Deutschen" rangierten 1950 auf den ersten Plätzen Bismarck mit 35% vor Hitler mit 10% und Friedrich dem Großen mit 7%; die Gesamtheit der genannten demokratischen Politiker kam auf nur 6% der Voten.[9] Noch 1958 wurde Bismarck von 23% der Befragten und Hitler von 4% als „größter Deutscher" betrachtet, während Friedrich der Große von 2% und Konrad Adenauer von 26% der Interviewten als jeweils derjenige bezeichnet wurde, der „am meisten für Deutschland geleistet" habe.[10]

Ralf Dahrendorf hat die aus diesen genetischen Strukturen resultierende politische Kultur später mit Recht folgendermaßen gekennzeichnet: „Es gehört durchaus zum Stil der westdeutschen Gesellschaft, das Loblied der geschlossenen und überschaubaren Welt einer Tradition unmündiger Menschen zu preisen, also Zwergschulen für ihren Bildungswert, humanistische Gymnasien für ihre privilegierte Stellung zu loben, ein anachronistisches Landleben durch romantisierende Geschichten in Schulfibeln und viele Millionen an Steuergeldern zu verewigen, die zaghafte Öffentlichkeit des Verhaltens von Menschen abzuwerten."[11] Ein zeitgenössischer Schriftsteller, der „Humorist" Erich Kästner, diagnostizierte schon 1954: „Jedes [...] noch so kleine Eisen ist zu heiß. Als neulich einige Gewerkschaften in einigen Gebieten streikten, war man weithin entrüstet. Prestigezuwachs von außen erfordert sozialen Burgfrieden im Inneren. Somit grenzt Kampf gegen das Konservative an Landesverrat."[12] Die politische Kultur, die in den fünfziger Jahren entstand, war geprägt durch Rückbesinnung auf traditionelle Werte, durch Konformität in Fragen des politischen Verhaltens, durch eine Sehnsucht nach vormodernen Zusammenhängen und zugleich durch einen starken Bedarf an privatem Glück. Wiederum fand

7 Jahrbuch der öffentlichen Meinung 1947–1955, hrsg. von E. Noelle und E. P. Neumann, Allensbach 1956, S. 132.
8 Jahrbuch der öffentlichen Meinung 1958–1964, ebd. 1965, S. 256.
9 Jahrbuch 1947–1955 ebd.
10 Jahrbuch 1958–1964, S. 297.
11 Ralf Dahrendorf, Gesellschaft und Demokratie in Deutschland, Taschenbuchausgabe. München 1968, S. 448 f.
12 Vaterland, Muttersprache. Deutsche Schriftsteller und ihr Staat von 1945 bis heute. Zusammengestellt von K. Wagenbach, W. Stephan und M. Krüger, Berlin 1979, S. 124.

Erich Kästner 1956 die treffende Charakterisierung: „Wir leben im motorisierten Biedermeier.“[13]

II

Diese Strukturen im politischen und politikrelevanten Bewußtsein der großen Majorität der westdeutschen Bevölkerung gestatteten erstaunliche Veränderungen im Staatsapparat der neuen Republik. Waren die Gründerväter der Bundesrepublik noch zumeist Verfolgte des Naziregimes gewesen oder doch zumindest Mitglieder von oppositionellen und Widerstandszirkeln, wie Adenauer, Heinemann, Jakob Kaiser, Thomas Dehler und Otto John, der erste Präsident des Bundesamtes für Verfassungsschutz, so kamen bereits Anfang der fünfziger Jahre in ihrem Antifaschismus sehr zweifelhafte Führungskräfte hinzu. Hans Globke, 1935 Mitherausgeber eines Kommentars zu den Nürnberger Rassegesetzen, wurde 1953 Chef des Bundeskanzleramtes; das 1951 gebildete Auswärtige Amt übernahm fast das gesamte Personal des Reichsaußenministeriums, also der Berliner „Wilhelmstraße“, darunter, wie die „Frankfurter Rundschau“ enthüllte, sehr viele ehemalige NSDAP-Mitglieder. Ein Untersuchungsausschuß des Bundestages ermittelte eine Quote von 66% alten Nationalsozialisten im neuen Außenministerium. Die Geheimdienste der Bundesrepublik wurden nach und nach von „bewährten Spitzenleuten“ wiederaufgebaut; die von 1955 an entstehende Bundeswehr bekam eine Führungsgruppe, die einem Offizierskorps entstammte, dessen politische Vorstellungen guten Gewissens zwar nicht nazistisch, aber reaktionär geheißen werden konnten. In den gesamten öffentlichen Dienst von Bund, Ländern und Gemeinden mußten schon von Mai 1951 an laut Bundesgesetz jeweils 20% an Bewerbern aufgenommen werden, die als „Belastete“ 1945 oder danach entlassen worden waren. Dieses Gesetz sollte, wie man meinte, den inneren Frieden sichern; schließlich vereidigte man die Beamten ja auf das Grundgesetz oder eine Landesverfassung.[14] Ein durch das Bundesverfassungsgericht rasch ausgesprochenes Verbot gegen eine neonazistische Partei im Oktober 1952 sollte andererseits die „Unverbesserlichen“ vor neuen politischen Aktivitäten warnen.

13 Ebd., S. 132.

14 Nähere Informationen und Nachweis bei H. K. Rupp, Politische Geschichte ..., S. 112ff., 134.

Wie sind diese Veränderungen zu interpretieren? Es war keineswegs so, daß der Staatsapparat automatisch nach rechts rutschte, weil sich das Bewußtsein der Bevölkerung in diese Richtung entwickelte. Vielmehr entsprach es einer scheinbaren Notwendigkeit, alle Kräfte gegen den ,,Kommunismus" zu sammeln, der ja, wie es aussah, gerade zur militärischen Welteroberung ansetzte – siehe Korea, siehe den Befreiungskrieg der Vietminh in Indochina, siehe Algerien, siehe Kuba. Das politische Bewußtsein der großen Mehrheit der Bundesbürger gestattete – um dies noch einmal zu betonen – die notwendig scheinende Formierung aller Gegner des ,,Kommunismus" im Staatsapparat, es *erzwang* sie keineswegs. Die Triebkräfte für diese einschlägige Veränderung der personellen Struktur des Staatsapparats und damit der gesamten Republik sind im internationalen Spektrum der zeitgenössischen Politik zu suchen. Einerseits dominierte in einer Reihe von sozialdemokratischen Regierungen innerhalb des Nato-Bündnisses, so in Großbritannien, in Dänemark, in Norwegen, eine defensive Einstellung gegenüber dem ,,Kommunismus" – seit dem Putsch der KP in Prag im Frühjahr 1948 und seit der Berlin-Blockade durch die Sowjetunion 1948/49 war auch hier die Vorstellung einer Bedrohung durch den Stalinismus vorhanden. Diese Einstellung hatte auch in der Bundesrepublik Anhänger. Andererseits gab es bereits die ,,roll back"-Konzeption des John Foster Dulles, seit Anfang 1953 Außenminister der USA. Sie ging, und in ihrem Gefolge Bundeskanzler Adenauer, von der,,Befreiung" der Völker Mittel- und Osteuropas vom ,,sowjetischen Joch" aus. Und hier gab es nur ein Ziel, dem alles andere unterzuordnen war: das des historischen Sieges über den ,,Kommunismus".

III

Dieser Konzeption entsprach auch das massive Vorantreiben eines atomaren und thermonuklearen Forschungs-, Entwicklungs- und Rüstungsprogramms in den Vereinigten Staaten. Ging es in dessen Legitimierung zwar immer um das Einholen eines – in Wahrheit fiktiven – sowjetischen Rüstungsvorsprungs, so sollte in Wirklichkeit damit die Sowjetunion zu immer größeren eigenen Rüstungsprogrammen gezwungen werden, die Löcher in ihre Konsumgüterindustrie reißen und damit eine Kette von Versorgungskrisen und womöglich innere Unruhen verursachen sollten. Im Kontext dieser westlichen Rüstungsprogramme ist auch der Versuch der Einbeziehung der Bundesrepublik in die atomare Rüstung zu sehen. Von 1954 an gingen Meldungen durch die westdeutsche Presse, wonach amerikanische Atomkanonen und Atomraketen geringerer Reichweite auf bundesrepublikanischem Territorium stationiert würden. Schon ab Ende 1953 gab es Überlegungen, auch die Nato-Verbündeten mit ,,taktischen" Atomwaffen auszurüsten.[15] Beide Komponenten, sie wurden von der Bundesregierung einhellig befürwortet, die Stationierung amerikanischer Atomraketen auf dem Boden der Bundesrepublik und die Ausrüstung der Bundeswehr mit ,,taktischen" Atomwaffen, also mit Atomwaffen mit einer Reichweite zwischen 30 und 600 Kilometern, wurden in Westdeutschland aber keineswegs unkontrovers diskutiert.

Waren bereits die weniger als fünf Jahre nach dem Krieg auftauchenden Pläne für eine ,,Wiederbewaffnung" bei der großen Mehrheit der Bevölkerung auf heftige emotionelle Ablehnung gestoßen – ,,Wiederbewaffnung" hieß im Falle eines damals für nicht unwahrscheinlich gehaltenen neuen Krieges Schießbefehl gegen die eigenen Verwandten in der DDR –, so führte die plötzlich erkannte Gefahr eines Atomkrieges in Mitteleuropa zu erneuter und wohl ebenso starker Kriegsfurcht. War man dem Grauen des letzten Krieges entkommen, um kaum mehr als ein Dutzend Jahre später in einem noch grauenvolleren Krieg zu sterben? Die Führungen der Bonner Oppositionsparteien, SPD und FDP, und die Führungen der Gewerkschaften sahen sich in der Atomwaffenfrage, ohnehin desillusioniert von der Adenauerschen Kanzlerdemokratie, nun zum erstenmal in der Lage, gegen die Bundesregierung eine kämpferische Gegenposition zu beziehen: bis dato hatte die Opposition ja, es ist wieder Erich Kästner weitgehend recht zu geben, ,,auf die Opposition verzichtet".[16] Nun zumindest schien Opponieren sich zu lohnen: 83% der Bevölkerung lehnten einer Repräsentativumfrage zufolge die Stationierung von Atomraketen auf dem Gebiet der Bundesrepublik ab.

Die von diesen Parteien und den Gewerkschaften unterstützte Massenbewegung gegen Atomwaffen in der Bundesrepublik führte immerhin zu einem begrenzten Erfolg. Für die Bundesrepublik wurde es erstens unmöglich, die Produktion eigener Atomwaffen zu

15 Vgl. H. K. Rupp, Außerparlamentarische Opposition in der Ära Adenauer, 2. Auflage Köln 1980, S. 33ff.

16 Vaterland, Muttersprache . . ., S. 124.

betreiben: dies war trotz der Pariser Verträge, in denen die Bundesrepublik 1955 eine ausdrückliche Verzichtserklärung abgegeben hatte, auf dem Weg über Drittländer und in Gemeinschaftsproduktion mit anderen Staaten von der Bundesregierung wohl hie und da ventiliert worden.[17] Zweitens verzichteten die USA definitiv darauf, Atommunition an die Bundeswehr weiterzugeben. Diese lagert, wie wir wissen, auch heute noch unter amerikanischem Verschluß. Und drittens legte die Bundesregierung 1959 gegen amerikanische Pläne, Mittelstreckenraketen in Westdeutschland zu stationieren, ihr Veto ein. Mit Rücksicht auf die „öffentliche Meinung", wie der Bundeskanzler verlauten ließ. In der Hauptsache freilich kam die Bewegung nicht zum Ziel: Die amerikanischen Raketen wurden nicht abgezogen und die Bundeswehr wurde tatsächlich mit atomaren „Trägerwaffen", also Atomkanonen und „Kurzstrecken"-Atomraketen ausgerüstet. Auch innenpolitisch führte die Opposition gegen Atomwaffen trotz riesiger Kundgebungen und Demonstrationen keine Wende herbei. Die anschließenden Landtagswahlen gingen für die SPD und FDP, wie gehabt, verloren, obwohl zumindest die SPD in dieser Frage Stimmen hinzugewann. Die Auffassung führender Sozialdemokraten, die Mehrheit der Bundesbürger würde dieser Frage für ihr Wahlverhalten ausschlaggebende Bedeutung beimessen, erwies sich als irrig.[18] Gustav Heinemann beurteilte dies später so: „Die Meinungsforschungsergebnisse zur Frage ›Sind Sie für eine atomare Bewaffnung der Bundeswehr?‹ haben nur einen beschränkten Wert. Sie müßten verglichen werden mit Ergebnissen etwa der Frage: ›Sind Sie für ein größtmögliches Maß an Sicherheit vor der kommunistischen Bedrohung?‹ [...] Das Sicherheitsbedürfnis ist [damals; H. K. R.] so stark empfunden worden unter den dramatischen Darstellungen der kommunistischen Gefahr, daß es alle anderen Erwägungen unterdrückte."[19]

Wenn diese Einschätzung zutrifft – und für sie sprechen zahlreiche Meinungsumfragen der Zeit[20] –, dann gab es für radikale Opposition und für politische Massenbewegungen im Bundesdeutschland

17 Vgl. H. K. Rupp, Außerparlamentarische Opposition ... S. 37, insbesondere Anm. 131.

18 Zur Geschichte dieser Bewegung ebd., S. 65 ff.

19 Gespräch mit dem Verfasser vom 17. 4. 1967. Autorisiertes Protokoll. Heinemann-Nachlaß, Archiv für soziale Demokratie, Bonn-Bad Godesberg.

20 Siehe die zitierten Jahrbücher der öffentlichen Meinung.

der fünfziger Jahre kaum eine Chance. Die Opposition wurde immer wieder von der politischen Kultur des Landes eingeholt.

Bibliographie

Albrecht, U. u. a., *Beiträge zur Geschichte der Bundesrepublik*, Köln 1979.

Grosser, A., *Geschichte Deutschlands seit 1945*, München 1974.

Kleßmann, Chr., *Die doppelte Staatsgründung*, Bonn 1982.

Die Linke im Rechtsstaat. Bd. 1, 1945–1965. Redaktion B. Blanke u. a., Berlin 1976.

Schwarz, H. P., *Die Ära Adenauer 1949–1957*, Wiesbaden–Stuttgart 1981 (= K. D. Bracher u. a. (Hrsg.), Geschichte der Bundesrepublik Deutschland, Bd. 2).

THEO SCHILLER

Parteienentwicklung. Die Einebnung der politischen Milieus

In politischer Hinsicht beginnen die fünfziger Jahre im Herbst 1949 mit der Wahl zum ersten Deutschen Bundestag und der Bildung der ersten Bundesregierung unter Adenauer. Sie enden mit mehreren Markierungen in den Jahren 1960 und 1961: mit Wehners Bundestagsrede 1960 über das außenpolitische Einschwenken der SPD; Kennedys Wahlsieg in den USA; dem Bau der Berliner Mauer am 13. August 1961; der Kanzler-Kandidatur Willy Brandts zur Bundestagswahl 1961 als „jugendfrischer Modernisierungsheld"; Adenauers Verlust der erst 1957 gewonnenen absoluten Mehrheit der CDU in eben dieser Bundestagswahl und Mendes FDP-Erfolg. Man mag zur Abrundung dieser Entwicklung aus dem Jahre 1962 noch die SPIEGEL-Affäre hinzufügen, vor allem aber die Kuba-Krise, deren dramatische Zuspitzung die Notwendigkeit von Entspannung statt Kaltem Krieg so offenkundig machte. Der so umrissene Zeitraum von zwölf Jahren, nur zwei Jahre kürzer als die ganze Weimarer Republik, hat aus dem Rückblick einige schematisierende Stempel aufgedrückt bekommen, vor allem mit den Etiketten „Ära Adenauer" und „CDU-Staat". Doch solche Art vereinfachend-verfälschender Summierung hat mit dem Verlauf und den Turbulenzen der fünfziger Jahre ungefähr so viel zu tun wie der leicht gekräuselte Theatervorhang nach dem Ende des Stückes. Sicher, die fünfziger Jahre sahen in Adenauer als der dominierenden Figur einer neuen „Kanzlerdemokratie" und der CDU/CSU als der zur absoluten Mehrheit aufgestiegenen Partei eindeutige Gewinner. Aber ohne die Verlierer wird man die fünfziger Jahre nicht verstehen.

Die politischen Akteure hatten einige wesentliche Entscheidungen bereits hinter sich, aktiv oder passiv. Die Frontstellungen des Kalten Krieges waren seit 1947/48 aufgebaut; die deutsche Teilung war beschlossene Sache und durch die Staatsgründung Bundesrepublik, wie auch die Staatsgründung DDR, mindestens als Provisorium vollzogen. Die Gegensätzlichkeit der Wirtschaftssysteme war in diesem Teilungsvorgang eingeschlossen, und die aufschiebende

Blockierung der Sozialisierungsansätze durch die Westalliierten, besonders die USA, hatten alle antikapitalistischen Lehren aus der makabren Vergangenheit auf die sozialpartnerschaftlichen Ausgleichsperspektiven der neu propagierten „sozialen Marktwirtschaft“ einschrumpfen lassen. Auch der Rahmen der Verfassungsordnung war abgesteckt, mit einem klaren Grundrechtsteil, einer repräsentativ überspitzten parlamentarischen Demokratie und mit einem Kompromiß in gesellschaftspolitischer Hinsicht, der die vollendeten Tatsachen gerade noch für die Veränderbarkeit durch Mehrheitsentscheidungen offenhielt. Auch der Föderalismus war fixiert, einschließlich der Zugehörigkeit Bayerns zum Bund, trotz der Ablehnung des Grundgesetzes durch die dortige Landtagsmehrheit. Schließlich war auch die entscheidende Weichenstellung bereits geschehen: eine knappe Bundestagsmehrheit aus CDU/CSU, FDP und DP begründete Adenauers konservative Kanzlerschaft und beendete damit die kurze Phase begrenzter sozialdemokratischer Neuordnungsvorstellungen, die schon in den Jahren zuvor in der Sowjetischen Besatzungszone unter die Räder der Zwangsvereinigung und der Diskreditierung durch kommunistische Herrschaftsmethoden gekommen waren. Von Anfang an saß damit die SPD als neue Bonner Opposition zwischen den Stühlen von Ost und West.

Aber nicht alle Fundamentalentscheidungen waren damit getroffen, wie sich bald zeigen sollte. Die außenpolitische Einordnung der neuen Republik, die Adenauer durch eine forciert institutionalisierte Westintegration möglichst zweifelsfrei festmauern wollte, brachte massiven Streit. Daran gekoppelt war, zunächst über das Projekt einer Europäischen Verteidigungsgemeinschaft, die Zumutung der Wiederbewaffnung. Sie beschwor um der Insignien souveräner Staatlichkeit willen die Traumata vergangener Leiden und die Ängste eines möglichen künftigen Bruderkrieges in Deutschland herauf und besiegelte gegen alle Hoffnungen auf eine geläuterte Neutralität die Einordnung in die Konfrontation der Lager. Zwar umstritten, aber doch konsequent ergab sich aus dieser Lagermentalität auch die Einstellung gegenüber dem „anderen Teil Deutschlands“. Seine staatliche Nicht-Existenz suchte man so nachhaltig zu fingieren, daß er gar keine andere Wahl hatte, als von den überhaupt nicht fiktiven Wirklichkeitsbedingungen des östlichen Lagers in jeder Hinsicht geprägt zu werden, d. h. auch zu einem sehr realen Staat.

Die Fiktionen und geradezu neurotischen Abgrenzungen gegenüber der DDR markieren während der ganzen fünfziger Jahre einen Souveränitätsmangel der Bundesrepublik, der auch durch die Souveränitätsverleihung im Deutschlandvertrag von 1955 nicht ausgeglichen werden konnte. Während man dem DDR-Problem durch – reichlich repressive – Tabuisierung beikommen wollte, konnten sich die nationalen Leidenschaften auf begrenztem Felde vorübergehend bei dem „Kampf" um die Zugehörigkeit des Saarlandes zur Bundesrepublik in den Jahren 1954/55 zur Geltung bringen. Ein Problem von nur regionaler Bedeutung, nämlich die Einverleibung Badens in einen neuen „Südweststaat" Baden-Württemberg, löste allerdings ebenfalls heftige Gefühls- und Widerspruchsreaktionen aus. Und schließlich brach, bereits in der ersten Legislaturperiode, auch ein gesellschaftspolitischer Grundsatzkonflikt vorübergehend noch einmal auf, als durch einen Gesetzentwurf der Bundesregierung 1950 die von den Besatzungsmächten eingeräumte paritätische Mitbestimmung in der Montan-Industrie in Frage gestellt wurde und nur durch massiven gewerkschaftlichen Druck gesichert werden konnte. Die Bestätigung dieses begrenzten „Klassenkompromisses" und seine Ergänzung durch die weit restriktivere „sozialpartnerschaftliche" Betriebsverfassung von 1952 dürfte ein bedeutenderer Stabilisierungsfaktor gewesen sein, als es den Beteiligten jeweils bewußt oder lieb gewesen sein mag.

Diesseits solcher Entscheidungsalternativen stellte sich den politischen Akteuren eine Reihe von innergesellschaftlichen Aufgaben, die für die weitere Entwicklung des Staats-Provisoriums strukturelle Bedeutung haben mußten. Hierzu gehörten der gesamte Komplex der sozialen Kriegsfolgelasten und Wiedergutmachungsregelungen und die enormen Probleme der Integration Millionen Vertriebener. Der Wohnungsbau war das exemplarische Wiederaufbau-Problem. Die Stabilisierung und partielle Reform der sozialen Sicherungseinrichtungen fand in der Rentenreform von 1957 eine typische, auf weitere Expansion gegründete Lösung. Das Bildungswesen war neu zu ordnen, wenigstens hinsichtlich der Kontroverse zwischen Konfessionsschule und „christlicher Gemeinschaftsschule" und zugunsten eines langsamen Abschieds von der dörflich-einklassigen Zwergschule. Aber auch andere Folgeprobleme von Wachstum, Wohlstandssteigerung und Wirtschaftswunder brachen auf. Die sprunghafte Industrialisierung brachte das Verhältnis von Stadt und Land ins Rutschen, setzte eine wuchernde urbane Agglomeration ebenso in Gang wie die täglichen Pendlerströme, die in den Sog der Motorisierung hineingezogen wurden. Für die Bauern fügten sich diese Erosionsprozesse des ländlichen Raumes bedrohlich mit den Gefahrenquellen der europäischen Wirtschaftsintegration zusammen, so daß gegenüber drohendem Preisverfall und Einkommensrückstand nur noch ein Ausweg in hektischer maschineller Modernisierung möglich erschien. So konnte das reichliche Lebensmittelangebot neben dem Wohnblock und dem Auto oder zunächst dem Motorrad eines der augenfälligen Symbole des „Wirtschaftswunders" werden. Der Straßenbau schlug die sichtbaren Schneisen für eine äußere Mobilität, die zur Grundmelodie der neuen Gesellschaft wurde. Während sich so ein Sprung in die technische Modernität vollzog, blieb die neue Ordnung indes umlauert von Tabus und verdrängten Problemen, zu denen nicht zuletzt die nationalsozialistische Vergangenheit gehörte.

2

1949/50 konnte man neugewonnene parteipolitische Freiheit erproben. Die Sicherheit des Lizensierungssystems der Besatzungsmächte war weggefallen –seit 1945 hatten die Alliierten einvernehmlich ein Spektrum aus CDU, SPD, FDP und KPD genehmigt –, und die Parteien mußten sich nun auf eine untereinander vereinbarte Legitimitätsgrundlage einlassen. Tiefsitzende Unsicherheit diktierte wohl den rasch beschrittenen Weg vom lizensierten zum reduzierten Parteiensystem. Daß der Versuch des Rechtsradikalismus, sich in Gestalt der „Sozialistischen Reichspartei" zurückzumelden, mit immerhin 11 % bei der Niedersächsischen Landtagswahl 1951 zu einem Verbotsantrag der Bundesregierung und einer entsprechenden Verbotsentscheidung des Bundesverfassungsgerichts im Oktober 1952 führte, war freilich eine zwingende Minimalkonsequenz aus der NS-Vergangenheit. Rechtsextremes Ausfransen der FDP in Niedersachsen und Nordrhein-Westfalen, Teilerfolge der Deutschen Reichspartei und einiger Personenkreise in den Vertriebenen-Organisationen signalisierten aber, daß die Schranken rechts keineswegs eindeutig gezogen waren. Umso heftiger wurde die Ausgrenzung gegenüber der KPD betrieben, die vor 1949 in den meisten Länder-Wahlen knapp oder sogar mehr als 10 % erreicht hatte. Die Entscheidung für die Tabuisierungsstrategie gegenüber dem anderen Staatsprovisorium DDR traf hierzulande auch die KPD mit einem 1952 gestellten Verbotsantrag, den das Bundesverfassungsgericht 1956 mit einem Verbotsurteil beschied. Bereits vor diesem Urteil wurde jedoch ein strafrechtlicher Abgrenzungsdruck exekutiert, der mit seinen Kontakt-, Informations- und Gesinnungsverboten und den Verletzungen des Rückwirkungsverbotes den Rechtsstaatsprinzipien des Grundgesetzes nicht entsprach. Es spricht auch nicht für das Selbstbewußtsein der neuen „wehrhaften Demokratie", daß zu diesen Hindernissen vor der Bundestagswahl 1953 in Form der 5 %-Klausel noch eine andere Hürde aufgestellt wurde, um die Reduktion eines nach rechts verschobenen Parteiensystems zu beschleunigen. Daß die CDU/CSU Adenauers bei der Bundestagswahl 1953 einen Sprung von 31 % (1949) auf 45,2 % machen konnte, von 7,4 zu 12,7 Millionen Wählern, obwohl die forcierte Westintegrations- und Wiederbewaffnungspolitik außerordentlich umstritten und daher risikoreich war, erklärt sich nicht zuletzt durch die Mischung aus östlich-kommunistischer Gefahrenbeschwörung und antikommunistisch gespeisten Repressions- und Restriktionsmechanismen, einem Gebräu, das auch gegen den innenpolitischen Hauptkonkurrenten SPD reichlich indirekte Stigmatisierungsreserven verfügbar machte.

Doch war das Rennen zum „CDU-Staat" noch nicht gelaufen. Zwar hatte die Bundestagswahl 1953 die Niederlage der SPD erst eindeutig bestätigt: hatte die SPD 1949 mit ihren 29,2 % nur um 1,8 % hinter den 31 % der CDU/CSU gelegen, so war sie jetzt trotz Zuwachses um eine Million Stimmen bei der prozentualen Verteilung auf 28,8 % zurückgefallen – Schumachers Traum von der SPD als der dominierenden Regierungspartei war endgültig zerstoben. Für die Union konnte darin aber nur auf Bundesebene eine gewisse Beruhigung liegen, denn in den Bundesländern hatte sich keineswegs eine ähnlich eindeutige Entwicklung vollzogen. In den Ländern hatten sich vielmehr kräftige Differenzierungstendenzen breit gemacht und in zahlreichen Fällen zu SPD-dominierten Regierungskonstellationen geführt. Daß in Niedersachsen 1951 eine Regierung aus SPD, BHE und Zentrum gebildet wurde, in Baden-Württemberg 1952 eine Regierung aus FDP, SPD und BHE unter Reinhold Maier, in Bayern 1954 aus SPD, Bayernpartei, FDP und BHE unter Hoegner, von Hamburg, Bremen und Hessen ganz abgesehen; daß im Jahr 1956 in Nordrhein-Westfalen durch die FDP-Jungtürken die Gewichte zugunsten der SPD (Regierung Steinhoff) verschoben wurden, mußte Adenauers starke Position in der Bundespolitik durchaus labil erscheinen lassen und brachte zudem qua Bundesrat erhebliche Schwierigkeiten in den Bonner Entscheidungsprozessen mit sich. Daß die Union in Niedersachsen 1955 nur 26,6 % erreichte bei 35,2 % der SPD und 12,4 % der Deutschen Partei; daß die FDP mit 7,9 % und der BHE (Block der Heimatvertriebenen und Entrechteten) immer noch mit 11 % vertreten waren; daß in Schleswig-Holstein 1950 der BHE mit 23,4 % stärker geworden war als die CDU und 1954 immer noch 14 % der Wählerstimmen erwerben konnte oder daß die CDU in Bremen 1959 sogar auf 15 % zurückgefallen war (1951: 9,1 %, 1955: 18 %), während die Deutsche Partei mit 13,3 % der Bürgerschaft angehörte, war Ausdruck einer parteipolitischen Differenzierung im nicht-sozialdemokratischen politischen Spektrum, die erst von 1949 an voll eingesetzt hatte und deren Ausgang nicht von vornherein feststand. 1953 war der BHE sogar trotz neu installierter 5 %-Klausel mit 5,9 % in den Bundestag eingezogen und repräsentierte sowohl außenpolitische als auch innenpolitische Forderungen jedenfalls eines Teiles der Vertriebenen. In der Verbindung von regionalen nicht-christlichen Konservativismen mit zum Teil starker nationaler Orientierung hätte sich hieraus möglicherweise eine zweite konservative Sammlungslinie ausbilden können, die einer absoluten Mehrheit der CDU dauerhaft im Weg gestanden hätte. Der zweite entscheidende Schritt nach dem 45 %-Sprung der CDU/CSU 1953 zum endgültigen Durchbruch der Unions-Parteien war daher Adenauers Vorstoß gegenüber seinen beiden Regierungspartnern BHE und FDP in der Saarfrage als einem symbolischen nationalen Konflikt: er führte jeweils zur Aufspaltung dieser beiden Parteien und schwächte sie in der folgenden Wahl deutlich. Der BHE rutschte von 5,9 % auf 4,6 und damit unter die 5 %-Klausel, die FDP ging von 9,5 auf 7,7 % zurück. Mit 50,2 % der Stimmen erlangte die Union so 1957 die absolute Mehrheit. Doch sollte dies bis heute eine Ausnahme bleiben.

3

Insgesamt wird man die Sammlung und Nivellierung der verschiedenen konservativen Strömungen unter dem Banner der Christlich-Demokratischen Union als den markantesten Entwicklungsprozeß im Parteienspektrum der fünfziger Jahre bezeichnen müssen.

Während die Union in den späten vierziger und frühen fünfziger Jahren stark von der Aufgabe gebunden war, den politischen Brückenschlag zwischen den Konfessionen herzustellen und damit die bis 1933 so bedeutsame Zentrumstradition im Rahmen einer christlichen Sammelpartei aufgehen zu lassen, hatten sich landsmannschaftlich-regionale konservative Milieus für eine gewisse Zeit entfalten können; die Deutsche Partei in Niedersachsen, Bayernpartei, SRP bzw. DRP in Niedersachsen, Bremen und Rheinland-Pfalz, und partiell auch die FDP im gewerblich-mittelständischen und im bäuerlichen Bereich, vor allem aber der BHE mit seinen Zentren in den hauptsächlichen Flüchtlingsaufnahmegebieten. Der Versuch dieser Konservativismen, aus dem Schatten des von ihnen zum Teil mitgetragenen Nationalsozialismus herauszutreten, brachte freilich das Handicap mit sich, auf länger zurückliegende Strukturvorstellungen zurückgreifen zu müssen und damit angesichts der gesellschaftlichen Entwicklungen und Strukturwandlungen keine adäquaten Antworten anbieten zu können. Zumal die Anknüpfung an regional-kulturelle Bodenständigkeiten konnte angesichts der Aufbrüche von Mobilität nicht von Dauer sein. Die soziale Erosion der ländlichen Räume wirkte hier besonders nachhaltig unterminierend. Auch die Tatsache, daß die Artikulation spezifischer Interessen zunehmend auf die rasch aufgebauten großen Verbände überging, auf den Bauernverband, die Kriegsopferverbände, Vertriebenenverbände, Verbände des Handwerks und des Handels, für soziale Interessen auch auf die Kirchen und ihre Wohlfahrtsorganisationen, und der Regierungsstil Adenauers diesen Verbänden bereitwillig Zutritt zu politischem Einfluß eröffnete, für die großen Unternehmerverbände und in einem gewissen Umfang für die Gewerkschaften ohnehin, mochte da und dort auch zu der besorgten Klage über eine „Herrschaft der Verbände" (Eschenburg) führen; vor allem schwächte es die politische Substanz des „Interessenmaterials", das in einem konservativ differenzierten System unterschiedlicher Parteien auf Dauer hätte repräsentiert werden können. Ein volksparteilicher Integrationsmodus mit einem differenzierten Verbändesystem als notwendiger zweiter Ebene bereitete einem Prozeß der volksparteilichen Nivellierung und der Dominanz der Union als christlich-konservativer Sammelpartei den Boden. Der Erfolg der CDU/CSU, der in einigen Gegenden erst im Laufe der siebziger Jahre sein volles Ausmaß erreichte, ging Hand in Hand mit der historischen Verabschiedung der Bindekraft regionalkonservativer Milieus zugunsten eines auf Marktdynamik und technische Innovation hin modernisierten Konservativismus, der den konfessionellen Brückenschlag nur als Geburtshelfer brauchte.

Dieser enthistorisierte Konservativismus stellte die SPD, die 1957 nur auf 31,8 % gegenüber 28,8 % angewachsen war, vor neue Probleme einer langfristigen Strategie. Sie entschloß sich zu einer Strategie modernisierender Anpassung, die dann auf das Godesberger Programm von 1959, Wehners außenpolitische Rede von 1960 und den Kennedy-Wahlkampf Willy Brandts von 1961 hinauslief. Man kann daher die Zeit zwischen 1957 und 1961 als eine Angleichungsperiode zwischen CDU/SPD in der Perspektive volksparteilicher Nivellierung bezeichnen – der SPD brachte sie immerhin den Sprung auf 36,8 % in der Wahl 1961. Hatte sich die CDU in ihrer Erfolgsstrategie auf eine Entscheidung gegen die Bindekraft der konservativen Milieus und für den wirtschaftswunderlichen Konsumindividualismus entschieden, so stellte die SPD nun ihre Gleichheits- und Gerechtigkeitsvorstellungen von einer Strategie der institutionellen Wirtschaftsreformen auf das Versprechen individueller Chancengleichheit für sozialen Aufstieg um. Sie hoffte, damit über ihre bisherigen Arbeiteranhänger hinaus in die wachsenden Angestelltengruppen einzudringen. Die FDP hingegen, die von den frühen sechziger Jahren an in der Entwicklung des Parteiensystems zum Zünglein an der Waage werden sollte, mußte zunächst, nachdem sie mit Mende noch die letzten Reste der nationalen Karte auszuspielen versucht hatte, gegenüber beiden großen Parteien ein Minimum an sozialer Aufgeschlossenheit nachholen, um aus ihrem Ghetto tendenziell protektionistisch gestimmten gewerblichen Mittelstandes heraustreten zu können. So endet der Weg vom lizensierten Parteiensystem über ein repressiv-reduziertes Spektrum bei einem eingeschrumpften Zweieinhalb-Parteiensystem, dem wegen mangelnder Entscheidungsalternativen Krippendorff 1962 die Diagnose „Ende des Parteienstaates" entgegenhielt.

Diese Diagnose war allemal übertrieben. Sie markierte aber die Tendenz zu einer gewissen stromlinienförmigen Austauschbarkeit der Parteien, die im Laufe der Zeit voll zur Geltung kam und auch die Grundlage der Großen Koalition 1966 bildete. Aus diesen „modernen" Parteien verschwanden auch mehr und mehr jene prägenden Figuren, die noch aus einer früheren Zeit und im höheren Lebensalter in die fünfziger Jahre hineingeragt hatten und Kontinuität repräsentierten, wo es keine mehr gab: Adenauer und Heuß, Maier und Dehler, Schumacher und Carlo Schmid, Weichmann, Kaisen und Zinn. Mit ihnen, die die Grundsatzentscheidungen am Beginn der bundesrepublikanischen Geschichte ausgefochten hatten, endete auch eine historisch überkommene Art der politischen Leidenschaft: sie mußte mehr und mehr dem routinierten Parteibetrieb mit seiner Mischung aus kühlen Kurzzeitstrategien und inszenierten Gefühlswelten weichen.

Verteilung der Stimmanteile bei den Bundestagswahlen 1949–1961 in % (Auszüge)

Jahr	CDU/ CSU	SPD	FDP/ DVP/ BDV	KPD	BP	Z	DReP/ DKP/ DRP	DP	GB-BHE
1949	31,0	29,2	11,9	5,7	4,2	3,1	1,8	4,0	–
1953	45,2	28,8	9,5	2,2	1,7	0.8	1,1	3,2	5,9
1957	50,2	31,8	7,7	–	–	–	1,0	2,8	4,6
1961	45,4	36,2	12,8	–	–	–	0,8	GDP (= DP+BHE) 2,8	

Quelle: Heino Kaack: Geschichte und Struktur des deutschen Parteiensystems, Opladen 1971, S. 196, 216, 233, 264.

Auszüge aus den Wahlergebnissen in den Bundesländern 1949–1961 in %
(Bundestagswahl = BTW, Landtags- bzw. Bürgerschaftswahl = LTW)

1. *Schleswig-Holstein*

Jahr/Wahl	CDU	SPD	GB-BHE	FDP	DReP/ DRP	KPD	DP	SRP	
1949 BTW	30,7	29,6	–	7,4	1,9	3,1	12,1	–	
1950 LTW	19,7	27,5	23,4	7,1	2,8	2,2	9,6	1,6	
1953 BTW	47,1	26,5	11,6	4,5	0,9	1,2	4,0	–	
1954 LTW	32,2	33,2	14,0	7,5	1,5	2,1	–	–	
1957 BTW	48,1	30,8	8,3	5,6	0,7	–	3,8	–	
1958 LTW	44,4	35,9	6,9	5,4	1,1	–	2,8	–	
1961 BTW	41,8	36,4	–	13,8	0,9	–	–	–	GDP (= DP+BHE) 3,9

Quelle: ebenda, S. 197, 211, 216, 229, 234, 242, 264

2. *Hamburg*

Jahr/Wahl	CDU	SPD	FDP	DP	KPD	DRP/ DKP	Diverse
1949 BTW	19,7	39,6	15,8	13,1	8,5	1,2	–
1949 LTW	–	42,8	–	13,3	7,4	–	VBH (= CDU+FDP) 34,5
1953 BTW	36,7	38,1	10,3	5,9	3,8	1,6	GB-BHE 2,5
1953 LTW	–	45,2	–	–	3,2	0,7	HB (= VBH+DP) 50,0
1957 BTW	37,4	45,8	9,4	4,7	–	0,8	GB-BHE 1,5
1957 LTW	32,2	53,9	8,6	4,1	–	0,4	–
1961 BTW	31,9	46,9	15,7	–	–	0,9	GDP (= GB-BHE+ DP) 1,0

Quelle: ebenda, S. 197, 210, 216, 228, 234, 241, 264

3. *Bremen*

Jahr/Wahl	CDU	SPD	BDV/ FDP	DP	KPD	SRP	GB- BHE	DRP	Diverse
1949 BTW	16,9	34,4	12,9	18,0	6,8	–	–	–	–
1951 LTW	9,1	39,1	11,8	14,7	6,4	7,7	5,6	–	–
1953 BTW	24,8	39,0	7,5	17,0	3,9	–	3,3	3,0	–
1955 LTW	18,0	47,8	8,6	16,6	5,0	–	2,9	–	–
1957 BTW	30,4	46,2	5,8	13,8	–	–	2,0	1,4	–
1959 LTW	15,0	55,5	7,3	13,3	–	–	1,8	3,9	–
1961 BTW	27,0	49,7	15,2	–	–	–	–	1,1	GDP (= GB-BHE +DP) 4,1

Quelle: ebenda, S. 197/98, 214, 217, 232, 234, 245, 265

4. *Niedersachsen*

Jahr/Wahl	CDU	SPD	FDP	DP	Z	KPD	BHE	SRP	DRP/ DReP	Diverse
1949 BTW	17,6	33,4	7,5	17,8	3,4	3,1	–	–	8,1	–
1951 LTW	–	33,7	8,4	–	3,3	1,8	14,9	11,0	2,3	NU (= CDU+NLP) 23
1953 BTW	35,2	30,1	6,9	11,9	–	1,1	10,8	–	3,5	–
1955 LTW	26,6	35,2	7,9	12,4	1,1	1,3	11,0	–	3,8	–
1957 BTW	39,1	32,8	5,9	11,4	–	–	7,6	–	2,3	–
1959 LTW	30,8	39,5	5,2	12,3	–	–	8,3	–	3,6	–
1961 BTW	39,0	38,7	13,2	–	–	–	–	–	1,6	GDP (= GB-BHE+DP)

Quelle: ebenda, S. 197, 214, 216/17, 231, 234, 244, 264/65

5. *Baden-Württemberg*

Jahr/Wahl	CDU	SPD	DVP/ FDP	NG	KPD	BHE/ GB-BHE	SRP	Z	DG-BHE	DP	Diverse
1949 BTW	39,6	23,9	17,6	9,0	6,4	–	–	–	–	–	–
1952 LTW	35,9	28,0	18,0	–	4,4	6,3	2,4	0,9	3,1	–	–
1953 BTW	52,4	23,0	12,7	–	2,3	5,4	–	–	–	1,6	–
1956 LTW	42,6	28,9	16,6	–	3,2	6,3	–	–	–	–	–
1957 BTW	52,8	25,8	14,4	–	–	4,7	–	–	–	1,3	–
1960 LTW	39,5	35,4	15,6	–	–	6,7	–	–	–	1,6	–
1961 BTW	45,3	32,1	16,6	–	–	–	–	–	–	–	GDP (= GB-BHE/DP) 2,8

Quelle: ebenda, S. 198, 215, 217, 233, 235, 246, 265

6. *Bayern*

Jahr/Wahl	CSU	SPD	FDP	BP	WAV	KPD	DRP	Diverse
1949 BTW	29,2	22,7	8,5	20,9	14,4	4,1	–	–
1950 LTW	27,4	28,0	7,1	17,9	2,8	1,9	–	BHE/DG 12,3
1953 BTW	47,8	23,3	6,2	9,2	–	1,6	1,5	GB-BHE 8,2
1954 LTW	38,0	28,1	7,2	13,2	–	2,1	–	GB-BHE 10,2
1957 BTW	57,2	26,4	4,6	–	–	–	0,5	GB-BHE 6,8
1958 LTW	45,6	30,8	5,6	8,1	–	–	0,6	GB-BHE 8,6
1961 BTW	54,9	30,1	8,7	–	–	–	0,5	GDP (= DP+GB-BHE) 3,9

Quelle: ebenda, S. 198/99, 212, 218, 229, 235, 243, 265/66

Anmerkung:
Die Gleichsetzung bestimmter Parteien miteinander im Zeitverlauf entspricht der vergleichenden Ergebniszuordnung bei Kaack, a.a.O.

Ausgewähltes Abkürzungsverzeichnis

BDV Bremer Demokratische Volkspartei
BHE Block der Heimatvertriebenen und Entrechteten
BP Bayernpartei
DG Deutsche Gemeinschaft
DKP Deutsch-Konservative Partei
DP Deutsche Partei
DReP Deutsche Rechts-Partei
DRP Deutsche Reichs-Partei
DVP Demokratische Volkspartei
GB Gesamtdeutscher Block
GDP Gesamtdeutsche Partei
HB Hamburg-Block
NG Notgemeinschaft
NLP Niedersächsische Landespartei
NU Niederdeutsche Union
SRP Sozialistische Reichspartei
VBH Vaterstädtischer Bund Hamburg
WAV Wirtschaftliche Aufbau-Vereinigung
Z Zentrum

Bibliographie

1. Gesamtdarstellungen und Sammelwerke

Von Beyme, Klaus, *Das politische System der Bundesrepublik Deutschland*, München 1979.

Flechtheim, Ossip K. (Hrsg.), *Dokumente zur parteipolitischen Entwicklung in Deutschland seit 1945*, 9 Bde., Berlin, seit 1962 ff.

Kaack, Heino, *Geschichte und Struktur des deutschen Parteiensystems*, Opladen 1971.

Narr, Wolf-Dieter und Dietrich Thränhardt (Hrsg.), *Die Bundesrepublik Deutschland. Entstehung, Entwicklung, Struktur*, Königstein/Ts. ^{2}1984.

Raschke, Joachim (Hrsg.), *Die politischen Parteien in Westeuropa. Geschichte, Programm, Praxis*. Ein Handbuch, Reinbek 1978.

Schwarz, Hans-Peter, *Die Ära Adenauer 1949–1957. Gründerjahre der Republik* (Geschichte der Bundesrepublik Deutschland, Band 2), Wiesbaden 1981.

Staritz, Dietrich (Hrsg.), *Das Parteiensystem der Bundesrepublik. Geschichte, Entstehung, Entwicklung*. Eine Einführung, 2. Aufl., Opladen 1980.

Stöss, Richard u. a. (Hrsg.), *Parteien – Handbuch. Die Parteien der Bundesrepublik Deutschland 1945–1980*. 2 Bde., Opladen, Bd. 1: 1983. Bd. 2: 1984.

Parteien in der Bundesrepublik. Studien zur Entwicklung der deutschen Parteien bis zur Bundestagswahl 1953. Mit Beiträgen von Max Gustav Lange u. a., Stuttgart/Düsseldorf 1955.

2. Einzelne Parteien

Buchhaas, Dorothee, *Die Volkspartei. Programmatische Entwicklung der CDU 1950–1973*, Düsseldorf 1981.

Kaack, Heino, *Die FDP. Grundriß und Materialien zu Geschichte, Struktur und Programmatik*. 2., neubearb. Aufl., Meisenheim a. Glan 1978.

Klotzbach, Kurt, *Der Weg zur Staatspartei. Programmatik, praktische Politik und Organisation der deutschen Sozialdemokratie 1945 bis 1965*, Berlin/Bonn 1982.

Meyn, Hermann, *Die Deutsche Partei. Entwicklung und Problematik einer national-konservativen Rechtspartei nach 1945*, Düsseldorf 1965.

Miller, Susanne, *Die SPD vor und nach Godesberg*, Bonn-Bad Godesberg 1974.

Mintzel, Alf, *Die CSU. Anatomie einer konservativen Partei 1945–1972*, Berlin 1975.

Narr, Wolf-Dieter, *CDU – SPD. Programm und Praxis seit 1945*, Stuttgart 1966.

Neumann, Franz, *Der Block der Heimatvertriebenen und Entrechteten 1950–1960. Ein Beitrag zur Geschichte und Struktur einer politischen Interessenpartei*, Meisenheim a. G. 1968.

Pütz, Helmut, *Die CDU. Entwicklung, Aufbau und Politik der Christlich Demokratischen Union Deutschlands*, Düsseldorf ^{3}1978.

Rowold, Manfred, *Im Schatten der Macht. Zur Oppositionsrolle der nicht-etablierten Parteien in der Bundesrepublik*, Düsseldorf 1974.

Wolf, Konstanze, *CSU und Bayernpartei. Ein besonderes Konkurrenzverhältnis 1948–1960*, Köln 1982.

Gerd Hardach

Die Wirtschaft der fünfziger Jahre: Restauration und Wirtschaftswunder

I. Die Wirtschaftsordnung

Unmittelbar nach dem Krieg schien ein neues Wirtschaftssystem das Gebot der Stunde zu sein. Das kapitalistische Wirtschaftssystem war diskreditiert durch die enge Verbindung mit dem Faschismus; die allgemeine Not erforderte allgemeine Solidarität; und es gab auch das praktische Argument, daß gerade in der schweren Zeit des Wiederaufbaus sozialistische Planung der Anarchie des Marktes überlegen sei. Diese solidarische Grundströmung spiegelt sich in den Programmen der beiden großen Parteien, die sich in dem Kampf um die künftige Wirtschaftsordnung gegenüberstanden. Die SPD forderte im Juni 1945 „Demokratie in Staat und Gemeinde, Sozialismus in Wirtschaft und Gesellschaft“;[1] Kurt Schumacher prägte im Oktober 1945 die Formel „Neubau, nicht Wiederaufbau“.[2] Aber auch die neue konservative Sammlungspartei CDU befand im Februar 1947, das kapitalistische Wirtschaftssystem sei den staatlichen und sozialen Lebensinteressen des deutschen Volkes nicht gerecht geworden, und forderte eine „Neuordnung von Grund aus“, die nicht mehr am kapitalistischen Gewinn- und Machtstreben orientiert sein sollte.[3]

Aber die Entwicklung ging dann doch in eine ganz andere Richtung. Zunächst waren es die Alliierten, die verhinderten, daß in den Westzonen den sozialistischen Aufrufen praktische Taten folgten. Hinter dem Schirm der Besatzungsmächte konnte sich das Bürgertum wirtschaftlich und politisch reorganisieren; die kapitalistischen Eigentumsrechte waren ja nicht verschwunden, sondern nur von einem System bürokratischer Planung und Lenkung überlagert. Bereits 1948 hob die Bizonen-Regierung mit ihrem liberalen

1 O. Flechtheim (Hrsg.), Dokumente zur parteipolitischen Entwicklung in Deutschland seit 1945, 3 Bde., Berlin 1962–1963, Bd. 3, S. 1.
2 S. Miller, Die SPD vor und nach Godesberg, Bonn 1974, S. 75–77.
3 Flechtheim, a.a.O., Bd. 2, S. 53.

Wirtschaftsdirektor unter Aufsicht der amerikanischen und britischen Militärregierung das Bewirtschaftungssystem weitgehend auf und schuf der kapitalistischen Akkumulation freie Bahn.[4]

Die Währungsreform vom Juni 1948 bestätigte die Kontinuität der kapitalistischen Wirtschaftsordnung. Infolge der „geräuschlosen" Kriegsfinanzierung durch Kreditaufnahme beim Bankensystem waren Sparguthaben und andere Geldvermögen entstanden, die sich in einem krassen Mißverhältnis zu dem geringen Warenangebot befanden. Rationierung und Preiskontrollen verhinderten eine offene Inflation; nur an den Preisen des schwarzen Marktes ließ sich die Geldentwertung ablesen. In der Währungsreform wurden alle Geldvermögen drastisch zusammengestrichen; für jeweils 100 Reichsmark gab es am Ende 6,50 neue Deutsche Mark. Zum zweiten Mal innerhalb einer Generation wurde die Bevölkerung um ihre Ersparnisse gebracht. Die Besitzer der Produktionsmittel hingegen kamen glimpflich davon, und wer etwas hatte, dem wurde im bald einsetzenden wirtschaftlichen Aufschwung mehr gegeben. Der Lastenausgleich, der 1952 endlich verabschiedet wurde, hat nicht die angekündigte große Umverteilung der Vermögen gebracht; angesichts der günstigen Konjunktur konnten die Beiträge zum Lastenausgleich aus den laufenden Erträgen des Kapitalbesitzes aufgebracht werden.

Die Sozialisierungsklausel im Grundgesetz zeugt noch von der großen Nachkriegsdebatte um die künftige Wirtschaftsordnung Westdeutschlands, und das Bundesverfassungsgericht hat in seinem bekannten Urteil von 1954 die wirtschaftspolitische Neutralität des Grundgesetzes bestätigt. Aber faktisch war die Wirtschaftsordnung festgelegt, als die fünfziger Jahre begannen. Die Zeit der Grundsatzdebatten war vorbei; die SPD paßte ihre Ziele im Dortmunder Aktionsprogramm von 1952 und im Godesberger Programm von 1959 an die kapitalistische Realität an.

II. Land und Leute

Vom Gebietsumfang her war die Bundesrepublik nur noch ein Schatten früherer Deutschländer, in deren Tradition sie sich sah, des Kaiserreiches, der Weimarer Republik oder des Dritten Reiches, dessen Grenzen in allen Schullandkarten beschworen wur-

4 W. Abelshauser, Wirtschaftsgeschichte der Bundesrepublik Deutschland 1945–1980, Frankfurt 1983.

den. Sie erbte aus der Konkursmasse des alten Reiches 53 Prozent des Territoriums von 1937, die Deutsche Demokratische Republik 23 Prozent, und 24 Prozent machten die von Polen und der Sowjetunion annektierten Ostgebiete aus. Im Gründungsjahr 1949 hatte die Bundesrepublik 49 Millionen Einwohner, die DDR 19 Millionen Einwohner. Demographisch war die Bundesrepublik aber nicht einfach die westliche Restgröße des alten Reiches. Die vielen Flüchtlinge aus dem Osten haben die Bevölkerung und Sozialstruktur Westdeutschlands nachhaltig beeinflußt. 1950 waren 7,9 Millionen von insgesamt 51 Millionen Westdeutschen Flüchtlinge. Bis zum Bau der Berliner Mauer 1961 kamen noch einmal 3,4 Millionen Zuwanderer aus der DDR hinzu, während umgekehrt 500 000 Westdeutsche in die DDR gingen. Die Bevölkerung der Bundesrepublik ist bis 1960 auf 56 Millionen gestiegen; das entsprach der Bevölkerung des Kaiserreiches gegen Ende des 19. Jahrhunderts.[5]

Die Erwerbsbevölkerung – der Sammelbegriff für alle, die entweder Arbeit haben oder Arbeit suchen – hat in den fünfziger Jahren stark zugenommen, von 23 Millionen im Jahre 1950 auf 26 Millionen im Jahre 1960. Die Erwerbsquote ist dadurch von 46 Prozent auf 48 Prozent gestiegen. Die geschlechtsspezifische Arbeitsteilung hat sich in den fünfziger Jahren nicht wesentlich verändert; der Anteil der Frauen an den Erwerbstätigen ist nur leicht gestiegen von 36 Prozent im Jahre 1950 auf 37 Prozent im Jahre 1960. Anfang der fünfziger Jahre gab es eine sehr hohe Arbeitslosigkeit; in der schlimmsten Zeit im Februar 1950 waren 2,5 Millionen Menschen arbeitslos. Die hohe Arbeitslosigkeit, zu der 1950–1951 noch eine Zahlungsbilanzkrise kam, führte zu harten Kontroversen um die Wirtschaftspolitik. Gewerkschaften und Opposition forderten öffentliche Beschäftigungsprogramme, während die Regierung unbeirrt empfahl, auf die Marktwirtschaft zu vertrauen. Erst 1956 sank die Zahl der Arbeitslosen unter die Millionengrenze, und Vollbeschäftigung wurde erst Anfang der sechziger Jahre erreicht.

Wiederaufbau und Wirtschaftswachstum brachten einen erheblichen Strukturwandel mit sich. Die Beschäftigung im Primären Sektor (Landwirtschaft, Forsten, Fischerei) ging in den fünfziger Jahren stark zurück, die Beschäftigung im Sekundären Sektor (Bergbau, Industrie, produzierendes Handwerk) und im Tertiären Sek-

5 Statistisches Bundesamt, Bevölkerung und Wirtschaft 1872–1972, Stuttgart 1972.

tor (Handel, Verkehr, Dienstleistungen) nahm dagegen stark zu. Um sich einigermaßen zu behaupten in der kapitalistischen Umwelt, hat die Landwirtschaft ihre Produktivität erheblich steigern müssen, so daß die Produktion landwirtschaftlicher Erzeugnisse trotz rückläufiger Beschäftigung zunahm. Aber die Zuwachsraten der Produktion waren in den drei Hauptsektoren der Wirtschaft sehr unterschiedlich, im Sekundären Sektor hoch, im Tertiären Sektor durchschnittlich und im Primären Sektor niedrig. Die hohen Zuwachsraten im industriellen Bereich beruhten auf der steigenden Nachfrage nach Investitionsgütern und dauerhaften Konsumgütern und der wachsenden Bedeutung des Exports.

Mit den Veränderungen der Wirtschaftsstruktur hat sich auch die Klassenstruktur der westdeutschen Gesellschaft zu einer stärkeren Polarisierung hin verändert. Die Bedeutung der Arbeiterklasse und der ,,Neuen Mittelklasse" der mittleren Angestellten und Beamten nahm zu, die Bedeutung der ,,Alten Mittelklasse" der selbständigen Landwirte und Gewerbetreibenden ging zurück. Die Bundesrepublik wurde immer mehr zu einer Arbeitnehmergesellschaft.

Tabelle 1. Strukturwandel der Erwerbstätigkeit. Zahl der Erwerbstätigen in den Hauptsektoren (Millionen) und Anteil an der Gesamtbeschäftigung (Prozent)

	Primärer Sektor		Sekundärer Sektor		Tertiärer Sektor	
	Millionen	Prozent	Millionen	Prozent	Millionen	Prozent
1950	5,2	22	10,5	45	7,8	33
1960	3,5	13	12,9	48	10,2	38

Quelle: Statistisches Bundesamt, Bevölkerung und Wirtschaft 1872–1972, Stuttgart 1972, S. 142.

Tabelle 2. Strukturwandel der Produktion. Durchschnittliche jährliche Wachstumsrate der Produktion 1950–1960 (Prozent) und Anteil der Hauptsektoren am Bruttoinlandsprodukt in laufenden Preisen (Prozent)

	Primärer Sektor		Sekundärer Sektor		Tertiärer Sektor	
	Wachstum	Anteil	Wachstum	Anteil	Wachstum	Anteil
1950	–	10	–	50	–	40
1960	3,3	6	10,0	54	6,7	40

Quelle: Statistisches Bundesamt, Bevölkerung und Wirtschaft 1872–1972, Stuttgart 1972, S. 264.

Tabelle 3. Klassenstruktur der westdeutschen Gesellschaft. Anteile der Klassen an der Gesamtbevölkerung (Prozent)

	1950	1961
Arbeiterklasse	66	70
Alte Mittelklasse	23	19
Neue Mittelklasse	7	8
Bourgeosie	4	4

Quelle: Institut für Marxistische Studien und Forschungen, Klassen- und Sozialstruktur der BRD 1950–1970, 3 Teile, Frankfurt 1973–1975, Teil 2, Bd. 2, S. 327–328.

III. Wiederaufbau, Wachstum und Konjunktur

Der wirtschaftliche Wiederaufbau begann unmittelbar nach dem Krieg, nicht erst mit der Währungsreform, der Durchsetzung der Sozialen Marktwirtschaft und dem Marshallplan 1948. Die anfangs harten Auflagen der Besatzungsmächte wurden allmählich gelokkert, und bereits ab 1946 erhielt die Bizone amerikanische und britische Hilfslieferungen. 1948 begann der Marshallplan („European Recovery Program"), der bis 1952 dauerte. Allerdings blieb die Besatzungspolitik widersprüchlich, denn auch die Demontage zog sich bis Anfang der fünfziger Jahre hin; sie wurde erst 1951 nach starken Protesten eingestellt.

Der Wiederaufbau war noch nicht beendet, als die fünfziger Jahre begannen. 1950 erreichte das Sozialprodukt in konstanten Preisen pro Kopf der Bevölkerung erst 81 Prozent des Vorkriegsniveaus von 1938, freilich bei einer wesentlich größeren Bevölkerung; und der Nutzen der Produktion war größer als vor dem Krieg, da ja die Rüstungslast entfiel. 1953 erreichte das Pro-Kopf-Einkommen in konstanten Preisen 100 Prozent des Niveaus von 1938, und von da an stieg es sehr schnell weiter. Der wirtschaftliche Wiederaufbau ging ohne einen Bruch in wirtschaftliches Wachstum über. Im internationalen Vergleich wiesen Japan und Westdeutschland in den fünfziger Jahren die höchsten Wachstumsraten auf. Von 1950 bis 1960 betrug die durchschnittliche jährliche Wachstumsrate für das reale Bruttosozialprodukt pro Kopf in Japan 6,9 Prozent, in der Bundesrepublik Deutschland 6,6 Prozent, in Italien 4,9 Prozent, in Frankreich 3,9 Prozent, in England 2,4 Prozent und in den USA 1,5

Prozent.[6] Der wirtschaftliche und technologische Rückstand gegenüber dem damals viel bewunderten amerikanischen Vorbild verringerte sich langsam.

Es gab nach wie vor Konjunkturschwankungen, aber die Krisen führten nicht zu einem Rückgang der gesamtwirtschaftlichen Produktion, sondern lediglich zu einer vorübergehenden Abschwächung des Wachstumstempos. Auch der langfristige Rückgang der Arbeitslosigkeit wurde durch die Krisen nicht unterbrochen. Die kurzfristigen Wachstumszyklen der fünfziger Jahre dauerten, jeweils vom Beginn des Aufschwungs bis zum Tiefpunkt der Krise gemessen, von 1950 bis 1954, 1955 bis 1958 und 1959 bis 1963. Außer den kurzfristigen Wachstumszyklen von vier bis fünf Jahren Dauer gab es mittelfristige Konjunkturzyklen von ungefähr neun Jahren Dauer, die durch stärkere Schwankungen der Investitionstätigkeit hervorgerufen wurden und dem traditionellen Krisenzyklus entsprachen. Zu den fünfziger Jahren gehört der erste Nachkriegszyklus von 1950 bis 1958 und der Anfang von einem zweiten mittelfristigen Zyklus, der dann in die große Krise von 1965–1967 führte.

IV. Die Rückkehr zum Weltmarkt

Ein wichtiger Aspekt des wirtschaftlichen Wiederaufbaus war die Integration der westdeutschen Wirtschaft in den kapitalistischen Weltmarkt. Die früheren Deutschländer waren nicht sehr erfolgreich darin gewesen, ihre Stellung in der Weltwirtschaft zu definieren. Strategien der offenen Weltmarktkonkurrenz in der Caprivi-Ära und in der Weimarer Republik hatten gewechselt mit Strategien der Abschließung und Eroberung eines kontinentaleuropäischen Wirtschaftsraumes, die zu zwei Weltkriegen führten. Für die Bundesrepublik Deutschland war die Integration in die amerikanische Weltwirtschaft die einzige verbliebene Option, und sie war wirtschaftlich wesentlich erfolgreicher als alle früheren Großmachtträume.

Die Grundlage für die Westintegration wurde durch den Marshallplan von 1948 bis 1952 gelegt. Die Linke hat den Marshallplan zunächst stark bekämpft, nicht nur, weil er die kapitalistische Restauration förderte, sondern auch, weil er Westdeutschland im beginnenden Ost-West-Konflikt festlegte und ein weiterer Schritt zur

6 United Nations, Handbook of International Trade and Development Statistics 1972, New York 1972.

deutschen Spaltung war. Aber SPD und Gewerkschaften stimmten dem Plan schließlich doch zu, weil die wirtschaftlichen Argumente für den Plan in der damaligen Situation übermächtig waren. Insgesamt erhielt Westdeutschland bis 1952 4,0 Milliarden $ an Auslandshilfe: 1,6 Milliarden $ aus dem amerikanischen GARIOA-Programm („Government Appropriations for Relief in Occupied Areas"), 800 Millionen $ aus dem britischen Beitrag und noch einmal 1,6 Milliarden $ aus dem Marshallplan. Rund ein Drittel der Auslandshilfe wurde später zurückgezahlt. In den ersten Nachkriegsjahren wurden hauptsächlich Lebensmittel eingeführt, seit dem Marshallplan dann in größerem Umfang Rohstoffe für die westdeutsche Industrie. Der Marshallplan war verbunden mit Maßnahmen zur wirtschaftlichen Integration in Westeuropa. Die Einfuhrbeschränkungen der Nachkriegsjahre wurden allmählich abgebaut, und 1950 wurde die Europäische Zahlungsunion gegründet zur Erleichterung des internationalen Zahlungsverkehrs.

Die Integration Westdeutschlands in die amerikanische Weltwirtschaft wurde von den alliierten Militärregierungen eingeleitet und von der Bundesregierung weitergeführt. Die Bundesrepublik wurde im Oktober 1949 Vollmitglied in der „Organization for European Economic Cooperation" (OEEC), in der Westdeutschland bis dahin durch die Militärgouverneure vertreten war, trat 1950 dem „General Agreement on Tariffs and Trade" (GATT) bei und 1952 dem Internationalen Währungsfonds (IMF).[7] 1950 wurde ein neuer Zolltarif eingeführt, der nach dem Wegfallen der mengenmäßigen Einfuhrbeschränkungen die einzige Protektionsmaßnahme gegen die internationale Konkurrenz war; im Rahmen des GATT wurden die Zölle schrittweise ermäßigt. Der Wechselkurs der Mark war zuerst auf 3,33 DM für 1 $ festgelegt worden. Nach der Abwertung des britischen Pfundes gegenüber dem Dollar wurde auch die Mark im September 1949 abgewertet auf einen neuen Kurs von 4,20 DM für 1 $. Die Devisenkontrollen wurden allmählich gelockert, und 1958 wurde die volle Konvertierbarkeit der Mark eingeführt. Es war das Ende der Devisenbewirtschaftung, die mit der Währungskrise von 1931 begonnen hatte.

Die europäische Integration, die mit dem Marshallplan angefangen hatte, blieb ein wichtiges Ziel der westdeutschen Außenwirtschaftspolitik. Der Außenhandel der Bundesrepublik war zu einem

7 Vgl. G. Hardach, Deutschland in der Weltwirtschaft 1870–1970, Frankfurt 1977, S. 111–113.

erheblichen Teil Nachbarschaftshandel innerhalb Europas; europäische Länder lieferten 1960 58 Prozent der westdeutschen Einfuhr und nahmen 67 Prozent der westdeutschen Ausfuhr ab.[8] Anfang der fünfziger Jahre wurde ein gemeinsamer westeuropäischer Markt für Kohle und Stahl geschaffen. Die Montanunion war zuerst als ein Mittel internationaler Kontrolle über Westdeutschlands Schwerindustrie gedacht, um vor allem französische Ängste vor einem deutschen wirtschaftlichen Wiederaufstieg zu beschwichtigen; in der Konsequenz hat sie aber eben diesen Wiederaufstieg gefördert. Die verschiedenen Schritte zur westeuropäischen Integration kulminierten 1957 in der Gründung der Europäischen Wirtschaftsgemeinschaft, an der die Bundesrepublik maßgeblich beteiligt war.

Unter der amerikanischen Schirmherrschaft konnte sich die deutsche Exportwirtschaft schnell erholen. Der Anteil der Auslandshilfe an der westdeutschen Einfuhr betrug von 1945 bis 1948 67 Prozent, von 1949 bis 1952 nur noch 16 Prozent.[9] Seit 1952 hatte die Bundesrepublik regelmäßig einen Ausfuhrüberschuß. Deutschlands westliche Nachbarn hatten 1948 die alliierten Pläne für eine Wiederbelebung des westdeutschen Außenhandels mit einiger Besorgnis verfolgt; sie fürchteten, daß sie den Hauptstoß einer westdeutschen Exportoffensive zu tragen haben würden.[10] In der Tat hat sich Westdeutschlands Stellung in der Weltwirtschaft in den fünfziger Jahren dramatisch gewandelt, von einem Protektorat, das mit amerikanischen Hilfslieferungen am Leben gehalten wurde, zu einer der führenden Welthandelsmächte. Bereits 1953 lag die Bundesrepublik im Weltexport an dritter Stelle hinter den USA und England, 1960 an zweiter Stelle hinter den USA.[11] Der Außenhandel nahm wesentlich schneller zu als die Produktion, die internationale Verflechtung wurde intensiver. 1950 exportierte die Bundesrepublik 11 Prozent ihres Bruttosozialproduktes, 1960 21 Prozent; die Importquote stieg im gleichen Zeitraum von 13 Prozent auf 18 Prozent.[12]

8 Statistisches Bundesamt, a.a.O., S. 199–201.

9 Bundesministerium für den Marshallplan, Wiederaufbau im Zeichen des Marshallplanes 1948–1952, Bonn 1953.

10 Das langfristige Programm der Bizone. Bundesarchiv Koblenz Z 8/1943. Berichte über die Diskussion des Programms in der OEEC, ebda., Z 14/124.

11 United Nations, Yearbook of International Trade Statistics 1962, New York 1964, S. 13–15.

12 Statistisches Bundesamt, a.a.O., S. 266.

IV. Keine Experimente

Der Ausgangspunkt der fünfziger Jahre war die Kontinuität der kapitalistischen Wirtschaft, sowohl der Produktionsverhältnisse als auch der materiellen Substanz; die Produktionsanlagen haben durch Krieg und Demontage weniger gelitten als oft angenommen wurde.[13] Unter diesen Voraussetzungen produzierte das Wirtschaftswachstum eine stete Zunahme wirtschaftlicher Macht. Die alliierten Entflechtungsmaßnahmen von Banken, Kohle und Stahl wurden in den fünfziger Jahren schrittweise zurückgenommen; nur die Neuordnung der Chemischen Industrie war von Dauer, wahrscheinlich, weil die alte IG Farbenindustrie selbst nach Meinung führender Industrieller und Bankiers zu groß gewesen war. Das Wettbewerbsgesetz von 1958, nach langen Auseinandersetzungen verabschiedet, hat die Bedeutung von Kartellen und anderen Marktabsprachen eingeschränkt, aber es berührte nicht den Kern der Konzentration durch Unternehmenswachstum und Unternehmenszusammenschlüsse. Die Unternehmenskonzentration war bereits im Ausgangspunkt beträchtlich und hat in den fünfziger Jahren weiter zugenommen. Kapitalakkumulation und -konzentration wurden durch das Investitionsprogramm aus Marshallplan-Mitteln, das Investitionshilfe-Programm von 1952 zugunsten der Schwerindustrie und durch eine kapitalfreundliche Finanzpolitik von staatlicher Seite gefördert. Die Verfügung über das wachsende Kapital blieb das Privileg einer kleinen Minderheit. Man hat geschätzt, daß 1960 die reichsten 1,7 Prozent aller Haushalte 35 Prozent des gesamten Vermögens und 70 Prozent des gewinnbringenden Produktivvermögens besaßen.[14]

Es hatte also doch einen ,,Wiederaufbau" gegeben, nicht den von Kurt Schumacher 1945 geforderten ,,Neubau". Zu diesem Wiederaufbau gehörte auch die personelle Kontinuität; Bankiers und Industrielle, die eng mit dem Naziregime liiert gewesen waren, durften in der Bundesrepublik weiter wirtschaftliche Macht ausüben, bekleideten Ehrenämter und wurden mit Orden dekoriert. Die große Mehrheit der Bevölkerung hat den Wiederaufbau akzeptiert. Die sozialistische Welle der Nachkriegsjahre schlug bald in

13 Abelshauser, a.a.O., S. 20–22.

14 W. Krelle mit J. Schunck und J. Siebke, Überbetriebliche Ertragsbeteiligung der Arbeitnehmer. Mit einer Untersuchung über die Vermögensstruktur der Bundesrepublik Deutschland, Tübingen 1968.

eine breite Zustimmung zur Sozialen Marktwirtschaft um; nicht nur die Regierungspartei, auch der Durchschnittswähler dachte über das Verhältnis des kapitalistischen Wirtschaftssystems zu den staatlichen und sozialen Lebensinteressen des deutschen Volkes in den fünfziger Jahren entschieden anders als noch 1947. Mehr als alles andere hat der wirtschaftliche Erfolg zur Stabilisierung der bürgerlichen Herrschaft beigetragen.

Nach Jahren der Not und Entbehrung hat sich der Lebensstandard in den fünfziger Jahren merklich gebessert. Das monatliche Durchschnittseinkommen der Arbeitnehmer betrug 1950 243 DM. Das entsprach ungefähr dem Realeinkommen der Vorkriegszeit, Löhne und Preise waren jeweils um 60 Prozent höher als in den Jahren vor dem Krieg. Bis 1960 stieg das Monatseinkommen auf 512 DM. Dies bedeutete einen nominalen Anstieg um 111 Prozent, einen realen Anstieg, nach Berücksichtigung der gestiegenen Lebenshaltungskosten, um 76 Prozent. Das wirtschaftliche Wachstum schlug sich nieder in besserer Ernährung, besserer Kleidung und besseren Wohnungen, in den Anfängen einer Motorisierungswelle und einer Reisewelle, im Wiederaufbau und Neubau der Städte. Nach dem Streik der Metallarbeiter in Schleswig-Holstein 1957 wurde die Lohnfortzahlung im Krankheitsfall für Arbeiter eingeführt. Im gleichen Jahr wurde die dynamische Altersversorgung eingeführt, mit der laufenden Anpassung der Renten an die steigenden Einkommen. Die wöchentlichen Arbeitszeiten gingen zurück. Die tarifliche Arbeitszeit war im Durchschnitt aller Berufe 1950 48 Stunden, 1960 44 Stunden. 1956 setzte die IG Metall als erste Gewerkschaft den freien Samstag durch. Der Jahresurlaub wurde allmählich ausgedehnt.

Die Gewerkschaften schwenkten nach den wirtschaftsdemokratischen Forderungen der Nachkriegsjahre in den fünfziger Jahren allmählich auf eine passive Partizipation am kapitalistischen Wirtschaftswachstum ein. Bei größerer Militanz hätten Arbeiter und Angestellte vielleicht mehr erreichen können. Der Anteil der Löhne am Volkseinkommen stieg langsamer als der Anteil der Lohnarbeiter an der Gesamtzahl der Beschäftigten; die Einkommensverteilung änderte sich zugunsten der Gewinne. Das lag zum Teil an der hohen Arbeitslosigkeit, zum Teil aber auch an der ideologischen Integration der Arbeiterschaft und ihrer Organisationen.

Das historische Defizit der fünfziger Jahre waren freilich nicht einige Prozentpunkte in der Einkommensverteilung, über die sich streiten ließe, sondern der grassierende Konformismus. Mit jedem Anstieg des Bruttosozialproduktes stieg auch die Selbstzufriedenheit, daß es immer so weitergehen müsse. Wirtschaftspolitiker und Wirtschaftsexperten versicherten, daß der reißende Strom kapitalistischer Dynamik endgültig gezähmt sei zu einem stillen Kanal gleichgewichtigen Wachstums in einer klassenlosen Gesellschaft. So trieb die Gesellschaft des Wirtschaftswunders bemerkenswert unvorbereitet und hilflos in die bevorstehenden Krisen und Konflikte.

Bibliographie

Abelshauser, W., *Wirtschaftsgeschichte der Bundesrepublik Deutschland 1945–1980*, Frankfurt 1983.

Adamsen, H. R., *Investitionshilfe für die Ruhr*, Wuppertal 1981.

Alemann, U. von, *Neokorporatismus*, Frankfurt 1981.

Altvater, E., J. Hoffmann, J. Semler, *Vom Wirtschaftswunder zur Wirtschaftskrise*, 2 Bde., Berlin 1981–1982.

Ambrosius, G., *Die Durchsetzung der Sozialen Marktwirtschaft in Westdeutschland 1945–1949*, Stuttgart 1977.

Ambrosius, G., *Europäische Integration und wirtschaftliche Entwicklung der Bundesrepublik Deutschland in den fünfziger Jahren,* in: H. Berding (Hrsg.), *Wirtschaftliche und politische Integration in Europa im 19. und 20. Jahrhundert,* Göttingen 1984.

Bundesministerium für den Marshallplan, *Wiederaufbau im Zeichen des Marshallplanes 1948–1952*, Bonn 1953.

Deutsche Bundesbank, *Währung und Wirtschaft in Deutschland 1876–1975*, Frankfurt 1976.

Erhard, L., *Deutschlands Rückkehr zum Weltmarkt*, Düsseldorf 1954.

Erhard, L., *Wohlstand für alle*, Düsseldorf 1957.

Erhard, L., *Deutsche Wirtschaftspolitik*, Frankfurt 1962.

Glastetter, W., *Die Stellung der Bundesrepublik Deutschland in der Weltwirtschaft*, Köln 1973.

Glastetter, W., R. Paulert, U. Spörel, *Die wirtschaftliche Entwicklung in der Bundesrepublik Deutschland 1950–1980,* Frankfurt 1983.

Hardach, G., *Deutschland in der Weltwirtschaft 1870–1970*, Frankfurt 1977.

Hardach, K., *Wirtschaftsgeschichte Deutschlands im 20. Jahrhundert*, Göttingen 1976.

Hüttenberger, P., *Wirtschaftsordnung und Interessenpolitik in der Kartellgesetzgebung der Bundesrepublik 1949–1957*, Vierteljahreshefte für Zeitgeschichte, 24 (1976).

Huffschmid, J., *Die Politik des Kapitals. Konzentration und Wirtschaftspolitik in der Bundesrepublik*, Frankfurt 1969.

König, H. (Hrsg.), *Wandlungen der Wirtschaftsstruktur in der Bundesrepublik Deutschland*, Berlin 1962.

Krelle, W., J. Schunck, J. Siebke, *Überbetriebliche Ertragsbeteiligung der Arbeitnehmer. Mit einer Untersuchung über die Vermögensstruktur der Bundesrepublik Deutschland*, Tübingen 1968.

Neelsen, K., *Wirtschaftsgeschichte der BRD*, Berlin (Ost) 1971.

Ortlieb, H. D., *Das Ende des Wirtschaftswunders*, Wiesbaden 1962.

Ott, E., *Die Wirtschaftskonzeption der SPD nach 1945*, Marburg 1978.

Richter, R. (Hrsg.), *Currency and Economic Reform,* Zeitschrift für die gesamte Staatswissenschaft, 135 (1979).

Richter, R., W. Stolper (Hrsg.), *Economic Reconstruction in Europe: The Reintegration of West Germany*, Zeitschrift für die gesamte Staatswissenschaft, 137 (1981).

Roskamp, K. W., *Capital Formation in West Germany*, Detroit 1964.

Schatz, K. W., *Wachstum und Strukturwandel der westdeutschen Wirtschaft im internationalen Verbund*, Tübingen 1974.

Schwanse, P., *Beschäftigungsstruktur und Wirtschaftswachstum in der Bundesrepublik Deutschland 1950–1963*, Berlin 1963.

Statistisches, Bundesamt, *Bevölkerung und Wirtschaft 1872–1972*, Stuttgart 1972.

Stolper, G., K. Häuser, K. Borchardt, *Deutsche Wirtschaft seit 1870*, Tübingen 1966.

Vogt, W., *Die Wachstumszyklen der westdeutschen Wirtschaft 1950–1965 und ihre theoretische Erklärung*, Tübingen 1968.

Wagner, A., *Die Wachstumszyklen in der Bundesrepublik Deutschland*, Tübingen 1972.

Wallich, H., *Triebkräfte des deutschen Wiederaufstiegs*, Frankfurt 1955.

Welteke, M., *Theorie und Praxis der sozialen Marktwirtschaft*, Frankfurt 1976.

Winkel, H., *Die Wirtschaft im geteilten Deutschland 1945–1970*, Wiesbaden 1974.

Winkler, H. A. (Hrsg.), *Politische Weichenstellungen im Nachkriegsdeutschland 1945–1953*, Göttingen 1979.

Imanuel Geiss

Die außen- und weltpolitischen Rahmenbedingungen

Es ist hier nur möglich, einige Schwerpunkte und Perspektiven der Faktoren zu umreißen, die von außen auf die frühe Bundesrepublik einwirkten und weiterwirken bis in die Gegenwart, in der der Westen wie der Osten in schweren Wirtschafts- und Existenzkrisen stecken. Mehrere Komplexe sind zu berücksichtigen. Zunächst die Entwicklung des Westens und des Ostens vom Höhepunkt des Kalten Krieges bis zum Wendepunkt in die spätere Phase des Übergangs zur friedlichen Koexistenz und der neuen Ostpolitik der sozial-liberalen Koalition, dann die Dekolonisation und die kolonialen Befreiungskriege, u. a. in Vietnam und Algerien, schließlich der allgemeine Wirtschaftsaufschwung in West und Ost, nach den materiellen Verlusten während des Krieges normal und zu erwarten, aber hinüberleitend in eine langfristige Hochkonjunktur mit forcierter Industrialisierung, deren Folgen, die schweren Umweltprobleme, erst den späten sechziger Jahren bewußt werden.

Im Kalten Krieg[1] herrschte noch Geschlossenheit der beiden Blöcke in Ost und West, militärisch ausgedrückt in der Konfrontation von NATO (1949) und Warschauer Pakt (1955), ökonomisch in der Europäischen Wirtschaftsgemeinschaft (1957) und dem Rat für Gegenseitige Wirtschaftshilfe (1955). Damit war auch das geteilte Europa in die Blöcke einbezogen.[2] Für die westliche Vormacht, die USA, begannen die fünfziger Jahre mit dem tiefen Schock über den „Verlust Chinas", also den endgültigen Sieg der kommunistischen Revolution auf dem Festland. Wesentlich als Reaktion auf die Gründung der VR China entstand in den USA der

1 Daniel Yergin: Der zerbrochene Frieden. Der Ursprung des Kalten Krieges und die Teilung Europas. Frankfurt/Main 1979; Wilfried Loth: Die Teilung der Welt. Geschichte des Kalten Krieges 1941–1955. München 1980.

2 Für einen guten Überblick über die Entwicklung im Westen generell, in den wichtigsten westlichen Ländern speziell; auch als erste Einführung in zahlreiche hier berührte Probleme vgl. Alfred Grosser: Das Bündnis. Die westeuropäischen Länder und die USA seit dem Krieg. München 1980.

McCarthyismus,[3] zugleich, freilich abgeschwächter, Reflex des westlichen Verfassungsstaats auf den Stalinismus im kommunistischen Osten, der 1950 noch seinem Höhepunkt zustrebte.[4] In den USA hinterließ der McCarthyismus tiefe Narben, mit Nachwirkungen bis zur Reagan-Administration. Unmittelbare Konsequenz des Verlustes Chinas war der Koreakrieg (1950–53),[5] den die USA noch mit dem Mandat der UNO führten, verstärkt durch zumindest symbolische Truppenkontingente zahlreicher ihrer westlichen Verbündeten. Spätestens das direkte Engagement der VR China für Nordkorea ließ eine globale Bedrohung für den Weltfrieden entstehen, bis hin zur Drohung der USA, gegen China die Atombombe einzusetzen (1950/51). Weltpolitische Rückwirkungen des Koreakriegs waren die Verschärfung des McCarthyismus in den USA, die Krise der Wirtschafts- und Sozialpolitik der ersten Labour-Regierung in England, der Sturz der Regierung Attlee und die Rückkehr der Konservativen unter Winston Churchill an die Macht bis 1964; wirtschaftlich der sog. „Korea-Boom", der sich vor allem für die beiden Industrienationen profitabel auswirkte, die nach dem 2. Weltkrieg zunächst nicht mit eigener Rüstung belastet waren – Japan und die Bundesrepublik. Für beide brachte – in der Bundesrepublik nach Marshall-Plan[6] und Währungsreform (1948)[7] – der Korea-Boom den entscheidenden Schub von der nur zögernden wirtschaftlichen Erholung in die langfristige Hochkonjunktur. Als Kehrseite der Medaille setzte sich die Forderung nach einer bundesdeutschen bzw. japanischen Aufrüstung durch, in beiden Ländern von konservativen Führern, Adenauer und Yoshida vertreten, um für ihre Länder zusätzliches politisches Gewicht zu erzielen.[8] Die westliche Konkurrenz, vor allem England, trat für die

3 Robert Griffith: The Politics of Fear; Joseph R. McCarthy and the Senate. New York 1976.
4 I. Ellenstein: Geschichte des „Stalinismus". Berlin 1977.
5 J. F. Stone: The Hidden History of the Korean War. New York 1952; David Rees: Korea. The Limited War. New York 1964; S. C. A. Marshall: Der Koreakrieg. Stuttgart 1965.
6 H. Claude: Der Marshallplan. Berlin 1949; John Gimbel: The Origins of the Marshall Plan. Stanford (Calif.) 1976.
7 Hans Roeper: Geschichte der D-Mark. Frankfurt/M. 1968.
8 Nur für die Bundesrepublik vgl. Klaus v. Schubert: Wiederbewaffnung und Westintegration. Die innere Auseinandersetzung um die militärische und außenpolitische Orientierung der Bundesrepublik. Stuttgart 1970.

Wiederaufrüstung ein, um Deutschland und Japan mit dem vollen Gewicht von Militär- und Rüstungslasten zu befrachten.

Der Koreakrieg endete erst 1953, nach Stalins Tod, nach der monolithischen Ein-Mann-Diktatur, im Zeichen innenpolitischer Labilität, in der UdSSR wie im Ostblock. Das ,,Tauwetter" in der UdSSR und im Ostblock insgesamt setzte nach den forcierten Kampagnen des Stalinismus, der Bodenreform, Verstaatlichung, Zwangskollektivierung der Landwirtschaft, vorübergehend oppositionelle Kräfte frei, die in dem ideologisch exponiertesten, national am wenigsten zufriedengestellten und im Vergleich zur Vorkriegszeit und zum Westen ökonomisch relativ am schlechtesten versorgten Land zuerst durchbrachen, in der DDR. Der Arbeiteraufstand vom 17. Juni 1953 läßt sich ganz aus internen Gründen erklären,[9] zumal er nur Auftakt zu ähnlichen Eruptionen in anderen Ländern des Ostblocks war – in Ungarn und Polen (1956), jeweils unter Bedingungen der weitergegangenen Entstalinisierung, also ebenfalls eines internen Ostblock-Faktors. Der Aufstand ließ sich nur mit Hilfe sowjetischer Panzer niederschlagen, zeigte aber für einen kurzen Augenblick die wahren Gefühle der DDR-Bevölkerung gegenüber einem von außen auferlegten System, fortgesetzt durch die andauernde ,,Abstimmung mit den Füßen" (Lenin) bis zur Errichtung der Mauer am 13. August 1961.[10] Die Mauer brachte nur punktuelle Liberalisierung der DDR, wenigstens nach innen, bis zur völkerrechtlichen Anerkennung der DDR um 1970, die aber sofort wieder mit einer erneuten ,,Abgrenzung" gekoppelt wurde. Das Weitergehen der ,,Entstalinisierung" in der UdSSR mit dem Höhepunkt der Chruschtschow-Geheimrede vor dem XX. Parteitag führte 1956 zu den Explosionen in Ungarn und Polen, beide zeitlich verschränkt mit dem zweiten Nahostkrieg und der mit ihm synchronisierten anglo-französischen Aktion gegen Ägypten und den Suezkanal (1956).[11] Damals stand die Welt vorübergehend am Rande eines dritten Weltkriegs. Zum erstenmal spielte dabei, als die UdSSR den Einsatz von Fernraketen androhte, um England

9 Arnulf Baring: Der 17. Juni 1953. Köln 1965.

10 Jürgen Rühle/Gunter Holzweissig: 13. August 1961. Die Mauer von Berlin. Berlin 1981.

11 Charles L. Cooper: The Lion's Last Roar: Suez 1956. New York 1978; Abel Thomas: Comment Israel fut sauvé. Les secrets de l'expédition de Suez. Paris 1978.

und Frankreich zur Räumung von Suez zu zwingen, die Drohung mit Raketen eine Rolle.

Die Bewegungen in Polen und Ungarn ließen, erstmals seit Jugoslawiens Ausscheiden aus dem Ostblock (1948)[12], nationale Faktoren in staatlich ungeteilten Staaten gegen die großrussische Hegemonie der UdSSR sichtbar durchschlagen, ausgelöst und verstärkt durch ökonomische Schwierigkeiten und Unzufriedenheit über die Versorgung. Verlauf und Ergebnisse der Bewegungen in Polen und Ungarn waren unterschiedlich, lassen sich aber wie vergleichbare Ereignisse vorher (DDR, 1953) und später (ČSSR, 1968; Polen, 1970, 1976, 1980/81) auf einen gemeinsamen strukturellen Nenner zurückführen: mangels fehlender verfassungsmäßiger Institutionen, einer wirklich öffentlichen Meinung und politisch erlaubter Möglichkeiten zum geregelten und politischen Austrag von in komplexen Gesellschaften unvermeidlichen politischen Differenzen und Spannungen sind im kommunistischen System offenbar periodische innere Konflikte vorprogrammiert, die überfällige Veränderungen mit Gewalt herbeizuführen versuchen. Die tieferen Gründe sind nicht bei ,,imperialistischen Agenten" und ihren ,,Provokationen" sowie ,,subversiver Propaganda" zu finden, sondern in den Strukturmängeln des ,,realen Sozialismus" selbst.

Ungarn erlebte im Oktober 1956 zunächst den Sieg einer nationalen Revolution, die aber von einer sowjetischen Militärintervention wieder zerschlagen wurde, als Ungarn den Austritt aus dem Warschauer Pakt ankündigte.[13] Nach einem Blutbad führte Kadar etwa von 1960 an allmählich durch behutsame Liberalisierung zahlreiche Elemente westlichen Wirtschaftens mit entsprechender relativ großer Gedankenfreiheit ein, so daß Ungarn heute der einzige wirklich ökonomisch prosperierende und im Innern erheblich flexible kommunistische Staat ist. Polen dagegen konnte im ,,Polnischen Oktober 1956" eine tiefgreifende Umwälzung und den offenen Konflikt mit der sowjetischen Hegemonialmacht vermeiden.[14]

12 Zum Titoismus und seinen Konsequenzen vgl. A. R. Johnson: A Transformation of Communist Ideology. The Yugoslav Case. 1945–1953. Cambridge (Mass.) 1972.

13 Agnes Heller/Ferénc Fehér: Ungarn '56. Geschichte einer antistalinistischen Revolution. Hamburg 1982.

14 Konrad Syrup: Spring in October. The Story of the Polish Revolution 1956. New York 1957; allgemein zur Nachkriegsentwicklung in der Volksrepublik Polen vgl. auch Peter Raina: Political Opposition in Poland 1954–1977. London 1978.

Dafür wurden die bescheidenen Reformen unter Gomulka allmählich wieder zurückgenommen oder von der Staatspartei erstickt, so daß es zu neuen Ausbrüchen kam – in Danzig und Stettin 1970, in Radom und Ursus 1976; von Danzig ging 1980 die offene Staats- und Regimekrise aus. So bereitete sich in Polen seit 1956 jener Bankrott des „realen Sozialismus" vor, der, kombiniert mit den Auswirkungen der generellen Strukturschwächen des Kommunismus sowie der sowjetischen Militärintervention in Afghanistan,[15] heute die Sowjetunion und den Sowjetkommunismus in eine Existenzkrise gestürzt hat.

Noch vor den Ausbrüchen in Polen und Ungarn 1956 lagen Dien Bien Phu und die Genfer Indochina-Konferenz von 1954, die ein Stück Krise des Westens vorbereiteten – Dekolonisation und koloniale Befreiungskriege. Ausgehend von Indien, hatte die Dekolonisation unmittelbar nach dem Zweiten Weltkrieg bis dahin nur asiatische Kolonien des Britischen Empire und Commonwealth erfaßt – Indien, Pakistan, Ceylon, die alle im Commonwealth blieben, dazu Burma, das sofort als Republik austrat.[16] Frankreich führte seinen kolonialen Rückeroberungskrieg zur Wiederunterwerfung Vietnams seit 1946[17] anfangs mit Unterstützung der KPF. Ein paralleler kolonialer Rückeroberungskrieg der Niederlande war im benachbarten Indonesien schon 1949 unter Druck der USA gescheitert. Nach dem Sieg der chinesischen Revolution (1949) erhielt der Vietminh aus China so viel an militärischer Hilfe durch Lieferungen von Versorgungsgütern und Waffen, daß die französische Stellung nach der Niederlage von Dien Bien Phu zusammenbrach. Die von der Genfer Indochina-Konferenz 1954 vorgesehene Teilung Vietnams in Süd- und Nordvietnam war nur als provisorische gedacht, aber die USA hintertrieben durch ihr Satellitenregime Ngo Dinh Diem die für 1956 vorgesehenen allgemeinen Wahlen in ganz Vietnam. Der von Diem 1958 provozierte Bürgerkrieg leitete mit der US-Intervention (1964/65) von der französischen zur

15 Heinrich Vogel (Hrsg.): Die sowjetische Intervention in Afghanistan. Die Entstehung einer weltpolitischen Krise. Baden-Baden 1980; Said M. Saming: Hintergründe der sowjetischen Invasion in Afghanistan. Bochum 1981; Nancy Peabody Newell/Richard S. Newell: The Struggle for Afghanistan. London 1981.

16 Henri Grimal: La décolonisation, 1919–1963. Paris 1963; Franz Ansprenger: Auflösung der Kolonialreiche. München[4] 1981.

17 Peter Scholl-Latour. Der Tod im Reisfeld. 30 Jahre Krieg in Indochina. Stuttgart 1980.

amerikanischen Phase des Vietnamkriegs über,[18] der mit der Zerstörung und 1975 mit der Wiedervereinigung des Landes endete, aber auch mit einem moralischen und militärischen Debakel für die USA. Ihre Parole „Butter *und* Kanonen", die sie Anfang 1965 leichtfertig proklamierte, erwies sich als katastrophaler Fehlschlag für die Wirtschaft und die Weltwirtschaft insgesamt, weil seitdem die Weltinflation einen vielleicht entscheidenden zusätzlichen Schub erhielt.

Direkt als Folgereaktion auf die militärische Niederlage Frankreichs von Dien Bien Phu begann in Algerien am 1. November 1954 der nationale Unabhängigkeitskrieg,[19] mit tiefen Rückwirkungen auf Frankreich, den Nahen Osten und Afrika: Um Ballast abzuwerfen und ähnlichen Entwicklungen wie in Algerien vorzubeugen, gewährte Frankreich den Algerien benachbarten Territorien Marokko und Tunesien in rascher Folge Autonomie (1955) und Unabhängigkeit (1956), später auch seinen Kolonien südlich der Sahara (1956/60). Frankreich leitete damit, gewiß wider Willen, im Zuge der gerade anlaufenden Dekolonisation Afrikas jenes spektakuläre „Jahr Afrikas" ein, das 1960 die sechziger Jahre eröffnete. Schon vorher hatten der Sturz der Monarchie in Ägypten (1952) und die sog. „Mau-Mau-Bewegung"[20] eine tiefgreifende Gärung in Afrika eröffnet, die über die Unabhängigkeit Ghanas (1957) und Guineas (1958) zu den Unruhen in Belgisch-Kongo führten. Ein Motiv für die Beteiligung Frankreichs an der Suez-Aktion 1956 war die Tatsache, daß Ägypten unter Nasser die algerische Revolution stützte, so daß Frankreich unter dem sozialistischen Ministerpräsidenten Guy Mollet hoffte, mit Ägypten auch die nationale Bewegung Algeriens ausschalten zu können. Der zweite Nahostkrieg von 1956 und die anglo-französische Suez-Aktion brachten eine weitere Zuspitzung des chronischen Nahostkonflikts, aus dem immer noch jederzeit der Funke zu einem dritten Weltkrieg hervorspringen kann.

Generell läßt sich seit der „Dekolonisation als Auflösung der Kolonialreiche" (Ansprenger), jetzt auch in Afrika, der Beginn der

18 Philippe Devillers/Jean Lacouture: Viet Nam: De la guerre française à la guerre américaine. Paris ^{2}1969.

19 Hartmut Elsenhans: Frankreichs Algerienkrieg: 1954–1962. München 1974.

20 J. T. Johnson: The Mau-Mau-Insurgency: A Guerilla and Counter-Guerilla-Study. New York 1967; Robert Buijtenhuis: Le mouvement Mau-Mau. Une révolte paysanne et anti-coloniale en Afrique noire. Den Haag, Paris 1971.

postkolonialen Krisen ablesen, die früher oder später im Westen mehr oder weniger schwer durchschlugen – in den Niederlanden, die am frühesten ihr Kolonialreich verloren, am mildesten, verspätet nur gewissermaßen mit der Ambonesen-Krise erst in den siebziger Jahren. Für Belgien bedeutete der plötzliche Verlust des Belgisch-Kongo einen solchen ökonomischen Rückschlag, daß die Regierung ihn nur durch massive Preiserhöhungen glaubte auffangen zu können (1960) – um die Jahreswende 1960/61 Anlaß zum schwersten Generalstreik der belgischen Geschichte. Frankreich schleppte sich während des ganzen Vietnam-, später Algerienkrieges von einer Regierungskrise zur anderen, mußte mit Inflation, Währungsreform und innerer Demoralisierung für seine Kolonialkriege zahlen, mit dem Sturz der IV. Republik und Umsturzversuchen der rechtsextremen OAS gegen die V. Republik, bis de Gaulle Algerien im Vertrag von Evian freigab (1962).

Englands Abstieg von seiner einst führenden Position als See-, Industrie- und Wirtschaftsmacht seit dem Zweiten Weltkrieg, genauer: sogar schon seit dem Ersten Weltkrieg, war in den fünfziger Jahren längst in vollem Gange, ohne jedoch auch das Bewußtsein der Briten zu erreichen. Aber ein Symptom, das seit kurzem zum buchstäblich brennenden Problem geworden ist, trat in den späten fünfziger Jahren schon offen zu Tage – die Unruhen in Notting Hill Gate, einem Stadtteil Londons, kündigten spätere, viel heftigere Explosionen aus strukturell denselben Gründen an. Auf Notting Hill Gate 1958 folgte in den USA die Serie der „Heißen Sommer" (1964–68), parallel zur „Eskalation" des amerikanischen Engagements in Vietnam, während in England scheinbar alles ruhig in den sich formierenden „Ghettos" der britischen Industrie- und Hafenstädte blieb, bis zum Sommer 1981. Die USA erlebten ihre postimperiale Krise gleichsam mit dem Auflaufen und Scheitern in Vietnam.

Schließlich markierte der Sieg Fidel Castros auf Kuba um die Jahreswende 1959/60 eine neue Qualität in den Prozessen der dritten Welt, jetzt ausgedehnt auf Lateinamerika, das bis dahin die unangefochtene Domäne der USA gewesen war: Sieg einer antiimperialistischen Revolution, die, vermutlich nur beschleunigt durch drastische amerikanische Boykottmaßnahmen, relativ rasch in ökonomische und ideologische Abhängigkeit von der UdSSR geriet. Inzwischen leistet Kuba in Afrika schon längst mit „Freiwilligen" und Technikern revolutionäre Hilfe für Angola, Mozambique und Äthiopien; Analoges unterstellen die USA auch für Lateinamerika, Nicaragua und El Salvador. Das runde Dutzend Staaten, das seitdem eher dem Weg Kubas gefolgt ist, Vietnam, Laos und Kambodscha eingeschlossen, erlebte die Dialektik sozialistischer Revolutionen – ökonomischer Rückgang im Einparteienstaat, wachsende Abhängigkeit von der UdSSR, Unterdrückung des friedlichen Wandels, während sich Afghanistan seit 1979 gegen die Umwandlung in eine kommunistische Volksdemokratie wehrt.

China begann das Jahrzehnt mit der Intervention in den Koreakrieg (1950). Nach einer anfänglichen Konsolidierung stürzte es sich in das Wechselbad unterschiedlich akzentuierter Kampagnen. Eine liberale Phase „Laßt 100 Blumen blühen"[21] von 1956 wurde rasch abgelöst von der linksradikalen Phase des „Großen Sprungs" (1958), in der sich die späteren Wirren der „Kulturrevolution", aber auch schon der Bruch mit der UdSSR vorbereitete.

Generell erlebten die Entwicklungsländer, unter anderem dank der erhöhten Rohstoffpreise im „Korea-Boom", in den fünfziger Jahren eine Epoche relativer Prosperität, verglichen zum Verfall der Rohstoffpreise in den sechziger Jahren und dem massiven Anstieg der Ölpreise seit 1973. Überall aber zeichneten sich bereits neue schwere Probleme ab – Bevölkerungsexplosion, Bodenerosion, wachsende Kluft zwischen Industrie- und Rohstoffländern. Zunächst aber drängten auch die neuen Eliten der Kolonialländer, später der unabhängigen Länder, auf ein möglichst rasches Tempo der Industrialisierung, ohne Rücksicht auf ökologische Konsequenzen. Die gerade anlaufende industrielle Nutzung der Kernenergie galt als konstruktive friedliche Alternative zur Ausbreitung der Atomwaffen, die sich gerade von der „einfachen" Atombombe zur Wasserstoffbombe gesteigert hatten, parallel zur beginnenden Entwicklung der Raketenwaffen, eingeleitet durch den Start des sowjetischen „Sputnik" (1957), den Sputnik-Schock in den USA und den daraufhin entbrennenden Raketenwettlauf zum Mond zwischen USA und UdSSR, der uns in die Aporie der frühen achtziger Jahre geführt hat – eine sich schier überschlagende Super-Rüstung mit mehrfachem Overkill, die ökonomisch im Grunde nicht mehr zu ertragen ist, weder im Osten noch im Westen.

21 Roderick McFarquhar: The Hundred Flowers Campaign and the Chinese Intellectuals. New York 1960.

Bibliographie

Ansprenger, Franz, *Auflösung der Kolonialreiche*, München 1966/⁴1981.

Baring, Arnulf, *Der 17. Juni 1953*, Köln 1965.

Buijtenhuis, Robert, *Le mouvement Mau-Mau. Une révolte paysanne et anti-coloniale en Afrique noire*, Den Haag, Paris 1971.

Claude, H., *Der Marshallplan*, Berlin 1949.

Cooper, Charles L., *The Lion's Last Roar: Suez 1956*, New York 1978.

Devillers, Philippe u. Lacouture, Jean, *Viet Nam: De la guerre française à la guerre américaine,* Paris ²1969.

Ellenstein, J., *Geschichte des „Stalinismus"*, Berlin 1977.

Elsenhans, Hartmut, *Frankreichs Algerienkrieg: 1954–1962*, München 1974.

Farquhar, Roderick Mc, *The Hundred Flowers Campaign and the Chinese Intellectuals*, New York 1960.

Gimbel, John, *The Origins of the Marshall Plan*, Stanford (Calif.) 1976.

Griffith, Robert, *The Politics of Fear; Joseph R. McCarthy and the Senate*, New York 1976.

Grimal, Henri, *La décolonisation, 1919–1963*, Paris 1963.

Grosser, Alfred, *Das Bündnis. Die westeuropäischen Länder und die USA seit dem Krieg*, München 1980.

Heller, Agnes u. Fehér, Ferénc, *Ungarn 1956. Geschichte einer antistalinistischen Revolution*, Hamburg 1982.

Johnson, A. R., *A Transformation of Communist Ideology. The Yugoslav Case. 1945–1953*, Cambridge (Mass.) 1972.

Johnson, J. T., *The Mau-Mau Insurgency: A Guerilla and Counter-Guerilla-Study*. New York 1967.

Loth, Wilfried, *Die Teilung der Welt. Geschichte des Kalten Krieges 1941–1955*, München 1980.

Marshall, S. C. A., *Der Koreakrieg*, Stuttgart 1965.

Newell, Nancy Peabody u. Richard S., *The Struggle for Afghanistan*, London 1981.

Raina, Peter, *Political Opposition in Poland 1954–1977*, London 1978.

Rees, David, *Korea. The Limited War*, New York 1964.

Roeper, Hans, *Geschichte der D-Mark*, Frankfurt/M. 1968.

Rühle, Jürgen u. Holzweissig, Gunter, *13. August 1961. Die Mauer von Berlin*, Berlin 1981.

Saming, Said M., *Hintergründe der sowjetischen Invasion in Afghanistan*, Bochum 1981.

Scholl-Latour, Peter, *Der Tod im Reisfeld. 30 Jahre Krieg in Indochina*, Stuttgart 1980.

Schubert, Klaus v., *Wiederbewaffnung und Westintegration. Die innere Auseinandersetzung um die militärische und außenpolitische Orientierung der Bundesrepublik*, Stuttgart 1970.

Stone, J. F., *The Hidden History of the Korean War*, New York 1952.

Syrup, Konrad, *Spring in October. The Story of the Polish Revolution 1956*, New York 1957.

Thomas, Abel, *Comment Israel fut sauvé. Les secrets de l'expédition de Suez*, Paris 1978.

Vogel, Heinrich (Hrsg.), *Die sowjetische Intervention in Afghanistan. Die Entstehung einer weltpolitischen Krise*, Baden-Baden 1980.
Yergin, Daniel, *Der zerbrochene Frieden. Der Ursprung des Kalten Krieges und die Teilung Europas*. Frankfurt/Main 1979.

PETER RÖMER

Die Verfassungsentwicklung in den fünfziger Jahren

1

Am Anfang war das Wort. Das Wort des Grundgesetzes der Bundesrepublik Deutschland vom 23. Mai 1949. So könnte man wohl beginnen, wenn man die Verfassungsentwicklung in den fünfziger Jahren darstellen will. Und es wäre dann zu untersuchen, wie dieses Gesetz zustandegekommen ist – daß also jene Expertenkommission auf Herrenchiemsee, berufen von den Ministerpräsidenten der Länder, zunächst einen Entwurf erstellte; daß auf dieser Grundlage der Parlamentarische Rat das Grundgesetz formulierte, welches dann von den Landtagen der Länder beschlossen wurde. Geprüft werden müßte, wie dieses Wort der Verfassung, das gelten will, sich in der rechtlichen, der gesellschaftlichen und politischen Wirklichkeit durchgesetzt hat und somit wirksam geworden ist. Es wäre ferner zu fragen, wie dieses Wort der Verfassung interpretiert wird durch Lehre und Rechtsprechung und in welchem Maße es im Laufe der fünfziger Jahre durch verfassungsänderndes Gesetz selbst abgeändert oder aufgehoben worden ist.

Aber läßt sich vom Wortlaut des Verfassungsgesetzes ausgehend die Verfassungsentwicklung wirklich zutreffend beschreiben und analysieren? In einer der ersten verfassungsrechtlichen Analysen des Grundgesetzes wurde ein anderer Beginn gewählt. „Am Anfang", so heißt es bei Friedrich Giese, „Am Anfang war die Weisung".[1] Mit einem solchen Beginn wird nicht lediglich auf eine historisch frühere Phase im Prozeß der Verfassungsgesetzgebung zurückgegriffen. Der Hinweis auf die Weisung, die am Anfang gestanden habe, will vielmehr verdeutlichen, daß die Entwicklung der Verfassung der Bundesrepublik Deutschland durch rechtliche und politische Kräfte maßgebend bestimmt war, von denen der Wortlaut des Grundgesetzes nichts oder eher Irreführendes zu sagen weiß. Bei der Weisung, die am Anfang gestanden haben soll,

1 F. Giese, Grundgesetz für die Bundesrepublik Deutschland, staatsrechtlich erläutert, 1. Aufl. 1949, ebenso 4. ergänzte Aufl., Frankfurt/M. 1955, S. 1.

handelt es sich um die Weisung der westlichen Besatzungsmächte an die Ministerpräsidenten ihrer Besatzungszonen, eine Verfassung auszuarbeiten, deren wichtigste inhaltliche Bestimmungen ebenfalls vorgegeben wurden.[2] In der Präambel des Grundgesetzes heißt es, das deutsche Volk in den Ländern Baden, Bayern usw. habe kraft seiner verfassungsgebenden Gewalt dieses Grundgesetz der Bundesrepublik Deutschland beschlossen. Nun, was diese verfassungsgebende Gewalt betrifft, so bestand sie weder staats- oder völkerrechtlich noch etwa gar faktisch. Der Absonderlichkeiten gibt es aber noch erheblich mehr. Denn wofür sollte denn diese Verfassung geschaffen werden? Auch hier scheint die Beantwortung dieser Frage so naheliegend, daß man fast an der Berechtigung der Fragestellung zweifeln könnte. Wofür denn anders als für einen Staat? Indes, hier verweist die Präambel des Grundgesetzes selbst ihrem Wortlaut nach darauf hin, daß es so einfach nicht gewesen ist. Dort wird gesagt, das deutsche Volk habe dieses Grundgesetz beschlossen, um dem „staatlichen Leben eine neue Ordnung zu geben". Das ist sehr zurückhaltend formuliert, und zwar aus gutem Grund. Bereits darüber, ob man denn einen Staat schaffen wolle, differierten die Ansichten bei den maßgebenden politischen Kräften in den westlichen Besatzungszonen. Die westdeutschen Ministerpräsidenten sträubten sich anfänglich dagegen, eine Verfassung auszuarbeiten, weil durch die Gründung eines westdeutschen Teilstaates die Einheit Deutschlands zerstört werden würde.[3] Allenfalls wollte man ein Provisorium schaffen, eine

2 Die „Frankfurter Dokumente", in denen diese „Weisung" enthalten war, sind u. a. abgedruckt bei: H.-J. Ruhl, Neubeginn und Restauration. Dokumente zur Vorgeschichte der Bundesrepublik Deutschland 1945–1949, München 1982, S. 469 ff. und U. Mayer, G. Stuby, Hrsg., Die Entstehung des Grundgesetzes. Beiträge und Dokumente, Köln 1976, S. 316 ff. Vgl. zur Entstehungsgeschichte des Grundgesetzes auch: W. Benz, Hrsg., Bewegt von der Hoffnung aller Deutschen. Zur Geschichte des Grundgesetzes. Entwürfe und Diskussionen 1941–1949, München 1949; Westdeutschlands Weg zur Bundesrepublik 1945–1949, Beiträge von Mitarbeitern des Instituts für Zeitgeschichte, München 1976; J. Becker, Th. Stammen, P. Waldmann, Hrsg., Vorgeschichte der Bundesrepublik Deutschland. Zwischen Kapitulation und Grundgesetz, München 1979; H. K. Rupp, Politische Geschichte der Bundesrepublik Deutschland, 2. erweiterte Aufl., S. 15 ff.; s. ferner: H. G. Lehmann, Chronik der Bundesrepublik Deutschland 1945/49–1981, München 1981.

3 Vgl. Th. Stammen, G. Maier, Der Prozeß der Verfassungsgebung, in: Deutschlands Weg, a.a.O., S. 381 ff.

Art Staatsfragment. Auch im Parlamentarischen Rat, der das Grundgesetz ausgearbeitet hat, wurde die Provisoriumstheorie vertreten, vor allem von der SPD; dann allerdings stimmte sie doch zu, mehr als lediglich ein Verwaltungsstatut zu beschließen, und fand sich bereit, eine vollgültige Verfassung auszuarbeiten.

Aber unabhängig von dem Wollen der Deutschen blieb die Tatsache unverändert, daß ein Staat, zu dessen Begriffsmerkmalen die staatliche Gewalt, die staatliche Souveränität gehört, nicht geschaffen werden konnte. Aufgrund der bedingungslosen Kapitulation lag die Souveränität eindeutig bei den Besatzungsmächten.[4] Die Weisung, eine Verfassung zu schaffen, beinhaltete keineswegs den Verzicht auf diese Souveränität, falls der Prozeß der Verfassungsgebung abgeschlossen sein sollte. Das Besatzungsstatut vom 10. April 1949 bestimmte denn auch, daß in Ausübung der obersten Gewalt, welche die Regierungen Frankreichs, der Vereinigten Staaten und des Vereinigten Königreichs beibehielten, auf zahlreichen Gebieten Befugnisse ausdrücklich vorbehalten würden. Dazu gehörten insbesondere die Abrüstung und Entmilitarisierung; die Kontrollen hinsichtlich der Ruhr; die Reparationen; die Dekartellisierung; die gesamten auswärtigen Angelegenheiten einschließlich der internationalen Abkommen, die von Deutschland oder für Deutschland abgeschlossen würden; die Kontrolle über den Außenhandel und Devisenverkehr usw. Darüber hinaus wurde erklärt, daß die Regierungen zwar hofften und erwarteten, die Besatzungsbehörden würden keinen Anlaß haben, auf anderen Gebieten als auf den ihnen oben ausdrücklich vorbehaltenen einzugreifen, die Besatzungsbehörden sich aber das Recht vorbehielten, auf Weisung ihrer Regierungen die Ausübung der vollen Gewalt ganz oder teilweise wieder zu übernehmen, wenn sie dies als wesentlich ansähen für die Sicherheit oder die Aufrechterhaltung der demokratischen Regierung in Deutschland.

Aber der Fragen ist damit noch kein Ende. Stand denn statt des Wortes nun die Weisung wirklich am Anfang? Oder war es nicht doch der Wille? Sicherlich nicht der Wille des deutschen Volkes unmittelbar; auch nicht des unter dem westlichen Besatzungsregime lebenden deutschen Volkes. Dies Volk selbst ist nicht als Ver-

4 Vgl. K. Doehring, Das Staatsrecht der Bundesrepublik Deutschland unter besonderer Berücksichtigung der Rechtsvergleichung und des Völkerrechts, Frankfurt/M. 1976, S. 49 ff.

fassungsgesetzgeber tätig geworden. Das Grundgesetz ist von den Landtagen beschlossen worden. Von Landtagen, die gewählt worden waren, als nicht ersichtlich war, daß zu ihrer Aufgabe auch der Erlaß einer Verfassung gehören würde. Aber dennoch war ein Wille der maßgebenden politischen Kräfte in der Bundesrepublik vorhanden, dieser Weisung nach anfänglichem, sehr kurzen Zögern Folge zu leisten. Und trotz der Vorgaben der Besatzungsmächte und gelegentlicher Interventionen von ihnen in den Prozeß der Verfassungsgebung kann man sagen, das staatsrechtliche Werk der Errichtung des westdeutschen Gesamtstaates und seiner Ausstattung mit einer Verfassungsurkunde habe in deutscher Hand gelegen. Es ist eben nicht so gewesen, daß hier eine Verfassung mit all ihren Einzelbestimmungen etwa oktroyiert worden wäre. Die einmal erlassene Verfassung ist denn auch, obwohl nicht durch Volksabstimmung beschlossen, von fast allen Seiten und zur Gänze akzeptiert worden. Sie war von Anfang an die unbestrittene rechtliche Grundlage des neuen Staates.[5]

Worauf richtete sich dieser Wille, der als stärkste Komponente in einer Vielzahl von Willensbildungsprozessen oder als Kompromiß unterschiedlicher politischer Willen seinen Ausdruck im Grundgesetz fand? Zunächst einmal darauf, daß ein Staat geschaffen werde, und das konnte nach Lage der Dinge nur ein westdeutscher Separatstaat sein. Wie stark, insgesamt gesehen, der gemeinsame politische Wille in diese Richtung, trotz des partiellen Widerstrebens der SPD war, zeigt bereits die Tatsache, daß im Grundgesetz die außerordentlich großen Einschränkungen westdeutscher Staatlichkeit nicht zur Kenntnis genommen werden. Der Wille ging ferner dahin, sich an den Verfassungstypen der westlichen, parlamentarischen, demokratischen Demokratien zu orientieren; der Wille bezog sich weiterhin darauf, die nach 1945 erhalten gebliebenen bzw. restaurierten ökonomischen und sozialen Verhältnisse in ihrem Bestand zu bestätigen. Dabei sollte aber nicht, und darin zeigt sich der Kompromißcharakter dieser politischen Entscheidung, der Weg zu einer Umbildung dieser Verhältnisse in den poli-

5 Vor dem Erlaß des Grundgesetzes zeigte sich allerdings in der Volkskongreßbewegung, daß relevante Teile der Bevölkerung gegen die Konzeption einer separaten Weststaatlösung waren; vgl. Th. Pirker, Die verordnete Demokratie. Grundlagen und Erscheinungen der „Restauration", Berlin 1977, S. 84 ff., S. 119 ff.; R. Badstübner, S. Siegfried, Restauration und Spaltung. Entstehung und Entwicklung der BRD 1945–1955, Köln 1975, S. 277 ff.

tischen und rechtlichen Verfahrensweisen, wie sie das Grundgesetz vorsieht, verbaut werden. Wort, Weisung, Wille oder anders formuliert: die Geltungskraft der Verfassung, die Macht der westlichen Siegerstaaten und die politische Kraft der in Westdeutschland führenden politischen und sozialen Schichten: das waren die Faktoren, die die Verfassungsentwicklung in den fünfziger Jahren bestimmen sollten. Aus dem Kräftespiel dieser Faktoren, ihrem Miteinander und Gegeneinander entstand die Bundesrepublik Deutschland.

2

Innerhalb der großen Parteien bestand Einigkeit darüber, daß es die Hauptaufgabe sei, die deutsche Souveränität wiederzuerlangen und die Beschränkungen deutscher Staatlichkeit durch die Besatzungsmächte abzubauen. Wie dies zu geschehen habe, darüber dissentierten die SPD und die CDU. Die SPD hielt grundsätzlich an der gesamtdeutschen Option fest und befürwortete die Wiedererrichtung Deutschlands in einem – möglicherweise auch neutralisierten – Gesamtdeutschland. Die CDU und die übrigen Kräfte des bürgerlichen Lagers setzten auf die Integration eines westlichen Teilstaates in das wirtschaftliche, politische und militärische System des Westens und akzeptierten den mit dieser Integration verbundenen Verzicht auf Wiedererlangung der *vollen* Souveränität.

Bei der Schaffung des Grundgesetzes und der Errichtung der Bundesrepublik Deutschland waren die Weichen bereits klar in Richtung auf die Verwirklichung der Zielvorstellungen der CDU gestellt. Darüber täuschte sich die SPD unter der Führung Schumachers. Die Restaurierung der alten Eigentumsverhältnisse, der Marshall-Plan, die separate westliche Währungsreform, vor allem aber die Tatsache, daß die SPD, wenn auch nach anfänglichem Zögern und mit einigen Vorbehalten, deren Spuren noch im Grundgesetz zu finden sind, der Gründung der Bundesrepublik Deutschland zugestimmt hatte: all diese Faktoren bewirkten, daß sich die politische Konzeption der CDU durchsetzen konnte.

Die CDU konnte in jeder Hinsicht in Übereinstimmung mit der führenden westlichen Macht, den USA, handeln. Der strikte Antikommunismus und Antisowjetismus der SPD mußte sie demgegenüber auch in der Erreichung derjenigen Ziele behindern, die eine Übereinstimmung mit der Sowjetunion hätten bedeuten können, vor allem in der Wiederherstellung Gesamtdeutschlands. Der demagogische Vorwurf gegenüber der SPD, sie sei ein Handlanger der UdSSR, vermochte sie gerade wegen ihres Antisowjetismus tief zu treffen und verhinderte eine klare, auf die Kooperation mit der UdSSR gerichtete Politik, ohne die ein Gesamtdeutschland nicht zu schaffen war. Ihr Antikommunismus schloß jede Möglichkeit eines Bündnisses mit der KPD aus; einer KPD, die sich unter Umständen als Transmissionsriemen für die Aussöhnung mit der UdSSR hätte anbieten können. Der CDU unter der Führung von Adenauer gelang es demgegenüber, das bürgerliche Lager zu vereinen und die auf die gesamtdeutsche Politik orientierten Kräfte auszuschalten.

Klassischem machtpolitischen Denken gemäß ist souverän,[6] wer nach außen über Krieg und Frieden und nach innen über den Ausnahmezustand entscheiden kann. Das Grundgesetz enthielt zwar zahlreiche Vorschriften über den Schutz der Verfassung und der verfassungsmäßigen Ordnung; aber eine ausgearbeitete Notstandsverfassung enthielt es nicht und sollte es nach dem Willen des Parlamentarischen Rates auch nicht enthalten. Die Erfahrung mit Art. 48 der Weimarer Reichsverfassung, dessen Handhabung durch den Reichspräsidenten entscheidend zur Auflösung des Weimarer Verfassungssystems beigetragen hatte, schreckte.

Die Ausnahmebefugnisse standen gemäß dem Besatzungsstatut den Besatzungsmächten zu. Auch nach Beendigung des Besatzungsregimes blieben diese vorbehaltenen Rechte bestehen. Ihre endgültige Ablösung und die Auseinandersetzung um die Schaffung einer bundesrepublikanischen Notstandsverfassung bildete die große politische und verfassungspolitische Entscheidung der sechziger Jahre.[7] In den fünfziger Jahren ging es um die Schaffung einer bewaffneten Macht als dem wesentlichen Schritt hin zur Begründung der Souveränität nach außen. Außenpolitisch mußte dabei Rücksicht genommen werden auf die unterschiedlichen Interessen der westlichen Besatzungsmächte, insbesondere auf die Sicherheitsbedürfnisse Frankreichs. Diesen Sicherheitsbedürfnissen ver-

6 Zum Begriff der Souveränität vgl.: H. Kelsen, Das Problem der Souveränität und die Theorie des Völkerrechts, Tübingen 1928, Neudruck Aalen 1960.

7 Vgl. D. Sterzel, Hrsg., Kritik der Notstandsgesetze, Frankfurt/M. 1968; M. Krohn, Die gesellschaftlichen Auseinandersetzungen um die Notstandsgesetze, Köln 1981; P. Römer, Nach 15 Jahren: Ist die Notstandsverfassung noch aktuell? Demokratie und Recht, H. 2, 1983, S. 144 ff.

suchte man entgegenzukommen, indem die wirtschaftliche Westintegration durch die militärische ergänzt werden sollte. Innenpolitisch mußten diejenigen Kräfte ausgeschaltet werden, die – in der Sache völlig zutreffend – in der westdeutschen Wiederbewaffnung die endgültige Aufgabe der Wiedervereinigung sahen. Den Kern dieser Ablehnungsfront bildeten diejenigen, die darüber hinaus die Wiederbewaffnung ablehnten, weil sie die Spannung zwischen Ost und West verschärfen und den Kalten Krieg eskalieren lassen mußte. Ein wichtiges Hindernis für die Wiederbewaffnung bildete schließlich das Grundgesetz.

Selbstverständlich versäumten die Gegner der Wiederbewaffnung nicht, sich auf das Grundgesetz zu berufen und es als Waffe in ihrem Kampf gegen die Wiederbewaffnung zu benutzen. Bei Verkündigung des Grundgesetzes war die Lage so, daß weder außen- noch innenpolitisch daran gedacht werden konnte, die Möglichkeit einer Wiederbewaffnung im Grundgesetz vorzusehen oder gar – wie es heute das Bundesverfassungsgericht tut – die Verteidigungsbereitschaft der Bundesrepublik zur verfassungsrechtlichen Pflicht zu erklären. Auch die Vorschrift des Art. 4 Abs. 3 GG, demgemäß niemand gegen sein Gewissen zum Kriegsdienst mit der Waffe gezwungen werden kann,[8] ging, wie die Entstehungsgeschichte eindeutig belegt, keineswegs von der künftigen Aufstellung von Streitkräften aus. Dieser Artikel sollte vielmehr verhindern, Deutsche zum Kriegsdienst für eine fremde Macht zwingen zu können. Wie Theodor Heuss, der sich übrigens gegen diesen Artikel ausgesprochen hatte, später feststellte, schloß allein die Existenz dieses Artikels – angesichts der Unmöglichkeit einer gerichtlichen Gewissensüberprüfung – von vornherein aus, eine andere Armee als eine Freiwilligen-Armee aufzustellen.[9] Im übrigen enthielt das Grund-

8 Vgl. A. Krölls, Kriegsdienstverweigerung. Das unbequeme Grundrecht, Frankfurt/M. 1980; vgl. die Dokumentation bei F. Eberhard, Wie kam Artikel 4,3 GG zustande? in: M. Gillig, H. Schultz, Hrsg., Grundrecht nach Bedarf. Zur Situation der Kriegsdienstverweigerer, Freiburg i. Br. 1978, S. 19ff.

9 In einem Interview erklärte Bundespräsident Heuss u. a.: „Auch erlaubt uns unsere Verfassung keine allgemeine Wehrpflicht. Jeder Deutsche hat das Recht, den Dienst in einer bewaffneten Macht zu verweigern. Deshalb könnte eine neue deutsche Wehrmacht nur aus Söldnern bestehen, da man nicht genug Freiwillige finden würde.“ Zitiert in: Dokumentation zur Geschichte der Wiederaufrüstung der Bundesrepublik, Blätter f. dtsch. u. intern. Pol., Sonderheft Mai 1962, S. 6.

gesetz keinerlei Bestimmungen betreffend die Gesetzgebungskompetenzen über das Verteidigungswesen, über die Befehls- und Kommandogewalt usw. Die Wiederbewaffnung war, um es schlicht zu sagen, ganz offensichtlich grundgesetzlich nicht vorgesehen;[10] vielmehr bestimmte und bestimmt Art. 26 GG,[11] daß Handlungen, die geeignet sind und in der Absicht vorgenommen werden, das friedliche Zusammenleben der Völker zu stören, insbesondere die Führung eines Angriffskrieges vorzubereiten, verfassungswidrig seien. Der ganze Vorgang der Diskussion über die Wiederbewaffnung, ihrer Vorbereitung und schließlich ihrer Durchführung stellte eine Handlung dar, die das friedliche Zusammenleben der Völker störte, weil die UdSSR darin nicht nur eine Verletzung der Bestimmungen des Potsdamer Abkommens und eine Preisgabe der gemeinsamen Kriegsziele, sondern auch eine potentielle Bedrohung erblickte. Der Krieg hatte die UdSSR über 20 Millionen Tote und den Verlust eines großen Teils ihrer Produktionsmittel gekostet; verständlicherweise war es deshalb das Hauptziel der UdSSR, ein militärisches Wiedererstarken Deutschlands zu verhindern.

Der Kampf um den Wehrbeitrag war zugleich stets ein Kampf um das Grundgesetz. Dies hängt nicht zuletzt mit einer Besonderheit des westdeutschen Verfassungssystems zusammen. In ihm kommt dem Bundesverfassungsgericht eine besonders herausgehobene Stellung zu. Diese Tatsache und das ausgeprägt legalistische Denken vor allem auch in Kreisen der deutschen Arbeiterschaft und der Gewerkschaften führten zu einem Prozeß der Verrechtlichung der Politik. Statt um die richtige Politik wurde zunehmend um die richtige Interpretation der Verfassung gestritten. Diese Verrechtlichung der Politik erlangte allerdings erst in den siebziger Jahren und in der jüngsten Vergangenheit ihren eigentlichen Höhepunkt. Im Zusammenhang mit der Wiederbewaffnung war die Frage nach der rechtlichen Zulässigkeit schlechterdings unumgänglich. Politisch gesehen kam es darauf an, den politischen Stellenwert der verfassungsjuristischen Argumentation richtig zu bestim-

10 Dennoch wurde ein ausgedehnter verfassungsrechtlicher Streit geführt, ob es möglich sei, ohne Grundgesetzänderung eine Wehrmacht aufzustellen. Vgl. Der Kampf um den Wehrbeitrag. Veröffentlichungen des Instituts für Staatslehre und Politik, 3 Bde., München 1952.

11 Vgl. P. Römer, Die Friedenspflicht im Grundgesetz, Demokratie und Recht, H. 3, 1982, S. 271 ff.; W. Däubler, Stationierung und Grundgesetz, Reinbek bei Hamburg 1982, insbes. S. 149 ff.

men. Für die Gegner der Wiederbewaffnung war es deshalb wichtig, darauf zu achten, daß durch die notwendige und richtige Berufung auf das Grundgesetz und durch die notwendige und richtige Anrufung des Bundesverfassungsgerichts die politische Auseinandersetzung nicht ersetzt, sondern vielmehr ergänzt wurde.

Gerade aber bei der SPD zeigte sich früh die Tendenz, die sich später immer stärker durchsetzte, mit dem Hinweis auf das Bundesverfassungsgericht die politische Auseinandersetzung zu vernachlässigen. Bei dem Kampf um den Wehrbeitrag erwies sich ferner – was später als Politik der SPD noch erheblich deutlicher zu Tage treten sollte – daß der Verweis auf die Rechtslage zugleich dazu dienen konnte, die eigentliche und klare politische Auseinandersetzung gar nicht zu wollen, sondern von vornherein auf Kompromiß, Verzicht und Zugeständnis auszugehen.[12] Mit diesem Verweis auf die Rechtslage konnte insbesondere die innerparteiliche Opposition mit ihren weiterreichenden Zielsetzungen ausmanövriert werden. Zum Zweck der verfassungsrechtlichen Klärung der Sachlage beantragte die SPD-Opposition im Januar 1952 die Feststellung, „daß Bundesrecht, welches die Beteiligung Deutscher an einer bewaffneten Macht regelt oder Deutsche zu einem Wehrdienst verpflichtet, ohne vorangegangene Ergänzung und Abänderung des Grundgesetzes weder förmlich noch sachlich mit dem Grundgesetz vereinbar" sei.[13] Da die Koalition unter Adenauer bis 1953 im Bundestag nicht die erforderliche Zweidrittelmehrheit zur Grundgesetzänderung hatte, war mit dieser Feststellungsklage beabsichtigt, eine bundesdeutsche Beteiligung an einer Europaarmee auf Grundlage des EVG-Vertrages zu verhindern. Verfassungspolitisch besonders interessant war, mit welchen Begründungen die Bundesregierung und ihre Gutachter, entgegen der klaren Rechtslage, die Zulässigkeit einer Wiederbewaffnung zu beweisen suchten.[14] Da wurde mit dem Naturrecht des Staates auf Selbstverteidigung argumentiert; da wurde behauptet, die Wehrhoheit sei ein elementares Grundrecht des Staates, das sich auch ohne ausdrückliche normative Festlegung aus der Natur der Sache ergäbe; da wurde auf die normative Kraft des Faktischen und auf die sogenannte materielle Verfassungswirklichkeit, die einen höheren

12 Vgl. M. Kempe, SPD und Bundeswehr, Köln 1973.

13 Kampf um den Wehrbeitrag, Bd. 1, S. 4.

14 Vgl. dazu auch: A. Baring, Außenpolitik in Adenauers Kanzlerdemokratie, München 1971, S. 110ff.

Rang habe als das formelle Verfassungsgesetz, rekurriert. Es wurde postuliert, es liege im Wesen dieses Grundgesetzes, daß es der Entfaltung fähig sei, um jedes Stück Souveränität unseres Landes wieder in feste Hände nehmen zu können. Es wurde erklärt, das Wehrrecht sei ein Völkerrechtsgrundsatz und somit über Art. 25 GG ein Bestandteil des Grundgesetzes. Alle diese Argumentationen beruhen auf der demokratie- und rechtsstaatswidrigen Voraussetzung, eine derartig bedeutsame Frage könne auch ohne ausdrückliche Regelung als positiv-rechtlich entschieden angesehen werden.

Die Einzelheiten der verfassungsgerichtlichen Auseinandersetzung können hier nicht nachgezeichnet werden. Nach Verabschiedung der Verträge über die Europäische Verteidigungsgemeinschaft erhob die SPD-Fraktion erneut Klage. Das Verfahren zog sich aber so lange hin, daß die Klage nach der endgültigen Ablehnung des EVG-Projekts durch die französische Nationalversammlung hinfällig wurde. Außerdem verlor die SPD bei den Wahlen im Herbst 1953 ihre Sperrminorität gegenüber Verfassungsänderungen. Im März 1954 konnte deshalb ein Gesetz zur Ergänzung des Grundgesetzes verabschiedet werden, durch das die Vereinbarkeit des EVG-Vertrages mit dem Grundgesetz hergestellt werden sollte.

Nach dem Scheitern des EVG-Projektes im August 1954 wurde in den Pariser Verträgen die Wiederbewaffnung der Bundesrepublik und ihre Eingliederung in die NATO beschlossen. Diesen Verträgen und dem Deutschlandvertrag, der das Besatzungsregime aufhob, wurde im Februar 1955 vom Bundestag zugestimmt. Obwohl die SPD, nicht zuletzt aufgrund des Druckes der Parteibasis und der Gewerkschaften, die politischen Aktivitäten gegen die Wiederbewaffnung und gegen den Eintritt in die NATO verstärkt hatte, stimmte sie ein Jahr später, 1956, den Änderungen des Grundgesetzes zu, durch die die sogenannte Wehrverfassung verankert wurde. Die Begründung war, wenn man diese Grundgesetzänderung schon nicht verhindern könne, wolle man daran mitwirken, um sie inhaltlich zu verbessern. Mit dieser Grundgesetzänderung wurde die Kompetenz des Bundes zur Aufstellung einer Bundeswehr begründet; es wurde ferner die Befehls- und Kommandostruktur der künftigen Armee festgelegt; auch wurden die Grundrechtseinschränkungen für Wehrpflichtige normiert. Hervorzuheben ist die Einrichtung des Wehrbeauftragten, die eine parlamentarische Kontrolle der neuen Armee ermöglichen sollte.

3

Der Kampf um die Wiederbewaffnung war, wie ausgeführt, verbunden mit innenpolitischen Aktionen zur Ausschaltung der entschiedensten Gegner dieser Wiederbewaffnung. Der enge Zusammenhang, der zwischen der ökonomischen und der militärischen Westintegration bestand, und die Identität der Klasseninteressen bei der Verfolgung dieser Westintegration verweisen aber schon auf den Umstand, daß mit den Gegnern der Wiederbewaffnungspolitik zugleich auch der Kern der fundamentalen Opposition gegen die ökonomische, soziale und kulturelle Restauration getroffen werden sollte. Die KPD, die im Parlamentarischen Rat das Grundgesetz mitberaten hatte und die bei der Wahl zum ersten deutschen Bundestag noch 5,7 % der Stimmen auf sich vereinigen konnte, wurde nicht nur, wie in anderen westeuropäischen Demokratien, wo die Kommunisten in Opposition zur Regierung standen, als politischer Gegner politisch attackiert und bekämpft, sondern zum Verfassungsfeind deklariert und somit aus dem politischen Prozeß ausgeschlossen.

Die Kommunistenverfolgung in den fünfziger Jahren begann mit dem als Blitzgesetz bekanntgewordenen Strafrechtsänderungsgesetz, mit dem Straftatbestände des politischen Strafrechts normiert worden waren.[15] Koreakrieg und Hysterie des Kalten Krieges bewogen auch die SPD, dieses Gesetz in unziemlicher parlamentarischer Eile zu verabschieden. Das Gesetz wurde von dem Kronjuristen der SPD, Adolf Arndt, später als „Schlangenei" bezeichnet,[16] das mit ausgebrütet zu haben er sich schäme.

Diese neuen Strafrechtstatbestände waren verfassungsrechtlich in hohem Maße bedenklich. Sie waren geeignet, den freien, demokratischen Meinungs- und Willensbildungsprozeß gewaltsam zu beschränken. Auch im Hinblick auf die grundgesetzlich geforderte Bestimmtheit der Straftatbestände bestanden Bedenken gegen dieses Gesetz. Kernstück des Gesetzes war die Vorschrift über die Verfassungsstörung, eine Bestimmung, die von der Bundesregierung folgendermaßen begründet wurde: „Der moderne Staat kann

15 Vgl. A. v. Brünneck, Politische Justiz gegen Kommunisten in der Bundesrepublik Deutschland 1949–1968, Frankfurt a. M. 1978; L. Lehmann, Legal & Opportun, Politische Justiz in der Bundesrepublik, Berlin 1966; D. Posser, Politische Justiz aus der Sicht des Verteidigers, Karlruhe 1961.

16 Vgl. A. v. Brünneck, Politische Justiz, S. 80.

sich daher zu seinem Schutze nicht auf die klassischen, teilweise überholten Hochverratsvorschriften beschränken. Er bedarf neuer Schutzvorschriften, die seine Verteidigungslinie in den Bereich vorverlegen, in dem die Staatsfeinde unter der Maske der Gewaltlosigkeit und damit gewissermaßen unter dem Schutz der Hochverratsbestimmung die Macht erschleichen".[17] Dieses Gesetz, das ein Abgeordneter der CDU später zutreffend als eine Waffe bezeichnete, die geschmiedet worden sei, um im Kalten Krieg zu bestehen,[18] hatte den Hauptzweck, den gewaltlosen Umsturz zu erfassen „einschließlich derjenigen Betätigung, die das Land dazu reif machen soll". Da weder konkrete Gefährdung noch Verwirklichungschance gegeben zu sein brauchte, um den Tatbestand der Staatsgefährdung zu erfüllen, vielmehr die Absicht bereits ausreichen sollte, wurde hier ein Gesinnungsstrafrecht geschaffen, das die Fundamentalopposition überhaupt treffen sollte.[19] Der Intensität der strafrechtlichen Verfolgung der Kommunisten entsprach nun keineswegs ein gleich intensives Bemühen, die Verbrechen, die im Dritten Reich begangen wurden, strafrechtlich zu sühnen. Die großen NS-Prozesse fanden, soweit sie überhaupt geführt wurden, nicht in den fünfziger Jahren statt. Diese Jahre waren in jeder Hinsicht Jahre der Unbußfertigkeit. Die Verfolgung der Kommunisten wurde nicht nur auf strafrechtlichem Gebiet betrieben, sondern auch durch ihre Entfernung aus dem Öffentlichen Dienst. Obwohl nur das Bundesverfassungsgericht befugt ist, eine Partei für verfassungswidrig zu erklären, woraus im Umkehrschluß die Rechtmäßigkeit der Betätigung in einer nicht verbotenen Partei gefolgert werden kann, wurde durch Beschluß der Bundesregierung vom September 1950 festgelegt, die Unterstützung bestimmter Organisationen sei mit den Dienstpflichten unvereinbar und führe zur Entfernung aus dem Dienst.[20] Zu diesen Organisationen zählte an erster Stelle des Erlasses und an erster Stelle im Hinblick auf die Zielrichtung und politische Bedeutung die Kommunistische Partei Deutschlands mit allen ihren Unterorganisationen. Aber auch

17 Verhandlungen des Deutschen Bundestages, 1. Wahlperiode, Drs. Nr. 1307, S. 34.

18 Verhandlungen des Deutschen Bundestages, 2. Wahlperiode, Sten. Ber. S. 10931B.

19 Vgl. H. Čopić, Grundgesetz und politisches Strafrecht neuer Art, Tübingen 1967, S. 127 ff.

20 S. E. Brandt, Hrsg., Die politische Treuepflicht, Karlsruhe und Heidelberg 1976, S. 138 ff.

z. B., und das im Jahre 1950, die Vereinigung der Verfolgten des Naziregimes, VVN. Zu den weiteren Maßnahmen gegenüber Kommunisten[21] gehörten insbesondere die Polizeimaßnahmen gegen kommunistische Demonstrationen und Versammlungen und gegen kommunistische Propaganda sowie gegen DDR-Kontakte. Vor allem sind hier zu nennen die Verbote der Volksbefreiungsausschüsse über die Wiederbewaffnung. Das Verbot der KPD durch das Bundesverfassungsgericht im Jahre 1956 vollendete dann diese Entwicklung. Mit der Ausschaltung der Kommunisten aus dem öffentlichen Leben und dem Öffentlichen Dienst ging gleichzeitig eine Wiedereingliederung derjenigen Beamten in den Beamtenapparat der Bundesrepublik Deutschland einher, die auch dem nationalsozialistischen Regime treu gedient hatten. Artikel 131 des Grundgesetzes bestimmt, daß die Rechtsverhältnisse von Personen, die am 8. Mai 1945 im Öffentlichen Dienst standen, und die aus anderen als beamten- oder tarifrechtlichen Gründen ausgeschieden sind und die nicht ihrer früheren Stellung entsprechend verwendet werden, durch Bundesgesetz zu regeln sei. Diese Bestimmung betraf auch den Personenkreis, der aufgrund der Entnazifizierungsbestimmungen aus dem Öffentlichen Dienst entlassen worden war. Art. 131 GG räumte dem Gesetzgeber eine erhebliche Handlungsfreiheit ein und ermöglichte es, die neue Organisation der staatlichen Verwaltung auf demokratischer Grundlage unabhängig von der unbedingten Erfüllung überkommener dienstrechtlicher Ansprüche auszugestalten. Dennoch wurde das Ausführungsgesetz zu Art. 131 GG so abgefaßt, daß vorrangig die durch das 131er Gesetz betroffenen Personen eingestellt wurden. Besonders verhängnisvoll wirkte sich aus, daß bei den Universitäten praktisch keine Änderungen vorgenommen wurden. Wer in der Weimarer Republik als Lehrer des öffentlichen Rechts ihre Zerstörung mitbetrieben hatte, wer im Dritten Reich Staatsrecht und Polizeirecht gelehrt hatte, der konnte nun auch mitwirken bei der Bildung der „herrschenden Lehre“ für die Interpretation des Grundgesetzes.

4

Die Eigentumsverhältnisse, die die Grundlage der ökonomischen und politischen Machtverhältnisse bilden, waren demgegenüber

21 Vgl. A. v. Brünneck, Politische Justiz, S. 52ff.

bei Erlaß des Grundgesetzes bereits weitgehend restauriert worden.[22] Das Grundgesetz enthält auch keine Vorschriften, die eine Sozialisierung von Produktionsmitteln an Grund und Boden fordern; darin unterscheidet es sich von einem Großteil der Landesverfassungen.[23] Es akzeptiert mit den liberalen Freiheitsrechten, die es in seinem Grundrechtskatalog aufführt, auch die privaten Eigentums- und wirtschaftlichen Freiheitsrechte. Es akzeptiert diese Verhältnisse in dem Sinne, daß ihre Aufhebung nicht als Verfassungsauftrag normiert worden war. Es zementiert diese Verhältnisse aber nicht und ermöglicht insoweit eine Umwandlung der Wirtschaftsverfassung durch den einfachen Gesetzgeber. Artikel 14 GG bestimmt zwar, daß das Eigentum gewährleistet werde, sagt aber zugleich, Inhalt und Schranken des Eigentums werden durch die Gesetze bestimmt. Und ferner: Eigentum verpflichtet, sein Gebrauch soll zugleich dem Wohle der Allgemeinheit dienen. Artikel 15 GG ermöglicht die Vergesellschaftung von Grund und Boden, Naturschätzen und Produktionsmitteln durch Gesetz. Gemäß Art. 20 GG, der auch durch ein verfassungsänderndes Gesetz nicht abgeändert werden darf, ist die Bundesrepublik Deutschland ein demokratischer und *sozialer* Bundesstaat.

Die verfassungspolitische Diskussion ging denn auch um die Frage, ob diese Offenheit des Grundgesetzes gegenüber der Wirtschaftsverfassung erhalten bleiben könne. H. C. Nipperdey, der spätere Präsident des Bundesarbeitsgerichtes, vertrat z. B. die These, ausschließlich die soziale Marktwirtschaft sei mit dem Grundgesetz vereinbar.[24] Auf der Staatsrechtslehrertagung 1953 behauptete Ernst Forsthoff, nur der Rechtsstaat sei verfassungsrechtlich ver-

22 Vgl. M. Tjaden-Steinhauer, K. H. Tjaden, Klassenverhältnisse im Spätkapitalismus. Beitrag zur Analyse der Sozialstruktur unter bes. Berücksichtigung der BRD, Stuttgart 1973, S. 76 ff.; R. Wenzel, Wirtschafts- und Sozialordnung, in: J. Becker u. a., Vorgeschichte, S. 293 ff.; Berg-Schlosser, Die Konstituierung des Wirtschaftssystems, ebenda S. 93 ff.; J. Chmelnizkaja, Der westdeutsche Monopolkapitalismus, Berlin 1962, S. 21 ff.; R. Badstübner, Restauration in Westdeutschland 1945–1949, S. 54 ff.; H.-H. Hartwich, Sozialstaatspostulat und gesellschaftlicher status quo, Köln und Opladen 1970, S. 62 ff.

23 Vgl. J. Gotthold, Wirtschaftliche Entwicklung und Verfassungsrecht, Köln 1975, S. 55 ff.; H. Rittstieg, Eigentum als Verfassungsproblem, Darmstadt 1975, S. 275 ff.; N. Reich, Markt und Recht, Neuwied und Darmstadt 1977, S. 78 ff.

24 H. C. Nipperdey, Soziale Marktwirtschaft und Grundgesetz, 2. Aufl. Köln, Berlin, München, Bonn 1961.

bürgt, der Sozialstaat aber verwirkliche sich lediglich auf der Ebene der Verwaltung.[25] Der Rechtsstaat sei seiner geschichtlichen Herkunft nach den politischen und sozialen Verhältnissen des 19. Jahrhunderts verbunden. Die Autonomie einer vom Staat geschieden gesehenen, ihrer Struktur nach bürgerlichen Gesellschaft liege den Freiheitsverbürgungen und der Organisation des Rechtsstaats ersichtlich zugrunde. Das war deutlich. Und ebenso deutlich war die Antwort Wolfgang Abendroths.[26] Er erklärte, das entscheidende Moment des Gedankens der sozialen Staatlichkeit bestehe darin, daß der Glaube an die immanente Gerechtigkeit der bestehenden Wirtschafts- und Gesellschaftsordnung aufgehoben sei, daß deshalb die Wirtschafts- und Gesellschaftsordnung der Gestaltung durch diejenigen Staatsorgane unterworfen sei, in denen sich die demokratische Selbstbestimmung des Volkes repräsentiere. Mit anderen Worten, durch Gesetz könne die Wirtschaftsordnung umgestaltet werden, denn die Sozialstaatsklausel stelle grundsätzlich die Gesellschafts- und Wirtschaftsordnung selbst zur Disposition der demokratischen Willensbildung des Volkes. Das Sozialstaatspostulat ermöglicht nach Abendroth deshalb nicht nur gelegentliche ad hoc-Eingriffe der Staatsgewalt, sondern weist der im demokratischen Staat repräsentierten Gesellschaft die Möglichkeit zu, ihre eigenen Grundlagen umzuplanen.

Das Bundesverfassungsgericht hat in seinem Investitionshilfeurteil vom Juli 1954 ausgeführt,[27] der Verfassungsgeber habe sich nicht ausdrücklich für ein bestimmtes Wirtschaftssystem entschieden. Die gegenwärtige Wirtschafts- und Sozialordnung sei zwar eine nach dem Grundgesetz mögliche Ordnung, keineswegs aber die allein mögliche. Sie beruhe auf einer vom Willen des Gesetzgebers getragenen wirtschafts- und sozialpolitischen Entscheidung, die durch eine andere Entscheidung ersetzt oder durchbrochen werden könne. Es sei möglich, daß der Gesetzgeber die ihm jeweils sachgemäß erscheinende Wirtschaftspolitik verfolge, sofern er dabei die Grundrechte beachte. Diese Einschränkung, daß die Freiheit des Gesetzgebers, die Wirtschaftsordnung zu gestalten, an die Grund-

25 E. Forsthoff, Begriff und Wesen des sozialen Rechtsstaates, in: ders., Hrsg., Rechtsstaatlichkeit und Sozialstaatlichkeit, Darmstadt 1968, S. 165 ff.

26 W. Abendroth, Zum Begriff des demokratischen und sozialen Rechtsstaates im Grundgesetz der Bundesrepublik Deutschland in: E. Forsthoff, Hrsg., Rechtsstaatlichkeit, S. 114 ff.

27 BVerfGE 4,7 ff.

rechte gebunden sei, spricht eigentlich nur eine Selbstverständlichkeit aus. Sie erwies sich jedoch in der Weiterentwicklung der Rechtsprechung und Lehre als das Mittel, mit dem die grundsätzliche Entscheidung, die das Bundesverfassungsgericht getroffen hatte, ausgehöhlt werden konnte. Das Bundesverfassungsgericht selbst nämlich interpretierte die Grundrechte immer stärker als solche, die die wirtschaftliche Freiheit, die Freiheit des Privateigentums verbürgen sollten.

Das Bundesverfassungsgericht ist andererseits aber auch nicht der Forsthoffschen Rechtsstaats- und Grundrechtstheorie gefolgt. Es sieht in den Grundrechten den Ausdruck einer objektiven Wertordnung.[28] Da diese Werte aber nur vom Bundesverfassungsgericht bestimmt und in ihrer Rangordnung festgelegt werden, hat sich das Bundesverfassungsgericht mit dieser Rechtsprechung einen demokratisch und rechtsstaatlich höchst bedenklichen Arkanbereich geschaffen und sich nicht nur zum Ersatzgesetzgeber, sondern sogar zum Ersatzverfassungsgesetzgeber gemacht. Dies zeigt sich in der jüngsten Rechtsprechung des Bundesverfassungsgerichts mit besonderer Deutlichkeit. Die Kritik an dieser Rechtsprechung ist in letzter Zeit gewachsen und kommt auch aus den Reihen des Bundesverfassungsgerichts selbst. So heißt es in dem Minderheitsvotum zum „Abtreibungsurteil",[29] der Gedanke der objektiven Wertentscheidung dürfe nicht zum Vehikel werden, um spezifisch gesetzgeberische Funktionen auf das Bundesverfassungsgericht zu verlagern. Diese Rechtsprechung des Bundesverfassungsgerichts zu den Grundrechten als Werten wurde in den fünfziger Jahren begründet, und zwar mit dem bekannten Lüth-Urteil.[30] Zu entscheiden war, ob Lüth, der Leiter der staatlichen Pressestelle der Stadt Hamburg, durch einen Boykottaufruf gegen die Verbreitung eines Films von Veit Harlan, eines ehemals nationalsozialistischen Regisseurs, widerrechtlich in die Interessen von Harlan und der Verleihfirma eingegriffen habe, oder ob in diesem Falle dem Grundrecht der freien Meinungsäußerung der Vorrang gebühre. Das Bundesverfassungsgericht hat sich in diesem Urteil für den

28 Vgl. H. Goerlich, Wertordnung und Grundgesetz, Baden-Baden 1973; P. Römer, Kritik bürgerlicher Wertauffassungen des Rechts, in: K. Bayertz, H. H. Holz, Grundwerte. Der Streit um die geistigen Grundlagen der Demokratie, Köln 1978, S. 160ff.

29 BVerfGE 39, 1ff.

30 BVerfGE 7, 189ff.

Vorrang der Meinungsäußerungsfreiheit ausgesprochen, wie überhaupt seine Rechtsprechung in diesem Jahrzehnt geprägt war durch das Bestreben, obrigkeitsstaatliche Tendenzen abzuwehren. Aber es hat diesen Vorrang der Meinungsäußerungsfreiheit durch ein Abwägungsverfahren zwischen verschiedenen Werten bestimmt, und es war eben dieses Verfahren, das sich dann in der weiteren Entwicklung immer mehr als Instrument zur Auflösung der Normativität der Verfassung erwies. Das Bundesverfassungsgericht hatte zwar zutreffend festgestellt, daß die Meinungsfreiheit schlechthin konstituierend für den demokratischen Prozeß sei. Diesen demokratischen Prozeß selbst aber interpretierte es durchaus in einem liberalen Sinne als rein repräsentativ-demokratisch. Allerdings ist auch das Grundgesetz selbst vom Mißtrauen gegenüber dem Volk beherrscht, von dem andererseits in der Demokratie doch alle Gewalt ausgehen soll. Das Bundesverfassungsgericht und mit ihm die herrschende Lehre verstärkte jedoch diesen Grundzug der Verfassung noch. In seinem Urteil zu den Volksbefragungen,[31] die in einzelnen sozialdemokratisch regierten Bundesländern zur Problematik der atomaren Bewaffnung der Bundeswehr angestellt wurden, erklärte das Bundesverfassungsgericht sogar diese Befragungen für verfassungswidrig, unter anderem deshalb, weil mit ihnen ein unzulässiger Druck auf Parlament und Exekutive ausgeübt werde.

5

Die Vorschriften des Grundgesetzes sollten nach dem Willen des Verfassungsgebers unmittelbare Geltungswirkung haben.[32] Es war dies einer der Gründe, weshalb auf die Einfügung eines Katalogs sozialer Grundrechte verzichtet wurde und weshalb nur in einem sehr geringen Umfang Verfassungsaufträge im Grundgesetz enthalten sind. Vordringliche Aufgabe des Gesetzgebers wäre es deshalb gewesen, diese wenigen im Grundgesetz enthaltenen Verfassungsaufträge zu erfüllen. Ein Parteiengesetz wurde in den fünfziger Jahren nicht erlassen, obwohl erstmals in einer deutschen Verfassung das Parteienwesen verfassungsrechtlich normiert worden ist. Gemäß Artikel 21 GG muß die innere Ordnung der Parteien demo-

31 BVerfGE 8, 104ff.
32 Zu den dennoch nicht vollzogenen Verfassungsbestimmungen vgl.: A. Arndt, Das nicht erfüllte Grundgesetz, Tübingen 1960.

kratischen Grundsätzen entsprechen. Die Parteien müssen über die Herkunft ihrer Mittel öffentlich Rechenschaft geben. Das Nähere sollen Bundesgesetze regeln. Diese Gesetze sind in den fünfziger Jahren nicht erlassen worden, weshalb lange Zeit keine Bestimmungen über die Parteienfinanzierung existierten. Auch die Bestimmung des Art. 26 GG, wonach Handlungen, die geeignet sind, das friedliche Zusammenleben der Völker zu stören, insbesondere die Führung eines Angriffskrieges vorzubereiten, unter Strafe zu stellen seien, wurde in den fünfziger Jahren nicht realisiert. Schließlich wurde nichts unternommen, um Art. 6 Abs. 5 GG gerecht zu werden, in dem bestimmt wird, daß den unehelichen Kindern durch die Gesetzgebung die gleichen Bedingungen für ihre leibliche und seelische Entwicklung und ihre Stellung in der Gesellschaft zu schaffen seien wie den ehelichen Kindern.

Obwohl Art. 3 Abs. 2 GG besagt, Männer und Frauen sind gleichberechtigt, wurde erst 1956 das sogenannte Gleichberechtigungsgesetz erlassen. Gerade in diesem Fall war der Gesetzgeber unter besonderen Handlungszwang gesetzt worden, denn Art. 117 GG bestimmte, das dem Gleichberechtigungsgrundsatz entgegenstehende Recht bleibe nicht länger als bis zum 31. März 1953 in Kraft. Dieses Gleichberechtigungsgesetz von 1956 enthielt eine Reihe von Bestimmungen, die dem Gleichberechtigungsgrundsatz des Grundgesetzes widersprachen und deshalb vom Bundesverfassungsgericht aufgehoben wurden.[33] Dies betraf insbesondere den sogenannten Stichentscheid; danach sollte letztendlich der Vater allein entscheiden können, wenn sich die Eltern über die Ausübung der elterlichen Sorge – die damals noch elterliche Gewalt hieß – nicht einigen konnten, z. B. im Hinblick auf die Erziehung des Kindes. Wie unvollkommen dieses Gesetz insgesamt war, zeigte sich insbesondere im Familien- und Eherecht, aber auch im Arbeitsrecht. Obwohl inzwischen weitere Reformen besonders des Eherechts vorgenommen worden sind, ist, wie die Diskussion um ein zu erlassendes Gleichstellungsgesetz belegt, das Grundgesetz in diesem Punkte immer noch nicht erfüllt.

Verfassungsgeschichtlich waren die fünfziger Jahre bedeutsam, weil in ihnen das provisorische, unselbständige Staatsfragment Bundesrepublik zum fast-souveränen, bewaffneten Vollstaat gebildet wurde; zu einem Staat, der, militärisch und ökonomisch in den

33 BVerfGE 10, 59ff.

Westen integriert, schon dadurch die Ost-West-Spannung vertiefen und den Kalten Krieg intensivieren mußte. Stärker denn je seit Ende der Ära Adenauer zeigt sich heute, daß diese Ausrichtung der bundesrepublikanischen Staatlichkeit voller Gefahren ist. Das Grundgesetz zwingt nicht dazu, den bei der Gründung der Bundesrepublik eingeschlagenen Weg zu gehen. ,,Handlungen, die geeignet sind, das friedliche Zusammenleben der Völker zu stören, sind verfassungswidrig": Diese Bestimmung des Grundgesetzes wäre zusammen mit dem Sozialstaatspostulat wohl geeignet, die in den fünfziger Jahren eingeleitete Entwicklung in Frage zu stellen und zu korrigieren.

Bibliographie

Abendroth, W., *Das Grundgesetz. Eine Einführung in seine politischen Probleme*, 6. Aufl. Pfullingen 1976.

Baring, A., *Außenpolitik in Adenauers Kanzlerdemokratie*, München 1971.

Becker, J., Th. Stammen, P. Waldmann (Hrsg.), *Vorgeschichte der Bundesrepublik Deutschland. Zwischen Kapitulation und Grundgesetz*, München 1979.

Benz, W. (Hrsg.), *Bewegt von der Hoffnung aller Deutschen. Zur Geschichte des Grundgesetzes. Entwürfe und Diskussionen 1941–1949*, München 1949.

Gotthold, J., *Wirtschaftliche Entwicklung und Verfassungsrecht*, Köln 1975.

Hesse, K., *Grundzüge des Verfassungsrechts der Bundesrepublik Deutschland*, 13. Aufl., Heidelberg 1982.

Lehmann, H. G., *Chronik der Bundesrepublik Deutschland 1945/49–1981*, München 1981.

Maunz, Th., R. Zippelius, *Deutsches Staatsrecht. Ein Studienbuch*, 25. Aufl., München 1983.

Römer, P. (Hrsg.), *Der Kampf um das Grundgesetz*, Frankfurt/M. 1977.

Ruhl, H.-J., *Neubeginn und Restauration. Dokumente zur Vorgeschichte der Bundesrepublik Deutschland 1945–1949*, München 1982.

Seifert, J., *Grundgesetz und Restauration*, 3. Aufl., Neuwied 1977.

Stein, E., *Staatsrecht*, 8. Aufl., Tübingen 1982.

Stern, K., *Das Staatsrecht der Bundesrepublik Deutschland*. Bd. 1: *Grundbegriffe und Grundlagen des Staatsrechts, Strukturprinzipien der Verfassung*, München 1977; Bd. 2: *Staatsorgane, Staatsfunktionen, Finanz- und Haushaltsverfassung, Notstandsverfassung*, München 1980.

Theodor Mahlmann

Kirche und Wiederbewaffnung[1]

Die fünfziger Jahre sind uns zu unbekannt geworden – auch für den Verfasser gilt das, obwohl er sie als 20- bis 30jähriger, also Student und Berufsanfänger miterlebt hat –, als daß uns unser Thema auf den ersten Blick viel sagen könnte. Selbst wenn wir einmal als feststehend betrachten, daß die Frage der Wiederbewaffnung oder – polemischer – Remilitarisierung das politische Hauptthema der fünfziger Jahre gewesen ist, so mögen wir immer noch fragen: aber warum setzen wir es in Beziehung zur Kirchengeschichte der fünfziger Jahre? Warum ist das von Belang? Die erste Antwort darauf ist, daß wir dies Thema in bezug auf die römisch-katholische Kirche in der Tat kaum stellen könnten. Es würde sich zeigen, daß es ihren Interessen in den fünfziger Jahren ferner lag.[2] Ganz anders steht es beim deutschen Protestantismus, der denn auch in unserer Überschrift allein gemeint ist. Warum?

Die bedingungslose Kapitulation vom 8. Mai 1945 sah die deutschen evangelischen Landeskirchen in folgender Lage: Die Kirchengebiete, die – wie Sachsen – im 16. und bis tief ins 17. Jahrhundert und – wie Brandenburg – seit dem ausgehenden 17. Jahrhundert die Hauptrolle in der Geschichte des aus der Reformation entstandenen deutschen Protestantismus gespielt hatten, lagen nun in der sowjetischen Besatzungszone – getrennt von den Kirchen, die sich nun in der britischen, amerikanischen und französischen Besatzungszone fanden und die in der Protestantismusgeschichte eine weit geringere Rolle gespielt hatten. Preußen, die politische Basis der von Königsberg bis Bonn reichenden größten Landeskirche „der altpreußischen Union“, verschwand durch ein Kontrollrats-

1 Die gehaltene Vorlesung, die den Stand der historischen Forschung knapp und verständlich skizzieren mußte und dazu auch nach Möglichkeit systematisch-argumentativ ordnen wollte, ist für den Druck in Form und Inhalt wenig geändert.

2 Vgl. Anselm Doering-Manteuffel, Katholizismus und Wiederbewaffnung. Die Haltung der deutschen Katholiken gegenüber der Wehrfrage 1948–1955, 1981.

gesetz 1947 von der Landkarte. Hinzu kommt die gar nicht zu überschätzende Tatsache, daß aus den 1945 unter polnische Verwaltung gestellten Ostgebieten rechts der Oder-Neiße-Linie, dann aber auch aus der sowjetischen Besatzungszone Millionen von evangelischen Vertriebenen und Flüchtlingen in die westlichen Besatzungszonen einströmten. Deutschland geteilt – das bedeutete neben der rein politischen Seite auch: der Protestantismus geteilt und mit den Folgen der Teilung belastet. Aus einer Zweidrittelmehrheit in der Bevölkerung des deutschen Reiches war plötzlich eine Parität mit dem Katholizismus geworden, der seinerseits zu einer bisher ungekannten politischen Bedeutung aufstieg – in und mit der CDU. Diese kirchenpolitisch-konfessionelle Situation greift ineinander damit, daß der Protestantismus vom ersten Tage der Nachkriegsgeschichte an mit dem Kalten Krieg zwischen West und Ost konfrontiert wurde, der sich bereits 1945 seit dem Tode des amerikanischen Präsidenten Roosevelt bei seinem Nachfolger Truman abzeichnete und seinen ersten Gipfel in der Truman-Doktrin vom 12. März 1947, der Aufteilung der Welt in eine „freie" und eine kommunistisch beherrschte, erreichte.

Historisch-politisch gesehen widersprach die Teilung Deutschlands, als Resultat der Anti-Hitler-Kriegskoalition und der dieser folgenden Blockbildung innerhalb der bisherigen Allianz, massiv den Lebensinteressen der deutschen evangelischen Kirche. Auf dieser Tatsache beruht zunächst, daß sich die Deutsche Evangelische Kirche in einem mühsamen, von 1945 bis 1948 reichenden Prozeß bewußt als gesamtdeutsche Institution, übrigens unter Zustimmung aller Besatzungsmächte, neu gründete.[3] Bis 1969 ist es dieser Evangelischen Kirche in Deutschland, kurz als EKD bezeichnet, gelungen, ihren gesamtdeutschen Charakter institutionell festzuhalten. Hinter dieser Gründung aber steht eine Auffassung, die in den Kirchen allgemein geteilt und darum auch in öffentlichen wie privaten Äußerungen fast stereotyp wiederholt wurde: die Identifizierung des Ost-West-Problems mit der Frage der Wiedervereinigung Deutschlands, der Einheit der deutschen Nation. In der Kirche spiegelte sich am klarsten der Wille zur Wiederaufhebung der Teilung, weil umgekehrt die Teilung auf politischer Ebene die Spaltung des Protestantismus nach sich ziehen mußte. Dieser

3 Annemarie Smith-von Osten, Von Treysa 1945 bis Eisenach 1948. Zur Geschichte der Grundordnung der Evangelischen Kirche in Deutschland, 1981.

Standpunkt verband alle protestantischen Christen: ,,[...] daß der Friede durch nichts so sehr bedroht wird, als wenn man ein Land durch willkürliche Grenzziehung in zwei Teile aufgespaltet hält" (so der Rat der EKD am 27. August 1950). Die EKD-Synode von Berlin-Weißensee forderte dementsprechend am 27. April 1950: ,,Beseitigt endlich die Zonengrenze zwischen Ost und West, die unser Volk zerreißt und den Frieden der Welt gefährdet!"[4]

Wie problematisch dies Selbstverständnis des deutschen Protestantismus gewesen ist, beleuchtet sehr deutlich die erste umfassende Untersuchung unseres Themas von Johanna Vogel; sie schreibt: ,,Das nationale Pathos der deutschen evangelischen Kirche setzte sich in dem uneingeschränkten Eintreten der EKD für die Wiedervereinigung fort. [...] Der Gedanke, daß die Spaltung Deutschlands als Folge einer verfehlten Politik möglicherweise nicht einfach ein Unrecht am deutschen Volk sei, sondern – wenn man die berechtigten Sicherheitsinteressen der ehemals von Deutschland angegriffenen europäischen Staaten in Rechnung stellt – eine politische Notwendigkeit, taucht hier nicht auf. Statt dessen wird die Spaltung Deutschlands – drohend – als ein ständiger Gefahrenherd geschildert, eine Aussage, der [...] jede Phantasie dafür abzugehen scheint, daß in der Einwilligung in die deutsche Teilung auch eine Chance liegen könne für eine zeitgemäßere Gestaltung des Zusammenlebens der Völker."[5] Dieser Konsensus in der Deutschlandfrage war sicherlich nicht nur politisch illusionär. Indem die EKD auf allen ihren Ebenen die deutsche Teilung nur als Ursache des Unfriedens interpretierte, verleugnete sie, daß eben diese Teilung Resultat des Krieges gegen deutsche Gewaltpolitik war und bleiben sollte. Aber diese objektive Tatsache wurde subjektiv nur unzureichend nachvollzogen. Und diese mangelhafte subjektive Einschätzung der deutschen Teilung gibt – das wiederum ist eine zu beachtende historische Tatsache – die überwiegende Meinung in der deutschen Bevölkerung wieder. Die Kirche wird hier zu ihrem Sprachrohr. Der Vorrang der nationalen Frage, die

4 Evangelische Kirche in Deutschland und die Wiederaufrüstungsdiskussion in der Bundesrepublik 1950–1958. Hg. von W. W. Rausch und Christian Walther. 1978 (weiterhin zitiert: Quellen 1), S. 28.27.

5 Johanna Vogel, Kirche und Wiederbewaffnung. Die Haltung der Evangelischen Kirche in Deutschland in den Auseinandersetzungen um die Wiederbewaffnung der Bundesrepublik 1949–1956. 1978 (weiterhin zitiert: Vogel), S. 128.112f.

Tatsache, daß diese Einstellung nicht zugunsten der durchaus auch vorhandenen Vorstellung einer internationalen „neuen Gemeinschaft des Rechtes"[6] hinterfragt wird, läßt sich also – das ist unser erstes Ergebnis – einerseits aus der mangelhaften Bewältigung der – als Unrecht oder doch als unverdientes Schicksal empfundenen – Teilung Deutschlands, andererseits aus der Bedrohung der Einheit des Protestantismus durch die neuen politischen Tatsachen ableiten. Dies gilt jenseits aller Differenzen, die über den Weg zu dieser Einheit entstanden.

Neben dieser *ersten* Linie müssen wir aber eine *zweite* aufzeigen, die zur ersten in Spannung, wenn nicht in Widerspruch steht. Die EKD trat ja nicht voraussetzungslos in die Nachkriegszeit ein, sondern brachte ihrerseits historische Erfahrungen mit dem Nationalsozialismus mit: den „Kirchenkampf". Die „Bekennende Kirche" hatte, wenigstens ihr linker Flügel der „Dahlemiten",[7] für den die Namen Martin Niemöller, Dietrich Bonhoeffer und Hans Asmussen stehen, innerkirchlich einen kompromißlosen Kampf gegen das „Deutschchristentum" geführt, das versuchte, ideologisch und organisatorisch die Prinzipien des Nationalsozialismus auf die christliche Kirche zu übertragen und folgerichtig umgekehrt politisch Rassismus, Anti-Internationalismus (Völkerfeindschaft), Anti-Demokratismus (Autoritarismus) und Anti-Humanismus (Barbarei) bejahte.[8] Wie weit die mit dem Deutsch*christentum* gemachten Erfahrungen auch als Mitverantwortung für den politischen Weg des *nationalsozialistischen* Deutschlands, und zwar auch bei den gemäßigten Mitgliedern der Bekennenden Kirche, akzeptiert werden konnten, das zeigt das „Stuttgarter Schuldbekenntnis", mit dem der Rat der EKD sich am 19. Oktober 1945 an den internationalen Ökumenischen Rat der Kirchen wandte. Hier heißt es, daß „wir uns mit unserem Volk nicht nur in einer großen Gemeinschaft der Leiden wissen, sondern auch in einer Solidarität der Schuld. Mit großem Schmerz sagen wir: Durch uns ist unendliches Leid über viele Völker und Länder gebracht worden. [. . .] das sprechen wir jetzt im Namen der ganzen Kirche aus: Wohl haben wir lange Jahre

6 Quellen 1, S. 27.

7 Von Berlin–Dahlem, dem Ort der – nach Barmen – zweiten Bekenntnissynode der Deutschen Evangelischen Kirche im Jahre 1934, abgeleitet.

8 Vgl. Theodor Mahlmann, Die Barmer Theologische Erklärung. Ein Beitrag zu ihrer Neuinterpretation für die Gegenwart. In: Korrespondenzblatt evangelischer Schulen und Heime 21/1980, S. 86–99.

hindurch im Namen Jesu Christi gegen den Geist gekämpft, der im nationalsozialistischen Gewaltregiment seinen furchtbaren Ausdruck gefunden hat; aber wir klagen uns an, daß wir nicht mutiger bekannt [...] haben [...]. Wir hoffen zu Gott, daß durch den gemeinsamen Dienst der Kirchen dem Geist der Macht und der Vergeltung, der heute von neuem mächtig werden will, in aller Welt gesteuert werde und der Geist des Friedens und der Liebe zur Herrschaft komme, in dem allein die gequälte Menschheit Genesung finden kann".[9] Dies Dokument zeigt, in eindrucksvoll offener und ungeschützter Sprache, daß die Kirchenführer der gerade vorläufig gegründeten EKD „für politische Entscheidungen des deutschen Volkes eine Verantwortung zu übernehmen bereit waren, die sie bislang nicht einmal bejaht hatten".[10] In dem Einbekennen der „Solidarität der Schuld" wie in dem Eintreten für den „Frieden" der „Menschheit" kommt zweifellos eine neue Qualität auch politischen christlichen Bewußtseins zum Ausdruck. Unter Verwendung eines politologischen Begriffs kann man das hier zum Ausdruck kommende veränderte kirchliche Selbstverständnis durchaus als Übernahme eines „politischen Mandats" sehen.[11] Das hat denn auch seinen Niederschlag in der Verfassung, der „Grundordnung" der EKD gefunden. Stand in der Verfassung der Deutschen Evangelischen Kirche vom 11. Juli 1933 lediglich: „Sie ordnet ihr Verhältnis zum Staat"[12] – was über Rechtsbeziehungen nicht hinausgeht, so steht im Artikel 19 der Verfassung der EKD vom 3. Dezember 1948 nicht nur: „Die Evangelische Kirche in Deutschland vertritt die gesamtkirchlichen Anliegen gegenüber allen Inhabern öffentlicher Gewalt", sondern auch: „Sie erstrebt ein einheitliches Handeln ihrer Gliedkirchen auf allen Gebieten des öffentlichen Lebens."[13] Die EKD weist sich also ein politisches Mandat zu, auch wenn sie dieses nicht so, sondern als „Wächteramt" oder als „Öffentlichkeitsauftrag" bezeichnet. Dieser bringt eine neuartige Mitverantwortung der Kirche für die Politik zum Ausdruck. Die Frage wird nur sein, ob dies politische Mandat die Fähigkeit, um das

9 Karl Kupisch, Quellen zur Geschichte des deutschen Protestantismus von 1945 bis zur Gegenwart, 1. Teil, 1971, S. 56.

10 Vogel, S. 21.

11 So Vogel, S. 22f. 43 u. ö.

12 Kirchliches Jahrbuch für die Evangelische Kirche in Deutschland 1933 bis 1944, hg. von J. Beckmann, 1948, S. 18.

13 Das Recht der Evangelischen Kirche in Deutschland, hg. von Merzyn, 1953, S. 5.

Vergangene im tiefenpsychologischen Sinn zu trauern, kirchlich gesprochen: die Einstellung der Buße, der Metanoia innerer Wandlung „in einer Stunde, in der die ganze Welt einen neuen Anfang braucht", wie es in Stuttgart hieß,[14] behalten wird. Wir haben aber erkannt, daß das in dem unreflektiert interessenbestimmten Eintreten für die Wiedervereinigung schon nicht mehr der Fall war. Die Gründungsversammlung der EKD sieht am 13. Juli 1948 „das deutsche Volk seiner Freiheit beraubt und in der Gewalt anderer Mächte".[15] Wo ist hier die „Solidarität der Schuld" geblieben? „Die Sprache verrät neben dem Gefühl der Ohnmacht [...] auch ein Selbstmitleid, das sich vom Standort des Stuttgarter Schuldbekenntnisses weit entfernt und schon wieder einen richterlichen Standort eingenommen hat."[16]

Mit den beiden genannten Voraussetzungen, der Einstellung auf Wiedervereinigung Deutschlands – als Zurücknahme des Kriegsergebnisses – und der Wahrnehmung eines politischen Mandats – als Ergebnis des Kirchenkampfes –, trat die EKD in die fünfziger Jahre ein. Die Wiederbewaffnungsfrage wird die Probe auf beide Voraussetzungen sein und erweisen müssen, wie sie miteinander verträglich sind.

In einem *zweiten Teil* wenden wir uns nun, nach Darstellung der *Voraussetzungen,* den historischen *Fakten,* in der notwendigen Kürze, zu, bevor wir im *dritten Teil* zu einer *systematischen* Analyse der umkämpften Probleme und erreichten Entscheidungen übergehen. Ausgangsdatum ist die Tatsache, daß die Alliierten, „gemäß der Formel von Jalta mit dem Ziel verbündet, ‚den deutschen Militarismus und Nazismus zu zerschlagen'", die „‚Entmilitarisierung und Aufteilung Deutschlands [...] für den künftigen Frieden und die Sicherheit als notwendig'" ansahen und sich auf dies Kriegsziel auch in der Potsdamer Konferenz vom Juli/August 1945 nochmals festzulegen vermochten: „Völlige Abrüstung und Entmilitarisierung Deutschlands".[17] Die sich schon 1945 abzeichnenden, sich ab 1947 verstärkenden Differenzen über die Erreichung dieses Kriegsziels münden in *die erste Phase* der Wiederbewaffnungsdebatte von 1947 bis 1950. Diese erste Phase ist, äußerlich-emotional wenig-

14 Kupisch (Anm. 9), S. 57.
15 Quellen 1, S. 22.
16 Vogel, S. 74.
17 Alfred Grosser, Deutschlandbilanz. Geschichte Deutschlands seit 1945, Ausgabe 1980, S. 41.49.54.

stens, noch völlig von einer unreflektierten Akzeptierung des alliierten Kriegsziels der Entwaffnung Deutschlands auf unabsehbare Zeit beherrscht. So sagte selbst Adenauer noch 1949, allerdings in suggestiver Doppeldeutigkeit: „Ich bin ganz und gar gegen eine Remilitarisierung"; der EKD-Synodale Hugo Stössinger sprach 1950 das berühmte, stark weiterwirkende Wort, mit dem er die Entmilitarisierung durch die Siegermächte geschichtstheologisch deutete: „Gott hat uns die Waffen aus der Hand geschlagen";[18] der Rat der EKD sagte am 27. August 1950: „Einer Remilitarisierung können wir das Wort nicht reden [...]"; die Synode von Berlin-Weißensee am 27. April 1950, mit bezug auf einen in die Wiederbewaffnung konsequenterweise eingeschlossenen Krieg von Deutschen gegen Deutsche: „Wir legen es jedem auf das Gewissen, zu prüfen, ob er im Falle eines solchen Krieges eine Waffe in die Hand nehmen darf."[19] Diese Äußerungen entsprachen sicher der Meinung der Bevölkerung, die (im Westen) nach Ausweis einer Umfrage mit einer Dreiviertelmehrheit die Wiederaufrüstung Deutschlands und sogar zu 85 % den Kriegsdienst ablehnte.[20]

In diese Zeit fällt eine erste Kontroverse zwischen Staat und Kirche, der eine innerkirchliche Kontroverse zur Seite ging. Adenauer hatte im Dezember 1949 erstmals im sog. „Plain-Dealer-Interview" die Schaffung einer europäischen Armee unter Beteiligung auch deutscher Soldaten als Möglichkeit, durch Westintegration der (befürchteten) Bedrohung aus dem Osten entgegenzuwirken, angedeutet. Martin Niemöller ist es gewesen, der diesem ersten Veröffentlichungsversuch des von Adenauer längst gehegten politischen Konzeptes in dem sog. „Higgins-Interview" sofort widersprach und als politische Alternative die Neutralisierung eines wiedervereinigten Deutschlands zwischen den Machtblöcken vorschlug.[21] Aber dies ist nur ein Vorspiel gewesen.

Die zweite Phase der Wiederbewaffnungsdiskussion wird durch den Beginn des Korea-Kriegs im Juni 1950 eingeleitet und reicht bis zum Scheitern des Planes einer Europäischen Verteidigungsgemeinschaft am Widerspruch der französischen Nationalversammlung 1954.[22] Diese Phase beginnt mit dem vor der deutschen Öf-

18 Vogel, S. 80.53.

19 Quellen 1, S. 28.25.

20 Bikini. Die Fünfziger Jahre. Kalter Krieg und Capri-Sonne, 1981, S. 61, rechte Spalte.

21 Vogel, S. 79–82.

22 Vogel, S. 116ff.

fentlichkeit, deren immer noch antimilitaristische Einstellung Adenauer kannte und fürchtete, geheimgehaltenen, dem Interesse der Westmächte entgegenkommenden und primär der Wiedergewinnung der deutschen Souveränität dienenden Angebot des Bundeskanzlers, einen deutschen Wehrbeitrag zur „Sicherheit gegenüber der Aufrüstung der Sowjetzone durch Sowjetrußland"[23] zu leisten. Adenauers Alleingang in dieser fundamentalen politischen Frage schloß sogar das Bundeskabinett von der Mitwirkung aus. Dieser Stil ebenso wie der Inhalt der Verhandlungen mit den Besatzungsmächten veranlaßten Gustav Heinemann, den ersten Innenminister der 1949 gegründeten Bundesrepublik, zum Rücktritt, den Heinemann in seiner Erklärung „Deutsche Sicherheit" vom 15. September 1950 begründete, und zwar mit dem Hauptargument, daß eine Politik der Wiedervereinigung und gleichzeitig der Wiederaufrüstung sich gegenseitig ausschlössen. Heinemann wollte die deutsche Frage „offenlassen". Er begründete dies auch psychologisch: „Dies wird für unsere Nachbarvölker im Westen wie im Osten der eindrücklichste und immer noch notwendige Beweis für die doch unleugbare Gesinnungsänderung des deutschen Volkes sein." Und er fügte theologisch „die Frage", „zumal für Politiker, die aus christlicher Verantwortung zu handeln erklären", hinzu, „ob es nicht etwa so ist, daß wir durch Gottes Gericht waffenlos gemacht worden sind um deswillen, was wir mit der Waffe angerichtet haben".[24] Es ist deutlich, daß Heinemann, der zu dieser Zeit auch Präses (Vorsitzender) der Synode der EKD war, die Wiederbewaffnungsfrage aus dem Geist des Stuttgarter Schuldbekenntnisses, das er selbst mitunterzeichnet hatte, beurteilte und eindeutig sichtbar machte, was eine Konkretisierung des politischen Mandats von da aus bedeutete.

Für Adenauer, der über Heinemann in der Regierung die wichtigste personelle Verbindung zum deutschen Protestantismus hielt, löste dieser Rücktritt die erste innenpolitische Krise aus. Denn er zog den massiven Widerspruch der linken Gruppen des Protestantismus, insbesondere der Kirchenpräsidenten Niemöller und Wilm und der in der Tradition der Bekennenden Kirche sich verstehenden „Kirchlichen Bruderschaften" nach sich. Die politische Opposition dieser Gruppe zog sofort eine kirchenpolitische wie theologi-

23 Konrad Adenauer, Erinnerungen 1945–1953, 1967, S. 385.345.
24 Quellen 1, S. 63.62.63 f.

sche Polarisierung zwischen dieser Minderheit und der Mehrheit in der EKD nach sich. Erstmals traten jetzt „neben den Befürwortern der Adenauerschen prowestlich orientierten ‚Politik der Stärke' [...] alle Schattierungen einer mehr hinhaltenden oder neutralistischen oder prokommunistischen politischen Einstellung" in der EKD auf.[25] Angesichts des Druckes der an sich zahlenmäßig schwachen Opposition war Adenauer zum ersten Mal genötigt, seine Politik öffentlich in einer Rundfunkrede am 11. Oktober 1950 zu rechtfertigen. Aber dies stellte für ihn kein Risiko mehr dar, weil er, tiefer blickend als seine Gegner, richtig einschätzte, daß jetzt das international durch den Korea-Krieg ebenso wie innerdeutsch durch die Erfahrung der „Abstimmung mit den Füßen" geschaffene psychologische Bedrohungssyndrom bereits zuverlässig die immer noch vorhandene antimilitaristische Grundstimmung überlagerte und verdrängte. Das Antikommunismus-Syndrom bewirkte, daß der ohnehin nur außerhalb des Parlamentes auftretenden Opposition die Massenbasis entschwand.

Am Verhalten der EKD wurde das exemplarisch deutlich. Der Rat der EKD und eine eilig einberufene Kirchenkonferenz kritisierte zwar am 17. November 1950 ausdrücklich „die Form der Kritik (an Niemöller) durch den Bundeskanzler" und anerkannte Heinemanns Rücktritt als eine „gewissensmäßige Entscheidung". Aber gegenüber seiner Ablehnung der Remilitarisierung, die erst ein Vierteljahr zurücklag, tat der Rat jetzt einen entscheidenden Schritt zurück, indem er sagte: „[...] die Frage, ob eine wie immer geartete Wiederaufrüstung unvermeidlich ist, kann im Glauben verschieden beantwortet werden." Dieser Rückzug ist allerdings, wie die erwähnte Äußerung vom August beweist, nicht durch den Korea-Krieg bedingt. Vielmehr ist dieser Rückzug der Preis, den die Kirche für ihre Einheit zahlen muß; der Rat stellt „dankbar fest, daß die Einheit unserer evangelischen Kirche trotz starker Spannungen außer Frage steht". In der Remilitarisierungsfrage zieht sich also die mit dem politischen Mandat betraute, für „ein einheitliches Handeln" der Gesamtkirche „auf allen Gebieten des öffentlichen Lebens" verantwortliche Kirchenleitung schon in der ersten Krise auf die Neutralität der Kirche gegenüber den politischen Entscheidungen ihrer Glieder und damit der Politik zurück: „Der Rat weiß, daß die Gemeinschaft im Glauben nicht die Ein-

25 Vogel, S. 124f.

heitlichkeit der politischen Urteile einschließt."[26] Über dies „Dokument der Handlungsunfähigkeit" ist die Kirchenorganisation nicht mehr hinausgekommen. Politik wird zur Ermessensfrage erklärt; kirchenpolitisch hat „eine mittlere Linie" als Resultante von Kräften, die die Einheit nicht sprengen dürfen, gesiegt. An der Frage der Wiederbewaffnung ist das politische Mandat der Kirche bereits beim ersten Konflikt „offenbar an eine Grenze gestoßen", wie der Ratsvorsitzende, Bischof Dibelius, auf der Hamburger Synode 1951 in seinem Bericht offen zugibt.[27]

Der Gegensatz, der damit nicht einheitssprengend wurde, läßt sich so beschreiben: Die Minderheit sah eine „Einheit von christlicher und politischer Existenz" gegeben und vertrat diese Position in öffentlicher Opposition. Die Mehrheit sah und vertrat dagegen einen „Unterschied zwischen christlicher und politischer Existenz".[28] Die Minderheit wurde in die Isolation gedrängt; die Mehrheit behauptete ihre Position mit einer Neutralitätstheorie, die sie auf die von Luther 1523 in seiner Schrift „Von weltlicher Obrigkeit, wie weit man ihr Gehorsam schuldig sei" formulierte theologisch-politische Theorie der seit einigen Jahrzehnten sog. „Zwei-Reiche-Lehre" stützte (oder damit verwechselte; doch die Forschung hat es zu keinem Konsensus gebracht). Der Grund dieser Neutralitätstheorie oder der Erklärung der Politik zur Ermessensentscheidung aber war eingestandenermaßen die Wahrung der Einheit; Spaltung würde das politische Mandat der Gesamtkirche per definitionem unglaubwürdig machen; nur über die Einheit könne es wahrgenommen werden.

Und es wurde wahrgenommen. Denn der Rat sah sich durch die Neutralitätstheorie nicht gehindert, seit 1951 geheim mit Bonn über einen Militärseelsorgevertrag zu verhandeln, über den die Synode erst 1956, als alle Entscheidungen bereits gefallen waren, informiert wurde. In dieser Tatsache kommt zum Ausdruck, was nicht als Verletzung der politischen Neutralität des Glaubens empfunden wurde: die „einseitige Option für den Westen".[29] Sie läßt

26 Quellen 1, S. 94 (vgl. Text bei Anm. 19).

27 Vogel, S. 145.146.147.

28 Atomwaffen und Ethik. Der deutsche Protestantismus und die atomare Aufrüstung 1954–1961. Dokumente und Kommentare. Hg. von Chr. Walther unter Mitarbeit von W. W. Rausch und Andrea Pawlas. 1981 (weiterhin zitiert: Quellen 2), S. 14f.

29 Vogel, S. 186.92; nach H.-J. Benedict, vgl. S. 96f.

sich aber schon in dem Friedenswort der Synode von Berlin-Weißensee 1950 nachweisen. Hier stand in der ursprünglichen Fassung: ,,Laßt euch nicht zum Werkzeug einer Propaganda machen, durch die Feindschaft zwischen den Völkern gefördert und der Krieg vorbereitet wird [...].“ Diesen Satz darf man als gegen die Truman-Doktrin ebenso wie gegen die Kominform-Doktrin, also gegen die westliche wie östliche Aufteilung der Welt in zwei feindliche Lager gerichtet verstehen. Dennoch wurde die Änderung beantragt: ,,[...] auch nicht zum Werkzeug irgendeiner Friedenspropaganda, die in Wirklichkeit Haß sät und den Krieg betreibt.“[30] In diesem Zusatz verrät sich, obwohl er undeutlich redet und dem Hörer und Leser überläßt, seine Schlüsse zu ziehen, ,,die heimliche Option für den Westen. [...] Daß hier eindeutig der Kommunismus apostrophiert ist, der allein damals eine zugleich haßerfüllte Friedenspropaganda betrieb, liegt auf der Hand.“ Johanna Vogel, die so urteilt, zeigt damit, daß es durchaus nicht darum geht, für Kritik an der östlichen Seite blind zu sein. Es geht in diesem Zusatz um etwas anderes als um die richtige Feststellung, daß die sowjetrussische Friedenspropaganda tatsächlich mit haßgeleiteten Beschreibungen des Gegners verbunden war. Es geht vielmehr darum, ,,ob damit [...] schon bewiesen war, daß diese Propaganda nicht doch den Frieden meinte“.[31] Die Mehrheit der Synode, die jenen Zusatz annahm, hielt das für gewissermaßen a priori entschieden. Die von der östlichen Seite betriebene Friedensbewegung ebenso wie die in der Kirche entstehenden Friedensinitiativen, die in der Tat vom Osten gefördert und unterstützt wurden, hielt diese Mehrheit ausschließlich für semantisch getarnte Kriegsvorbereitung, die ,,Propaganda“ – dies Wort blieb im Text stehen! – der eigenen Seite aber unkritisch für ehrlich das, als was sie sich gab.

Die letzte Ursache dieser Westoption ist in der Unfähigkeit zu sehen, sich mit dem Kommunismus auf eine adäquate Weise auseinanderzusetzen. Die Westoption beruht auf der ,,Fixierung der Auseinandersetzung mit dem Kommunismus auf die Atheismus-Diskussion“, darauf also, ,,daß der Kommunismus nicht als eine alternative Gesellschaftsordnung gesehen wurde, sondern als ein alternativer ‚Glaube‘“.[32] Sicher ist der Kommunismus auch dies und hat daran seine wissenschaftlich-philosophische Schwachstelle.

30 Quellen 1, S. 25.
31 Vogel, S. 109.
32 Vogel, S. 97 und ebd. Anm. 26.

Die Fixierung gerade darauf verdrängt den Punkt, wo die Auseinandersetzung nicht bloß ablehnend geführt werden kann, in der Gesellschaftspolitik.

Weil die Entscheidungen schon in der zweiten Phase gefallen sind, kann ich mich bei den beiden folgenden kurz fassen. *Die dritte Phase* (1954 bis 1956) bringt überraschend schnell die Einbeziehung Westdeutschlands in die Nato (1955) und die Einführung der allgemeinen Wehrpflicht (1956). Damit ist der Gegenpol zu dem Kriegsziel der Allierten von 1945 erreicht. Neu ist in dieser Phase, daß in der sog. Paulskirchenbewegung ,,zum ersten Mal in der Geschichte der Bundesrepublik, ja der deutschen Geschichte Vertreter der SPD, der Gewerkschaften, der (von Heinemann gegründeten) G(esamtdeutschen) V(olks-)P(artei) und der beiden großen Kirchen sich zu einer politischen Aktionseinheit zusammenfanden“. Damit tragen Erfahrungen langfristig innere Frucht, die in der gemeinsamen Verfolgung durch den Nationalsozialismus und im gemeinsamen Leiden unter ihm und seinen Verbrechen gemacht wurden. Auf der Paulskirchenkundgebung vom 29. Januar 1955 sprach neben Erich Ollenhauer, damals SPD-Vorsitzender und Kanzlerkandidat, und Georg Reuter vom DGB auch Helmut Gollwitzer, der damit zum ersten Mal deutlich die Arena der Politik betritt.[33] Im Verhalten der EKD dieser Zeit zeigt sich dagegen nichts Neues.

Die vierte Phase (1957 bis 1959) war von einer neuen Frage beherrscht: der Ausrüstung der Bundeswehr mit Atomwaffen. In dieser Debatte treten völlig neue Argumente auf (die bis heute ihre Gültigkeit behalten haben): die Lehre vom ,,gerechten Krieg“ wird grundsätzlich in Frage gestellt; der Krieg mit Massenvernichtungsmitteln von allen Fraktionen der Kirche, im Einklang mit der Erklärung des Ökumenischen Rates der Kirchen in New Haven von 1957, verurteilt, aber nur von der kirchlichen Linken auf jeder Stufe der Beteiligung als mit dem Christentum unvereinbar erklärt. Die Mehrheit dagegen rechtfertigt praktisch und theoretisch das Sicherheitskonzept der atomaren Abschreckung als pax atomica, als Mittel zur Erhaltung des Abschreckungsfriedens und damit doch indirekt den (gerechten Verteidigungs-)Krieg. Die Auseinandersetzung dieser beiden Fraktionen trieb die EKD zum ersten Mal bis an den Rand der Spaltung, die mit der sog. Ohnmachtsformel

33 Vogel, S. 192.194.

der Berliner Synode von 1958 nur mühsam verhindert wurde: „Die unter uns bestehenden Gegensätze in der Beurteilung der atomaren Waffen sind tief. Sie reichen von der Überzeugung, daß schon die Herstellung und Bereithaltung von Massenvernichtungsmitteln aller Art Sünde vor Gott ist, bis zu der Überzeugung, daß Situationen denkbar sind, in denen in der Pflicht zur Verteidigung der Widerstand mit gleichwertigen Waffen vor Gott verantwortet werden kann. Wir bleiben unter dem Evangelium zusammen und mühen uns um die Überwindung dieser Gegensätze."[34]

Man hat mit Recht festgestellt, daß in den Jahren der dritten und vierten Phase zum ersten Mal das Protestpotential sich gesammelt und verstärkt hat, das dann im wachsenden gesellschaftskritischen Bewußtsein der 60er Jahre, in der Studentenbewegung seit etwa 1965 und in dem „Machtwechsel", der Heinemann 1969 in das Amt des Bundespräsidenten brachte, sich entlud. Die Tatsache, daß Heinemann 1969 in das höchste Staatsamt gelangte, mag hier allein für den Einfluß der kirchlichen Opposition auf den politischen Rahmen stehen. Dies Faktum steht aber im umgekehrten Verhältnis dazu, daß die Synode der EKD in Espelkamp 1955 Gustav Heinemann als ihren Vorsitzenden abwählte. Heinemann hat vor der Wahl seine Entscheidung, seine erneute Kandidatur für dieses Leitungsamt der EKD nicht zurückzuziehen, der Synode folgendermaßen begründet: „Es wird mir von einigen Brüdern, die die Änderung wünschen, nahegelegt, daß ich mich nicht mehr zur Wahl vorschlagen lasse, um damit die Entscheidung der Synode zu erleichtern [...]. Die erste Synode besetzte dieses Amt 1949 wissentlich mit einem Mann, der zugleich in der Parteipolitik stand, und sie ließ es unbeanstandet, ja sie begrüßte es in der Fülle ihrer Mitglieder, daß sich mit diesem kirchlichen Amt alsbald darauf ein regierendes Amt im politischen Feld verband. Darf nun solche Verkoppelung nicht mehr sein, wenn die politische Betätigung in die Opposition führt? Darf sie nicht mehr sein, so frage ich weiter, wenn sich der politische Wahlerfolg in die Wahlniederlage verwandelt? Dann wäre der Erfolg unser Gott und unsere Leidenschaft wäre die Anpassung! Dann wäre alles Gerede unter uns von politischer Betätigung aus persönlicher Entscheidung eines an Gott gebundenen Gewissens unglaubwürdig. [...] Oder man hätte denn konkrete Einwände hinsichtlich der Art und Weise, wie die politi-

34 Quellen 2, S. 139, rechte Spalte.

sche Betätigung ausgeführt worden ist. Dann möge man aber das aussprechen und sich nicht hinter einem meines Erachtens abwegigen Grundsatz verstecken!"[35]

Diese bemerkenswert klaren Äußerungen Heinemanns vor seiner Abwahl bestätigen, daß das politische Mandat, das die EKD sich in ihrer Gründungsphase als Lernerfolg aus dem Kirchenkampf zuschrieb, durch die Auseinandersetzungen über die Wiederbewaffnung inzwischen ausgehöhlt ist. Johanna Vogel hat für Mitte und Ende der fünfziger Jahre im Unterschied zu den Jahren um die Gründung der Bundesrepublik richtig festgestellt: „Die EKD, in den Anfangsjahren der Bundesrepublik immerhin noch als eigenständige politische Potenz erkennbar, wurde nun immer mehr zu einem integrierenden und integrierten Faktor der herrschenden politischen Linie."[36] Daß diese historische Feststellung keine notwendige, systematisch geltende sein muß, beweist aber wenigstens die Ost-Denkschrift der EKD von 1965 mit ihren Folgen für die neue Ost-Politik. Doch als Adenauer 1953 und 1957 seine großen Wahlsiege feierte, die die kirchliche und politische Opposition Heinemanns und anderer demütigten, war es der Mehrheit vollständig gelungen, innerlich und äußerlich bei sich zu verdrängen, was das Stuttgarter Schuldbekenntnis 1945 an Fähigkeit zu trauern, Buße auf Versöhnung hin zu tun, gezeigt hatte.

Ich komme zum *dritten* und letzten Teil. Trotz der politischen Vorentscheidungen – 1. für den Nationalismus der Wiedervereinigung, 2. für den Antikommunismus der Truman-Doktrin, 3. für die Westintegration – ist der Weg der EKD in der Frage der Wiederbewaffnung nicht ohne Resultate geblieben, hinter die es ein Zurück nicht mehr gibt. Das läßt sich nur in einer systematischen Überlegung klarmachen, die die Argumente unabhängig von ihrer historischen Situation miteinander verknüpft. Sie besteht aus drei Schritten:

1. Unwiderruflich ist – das zeigen alle Voten der EKD als Gesamtkirche wie aller ihrer Fraktionen, der rechten, gemäßigten und linken – die Ablehnung einer Rechtfertigung des Krieges als solchen; positiv ausgedrückt: die allein noch mögliche Rechtfertigung des Friedens als Handlungsziel aus Gründen des Glaubens *und* der Vernunft. „Was kann die Kirche für den Frieden tun?" –

35 Quellen 1, S. 170.
36 Vogel, S. 184.

diese Frage der Synode von Berlin-Weißensee 1950 zeigt das leitmotivisch. Gegenüber der Zeit vor 1933 ist das ein Novum. Man darf, in juristischer Sprache, sagen: Der Satz der Vollversammlung des Ökumenischen Rates der Kirchen von Amsterdam 1948: ,,Krieg soll nach Gottes Willen nicht sein", ist in seiner uneingeschränkten Klarheit und schlichten Verbindlichkeit zur ,herrschenden Lehre' geworden, auch wenn bisher noch keine historische Situation ausgereicht hat, diesen Satz zu einem auf das Risiko der Kirchenspaltung hin die christliche Kirche definierenden Bekenntnis zu erheben.[37]

2. Neben dieser ersten Feststellung steht daher hart die zweite. Das grundsätzliche Eintreten für den Frieden als einzig mögliches, selbst nicht wieder zu vermittelndes Endziel allen individuellen und gesellschaftlichen politischen Handelns wird faktisch zur Leerformel entwertet, solange die Mittel des Handelns auf dieses Ziel hin vollständig freigegeben werden. Ich weise dazu nochmals auf den programmatischen Satz des Rates der EKD vom 17. November 1950 hin, der Politik zur Ermessensentscheidung erklärte, und auf die Ohnmachtsformel der Synode von 1958, die die Einheit der Kirche, vielleicht auf Kosten der Wahrheit, über alles stellt. Auf der Grundlage der 1959 erarbeiteten ,,Heidelberger Thesen" wird man dies von 1967 an in der Formel ausdrücken: ,,Friedensdienst mit und ohne Waffen".[38] In diesem Satz, der das gleiche Handlungsziel auf zwei Wegen erreichen läßt, die sich gegenseitig ausschließen und doch zusammengehören sollen – man nennt das Komplementarität –, kommt nicht das Haben, sondern das ,,Fehlen einer von allen Gruppen akzeptierten gemeinsamen theologischen Basis für die EKD"[39] zum Ausdruck. Die Formel zeigt, daß die Kirche in ihren Fraktionen eine politische Option – manchmal

37 Dazu vgl. Martin Schloemann, Der besondere Bekenntnisfall. Begriffsgeschichtliche und systematische Beobachtungen zum casus confessionis vor, in und nach Daressalam 1977. In: Politik als Glaubenssache? Beiträge zur Klärung des Status Confessionis im Südlichen Afrika und in anderen soziopolitischen Kontexten, hg. von E. Lorenz, 1983, S. 48–98.

38 Frieden stiften. Die Christen zur Abrüstung. Eine Dokumentation. Hg. und erläutert von G. Baadte, A. Boyens und O. Buchbender, 1984, S. 15.71; 23.71f.74; 80. – Die Herausgeber sehen bezeichnenderweise in der ,,Auseinandersetzung" von ,,heute" – abgesehen vom Hinzutreten der ,,Nord-Süd-Spannung" und der organisatorischen ,,Trennung der EKD" – ,,eine Wiederholung der Auseinandersetzungen der fünfziger Jahre" (S. 28).

39 Vogel, S. 226.

blind, manchmal sehend – vollzieht und zugleich versucht, die politische Indifferenz des Glaubens durchzuhalten. Offenbar weil das logisch absurd ist, wird hilfsweise die Frage nach den Mitteln, die bei vorausgesetztem gemeinsamem Ziel beantwortet werden müßte, dem Ermessen überlassen. Sie wird in typisch protestantischer Weise als „gewissensmäßige Entscheidung" gewertet, damit individualisiert und entpolitisiert. Das rettet die Einheit der EKD um den Preis der Ohnmacht ihres politischen Mandats.

3. Aber auch dies ist nicht nur negativ. Es zeitigt ein positives Ergebnis. Im Unterschied zu der Zeit vor 1933 muß jetzt die Kirche als Kirche nicht nur die Entscheidung für die Kriegsvorbereitung als vielleicht gerade noch unvermeidliches Mittel der Friedenserhaltung anerkennen. Schon das besagt gegenüber der Tradition viel, wiewohl schon das Augsburgische Bekenntnis bezeichnenderweise nur sagt, „daß es *erlaubt* ist zu kriegen". Aber die Kirche ist weiter gegangen: sie mußte aus Gründen innerer, systematischer Konsequenz aus dem christlichen Glauben nun auch die Entscheidung des Friedensdienstes ohne Waffen gleichrangig als legitimiert anerkennen. Das folgt, wenn nicht auf andere Weise, so doch schon aus der Individualisierung der politischen Ermessensentscheidung über die Mittel des Friedenshandelns. Der Synode von Berlin-Weißensee 1950 muß man das Zeugnis ausstellen, „daß hier zum erstenmal in der deutschen Geschichte die Kirche als solche ein klares Votum für den Schutz von Kriegsdienstverweigerern abgegeben und sich damit von einer jahrhundertealten Tradition der unantastbaren Loyalität gegenüber den Kriegswünschen des Staates losgesagt hat. Der Protest des christlichen Gewissens gegen Maßnahmen des Staates ist damit zum ersten Mal in der Geschichte des deutschen Protestantismus kirchenoffiziell denkmöglich geworden", urteilt Johanna Vogel. Und man kann hinzufügen: hier steht zum ersten Mal nicht nur die Frage des Eingreifens des Staates in die kirchliche Verkündigung zur Debatte, der allein die Abwehr gilt – nein, der christlich motivierte Widerstand liegt auf dem Gebiet der staatlich verfaßten Gesellschaft und ihrer Normen selber, indem die Legitimation der Ausnahmen vom Tötungsverbot hinterfragt wird. Das Votum für den Schutz der Kriegsdienstverweigerer hat auch politisch bis in die Wehrgesetzgebung hinein eine Rolle gespielt. Hier wurde die Kirche als solche aktiv; sie überließ diese Frage nicht nur ihren Gruppen und Mitgliedern als Frage individuellen Ermessens; sie übertrug sie in den politi-

schen Raum. Dies ist zwar „gewissermaßen ein Nebenprodukt“ der Kämpfe in der Kirche um die Frage der Wiederbewaffnung, aber das mindert nicht die prinzipielle Bedeutung der Tatsache. Denn dies Ergebnis wurde seit 1950 bis heute von niemandem mehr ernsthaft in Frage gestellt. Zwar hat es sicher eine „Ersatzfunktion“ für die Handlungsunfähigkeit der Kirche in Sachen ‚politisches Mandat‘.[40] Aber an dessen Sprengkraft in theologisch-politischer Theorie und Praxis ist nicht zu zweifeln. Das möchte ich zum Schluß an zwei Äußerungen, einerseits der äußersten kirchlichen Linken, andererseits der kirchlichen Rechten deutlich machen. Die Linke hat 1950 dazu aufgefordert, „in der heutigen Lage Deutschlands den Kriegsdienst ohne Rücksicht darauf, ob das Recht dazu verfassungsmäßig gesichert bleiben wird oder nicht“, zu „verweigern“.[41] Die Rechte aber hat 1955 einmal gesagt: „Es ist uns Christen nicht erlaubt, unseren Gewissensentscheidungen gegen die Maßnahmen des Staates in einer Weise Ausdruck zu geben, die seine Autorität untergräbt“.[42]

40 Vogel, S. 114, 222, 223.
41 Quellen 1, S. 40.
42 Zit. nach Vogel, S. 280.

Bibliographie

1. Zum Thema

Evangelische Kirche in Deutschland und die Wiederaufrüstungsdiskussion in der Bundesrepublik 1950–1958. Hrsg. von W. W. Rausch und Chr. Walther. 1978.

Atomwaffen und Ethik. Der deutsche Protestantismus und die atomare Aufrüstung 1954–1961. Dokumente und Kommentare. Hrsg. von Chr. Walther unter Mitarbeit von W. W. Rausch und Andrea Pawlas. 1981.

Johanna Vogel, *Kirche und Wiederbewaffnung. Die Haltung der Evangelischen Kirche in Deutschland in den Auseinandersetzungen um die Wiederbewaffnung der Bundesrepublik 1949–1956*. 1978.

Weitere Literatur in den Verzeichnissen dieser jüngsten Arbeiten.

2. Zur Geschichte und Lage der Evangelischen Kirche in Deutschland

Boyens, Armin, *Das Stuttgarter Schuldbekenntnis vom 19. Oktober 1945 – Entstehung und Bedeutung*. In: Vierteljahreshefte für Zeitgeschichte 19/1971, S. 374–397.

Brunotte, Heinz, *Die Grundordnung der Evangelischen Kirche in Deutschland. Ihre Entstehung und ihre Probleme*, 1954.

Ders., *Die Evangelische Kirche in Deutschland*, 1964.

Evangelisches Soziallexikon. 7. Aufl. 1980.

Evangelisches Staatslexikon. 2. Aufl. 1975.

Fischer, Hans-Gerhard, *Evangelische Kirche und Demokratie nach 1945. Ein Beitrag zum Problem der politischen Theologie*, 1970.

Heidtmann, Günther (Hrsg.), *Hat die Kirche geschwiegen? Das öffentliche Wort der evangelischen Kirche aus den Jahren 1945–1964*. 3. Aufl. 1964.

Hein-Janke, Ewald, *Der Beitrag der evangelischen Kirche zur Restauration in Deutschland in den Jahren 1945–1949*. Dahlemer Hefte 3, 1973, 2. Aufl. 1975.

Huber, Wolfgang, *Kirche und Öffentlichkeit*, 1973.

Jochmann, Werner, *Evangelische Kirche und politische Neuorientierung in Deutschland 1945*. In: Deutschland in der Weltpolitik des 19. und 20. Jahrhunderts (Fritz Fischer zum 65. Geburtstag). Hrsg. von Imanuel Geiss und Berndt Jürgen Wendt, 1973, S. 545–562.

Kirchliches Jahrbuch für die Evangelische Kirche in Deutschland, hrsg. von Joachim Beckmann, Jahrgang 72ff./1945ff., 1950ff.

Kupisch, Karl, *Quellen zur Geschichte des deutschen Protestantismus von 1945 bis zur Gegenwart*, 2 Teile, 1971.

Ludwig, Hartmut, *Karl Barths Dienst der Versöhnung. Zur Geschichte des Stuttgarter Schuldbekenntnisses*. In: Zur Geschichte des Kirchenkampfes. Gesammelte Aufsätze II, 1971, S. 265–326.

Ders., *Die Entstehung des Darmstädter Wortes*. In: Junge Kirche, Beiheft zu Heft 8.9/1977.

Mahrenholz, Ernst Gottfried, *Die Kirchen in der Gesellschaft der Bundesrepublik*, 1969.

Perels, Joachim, *Die Entstehung demokratischen Denkens im deutschen Protestantismus. Vom Kirchenkampf zu Konfliktlinien der Ära Adenauer*. In: Gegenwartskunde 2/1981, S. 153–163. (Den Hinweis auf diesen Aufsatz verdanke ich Hans-Karl Rupp.)

Raiser, Ludwig, *Die Denkschriften der Evangelischen Kirche in Deutschland als Wahrnehmung des Öffentlichkeitsauftrages der Kirche*. In: Die Denkschriften der Evangelischen Kirche in Deutschland, I/1, 1978, S. 9–39.

Smith-von Osten, Annemarie, *Von Treysa 1945 bis Eisenach 1948. Zur Geschichte der Grundordnung der Evangelischen Kirche in Deutschland,* 1981.

Spiegel, Yorick (Hrsg.), *Kirche und Klassenbindung. Studien zur Situation der Kirchen in der Bundesrepublik Deutschland*, 1974.

Spotts, Frederic, *Kirchen und Politik in Deutschland. Der Einfluß der Kirchen auf Politik und Wähler in der Bundesrepublik seit 1945* (englisch 1973, deutsch 1976).

Ingrid Langer

Die Mohrinnen hatten ihre Schuldigkeit getan...
Staatlich-moralische Aufrüstung der Familien

1

Es ist einigermaßen schwierig, eine Beschreibung der Situation der Frauen und Familien in den fünfziger Jahren zu versuchen, weil wir über die wichtige Zeit davor – die Zeit von 1945–1949 – nur sehr ungenau informiert sind. Wir wissen kaum etwas darüber, wieviele Frauen in dieser Zeit erwerbstätig waren, welche Rolle sie in der Wiederorganisation des Lebens, des Alltags dieser Zeit gespielt haben; wie sie sich in ihren Rollen als Trümmerfrauen, als Schwarzmarkthändlerinnen, als Flüchtlingsfrauen, als alleinstehende Mütter, die auf ihre verschollenen Männer warten, schließlich als Soldatenwitwen durchs Leben gebracht, wie sie die Familien erhalten und wie sie im Alltag den Weg aus dem Chaos in die relative Normalität der fünfziger Jahre gebahnt und gefunden haben. Ist schon die politische Geschichte dieser Jahre wenig erhellt, wieviel weniger ist es die Alltagsgeschichte, die oft die eigentliche Geschichte der Frauen ist.

Die soziologische Familienforschung ist sich insoweit einig, daß die Familie fast als einzige tragende, intakte Institution der unmittelbaren Nachkriegszeit übriggeblieben war. Alle anderen Institutionen wie Regierung, Verwaltung und Betriebe waren außer Kraft gesetzt oder zerstört. Evakuierungen, Flucht, Aussiedlung hatten riesige Menschenmengen durcheinandergewirbelt und an neuen Orten zusammengeführt. Nicht zuletzt auch die gewaltigen Verluste in der Zivilbevölkerung durch die Bombardierungen hatten viele Bindungen wie Vereine, Nachbarschaften, Verwandtschaftskreise aufgelöst. Das Alltagsleben konnte sich nur in dieser kleinsten Gruppe, der Familie, wieder organisieren. Es ist klar, daß hier den Frauen und Müttern die Hauptlast zufiel. Viele Männer waren gefallen oder noch in Kriegsgefangenschaft. In dieser Zeit, in der „soziale Typisierungen nach Schicht, Beruf, Bildung, Religion [...] gegenüber Schicksalskategorien wie Heimkehrer, Flüchtling,

Kriegsgefangener, Kriegerwitwe, Displaced person, KZ-Häftling"[1] in den Hintergrund traten, verfügten Frauen wohl auch über besondere Fähigkeiten zur Bewältigung dieser Situation. Sie werden immer noch dazu erzogen, direkte Beziehungen aufrechtzuerhalten und zu pflegen.

Eine sehenswerte Abteilung des Historischen Museums in Frankfurt[2] zeigte uns die Frauen dieser Zeit unter den Stichworten: Chaos, Vergewaltigung, Hunger, Flüchtlinge, Wohnungsnot, schwarzer Markt und – damit zusammenhängend – Prostitution, Mischlingskinder, Mißtrauen der Männer, Eheprobleme. Das Deutschland von 1945/46 war ein Land der Frauen. Dr. Gabriele Strecker, die kürzlich verstorbene Ärztin, erste Leiterin des Frauenfunks von „Radio Frankfurt" und CDU-Landtagsabgeordnete, stellte dies eher melancholisch fest: „Ein Land der Frauen, die zahlenmäßig als unbestrittener Sieger – leider – aus der biologischen Katastrophe des Krieges hervorgingen. Das Statistische Amt in Wiesbaden gab am 29. 10. 46 den Anteil der Frauen bei der Gesamtbevölkerung mit 55,6 % an, für Groß-Berlin mit 60 %. Es gab an diesem Stichtag rund 7 Millionen mehr Frauen. 1939 kamen auf 100 Männer 105 Frauen, 1946 125. Das Verhältnis ist besonders ungünstig für die heiratsfähigen Jahrgänge der Frauen. Inzwischen haben sich die Verhältnisse ein wenig zugunsten der Männer verschoben durch die Rückkehr von Kriegsgefangenen. Das vorläufige Ergebnis der Volkszählung 1950 ergab für das Bundesgebiet 1133 Frauen auf 1000 Männer."[3] Wie bekannt, war aber die langersehnte Heimkehr der Männer aus der Kriegsgefangenschaft oft gefolgt von einer schweren Ehekrise, sei es, weil die Frauen das Steuer der Familie wieder aus der Hand geben sollten, das sie sehr lange hatten halten müssen, sei es, daß die Männer sich nicht wieder zurechtfanden und die Frauen ausgleichen mußten.

1 Friedrich H. Tenbruck, Alltagsnormen und Lebensgefühle in der Bundesrepublik, in: Richard Löwenthal u. Hans-Peter Schwarz (Hg.), Die zweite Republik, Stuttgart 1974, S. 291.

2 Frauenalltag und Frauenbewegung im 20. Jahrhundert, Teil der Abteilung 20. Jahrhundert im Historischen Museum Frankfurt, vgl. dazu auch: Frauenalltag und Frauenbewegung im 20. Jahrhundert, Materialsammlung in der Abteilung 20. Jahrhundert im Historischen Museum Frankfurt, Bde. I–IV, Frankfurt/Main 1980.

3 Gabriele Strecker, Hundert Jahre Frauenbewegung in Deutschland, hg. v. Büro für Frauenfragen in der Gesellschaft zur Gestaltung des öffentlichen Lebens, Wiesbaden o. J., S. 33.

Welchen Anteil hatten die Frauen an der unmittelbaren politischen Neuorganisation? Auch darüber wissen wir wenig. Während des Nationalsozialismus waren die Frauen einerseits von der aktiven, politischen Mitwirkung vollkommen ausgeschlossen – das passive Wahlrecht für Frauen, erst 1919 errungen, war ihnen genommen –, andererseits waren sie durch die Partei und die NS-Frauenorganisationen mit mehr oder weniger Zwang fast vollständig erfaßt und eingegliedert worden. Ausschluß von hochqualifizierten Berufen, nationalsozialistische Frauen- und Mütterideologie, Verfolgungen von Frauen im Widerstand, Krieg, Arbeitsdienst und Zwangsarbeit, schließlich das Chaos der Niederlage – war dies alles nicht geeignet, den Frauen, denen in der kurzen Weimarer Republik nur 14 Jahre lang die politische Mündigkeit zugestanden worden war, auch jetzt die Politik zu verleiden?

2

1945 entstehen in fast allen großen Städten die sogenannten Frauenausschüsse. Sie setzen sich für einen demokratischen Neubeginn, für den Frieden und für die Gleichberechtigung der Geschlechter ein. Ähnlich wie die antifaschistischen Arbeiterausschüsse sind sie überparteilich organisiert. Zum Teil werden sie später in bürgerliche Frauenverbände übergehen, die sich 1949 zum westzonalen Dachverband „Deutscher Frauenring“ vereinigen. 1947 wird in Berlin der „Demokratische Frauenbund Deutschlands“ (DFD) gegründet, in dem sich sozialistisch orientierte Frauen zusammenschließen. Wenn auch als überparteilicher, interzonaler Dachverband gegründet, so blieb er doch – Symptom der beginnenden Spaltung – im wesentlichen auf die Sowjetzone beschränkt. Eine Neugründung des DFD 1950 in der Bundesrepublik wurde zusammen mit der KPD 1957 verboten. Ein Teil der linken Mitglieder der Frauenausschüsse arbeitete auch in der SPD und KPD mit. Die Besatzungsmächte unterstützten die parlamentarische Vertretung von Frauen. So machten es die Amerikaner und Briten bei den ersten Parlamenten auf kommunaler und Landesebene, deren Mitglieder noch nicht gewählt, sondern mit Zustimmung der Alliierten ernannt wurden, zur Bedingung, daß Frauen angemessen vertreten seien.[4]

4 Vgl. hierzu auch Gabriele Bremme, Die politische Rolle der Frau in Deutschland, Göttingen 1956.

Gabriele Strecker erinnert sich an den Beginn dieser Frauenausschüsse in Frankfurt: ,,Schon Ende 1945 hatten sich in Frankfurt Frauen zusammengefunden, Überlebende, die in der Opposition gestanden hatten, Frauen, die schon in der alten Frauenbewegung tätig gewesen waren, aber auch neue, bisher unbekannte Frauen, die einfach als Menschen fühlten, daß ihnen die Zeit eine Chance bot und sie etwas tun mußten. Am 25. 1. 1946 kam der Öffentlichkeit ein Aufruf zu Gesicht, der in 8 Punkten die Ziele von 14 Frauen enthielt. Sie bezeichneten sich selbst als Frankfurter Frauenausschuß, der zur Bildung einer großen Frauenorganisation aufrief, die allen Frauen aus allen Schichten und jeden Alters helfend und beratend zur Seite stehen wollte. Er forderte die Frauen aller Städte und Gemeinden auf, lokale Frauenausschüsse zu gründen, die dann später in einer einheitlichen Organisation unter Leitung des Frankfurter Frauenausschusses zusammengefaßt werden sollten mit dem Fernziel einer Vereinigung aller Frauenorganisationen in ganz Deutschland. Die 8 Programmpunkte:

1. Gleichberechtigung der Frau
2. Mitwirkung in der Verwaltung
3. Gleiches Recht auf Arbeit und gleicher Lohn
4. Gerechte Beteiligung der Frau in den Berufsvertretungen
5. Hinzuziehung im Rechtswesen
6. Neuordnung des Familienrechts
7. Mehr Frauen in führenden Stellen und im Erziehungswesen
8. Höhere Wertschätzung der Frauenarbeit [. . .]"[5]

Zeugnisse dieser Art sind selten. Um die Entwicklung in den fünfziger Jahren besser verstehen zu können, wäre es wichtig, mehr über die Geschichte der Frauen in dieser für die Entwicklung der Bundesrepublik entscheidenden Phase zu wissen. Frauen müssen einen entscheidenden Anteil am Aufbau in dieser Zeit gehabt haben. Glücklicherweise leben einige der bestimmenden Frauen dieser Zeit noch und können selbst Auskunft geben.

Eine von ihnen ist Dr. Elisabeth Selbert, eine der vier ,,Mütter des Grundgesetzes", also Mitglied des Parlamentarischen Rates. Inzwischen über achtzig Jahre alt, ist sie in letzter Zeit wieder stärker ins öffentliche Interesse gerückt. Die Anwältin und Notarin hatte Ende der zwanziger Jahre mit einer Arbeit über das Zerrüttungsprinzip im Ehescheidungsrecht promoviert,[6] die sich heute ge-

5 Gabriele Strecker, a.a.O., S. 33ff.

6 Elisabeth Selbert, Ehezerrüttung als Scheidungsgrund, Diss. Kassel, 1930.

radezu prophetisch liest: Das Zerrüttungsprinzip ist 1977 im neuen Ehescheidungsrecht verwirklicht worden. Sie war Mitglied des Vorstands der SPD und Abgeordnete im Hessischen Landtag; ihr Name ist verbunden mit der Durchsetzung des Artikels 3.2 GG, des Gleichberechtigungsartikels. Die drei anderen „Mütter des Grundgesetzes" waren: Dr. h. c. Helene Weber, damals 68 Jahre alt, 1919 eine der jüngsten Teilnehmerinnen an der deutschen Nationalversammlung, in der Weimarer Republik Mitglied des Zentrums, nach 1945 Mitglied der CDU; Helene Wessel, Zentrum, gehörte später der gesamtdeutschen Partei und schließlich der SPD an, aus der sozialen Arbeit gekommen, 1969 gestorben, und Frieda Nadig, SPD, die ebenfalls aus der sozialen Arbeit kam. Im November 1948 rief sie die Frauen zur Anteilnahme am Prozeß der Entstehung des Grundgesetzes auf; sie war von 1949–1961 Mitglied des deutschen Bundestages und starb 1970.

In der Weimarer Reichsverfassung lautete der Artikel 109 Abs. 2: „Männer und Frauen haben die gleichen staatsbürgerlichen Rechte und Pflichten." Diese Einschränkung auf die „staatsbürgerlichen Rechte und Pflichten" hatte wesentliche Auswirkungen: so blieb das ganze Familienrecht und die dadurch festgelegte unterschiedliche Stellung von Mann und Frau durch diesen Verfassungsgrundsatz unberührt. Deshalb gingen fortschrittliche Frauen und Männer davon aus, daß diese Einschränkung wegfallen und der Gleichberechtigungsartikel nun eindeutig lauten müsse: „Männer und Frauen sind gleichberechtigt." Elisabeth Selbert hatte zuerst Schwierigkeiten, ihren Antrag auf diese Formulierung in der eigenen Fraktion durchzusetzen. Schon dort begegnete ihr der Einwand, daß ein Rechtschaos folgen müsse, wenn diese Formulierung als Grundrecht, das ja Gesetzgebung, Exekutive und die Rechtspflege binde, in die Verfassung aufgenommen werde. Als sie sich in der Fraktion durchgesetzt hatte, begann der Kampf im Hauptausschuß des Parlamentarischen Rats. Elisabeth Selbert in der Begründung ihres Antrags vor dem Hauptausschuß, nachdem er schon einmal im Ausschuß für Grundsatzfragen abgelehnt worden war: „[...] in meinen kühnsten Träumen habe ich nicht erwartet, daß dieser Antrag abgelehnt würde. Es ist eine Selbstverständlichkeit, daß man heute weitergehen muß als in Weimar und daß man den Frauen die Gleichberechtigung auf allen Gebieten geben muß. Die Frau soll nicht nur in staatsbürgerlichen Dingen gleichstehen, sondern muß auf allen Gebieten dem Manne gleichgestellt werden.“[7] Dagegen wurde vor allem ins Feld geführt, daß dann ,,alle Bestimmungen unseres BGB, die diesem Gleichheitssatz widersprechen, nichtig“ seien – so ein CSU-Abgeordneter.[8] Er gab damit die Meinung der Mehrheit der Mitglieder des Hauptausschusses wieder, obwohl schon damals vorgesehen war, daß bis 31. 3. 1953 alle der Gleichberechtigung entgegenstehenden Regelungen des bürgerlichen Rechts zu verändern seien (der spätere Art. 117 GG). Carlo Schmid, SPD, versuchte vermittelnd, obwohl er den Antrag Selbert unterstützte, diese Bestimmungen des BGB zum Schutz der Frauen umzuinterpretieren: ,,Diese Bestimmungen, die die Frau in ihren Rechtshandlungen an gewisse Genehmigungen bindet, sind getroffen worden, um die Frauen zu schützen“. Zwischenruf Renner, KPD: ,,Diese Version ist neu! Für einen Sozialisten absolut neu!“ Schmids weitere Begründung zeigt, wie wenig der ernste materielle Gehalt dieser Veränderungen damals erkannt wurde: ,,Es handelt sich also genau gesehen darum, daß die Frau erwartet, daß diese fürsorgliche Vormundschaft über sie aufgehoben wird. Es geht den Frauen letzten Endes [. . .] um die Ehre und nicht um die ‚Besserstellung‘.“[9] Immerhin kam der Parlamentarische Rat am Ende ohne Gegenvoten überein, auch den sehr viel weiter gehenden Antrag der KPD, eingebracht von Renner, in der schließlich beschlossenen Formel enthalten zu sehen: ,,Das entscheidende Recht, das man der Frau geben muß, ist das der im Beruf stehenden Frau auf gleichen Lohn für gleiche Arbeit.“ Das ist ein wichtiges Detail der damaligen Beratungen – auch für den heutigen Kampf der Frauen um gleichen Lohn für gleiche Arbeit.[10]

Doch vorerst lehnte der Hauptausschuß in erster Lesung den Antrag Selbert am 3. 12. 1948 mit 11 : 9 Stimmen wieder ab. Daraufhin erhob sich ein von Frauen entfachter außerparlamentarischer Sturm. Frau Selbert (in der 2. Lesung am 18. 1. 1949): ,,Ich betrachte es als meine Ehrenpflicht, bei dieser Gelegenheit einige der Frauenverbände zu nennen, die sich in so dankenswerter Weise gerührt haben. So hat die Industriegewerkschaft Metall, in der 40000 Gewerkschaftlerinnen organisiert sind, eine Eingabe an uns

7 Verhandlungen des Hauptausschusses des Parlamentarischen Rates, 1948/49, S. 206.
8 ebd.
9 ebd., S. 208.
10 ebd., S. 206, 541 u. 548.

gerichtet. Weiter der Frauenring der britischen Zone, der Süddeutsche Frauenarbeitskreis, die weiblichen Mitglieder des freien Gewerkschaftsbundes Hessen. Sämtliche weibliche Abgeordneten sämtlicher Landtage außer Bayern, ob es in Bayern keine weiblichen Abgeordneten im Parlament gibt?"[11] Bezeichnenderweise waren die „Väter" des Grundgesetzes davon überrascht: „Ich glaube, daß ich für die überwiegende Anzahl aller deutschen Männer und insbesondere aller deutschen Ehemänner spreche, wenn ich sage, daß der Grundsatz der Gleichberechtigung von Mann und Frau uns zumindest seit 1918 bereits so in Fleisch und Blut übergegangen ist, daß uns die Debatte etwas überrascht hat", so ein CDU-Abgeordneter.[12] Wie weit der Hinweis von Frau Dr. Selbert auf den damaligen Frauenüberschuß von 7 Millionen ein übriges getan hat, mag dahingestellt bleiben, aber er soll hier zitiert werden: „Alle ‚aber' sollten [...] ausgeschaltet sein, da mit den Stimmen der Frauen als Wählerinnen gerechnet werden muß [...] und wir auf 100 Wähler 170 Wählerinnen rechnen."[13] Als die Formulierung „Männer und Frauen sind gleichberechtigt" in 2. Lesung angenommen wurde, war Elisabeth Selbert sich durchaus der historischen Bedeutung ihres Sieges bewußt. Sie schildert das bewegend in einem Vortrag von 1978: „Ich hatte gesiegt, und ich weiß nicht, ob ich Ihnen das Gefühl beschreiben kann, das ich in diesem Augenblick gehabt habe. Ich hatte einen Zipfel der Macht in meiner Hand gehabt und diesen Zipfel der Macht, den habe ich ausgenützt, aber auch in voller Tiefe, in aller Tiefe, in aller Weite, die mir theoretisch zur Verfügung stand. Und es war die Sternstunde meines Lebens, als die Gleichberechtigung der Frau damit zur Annahme kam."[14]

3

Der Gleichberechtigungsartikel war also in der weitestgehenden Fassung in das Grundgesetz aufgenommen worden. Da Art. 117, Abs. 1 GG bestimmt, daß das entgegenstehende Recht dieser Norm anzupassen sei, jedenfalls aber nicht länger als bis 31. März 1953 in Kraft bleiben durfte, mußten die Teile des Familienrechts

11 ebd., S. 540.
12 ebd., S. 538.
13 ebd., S. 207.
14 Frauenalltag und Frauenbewegung, Bd. IV, zusammengestellt v. Annette Kuhn u. Doris Schubert, Frankfurt am Main 1980, S. 121.

im BGB verändert werden, in denen zentrale Vorrechte des Ehemannes und Vaters verankert waren. Doch auch diese Rechtsreform war nur gegen massive Widerstände durchzusetzen. Es gab gewichtige juristische Meinungen, die bestrebt waren, den Willen des Parlamentarischen Rates auszuhöhlen oder zumindest zu verwässern. Sie gingen davon aus, daß Mann und Frau in natürlicher Weise verschieden seien und daß sich dies auch im Recht niederschlagen müsse; ja sie gingen sogar so weit zu erklären, das männliche Entscheidungsrecht in allen Fragen, die das gemeinsame Leben der Eheleute betreffen (§ 1354 BGB), der väterliche ,,Stichentscheid" sowie die ,,Alleinvertretungsmacht" des Vaters (§§ 1628, 1629 BGB) stünden mit dem Gleichberechtigungsartikel im Einklang. Man berief sich dazu auf die ,,natürliche Ordnung" der Ehe und eine ,,gewisse natürliche Präponderanz des Mannes"! Auch die beiden Kirchen schalteten sich im Frühjahr 1952 mit warnenden, ja fast drohenden Schreiben vom Rat der Evangelischen Kirchen in Deutschland sowie dem Vorsitzenden der Deutschen Bischofskonferenz, Kardinal Frings, in diesen Prozeß ein. Auch sie sahen die ,,natürliche Eheordnung" durch diese Reform bedroht. Für sie sei die innerfamiliäre Entscheidungsgewalt des Mannes unverzichtbar!

Nun begann eine recht unwürdige gesetzgeberische Prozedur. Erst im Oktober 1952 leitete die Regierung Adenauer dem Bundestag einen ersten Entwurf des Gleichberechtigungsgesetzes zu, obwohl das Grundgesetz für diese Rechtsreform einen Termin gesetzt hatte, der schon sechs Monate später ablief.[15] Dazu enthielt der Gesetzentwurf offenkundig eine Reihe verfassungswidriger Bestimmungen, so vor allem nach wie vor das Alleinentscheidungsrecht des Mannes (§ 1354 BGB). Die parlamentarische Behandlung dieses Gesetzentwurfs lief nur schleppend an, Anträge der SPD-Fraktion auf Beschleunigung des Verfahrens wurden abgelehnt. Es war klar, daß die Frist nicht einzuhalten sein würde. Damit jedoch am 1. 4. 1953, mit dem ja alle dem Gleichberechtigungsartikel entgegenstehenden Bestimmungen ihre Gültigkeit verlieren sollten, kein Rechtsvakuum entstehe, versuchten die Regierungsparteien über einen Verfassungsänderungsantrag, diese Frist um weitere zwei Jahre bis Ende März 1955 hinauszuschieben. SPD und KPD stimmten jedoch dagegen, und damit trat ab April 1953 tatsächlich eine Art ,,gesetzloser Zustand" ein, die Gleichbe-

15 Drs. 1/3802.

rechtigung von Mann und Frau betreffend, den die Gerichte auszufüllen hatten. In diesem „Rechtsvakuum" versuchte die juristische „herrschende Lehre" zumindest die Positionen des Regierungsentwurfs von 1952 festzuschreiben: hier hatte es geheißen, mit Rücksicht auf Art. 6 GG könne eine „Entscheidungsbefugnis des Mannes nicht entbehrt werden". Es wurde so versucht, den „Schutz von Ehe und Familie" zum Grenzwall gegen eine „Überflutung mit Gleichberechtigung" zu machen.

Es war schließlich das Bundesverfassungsgericht, das allen Versuchen, die durch den Art. 117 GG gesetzte Frist weiter zu verlängern, einen Riegel vorschob. Es entschied, daß „seit dem Ablauf der in Art. 117.1 GG gesetzten Frist [...] Mann und Frau auch im Bereich von Ehe und Familie gleichberechtigt seien." Gleichzeitig stellten die Richter fest, daß der Gleichberechtigungsgrundsatz in Art. 3.2 GG eine „echte Rechtsnorm" sei. Nach ihr seien die Richter jetzt aufgerufen, mit ihren Mitteln das entstandene Rechtsvakuum zu füllen. Die weiteren Ausführungen in der Urteilsbegründung zeigten jedoch eine deutliche Verkürzung des Gehalts des Gleichberechtigungsartikels, wie er im Parlamentarischen Rat gesehen worden war. So wurde das Differenzierungsverbot z. T. eingeschränkt: „Differenzierungen [...], die auf Unterschiedlichkeit der Lebensumstände beruhen, bleiben von dem Differenzierungsverbot unberührt." Inhaltlich führten die Richter dazu aus, daß „beide Ehegatten zum Unterhalt der Familie nach ihren Kräften beizutragen haben, [...] der Mann durch außerhäusliche Erwerbstätigkeit und Bereitstellung von Barmitteln, die Frau durch Haushaltsführung und Sorge für die Kinder." Damit schrieben sie die unterschiedliche Rollenverteilung in der Familie fest.

Die Regierung brachte daraufhin ihren Entwurf von 1952 ohne Änderungen zugunsten der Frau erneut in den Bundestag ein. In der parlamentarischen Auseinandersetzung waren vor allem die folgenden Regelungen umstritten:

- das männliche Entscheidungsrecht in allen Angelegenheiten des gemeinschaftlichen Lebens der Ehegatten (§ 1354 Reg. Entw.)
- der väterliche Stichentscheid in Fragen der elterlichen Gewalt sowie die Alleinvertretungsmacht des Vaters für die Kinder (§§ 1628, 1629 Reg. Entw.)
- sowie die Zuordnung der vorrangigen Pflicht zur Haushaltsführung zur Ehefrau und zur Berufsausübung zum Ehemann (§§ 1356, 1360 Reg. Entw.).

Während dem männlichen Alleinentscheidungsrecht in zweiter Lesung doch noch knapp die Zustimmung des Parlaments verweigert wurde, gelang diese Ablehnung schon nicht mehr beim Stichentscheid und der Alleinvertretung des Vaters, wie SPD und FDP es versuchten. Das Gleichberechtigungsgesetz wurde mit diesen Regelungen am 21. 6. 1957 im Bundesgesetzblatt verkündet. Doch war das Bundesverfassungsgericht zumindest im Falle der §§ 1628, 1629 BGB nicht dieser Meinung. Im Juli 1959 erklärte es den Stichentscheid und den Alleinvertretungsanspruch des Vaters für unvereinbar mit dem Gleichberechtigungsgrundsatz und damit für nichtig.

Zwei Zitate zu dieser Materie aus der Bundestagsdebatte vom 12. 12. 1954. Neumayer Bundesjustizminister, zu den §§ 1354 und 1628, zum männlichen Entscheidungsrecht und zum Stichentscheid in Fragen der elterlichen Gewalt: „Können sich die Ehegatten nicht einigen, so muß im Interesse der Familie die Entscheidung der einzelnen Angelegenheit dem Ehegatten übertragen werden, der nach der natürlichen Ordnung von Ehe und Familie, wie sie das Leben selbst entwickelt hat, diese Entscheidung treffen muß. Das ist der Mann." Neben der „natürlichen Ordnung" gibt es noch einen anderen, gewichtigen Grund, der vor allem von der CDU/CSU gegen die Gleichberechtigung ins Feld geführt wird: der Schutz von Ehe und Familie, der vielbeschworene Artikel 6, Abs. 1 GG. Dazu der Abgeordnete Weber, CDU/CSU: „[...] bei ihrer Entscheidung werden sich die Gerichte davon leiten lassen müssen, daß nicht jede Rechtsungleichheit durch Artikel 3, Abs. 2 des Grundgesetzes ausgeschlossen wird. Daß insbesondere nicht aus doktrinären Gedankengängen heraus eine formale Gleichstellung von Mann und Frau auch dabei herbeigeführt werden darf, wo der in Artikel 6, Abs. 1 GG besonders anerkannte Schutz der Ehe und Familie oder die in Artikel 6, Abs. 2 ebenda hervorgehobenen Interessen der Kinder einer völligen Gleichstellung beider Geschlechter in der Ehe Schranken setzt. Diese Auffassung haben wir stets vertreten; wir werden sie bei der Beratung dieses Gesetzentwurfs beibehalten: keine Gefährdung von Ehe und Familie; alles tun, um Ehe und Familie zu schützen und zu fördern; alles vermeiden, was Ehe und Familie gefährden und ihre Bande lockern kann."

Leider wissen wir auch wenig davon, wie die belebenden Neuansätze der Vor-Restaurationszeit verschüttet wurden, wie sie versikkerten und wie die „Normalität" wieder zu regieren begann – dann, als es „aufwärts" ging. Die alten Ideologien hielten dem Druck der neuen Bedingungen stand: in einer Meinungsumfrage des SPIEGEL am 19. Juli 1947 antworteten auf die Frage, ob wegen der Knappheit männlicher Arbeitskräfte in Industrie und Büroarbeit mehr Frauen auf Männerposten eingesetzt werden sollten, von den Männern 70 % mit nein und von den Frauen 58 %.

4

Sehr schnell erschienen von 1946 an in allen Zonen neue Frauenzeitschriften: DER REGENBOGEN, CONSTANZE, FRAUENWELT, die zu Beginn auch soziale und politische Probleme breit behandelten. Die Verengung auf das heutige enge Themenschwerpunktspektrum von Frauenzeitschriften, auf die sattsam bekannten „K's" (Kleider, Konsum, Küche, Komfort, Kinder), setzte erst in den fünfziger Jahren ein. Hier hört man noch ungewohnte Töne: „Die Frauen haben alle ein hartes Training im Alleinsein und Alleinhandeln hinter sich. Sie haben mit ihren Kindern die Bombennächte, die Evakuierung, den Verlust von Heimat oder Besitz (oder von beidem) durchleben müssen. Sie haben sich oft unter den schwierigsten Umständen eine neue Existenz aufgebaut. Sie haben die männliche Rolle des Beschützers und Ernährers vereint mit der weiblichen Rolle der Erzieherin und Betreuerin der Kinder. Sie haben also buchstäblich für zwei gearbeitet – nein für vier oder sechs – denn sie hatten es zweimal, dreimal so schwer, wie es in normalen Zeiten ein Ehepaar mit Kindern hatte. Sie haben es in den meisten Fällen fertig gebracht, ihren Kindern irgendeine Art von Heimat, eine Art von Familienleben zu schaffen. Und nun sehen sie mit einiger Erbitterung, daß zwar an Lobsprüchen für ihre Tapferkeit und ihre Bewährung im Krieg und Nachkrieg nicht gespart wird, daß es aber bei dieser theoretischen Anerkennung bleibt und daß ihnen in der Praxis nicht entsprechend geholfen wird [...] Ein weiterer Wunsch der alleinstehenden Frauen ist der, daß mit der völligen Gleichberechtigung ernst gemacht wird. Dazu ist es vor allem notwendig, daß eine Frau mit ihren Kindern, ganz einerlei, ob sie ihren Mann im Krieg verloren hat, ob sie sich hat scheiden lassen oder ob sie gar nicht verheiratet war, daß eine solche Mutterfamilie als Vollfamilie anerkannt wird. Es ist seltsam: Von den Frauen, die ich befragt habe, wollte kaum eine wieder heiraten. Die Geschiedenen haben zu schlechte Erfahrungen gemacht, die unehelichen Mütter und die, die ihre Männer im Krieg verloren haben, sind zu einem Teil so selbständig, so stolz (und auch so hart) geworden, daß sie nicht mehr glauben, sich einem Mann in irgendeiner Weise fügen zu können. [...] Nicht wenige gibt es unter ihnen, die sogar das Leben der berufstätigen Frau dem Leben der Ehefrau bei weitem vorziehen, nicht wenige, die – eine Frau schrieb das wörtlich – ,über den Mann zur Tagesordnung übergehen, wenn sie erst das Kind haben, einen Sinn ihres Lebens also, der sie aus der Einsamkeit erlöst hat'".[16] Hier scheint ein Teil des Frauenalltags auf, den die Familienpolitik der Unionsregierungen in den fünfziger Jahren besonders einschneidend betreffen sollte.

Familienpolitik – in der Weimarer Republik kaum vorhanden, diskutiert vor allem unter dem Vorzeichen der Bevölkerungspolitik, im Nationalsozialismus zur staatlichen Eugenik und Rassenpolitik pervertiert – ist offiziell ein Kind der fünfziger Jahre. Von Anfang an war sie der Wirtschaftspolitik nachgeordnet und unterlag starken klerikalen Einflüssen. Besonders die katholische Kirche dominierte die Familienpolitik und die Familienideologie der CDU/CSU und der von ihr geführten Regierungen: als einen Ausdruck dafür kann man auch die Gründung des Familienministeriums selbst, im Jahr 1953, ansehen. Sie fand im Zuge einer außerordentlichen Aufblähung des Kabinetts statt (insgesamt werden fünf neue Ministerien eingerichtet, davon vier Sonderministerien ohne eigenen Geschäftsbereich), mit der Adenauer die Loyalität bei großen Gruppen in allen Koalitionsparteien, insbesondere für seine außenpolitischen Ziele, erhöhen wollte. Die Wahl des strengen Katholiken Wuermeling zum Ressortchef spricht dafür, daß diese Vermutung auch im Falle des Familienministeriums zutrifft, mit dem auf die Kirchen gezielt wurde. So versicherte Wuermeling als junger Minister, daß er „die Kirche [...] für meinen besten und wichtigsten Mitstreiter in meinem Aufgabengebiet" halte, und zwar insbesondere für die notwendige „innere, ethische Erneuerung vieler Familien im Lande draußen."[17] Adenauer selbst begründete die Einführung des Familienministeriums vor allem mit der „wachsenden Überalterung des deutschen Volkes", also bevölkerungspolitisch.[18] Die SPD befürchtete zu Recht mit der Einrichtung die-

16 Frauenalltag und Frauenbewegung, Bd. IV, S. 49/50.
17 13. Sitzung des 2. Deutschen Bundestages v. 5. 4. 1954.
18 Regierungserklärung v. 20. 12. 1953.

ses Ministeriums starke familienrestaurative Tendenzen. Ollenhauer erklärte dazu: ,,Wir haben noch keine klaren Vorstellungen darüber, wie dieses Ministerium angesichts der Ressortverteilung fruchtbar funktionieren kann, und wir haben Zweifel, ob das sehr wichtige Problem der Förderung eines gesunden Familienlebens überhaupt durch die Schaffung eines speziellen Ministeriums gelöst werden kann. Wir würden es sehr bedauern, wenn das Ministerium seine Aufgabe in erster Linie darin sehen würde, durch eine Art von moralischer Aufrüstung den Familiensinn zu stärken und die Familiengründung zu fördern. [...] Die Struktur der Gesellschaft und die Stellung der Frau, auch der verheirateten Frau in der Gesellschaft und in der Familie haben sich geändert. Das erste Problem ist daher die Anerkennung der veränderten Stellung der Frau in der Gesellschaft durch Recht und Gesetz." Im übrigen sei es viel wichtiger, bei allen wirtschafts-, sozial- und rechtspolitischen Maßnahmen die Förderung der Familie anzustreben als ein besonderes Familienministerium zu schaffen.[19] SPD-Politiker fragten in der Debatte spöttisch, ob auf Wuermeling als Familienminister vor allem die Aufgabe zukomme, der Sonntagsredner der Regierung zu sein.

Er blieb Familienminister bis 1962. Seine Auffassung von der Familie und der Rolle der Frau in ihr orientierte sich dabei an Auffassungen, die die Familie im Mittelpunkt des Ordnungsgefüges des Staates sehen: Familienpolitik war daher vor allem Staatspolitik, die Mehrkinderfamilie die ideale Familienform. Sie sollte wieder Normalfamilie werden; dazu gehört die Frau wieder ins Haus. Familienbeihilfen sollten dazu beitragen, die Frauen vom Geldverdienenmüssen zu entlasten; nur in der Mehrkinderfamilie konnten für den Minister die Eigenschaften ausgebildet werden, die er für Gesellschaft und Staat als unabdingbar erachtete: Opferbereitschaft, Achtung christlicher Werte, Sittlichkeit und Arbeitsamkeit. Diesen Zielen hatte auch der Familienlastenausgleich zu dienen. Nicht nur wird diese Familienpolitik dadurch gerechtfertigt, daß sie ,,nicht in den Bereich der sozialen Fürsorge [gehöre], sondern [...] Staatspolitik" sei,[20] sondern die Familie selber soll in dieser staatserhaltenden und -sichernden Funktion auch die Ver-

19 4. Sitzung des 2. Deutschen Bundestages v. 20. 10. 1953.

20 Franz-Josef Wuermeling, Staatliche Familienpolitik, in: Bonner Hefte 8 (1953), S. 1–6, zitiert nach D. Haensch, Repressive Familienpolitik, Hamburg 1969, S. 77.

teidigungspolitik unterstützen und ein Bollwerk gegen kommunistische Einflüsse bilden: ,,Millionen innerlich gesunder Familien mit rechtschaffen erzogenen Kindern sind als Sicherung gegen die drohende Gefahr der kinderreichen Völker des Ostens mindestens so wichtig wie alle militärische Sicherung."[21] Wohl vertritt Wuermeling vehement die Auffassung, der Staat habe sich in die private Sphäre der Familie nicht einzumischen; dafür sollen aber die Kirchen als ,,unabhängige" oder ,,freie" Instanzen die Ethik und Sitte in den Familien gewährleisten. Und als sich Entwicklungen abzeichnen, die die Familien in ihrer staatsordnenden Funktion zu gefährden scheinen, wünscht Wuermeling ausdrücklich, der Staat möge die Familien ,,schützen", d. h. diesen Entwicklungen durch massive Eingriffe steuern: er verlangt Erschwernis der Scheidung, Behinderung der Geburtenkontrolle und möchte massive Anreize dafür geben, daß Hausfrauen nicht berufstätig werden, oder sogar die Berufstätigkeit von Ehefrauen erschweren. Selbstverständlich soll die Schwangerschaftsunterbrechung weitgehend unter Strafe stehen. Keine Notwendigkeit sieht Wuermeling darin, die Familien durch öffentliche Erziehungseinrichtungen für Kinder oder gar Kleinkinder zu unterstützen, denn die Erziehung soll in den Familien bleiben. Mit all dem glaubt er die traditionelle Ordnung, die er ins Wanken geraten sieht, stützen und aufrechterhalten zu müssen.

So wurde 1961 auf Betreiben der CDU/CSU und insbesondere Wuermelings die Scheidung erschwert. Nach § 48 Ehegesetz durften Ehen gegen den Willen des ,,schuldlosen" Ehegatten nicht mehr geschieden werden, auch dann nicht, wenn die Ehe hoffnungslos zerrüttet war. Hier hatte sich die katholische Auffassung von der Unauflöslichkeit der Ehe mit den autoritären Mitteln des Staates ein Stück weit durchgesetzt. Nicht so weit freilich, wie der Familienminister es gern gesehen hätte: zu Anfang seiner Amtsperiode bestanden sogar Pläne, die obligatorische zivile Trauung aufzuheben und demnach die Ehescheidung nur dem kirchlichen Gesetz zu unterstellen, was die Ehe praktisch unauflöslich gemacht hätte. 1953 erklärte Wuermeling: ,,Wenn schon unsere Auffassung von der Unauflöslichkeit der Ehe keine gesetzliche Anerkennung mehr finden kann, so wollen wir doch alles versuchen, um die Auflösung der wichtigsten Ordnungszelle des Staates, der Ehe und

21 Franz-Josef Wuermeling, Das muß geschehen! Die Familie fordert vom Bundestag. In: Kirchen-Zeitung, Köln, v. 6. 12. 1953, zitiert nach Haensch, 1969, S. 74/75.

Familie, auf das geringstmögliche Maß zu beschränken."[22] Doch konnte eben diese Wirkung damit nicht erzielt werden: die Scheidungsquote nahm trotz dieser Verschärfung des Scheidungsrechts in der Folgezeit drastisch zu. Sie stieg von 19.271 geschiedenen Ehen 1961 kontinuierlich auf 86.614 im Jahre 1972 an, nahm also um 75 % in elf Jahren zu.[23]

Noch 1966 rechtfertigte Wuermeling als Ex-Minister offen den autoritär-disziplinierenden Charakter dieser Rechtsänderung und bedauerte, daß der Staat, von der SPD/FDP-Mehrheit inzwischen daran gehindert, nicht noch härter zugunsten von Ordnung und Moral durchgreifen könne: ,,Heute stehen die betont christlichen Kräfte im Bundestag nicht nur vor der politischen Unmöglichkeit, den Schutz des Ehebandes auch nur im geringsten zu verbessern, sondern auch vor der Gefahr, daß die derzeitige Mehrheit von SPD und FDP weitere Lockerungen in Richtung auf die Zonengesetzgebung beschließt [. . .] Es besteht doch an der grundsätzlichen Aufrechterhaltung der Strafbarkeit des Ehebruchs ein erhebliches öffentliches Interesse [. . .] Wenn Einbruch, Diebstahl, Körperverletzung nach dem Strafgesetzbuch strafbar sind, [. . .] ist im übrigen nicht einzusehen, daß der schwerste und für die Beteiligten folgenreichste Einbruch in die persönliche, ja persönlichste Sphäre des Menschen straffrei [. . .] werden soll. Das sagen wir nicht nur als Katholiken, sondern als Staatsbürger."[24]

5

Noch durch eine weitere Entwicklung sah man in dieser Zeit die Familie bedroht: durch die sich wandelnde Rolle der Frau, die sich am deutlichsten an ihrem Hinausdrängen in die Berufstätigkeit zeigte. Während die soziologische Untersuchung der Familie nach dem Kriege vor allem ihre Stabilität beschrieb, wurde zugleich allenthalben davor gewarnt, daß diese Stabilität bedroht sei. Typisch hierfür sind Passagen aus Helmut Schelskys ,,Wandlungen der deutschen Familie in der Gegenwart" von 1951: ,,Das von uns allenthalben festgestellte Rückstreben der Frau und zugleich des

22 ebd.

23 II. Familienbericht, Drs. 7/3502, S. 152.

24 Franz-Josef Wuermeling, Familienpolitik als nationale Aufgabe, in: Gehring, Helmut (Hg.), Veröffentlichungen der katholischen Akademie der Erzdiözese Freiburg, Karlsruhe 1968, S. 40.

Mannes in das Leben der familiären Gruppe gründet sich zum großen Teil gerade in dem Bemühen, den Lebensbereich der Individualität und Person vor der Seelenlosigkeit und Nivellierung der gesamtgesellschaftlichen Lebens- und Arbeitsbedingungen zu retten, und das heißt doch, daß die Ziele, die die Frauenemanzipation ursprünglich mit dem Zugang der Frau zu dem außerfamiliären Berufsleben verfolgte, in der gewandelten Gesellschaftsverfassung gerade nur noch innerhalb der Familie zu erreichen sind."[25] Dies ist doch wohl eine sehr eigenwillige Interpretation der Ziele der Frauenbewegung. Joachim Bodamer schreibt in seinem 1962 erschienenen Buch ,,Der Mann von heute": ,,Heute heißt die Frauenfrage: ,Wie kann die Frau der Familie wieder zurückgegeben werden?' Führerinnen und Frauenverbände sprechen dies aus in der klaren Erkenntnis – die freilich von einem großen Teil der Frauen nicht geteilt wird –, daß die bald zur Regel werdende Koexistenz von Ehe und Beruf, familiärer Aufgabe und außerfamiliärer Anspannung das Wesen der Frau nicht weniger der Zersetzung aussetzt wie das technische Bewußtsein die geistige und menschliche Gestalt des Mannes [...]"[26]

Fast zur gleichen Zeit, 1957, begann Betty Friedan in Amerika, also in den amerikanischen fünfziger Jahren, das Buch zu schreiben, das wie kaum später je ein Buch die Situation der Hausfrauen treffen und den ersten nachhaltigen Anstoß zur Neuen Frauenbewegung geben sollte. ,,The Feminine Mystique" erschien 1963 in New York und war schon 1966 nach seinem beispiellosen amerikanischen Erfolg unter dem Titel ,,Der Weiblichkeitswahn" auf dem deutschen Markt.[27] Betty Friedan gab übrigens mit ihrer 1966 gegründeten NOW – National Organization of Women – auch organisatorisch das Startzeichen zur Frauenbewegung in Amerika. In ihrem Buch analysiert Betty Friedan schonungslos und umfassend, was sie das ,,Problem ohne Namen" nannte: ,,Das Problem ohne Namen brach plötzlich im Jahre 1960 wie eine Sturmflut los und überspülte das Bild der glücklichen amerikanischen Hausfrau. In den Werbesendungen des Fernsehens strahlte die liebliche Hausfrau noch immer über ihren dampfenden Kochtöpfen [...]". Selbst Ehefrau und Mutter von drei kleinen Kindern, hatte die Autorin,

25 Dortmund 1960, S. 344.
26 Joachim Bodamer: Der Mann von heute. Seine Gestalt und Psychologie, Basel, Wien, 1962, S. 99.
27 Reinbek bei Hamburg.

wie sie selbst sagte, allmählich erkannt, „daß daran, wie sich die Amerikanerinnen von heute ihr Leben als Ehefrau und Mutter einrichten, irgend etwas grundverkehrt ist."[28] Von Ärzten, die mit den Symptomen dieses Problems immer häufiger durch junge, gutsituierte Ehefrauen und Mütter kleiner Kinder konfrontiert wurden – Müdigkeit, ein Gefühl der Leere, der Unvollständigkeit, Depressionen ohne ersichtlichen Grund, rätselhafte Hautausschläge usf. – hatte es schon einen Namen bekommen. Sie nannten es das „Hausfrauensyndrom". Wie sah im Gegensatz zu den offiziellen Lobpreisungen der Hausfrauenrolle die Entwicklung weiblicher Erwerbstätigkeit in der Bundesrepublik in den beginnenden fünfziger Jahren aus?

Der Anteil der weiblichen Erwerbspersonen an der weiblichen Bevölkerung (der auch die Erwerbslosen mit einschließt) war 1950 im Vergleich zu 1939 gesunken – Mai 1939: 36,2 %; September 1950: 31,4 %. Im Januar 1955 hat er mit 33,6 % noch nicht wieder den Stand von 1939 erreicht. Gleichzeitig lag die Arbeitslosenziffer der Frauen ab 1951 stetig über der der Männer:

Jahr	männlich	weiblich
1950	10,4 %	9,8 %
1951	8,8 %	9,2 %
1952	8,2 %	9,0 %
1953	7,3 %	7,7 %
1954	6,8 %	7,4 %
1955	4,7 %	6,0 %

Unter den Vertriebenen war übrigens die Zahl der Arbeitslosen doppelt so hoch wie bei den Einheimischen. Die Zahlen weiblicher Kurzarbeiter vervollständigen das Bild. Frauen stellten in den Jahren 1951–1954 jeweils um 50 % der Kurzarbeiter, d. h. nicht der Teilzeitarbeiter, sondern der Beschäftigten, „deren Arbeitszeit im Betrieb infolge eines nicht von ihnen zu vertretenden Umstands vorübergehend herabgesetzt werden mußte" – so die offizielle Definition. Die Ausnahme bildete hier nur das Jahr 1953, wo die Frauen 35,4 % der Kurzarbeiter stellten.[29]

Doch zeichnete sich schon damals die Entwicklung zu einem ständig wachsenden Anteil erwerbstätiger verheirateter Frauen mit

28 ebd. S. 18 und 9.
29 nach WIRTSCHAFT UND STATISTIK, 1954, S. 50.

Kindern ab. Dieser Tatsache galt die besondere Aufmerksamkeit der Familienpolitik Wuermelings sowie endloser Diskussionen um die negativen Auswirkungen dieser Erwerbstätigkeit auf die Familie und die Kinder. Die Sorge um die Schlüsselkinder kam auf: Kinder, die angeblich unbeaufsichtigt mit dem Schlüssel um den Hals sich den ganzen Tag auf den Straßen herumtrieben. Der erste Familienbericht von 1968 räumte dann mit dieser Legende auf und wies nach, daß die meisten Familien das Betreuungsproblem durchaus befriedigend privat gelöst hatten. Zentrale Betreuungsinstitutionen fehlten zumindest zu Beginn der fünfziger Jahre weitgehend und waren von der offiziellen Familienpolitik noch nicht geplant. Obwohl Wuermeling immer wieder Bekenntnisse zur Wahlfreiheit der Frau zwischen Beruf und Familie ablegte, tat er in Wirklichkeit nichts, um diese Wahlfreiheit im Hinblick auf Berufstätigkeit für verheiratete Frauen zu gewährleisten. Diese Lippenbekenntnisse zur Wahlfreiheit empfahlen sich übrigens auf dem Hintergrund eines noch anhaltend hohen Frauenüberschusses; Frauen waren schließlich auch Wählerinnen. 1954 gab es immer noch knapp 3 Millionen mehr Frauen als Männer, wobei die Geburtsjahrgänge von 1900 bis 1925, also die damals 28-bis 53jährigen Frauen besonders betroffen waren. In diesen Jahrgängen betrug der Frauenüberschuß knapp 2 Millionen. Da aber für Wuermeling die kinderreiche Familie die Idealfamilie war – er selbst hatte fünf Kinder –, gab es für ihn – außer unmittelbarer materieller Not – kein Motiv, das die Frauenerwerbstätigkeit verheirateter Frauen gerechtfertigt hätte. Daß sich kinderreiche Familien stärker in ihrem Lebensstandard einschränken müßten, hielt er in gewissem Ausmaß für positiv und betrachtete diese „Askese“ als Stärkung der Sittlichkeit der Familien. Dagegen waren für ihn die kinderarmen Familien durch Konsum zur Verantwortungslosigkeit verführt: „Die echte, die wirkliche Lösung unserer Versuchung (Konsum) [. . .] kann also immer nur heißen: Stärkung der sittlich verantwortlichen Persönlichkeit.“[30] Oder, staatspolitisch formuliert: „Mit Bürgern, die sich hemmungslos dem Genuß hingeben und keine ethische Gedankenwelt mehr kennen, kann keine staatliche Ordnung ihre Aufgaben erfüllen.“[31] Auch deshalb sollte die Erwerbs-

30 Franz-Josef Wuermeling, Lebensstandard – Lebensziel. Wohlstand als Hilfe zur Freiheit und Selbstverantwortung der Jugend durch Selbstzucht und Opfer. In: Bulletin v. 12. 10. 1960, zitiert nach Haensch, 1969, S. 103.

31 Franz-Josef Wuermeling, ebd., zitiert nach Haensch, 1969, S. 104.

tätigkeit der verheirateten Frau und Mutter nach Möglichkeit verhindert werden. Insbesondere in den Mittelschichten, die Wuermeling als die eigentlich kulturtragenden besonders gefördert sehen wollte, hielt er die Erwerbstätigkeit der verheirateten Frau und Mutter für schädlich – Frauenarbeit ist für ihn aber auch eine spezifische Besonderheit kommunistischer Länder.

Die Angst vor dem sich Mitte der fünfziger Jahre abzeichnenden Arbeitskräftemangel, dem „Sog in die Betriebe", der auch die „Hausmütter" erfassen werde, ist dann einer der Gründe, die er in seiner berühmten Denkschrift zum Familienlastenausgleich für die Notwendigkeit anführt, hier einen Ausgleich zu schaffen: „Im Zuge der außerordentlichen wirtschaftlichen Entwicklung in der Bundesrepublik ist der Mangel an Arbeitskräften bereits jetzt unverkennbar. Die weitere Zunahme der Produktion, die bevorstehende Aufstellung deutscher Streitkräfte mit dem Ausbau der dazugehörigen Industrien, die in Kürze in das Wirtschaftsleben eintretenden schwachen Geburtenjahrgänge des letzten Krieges, die Bestrebungen auf Einführung der Fünftagewoche usw. – alles das wird zu einer weiteren erheblichen Verschärfung der Lage auf dem Arbeitsmarkt führen. Bereits jetzt erhebt sich immer dringender die Forderung auf verstärkte Eingliederung der Frauen in die Betriebe. Dafür aber kommen hauptsächlich nur noch diejenigen Ehefrauen in Betracht, die sich heute noch ihrer Familie ganz widmen; denn die Zahl der nichterwerbstätigen ledigen Frauen ist ohne größere Bedeutung. Es kann erwartet werden, daß der Sog in die Betriebe, verstärkt durch erhöhte Lohnangebote und steuerliche Anreize, viele ‚Hausmütter' erfassen wird, vor allem jene, die mit mehreren Kindern am Rande des Existenzminimums leben. Wenn ein wirkungsvoller Ausgleich der Familienlasten weiterhin hinausgeschoben wird, muß befürchtet werden, daß binnen absehbarer Zeit die Mehrzahl vor allem der jungen Mütter Erwerbsarbeit in den Betrieben leistet. Es würde damit – sicher gegen den Willen aller Beteiligten – auf anderem Wege dieselbe Ordnung verwirklicht werden, wie sie bereits in den Ländern östlicher Prägung herrscht."[32] Deshalb liegt es aber Wuermeling auch fern, Kindergärten, Kinderhorte oder gar Krippen bereitzustellen. Wie er noch 1960 sagte, sei es „sorgfältig zu erwägen, inwieweit die Familie

32 Der Familienlastenausgleich. Eine Denkschrift des Bundesministers für Familienfragen, Bonn Nov. 1955, S. 23f.

durch Schaffung solcher Sozialeinrichtungen zwar von außen geschützt, aber von innen entkräftet wird. Oft dürfte es besser sein, die Familie und hier in erster Linie die Hausfrau und Mutter durch persönliche Unterstützung (Familienpflegerin) zu entlasten. Für Mütterwirken gibt es keinen vollwertigen Ersatz."[33]

Es wurde also praktisch nichts getan, um die schwere Doppelbelastung der erwerbstätigen Mutter zu mildern. So verschärfte sich eine Situation, in der erwerbstätige Frauen von vornherein massiv benachteiligt waren. Bis zum Urteil des Bundesarbeitsgerichtes von 1955 bestanden überall in der Industrie sog. „Frauenlohnabschlagsklauseln", die die sowieso durch kürzere Arbeitszeiten und Doppelbelastung geminderten Einkommen der Frauen drastisch unter denen der Männer hielten. (Die Doppelbelastung der Frauen durch Haushalt und Beruf führte in der Regel dazu, daß die Frauen Arbeiten annahmen, bei denen sich Familie und Arbeitsbeanspruchung am besten vereinbaren lassen, und das sind oft Arbeiten, die nicht ihrer ursprünglichen Ausbildung entsprechen). So lagen die durchschnittlichen Brutto-Stundenverdienste der Frauen in der Industrie in den Jahren 1949–1954 um 36 % bis 38,5 % unter denen der Männer bzw. die Frauen verdienten nur etwa 63 % bis 64 % des Männerlohns. Die durchschnittlichen Bruttomonatsverdienste der Gehaltsempfänger im Jahr 1949 weisen ähnliche Relationen auf: für die gesamte Industrie verdienen hier die weiblichen Gehaltsempfänger etwa 65 % des durchschnittlichen Gehalts der Männer. Und noch eine Zahl aus dem Jahr 1949: Zu diesem Zeitpunkt finden sich 80,2 % der weiblichen Lohnempfänger in den beiden untersten Bruttoverdienstgruppen, d. h. in den Gruppen, die unter 100 bzw. 100 bis 200 DM im Monat verdienen, während sich 81,9 % der männlichen Arbeitnehmer in den beiden nächsthöheren Gruppen finden, nämlich bei Verdiensten von 200 bis 300 DM und 300 bis 400 DM im Monat.

Schon in den Verhandlungen des Parlamentarischen Rates war aber festgehalten worden, daß der Grundsatz der Gleichberechtigung auch den Anspruch der berufstätigen Frauen auf gleichen Lohn bei gleicher Arbeit einschließe. Das Urteil des Bundesarbeitsgerichts vom Januar 1955 bezieht sich in seiner Begründung ausdrücklich auf die Verhandlungen des Parlamentarischen Rats.

33 Franz-Josef Wuermeling, Jugend in der Großstadt. In: Bulletin v. 12. 10. 1960, zitiert nach Haensch, 1969, S. 109.

Langer-El Sayed, Ingrid, *Umstrittene Familienpolitik*. In: Frankfurter Hefte. 1979, Heft 12, S. 35ff.

Langer-El Sayed, Ingrid: *Familienpolitik: Tendenzen, Chancen, Notwendigkeiten*. Frankfurt/M. 1980.

Langer-El Sayed, Ingrid: *Offene Fragen der Familienpolitik*. In: Theorie und Praxis der sozialen Arbeit. 1982, Heft 3, S. 82ff.

Langer-El Sayed, Ingrid: *Konservative familienpolitische Rezepte: „Die Chance der Krise nutzen?“* In: Sexualpädagogik und Familienplanung. Zeitschrift der Pro Familia. 1983, Heft 2, S. 15–17, 20ff.

Langer, Ingrid, *„Auswirkungen der neuen Regelungen in der Sozialpolitik auf die Familien und Frauen“*. Gutachten für den Bundesverband der Pro Familia. Deutsche Gesellschaft für Sexualberatung und Familienplanung. Hrsg. vom Bundesverband der Pro Familia. Frankfurt/M. 1984.

Milhoffer, P., *Familie und Klassen. Ein Beitrag zu den politischen Konsequenzen familialer Sozialisation*. Frankfurt/M. 1973.

Neidhardt, F., *Entwicklungen und Probleme der westdeutschen Familienpolitik*. In: Gegenwartskunde. 1978, Heft 3, S. 141ff.

Schweitzer, R. von (Hrsg.), *Leitbilder für Familie und Familienpolitik*. Festgabe für Helga Schmucker zum 80. Geburtstag. Berlin 1981.

Blätter der Wohlfahrtspflege. 1983, Heft 6, Stuttgart. Thema: *„Familienpolitik und Familienhilfe“*.

Sexualpädagogik und Familienplanung, Zeitschrift der Pro Familia. 1983, Heft 1, Braunschweig. Thema: *„Familie und Bevölkerungspolitik“*.

Wolfgang Klafki

Die fünfziger Jahre – eine Phase schulorganisatorischer Restauration. Zur Schulpolitik und Schulentwicklung im ersten Jahrzehnt der Bundesrepublik

I

Der Titel dieses Bandes enthält eine Hypothese oder eine Problemstellung. Als *Hypothese* unterstellt dieser Rahmentitel, daß die sogenannten fünfziger Jahre – gemeint ist der Zeitraum von 1949, dem Jahre der Gründung der Bundesrepublik Deutschland, bis etwa 1959/60 oder auch in die ersten Jahre des folgenden Jahrzehnts hinein – als eine Phase der jüngeren deutschen Geschichte verstanden werden können, die durch gemeinsame Merkmale, Dominanzen, strukturierende Prozesse, Tendenzen, Entscheidungen charakterisiert war. Als *Problemstellung* formuliert, enthält der Titel die Frage an jeden einzelnen Autor, ob denn für seinen speziellen Bereich die fünfziger Jahre als historische Phase im eben angedeuteten Sinne gelten können.

Auf diese Frage kann ich in Übereinstimmung mit den meisten einschlägigen erziehungsgeschichtlichen Forschungsbeiträgen positiv antworten. Im Blick auf die Entwicklung des Bildungswesens und der Bildungspolitik und der in dieser Hinsicht relevanten pädagogischen Forschung und Theoriebildung kann die Zeit zwischen 1949 und etwa 1959/60 als historische Phase mit einigen charakteristischen Merkmalen gelten, gewiß mit jenem Vorbehalt, daß man sich die Grenzziehung zu der vorangehenden und der folgenden Phase nicht schematisch und punktuell vorstellen darf, sondern im Sinne von Übergangszonen, in deren Verlauf sich die historischen Dominanzen verlagern, die Kräfteverhältnisse zwischen den wirksamen Faktoren merklich verändern, neue Tendenzen wirksam werden oder mindestens zu wirken *beginnen*, die objektive historische Konstellation und/oder das vorwaltende Bewußtsein sich wandeln. Abrupte Umbrüche hingegen gibt es allenfalls im Gefolge von tatsächlichen, nicht nur programmatischen Revolutionen.

II

Die Prozesse im pädagogischen Bereich müssen auf dem Hintergrund der allgemeinpolitischen Daten und Prozesse verstanden werden, den die vorangehenden Beiträge ausgebreitet haben. Das behält auch dann sein Gewicht, wenn man unter kultur- und bildungspolitischem Aspekt unterstreicht, daß das Grundgesetz die Kulturhoheit und damit – abgesehen von Rahmenbestimmungen über den Religionsunterricht und dem an bestimmte Kriterien gebundenen Recht zur Gründung von Privatschulen[1] – alle Entscheidungen auch über das Bildungswesen den Bundesländern überließ und der Bundesregierung zunächst überhaupt keine, nicht einmal koordinative Aufgaben und Kompetenzen in bildungspolitischen Fragen zuwies.[2] Die Zeit bildungspolitischer Aktivitäten seitens der Bundesregierung, die gewisse Änderungen und Ergänzungen des Grundgesetzes voraussetzte, und die Bildung des Bundesministeriums für Bildung und Wissenschaft gehören einer späteren Phase der Geschichte unserer Republik an; das Bundesministerium für Bildung und Wissenschaft etwa wurde erst 1969 geschaffen. Das einzige bildungspolitische Koordinationsorgan, das es – abgesehen von dem 1953 durch Bund und Länder gemeinsam eingesetzten Beratungsgremium des „Deutschen Ausschusses für das Erziehungs- und Bildungswesen" – in den uns interessierenden fünfziger Jahren in der Bundesrepublik gegeben hat, war die seit 1948 regelmäßig tagende Ständige Konferenz der Kultusminister (KMK), die aber keinerlei Entscheidungskompetenz hatte; ihre Beschlüsse galten (und gelten nach wie vor) nur als Empfehlungen an die Regierungen bzw. die Kultusministerien der einzelnen Bundesländer.

Stellt man nun im Hinblick auf die Bundesländer die Frage nach der politischen Machtverteilung, soweit sie durch die Parteien repräsentiert wird, so ist für die fünfziger Jahre folgendes festzustellen: Die Gewichtsverhältnisse zwischen den Parteien in den Bundesländern haben sich z. T. schon vor 1949, z. T. bald danach zu wenigen, vorherrschenden Grundmustern, die zugleich gesamtpolitische *und* bildungspolitische Haupttendenzen anzeigen, verfestigt. Es lassen sich drei Grundtypen herausheben: Den 1. Typus bilden

1 Artikel 7 des Grundgesetzes.

2 Der Artikel 91b des Grundgesetzes über das Zusammenwirken von Bund und Ländern, u. a. bei der Bildungsplanung, formuliert eine *Möglichkeit*, nicht einen Auftrag.

die Länder, in denen schon seit den Jahren 1946 bis 1948 und seither, allenfalls durch begrenzte Zwischenphasen unterbrochen, mit wachsender Eindeutigkeit die CSU oder die CDU die gesamte Landespolitik und in besonderem Maße die Kultur- und Bildungspolitik bestimmte, und zwar selbst in jenen frühen Legislaturperioden, in denen z. T. auch die SPD noch an den betreffenden Landesregierungen als Koalitionspartner beteiligt war. Zu diesem Typus gehören Bayern, Baden-Württemberg (das 1952 aus drei bis dahin selbständigen südwestdeutschen Ländern gebildet wurde), Rheinland-Pfalz und seit 1951 auch Nordrhein-Westfalen. Mit diesem Bundesland, Bayern und Baden-Württemberg umfaßte diese Gruppe die drei bevölkerungsstärksten Länder der Bundesrepublik; insgesamt lebten etwa zwei Drittel der damaligen Bundesrepublikaner in den genannten vier Ländern, zu denen 1957 noch das Saarland hinzutrat. Zum 2. Typus gehören *die* Länder, die seit 1946 bis 1948 und dann im wesentlichen über die gesamten fünfziger Jahre hinweg mehr oder minder eindeutige SPD-Mehrheiten und demzufolge allein von der SPD gestellte Regierungen (wie Bremen) oder aber von der SPD angeführte Koalitionsregierungen, z.T. unter Einschluß der CDU, hatten; letzteres galt 1947 bis 1951 in Hessen und 1948 bis 1953 in Berlin als einer selbständigen politischen Einheit mit speziellem Status. Als einen 3. Typus kann man in den fünfziger Jahren jene beiden Länder ansprechen, in denen *während* dieser Phase gravierende politische Verschiebungen und demzufolge Regierungswechsel von prinzipieller Bedeutung erfolten, nämlich Hamburg und Niedersachsen. In Hamburg verlor die SPD 1953 ihre bis dahin eindeutige Mehrheit und damit die Regierungsfunktion, in Niedersachsen erlitt sie in der Landtagswahl 1955 erhebliche Verluste und mußte in die Opposition gehen. Von der Mitte der fünfziger Jahre ab können auch diese Länder also dem ersten Typus zugeordnet werden, der danach Gebiete mit zusammen vier Fünfteln der Gesamtbevölkerung der Bundesrepublik umfaßte.

III

In diese knapp umrissene, allgemein-politische Hintergrundskizze sollen im folgenden die m. E. wichtigsten schulpolitischen Charakteristika und Entwicklungen eingezeichnet werden. Dabei ist zunächst hervorzuheben, daß man, was die schulpolitischen Grundentscheidungen und -strukturen des Bildungswesens anbelangt, nicht von einer bedeutsamen *Entwicklung* zwischen 1949/50 und dem Anfang der sechziger Jahre sprechen kann; vielmehr sind die relevanten Entscheidungen, die dann für die gesamte Phase strukturbestimmend bleiben sollten, in fast allen Bundesländern bereits zu Beginn dieses Zeitraums oder schon – teils offen, teils noch verdeckt – in den Jahren davor gefallen, und diese Entscheidungen sind in den folgenden zehn bis zwölf Jahren im wesentlichen nur noch festgeschrieben und verwirklicht worden. Insofern haben Saul B. Robinsohn und der erste Autor, der 1970 eine bis heute weitgehend gültige und durch spätere Untersuchungen vertiefte und bestätigte Gesamtdarstellung der Bildungsentwicklung in Westdeutschland zwischen 1946 und 1966 vorgelegt hat, Caspar Kuhlmann,[3] sogar übergreifend von den „two decades of non-reform" gesprochen.[4] Für die fünfziger Jahre haben auch alle späteren Untersuchungen dieses Urteil bestätigt. Für die Zeit zwischen 1945/46 bis 1948/49 trifft jene Kennzeichnung jedoch in dieser Eindeutigkeit nicht zu, wie an späterer Stelle noch zu zeigen sein wird, und die Phase etwa zwischen 1960 und 1965 schält sich inzwischen immer deutlicher als Übergangsphase zu jener anschließenden Periode zwischen der Mitte der sechziger Jahre und 1973 heraus, die einen intensiven Reformaufschwung brachte, dem dann freilich eine neue Phase vorwaltender Stagnation – wenn nicht sogar Restauration – gefolgt ist, in der wir noch darinnenstehen. Es ist allerdings von entscheidender Bedeutung zu unterstreichen, daß die vorstehende Einschätzung der Schulpolitik nach 1945, insbesondere in den fünfziger Jahren, vorwiegend auf die Probleme der *„äußeren"*, organisatorischen Schulentwicklung abhebt. Die *„innere* Schulreform" hingegen brachte in den fünfziger Jahren eine beträchtliche Anzahl positiver, z. T. bis heute bedeutsamer Ansätze hervor – vom Konzept des exemplarischen Lehrens und Lernens bis zur produktiven Wiederaufnahme und Fortbildung der reformpädagogischen Methodendiskussion, von den Anfängen der Arbeitslehre bis zu Versuchen der Ausgestaltung eines erzieherisch wirksa-

3 Caspar Kuhlmann: Schulreform und Gesellschaft in der Bundesrepublik Deutschland: 1946–1966. Stuttgart 1970.

4 Saul B. Robinsohn, J. C. Kuhlmann: Two Decades of Non-Reform in West-German Education. In: Comparative Education Review, October 1967, S. 311–330.

men Schullebens usf. Indessen bedeutete es, ein dialektisches Verhältnis auf einen seiner Pole zu reduzieren, wenn die deutsche Schulpädagogik in Theorie und Praxis sich für etwa ein Jahrzehnt fast ausschließlich auf Fragen der „inneren" Schulreform konzentrierte.

Wir halten fest: Als die Bundesrepublik 1949 – mit gewissen, durch die Siegermächte des Zweiten Weltkrieges fixierten Eingrenzungen des Besatzungsstatus – die Souveränität erlangt und die Bundesländer sowie das Land Berlin mit der ihnen grundgesetzlich zugesprochenen Kulturhoheit auch formell die volle Verantwortung für die Entwicklung des Bildungswesens übernahmen, waren in den meisten dieser Länder die schulpolitischen Würfel bereits gefallen. Sieht man zunächst einmal von den Stadtstaaten Hamburg und Bremen, von Schleswig-Holstein und von Berlin ab, so ist damit – schulorganisatorisch gesehen – folgendes gemeint: In den entscheidenden Zügen blieb die im Laufe der Weimarer Republik festgeschriebene und auch in der Nazizeit nicht fundamental veränderte organisatorische Grundstruktur des deutschen Schulwesens erhalten bzw. wurde erneut in Kraft gesetzt, jene Struktur, die – wenn auch mit inzwischen recht erheblichen Modifikationen – bis heute dominiert. Ich hebe zunächst entscheidende Kennzeichen heraus; einige Differenzierungen und Abweichungen werden an späterer Stelle zur Sprache kommen.

1. Die vierjährige Grundschule wurde teils schon vor 1949, teils bald danach – von wenigen Ausnahmen abgesehen – als verbindliche erste Schulstufe für alle Kinder durch schulpolitische Entscheidungen bestätigt. In positiv wertender Interpretation könnte man sagen: Diese 1920, noch vor der Verabschiedung der Weimarer Reichsverfassung, durchgesetzte, *einzige* bedeutende schulorganisatorische Errungenschaft der kurzen politisch-gesellschaftlich-pädagogischen Reformphase nach der Novemberrevolution von 1918 blieb also immerhin erhalten. Eine etwaige Verkürzung stand weder vor noch nach 1949 ernsthaft zur Diskussion; nur aus den bildungspolitischen Auseinandersetzungen in Hamburg in den Jahren 1948/49 ist bislang bekannt, daß die Hamburger Bürgerschaftsfraktion der CDU selbst diesen bescheidenen Minimalkonsens in Frage gestellt hat und – wenn auch erfolglos – die Einrichtung oder mindestens Zulassung auch von dreijährigen Grundschulen forderte, da schon das vierte Schuljahr, geschweige denn eine sechsjährige Grundschule, für die „Pflege der Hochbegabten" „eine große

Mehrbelastung" darstelle.[5] – Vorgreifend sei schon hier betont: Die Fortführung vor 1949 eingerichteter sechsjähriger Grundschulen oder der achtjährigen Grundschule in Berlin blieb Ausnahme, und zwar meistens nur Ausnahme auf Zeit.

2. Auf die Grundschule folgten die drei bis heute bekannten, voneinander getrennten Schularten:

- die damals meistens vierjährige Volksschuloberstufe, die organisatorisch mit der Grundschule verbunden blieb; nur in Berlin, Hamburg und Schleswig-Holstein wurde schon sehr früh ein zunächst fakultatives neuntes Volksschuljahr eingeführt;
- die sechsjährige, nicht-differenzierte Mittelschule, für die sich allmählich meistens die Bezeichnung Realschule einbürgerte;
- die neunjährige Höhere Schule; die unter dem Nationalsozialismus erfolgte Kürzung auf 8 Jahre wurde also rückgängig gemacht.

3. Die Trennungslinien zwischen den Schulformen Volksschule, genauer: dem 5. bis 8. Volksschuljahr, der Mittel- bzw. Realschule und der Höheren Schule wurden *bewußt scharf* gezogen, und zwar in dreifacher Hinsicht:

Zum einen wurden die Übergangsmöglichkeiten von der Grundschule zur Mittelschule oder zur Höheren Schule an strenge Ausleseprozeduren gebunden, nämlich – zusätzlich zum Grundschullehrergutachten – an Aufnahmeprüfungen für die anschließenden Schulen und dort meistens noch einmal an ein Probejahr; Korrekturen negativer Entscheidungen bzw. der Aufschub der Entscheidung um ein oder sogar mehrere Jahre waren nur für Ausnahmefälle vorgesehen.

Zum zweiten waren auch in späteren Phasen der Schullaufbahn kaum Übergangsmöglichkeiten zwischen den Schularten vorgesehen, also etwa organisatorisch eingebaute Chancen, von der Volksschuloberstufe aus oder nach dem 8. Volksschuljahr auf Mittel- bzw. Realschulen überzugehen oder nach der Realschulzeit durch Übergangs- oder Aufbauklassen den Zugang zur Höheren Schule zu finden.

Das dritte, die allgemeinbildenden Schularten oberhalb der Grundschule separierende Moment bildete die nachdrücklich unterschiedliche *Ziel*orientierung der drei Schularten und die klar

5 Vgl. Rudolf Hars: Die Bildungspolitik der Christlich-Demokratischen Union in den Jahren 1945 bis 1954. Frankfurt/M./Bern 1981, S. 225.

geschiedene inhaltliche Gestaltung ihrer Lehrpläne, nicht nur in den schulartspezifischen Fächern, etwa den Fremdsprachen in den jeweiligen Zweigen der Höheren Schule oder in der Mittelschule – an Volksschulen wurde in einigen, keineswegs in allen Bundesländern Englisch nur als freiwilliger Kurs mit sehr begrenzter Stundenzahl und unter bestimmten Bedingungen, vor allem guten oder mindestens befriedigenden Leistungen im Deutschen, angeboten –, sondern auch in Fächern wie Geschichte, Erdkunde, Naturwissenschaften, Deutsch. Überdies galt diese gezielte Scheidung der Lehrpläne in den meisten Bundesländern vom 5. Schuljahr an, also nicht etwa erst in den höheren Klassen.

4. Die Höhere Schule wurde zwar programmatisch nicht mehr als Standesschule verstanden, explizit aber durchaus als Schule einer kleinen geistigen Elite. Dem Programm nach sollte sie allerdings *allen* befähigten – und das ist in der Sprache der Zeit synonym mit: allen *begabten* Kindern – offenstehen.

5. Mit gewissen Modifkationen trat im höheren Schulwesen auch eine Typengliederung wieder in Kraft, die sich in der Weimarer Zeit – in Fortbildung von Entwicklungen in den letzten Jahrzehnten des 19. Jahrhunderts – herausgebildet hatte; allerdings wurde der in der Weimarer Epoche entwickelte Typ der „Deutschen Oberschule", in dem die sog. deutschkundlichen Fächer besonders betont worden waren und den die Nationalsozialisten dann favorisiert und in ihrem Sinne zu instrumentalisieren versucht hatten, naheliegenderweise aus dem Typenspektrum der wiederbegründeten Höheren Schule in der Bundesrepublik gestrichen. Es blieben also drei Typen oder Zweige: das humanistische oder altsprachliche Gymnasium, der neusprachliche und der mathematisch-naturwissenschaftliche Typus. Unter diesen Typen erhielt das humanistische Gymnasium noch einmal eine bereits vom 5. Schuljahr ab, nämlich durch das Gewicht des Lateinischen als erster Fremdsprache, besonders herausgehobene Stellung.

Jeder Typus war durch einen im wesentlichen verbindlichen Fächerkanon bis zum Abitur hin charakterisiert, und man hielt in der Mehrzahl der Fächer bis zum Abschluß an einem konstanten Klassenverband fest, bot also nur geringe Wahlmöglichkeiten.

6. Die Volksschuloberstufe wurde explizit als Schule für die breite Masse der Bevölkerung, d. h. für 80–85 % aller jungen Menschen konzipiert, denen nur begrenzte intellektuelle Entwicklungsmöglichkeiten unterstellt, hingegen eine sog. „praktische Begabung" zugeschrieben wurde.

7. Von großem schulpolitischen Gewicht war die in heftigen Kämpfen bis 1949 weitgehend bereits durchgesetzte und in fast allen Länderverfassungen fixierte Betonung des *Elternrechts* im Hinblick auf die Schulwahl; bis zum heutigen Tage hin steht dem kein hinreichend fixiertes Kindesrecht auf optimale Bildungschancen gegenüber. De facto ging es beim sog. Elternrechtsproblem, wie in allen einschlägigen Untersuchungen für die Phase 1945–1949 und für die fünfziger Jahre nachgewiesen worden ist, vor allem um die Rekonfessionalisierung insbes. des Volksschulwesens, in begrenzterem Maße auch um gewisse Einflußnahmen der Kirchen auf das höhere Schulwesen in Form des Rechts, private Höhere Schulen in kirchlicher Trägerschaft, aber unter staatlicher Mitfinanzierung einzurichten. Wer die fünfziger Jahre nicht selbst miterlebt hat, kann sich von dem Ausmaß und der Schärfe kaum eine Vorstellung machen, mit der die entsprechenden Auseinandersetzungen zum einen vor oder um 1949 insbesondere von seiten der katholischen Kirche geführt wurden und mit der sie zum anderen in der Folgezeit immer wieder aufbrachen, sobald vor allem die katholische Kirche den einmal durchgesetzten Einfluß gefährdet sah. Den Hintergrund dieser schulpolitischen Kämpfe bildete das nach wie vor gültige Reichskonkordat, das der Vatikan 1933 mit der nationalsozialistischen Regierung abgeschlossen hatte, ein Abkommen, in dem das Recht zur Einrichtung katholischer Konfessionsschulen fixiert worden war.

Im Zuge der schulpolitischen Entwicklung vor und nach 1949 wurde in Bayern, Rheinland–Pfalz und Nordrhein–Westfalen, dem Saarland und den katholischen Teilen Niedersachsens die konfessionell einheitliche Volksschule (einschließlich der Grundschule) die vorherrschende Form. In der *Konfessions-* oder *Bekenntnisschule* gehörten alle oder die Mehrzahl der Schüler und der Lehrer der gleichen Konfession an, und mindestens für die katholischen Konfessionsschulen galt, daß der gesamte Unterricht (also nicht nur der Religionsunterricht) und das Schulleben, die Lehrpläne und die Schulbücher eindeutig im Sinne katholischer Glaubens- und Lebensauffassung gestaltet wurden oder mindestens gestaltet werden sollten. – Die evangelische Kirche hat zu keiner Zeit, auch nicht für evangelische Konfessionsschulen, eine ähnlich weitgehende Befugnis zur inhaltlichen Gestaltung von Schule und Unterricht beansprucht. Ihrem sich damals zunehmend durchsetzenden, nicht zuletzt von der Dialektischen Theologie beeinflußten Selbstverständnis gemäß gehören Erziehung und Schule – abgesehen vom Religionsunterricht – zu den „weltlichen Dingen", deren Weltlichkeit eben *nicht* durch eine falsch verstandene „Verchristlichung der Welt" verschleiert werden dürfe. Die EKD erklärte in diesem Sinne 1958, „daß über Schule und Lehrer keinerlei kirchliche Bevormundung ausgeübt werden darf. Die sittliche und wissenschaftliche Verantwortung der Erzieher für alle Lehrgehalte und das gesamte Schulleben duldet keine weltanschauliche Bevormundung, gleich welcher Art". – „Die Kirche ist zu einem freien Dienst an einer freien Schule bereit."[6]

In Baden-Württemberg, Hessen, den vorwiegend protestantischen Teilen Niedersachsens, in Hamburg und Schleswig-Holstein – also den Ländern mit protestantischen Bevölkerungsmehrheiten und mindestens z. T. und zeitweilig starken SPD- und FDP-Mehrheiten – wurde die Normalform der Volksschule als „Christliche Gemeinschaftsschule" definiert, mit religiösem Toleranzgebot und konfessionellem Religionsunterricht als ordentlichem Lehrfach, aber – trotz des Namens – ohne den Anspruch einer durchgehend religiösen Prägung aller Unterrichtsziele und -inhalte. Auch in diesen Ländern war jedoch die Einrichtung von Konfessionsschulen auf Antrag von hinreichend großen Elterngruppen möglich, sofern damit an dem betroffenen Ort der Bestand einer Christlichen Gemeinschaftsschule nicht gefährdet wurde.

Einen bundesrepublikanischen Sonderfall stellte (und stellt bis heute) das Schulgesetz Bremens dar, einer aus der Weimarer Zeit stammenden Tradition entsprechend. Es definiert die Volksschule ohne Zusatz als „Gemeinschaftsschule" und bestimmt, daß konfessioneller Religionsunterricht *nicht* als ordentliches Lehrfach erteilt wird, wohl aber als freiwilliges Wahlfach alternativ zu einem überkonfessionellen, religionskundlichen Unterricht.

8. Eng verbunden mit dem Problem der Konfessionalisierung ist für den Bereich der Volksschule – und das ist, um es noch einmal zu unterstreichen – damals nach Programm und Wirklichkeit die Schule für etwa 80, z. T. 85 % der 10–14jährigen – die Frage nach der Schulgröße und damit nach dem Ausmaß der Binnengliederung der Schule. Die einklassige Schule, in der *alle* Kinder der

6 Synode der Evangelischen Kirche in Deutschland: Wort zur Schulfrage (1958). Wiederabdruck in dem Quellenband „Politik und Schule von der Französischen Revolution bis zur Gegenwart". Hrsg. v. B. Michael und H.-H. Schepp. Bd. 2. Frankfurt/M. 1974, S. 524–527. Zitate S. 525 u. 526.

verschiedenen Jahrgangsstufen vom 1. bis zum 8. Schuljahr von einem Lehrer, und zwar im größten Teil aller Schulstunden gemeinsam in einem Raum unterrichtet wurden, bildet hier den einen Pol, die sog. vollgegliederte Schule, in der jeder Jahrgang eine gesonderte Klasse bildet, den anderen.

In den Bundesländern, in denen die Konfessionsschule die Regelschule darstellte, wurde durch dieses Prinzip notwendigerweise vielfach auch die einklassige oder die wenig gegliederte Schule festgeschrieben. Das gilt nicht nur für ländliche Bereiche, sondern z. T. auch für Großstädte etwa des Ruhrgebiets, in denen es bis über die fünfziger Jahre hinaus nicht selten noch nah beieinanderliegende, wenig gegliederte Volksschulen katholischen und evangelischen Charakters gab, die Zusammenfassung zu leistungsfähigeren, vollgegliederten Schulen aber unterblieb. Insgesamt *erhöhte* sich die Zahl der einklassigen Volksschulen in der Bundesrepublik im Zeitraum zwischen 1952 und 1960 von rd. 5.900 auf etwa 8.600, d. h. um mehr als 45 %![7]

9. Aus Raumgründen kann hier nur äußerst kurz auf ein weiteres Element der Schulgestaltung der fünfziger Jahre hingewiesen werden: die vielfach durchgeführte, vollständige oder teilweise Trennung von Jungen und Mädchen, die wiederum am deutlichsten in Ländern mit katholischen Bevölkerungsmehrheiten ausgeprägt war, aber keineswegs nur dort. Wo die Schuldichte in den Städten es erlaubte, wurden Schulen gleichen Typs oft als getrennte Mädchen- oder Jungenschulen eingerichtet, auch im Bereich der Höheren Schulen. Wo das nicht möglich war, wurden *innerhalb* einzelner Schulen bei Einrichtung von Parallelklassen häufig Jungen- bzw. Mädchenklassen gebildet.

10. Auch die Lehrerbildung für die allgemeinbildenden Schulen kann hier nur kurz gestreift werden. Die Gymnasiallehrerbildung verblieb durchgehend an den Universitäten, enthielt aber in den fünfziger Jahren in den meisten Ländern noch keine Elemente eines verbindlichen erziehungswissenschaftlichen Begleitstudiums, allenfalls ein empfohlenes, sehr begrenztes, aber unverbindliches Angebot. – Im Bereich der Volksschullehrerbildung übernahmen die norddeutschen Länder außer Hamburg, weiterhin Nordrhein-Westfalen und Hessen bereits in der Besatzungsphase oder nach

7 Vgl. Rudolf Hars: Die Bildungspolitik der Christlich-Demokratischen-Union in den Jahren 1945 bis 1954. Frankfurt/M./Bern 1981, S. 239.

1949 in verschiedenen Variationsformen das in der Weimarer Republik seit 1926 in Preußen entwickelte Modell der Pädagogischen Hochschulen oder Akademien mit einem zunächst viersemestrigen, später auf sechs Semester erweiterten Studium, ohne diese Einrichtung allerdings den wissenschaftlichen Hochschulen gleichzustellen. Nur Hamburg gliederte die Volksschullehrerbildung – mindestens formell – der Universität ein. Bayern und Baden-Württemberg schufen zunächst Lehrerbildungsseminare; erst gegen Ende der fünfziger Jahre gingen auch diese Länder zum Aufbau Pädagogischer Hochschulen über. Außerdem wurden in all *den* Ländern, in denen es Konfessionsschulen gab, auch die Pädagogischen Hochschulen bzw. Akademien und die nicht hochschulähnlichen Lehrerausbildungsinstitutionen ganz oder z. T. als konfessionelle Einrichtungen etabliert.

11. Das berufliche Schulwesen blieb klar vom allgemeinbildenden getrennt, und zwar so, daß der größte Teil *der* Jugendlichen, die nach der Volksschulzeit oder als vorzeitige Abgänger von Mittelschulen oder Höheren Schulen in eine Berufslehre oder in eine sog. „angelernte" oder „ungelernte" Arbeitstätigkeit eintraten, drei Jahre lang zum Besuch der Berufsschule an *einem* Wochentag verpflichtet waren, im übrigen aber ihre praktische Ausbildung in Handwerks-, Industrie-, Handels- oder landwirtschaftlichen Betrieben bzw. in der Hauswirtschaft erhielten. Das sog. „duale Ausbildungssystem" blieb also erhalten oder wurde wieder etabliert, und das heißt: der überwiegende Teil der Berufsausbildung, die Festlegung der Ausbildungsordnungen und vor allem auch der Anforderungen an die Lehrlingsprüfungen blieb – und zwar bis heute – primär Sache der Wirtschaft, ihrer Berufs- und Interessenverbände, insbesondere der wiedereingerichteten Industrie- und Handelskammern.

IV

Der historische Stellenwert jener schulpolitisch-schulorganisatorischen Grundentscheidungen über die Gestaltung des Schulwesens in der Bundesrepublik, die ich bisher in einigen Hauptaspekten gekennzeichnet habe, wird erst dann hinreichend deutlich, wenn man auf die Frage antwortet, ob denn die skizzierte Entwicklung sich bereits unmittelbar nach dem Krieg und in der Besatzungszeit zwischen 1945 und 1949 durchgehend, eindeutig und ohne ernsthafte Alternativen abgezeichnet habe. Das aber war keineswegs generell der Fall. Es ist im vorliegenden Zusammenhang allerdings nicht möglich, in eine eingehendere Darstellung *dieser* Nachkriegsphase einzutreten. Ich muß mich hier auf knappe Hinweise beschränken, die ich unter fünf Gesichtspunkten zusammenfasse:

Erstens ist festzustellen, daß keine der Besatzungsmächte, auch nicht die Sowjetunion, direkt nach der Niederlage des Nazi-Reiches umfassende und detaillierte Pläne für den Wieder- oder Neuaufbau des deutschen Bildungswesens aufzuweisen hatte. Den Orientierungsmaßstab für die Erziehungspolitik der Besatzungsmächte bildeten anfänglich nur sehr global gefaßte Programmformeln zur Umerziehung, Leitvorstellungen, die in der amerikanischen und britischen Zone unter dem Titel der re-education liefen. Sie waren fast ausschließlich negativ formuliert. Es gelte, so hieß es bereits im Potsdamer Abkommen vom August 1945, das deutsche Erziehungswesen so zu überwachen, ,,daß die nazistischen und militaristischen Lehren völlig entfernt werden und eine erfolgreiche Entwicklung der demokratischen Ideen möglich gemacht wird".[8] Hauptaspekte der zunächst in Angriff genommenen Maßnahmen waren neben der schrittweisen Wiedereröffnung des Schulbetriebs in den tradierten Schularten die Entnazifizierung, d. h. die Überprüfung und z. T. die Ausschaltung von Lehrern, die aktive Nationalsozialisten gewesen waren, das Verbot der Benutzung von Schulbüchern aus der Nazizeit und die Überprüfung, welche Schulbücher aus der Weimarer Zeit wieder benutzt bzw. wieder aufgelegt werden durften und welche neuen Schulbuchentwürfe zugelassen werden könnten.

Zweitens: Auch die Gruppen der innerdeutschen Widerstandsbewegung gegen den Nationalsozialismus traten in die erste Nachkriegsphase nirgends mit umfassenderen Konzepten für eine Neugestaltung des deutschen Bildungsweses ein, und das gilt im wesentlichen auch für die nun nach Deutschland zurückkehrenden Emigrantengruppen, etwa die in England begründete Gruppe ,,German Educational Reconstruction", der z. B. Karl Mannheim, die spätere erste Marburger Ordinaria für Pädagogik, Elisabeth

8 Politische und wirtschaftliche Grundsätze für die alliierte Verwaltung Deutschlands nach dem Potsdamer Abkommen (1945). Teil-Nachdruck in ,,Politik und Schule von der Französischen Revolution bis zur Gegenwart". Hrsg. v. B. Michael und H.-H. Schepp. Bd. 2. Frankfurt/M. 1974, S. 221–226, Zitat S. 223.

Blochmann, der Erwachsenenbildner Fritz Brinski und eine Reihe von Schülern des Philosophen Leonard Nelson angehörten oder nahestanden, unter ihnen Minna Specht und Gustav Heckmann.[9]

Drittens: Vom Spätherbst 1946 an kommt dann in den Ländern aller vier Zonen eine öffentliche, vor allem von den wieder zugelassenen Parteien und den Kirchen geführte intensive schulpolitische Diskussion in Gang, die in mehrfacher Hinsicht, auch in ihrer zeitweiligen Schärfe, als Wiederaufnahme der Auseinandersetzungen der ersten Jahre der Weimarer Republik erscheint. Für die Westzonen ist dabei festzustellen: die zentralen Themen waren die Frage der Verlängerung der Grundschulzeit auf sechs oder acht Jahre – mit der Zielsetzung und den curricularen und organisatorischen Vorschlägen eines Kern-Kurssystems, wie sie später wieder in der Diskussion um die Förder- oder Orientierungsstufe aufkam –, weiterhin die Forderungen nach mehr Übergangsmöglichkeiten zwischen den Schularten, nach Öffnung der Höheren Schulen für Kinder aus sozial schwächeren Bevölkerungsschichten, nicht zuletzt für Arbeiterkinder, nach genereller Schulgeld- und Lehrmittelfreiheit in allen Schularten, nach der Einrichtung der Gemeinschaftsschule als verbindlicher Form der Grund- und Volksschulen unter Verzicht auf konfessionelle Trennungen, aber fast immer unter Beibehaltung des konfessionellen Religionsunterrichts, schließlich nach hochschulmäßiger Ausbildung *aller* Lehrer, also auch der Volksschullehrer, sei es in der Form des Aufbaus oder Wiederaufbaus Pädagogischer Hochschulen als vollwertiger wissenschaftlicher Einrichtungen, sei es im Sinne der Integration der Volksschullehrerbildung in die Universitäten, denen nun auch eine ernst zu nehmende pädagogische Ausbildung zukünftiger Lehrer höherer Schulen abverlangt werden sollte.

Es waren dies durchweg Forderungen, die im Ansatz bereits vom Allgemeinen Deutschen Lehrerverein seit 1848 und später von der Arbeiterbewegung, den Gewerkschaften und sozialistischen Parteien aufgestellt worden waren. Damit sind zugleich *die* politischen Gruppierungen benannt oder angedeutet, die auch in der Zeit nach 1946 gleiche oder ähnliche Programme vertraten oder unterstützten, nämlich die SPD, die damals noch im demokratischen Parteienspektrum akzeptierte KPD, weiterhin jene nun zunächst auf Län-

9 Vgl. W. Klafki: Vernunft – Demokratie – Erziehung. Zur Bedeutung der Nelson-Schule in der deutschen Pädagogik. Neue Sammlung 1983, H. 6, S. 544–561.

derebene wiederentstehenden, vorwiegend von Teilen der Volksschullehrerschaft getragenen Lehrerverbände, die an die Tradition des Allgemeinen Deutschen Lehrervereins und der schulorganisatorisch aktiven Teilströmungen der deutschen Reformpädagogik aus den frühen Jahren der Weimarer Republik anknüpften, Verbände, die sich allerdings erst 1947 überregional zusammenschließen konnten und die sich dann 1948/49 als selbständige „Gewerkschaft Erziehung und Wissenschaft" dem Deutschen Gewerkschaftsbund angliederten.

Jedoch muß man zugleich folgendes betonen: Weder haben jene frühen Lehrerverbände der ersten Jahre nach 1945 ein konkretes schulpolitisch-schulorganisatorisches Programm entwickelt oder sind als selbständige Faktoren in die jeweiligen schulpolitischen Auseinandersetzungen ihrer Länder eingetreten, noch gilt Entsprechendes für die Zeit nach 1949 für die Gewerkschaft Erziehung und Wissenschaft oder auch den Deutschen Gewerkschaftsbund als ganzen. Erst gegen *Ende* der fünfziger Jahre hatte sich die GEW als Verband hinreichend konsolidiert, um mindestens in einigen Bundesländern schrittweise als ins Gewicht fallende schulpolitische Größe wirksam zu werden, und der DGB begann ebenfalls erst in dieser Zeit, sich mit differenzierteren, wenn auch nicht originalen Stellungnahmen zu allgemeinen bildungspolitischen Fragen zu engagieren.[10]

Blickt man noch einmal auf die vorher genannten schulpolitischen Forderungen der politischen Linken und der sie unterstützenden Lehrergruppierungen zurück, so stellt man fest, daß sie als relativ bescheiden, gewiß nicht als „radikal" bezeichnet werden können und daß der damals wieder verwendete Terminus der „Einheitsschule", der schon vor und nach dem Ersten Weltkrieg eine Fülle unterschiedlicher Bedeutungsvarianten abdecken mußte, für die relative Harmlosigkeit jener Reformforderungen eigentlich eine viel zu anspruchsvolle Bezeichnung war. Sieht man von der sowjetisch besetzten Zone ab und von einer kurzen Phase der Schulpolitik von SPD und KPD im noch nicht endgültig in den Ost- und Westsektor geschiedenen Berlin, dann ist hervorzuheben, daß keine der reformwilligen Parteien und Gruppierungen von politischem Gewicht ein so konsequentes Konzept vertrat, wie es in der

10 Vgl. Peter Faulstich: Die Bildungspolitik des Deutschen Gewerkschaftsbundes 1949–1979. Stuttgart 1980.

Weimarer Zeit etwa der Bund Entschiedener Schulreformer unter Leitung von Paul Oestreich mit seiner ,,Elastischen Einheitsschule" entwickelt und vertreten hatte, nämlich das Modell einer einheitlichen Schule für *alle* Schüler bis zum 10. Schuljahr mit einem variablen, schrittweise ab Klasse 7 differenzierenden Kern-Kurssystem und einer darauf aufbauenden wissenschaftlichen Oberstufe.

Viertens: Es muß hervorgehoben werden, daß jene vorher genannten, begrenzten schulpolitischen Reformforderungen ganz oder z. T. auch von Teilen einiger Landesparteien der CDU, nämlich vor allem von deren sog. Arbeitnehmerflügel oder ähnlich orientierten Personengruppen, akzeptiert wurden. Vor allem ist hier der der Hessischen CDU angehörende Dr. Erwin Stein zu nennen – es handelt sich um den späteren Verfassungsrichter und zugleich in den letzten Jahren noch einmal hervorgetretenen Verfasser der neuen Präambel für die revidierten Hessischen Rahmenrichtlinien –, der vom Januar 1947 bis 1951 in einer Koalitionsregierung von SPD und CDU Kultusminister war und im September 1947 einen im Ansatz bemerkenswerten Plan eines Schulsystems für Hessen vorlegte.[11] Das Konzept umfaßte vor allem eine zweijährige Übergangsstufe im 5./6. Schuljahr mit breitem, gemeinsamem Kernunterricht und begrenzter Differenzierung durch wählbare Englisch- oder Lateinkurse, in der Mittelstufe vom 7. Schuljahr ab eine Art additiven Gesamtschulsystems und auf der gymnasialen Oberstufe ein 13. Schuljahr als college-artig gestaltetes Übergangsjahr zwischen höherer Schule und Universität, außerdem einen regulären dreijährigen zweiten Bildungsweg für junge Menschen, die nach dem Volksschul- oder Mittelschulabschluß und einer beruflichen Lehre den Zugang zur Hochschule erreichen wollten, schließlich das Konzept hochschulmäßiger Ausbildung für *alle* Lehrer, wobei pädagogische Institute für die Volks- und Berufsschullehrerausbildung den Universitäten zunächst an- und später eingegliedert werden sollten.

Daß Stein anfänglich sogar die Mehrheit der hessischen CDU für dieses Konzept gewinnen konnte, allerdings schon seit 1948 bei der Neufassung des Entwurfs, der nun eine noch konsequentere Ge-

11 Erwin Stein: Bericht über die Pläne zur Erneuerung des Schulwesens im Lande Hessen vom 26. 9. 1947. Frankfurter Hefte 1947, S. 1016–1028. – Vgl. den ,,Kurzbericht" Steins, jetzt wieder abgedruckt bei Otto Schlander: Reeducation – ein politisch-pädagogisches Prinzip im Widerstreit der Gruppen. Frankfurt/M./Bern 1975, S. 331–334.

staltung eines einheitlichen 5./6. Schuljahrs vorsah, vom größeren Teil seiner Fraktion im Stich gelassen wurde und 1949 mit dem Gesamtplan endgültig scheiterte, hängt auch mit umfassenden Prozessen der Schulpolitik der westlichen Besatzungsmächte zusammen.

Fünftens: Innerhalb der re-education-Politik der drei westlichen Besatzungsmächte gab es seit dem Sommer 1947 einen qualitativen Wandel: Über die Ausschaltung nazistisch belasteter Lehrer und die Schulbuchkontrolle hinaus hatten sich die USA, England und Frankreich bis dahin im wesentlichen auf eine liberal-abwartende Haltung beschränkt; man wollte die demokratischen Eigeninitiativen deutscher reformwilliger Kräfte fördern und unterstützen, aber nicht selbst mit bestimmten Forderungen zur organisatorischen und didaktischen Gestaltung des Schulwesens eingreifen. Es dürfte die Beobachtung gewesen sein, daß die Hoffnung auf solche deutschen Eigeninitiativen nur begrenzt erfüllt wurde, die reformorientierten Gruppierungen sich selbst mit ihren bescheidenen Konzepten meistens nicht durchsetzen konnten und konservative Kräfte zunehmend stärker zu werden schienen, die die Siegermächte dazu veranlaßte, 1947 inhaltlich präzisere bildungspolitische Aktivitäten zu entwickeln. Der amerikanische Militärgouverneur, Lucius Clay, erließ im Januar 1947 im sog. OMGUS-Telegramm an die Erziehungsbeauftragten der amerikanischen Zone eine Anweisung zur Schulreform.[12] Im Sommer des gleichen Jahres verabschiedeten, offensichtlich auf Clays Anregung hin, alle vier Militärgouverneure, also einschließlich des sowjetischen, die sog. „Direktive 54", einen Katalog von Reformprinzipien, die nun erstmalig nach 1945 für *alle* Landesregierungen bzw. ihre Kultusministerien als verbindlich gelten sollten.[13] Die beiden Dokumente legten vor allem den Aufbau einer sechsjährigen Grundschule, die schrittweise Einführung eines generellen neunten Schuljahres für alle Kinder, eine auch in der Mittelstufe nicht mehr nach Säulen und Zweigen, sondern im Sinne eines gestuften und sich schrittweise differenzierenden Gesamtschulsystems organisierte Schulstruktur, die Entkonfessionalisierung aller Schulen, grundsätzliche Schulgeld- und Lehr-

12 Vgl. den Abdruck bei L. Froese (Hrsg.): Bildungspolitik und Bildungsreform. München 1969, S. 100–101.

13 Vgl. Bayerisches Staatsministerium für Unterricht und Kultus: Dokumente zur Schulreform in Bayern. Bearb. von H. Markt. München 1952, S. 87f.

mittelfreiheit und die Einrichtung einer prinzipiell hochschulmäßigen Ausbildung für alle Lehrergruppen als Zielwerte fest.

Wir wissen inzwischen durch eingehende Detailanalysen für die Länder der amerikanischen und der britischen Zone sehr genau,[14] wie die schulpolitische Entwicklung nach dem OMGUS-Telegramm und der Direktive 54 verlief. Ich kann hier nur die Hauptresultate in drei Aspekten andeuten.

(1.) Nur die amerikanischen Länder-Militärgouverneure haben bis in das Jahr 1949 hinein, wenn auch mit nachlassender Intensität, konsequent die Verwirklichung der genannten Prinzipien durchzusetzen versucht. Seit 1948 ließ die Entschiedenheit der amerikanischen Schulpolitik in Deutschland aber schrittweise nach, parallel zu generellen Wandlungen in der amerikanischen Deutschlandpolitik. Im Zuge des sich entwickelnden Kalten Krieges war die amerikanische Politik nun zunehmend darauf gerichtet, in Westdeutschland, dessen Wiederbegründung als souveräner Staat Bundesrepublik sich abzeichnete, einen verläßlichen Verbündeten zu gewinnen. Daher war es opportun, Spannungen auf gesamtpolitisch weniger wichtig erscheinenden Feldern wie dem der Bildungspolitik abzubauen und die Restauration von Verhältnissen, die bis dahin mit Recht als Elemente einer un- oder anti-demokratischen gesellschaftlichen Entwicklung kritisiert worden waren, mehr und mehr zu tolerieren. Mit der Gründung der Bundesrepublik endeten die Möglichkeiten amerikanischer Einflußnahme auf die Kultur- und Bildungspolitik deutscher Länder endgültig.

(2.) Die Erziehungskommissare in den Ländern der britischen Besatzungszone haben die Direktive 54 de facto von vornherein weitgehend restriktiv, als bloße Empfehlung und mit erheblichen Abstrichen ausgelegt, vielleicht unter dem Eindruck, daß mindestens in Niedersachsen, Schleswig–Holstein und Hamburg damals

14 Vgl. u. a. Karl-Ernst Bungenstab: Umerziehung zur Demokratie? Re-education-Politik im Bildungswesen der US-Zone 1945–49. Bielefeld 1970. – Günter Pakschies: Umerziehung in der Britischen Zone 1945–1949. Weinheim 1979. – Maria Halbritter: Schulreformpolitik in der britischen Zone von 1945 bis 1949. Weinheim 1979. – W. Klafki: Restaurative Schulpolitik 1945–1950 in Westdeutschland. Jetzt in Klafki: Aspekte kritisch- konstruktiver Erziehungswissenschaft. Weinheim 1976, S. 253–299. – Rudolf Hars: Die Bildungsreformpolitik der Christlich-Demokratischen Union in den Jahren 1945 bis 1954. Ein Beitrag zum Problem des Konservativismus in der deutschen Bildungspolitik. Frankfurt/M./Bern 1981.

unter den von der SPD angeführten Regierungen eine relativ reformfreudige Schulpolitik sich abzeichnete.

(3.) Was die dominierende und schließlich erfolgreiche Opposition der deutschen Reformgegner gegen die schulpolitischen Forderungen des OMGUS-Telegramms und der Direktive anbelangt, so bildete sich in den Jahren 1947 bis 1949 bereits jene Gruppierung heraus, die man in der schulgeschichtlichen Forschung m. E. zutreffend als den ,,konservativen Block" bezeichnet hat;[15] sie sollte dann auch die bundesrepublikanische Schulpolitik der gesamten fünfziger Jahre entscheidend prägen. Von Teilen des linken Flügels der CDU abgesehen, dem sog. Arbeitnehmerflügel und ihm nahestehender kleinerer Teilgruppen, die vor 1948 noch offenere Positionen vertraten, umfaßte dieser ,,konservative Block" den überwiegenden Teil der CDU, geschlossen die CSU und im wesentlichen auch die damals dominant konservativ-liberale FDP sowie die DP, weiterhin die katholische Kirche und in überwiegendem Maße, wenn auch weniger radikal, die evangelischen Kirchenleitungen, außerdem den Deutschen Philologenverband als Sprecher des größten Teils der Gymnasiallehrerschaft, den zunehmend aktiver werdenden Verband Deutscher Realschullehrer, der als besonders scharfer Gegner aller Versuche auftrat, die Konsolidierung einer eigenständigen Mittelschule in einem klar separierenden, mehrgliedrigen Schulwesen in Frage zu stellen, weiterhin Wirtschaftsverbände – von den Handwerkskammern bis zu den Unternehmerverbänden –, schließlich die meisten Hochschulen und Universitäten der Bundesrepublik, die zeitweilig mit Gutachten und Stellungnahmen zu bildungspolitischen Fragen an die Öffentlichkeit traten.

Was die offizielle Schulpolitik in den Ländern der drei Westzonen zwischen 1947 und 1949 bis zur Gründung der Bundesrepublik anbelangt, so gibt es darunter für die Zeit, in der es mindestens dem amerikanischen Hochkommissar entschieden ernst war mit konsequent-demokratischer Schulreform auch im organisatorischen Bereich, geradezu Kabinettstücke einer Strategie hinhaltenden Widerstands und einer schlitzohrigen Ausweichtaktik – so vor allem in Bayern[16] –, die amüsieren könnten, wenn ihre Folgen – jedenfalls aus der Sicht einer substantiell-demokratischen bildungspolitischen

15 Vgl. Hans-Georg Herrlitz/Wulf Hopf/Hartmut Titze: Deutsche Schulgeschichte von 1800 bis zur Gegenwart. Königstein/Ts. 1981, S. 145.

16 Vgl. meine in Anm. 14. genannte Analyse.

Position – nicht so bedauerlich gewesen wären und es weitgehend noch heute sind.

V

Unser Rückblick auf die Jahre bis 1949 ist damit bereits wieder in die Geschichte der Bildungspolitik der Bundesrepublik in den fünfziger Jahren eingemündet. Die dominanten Grundentscheidungen, die bis zum Ende der fünfziger Jahre und auch noch erheblich darüber hinaus bestimmend geblieben sind, wurden bereits genannt. In welchem Ausmaß und in welchem Tempo der schulpolitische Konservativismus zum Erfolg kam, zeigt sich besonders prägnant daran, wie schnell nach 1949 auch begrenzte Abweichungen, die es an einigen Stellen anfangs gab, entweder ganz oder doch weitgehend zurückgenommen wurden.

In *Schleswig–Holstein* war unter einer reinen SPD-Regierung die sechsjährige Grundschule und die Gemeinschaftsschule für Kinder aller Bekenntnisse als Grundform der öffentlichen Schulen eingeführt worden. 1950 wurde die SPD durch eine Koalitionsregierung aus CDU, DP, FDP und BHE abgelöst. Sie hob die sechsjährige Grundschule wieder auf. 1948 war außerdem in Preetz unter dem Namen einer ,,Volksoberschule" eine Art additive Gesamtschule geschaffen worden. Sie konnte sich bis 1960 halten. In diesem Jahre aber wurde sie von den konservativen Mehrheitsfraktionen des schleswig-holsteinischen Landtages aufgehoben, obgleich Eltern, Schüler, Lehrer und die Mehrheit der Stadtverwaltung sowie 95 % einer Preetzer Bürgerversammlung sich für die Erhaltung dieses reformerisch sehr bescheidenen, gleichwohl verdienstvollen Versuches einsetzten.[17]

In *Hamburg* wurde das von einer SPD-FDP-Regierung unter eindeutiger Führung der SPD im März des Jahres 1949 erlassene Schulgesetz, das neben weiteren Reformelementen – wie der Einrichtung von Förderklassen, des 9. Schuljahrs und der Eingliederung der Volksschullehrerbildung in die Universität – auch die sechsjährige Grundschule mit Englischunterricht vom 5. Schuljahr ab einführte, 1953 revidiert: Der sog. ,,Hamburger Block" unter Führung von CDU und FDP übernahm die Regierung des Stadt-

17 Vgl. C. Kuhlmann: Schulreform und Gesellschaft in der Bundesrepublik Deutschland 1946–1966. Stuttgart 1970, S. 175.

staates und kehrte wieder zur vierjährigen Grundschule zurück.[18]

In *Berlin* war 1948 – und zwar noch für das ungeteilte Gesamtberlin – sogar die achtjährige Grundschule mit einer Kern-Kursdifferenzierung vom 7. Schuljahr ab und darauf aufbauenden Oberschulzweigen eingeführt worden. Der kaum begonnene Aufbau wurde schon 1951 entscheidend revidiert, als die jetzt in die Stadtregierung eintretende CDU und die FDP eine Gesetzesänderung durchsetzten und die Reduktion auf die sechsjährige Grundschule erreichten.[19]

Nur *Bremen* hat seine schulpolitischen Grundentscheidungen vom März 1949, die neben der Einrichtung der Gemeinschaftsschule und dem Aufbau einer Pädagogischen Hochschule für die Volksschullehrerausbildung die sechsjährige Grundschule mit Englischunterricht vom 5. Schuljahr festlegte, dank einer durchgehenden SPD-Mehrheit in der Bürgerschaft über den gesamten Zeitraum der fünfziger Jahre und bis heute hin durchgehalten.[20]

Schon zu Beginn der fünfziger Jahre wurden also fast alle Reformansätze der Nachkriegsphase zurückgenommen oder erheblich reduziert. Sieht man von einzelnen Beispielen aus dem Bereich des privaten Schulwesens, z. B. den gesamtschulartig angelegten Waldorfschulen oder der Odenwaldschule ab, die in produktiver Fortsetzung von Ansätzen der Weimarer Zeit ebenfalls Anfänge gesamtschulähnlicher Unterrichtsorganisation, Verbindungen zwischen sog. allgemeinbildenden und berufsbildenden Schulwegen und die Auflockerung der gymnasialen Oberstufe erprobte und daher später, in der Reformphase ab 1965, die Funktion eines Orientierungsmodells gewinnen konnte,[21] so ist innerhalb des öffentlichen Schulwesens der fünfziger Jahre nur noch ein einziger Schulversuch von größerer Bedeutung gewesen. Er wurde seit 1948 in *Niedersachsen* unter der Bezeichnung „differenzierter Mittelbau" durchgeführt. Es handelte sich um einen Versuch, das Bildungsniveau der Schüler auf der Volksschuloberstufe zu heben, die

18 Vgl. Rudolf Hars: Die Bildungsreformpolitik der Christlich-Sozialen Union in den Jahren 1945 bis 1954. Frankfurt/M./Bern 1981, S. 223–226.

19 Vgl. Rudolf Hars (s. Anm. 18), S. 143 ff., bes. S. 165–170.

20 Vgl. Rudolf Hars (s. Anm. 18), S. 226–229.

21 Vgl. Walter Schäfer/Wolfgang Edelstein/Gerold Becker: Probleme der Schule im gesellschaftlichen Wandel. Das Beispiel Odenwaldschule. Frankfurt/M. 1971. – Walter Schäfer: Erziehung im Ernstfall. Die Odenwaldschule 1946–1972. Frankfurt/M. 1979.

Trennung zwischen Volksschuloberstufe und Realschule zu überwinden, „soziale Koedukation" von Schülern verschiedener sozialer Schichten zu ermöglichen und bisherigen Volks- und Mittelschülern die Zugangschancen zur höheren Schule bis zum 16. Lebensjahr offenzuhalten. Die Schüler wurden vom 5. bis zum 8. Schuljahr und später in den Ergänzungsklassen 9 und 10 von Lehrern verschiedener Schularten in einem Kern-Kurssystem unterrichtet und besonders auf ihre Leistungsentwicklung hin beobachtet. Bei erfolgreichem Abschluß wurde interessierten Schülern in einem Übergangsjahr der Einstieg in höhere Schulen ermöglicht. Dieser einzige größere Schulversuch der fünfziger Jahre, der auch durch die begrenzte wissenschaftliche Begleitforschung ein Novum in der deutschen Schulentwicklung darstellte, verlief den Forschungsergebnissen nach durchaus ertragreich. Trotzdem wurde er, nachdem er von fast allen Gruppen des konservativen Blocks über die gesamte Laufzeit hin attackiert worden war, noch 1963, also kurz vor dem Einsetzen der Reformphase, eingestellt.[22]

Zieht man rückblickend noch einmal die Summe, so ist festzustellen, daß in den Anfangsjahren der Bundesrepublik die lebhaften Schulreformdebatten der Jahre zwischen 1947 und 1949 abebben und die Restauration der schulorganisatorischen Grundstruktur der späten Weimarer Zeit vollzogen wird. Auch die SPD verliert fast überall ihren früheren schulpolitischen Elan, die Gewerkschaften haben in der allgemeinen Schulpolitik noch keine geschlossene und differenzierte Position bezogen, selbst die Lehrergewerkschaft GEW reduziert ihr schulpolitisches Engagement und bleibt im einzelnen z. T. selbst hinter Forderungen des Allgemeinen Deutschen Lehrervereins aus den zwanziger Jahren zurück. Man darf annehmen, daß die zunehmenden Wahlerfolge der CDU/CSU und die wiedererrungene kultur- und schulpolitische Machtposition der Kirchen ein entscheidender Faktor für jene tendenziell resignative schulpolitische Haltung von SPD und GEW gewesen sind. Rudolf Hars hat in seinem 1981 erschienenen großen Buch über die Bildungspolitik der CDU in den Jahren 1945 bis 1954 überdies die Vermutung begründet, daß die SPD seit etwa 1948 und in den ersten Jahren nach 1949 – vor allem dort, wo sie keine

22 Vgl. Klaus Schittko: Der differenzierte Mittelbau in Niedersachsen – ein Schulversuch zum Problem von Integration und Differenzierung im Schulwesen. In: Detlef Horster/Dieter Krohn (Hrsg.): Vernunft, Ethik, Politik. Gustav Heckmann zum 85. Geburtstag. Hannover 1983, S. 183–192.

Mehrheiten hatte oder sie verlor – durch Kompromisse und das Zurückstecken in bildungspolitischen Fragen größere Möglichkeiten zu behalten hoffte, um mit Unterstützung des Arbeitnehmerflügels der CDU ihre *sozial- und wirtschaftspolitischen* Forderungen – etwa die Montanmitbestimmung, die die SPD damals als generalisierbares Modell betrachtete, sowie weitere sozial- und arbeitsrechtliche Fortschritte – durchsetzen zu können.[23]

VI

Was sich in den fünfziger Jahren an bildungspolitisch relevanten Entwicklungen vollzog, soweit sie die Schulorganisation und den Schulbesuch betrafen, blieb also im Rahmen des wiederhergestellten, separierenden Schulsystems. Die Folgen dieser Grundentscheidung, aber auch die begrenzten Entwicklungen im Rahmen der damit gesetzten Grenzen sollen durch wenige ausgewählte statistische Daten belegt werden, wobei diese Daten nicht immer exakt für die Grenzjahre 1949 und 1959/60 vorliegen.

1952 besuchten von den 10–15jährigen 80 % die Volksschule (einschließlich der Sonderschule), knapp 5 % die Realschule und etwa 10 % die höhere Schule (sowie gut 5 % Berufsschulen). 1960 lauteten die vergleichbaren Werte: 72 % Volksschüler (einschließlich knapp 3 % Sonderschüler), 8 % Realschüler, 12 % höhere Schüler (sowie knapp 5 % Berüfsschüler).[24] Der Anteil höherer Schüler darf aber nicht mit der Abiturientenquote gleichgesetzt werden, die kaum halb so groß gewesen sein dürfte. Den relativ stärksten Zuwachs erhielten also die Mittelschulen. Dieser Trend dauert bis in die Gegenwart an. Heute liegt der Anteil von Realschulbesuchern an den entsprechenden Altersjahrgängen bei 22 %–25 %.[25] Diese Entwicklung kann vor allem als Ausdruck der Bildungsinteressen wachsender Gruppen der neuen mittleren Angestellten und kleinerer und mittlerer Beamter sowie seit etwa 15 Jahren auch wachsender Teile der Facharbeiterschaft interpretiert

23 Rudolf Hars: Die Bildungsreformpolitik der Christlich-Demokratischen Union in den Jahren 1945–1954. Frankfurt/M./Bern 1981. S. 206.

24 Vgl. Klaus Hüfner/Jens Naumann: Konjunkturen der Bildungspolitik in der Bundesrepublik Deutschland. Bd. I. Der Aufschwung (1960–1967). Stuttgart 1977, S. 197 ff., bes. S. 202 f., 212 f., Tabellen 25–27, S. 238–242.

25 Vgl. Hans-G. Rolff: Sozialisation und Auslese durch die Schule. 9. Aufl. Heidelberg 1980, S. 32.

werden. – Bei den genannten Durchschnittswerten sind die starken Unterschiede zwischen den einzelnen Bundesländern allerdings eingeebnet worden. Daß es nach dem Ausgang der fünfziger Jahre, nämlich seit der kurzen Reformphase 1965 bis 1973, gravierende Veränderungen gegeben hat, zeigen die Zahlen des Jahres 1978: Nur noch 48 % der 13–14jährigen besuchten Hauptschulen, etwa 3 % Sonderschulen, 22,5 % Realschulen und 23 % Gymnasien sowie etwa 3–4 % Gesamtschulen.[26]

Wir kehren noch einmal zu den fünfziger Jahren zurück: Der hoch selektive Charakter der höheren Schulen dieser Phase zeigt sich an folgenden Daten: 1950 erreichten gut 4 % aller 19–20jährigen das Abitur, 1960 waren es 6–7 % (das bedeutet also immerhin eine Steigerung um etwa die Hälfte), heute sind es etwa 18 %–20 %.[27] Für die Jahre bis 1960 ist weiterhin festzustellen, daß etwa die Hälfte *der* Schüler, die noch als 13–14jährige Gymnasien besuchten, bis zum Abitur die höhere Schule verließen, und das bedeutet: großenteils „herausselektiert" worden waren. Gravierend waren die *sozial* selektiven Folgen der etablierten Schulstruktur. Auch hier können nur wenige Signalzahlen genannt werden: Unter den Abiturienten waren 1950 schätzungsweise 3 bis 4 %, 1960 etwa 6 bis 7 % Arbeiterkinder, unter den Studenten etwa 5 bis 6 %.[28] Zur Einschätzung dieser Werte ist es notwendig, sich bewußt zu machen, daß der Anteil der Arbeiter an der Gesamtbevölkerung in den fünfziger Jahren etwa 50 % betrug. Nimmt man weiterhin zur Kenntnis, daß der im ganzen geringe Anteil der Arbeiterkinder in den unteren Klassen der Gymnasien immerhin noch doppelt so

26 Vgl. Hans-G. Rolff: Sozialisation und Auslese durch die Schule. 9. Aufl. Heidelberg 1980, S. 31.

27 Vgl. W. L. Bühl: Schule und gesellschaftlicher Wandel. Stuttgart 1968, S. 84. – Roderich Carnap/Friedrich Edding: Der relative Schulbesuch in den Ländern der Bundesrepublik Deutschland 1952–1962. Frankfurt/M. 1962. – Arthur Hearnden: Bildungspolitik in der BRD und DDR. Düsseldorf 1973, S. 268. – Hans-Georg Herrlitz/Wulf Hopf/Hartmut Titze: Deutsche Schulgeschichte von 1800 bis zur Gegenwart. Königstein 1981, S. 148. – Herbert Eigler u. a.: Quantitative Entwicklungen: Wem hat die Bildungsexpansion genutzt? In: Hans-G. Rolff/Georg Hansen/Klaus Klemm/Klaus-Jürgen Tillmann: Jahrbuch der Schulentwicklung. Daten, Beispiele, Perspektiven. Bd. 1. Weinheim 1980, S. 45 f.

28 Vgl. u. a.: Ralf Dahrendorf: Arbeiterkinder an deutschen Universitäten. Tübingen 1965, S. 5 ff. – Ders.: Bildung ist Bürgerrecht. Plädoyer für eine aktive Bildungspolitik. Hamburg 1965, S. 50 f.

hoch wie bei den Abiturienten war, so wird auch daran der rigorose Aussiebungseffekt der damaligen höheren Schule deutlich.

Drei weitere Disparitäten, die sich im Bildungswesen der fünfziger Jahre niederschlugen und durch dieses Bildungssystem gewiß mitbedingt waren, können hier nur noch erwähnt werden; sie sind dann großenteils durch die Bildungsreformbemühungen seit 1965 in erstaunlich kurzer Zeit ausgeglichen oder wesentlich verringert worden und gehören heute ganz oder weitgehend nur noch zur vergangenen Geschichte. Jene Fakten lassen jedoch die Schatten noch einmal scharf hervortreten, die das Jahrzehnt des „Wirtschaftswunders", bildungspolitisch gesehen, warf. In umfangreichen bildungsstatistischen Untersuchungen seit der Mitte der sechziger Jahre ist im Detail gezeigt worden, daß die Schulsituation der fünfziger Jahre neben den bereits erwähnten Merkmalen auch durch eine starke Bildungsbenachteiligung der Mädchen auf allen über die Volksschule hinausgehenden Schularten gekennzeichnet war, am geringsten in der Realschule, sehr stark bereits bei den Abiturienten, von denen selbst 1963/64 erst 36 % Mädchen waren (bei einem Anteil von 49 % Mädchen in der Altersklasse der 19jährigen), extrem bei den Studenten, unter denen nur 25 % Mädchen waren.[29]

Das zweite Defizit betraf für die fünfziger Jahre die Kinder und Jugendlichen katholischen Glaubens, die hinsichtlich der Teilhabe an weiterführenden Bildungswegen und -abschlüssen in den meisten Bundesländern z. T. bis zu 10 % seltener vertreten waren, als es ihrem Anteil an den jeweiligen Altersstufen entsprochen hätte. Hier schlugen überdies starke Unterschiede zwischen den Ländern zu Buche – Bayern hielt (mindestens hier) die Spitze.[30] – Schließlich ist das in gründlichen bildungsgeographischen Untersuchungen belegte Stadt-Land-Gefälle in Erinnerung zu rufen. Besonders extreme Ausprägungen nahm dieses Gefälle in einigen Regionen verschiedener Bundesländer an: Das bedeutete für etwa 15 % der Bevölkerung bzw. der Jugendlichen, daß ihre Chance, eine andere als die damalige Volksschulbildung zu erhalten, nahezu gleich Null

29 Vgl. u. a.: Helge Pross: Über die Bildungschancen von Mädchen in der Bundesrepublik. Frankfurt/M. 1969. – Herbert Eigler u. a.: Quantitative Entwicklungen. Wem hat die Bildungsexpansion genutzt? in: H.-G. Rolff u. a.: Jahrbuch der Schulentwicklung. Bd. 1. Weinheim 1980, S. 53 ff.

30 Vgl. Karl Erlinghagen: Katholisches Bildungsdefizit. Freiburg 1965. – Herbert Eigler u. a.: Quantitative Entwicklungen . . ., in: H.-G. Rolff u. a.: Jahrbuch der Schulentwicklung. Bd. 1. Weinheim 1980, S. 45 ff., S. 51 f.

war, sofern diese Kinder nicht aus Akademikerfamilien bzw. Familien der oberen Mittelschicht stammten.[31]

VII

Wie ist jene ,,konservative Erneuerung" des Schulwesens, die so weitgehende und so problematische Folgen hatte, von *den* Gruppen begründet worden, die sie durchsetzten und dann gegen jeden Versuch substantieller Veränderungen – man darf wohl sagen: oft verbissen – verteidigten. Hier trifft man auf eine kleine Anzahl von Argumenten, die in zahlreichen Verlautbarungen des ,,konservativen Blocks" – in Landtagsdebatten, öffentlichen Reden, Wahlprogrammen, Flugblättern, der Tagespresse, in Verbandszeitschriften, Resolutionen usf. – immer wieder vorgetragen worden sind und allmählich offenbar auch das Bewußtsein der Bevölkerungsmehrheit prägten. Die beiden Kernargumente lauteten:

Erstens: Die durch den Nationalsozialismus reduzierte Leistungsfähigkeit des deutschen Schulwesens müßte erneut hergestellt werden, damit die Bundesrepublik das wissenschaftliche, kulturelle und wirtschaftliche Niveau des vornazistischen Deutschlands wieder gewinnen und unter neuen Bedingungen weiterentwickeln könne. Diese Leistungsfähigkeit, die meistens primär auf die sog. Führungsgruppen, die zukünftigen ,,Spitzenkräfte", bezogen wurde, sei aber nur zu erreichen, wenn jedes Kind so früh wie möglich einem Bildungsweg zugeführt werde, der seiner Begabung entspreche. Damit ist schon der Zentralbegriff des zweiten Arguments genannt.

Zweitens: Der konservative Block arbeitet in erstaunlicher Selbstsicherheit mit dem Theorem dreier anlagemäßig bedingter Grundtypen der Begabung, die – von Ausnahmen abgesehen – spätestens im zehnten Lebensjahr eindeutig erkennbar würden. Das rechtfertige eine frühe und scharfe Auslese nach dem 4. Grundschuljahr. Dieses Begabungstheorem war wissenschaftlich

31 Vgl. bes. Robert Geipel: Sozialräumliche Strukturen des Bildungswesens. Frankfurt/M. 1965. – Hansgert Peisert: Soziale Lage und Bildungschancen in Deutschland. München 1967, bes. S. 24–63. – Länder- bzw. regionalspezifische Unterschiede bestehen, wenn auch nicht im Ausmaß der fünfziger Jahre, bis heute fort. Vgl. Herbert Eigler u. a.: Quantitative Entwicklungen ..., in: H.-G. Rolff u. a.: Jahrbuch der Schulentwicklung. Bd. 1. Weinheim 1980, S. 56ff.

ebensowenig überprüft wie die damit verbundene Annahme, jene vermeintlichen Begabungen seien die entscheidende Basis der Schulleistung wie der späteren beruflichen Leistung. – Man unterschied zwischen theoretisch Begabten, die für die höhere Schule, praktisch Begabten, die für die Volksschule und später für primär manuelle Berufstätigkeiten geeignet wären, und schließlich – hier wird der spekulative Charakter der ganzen Konstruktion besonders deutlich – einem Mischtypus praktisch-theoretischer Begabung, der zu intellektuellen und praktischen Leistungen mittleren Anspruchsniveaus befähige; die betreffenden Kinder seien für die Mittelschule geeignet.

Es gab damals einige Psychologen, Anthropologen und Pädagogen, die mit z. T. höchst fragwürdigen methodischen Verfahren vermeintliche wissenschaftliche Belege für jene Begabungstypologie zu liefern beanspruchten. Vor allem sind hier der Münchner Psychologe Albert Huth[32] und der in Hannover in einer kleinen Forschungsstelle arbeitende Sozialanthropologe Karl Valentin Müller, der eindeutig sozialdarwinistische Auffassungen verfocht,[33] weiterhin der Frankfurter Pädagoge und Philosoph Heinrich Weinstock zu nennen, der jene triadische Begabungstheorie mit einer Konzeption einer hierarchisch strukturierten, gleichfalls triadisch gegliederten arbeitsteiligen Gesellschaft verband, in der zum einen die „Theoretiker", „Entdecker" und „Planer", zum zweiten die

32 Albert Huth: Rückgang der Begabung bei deutschen Kindern? In: Grenzgebiete der Medizin. 1948, S. 141 ff. – Ders.: Entwicklungspsychologie und Schulorganisation. In: Lehrer und Schule in Bayern. 5. Jg. 1951, August, S. 6–11. – Ders.: Was fordert die Wirtschaft von der Schule: In: Bayerische Schule. 5. Jg. 1952, H. 9, S. 133–135. – Ders.: Unsere Schüler sind anders geworden. In: Die Bayerische Schule, 9. Jg. 1956, S. 293–297.

33 Vgl. u. a. K. V. Müller: Begabung und Begabungseigenart im schulischen Nachwuchs. In: Die Sammlung 1948, S. 360–370. – Ders.: Zur Methode der soziologischen Begabtenforschung. In: Die Sammlung 1950, S. 49–62. – Ders.: Die Begabung in der sozialen Wirklichkeit. Göttingen o. J. (nach 1950). – Ders.: Die sozialbiologische Prognose in der Bewährung. In: Die Sammlung 1951, S. 502–507. – Ders.: Begabung und soziale Schichtung in der hochindustrialisierten Gesellschaft. Köln 1956. – Ders.: Begabung in sozialer Sicht. In: Hessischer Philologenverband. Mitteilungsblatt. 10. Jg. 1959, H. 1, S. 3–9. – Ders.: Umfang, Standort, Nutzung unseres Begabungsnachwuchses. In: Die höhere Schule in der technisch-industriellen Arbeitswelt. Hrsg. v. Philologenverband Niedersachen. Celle 1959, S. 7–28. – Ders.: Begabungsreserven. In: Die Pädagogische Provinz. 14. Jg. 1960, S. 4–10.

Vermittler und zum dritten die große Masse der Ausführenden zusammenwirken müßten.[34] Diese drei Autoren sind in den fünfziger Jahren immer wieder als Gewährsleute der konservativen Position bemüht und zitiert worden. Huth und Müller boten überdies auch noch eine quantitative Bestimmung der Ausprägung jener drei Begabungstypen in der Bevölkerung der Bundesrepublik an: Nur 5 % aller Kinder erfüllten demnach die Voraussetzungen für höhere Schulen, 10 % besäßen jene theoretisch-praktische Mischbegabung, die dem mittleren Bildungsweg entspreche, 85 % seien als praktisch begabt nur für die Volksschule geeignet.

Die wenigen kritischen Stimmen zu solchen angeblich wissenschaftlichen „Befunden" von erziehungswissenschaftlicher Seite[35] und durch pädagogische Psychologen wie Heinrich Roth[36] blieben damals fast ungehört. Die Vertreter der Erziehungswissenschaft an den Universitäten und Pädagogischen Hochschulen meldeten sich in *diesen* Debatten (wie überhaupt zu schulorganisatorischen und schulpolitischen Fragen) selten zu Worte. Der größte Teil der damaligen deutschen Erziehungswissenschaftler vernachlässigte die Dimension der Schulorganisationsproblematik und der Schulpolitik zufolge der explizit – z. B. von Eduard Spranger – verfochtenen Meinung, die zentralen pädagogischen Aufgaben der Zeit lägen im Bereich der „inneren Schulreform".[37] Man kann die Leistungen der Erziehungswissenschaft und zahlreicher Praktiker im Bereich der inneren Schulreform der fünfziger Jahre durchaus würdigen – persönlich weiß ich mich den damaligen Bemühungen, an denen ich teilnahm, nach wie vor verbunden – und muß in der Rückschau doch zugleich kritisch hervorheben, daß die wechselseitigen Beziehungen zwischen „innerer" und „äußerer" Schulreform durch jene Akzentsetzung weitgehend aus dem Blickfeld schwanden.

34 Vgl. bes. Heinrich Weinstock: „Elitebildung in der Demokratie" und „Die Mittelschule in der modernen Arbeitsgesellschaft", in: H. Weinstock: Realer Humanismus. Eine Ausschau nach Möglichkeiten seiner Verwirklichung. Heidelberg 1955, S. 74–81 und 118–127. – Ders.: Die abendländische Ordnung der deutschen Bildungsanstalten. Stuttgart 1947.

35 Erich Lehmensick: Die begabungsstatistischen Untersuchungen und die erzieherische Verantwortung. In: Die Sammlung 1950, S. 688–700.

36 Heinrich Roth: „Wir müssen Intelligenz und Begabung unterscheiden" und „Die notwendigen pädagogischen Voraussetzungen für die Entfaltung einer Begabung". In: H. Roth: Pädagogische Psychologie des Lehrens und Lernens, 1. Aufl. Hannover 1957 (15. Aufl. 1976), S. 139–158 und 159–169.

37 Eduard Spranger: „Innere Schulreform". In: E. Spranger: Pädagogische Perspektiven. 1. Aufl. Heidelberg 1950 (6. Aufl. 1960), S. 58–71.

Mit dem Rüstzeug jener beiden Kernargumente – dem Selektionstheorem und dem Anlagetheorem – verband der konservative Block in allen Debatten vor 1949 und in den fünfziger Jahren nun polemische Argumente, die unter den allgemeinen Bedingungen und Bewußtseinsdominanzen der Zeit nachweislich größte politische Wirkung zeitigten. Selbst bescheidene Reformversuche wie der Vorschlag einer sechsjährigen Grundschule bzw. der Einrichtung einer Förderstufe wurden als tendenziell kommunistisch – man erkennt die Auswirkungen des Kalten Krieges –, als auf Nivellierung zielend und leistungsmindernd, als totalitär und der Vermassung Vorschub leistend gebrandmarkt; in diesem Zusammenhang scheute man sich nicht, eine Verwandtschaft oder mindestens die Ähnlichkeit solcher Reformvorschläge mit nationalsozialistischer Bildungspolitik zu behaupten. Schließlich wurden vor allem vor 1949, als die amerikanischen Besatzungsbehörden die Schulreformbestrebungen noch voranzutreiben versuchten, und später immer dann, wenn reformwillige Autoren oder Gruppen auf amerikanische Schulentwicklungen Bezug nahmen, auch Anspielungen des Inhalts ins Feld geführt, daß Änderungen am selektiv-dreigliedrigen deutschen Schulsystem oberhalb der Grundschule eine Verflachung im Sinne des amerikanischen Pragmatismus und einen Bruch mit der höherwertigen abendländisch-europäischen Kulturtradition bedeuten würden. In den Gesamtschuldebatten Ende der sechziger Jahre sollte dieses Argument fröhliche Urständ feiern.

VIII

Zwar erfolgten, wie bereits betont wurde, bis zum Ende der fünfziger Jahre und noch einige Jahre danach keine wesentlichen strukturellen Änderungen im Bildungswesen der Bundesrepublik. Aber das Jahr 1959 brachte doch eine Wiedereröffnung der fast zehn Jahre lang eingeschlafenen oder eingeschläferten schulpolitisch-schulorganisatorischen Kontroversen großen Stils. In diesem Jahre nämlich erschien der sog. „Rahmenplan" des „Deutschen Ausschusses für das Erziehungs- und Bildungswesen". Dieser Ausschuß war bereits 1953 als ein reines Beratungsgremium von 20 unabhängigen Personen durch das Bonner Innenministerium und die KMK berufen worden, um die Bundesregierung und die Länderregierungen über wichtige Entwicklungen im Bildungswesen zu informieren und Vorschläge zur Lösung relevanter bildungspolitischer Aufgaben zu entwickeln. Einer Reihe von Stellungnahmen und Vorschlägen zu Einzelfragen wie etwa zur politischen Bildung, zum 9. Volksschuljahr, zum Schulkindergarten und ähnlichen Fragen ließ der Ausschuß 1959 einen Gesamtplan zur ,,Umgestaltung und Vereinheitlichung des allgemeinbildenden öffentlichen Schulwesens" folgen, den bereits erwähnten ,,Rahmenplan".[38] Von der These ausgehend, daß ,,das deutsche Bildungswesen den Umwälzungen nicht nachgekommen" sei, ,,die in den letzten fünfzig Jahren Gesellschaft und Staat verändert haben",[39] trug der Ausschuß im ganzen sehr begrenzte Reformvorschläge vor. Er hielt an der Dreigliedrigkeit der allgemeinbildenden Schulen im Prinzip fest. Die bisherige Volksschuloberstufe sollte jedoch neue Zielakzente erhalten und eine Anhebung ihres Niveaus erreichen, indem sie als *Hauptschule* mit einem neuen Schwerpunktbereich, der Arbeitslehre – verstanden als praktische und theoretische Einführung in die Wirtschafts- und Arbeitswirklichkeit – konzipiert wurde. – Die Durchlässigkeit zwischen den Schularten sollte erheblich vergrößert werden, die Oberstufe der höheren Schulen eine gewisse Auflockerung durch das Gewicht eines frei wählbaren Leistungsfaches mit hoher Stundenzahl neben einem Kreis verbindlicher Pflichtfächer erfahren. Vor allem aber schlug der Ausschuß vor, für den größten Teil der Schüler die zweijährige *Förderstufe* nach der vierjährigen Grundschule einzurichten. Sie sollte den Schülern ermöglichen, ihre spezifischen Begabungen zu entdecken und zu entwikkeln, um nach einer solchen Phase die Entscheidung für den weiteren schulischen Bildungsweg auf der Hauptschule, der vierjährigen Realschule oder dem siebenjährigen Gymnasium fundierter fällen zu können. Nur für einen begrenzten Teil von Grundschülern, deren theoretische Befähigung bereits im vierten Grundschuljahr mit hoher Sicherheit erkannt werden könne, schlug der Ausschuß den Übergang in eine neunjährige Form der höheren Schule, die sog. ,,Studienschule" vor.

38 Deutscher Ausschuß für das Erziehungs- und Bildungswesen. Rahmenplan zur Umgestaltung und Vereinheitlichung des allgemeinbildenden öffentlichen Schulwesens. (Empfehlungen und Gutachten, Folge 3). Stuttgart 1959. (Auch im Sammelband: Empfehlungen und Gutachten des Deutschen Ausschusses für das Erziehungs- und Bildungswesen 1953–1965, im Auftrag des Ausschusses besorgt von Hans Bohnenkamp, Walter Dirks, Doris Knab. Stuttgart 1966, S. 59 ff.).

39 a.a.O., S. 1.

Im Jahre darauf, 1960, veröffentlichte die Arbeitsgemeinschaft Deutscher Lehrerverbände (AGDL), ein Zusammenschluß der GEW mit dem Bayerischen Lehrer- und Lehrerinnenverein, ihren sog. Bremen-Plan,[40] der in etlichen Punkten mit dem Rahmenplan weitgehend übereinstimmte, aber die gravierendste Inkonsequenz des Deutschen Ausschusses korrigierte, indem die AGDL eine zweijährige Förderstufe für *alle* Schüler vorschlug.

Beide Pläne sind nie realisiert worden. Aber sie lösten zum ersten Mal seit 1949 wieder eine breite, öffentliche, höchst kontroverse Diskussion aus, die einerseits noch einmal den ,,Konservativen Block" zu schärfster Kritik herausforderte,[41] andererseits aber in schneller Folge neue Positionen, nicht zuletzt auch gesellschaftskritische Argumentationen hervortreten ließ, erste Schulversuche mit Förderstufen, z. B. in Hessen, und die Einführung des 9. Schuljahres in verschiedenen Bundesländern auslöste, die Einsicht in die defizitäre Situation empirisch fundierten Wissens über Bildungsfragen förderte und entsprechende bildungssoziologische Forschung neuer Qualität in Gang setzte – kurzum jene Übergangsphase einleitete, die in Georg Pichts Aufsehen erregender Aufsatzserie ,,Die Deutsche Bildungskatastrophe" (1964)[42] und in Ralf Dahrendorfs Buch ,,Bildung ist Bürgerrecht" (1965)[43] besonders prägnanten und öffentlich wirksamen Ausdruck fanden. Damit war der Beginn jener Phase signalisiert, in der sich für einige Jahre die besseren bildungspolitischen Möglichkeiten unserer Republik zeigten, Möglichkeiten, an denen man als Zukunftsperspektiven nach wie vor festhalten sollte.

40 Arbeitsgemeinschaft Deutscher Lehrerverbände: Plan zur Neugestaltung des Deutschen Schulwesens (Bremen 1960). In: Der ,,Bremer Plan" im Streit der Meinungen. Eine Dokumentation. Hrsg. v. K. Bungardt, Frankfurt/M. 1962, S. 110–128.

41 Vgl. Alfons Otto Schorb (Hrsg.): Für und wider den Rahmenplan. Eine Dokumentation. Stuttgart 1960. – Helmut Schelsky: Anpassung oder Widerstand. Soziologische Bedenken zur Schulreform. Heidelberg 1961. – Deutscher Ausschuß für das Erziehungs- und Bildungswesen: Zur Diskussion des Rahmenplans – Kritik und Antwort. (Empfehlungen und Gutachten, Folge 5) Stuttgart 1960 (vgl. den Sammelband der Empfehlungen und Gutachten – s. Anm. 38 –, S. 117 ff.).

42 Zuerst als Artikelserie im Februar 1964 in der Zeitung ,,Christ und Welt", noch im gleichen Jahre, durch eine Dokumentation ergänzt, als Buch: Georg Picht: Die deutsche Bildungskatastrophe. Analyse und Dokumentation. Olten und Freiburg/Br. 1964.

43 Ralf Dahrendorf: Bildung ist Bürgerrecht. Plädoyer für eine aktive Bildungspolitik. Hamburg 1965.

Bibliographie

(Hier werden nur Quellentexte, Gesamtdarstellungen sowie Monographien und Beiträge allgemeineren Charakters zur Schulpolitik und Schulentwicklung zwischen 1949/50 und 1960 genannt. Zu Einzelaspekten und zur Phase 1945–1949 vgl. die in den Anmerkungen genannte Literatur.)

Dokumente und Quellensammlungen

Arbeitsgemeinschaft Deutscher Lehrerverbände, *Plan zur Neugestaltung des Deutschen Schulwesens*. In: Der „Bremer Plan" im Streit der Meinungen. Eine Dokumentation. Hrsg. von Karl Bungardt, Frankfurt/M. 1962.

Bohnenkamp, Hans, Dirks / Walter, Knab / Doris (Hrsg.), *Empfehlungen und Gutachten des Deutschen Ausschusses für das Erziehungs- und Bildungswesen 1953–1965*, im Auftrag des Ausschusses besorgt von H. Bohnenkamp, W. Dirks, D. Knab, Stuttgart 1966.

Deutscher Ausschuß für das Erziehungs- und Bildungswesen, *Rahmenplan zur Umgestaltung und Vereinheitlichung des allgemeinbildenden öffentlichen Schulwesen* (Empfehlungen und Gutachten, Folge 3), Stuttgart 1959.

Deutscher Ausschuß für das Erziehungs- und Bildungswesen, *Zur Diskussion des Rahmenplans – Kritik und Antwort* (Empfehlungen und Gutachten, Folge 5), Stuttgart 1960.

Faulstich, Peter (Hrsg.), *Die Bildungspolitik des Deutschen Gewerkschaftsbundes 1949–1979*, Stuttgart 1980.

Froese, Leonhard (Hrsg.), *Bildungspolitik und Bildungsreform. Amtliche Texte und Dokumente zur Bildungspolitik im Deutschland der Besatzungszonen, der Bundesrepublik Deutschland und der Deutschen Demokratischen Republik*. Hrsg. u. eingel. v. L. Froese, München 1969.

Michael, Berthold und Schepp, Heinz-Hermann (Hrsg.), *Politik und Schule von der Französischen Revolution bis zur Gegenwart. Eine Quellensammlung zum Verhältnis von Gesellschaft, Schule und Staat im 19. und 20. Jahrhundert*. Bd. 2: *Von der Weimarer Republik bis zur BRD/DDR*. Frankfurt/M. 1974, Kapitel V.: Bundesrepublik Deutschland. Demokratisierung im Spannungsfeld zwischen Bewahrung und Erneuerung, S. 323 ff.

Ulshöfer, Robert (Hrsg.), *Die Geschichte des Gymnasiums seit 1945. Dokumente und Kommentare*, Heidelberg 1967.

Darstellungen

Bühl, Walter L., *Schule und gesellschaftlicher Wandel. Der organisierte Notstand der Bundesrepublik. Ein Vergleich im Rahmen der OECD-Länder*, Stuttgart 1968.

Carnap, Roderich / Edding, Friedrich, *Der relative Schulbesuch in den Ländern der Bundesrepublik Deutschland 1952–1962*, Frankfurt/M. 1962.

Dahrendorf, Ralf, *Bildung ist Bürgerrecht. Plädoyer für eine aktive Bildungspolitik*, Hamburg 1965.

Eigler, Herbert / Hansen, Rolf / Klemm, Klaus, *Quantitative Entwicklungen: Wem hat die Bildungsexpansion genutzt?* In: Rolff, Hans-G. / Hansen, Rolf / Klemm / Klaus, Tillmann / Klaus-Jürgen, Jahrbuch der Schulentwicklung. Bd. 1, Weinheim/Basel 1980, S. 45–71.

Hars, Rudolf, *Die Bildungsreformpolitik der Christlich-Demokratischen Union in den Jahren 1945–1954. Ein Beitrag zum Problem des Konservativismus in der deutschen Bildungspolitik*, Frankfurt/M. und Bern 1981.

Hearnden, Arthur, *Bildungspolitik in der BRD und DDR*, Düsseldorf 1973, bes. Kapitel 2 u. 3, S. 37–135.

Herrlitz, Hans-Georg / Hopf, Wulf / Titze, Hartmut, *Deutsche Schulgeschichte von 1800 bis zur Gegenwart. Eine Einführung*. Königstein/Ts. 1981, Kapitel 8: Die Restauration des Schulwesens in der Bundesrepublik 1945–1965, S. 140–154.

Hoffmann, A., *Die bildungspolitischen Vorstellungen der CDU und SPD*, Erlangen/Nürnberg 1968.

Hüfner, Klaus / Naumann, Jens, *Konjunkturen der Bildungspolitik in der Bundesrepublik Deutschland*. Bd. I: Der Aufschwung (1960–1967), Stuttgart 1977.

Köhler, Helmut, *Der relative Schul- und Hochschulbesuch in der Bundesrepublik Deutschland 1952 bis 1975*, Berlin 1978.

Kuhlmann, Caspar, *Versäumte Chancen in der Neuordnung des westdeutschen Schulwesens nach 1945*. In: Speck, Josef (Hrsg.), Probleme der Curriculum-Forschung, Münster 1969, S. 43–58.

Kuhlmann, Caspar, *Schulreform und Gesellschaft in der Bundesrepublik Deutschland. Die Differenzierung der Bildungswege als Problem der westdeutschen Schulpolitik*, Stuttgart 1970.

Max-Planck-Institut für Bildungsforschung, Projektgruppe Bildungsbericht (Hrsg.), *Bildung in der Bundesrepublik Deutschland. Daten und Analysen*. Bd. 1: *Entwicklungen seit 1950*, Reinbek 1980.

Picht, Georg, *Die deutsche Bildungskatastrophe*, Olten u. Freiburg 1964.

Reble, Albert, *Geschichte der Pädagogik*. 12. Aufl. Frankfurt/M. 1981, Kapitel VIII, 4: Pädagogische Diskussion und Schulentwicklung seit 1945, S. 318–335.

Robinson, Saul B. und Kuhlmann, J. Caspar, *Two Decades of Non-Reform in West-German Education*. In: Comparative Education Review, October 1967, S. 311–330.

Schelsky, Helmut, *Anpassung oder Widerstand? Soziologische Bedenken zur Schulreform*, Heidelberg 1961.

Ingeborg Weber-Kellermann

Kindheit der fünfziger Jahre

„Ich sollte einmal das Nähen lernen, meinte meine Mutter, es war früher ihr eigener Wunsch gewesen, den ihr Vater ihr nicht erfüllt hatte. Das wäre das richtige für ein Mädchen, da könnte ich mir weiterhelfen, und Mädchen heirateten ja doch. Ich wollte nicht das Nähen lernen, und an Heirat dachte ich nicht. Das Lernen machte mir Spaß, und ich wollte zur Schule gehen. Ich dachte auch daran, daß ich mich dann später schöner anziehen und etwas Besseres werden könnte, jemand wie's Fräulein Schmitt, die Lehrerin. Es schien mir verlockend und vielversprechend, anders zu werden als meine Eltern und zu denen zu gehören, von denen sie sich geachtet fühlten, wenn sie mit ihnen sprachen.

[. . .] Schließlich willigte meine Mutter ein, daß ich wenigstens die Aufnahmeprüfung probieren dürfte. [. . .] Der Direktor sagte zu meiner Mutter, als sie auch ihm gegenüber mit ihren Bedenken anfing: Aber ein Kind mit so einem Zeugnis läßt man doch nicht in der Dorfschul! [. . .] Nach den Ferien ging ich in die neue Schule. Meine Mutter wußte nicht, wie sie es den Verwandten sagen sollte. Sie meinte ständig, sich für etwas Ungehöriges, Unschickliches rechtfertigen zu müssen und fürchtete sich davor, für überspannt gehalten zu werden, weil sie so hoch hinaus wollte. Und erst die Schande, wenn es nicht klappen würde, sie stünde da, und alle würden sagen: Das haben wir doch gleich gesagt!

Tatsächlich fiel ihr auch keine Rechtfertigung gegenüber den Argumenten ein, denn sie vertrat im Grunde dieselben. Wenn sie's halt unbedingt will, sagte sie kleinlaut, wenn man ihr vorwarf: Macht ihr da einen Blödsinn, über kurz oder lang heiratet sie ja doch! [. . .] Andere sagten: Schuster, bleib bei deinem Leisten – oder – Bleib im Land und nähr dich redlich! Mit diesen Sprüchen rechtfertigten sie ihr eigenes Leben, das sie für gelungen halten mußten, da sie nie zu wählen hatten.“[1]

In diesen Lebenserinnerungen der Maria Wimmer, 1944 in einem schwäbischen Dorf geboren, ist vieles enthalten, was typisch ist für die Kindheit der fünfziger Jahre: die Problematik der offenen Gesellschaft, die in ihren sozialen Schichten doch immer noch streng von einander abgesetzt war; die drastische Ungleichheit der Bildungschancen; die mangelnde Autonomie der Schule gegenüber dem Elternhaus und die politisch fragwürdigen Folgen einer lediglich familienorientierten Erziehung.[2] Es ist aber auch ein geradezu

1 Wimmer, Maria: Die Kindheit auf dem Lande. Reinbeck b. Hamburg 1978, S. 68 ff.

2 Vgl. Dahrendorf, Ralf: Gesellschaft und Demokratie in Deutschland. München 1965.

klassisches Beispiel für die positiven Möglichkeiten eines Mädchens in der neuen Leistungsgesellschaft, für die Ambivalenz der Moderne zwischen traditionellen Lebensformen und einer freieren Lebensgestaltung aus eigener Kraft.

Wie also sahen die fünfziger Jahre für die Kinder aus? Welche charakteristischen Äußerungen wurden damals produziert als Zeichen der Kinderkultur? Was spielten die Kinder? Wie sprachen und was lasen sie? Wie waren sie gekleidet? Welche Rolle spielten sie in der Familie – am Alltag und bei Festlichkeiten? Was wußten sie sozusagen vom Leben, vom Geborenwerden und Sterben? Diese Fragen können oberflächlich durch Beobachtungen und Erinnerungen beantwortet werden. Aber dann beim näheren Betrachten der Oberflächenphänomene werden sie sich als farbige Stränge eines miteinander verflochtenen sozialen Beziehungssystems erweisen. Die Kinder als Teile der Gesellschaft partizipierten auf ihre Weise an den Bewegungen und Erstarrungen der Gesellschaft, reagierten auf ihre Weise auf die Angebote und Verhinderungen durch Familie, Kirche und staatliche Institutionen, nutzten auf ihre Weise die Freiräume und neuen Kraftfelder, die ihnen die Gesellschaft bewußt oder unbewußt einräumte. Damit soll nicht mehr und nicht weniger gesagt werden, als daß Kindheit als ein Status zu verstehen ist, zugeordnet den wechselnden dynamischen Prozessen in der Gesellschaft und erkennbar an den Marken der Kinderkultur.[3]

Die Menschen meiner Generation teilen ihr Leben ganz unwillkürlich in die Vorkriegs- und die Nachkriegszeit ein, – in eine Epoche, die zwar ihre Jugend umfaßte, jedoch mit Hitlerregime und Weltkrieg eine absurde und gefahrvolle Lebensperiode war, die es in der anderen, der Nachkriegszeit, materiell und ideell zu überwinden und zu bewältigen galt. Die nach dem Krieg geborene Generation kennt diese Einteilung nur theoretisch. Ihre Zeit beginnt 1946 oder 48 oder 50, ihre Kindheit sind die fünfziger Jahre, und was den Älteren ein Dezennium ist, eine Lebensphase unter vielen, das war den Jungen das erste bestimmende Jahrzehnt bewußten Erlebens überhaupt. ,,Ein neues Zeitalter habe begonnen, sagte Papa. Mit ihren Händen, sagten sie, bauten sie alles wieder auf. Zuerst kamen die Trümmerfrauen, an die ich mich nicht erinnere, dann die Baufirmen im Wohnungsbauprogramm. Völlerei nannte Sebastian

3 Weber-Kellermann, Ingeborg: Die Kindheit. Frankfurt a. M. 1979, S. 9.

den Aufschwung. Zu Hause gab's Rotkraut und Frikadellen und ein neues Besteck mit neunzig Gramm Silberauflage in sechsunddreißig Teilen. Sie hatten die Sandbank in der Mitte des Stroms besiedelt und glaubten, sie wären am Ufer.

‚Diese Zukunft ist für dich, sagte Papa.'"[4]

Was von diesem „neuen Zeitalter" mag für die Kinder die größte Bedeutung gehabt haben?

4 Mechtel, Angelika: Wir sind arm, wir sind reich. Reinbek b. Hbg., S. 52.

Abb. 21: Schwälmer Familie 1955

Der wichtigste soziale Ort der Kinder ist die Familie, und die Anpassung an Familiennormen war in jenem Jahrzehnt hervorragendes Sozialisationsziel. Was heißt das? Man ging davon aus, daß die emotionale Anpassung an die traditionellen Werte und Normen der Familie einen unüberwindlichen Schutz – oder sogar den einzigen – in den Unruhen und Bindungslosigkeiten der Zeit bedeutete. 1953 wurde von der CDU mit bevölkerungspolitischen Zielen das erste Familienministerium gegründet unter dem kinderreichen katholischen Familienminister Franz-Josef Wuermeling, der sich seinerseits mit Hilfe der Kirche von seiner Arbeit die notwendige innere ethische Erneuerung vieler Familien im Lande draußen erhoffte.[5]

Wie die traditionellen Artigkeits- und Gehorsamkeitsforderungen den Kindern ganz konkret nahegebracht wurden, zeigt eine Kindheitserinnerung der katholisch erzogenen Maria Wimmer:

„Über dem Bett meiner Cousine hing ein Bild, auf dem dieser Schutzengel zwei Kinder, einen Jungen und ein Mädchen, über einen schmalen Holzsteg geleitete, unter dem ein tiefes Wasser toste. Die Hände und die Arme hielt er fürsorglich ausgebreitet. Mein Schutzengel war immer bei mir, er sah alles und hörte alles und beschützte mich Tag und Nacht. In der Nacht saß er an meinem Bett. Bevor ich einschlief, hatten wir ihn noch ins Nachtgebet mit eingeschlossen.

Wenn ich lieb war, freute sich der Schutzengel über mich. Hatte ich etwas Böses getan und war nicht folgsam gewesen, war nicht nur meine Mutter erzürnt und traurig, auch der Schutzengel wandte sich von mir ab und weinte. Ich hatte ihn traurig gemacht. So hatte es meine Mutter mir gesagt. Wenn sie mich nicht mehr lieb haben konnte und über mich traurig war, und mich auch der Schutzengel nicht mehr lieb haben konnte, weil ich auch ihn traurig gemacht hatte, so daß nicht einmal mehr er bei mir bleiben wollte, mochte ich mich selbst nicht mehr, weil mich niemand mehr mochte. Diesen Zustand hielt ich nicht aus, ich war allein, mutterseelenallein, und noch nicht einmal mit mir selbst einig. Ich lief meiner Mutter hinterher wie ein Hündchen und bettelte: ‚Sei doch wieder gut mit mir, ich will's auch nie mehr machen'. In dem Moment glaubte ich, daß ich von nun an immer lieb sein könnte, so daß es nie mehr geschehen müßte, daß man mich nicht mehr lieb haben könnte. Aber meine Mutter sagte dann oft: ‚Bis zum nächsten Mal, das hast du beim letzten Mal auch schon versprochen'."[6]

Bei den protestantischen Kindern übernahm nach wie vor im Dezember der Weihnachtsmann den pädagogisch-manipulativen

5 Vgl. Langer-El Sayed, Ingrid: Familienpolitik: Tendenzen, Chancen, Notwendigkeiten. Frankfurt a. M. 1980, S. 96f.

6 Wimmer, Maria: Die Kindheit auf dem Lande. Reinbek b. Hamburg 1978, S. 22f.

Druck aufs Kindergemüt zur Hervorbringung von Angst und Hoffnung. In Berlin und anderen Großstädten wurde „Weihnachtsmann" zum einträglichen Geschäft für die Studenten. Sie kamen auf Bestellung ins Haus und machten alles, was die Eltern ihnen sagten: lasen die Sündenregister der Kinder aus in Goldpapier eingeschlagenen Telefonbüchern vor und beschämten sie familienöffentlich im althergebrachten Nikolausstil. So übten sie recht anfechtbare Erziehungsfunktionen aus, ohne viel darüber nachzudenken. Die Angst des hilflosen Kindes gab den Erwachsenen ein Gefühl von Stärke, versteckt unter dem Mantel des guten alten Brauches.

„Die alte muffige Welt, die Vorkriegsbürgerwelt, die wurde still und unaufhaltsam wieder aufgebaut, als sei nichts gewesen [...] man konnte weitermachen", schreibt Luise Rinser in ihren Lebenserinnerungen.[7] Das bedeutete auch eine Fortsetzung der alten Rollenverteilung in der Familie.

„Das übliche Rollenverhalten in der Familie führt dazu, daß die Jungen sich schon bald dem anderen Geschlecht gegenüber überlegen fühlen. Sie finden es unter ihrer Würde, bei der Hausarbeit zu helfen, und später als Ehepartner halten sie es für selbstverständlich, daß die Frau neben ihrem Beruf auch noch die gesamte Hausarbeit übernimmt. Mädchen erhalten meist eine schlechtere Ausbildung als Jungen; dies wird mit dem Argument, Mädchen heiraten sowieso bald, begründet. Dadurch, daß den Mädchen ihre Rolle, später als Ehegattin und Mutter zu wirken, schon von Geburt anerzogen wird, halten sie es selbst auch für sinnlos, etwas Richtiges zu lernen."

Diese Klage einer 18jährigen steht auch heute noch für viele, und die Chance für ein neues Verständnis den Kindern gegenüber schien zunächst einmal verschenkt. Wie leicht wäre es gewesen, nach der Deklassierung der Frauen zu hirnlosen Gebärerinnen in der Nazizeit neue Wertsysteme der Gleichberechtigung und Partnerschaft zu setzen, bereits im Vorfeld der Kindererziehung. Statt dessen beherrschten bald wieder die alten Rollenklischees die Szene. Die angeblich angeborenen, typisch männlichen und typisch weiblichen Wesensmerkmale erschwerten besonders den Mädchen eine freie Persönlichkeitsentwicklung, untergruben ihr Selbstvertrauen. Auch noch in den Lesebüchern der fünfziger Jahre wurden ganz selbstverständlich die alten Tugendkataloge rekapituliert: die puppenspielende Tochter als Mutters beste Haushaltshelferin, der geschickte sportliche Sohn als Vaters handwerklicher Assistent, ein

7 Rinser, Luise: Den Wolf umarmen. Frankfurt a. M. 1981, S. 396.

Abb. 22: Rollenfixierung durch Lesebuchbilder (Fibelbild 1956)

„richtiger Junge“! Zwar regten sich schwache Gegenreaktionen nicht nur gegen die Rollenfixierung, – Gedanken an eine autiautoritäre Erziehung kündigten sich von ferne an. Aber im Grunde waren das, von der anderen Seite her, die gleichen Indoktrinierungen gegenüber den Kindern, die deren subjektive Bedürfnisse einfach nicht wahrnahmen und bestimmte Antriebe wie Neugier oder Freude am Nicht-alltäglich-Geheimnisvollen unter Tabus stellten. Zwei gegensätzliche Erinnerungsbelege aus dieser Zeit zeigen etwas von den unterdrückten Gefühlen der Kinder, – aber auch von Lösungsmöglichkeiten im offenen Gespräch, die vielleicht eine Generation vorher so nicht denkbar gewesen wären.

„Einmal wollte ich Christa abholen und bin in die Küche gekommen, und da saß Frau Mitteregger gerade auf dem Sofa und gab Vroni an ihrer Brust zu trinken, und ich stand an der Tür und sah zu, weil es so schön aussah, wie Vroni da mit geballten Fäusten und geschlossenen Augen saugte und dabei leise schmatzte. Aber dann hat mich Frau Mitteregger gesehen und ist erschrocken. Sie deckte ein Tuch über Vroni und schrie mich an, ich soll verschwinden, was ich für ein verkommenes Kind bin, und ich soll heimgehen und mich nicht mehr sehen lassen, sie verbiete mir, je wieder in ihr Haus zu kommen. Ich habe überhaupt nicht verstanden, was sie hat und bin weinend zu Mama gelaufen und habe es ihr erzählt. Mama schüttelte den Kopf und sagte, manche Leute sind eben dumm, und Frau Mitteregger hat es sicher nicht so gemeint, wahrscheinlich hat es sie gestört, daß ich ihren Busen gesehen habe, weil Erwachsene eben nicht ihren Busen fremden Kindern zeigen, denn sie nehmen an, Kinder in meinem Alter wissen nicht, daß den Frauen ein Busen wächst, damit sie eben später ihren Kindern zu trinken geben können, sie denken, an einem Busen wäre etwas Geheimnisvolles, das man eben nicht herumzeigt wie eine Hand oder einen Fuß. Aber dann nimmt Mama mich an der Hand und geht mit mir zu Frau Mitteregger und hat ein langes Gespräch mit ihr, während Christa und ich mit Vroni spazierenfahren, und wie wir zurückkommen, ist Frau Mitteregger nicht mehr böse, und ich darf wieder mit Christa spielen."[8]

Das andere Beispiel kommt, zwar etwas später, aus einer Kommune und bezieht sich auf den Weihnachtsbaum: „Um die Weihnachtsfresserei hatten wir Tage vorher erbittert diskutiert. Und darüber, ob ein Weihnachtsbaum gekauft werden sollte. Für jeden von uns war mit dem ominösen Datum 24. Dezember ein Stück Familie wieder lebendig geworden: die unerträglich verlogene Sentimentalität dieser häuslichen Weihnachtsfeier – aber auch die kindliche Sehnsucht nach Geborgenheit und Liebe. [...] Dagmar wünschte unbedingt einen Tannenbaum. Sie hatte mit den Kindern zusammen einen Baum gekauft. Und Eberhard meinte, wenn schon Baum, dann müßten die Kinder auch damit machen dürfen, was sie wollen, z. B. ihn zerhacken oder durch die Wohnung schleifen [...]. Das Ding stand jetzt im Kinderzimmer, und die Kinder hatten anscheinend kein Bedürfnis, den Baum zu zerstören."[9]

So sah es aus für die Kinder der fünfziger Jahre. Einer großen gesellschaftlichen Wende zur parlamentarischen Demokratie stand kein gleichgeartetes Familienverhalten gegenüber. Im Gegenteil: weiterhin galten meist abgeschirmte Innerlichkeit und der alte patriarchal-autoritäre Oben-Unten-Mechanismus als familiäre Werte. Politik z. B. sollte nichts in der Familie zu suchen haben, und gerade der demokratische Charakter der Familie hätte doch mancher Nachhilfe bedurft. Wie sollte z. B. ein Kind unter solch zwiespältigen und psychologisch unsicheren Voraussetzungen mit der Tatsache der Neubürger, der Flüchtlinge und Umsiedler fertig werden? Dazu kamen die konfessionellen Probleme:

„Ich bin die einzige Evangelische in der Klasse, und so muß ich in der katholischen Religionsstunde sitzenbleiben. Schwester Maria vom Kloster kommt und unterrichtet die Kinder. Wenn jemand gut gelernt hat, bekommt er ein Fleißzettelchen. Wenn einer zehn Stück hat, bekommt er ein Heiligenbild dafür. Ich kenne die biblischen Geschichten alle schon lange und melde mich auch oft. Daher bekomme ich die meisten Fleißzettel, und meine Federschachtel ist schon ganz voll damit. Aber Heiligenbildchen bekomme ich keines, weil die Schwester Maria nur wenige hat, und die bekommen natürlich die katholischen Kinder. Also tausche ich sehr oft Fleißzettel gegen Bildchen von Christa, die ab und zu

8 Haidegger, Christine: Zum Fenster hinaus. Reinbeck b. Hbg. 1979, S. 50f.
9 Weber-Kellermann, Ingeborg: Das Weihnachtsfest. Luzern 1978, S. 220.

eines bekommt, weil ich ihr meine Fleißzettel mit dazugebe. Sie hat zu Hause ein Buch mit Heiligenbildern, da macht es ihr nichts aus, wenn sie mir ab und zu eines von Schwester Maria gibt.

Ich wäre trotzdem gerne katholisch, denn ich möchte nicht in die Hölle kommen. Schwester Maria sagt, wenn ich groß bin, soll ich katholisch werden, sie wird für mich beten und meine verirrte Mutter. Mama wird immer wütend, wenn ich ihr sowas sage, aber nicht lange."[10]

So paßten sich Kinder an und lebten in verschiedenen Wertsystemen, was sicher nicht immer problemlos vonstatten ging. Anpassung war damals noch das oberste Gesetz der Kindererziehung, und die Forderung, Kinder kritisch zu machen, entwickelte sich erst langsam und unterschwellig. „Im teilweise angepaßten Kind schlummern Kräfte, die dieser Anpassung Widerstand leisten. Bei großen Kindern, vor allem in der Pubertät, verbinden sich diese Kräfte mit neuen Werten, die denjenigen der Eltern oft entgegengesetzt sind, sie bilden also neue Ideale und suchen sie zu verwirklichen. Da aber dieses Suchen nicht im Empfinden der eigenen echten Bedürfnisse und Gefühle verwurzelt ist, wird dieser Jugendliche sich neuen Idealen in einer ähnlichen Weise anpassen wie früher den Eltern. Er wird wieder sein wahres Selbst aufgeben und verleugnen, um [...] anerkannt und geliebt zu werden."[11]

Diese Feststellung der Psychoanalytikerin Alice Miller paßt sehr gut auf die seelische Situation der Jugendlichen in jenen Jahren. Hin- und hergerissen zwischen den hochgepriesenen Werten des Elternhauses einerseits und einer erwachenden Skepsis – auch im Hinblick auf die Nazizeit – andererseits wurden sie sehr empfänglich für die Einflüsse der modernen Gegenwart. Der Fernsehapparat begann, die Familienzimmer zu beherrschen und die Kinder mit kaum zu bewältigenden Problemen zu belasten. Und es kamen die Güter der amerikanischen Welt: Coca-Cola und Kaugummi, Comicstrips und Mickymaushefte wurden große Kindermode, besonders aber neben den alten Spielen eine neue Form von gefährlichen Außenspielen.

„Wir spielen Verstecken zwischen den Holzstößen, obwohl es verboten ist, denn die Stämme sind nur lose verkeilt und geraten leicht ins Rollen und könnten uns zerquetschen. Aber wir haben keine Angst und laufen wie die Wiesel von Stamm zu Stamm, barfuß und lautlos, pirschen uns an, ducken uns in die ausgesparten Höhlen zwischen den längeren und kürzeren Stämmen und fallen mit Kriegsgeschrei übereinander her, fürchten uns und fürchten uns doch nicht.

10 Haidegger, Christine: Zum Fenster hinaus. 1979, S. 52.
11 Miller, Alice: Das Drama des begabten Kindes. Frankfurt a. M. 1979, S. 98.

Abb. 23: Die Fernsehfamilie

Im Wald bauen wir Nester aus Moos und Zweigen, die wir gegen eine gegnerische Gruppe verteidigen, Baumhäuser, die unser Geheimnis sind und die wir jeden Tag mit frischen Ästen verstecken, damit der Feind am braunen Laub nicht das Versteck erkennen kann. Es sind immer Buben, mit denen ich spiele. Es gibt hier keine Mädchen, außer der Romana, aber die ist dick, und man kann ihr höchstens hinter der Scheune beim Sägewerk versteckt auflauern und ihr Kletten nachwerfen. Man trifft sie immer, so dick ist sie. Sie spielt höchstens mit Puppen im Vorgarten. Sie hat einen Puppenwagen, noch von ihrer Mutter, aber sie läßt niemanden damit spielen, also lassen wir sie auch nicht mitspielen. Außerdem rennt sie dauernd zu ihrer Mutter und erzählt, wir hätten sie dreckig gemacht, wenn es auch gar nicht stimmt."[12]

Das hört sich recht harmlos an – nach Indianer-Gruppenspielen wie eh und je. Aber es gab auch im ersten Nachkriegsjahrzehnt sehr viel brutalere Kinderspiele. Kinder spielten nicht Frieden, sondern immer wieder Krieg, als wäre tödliche Gewalt das einzige nachahmenswerte Vorbild aus dem Erwachsenenleben. Totschießenspielen vor zerbombten Häusermauern: eine oft fotografierte Szene.[13]

12 Haidegger, Christine: Zum Fenster hinaus. Reinbeck b. Hbg. 1979, S. 73.
13 Weber-Kellermann, Ingeborg: Die Kindheit. Frankfurt a.M. 1979, S. 253 ff.

Es wird immer unverständlich bleiben, daß Erwachsene, die den Krieg erlebt haben, Kindern Schießgeräte erlauben oder gar schenken. Der außerordentliche Mangel an Phantasie bei einer derartigen Verniedlichung des Tötungsprozesses ist erschreckend, – die Einbeziehung von Aggression und Gewalt in Spielhandlungen als

Abb. 24: Spielen verboten!

Abb. 25: Schlüsselkind

ganz normale Aktivität kann nur zu Verhaltensweisen führen, die mit der Erziehung zum verantwortungsbewußten Menschen nicht vereinbar sind. Wie rigoros die Erwachsenen auch sonst die Außen-Spielwelt der Kinder zu disziplinieren wußten, wie schnell sie mit Verboten bereit waren, kindliche Initiativen zu hemmen, – bei den Pistolen und Gewehren beugten sie sich den kindlichen Wünschen, die die Spielzeugindustrie schnell erkannte und nutzte. Wieviel Protest gegen Kinderläden sich auch ständig lautstark äußert, – er richtet sich gegen Ballspiel, Fahrradfahren u. ä. kindliche Aktivitäten, die Besitz und Ruhebedürfnis der Erwachsenen gefährden könnten. „Meine Mutter, mein Vater, Oma, Opa und der Hausmeister schümpfen alle", berichtet ein zehnjähriges Mädchen.[14]

„Schümpfe" betrifft mehr den Selbstschutz der Erwachsenen als die Sozialisation der Kinder, und von den gemütsverrohenden Schießzeugen ist dabei nur selten die Rede. Doch neben solchen militanten kindlichen Kraftproben gab es auch nach dem Zweiten Weltkrieg wieder eine Fülle von Spielen im Freien, die aus Generationentiefe auftauchten und neue Varianten erlebten. Gerade in Großstädten wie Berlin blühte das Straßenspiel. Die vielen Häuserlücken boten den herrlichsten Spielplatz. Die Vaterlosigkeit vieler Kinder und die Überbeanspruchung ihrer Mütter stellte besonders die Schlüsselkinder viel weniger unter Erwachsenenkontrolle als in normalen Zeiten. So wurde das Straßenspiel zu dem Teil ihres

14 Blaich, Ute: Milchreis, Colt & Veilchenfänger. Kinderprotokolle. Oldenburg 1977, S. 18.

Lebens, den sie selbst bestimmen konnten, bei dem sie sich ihre eigenen sozialen Ordnungen setzten und sich Leistungen nach ganz bestimmten Regeln abverlangten. Das war für das einzelne Kind oft psychisch und physisch nicht leicht, eine hohe Anforderung an seinen Kinderstatus. Die Kinder der Spielgruppen standen, zumindest in den Großstädten, als ,,Wir" den Erwachsenen gegenüber, die von dieser erfüllten Welt der Straßennachmittage oft wenig ahnten.

Reinhard Peesch hat im Berlin der fünfziger Jahre eine empirische Untersuchung über Spielrepertoires durchgeführt.[15] Mit der einfachen Frage: ,,Welche Spiele spielt ihr jetzt auf der Straße am liebsten?" hat er die Kinder der 2.–8. Klassen in 22 Ost- und Westberliner Schulen im Sommer 1955 konfrontiert und Antwortenlisten von fast 5 000 Kindern erhalten. Das war eine Frage nach dem Herzen der Kinder, und keines blieb die Antwort schuldig. Die Frageaktion wurde dann an Ort und Stelle auf den Straßen fortgesetzt und mit der Kamera eine Fülle von Illustrationsmaterial hinzugefügt, so daß hier ein synchroner Schnitt durch die Berliner Kinderkultur der fünfziger Jahre entstanden ist.

Wenn die Mehrzahl der Jungen Fußball und die Mehrzahl der Mädchen Hopse als Lieblingsspiele nennen, so drückt sich darin immer noch eine starke Rollentrennung aus, die aber bei vielen gemeinsamen Spielen auch ,,überspielt" wird durch Vater–Mutter–Kind, Versteck, Länderklau, Schule usw. Bei den Intensitätskarten, die Peesch aufgrund seiner Erhebung zeichnete, konnte er ein amüsantes Ergebnis publizieren: das gleiche Spiel, das in Ostberlin mit der traditionellen Bezeichnung ,,Räuber und Prinzessin" oder ,,Räuber und Polizei" gespielt wurde, hieß in den Westberliner Bezirken ,,Cowboy und Indianer" – parallel zum Boom der in Ostberlin verbotenen Comics, der damals gerade die Westberliner Kinder erreichte.

Gerade bei den Rollenspielen wie Vater–Mutter–Kind ist die Aktivität der Kinder mit der Einbeziehung ihrer eigenen Erfahrungen in den Spielablauf besonders groß. Das galt auch für das Puppenspiel der Mädchen, das unvermindert weiterlebte. Nun kamen große feingemachte Puppendamen aus Italien auf neben den althergebrachten Zelluloid-Babypuppen, bis später der weiche Kunststoff alle anderen Materialien verdrängte.

15 Peesch, Reinhard: Das Berliner Kinderspiel der Gegenwart. Berlin 1957.

,,Am dritten Tag schleppte eine jüngere Tante eine riesige Zelluloidpuppe an. Sie trug weit abstehende, gekräuselte, hellgrüne Tüllkleider. Sie saß sonst auf den Ehebetten zwischen den Paradekissen. Da brummte ich mit meiner tiefen Stimme: ‚Hat die Puppe aber dicke Schenkel'. Von nun an sprach ich aber wenig. Außer der Puppe besaß ich noch ‚mein Bub', eine kleine Zelluloidpuppe, der kurze Haare aufgemalt waren. Der Nachbarjunge hatte eine ähnliche Puppe, und unsere Mütter hatten ihnen die gleichen Höschen gehäkelt, meiner hatte ein grünes.

Abb. 26: Berliner Kinder spielen Länderklau

Abb. 27: Fußball auf dem Trümmerplatz

Abb. 28: Neue Puppentypen

Die jüngere Schwester meiner Mutter aus H. war zu Besuch, und ehe sie heimfuhr, fragte sie mich, ob ich ihr etwas von meinen Spielsachen für meine Cousine mitgeben würde, sie hätte jetzt gar nichts mitzubringen und sie würde doch darauf warten. Sie war kleiner als ich.

Meine Tante wollte meinen Bub mitnehmen, ‚daß ich halt was in den Händen hab, wenn ich heimkomme', aber ich wollte mich nicht davon trennen. Sie sagte, es sei ja nur für den ersten Tag, dann würde sie ihn wieder verschwinden lassen, meine Cousine würde ihn bestimmt vergessen, sie würde ihn mir dann zurückschicken oder ich könnte ihn wiederhaben spätestens dann, wenn ich im Sommer mit meiner Mutter käme.

Sie hat ihn nicht geschickt. Bei unserem Besuch fand ich ihn auf dem Holzschopf. Das Zelluloid war verbeult, Arme und Beine fehlten. Ich stand vor ihm. Ich konnte nicht weinen und ich konnte ihn nicht anfassen. Ich sagte nichts, weder zu meiner Tante noch zu meiner Mutter."[16]

Vom Puppenspiel über das Familienspiel zum Doktorspiel ist nur ein Schritt, und es blieb Pädagogen wie Rühmkorf[17] und Bornemann[18] vorbehalten, die sogenannten „schmutzigen" Kinderverse zu sammeln und zu publizieren und damit nachzuweisen, wie Kinder die sexuellen Tabus der Erwachsenen durchbrechen. Wenn mir auch die isolierte Versammlung solch kindlicher Fäkal- und Sexualpoesie nicht als besonders sinnvoll erscheint, so erhält sie im strukturellen Zusammenhang mit den Straßenspielen eine andere Funktion. Der Abzählvers:

„Emil hat ins Bett geschissen,
gerade aufs Paradekissen,
Mutter hat's gesehen,
und du kannst gehen!"

war bei den 7–10jährigen in den fünfziger Jahren große Mode, – nicht nur als Schweinigelei, sondern als Spieleinleitung beim Betreten einer Gegenwelt, in der die Verbote der Erwachsenen nicht galten und andere Dinge Spaß machten als die erlaubten familiären Verhaltensmuster. Die Spielgruppe bestimmte die Regeln und damit die sozialen Interaktionen, und vielleicht begannen damals zum ersten Mal im weiteren Rahmen Erwachsene, diese Spielwelt der Kinder zu begreifen.

16 Wimmer, Maria: Die Kindheit auf dem Lande. Reinbek b. Hamburg 1978, S. 26 ff.
17 Rühmkorf, Peter: Über das Volksvermögen. Hamburg 1967.
18 Borneman, Ernest: Unsere Kinder im Spiegel ihrer Lieder, Reime, Verse und Rätsel. Freiburg 1973; Die Umwelt des Kindes im Spiegel seiner „verbotenen" Lieder, Reime, Verse und Rätsel. Freiburg 1974.

Wir sprachen vom saisonhaften Wiedererwachen alter Spieltraditionen wie besonders Murmeln und die unsterbliche Hopse; noch erstaunlicher war das epidemische Auftauchen neuer Spiele wie Hula-Hupp und später, Anfang der sechziger Jahre, der variantenreiche, strenge Gummitwist, der bei den Kindern der ganzen Welt verbreitet ist.

Abb. 29: Hula–Hupp!

Mit dem Wirtschaftswunder, dem neuen und üppigen gesellschaftlichen Leben in neuen Wohnungen und Siedlungshäusern, mit den Partys nach amerikanischem Muster kamen auch die Kinder von der Mittelschicht aufwärts zu ihrem Recht. Geburtstagseinladungen wurden zum Prestigeobjekt der Gegenseitigkeit in den Schulklassen, und in den Geschäften gab es allerliebste Einladungsbriefchen zu kaufen, in die man nur den Namen einzusetzen brauchte: dann rollte die Kinderparty nach mehr oder weniger genormtem Vorbild mit Kakaotafel, Verlosungsspielen und abendlichem Limonadendrink.[19]

19 Falkenberg, Regine: Kindergeburtstag. Eine Brauchstudie über Kinder und ihr Fest. Diss. Marburg 1982; dies.: Kindergeburtstag. Ein Brauch wird ausgestellt. Museum f. dt. Vkde. Berlin 1984.

Abb. 30: Einladung zum Kindergeburtstag

Abb. 31: Das geliebte Fahrrad

Auch in meiner Kindheit gab es Kindergeburtstagseinladungen, aber ihr Zuschnitt war doch sehr viel bescheidener. Überhaupt wucherte in den Fünfzigern der quantitative Bereich der Kinderkultur gewaltig aus. Es war, als wollten die Eltern mit Geschenken das einholen, was Kriegs- und Nachkriegsjahre an farbiger Kinderfreude den Kindern schuldig geblieben waren. Eisenbahnanlagen und Fallahäuschen füllten die Kinderzimmer ebenso wie aller nur mögliche Zubehör zur Puppenwelt. Zudem erreichte die Technik die Kinder mit immer neuen raffinierten Roller- und Rollschuhmodellen und mit Fahrrädern für jede Altersklasse, die bald zu ständigen Requisiten des Straßenspiels wurden.

Ein anderer wichtiger Indikator der Kinderkultur zeigte sich in der Kinderkleidung, durch die in jenem Jahrzehnt bedeutsame Veränderungen sichtbar wurden: der amerikanische Leitbild-Einfluß, die entschiedene Ablösung von elterlichen Vorschriften, die Herausbildung einer selbständigen Kleidersprache mit sozialem Zeichencharakter.

Abb. 32: Straßenspiel in Lederhosen

Zuerst war nach dem Krieg über viele Jahre die Lederhose das beliebteste Kleidungsstück aller deutschen Jungen von München bis Hamburg gewesen.[20] Sie hatte sich zum Zeichen für „Kindheit" schlechthin qualifiziert mit Zustimmung von allen Seiten, denn selten hat ein Kinderkleidungsstück so einhellig gemeinsamen Beifall von Eltern und Kindern gefunden. Ihren Trachtencharakter hatte sie längst eingebüßt und durch die Konfektion und das verhältnismäßig preiswerte Angebot auf allen Kaufhausladentischen einen großen Käuferkreis erreicht. Kein Fleck war auf dem graubraunen Leder zu sehen, kein Waschen und Plätten nötig, kein Zaunpfahl ließ Löcher und Triangels befürchten: also ein ungemein praktisches Kleidungsstück, mit einem sauberen weißen Hemd sogar am Sonntag tragbar und sonst mit jedem Pulli zu kombinieren. Leder-

20 Vgl. Weber-Kellermann, Ingeborg: Die Kindheit. Frankfurt a. M. 1979, S. 253 ff.; dies.: Der Kinder neue Kleider. 200 Jahre deutsche Kindermoden. Frankfurt a. M. 1985.

hosen wurden zur Jungenskleidung schlechthin und hatten noch dazu den Beigeschmack des typisch deutschen! Ein deutscher Junge trägt Lederhosen!

Vielleicht drückte die Lederhosenkleidung zudem auch etwas aus vom ähnlichen Schicksal vieler Kinder, den gleichen weiten Straßenspielen, den gleichen hauswirtschaftlichen Schwierigkeiten vieler Mütter. Sie waren ein Kinderkleidungsschlager.

Abgelöst wurde ihre Epoche wiederum von einem Hosenstil, den Jeans, und dieser Prozeß begann zu Ende der fünfziger Jahre.

Die Lederhosen stammten her von der Arbeitskleidung der Bergbauern in Bayern und Tirol, – die Jeans von der Arbeitskleidung der Baumwollpflücker und Cowboys in Amerika. So weit reichen die Parallelen. Doch verlief die Rezeption bei der zweiten Übernahme völlig anders. Die deutschen Eltern begrüßten keineswegs diesen neuen amerikanischen, praktisch-lässigen Kleidungsstil, sondern lehnten ihn anfänglich meist leidenschaftlich ab. Als schwarze Nietenhosen waren sie von der Rock-and-Roll-Bewegung über Hamburg in die Bundesrepublik gekommen, publiziert und mystifiziert durch James Dean und die Rock-Musik: Rock around the Clock! Aber das schmeckte bei uns nach Bürgerschreck, und diese Verbindung machte sie bei der deutschen Elterngeneration suspekt. Mancher Junge hat damals verzweifelte – und oft erfolglose – Kämpfe gekämpft um den Besitz der Schwarzen oder Blauen. „Jeans sind ein Ausdruck des Protests gegen das Establishment. Diese Hose stellt die Werte der Mittelklasse in Frage. Sie bedeutet soziologisch gesprochen Abkehr von den Werten des Mittelstands und Protest gegen den Verlust der Individualität, den der technische Fortschritt mit sich bringt.“ (nach *Weltwoche* 27. 4. 1977) In Deutschland besagte der neue Kleidungsstil noch anderes, vielleicht ein Stück Demokratie: „Äußerlich gibt es keine Unterschiede mehr zwischen Armen und Reichen, Porsche-Fahrern und Radfahrern, Dorfjugend und Villenbesitzern – in dieser Kleidung. Die Jugend der Welt hat ein Stück Identität gefunden in diesem Fetisch der Freiheit.“ (ebda) So ähnlich empfanden es später wohl auch die Universitätsreformer der Studentenbewegung, als sie die Jeans zu ihrer Antikleidung machten und sich damit im Gegensatz zu den früheren elitären Studentengenerationen im Wichs gerade mit den jugendlichen Nicht-Akademikern kleidungsmäßig solidarisierten. Aber das war 10 Jahre später. In den fünfziger Jahren deutete sich das erst langsam an, probten die Jungen den Aufstand in diesen

Hosen, die ihnen Freiheit bedeuteten. Viele Eltern konnten sich an solchen amerikanischen Kleidungsstil absolut nicht gewöhnen und verstanden ihn als Ausscheren der Söhne aus dem elternbestimmten Kleidungsverhalten. Dazu kam der Abschied von kindlich nackten Knien und Kniestrümpfen. Alle Kinder wollten lange Hosen, sommers und winters, von 9 Jahren aufwärts.

Und die Mädchen? In Fortsetzung des Diorlooks von 1948 kamen erst die Petticoats auf und machten jedes Mädchen noch mädchenhafter. Aber nicht jede Mutter konnte das ihrer Tochter leisten, waren doch die ersten Jahre des neuen Dezenniums zunächst noch von Notlösungen bestimmt nach dem Motto: aus 3 mach 1!

„Die Geschwister der Eltern halfen sich gegenseitig aus. Verwachsene Kleidungsstücke und Schuhe älterer Cousinen und Vettern wurden reihum an die Jüngeren weitergegeben. Eine Schwester meiner Mutter konnte nähen und verstand es, aus abgetragenen Mänteln oder Kleidern noch immer etwas für uns Kinder herzurichten. Sie war meine Patentante. Zu besonderen Anlässen, an Weihnachten oder zum Geburtstag, opferte sie ein Stück aus ihrem eigenen Kleiderschrank, und man bekam ein neues Kleidchen, das noch keine Cousine getragen hatte. Das war dann lange Zeit das Sonntagskleid.

Mein Vater nähte für die Buben Hosen aus ehemaligen Eisenbahnermänteln. Das Nähen hatte er von seinem Vater gelernt, der Schneider gewesen war, doch mit seinem Handwerk seine Familie nicht ernähren konnte.

Am ersten Schultag durfte ich meinen Lieblingspullover anziehen. Meine Mutter hatte ihn selbst gestrickt. Er war weinrot, und auf der Brust war eine Reihe weißer Herzchen eingarbeitet.“[21]

Dann fingen die Mädchen auch an, die Lederhosen ihrer Brüder nachzutragen – aber in den Kleinstädten nicht für die Schule! Auf dem Lande setzte sich die „Hosenmode der Frau“[22] zuerst als Arbeitskleidung durch; in den Städten fingen die Teenager damit an, und was es wohl noch kaum gegeben hat: beide Geschlechter folgten dem gleichen Kleidungsgedanken – aus sportlichen, praktischen, bewegungsfreundlichen, ästhetischen, erotischen – aus welchen Gründen auch immer, – wohl auch aus Gründen einer neuen gleichberechtigten Sozialordnung, die die Jugend am leichtesten zu vollziehen in der Lage war. Sie fühlten sich gut und fühlten sich gut an in diesen Hosen. „Wohin man sieht, schauen alle gleich aus, haben alle dieselben Haare, dieselben Klamotten, dieselben Schu-

21 Wimmer, Maria: Die Kindheit auf dem Lande. Reinbek b. Hamburg, 1978, S. 31.

22 Bringemeier, Martha: Die Hosenmode der Frau. In: Mode und Tracht. Münster 1980. S. 95ff.

he, reden alle dasselbe Polit-Kauderwelsch, hören denselben Beatgruppen im selben Keller zu – und hübsch bald scheinen sie alle miteinander zu verschmelzen, und jeder, der sich gut anfühlt, ist o. k.", schrieb ein Journalist um 1960.

In den fünfziger Jahren war solch Partnerlook noch nicht so ganz einfach durchzuführen. Die Ambivalenz jener Jahre, der große Unterschied zwischen den Generationen mit Mißverständnissen, Schuldgefühlen – aber auch echten Machtkämpfen, – das Gefälle zwischen Stadt und Land, zwischen Großstadt und Kleinstadt, zwischen Trümmerstadt und kriegsverschonter Region, – die Zugehörigkeit zu verschiedenen sozialen Schichten, die Nähe oder Ferne amerikanischer Besatzungstruppen: all das beeinflußte das Leben in jener Zeit auf die verschiedenste Art und Weise. Mir scheint, daß es Kinder und Jugendliche in diesem Jahrzent oft besonders schwer gehabt haben, ihre neu gewonnene Individualität zu artikulieren. Unverstanden von Eltern und Erziehern, die meist genug mit sich selbst zu tun hatten, zogen sie aus zu neuer Freiheit. Was eignete sich besser zum Symbol ihrer unsicheren Gefühle als Kleidung? So möge am Schluß nochmals jenes scharf beobachtende Mädchen Maria Wimmer zu Worte kommen in ihrem rührenden Kampf um Selbständigkeit sowohl gegenüber dem kleinbürgerlichen Elternmilieu wie auch den bessergestellten und hochgestochenen Mädchen aus ihrer Klasse:

„Viele in der Klasse waren besser gekleidet, sie hatten mehr Sachen und schönere. Mir kam es vor, als trügen sie sie mit großer Selbstverständlichkeit und bräuchten sich um ihr Aussehen nicht so viel Kummer zu machen wie ich. Darauf führte ich es auch zurück, daß sie viel sicherer auftraten. Ich empfand es als enorme Belastung, nur durch das zu leben, was man im Kopfe hatte, und damit auf andere Eindruck zu machen. Auch hatte ich das Gefühl, daß einige Lehrer ihre persönliche Freundlichkeit und Zuwendung durchaus nach solchen Äußerlichkeiten verteilten.

Da es aussichtslos war, so zu sein wie diejenigen, die ich beneidete und ich mir so, wie ich war, nicht gefiel, wollte ich wenigstens aussehen wie keiner sonst. Ich ließ mir die Haare auf Streichholzlänge schneiden, wie es gerade in Mode kam und es erst wenige trugen. Wo der Friseur nicht genug weggeschnitten hatte, half ich mit der Rasierklinge nach und schnitt mir Fransen.

Aus meinem karierten Faltenrock, der so schnell knitterte und den meine Mutter zeitlos und ich bieder fand, nähte ich mir ein Hemd. [...] Es hatte keine Paßform und sollte auch keine haben. [...] Ich nähte keinen Saum um, sondern franste die Ränder aus. Nach derselben Art strickte ich mir einen Pullover aus dem alten, den ich aufribbelte.

Er [...] war wie ein Sack. Aus der abgelegten Arbeitsstrickweste meines Vaters entstand ein Schal, der, mehrmals um den Hals geschlungen, vorne und hinten noch immer lang herabbaumelte. Meine Hose nähte ich an allen Stellen, wo sie abstand, so eng, daß sie am Bein saß wie eine zweite Haut. Von ein paar alten Schuhen löste ich die Sohle. Aus einer Schnur flocht ich lange, dünne Zöpfe, die ich auf die Sohle passend aneinandernähte. Neben der großen Zehe führte ich eine Schnur vorbei, herauf zum Fußgelenk, zwei kleinere kamen von den beiden Seiten, über den Knöcheln wurde alles zusammengeknotet. Das war nun lange Zeit meine Kluft. Viele fanden mich ganz toll; das dürften sie nie von ihrer Mutter aus. Ich fand mich auch gut, trotzdem hätte ich insgeheim noch immer tauschen mögen.

Meine Mutter verzweifelte fast. Sie ging mit mir zusammen nicht mehr auf die Straße. Man muß sich ja in Grund und Boden schämen, du siehst aus, als kämst du grad aus einem Zigeunerkarch gelatscht, was sollen bloß die Leute denken, man muß doch noch ein klein bißchen in die Welt passen, das kannst du uns doch nicht antun, man muß doch noch sehn, wo du herkommst, mit dir kann man sich ja nirgendwo mehr blicken klassen, so läuft kein Mensch rum, noch nicht mal der Ärmste aus dem Dorf, sagte sie.

Mir war es egal, was diese Leute dachten."[23]

23 Wimmer, Maria: Die Kindheit auf dem Lande. Reinbek b. Hamburg 1978, S. 114f.

Bibliographie

Bauer, Karl W. und Heinz Hengst (Hrsg.), *Kritische Stichwörter zur Kinderkultur*, München 1978.

Bleuel, Hans Peter, *Kinder in Deutschland*, München 1971.

Bornemann, Ernest, *Unsere Kinder im Spiegel ihrer Lieder, Reime, Verse und Rätsel*, Freiburg/Br. 1973.

Ders., *Die Umwelt des Kindes im Spiegel seiner „verbotenen" Lieder, Reime, Verse und Rätsel*, Freiburg/Br. 1974.

Erikson, Erik H., *Kinderspiel und politische Phantasie*, Frankfurt a.M. 1978.

Felix strickt und Katrin kickt. Ausstellung des Kindermuseums der Staatlichen Kunsthalle Karlsruhe. Köln 1979.

Heide, Christine, *Kind in Deutschland.* STERN-Bücher, Hamburg 1981.

Lenzen, Klaus-Dieter, *Kinderkultur – die sanfte Anpassung*, Frankfurt a.M. 1978.

Peesch, Reinhard, *Das Berliner Kinderspiel der Gegenwart*, Berlin 1957.

Retter, Hein, *Spielzeug. Handbuch zur Geschichte und Pädagogik der Spielmittel*, Weinheim und Basel 1979.

Weber-Kellermann, Ingeborg, *Die Familie*, Frankfurt a.M. (1976) ^{3}1984.

Dies., *Die Kindheit*, Frankfurt a.M. 1979.

Dies. und Regine Falkenberg, *Was wir gespielt haben. Erinnerungen an die Kinderzeit*, Frankfurt a.M. 1981.

Michael Th. Greven

Der einzelne als historisches Subjekt? Kritische Theorie und Sartrescher Existenzialismus

Odo Marquard stellte kürzlich fest: „Man kann keine Philosophie wirklich haben, ohne die Erfahrung zu haben, auf die sie eine Antwort ist.“[1] Damit ist eine Perspektive angegeben, um von Existenzialismus und Kritischer Theorie in den fünfziger Jahren zu sprechen: nicht als Philosophiegeschichte, nicht als um die systematische Erkenntnis bemühter Dialog zwischen Philosophen-Schulen, sondern als philosophisch verarbeitete Zeit- und Welterfahrung interessieren hier die beiden Richtungen. Der Verzicht auf systematische Erörterung liegt in dem Interesse begründet, nicht über sie in erster Linie urteilen zu wollen, sondern vermittels ihrer Verarbeitung von Erfahrung etwas über die Zeit zu erfahren, um die es hier geht. Das Interesse an den fünfziger Jahren ist nicht fachphilosophisch, sondern soziologisch: es begreift Philosophie als eine Weise der Verarbeitung gesellschaftlichen Bewußtseins, das wiederum die objektive historische Situation in sich aufnimmt – freilich nicht einfach abbildet und widerspiegelt, sondern *verarbeitet.* Philosophieren ist als Teil des bewußten Reflexionsprozesses *Eingriff*, insofern es gegen die Übermacht der Verdinglichung, in der das Subjekt nur noch als bloßes Derivat objektiver Vergesellschaftung erscheint, an jenes Moment am Subjektiven erinnert, das sich der ‚totalen Vergesellschaftung‘ noch dann verschließt, wenn außer ihr nichts mehr zu bleiben scheint:[2] In der Fähigkeit zur Reflexion über die Wirklichkeit erweist sich der Intellekt als eine Instanz, die zwar in den Verhältnissen, die sie reflektiert, materiell befangen bleibt, insofern sie vom unfreien Individuum sich nicht lösen kann – es gibt keinen ‚Geist‘, der als solcher Subjekt wäre –,

1 1981, S. 12.

2 „Aufklärung ist die radikal gewordene, mythische Angst. Die reine Immanenz des Positivismus, ihr letztes Produkt, ist nichts anderes als ein gleichsam universales Tabu. Es darf überhaupt nichts mehr draußen sein, weil die bloße Vorstellung des Draußen die eigentliche Quelle der Angst ist.“ (Horkheimer/Adorno, 1969, S. 22).

die sie aber zugleich als *Vorstellung,* als *Phantasie* zu übersteigen vermag, zu der sie sich in Differenz schon durch Reflexion befindet.[3]

Noch ein Wort zur Begründung des Themas, denn die Eingangsfeststellung von Marquard könnte ja auch als Warnung verstanden werden, daß wir, die Nachgeborenen, weder der Erfahrung, noch der Philosophie habhaft werden könnten, um die es hier gehen soll. Aber dieser Einwand bezieht sich auf ‚Erfahrung' nur als ein subjektives Erleben je individueller Zufallshaftigkeit, so wie heute allenthalben der Terminus ‚Betroffenheit' ganz subjektivistisch genommen wird. Richtig ist aber z. B.: die Bomben überall auf Vietnam trafen uns nicht – aber sie konnten uns betroffen machen und sie betrafen manche, die das noch heute erfahren. Wenn es also um die fünfziger Jahre geht, dann muß ‚Erfahrung' und ‚Betroffenheit' sich auf jene Aspekte der historischen Allgemeinheit beziehen, die hinter den Peripathien der Nierentisch-Gemütlichkeit, der Gummibaum-Exotik und des Capri-Tourismus verdrängt sein müssen. Das ist freilich nur eine These: aber eine, die als plausibel unterstellt werden darf: daß nämlich fünf Jahre Verdrängung nicht ausreichen können, die Traumata *dieser* Geschichte an ihrer Wiederkehr zu hindern. Wie in der Psychoanalyse geht es beim gesellschaftlichen Bewußtsein gerade um die Form, in der das wiederkehrt, was wiederkehren muß, solange es möglich auch im objektiven Sinne bleibt.

In der Erfahrung dieser Verdrängung sind wir Zeitgenossen. Jenen näher, die sich den Traumata stellen, als jenen, die zwar mit uns geboren, aber sich kaum der Gefahren bewußt sind, die in der unreflektierten, unverarbeiteten Geschichte noch liegen. Unverarbeitete Geschichte bleibt gegenwärtig, sofern auch die objektiven d. h. gesellschaftlichen Voraussetzungen geblieben sind. Das heißt in unserem Fall: Wir leben heute, wie in den fünfziger Jahren, in einer Gesellschaft, die Faschismus erfahren hat, ohne schon nachfaschistisch zu sein. Nach-faschistisch wäre eine Gesellschaft, die den Faschismus als ihre eigene Geschichte wie als ihre zukünftige Möglichkeit hinter sich gelassen hätte. Insofern wir aber weder von den objektiven gesellschaftlichen Voraussetzungen noch von unserer subjektiven Erfahrung und deren reflektierter Verarbeitung im Trauern eine nach-faschistische Gesellschaft geworden sind, blei-

3 Horkheimer, 1937, S. 273.

ben wir auch nach dem ersten Faschismus prä-faschistisch; zumindest potentiell, zuweilen schon latent. Noch ist historisch nicht entschieden. Wichtig bleibt: wer wird Subjekt sein, wer kann Subjekt werden?

Es ist diese Frage, die in den fünfziger Jahren im Zentrum stand und die im Zentrum zu stehen hat, weil sich Faschismus nur gegen Subjekte, gegen Subjektivität als gesellschaftlichen Normalzustand verwirklichen kann. Er setzt an deren Stelle die Pseudo-Objektivität des Führer-Willens und der Masse. Es ist aber keineswegs noch selbstverständlich, was ‚Subjekt' meinen könnte; vor allem liegt der Verdacht nahe, es handle sich um einen Zirkel: soll doch das Subjekt schon so ‚eindimensional' vergesellschaftet sein,[4] daß von ihm nicht gut anderes erwartet werden kann, als eben die Reproduktion des Status quo, als die funktionsadäquate Wahrnehmung der ihm ansozialisierten Rollen zur Wahrung der systemisch prästabilisierten Harmonie; also längst schon ‚Rollenensemble', ‚Charaktermaske', bloßes ‚Gehäuse der Hörigkeit' und längst kein Subjekt im klassischen Sinne mehr. In dieser Preisgabe der Vorstellung von der geschichtlichen aktiven Rolle der Menschen an die Präponderanz eines sich selbst geschichts- und bewußtlos fortzeugenden Systems oder bloß Objektiven sind sich funktionalistische Systemmetaphysik wie bodentümelnde Existenzialontologie einig; so meinen sie beide die Aufklärung überwunden zu haben.

Die Vorstellung, die Phantasie, daß die Menschen ihre Geschichte auch einmal bewußt machen könnten, schütten sie mit dem Bade aus, in dem die abgestandenen Systeme des 19. Jahrhunderts in der Tat nur noch als alt-europäische Vernunftideen erscheinen, denen keine gesellschaftliche Wirklichkeit mehr entspricht. Schon systematisch wäre aber einzuwenden, daß mit den Vorstellungen des 19. Jahrhunderts, sollten sie denn als Modelle von Zukunft nicht mehr tauglich sein können, die Möglichkeit sich erneut etwas vorzustellen, was die bestehende Malaise überschreitet, nicht als solche widerlegt wäre. Es müßte ja sonst gezeigt werden können, daß die Rede von ‚totaler Vergesellschaftung' mehr als eine Metapher der momentanen Verzweiflung ist, daß sie das Ende einer Geschichte von Subjekten begründen könnte, ehe diese recht begann. Es ist aber der bisherigen Geschichte zu entnehmen, daß jede Zeit auf ihre Weise sich am Ende der Geschichte

4 Marcuse, 1967.

wähnte, mal als düstere Endzeit-Larmoyanz, mal als feierliche Apologie des bisher Erreichten. Stets ist Geschichte darüber hinweggegangen: ganz unabhängig davon, ob es eine Vorstellung vom Weiteren gab, ging es immer weiter. Wer freilich den historisch erhobenen Anspruch darauf nicht preisgeben will, daß es nicht nur irgendwie oder gar so immer weiter gehe, der muß an der Vorstellung eines Subjekts, daran, daß es möglich wäre und an der Möglichkeit einer vernünftigen Zukunft, die dieses anstreben könnte, festhalten.[5]

So begründet sich die hier gestellte Frage aus der historischen Situation der fünfziger Jahre ohne weiteres. Es wird sich aber noch zeigen, daß sie auch immanent ansetzen könnte, sofern sie sich Existenzialismus und Kritische Theorie als philosophischen Ausdruck dieser Jahre auswählt. In beiden ist die Frage nach dem Subjekt der Geschichte zentral. Beide gewinnen ihre Kernfrage aus der Erfahrung, daß die Vorstellungen zum Subjekt, wie sie das 19. Jahrhundert hinterlassen hatte, durch die gesellschaftliche und politische Entwicklung des 20. Jahrhunderts obsolet wurden. Beide reagieren darauf mit deren schonungsloser Kritik, die sich aber durchs *Festhalten am Anspruch* auf die Möglichkeit eines vernünftigen Subjekts auszeichnet. Nur daß sie darunter ganz Verschiedenes sich vorstellen. Diese ans Subjektive gebundene Zukunftsperspektive grenzt sie geschichtsphilosophisch nach der Seite der Existenzialontologie Heideggers einerseits, nach der Seite des objektivistischen Historischen Materialismus andererseits aus. Beide entwickeln sich dialektisch vorwiegend als Kritik dieser beiden Richtungen und bleiben – merkwürdig genug – bis auf Ausnahmen, die freilich auch biographisch solche sind, einander auf Distanz. Adorno hatte für Sartre stets nur Fußnoten übrig und Sartre seinerseits scheint die ‚Frankfurter Schule' nicht zu kennen. Einzig der Heidegger-Dissident Marcuse, dessen Zugehörigkeit zur ‚Frankfurter Schule' organisatorisch natürlich eindeutig, dessen wissenschaftliche Zuordnung aber lange diskutabel bleibt, vermittelt teilweise die Positionen.[6]

Man kann die gemeinsame Erfahrung, auf die, wie schon gesagt, diese Philosophien eine Antwort sind, nicht in der geschichtslosen Abstraktion belassen. Die Erfahrung, daß der Geschichte das Subjekt verloren ist, verbindet sich für die französischen Existenziali-

5 Horkheimer, 1937, S. 270 f.

6 „Der erste ‚Heideggermarxist' war Herbert Marcuse." (J. Habermas, 1969, S. 330).

sten ebenso wie für die Mitglieder der Frankfurter Schule mit den besonderen historischen Erfahrungen und persönlichen Erlebnissen dieses Jahrhunderts, insbesondere mit dreien: der Unfähigkeit des Proletariats, sich als transnationales Subjekt am Vorabend des Ersten Weltkrieges zu konstituieren, um diesen zu verhindern,[7] der Erfahrung, daß die Oktoberrevolution im Namen des Proletariats, nicht aber von diesem selbst fortgeführt wird und sich als neue Herrschaft auch gegen dieses wendet, und schließlich die europäische Niederlage gegen den Faschismus, die auch und besonders eine Niederlage des Proletariats ist, dessen Fähigkeit zur Subjekthaftigkeit von diesem auf die Bewahrung der proletarischen Identität im Widerstand und im Leiden reduziert wird, wie Peter Weiss es in seiner „Ästhetik des Widerstandes" zu zeigen versuchte. Bei Adorno findet sich dieses letzte Motiv schon früher: daß nämlich die Fähigkeit zum Subjektsein in der Geschichte nicht an die freibewußte Praxis gebunden bleibt, sondern sich auch über die Bewahrung der Subjektivität als Opfer zu konstituieren vermag. Zuzeiten kann in einem strengen Sinne der Mensch nur noch als Opfer und im Leiden sich seine Identität als persönliches und historisches Subjekt bewahren; die Praxis des Widerstandes gegen die Übermacht von entmenschlichenden Verhältnissen vermittelt den passiven Zustand des Leidens mit der Vorstellung einer bewußten Praxis, an die der Begriff vom Subjekt gebunden bleibt.

Man muß sich vorstellen, was diese historischen Erfahrungen für eine Geschichtsphilosophie mit praktischer Absicht theoretisch wie existenziell bedeutet haben. Bei Sartre wird die Enttäuschung noch in der emphatischen Weise sichtbar, in der er die Darstellung des Proletariats als historisches Subjekt, als Kern des ‚Marxismus des 19. Jahrhunderts' in wenigen Sätzen bündelt:

> „Der Marxismus des 19. Jahrhunderts ist der gigantische Versuch, nicht nur Geschichte zu machen, sondern sich ihrer praktisch und theoretisch durch Einigung der Arbeiterbewegung und durch Erhellung des Proletariats vermittels der Erkenntnis des kapitalistischen Prozesses und der objektiven Realität der Arbeiter zu bemächtigen. Am Ende dieser Bestrebungen soll durch die Vereinigung der Ausgebeuteten und durch immer stärkere Verminderung der Zahl der Klassen, die am Kampfe teilnehmen, die Geschichte endlich einen Sinn für den Menschen bekommen. Das Proletariat wird damit, daß es Bewußtsein seiner selbst gewinnt, Subjekt der Geschichte, d. h., es kann sich in ihr wiedererkennen."[8]

7 Klär, 1981, mit einer glänzenden Analyse.

8 Sartre, 1971, S. 73.

Wo die Sinngebung der Geschichte so ans historisch konkrete Proletariat als Subjekt gebunden war, da muß dessen Niederlage über die Zeit die Absurdität der Zeitläufte begründen, die Sartre in seinen frühen Erzählungen und Romanen zum Ausgangspunkt wird;[9] da muß entweder der Anspruch auf die Möglichkeit, in der Geschichte Vernunft verwirklichen zu können, aufgegeben oder aber anders begründet werden. Sartre entscheidet: er *entscheidet* sich für den zweiten Weg, indem er an die Stelle des dort eigentlich für den Marxismus konstitutiven objektiv-subjektiven Klassensubjekts des Proletariats den einzelnen Menschen in seiner existenziellen Alltagssituation setzt; so gehen Marxismus und Existenzialismus dann angeblich zusammen:

„Dagegen betrachten Existentialismus und Marxismus ein und dasselbe Objekt, der Marxismus jedoch hat den Menschen in der Idee aufgehen lassen [in der ‚platonischen Idee' des Klassensubjekts Proletariat, wie er anderswo sagt, M. G.], der Existentialismus hingegen sucht ihn überall, wo er geht und steht, bei seiner Arbeit, zu Hause und auf der Straße [. . .] Man verstehe uns richtig [. . .], der Marxismus ist noch längst nicht erschöpft, er ist noch ganz jung, er steckt fast noch in den Kinderschuhen: er hat kaum begonnen, sich zu entwikkeln. Er bleibt also die Philosophie unserer Epoche: er ist noch nicht überlebt, weil die Zeitumstände, die ihn hervorgebracht haben, noch nicht überlebt sind."[10]

Sollen wir die hymnische Reihung in der Lobpreisung des ‚jungen Marxismus' als ein Zeichen von Gewißheit nehmen – oder preist hier einer gegen den eigenen Zweifel an?

Max Horkheimer kann 1937, für die Kritische Theorie dieselbe Enttäuschung theoretisch verarbeitend, an demselben Anspruch festhaltend, nur noch negativ formulieren:

„Allgemeine Kriterien für die kritische Theorie gibt es nicht. [. . .] Ebensowenig existiert eine gesellschaftliche Klasse, an deren Zustimmung man sich halten könnte. [. . .] Die kritische Theorie hat bei aller Einsichtigkeit der einzelnen Schritte und der Übereinstimmung ihrer Elemente mit den fortgeschrittensten traditionellen Theorien keine spezifische Instanz für sich als das *mit ihr selbst* verknüpfte Interesse an der Aufhebung der Klassengesellschaft. Diese negative Formulierung ist, auf einen abstrakten Ausdruck gebracht, der materialistische Inhalt des idealistischen Begriffs der Vernunft."[11]

9 „Die Menschen nämlich in Sartres Romanen und Theaterstücken leben in einer für sie unerkennbaren Welt, die ihnen unlogisch, schlechthin sinnlos vorkommt. Es gibt weder historische Gesetzlichkeit noch Veränderung der Wirklichkeit durch gemeinsames Handeln. Jede Aktion hat bloß Bedeutung für den, der agiert." (H. Mayer, 1972, S. 38).

10 Sartre, 1971, S. 26, 27 f.

11 Horkheimer, 1937, S. 291 f.; Hervorhebung von M. G.

Damit ist die Verzweiflung über den Verlust des historischen Subjekts in beiden Fällen mit dem Festhalten am Anspruch einer Theorie der gesellschaftlichen Praxis, einer Theorie der Veränderung gesellschaftlicher Verhältnisse verknüpft. Dieses ‚Festhalten' ist in beiden Fällen mehr einer Entscheidung, oder wie Horkheimer sagt, einem ‚Verhalten'[12] geschuldet, als daß es für die Richtung, die dadurch in die theoretische Reflexion hineinkommt, Gründe angeben könnte, die als allgemein-verpflichtende nach traditionellen philosophischen Maßstäben Geltung beanspruchen könnten.

Aber sowohl was die geschichtliche Konkretion der Richtung als auch was die Ersetzung des Subjekts ‚Proletariat' durch etwas anderes anbelangt, herrschen gewichtige Unterschiede vor. Sartre treibt einen ‚humanistischen Existenzialismus', eine Philosophie der Praxis, aus der immanenten Kritik einer bloß apologetischen Existenzialontologie hervor, bleibt dabei aber im Kontext unhistorisch-ontologischer Argumente über die ‚condition humaine'. In der Kritischen Theorie verbinden sich die Rezeption der Kritik der politischen Ökonomie Marx', eine besonders bei Horkheimer im Spätwerk deutlich werdende Wiederanknüpfung an Kant „als Verfechter einer ‚kritizistischen' Grenze von Erkenntnis"[13] sowie besonders bei Adorno eine kaum auf methodisch-theoretische Traditionen zurückzuführende Sensibilität und Subjektivität der essayistischen Analyse von gesellschaftlichem Allgemeinen im Alltäglichen. Was dieses Allgemeine auszeichnet, ist die Spannung, die unaufhebbar zwischen dem seit der Aufklärung überkommenen Freiheitsanspruch des Subjekts und der durch die kapitalistische Vergesellschaftung zur bloßen „Charaktermaske" ausgehöhlten Einzelperson besteht; also der Tendenz der bestehenden Gesellschaft, im Prozeß der Konzentration und Entpersonalisierung der materiellen Reproduktion mit den ökonomischen Voraussetzungen der Konstitution des bürgerlichen Subjekts auch die „wirklichen Menschen" (Marx) als Subjekte dieser Ideale zu beseitigen. Es ist diese Spannung zwischen historisch einmal artikuliertem Anspruch und fehlendem Subjekt zu seiner Verwirklichung, die der Theorie, als dem Bewahrer dieser Ansprüche eine so eminente historische Rolle zuschreibt: Theorie und Tradition als Verweser des histori-

12 Ebd. S. 261.
13 A. Schmidt, 1974, S. LV.

schen Subjekts, das der kritischen Reflexion mächtige Individuum als Verkörperung eines praktischen Anspruchs, dem es selbst nicht nachkommen kann.

Es ist offenkundig, daß dem Individuum und seinen konkreten Lebensverhältnissen da wieder eine bedeutendere Rolle und Aufmerksamkeit zugebilligt werden muß, wo das Vertrauen in das kollektive Subjekt, seine Fähigkeit sich zu konstituieren, seine Möglichkeit, bei der Verfolgung seiner spezifischen Klassen- und Allgemeininteressen auch die schon angesprochenen Ansprüche einer allgemein-menschlichen, einer vernünftigen Emanzipation zu realisieren, verloren ist. Diese Verschiebung, in der Kritischen Theorie wie im Existenzialismus gleichermaßen zu beobachten, ist da mehr von Bedeutung, wo es um die Rolle des verändernden Subjekts als um die desjenigen sich handelt, dem die einmal geglückte revolutionäre Veränderung schließlich zugute kommen soll. Wenn wir uns noch einmal den aktuellen historischen Kontext der fünfziger Jahre vergegenwärtigen, wird auch von daher verständlich, wieso das Glück des konkreten Einzelnen, auch seine Fähigkeit sich gegen den Zwang der aufgeherrschten Verhältnisse immerhin noch zu wehren, in der Philosophie so zentral werden. Es gibt ja einen wahren Kern in aller Totalitarismustheorie, der jenseits aller Logik des Kalten Krieges auch in den hier angesprochenen Philosophien seine Bedeutung erhält: daß nämlich die Totalität zusammenhängender Vergesellschaftung, die als qualitativ neues Moment im 20. Jahrhundert zunehmend auch noch die Reproduktionssphäre erfaßt,[14] den Gegensatz Individuum – Gesellschaft quasi aus sich vertreibt. War dieser in seiner durch die bürgerliche Vergesellschaftung zunächst gesetzten Form als der Gegensatz zwischen der der Produktion durch den Verkauf der Arbeitskraft entsubjektiviert unterworfenen Charaktermaske und dem in der Freizeit als Individuum mit seinen Bedürfnissen und konkret-sinnlichen Fähigkeiten ausgestatteten Einzelmenschen bestimmt, so verschwindet mit der reellen Subsumption auch der Reproduktionssphäre unter die Verwertungslogik des Kapitals selbst noch die scheinhafte Subjektivität des ‚Freizeit-Menschen'. So wie in seiner Arbeit schon lange, wird er im 20. Jahrhundert auch in den Formen und Inhalten seiner

14 „Was einmal den Philosophen Leben hieß, ist zur Sphäre des Privaten und dann bloß noch des Konsums geworden, die als Anhang des materiellen Produktionsprozesses, ohne Autonomie und ohne eigene Substanz, mitgeschleift wird." (Adorno, 1980, S. 9).

Reproduktion, sei es in der Liebe, in der Bildung oder sei es in der Ausübung kreativer Fertigkeiten, die heute als ‚Basteln' und ‚Heimwerken' längst den vorgestanzten Mustern und den Zwängen zur materiellen Kompensation des vorenthaltenen Arbeitseinkommens folgen, als Subjekt negiert und zum unfreiwilligen Vollstrekker des Profitprinzips auch hier gemacht. Noch die Befriedigung des sublimsten ästhetischen Bedürfnisses, wie des Musikgenusses, wird zum vollerschlossenen Markt der Industrie, die, ob Solti, Karajan oder Clash, gleichgültig gegenüber jedem konkreten Inhalt, nur an den Absatzzahlen sich orientiert, so wie der ‚Musikhörer' nur am stilvollen ‚background', an Atmosphäre, nicht aber an Kunst interessiert ist.

Um so skeptischer muß angesichts dieser Analysen, die sich dem Kontext Kritischer Theorie freilich mehr verdanken als den Überlegungen eines Sartre, jeder Entwurf geprüft und beurteilt werden, der unvermittelt bei der Fähigkeit des Subjekts ansetzt, sich zu widersetzen; der eine Perspektive behauptet, die über die eindimensionale Verwertungslogik hinausreicht. Offenkundig ist ja der Widerspruch zwischen der analytischen Mikroskopie der ‚totalen Vergesellschaftung', die bis in die feinsten Regungen des Einzelmenschen hinein noch die Mechanik der Kapitalverwertung sichtbar macht, und dem in die Theorie als praktische Absicht eines Subjekts hineingelegten Anspruch auf Veränderung unter dem Gesichtspunkt emanzipatorischer Ideale. Die Zerstörung des Subjekts wird zugleich mit einer Hoffnung verbunden, daß an ihm die emanzipatorischen Ansprüche einen Interessenten fänden, der sich ihrer annimmt. Das hat gerade bei der Kritischen Theorie zunächst etwas vom rettenden Strohhalm an sich; Horkheimer spricht in ähnlichem Zusammenhang von einem Gehalt der Theorie, „dem bei aller Veränderung die *Treue* zu wahren"[15] sei – damit unwillkürlich einen Begriff wählend, der über den Mangel an theoretischen Gründen und verbliebener realhistorischer Perspektive ebensoviel aussagt, wie über die außertheoretische existenzielle Absicht, es auf jeden Fall bei der damit gegebenen Hoffnung zu belassen.

Einige Bemerkungen zur historisch in der Philosophie ausgebildeten Anspruchslogik des Subjektbegriffs sollen verdeutlichen, inwieweit die entsprechenden Ideen der beiden hier benannten Schulen im Kontext klassischer philosophischer Tradition verbleiben.

15 Horkheimer, 1937, S. 270.

Seit der Ablösung des mittelalterlichen Weltbildes war im Denken der europäischen Aufklärung an die Stelle des deistischen Weltbildes eine anthropozentrische, bei Descartes auch schon subjekt-zentrierte Weltanschauung getreten. Erkenntnistheoretisch und moralphilosophisch hatte diese Entwicklung einen gewissen Kulminationspunkt in der deutschen Transzendentalphilosophie des klassischen Idealismus. Es ist hier nicht der Raum, von den gesellschaftlichen Voraussetzungen einer solchen Umorientierung gesellschaftlichen Bewußtseins und philosophischer Weltbilder zu sprechen; aber diese Voraussetzungen in der Form der endgültigen Durchsetzung einer warenproduzierenden Tauschgesellschaft mit Privateigentum an Produktionsmitteln als dominantem Produktionsverhältnis müssen jederzeit mitgedacht werden, wenn es um die Inhalte des philosophischen Gedankens geht. Diese waren ihnen genausogut materielle Voraussetzung wie jener diesen zugehörige kategoriale Gedankenform; d.h. dieses Verhältnis ist nicht als bloß einseitige ‚Widerspiegelung' zu fassen, sondern als wechselseitige Konstitution und notwendiges Verhältnis nach beiden Seiten hin.

In diesem gesellschaftlich-konstitutiven Zusammenhang, aber von ihr selbst bis Hegel weitgehend unbegriffen, entfaltet die idealistische Transzendentalphilosophie den Begriff des Subjekts als den der Freiheit. Kant deduziert die Notwendigkeit der Freiheit in der Kritik der praktischen Vernunft als einen für die Geltung des Sittengesetzes ‚apriorischen Glauben', in dem die Selbstbestimmung des vernünftigen Willens als die einzige, ganz formale Voraussetzung der Sittlichkeit angesehen wird. „Nach Kant ist die Realität der Sittlichkeit die Tatsache der praktischen Vernunft, und darum muß an die Freiheit als die Bedingung ihrer Möglichkeit geglaubt werden."[16] In Kauf genommen wird von solcher formalen Bestimmung die Zerfällung der Welt in die Naturordnung, in der der Mensch unfrei den Gesetzen der Kausalität unterworfen bleibt, und in die sittliche Ordnung, die als ‚übersinnliche' bei Kant kein Erfahrungsurteil erlaubt, sondern in der der ‚intelligible Charakter' des Menschen herrscht. Dieser ‚intelligible Charakter', also die Fähigkeit des Menschen, sich selbst nach den Maßstäben der allgemeinen kritischen Vernunft als Subjekt zu denken, ohne dabei andere Einschränkungen ‚von außen' hinnehmen zu müssen, als sie sich aus der transzendentalen Bestimmung der Vernunft selbst ergeben, heißt bei Kant ‚Subjekt-Sein'.

16 Windelband/Heimsoeth, 1957, S. 476.

Das Subjekt und die Freiheit sind also bei Kant vor allem erkenntnistheoretisch bestimmt und stehen der Sphäre von Geschichte und Gesellschaft logisch voraus; letztere sind dem Menschen allein in der empirischen Erfahrung, in der Anschauung zugänglich. Bei Kant ist damit trotz des transzendentalen und also inter-subjektiven Charakters der Vernunftbestimmung die Subjektivierung der Vernunft auf die Spitze getrieben; und zwar zu jenem Punkt, an dem sie unter gesellschaftlichen Gesichtspunkten kaum noch den funktionalen Anforderungen der bürgerlichen Gesellschaft zu entsprechen vermochte. Einer Gesellschaft, die mit der Entfesselung der kapitalistischen Akkumulation zugleich die Entfesselung der Konkurrenz der Individuen gesetzt hatte und die damit die Kraft gesellschaftlicher Synthesis, die Zusammenfassung zu einer Ordnung nicht aus der subjektiven Vernunft länger herzuleiten und zu legitimieren vermochte. Hegel bestimmt denn auch konsequent die bürgerliche Gesellschaft als ein ‚System von Bedürfnissen', in dem sich empirisch der aus dem Bedürfnis stammende Wille der Subjekte, also ihre Freiheit entfaltet. Wie Marcuse gezeigt hat,[17] steht diese Freiheit des Willens im System der Bedürfnisse nicht im Gegensatz zu der Bestimmung in der ‚Logik', daß nämlich, wie Hegel in der ‚Rechtsphilosophie' (§ 4) ausführt, das denkende Subjekt das freie Sein, die Freiheit aber ein Attribut seines Willens und dieser ein Derivat seiner Bedürfnisse ist.

Die Frage, die sich stellt, ist: wie wird Gesellschaft als die *Allgemeinheit* des Willens möglich, die aus der Anarchie der Einzelwillen im System der Bedürfnisse nicht gefolgert werden kann. Hegel kritisiert die frühere ‚Lösung' des Problems durch die vertragstheoretischen Gesellschaftsmodelle mit dem Argument, daß der Vertrag zwischen den Subjekten stets privater bzw. privatrechtlicher Natur bleiben müsse, daß folglich die Einbeziehung des Staates in einen solchen Vertrag diesen notwendig nur einem oder mehreren partikularen Willen unterwerfen würde, daß sich daraus aber kein allgemeiner Wille ergeben könne, sondern allenfalls die Durchsetzung eines besonderen zum herrschenden. Der Schritt, der Hegel die synthetische Aufhebung der Freiheit des Subjekts als Willkür im System der Bedürfnisse (Gesellschaft) erlaubt, ist der, daß er dieses System nicht nur als ein System der Konkurrenz (Getrenntheit), sondern in der dialektischen Einheit der Gegensätze

17 Marcuse, 1972, S. 167.

zugleich auch als ein System der wechselseitigen Abhängigkeit (Einheit) begreift. Das empirisch-historische Faktum der arbeitsteiligen Vergesellschaftung erlaubt die freie Befriedigung der Bedürfnisse nur im System wechselseitiger Abhängigkeit. Subjekt und Gesellschaft stellen in ihrem Widerspruch zugleich eine Einheit dar. Die Folge: der Begriff des vernünftigen Subjekts und seiner Freiheit kann nur zusammen mit dem Begriff einer venünftigen Gesellschaft, d. h., einer, in der die Freiheit des Subjekts in der allgemeinen Freiheit ‚aufgehoben' ist, gedacht werden. Das ist, wenn man so will, der progressive, die bürgerlich-kapitalistische Gesellschaft im strengen Sinne transzendierende Zug in Hegels Gesellschaftstheorie, der aber sogleich durch seine immanente Bestimmung der konkreten Realisierung der Freiheit als der ‚absoluten Verfügung über Eigentum' regressiv eingeschränkt bleibt. Auch ist in der bürgerlichen Gesellschaft das Eigentum nicht allgemein und deshalb die daran gebundene Bestimmung von Freiheit stets partiell. In diesem Zusammenhang bleiben diese sich vor allem aus der späteren politischen Philosophie Hegels zur Vergötzung des gegebenen Staates als ‚Wirklichkeit der sittlichen Idee' entfaltenden repressiv-affirmativen Denkzüge aber unerheblich. Bedeutsam ist, daß bei ihm für die philosophische Tradition des Subjekt- und des Freiheitsbegriffs neben die vollständige Subjektivierung bei Kant die Tradition des objektiven Zusammenhangs von Gesellschaftlichkeit und Subjektivität gesetzt ist, wie sie vor allem für die dialektisch-materialistische Tradition bestimmend geworden ist.

In der Berufung auf diese beiden Traditionen ist damit ein Ordnungsschema für Theorien des historischen Subjekts angedeutet, das nun für die Darstellung der Subjektrolle in Kritischer Theorie und Existenzialismus verwandt werden kann, und zwar im Hinblick auf die hier interessierende gesellschaftstheoretische Perspektive fruchtbarer, als dies mit der Unterscheidung von (Existenzial-)Ontologie und Kritischer Theorie bzw. dialektischem Materialismus möglich wäre. Der Subjektbegriff Sartres steht ebenso wie seine Vorstellung von dessen Freiheit gänzlich in der Tradition, die hier als die Subjektivierung der Vernunft bezeichnet ist.[18] Das mag bei einem Philosophen, dessen gesellschaftliches und politisches Enga-

18 Die Herstellung der Beziehung zu Kant ist inhaltlich wie methodologisch angemessen; so auch von Krosigk (1969, S. 146): „[. . .] wird deutlich, daß Sartre um eine ‚Kritik' im Kantschen Sinne, d. h., um eine apriorische Fundierung der dialektischen Vernunft bemüht ist."

gement mehr die Weltpresse beschäftigte, als seine Philosophie es schließlich noch tat, überraschen. Aber den Philosophen als Philosophen ernst genommen, kann kein Zweifel daran bestehen, daß die Begründung dieses Engagements sich einer existenzialistischen Phänomenologie des Subjekts verdankt, die über die Inhalte und historisch-gesellschaftlichen Perspektiven des jeweiligen Engagements zunächst Konkretes noch nicht auszusagen vermag. Als erstes ergibt die Analyse der Sartreschen Philosophie, daß die Freiheit des Subjekts, die in ihr zentral steht, sich mehr als Schicksal, mehr, um es nicht zufällig mit Heidegger auszudrücken, der ‚Geworfenheit' ins Da-Sein verdankt, als einer historischen Vorstellung von Freiheit, die auch ein ‚wozu' und ein ‚wohin' enthält. Sofern das gesellschaftliche und politische Engagement von Sartre eine besondere Richtung enthält, und wer wollte das trotz aller Deviationen über die Zeit bestreiten, sofern kommt es von jenseits seiner Philosophie und ist allenfalls nicht im direkten Widerspruch mit ihr.

Schon der erste Satz von „Das Sein und das Nichts" zeigt Sartres nirgends wieder zurückgenommene Stellungnahme im grundsätzlichen Streit, der die Geschichte der Philosophie und die der philosophischen Begründungen politischer Weltanschauungen der Neuzeit durchzieht: „Dem Denken der Gegenwart ist ein beträchtlicher Schritt nach vorwärts gelungen, indem es das Seiende auf die Reihe derjenigen Erscheinungen zurückführte, die von ihm Kunde geben."[19] Es ist dies bekanntlich der Schritt Husserls,[20] hinter dem noch der letzte Rest an Objektivem, wenn auch als bloßes Residuum des prinzipiell Unerkennbaren, zurückbleibt, der bei Kant mit dem von Erfahrung unabhängigen ‚Ding an sich' geblieben war.

Der Sartresche Ausgangspunkt, davon nicht prinzipiell unterschieden, ist mit Descartes ‚cogito' gesetzt;[21] dieses ‚cogito' freilich schon gleich als ‚Zweifel' begriffen, und zwar als Zweifel eines individuell-konkreten Subjekts (Ich[22] zweifle [. . .]), geht stets über

19 Sartre, 1980, S. 9 (franz. zuerst 1943, dt. zuerst 1952).
20 Pivcević, 1972, speziell zum Verhältnis von Sartre zu Husserls Philosophie.
21 Marcuse, 1970, S. 52.
22 „Der Krieg der Bewußtseine keimt im cartesischen cogito. [. . .] Das ego, so wie es im ego cogito, ergo sum gegeben ist, ist das Absolute, zu dem alles andere relativ ist: Seine Wahrheit, die von keiner anderen abhängt, bedingt alle anderen. [. . .] Nun kann es aber nicht gleichzeitig mehrere Absolute geben. Ein zweites Absolutes (der Andere) bezeichnet notwendig einen Rivalen des ersten Absoluten (Ich, ego). Der Übergang vom cogito zum cogitamus ist keineswegs der Übergang vom ‚Ich' der einsamen Meditation zum

die bloße Wahrnehmung, oder wie Kant sagt: ,apperception', hinaus. Dieser ego-zentrische Anfang bekommt bei Sartre eine spezifische Wendung: durch das ,cogito' kommt das ,Nichts' und die Negation in die Welt; nicht als ein zeitliches Nacheinander, sondern als logisch vorausgesetzt, als ontologische Bedingung. Das Sein kann bei Sartre nur Gegenstand des ,cogito' werden, weil es vom ,Nichts' unterschieden ist, weil also, indem das ,Sein' ist auch schon das ,Nichts' sein muß. Das Logische vollzieht hier freilich das Ontologische nur nach, nicht, daß dieses durch jenes begründet wäre. Bei Sartre klingt das so:

„[...] der Mensch ist das Sein, durch das das Nichts in die Welt kommt. Aber diese Frage ruft sofort eine andere hervor: was muß der Mensch in seinem Wesen sein, damit durch ihn das Nichts in die Welt kommen kann?"[23]

Sartre stellt Fragen, um sie zu beantworten, und die Antwort zeigt zugleich, daß Sartre sich selbst in jener Tradition sieht, die ihm schon beigemessen wurde:

Dieser für die menschliche Realität bestehenden Möglichkeit, ein Nichts aus sich (sic!) hervorzubringen, was sie von anderem absondert, hat Descartes, nach den Stoikern, einen Namen gegeben: es ist die *Freiheit* [...]

Die menschliche Freiheit geht dem Wesen des Menschen voraus und ermöglicht es, das Wesen des menschlichen Seins ist hineingehalten in dessen Freiheit. Was wir Freiheit nennen, kann also unmöglich vom Sein der ,menschlichen Realität' unterschieden werden. Der Mensch ist keineswegs zunächst, um dann frei zu sein, sondern es gibt keinen Unterschied zwischen dem Sein des Menschen und seinem ,Freisein'.[24]

Damit stellt sich sogleich die Frage, was denn die Freiheit wäre, wenn das Wesen des Menschen seine Freiheit oder besser sein ,Freisein' sein soll. Sartre kommt darauf 500 Seiten später zurück, und er beginnt bei der Analyse von ,Tätigkeit' als der ,ersten Bedingung der Freiheit'. Wer nun erwartet hätte, daß sich hier vielleicht Verbindungen zur historisch-dialektischen Analyse des Gat-

,Wir' einer Republik der Geister. Im Plural sind die Absoluten nur noch Bewerber um das Absolute, mörderische Konkurrenten um den Thron." (V. Descombes, 1981, S. 32f.).
E. Pivecević (1972, S. 173) weist zwar zu Recht darauf hin, daß, anders als bei Descartes, bei Sartre der Akzent des cogito nicht auf der ontologischen Begründung des Subjekts, sondern auf dem Nachweis des ,existentialen' Charakters von Erkenntnis liege; die beiden Aspekte scheinen mir aber, ungeachtet der Akzentverschiebung, untrennbar verbunden.

23 Sartre, 1980, S. 65.

24 Ebd. S. 65.

tungsmenschen bei Marx ergeben könnten, in der ja auch die Fähigkeit des Menschen, durch Praxis sich selbst und seine gesellschaftliche Existenz hervorzubringen und zu verändern, zentral gedacht und im gattungsgeschichtlichen Kontext das eigentliche Merkmal seiner Undeterminiertheit, seiner Freiheit ist, der sieht sich getäuscht. Sartre bleibt konsequent im Kontext seiner phänomenologischen Existenzialontologie, also vor aller Geschichte und vor aller historischen Konkretion von Praxis stecken. Ihn interessieren phänomenologisch die ,,in der Idee der Tätigkeit selbst enthaltenen Strukturen.“[25] Es sind dieses nach langer Analyse im wesentlichen zwei: daß durch Tätigkeit grundsätzlich Veränderung erfolgt und daß Tätigkeit grundsätzlich intentional sein soll. Da es um anderes geht, kann ich die Kritik der zweiten These vernachlässigen, die mir im Hinweis auf viele Formen des alltäglichen Verhaltens, im Hinweis aufs ‚Unbewußte‘ sowie im Hinweis auf die objektiven Folgen nicht-intentionalen Handelns nahezuliegen scheint. Hier geht es um die Analyse von Freiheit als dem Da-Sein des Menschen. Sartre denkt hier so: Indem Handeln verändert und intentional ist, ist es notwendigerweise auch Negation von Bestehendem; damit diese Notwendigkeit eintreten kann, muß Freiheit herrschen. Es hätte hier auch der Begriff ‚Kontingenz‘ ausgereicht, um das logische Desiderat, das sich aus der geforderten Voraussetzung ergibt, zu erfüllen; aber Sartre will ja auf die ‚Freiheit‘ hinaus, sie als das ‚Dasein des Menschen‘ beweisen. Allerdings gibt es eine Stelle in den fast 800 Seiten, wo Sartre sich verrät, selbst von Kontingenz spricht, um sich sogleich zu korrigieren und den Mangel des logischen Nachweises zu verbergen, daß aus seiner Analyse des tätigen Menschen vielleicht die Notwendigkeit der Kontingenz seines Tätigkeitsraumes (das Seiende außer ihm), nicht aber gleich ‚Freiheit‘ erwächst. Es sei denn, man meint es identisch und unter Freiheit nur die subjektlose Offenheit das Da-Seins als eine Vielfalt von Möglichkeiten.[26] Dann aber hätte man den Zusammen-

25 Ebd. S. 552.

26 Der Autor, der in den letzten Jahren am konsequentesten eine solche ‚subjektlose‘ Konzeption von ‚Kontingenz‘ als ‚Möglichkeitshorizont‘ entwickelt hat, ist N. Luhmann; wie Sartre nimmt er seinen Ausgang bei der transzendentalen Phänomenologie Husserls, aber anders als bei diesem, ist der absolute Bezugspunkt nicht das cartesianische ego, sondern ,,Welthorizont“ (L. Eley, 1972, S. 14); unklar bleibt bei Luhmann freilich, welchen Status ,,Systeme“ haben, die aus diesem als Kontingenzbereich selegieren.

hang von Subjekt und Freiheit aufgelöst und diese Art Freiheit zu einer Qualität der Welt, des Seienden überhaupt gemacht, was aber Sartre gerade nicht will.[27] Für ihn soll sich ja alles Seiende außerhalb der Freiheit des Subjekts gerade durch die Abwesenheit der Freiheit unterscheiden. Also muß man wohl schon um der Sartreschen Intentionen willen bei der ersten Interpretation verbleiben, die logische Notwendigkeit der Freiheitsbegründung aus der phänomenologischen Analyse von Tätigkeit also bestreiten.

Sartre läßt aber an den beabsichtigten Zielen seiner Überlegungen keinen Zweifel: aus der Fähigkeit des ‚cogito' zu zweifeln und mit dem jeweiligen Sein auch das Nichts denken zu müssen, soll die Freiheit begründet werden. Das liest sich im Ergebnis so:

„Vom ersten Kapitel haben wir nachgewiesen, daß, wenn Verneinung durch die menschliche Realität zur Welt kommt, diese sein Sein sein muß, daß einen nichtenden Bruch mit der Welt und mit sich selbst herbeiführen kann [...] Dann haben wir, von Analysen wie der der Unwahrhaftigkeit ausgehend, ermitteln können, daß die menschliche Realität ihr eigenes Nichts ist. ‚Sein' heißt für das Für-sich, das An-sich, das es ist, nichten. Unter diesen Umständen kann die Freiheit nichts anderes sein als diese Nichtung [...]".[28]

Und er fährt fort, und dabei wird noch einmal die oben schon angesprochene These von der gänzlich unhistorischen, vollständig subjektivistischen und über die Existenzialontologie vermittelten Freiheitsphilosophie Sartres[29] bestätigt:

„Schon aufgrund der Tatsache, daß ich Bewußtsein der meine Tätigkeit in Gang bringenden Anlässe habe, sind diese Anlässe für mein Bewußtsein transzendente Objekte, sind sie draußen; vergeblich würde ich versuchen, mich wieder an sie anzuhängen: ich entziehe mich ihnen gerade durch mein Dasein. Ich bin dazu verurteilt, für immer jenseits meines Wesens zu existieren, jenseits der Antriebe und Anlässe meines Tuns: ich bin dazu *verurteilt*, frei zu sein. Das

27 So auch G. Lukács (1951, passim), der in seiner ideologischen Kritik die Positionen von Holz (1951) vorwegnimmt; bei ihm aber der interessante Hinweis, der sich mit der These dieses Aufsatzes methodisch verbindet, daß Philosophie verarbeitete geschichtliche Erfahrung darstelle; der ‚abstrakte Freiheitsbegriff' Sartres stamme aus dem Kontext des „perspektivlosen antifaschistischen Widerstandes"; nur daß Sartres erstes Hauptwerk bereits 1934 erschien, spricht dagegen ...

28 Sartre, 1980, S. 559.

29 „Die wesentliche Freiheit des Menschen, wie Sartre sie sieht, bleibt die gleiche vor, während und nach der totalitären Versklavung des Menschen. Denn Freiheit ist für ihn die Struktur menschlichen Seins selber und kann selbst durch die widrigsten Umstände nicht vernichtet werden: der Mensch ist selbst in den Händen des Henkers frei." (H. Marcuse, 1970, S. 52).

> bedeutet, daß wir für unsere Freiheit keine anderen Grenzen als sie selbst finden können oder, wenn man lieber will, daß wir nicht die Freiheit haben, aufzuhören, frei zu sein [...]. [Dies zeigt,] daß die Freiheit in ihrem Grunde mit dem Nichts zusammenfällt, das im Menschen drinsteckt. Weil die menschliche Realität nicht genug ist, ist sie frei; weil sie fortwährend sich selbst entrissen wird und weil das, was sie gewesen ist, durch ein Nichts von dem getrennt ist, was sie ist und sein wird [...] Also ist die Freiheit nicht *ein* Sein: Sie ist das Sein des Menschen, das heißt sein Nichts an Sein (son néant d'être)."[30]

Also: weil der Mensch kein fertiges Sein ist und werden kann, weil er also immer Möglichkeiten hat, die sein jeweiliges Sein negieren, deshalb ist er frei; seine Freiheit liegt darin, daß er nicht so bleiben muß, ja bleiben kann, wie er ist, sondern daß er stets noch etwas wird, werden muß, was er noch nicht ist.

Kehren wir einen Moment zu der Ausgangsthese zurück, daß Philosophie ihre Wahrheit aus einer Erfahrung zieht, die sich in ihr bestätigt, und fügen wir meine These hinzu, daß wir es hier mit dem Dilemma einer praktischen Theorie ohne traditionelles historisches Subjekt zu tun haben,[31] so erscheinen mir die Vermittlungen zu den fünfziger Jahren recht plausibel. Der Erfolg dieser Philosophie, und um den handelt es sich ja mehr als um ihre autorenzentrierte individualitätsbezogene Genese, wird auf dem Hintergrund verständlich, wie in ihr die Freiheit des Subjekts als unveräußerlich proklamiert wird, geradezu so, daß auch die unmittelbar schlimmsten Erfahrungen mit der realen Auslöschung des Subjekts, die ja seiner bloßen Hinmetzelung oder Vergasung noch vorausgehen, daran nicht zu rütteln vermögen. Noch als Sklave des Faschismus, noch als Opfer des Brennofens und der Gaskammern bleibst du bis zum letzten Augenblick deiner Existenz frei; alles kann dir genommen werden, nicht aber die Negation, die in deiner bloßen Existenz liegt, solange du bist. Das ist die Erfolgsbotschaft dieser Philosophie in einer Zeit, in der die Menschen ihre konkrete Freiheit als gesellschaftliche und politische Subjekte durch die Niederlage des Faschismus zwar zurückbekommen glaubten, in der sich aber die Erfahrung gesellschaftlicher Entfremdung schnell als kontinuierlich erwies. Hier wird nicht die Kontinuität von Faschismus und nachfolgender Demokratie behauptet, sondern nur die Kontinuität der Erfahrung von Entfremdung in ihnen, auf die der Erfolg der Sartreschen Philosophie aufsitzt und die sie zum philosophischen

30 Sartre, 1980, S. 559f. und S. 561.

31 Ich habe diesen Gedanken inzwischen in einem Vergleich Th. W. Adornos und H. Freyers zu entwickeln versucht, s. Greven, 1983, S. 144–159.

Ausdruck bringt. Der Erfolg liegt nicht in der Verheißung, diese Entfremdung könne als gesellschaftlich konstituierte durch gesellschaftliche Aktion auch überwunden werden, sondern sie liegt in der Ontologisierung der Entfremdung zu einem unaufhebbaren Verhängnis:

„In einer Welt der Entfremdung erkennt sich der geschichtlich Wirkende niemals gänzlich in seinem Handeln wieder. Das besagt nicht, daß die Historiker ihn dabei nicht gerade *als* entfremdeten Menschen erkennen sollen. Wie auch immer: die Entfremdung steht am Ausgangs- und am Endpunkt: und der Handelnde vermag niemals etwas zu unternehmen, das nicht Negation der Entfremdung und ineins damit Rückfall in eine entfremdete Welt wäre; aber die Entfremdung des objektivierten Resultats ist nicht die nämliche wie zu Anfang. Der Übergang von der einen zur anderen definiert geradezu die Person."[32]

Diese in den fünfziger Jahren im Dialog mit den Marxisten geschriebenen Sätze Sartres machen deutlich: Entfremdung ist ontologisch begründete Seinsweise des Menschen, unaufhebbar, unhistorisch. Was der Mensch auch tut, er produziert sie nur neu. Der Gebrauch seiner Freiheit, d. h., seiner Fähigkeit zur Negation des Bestehenden ist daher als unhistorisches Tun zu begreifen; es bringt keine Geschichte voran, kein Subjekt in ihr anderswohin, als wo es sich nicht immer schon befand. Nur für dieses selbst macht sein Tun und was es dabei von sich weiß einen Unterschied aus.[33] Hier liegt der Kern des aktivistischen Postulats von Sartre,[34] das sich aus der phänomenologischen Ontologie aber gerade nicht zwingend ergibt. Das Subjekt selbst kann in der Richtung seiner Negation und in deren Bewußtheit immer nur seine Freiheit bestätigen, die ihm als unveräußerliche Bedingung schon vorausgesetzt ist, aber es kann zugleich auf die gesellschaftlichen Verhältnisse einwirken, die

32 Sartre, 1971, S. 81.

33 So auch, mit Blick auf den Sartreschen Revolutionsbegriff, J. Habermas (1969, S. 300): „Dieser Philosophie der Revolution geht es nicht um die angebbare Revolution einer bestimmten Gesellschaft mit der Absicht einer bestimmten Befreiung – es geht ihr vielmehr um das, was sich in jeweils bestimmten Revolutionen immer wiederholt: um Transzendenz als Grundzug menschlichen Existierens. [. . .] Die Revolution selbst bezeichnet, samt ihren Bedingungen, die formale Struktur eigentlicher Existenz. In ihr betätigt sich der Mensch als ein freier, aber nicht so, als wäre der revolutionäre Zustand nur ein solcher, in dem er befreit leben könnte. Die Revolution erreicht nichts. Sie ist die folgenlose Freiheit, die stets in sich selber wieder versinkt."

34 Wenn H. H. Holz (1951) in seinem in langen Passagen durchaus klug analysierenden Buch über Sartre in seiner „Kritik" schließlich loslegt: „[. . .]

ein historisch und ontologisch nicht notwendiges Ausmaß von Entfremdung bedingen. Hier, unter philosophisch-systematischen Gesichtspunkten gesehen, sehr spät erst, schwenkt Sartre in einen Kurs ein, der in gewissem Sinne mit dem Marxismus parallel verläuft. Die soziologische Analyse von Entfremdung, die sich kapitalistischen Strukturen verdankt, wird von ihm übernommen, deren Überwindung in einer sozialistischen Ordnung wird als notwendiger Schritt zur Humanisierung gesellschaftlicher Beziehungen begriffen – aber die ontologisch begründete Existenzweise als ein ins Dasein geworfenes, zur Freiheit wie zur Entfremdung verurteiltes Wesen bleibt davon ganz unbenommen. Es fehlt Sartre, um es kurz zu sagen, die Vorstellung von der Versöhnung, wie sie als philosophischer Dreh- und Angelpunkt im objektiven Idealismus Hegels, im historischen Materialismus Marx'[35] wie in der Kritischen Theorie nach der ‚Dialektik der Aufklärung' als Perspektive der Geschichte mit ganz unterschiedlichem Stellenwert aber identischem Gewicht vorhanden ist. Es fehlt diese Vorstellung, weil sowohl die Konstitution der Freiheit wie auch die Ubiquität der Entfremdung nicht als historisch-gesellschaftliches Dilemma im Widerspruch zwischen Subjekt und Gesellschaft, sondern in der Existenzweise des Subjekts selbst ontologisch, d. h. unaufhebbar begriffen wird. Der Einzelne kann damit nur für sich selbst Subjekt sein, er kann es, nach allem was wir gehört haben, gar nicht *nicht* sein, und er ist es nicht im Kontext einer Philosophie der Geschichte, die vom Widerspruch zwischen Individuum und Gesellschaft sowie von der Möglichkeit seiner Aufhebung handelt.[36]

entlarvt sich also als eine Anthropologie"; ,,ideologischer Ursprung des Existenzialismus" (S. 107); ,,vielleicht extremste Stufe einer bürgerlichen Ideologie, ein Ausdruck der Ratlosigkeit, in der sich das ‚geistige Sein' einer der Krise ausgesetzten herrschenden Klasse befindet" (S. 108); ,,Das Gegenwärtige wird negiert, ohne es ändern zu wollen (sic!) [. . .] Lähmung des aktiven Bewußseins, die Einsargung in einem welt- und seinsfernen, solipsistischen Ich-Raum" (S. 109); ,,ideologischer Ableger des Kapitalismus" (S. 110), usw., usw., so nur, weil er unausgesprochen die Prämisse vom ‚Verlust des historischen Subjekts' nicht nachvollzieht und weiter auf dessen Inkarnation in Form der kommunistischen Partei setzt – wie überraschend muß ihn die zeitweilige Komplizenschaft Sartres mit der KPdSU, die kurz nach der Veröffentlichung von Holz' Buch begann, getroffen haben.

35 Siehe den entsprechenden Hinweis bei K. Heinrich, 1982, S. 23: ,,Nicht die Versöhnung hat Marx Hegel vorgeworfen, sondern das Mißlingen der Versöhnung."

36 So auch von Krosigk, 1969, S. 148: ,,Seine Theorie ist festgemacht am einzelnen Subjekt als transzendental-ontologischem Grund . . ."; und auch

Ganz anders die Kritische Theorie, bei der nur auf den ersten Blick das Subjekt, der Einzelne, denselben philosophischen Zentralplatz besetzt. Der Kontext aber verschiebt die Gewichte; letztlich verweist die Gemeinsamkeit von Kritischer Theorie und Existenzialismus, wenn sie von der Freiheit des Subjekts sprechen, auf gänzlich verschiedenes. Das wird schon an den wenigen Bemerkungen deutlich, in denen sich etwa Adorno kritisch auf Sartre bezieht: die idealistische Grundlage, das dezisionistische Tat- und Politikverständnis wird trotz aller offenkundigen Sympathie gegenüber den Inhalten des politischen Engagements scharf betont.[37] Die Kritik am Existenzialismus, an dessen Theorie vom Subjekt als vom Menschen gipfelt im Vorwurf der Ontologie als verfehlter Philosophie von Geschichte und Praxis.

„Das absolute Subjekt kommt aus seinen Verstrickungen nicht heraus: die Fesseln, die es zerreißen möchte, die der Herrschaft, sind eins mit dem Prinzip absoluter Subjektivität [...] Der Existenzialismus befördert das Unvermeidliche, das bloße Dasein der Menschen, zu einer Gesinnung, die der Einzelne wählen soll ohne Bestimmungsgrund der Wahl, und ohne daß er eigentlich eine andere Wahl hätte. [...] Ideologisch ist die heute [...] populäre Frage nach dem Menschen darum, weil sie der puren Form nach das Invariante der möglichen Antwort, und wäre es Geschichtlichkeit selbst, diktiert. Was der Mensch

die politisch-philosophische Reorientierung Sartres an der ‚Praxis der Gruppe' in der ‚Kritik der dialektischen Vernunft' hält an der in ‚Das Sein und das Nichts' gewonnenen ‚Erkenntnis von der prinzipiellen ontologischen Freiheit des Subjekts' fest". (Ebd. S. 179).

37 Adorno, 1970, über Sartre: „Je weniger objektive Chancen ihr (der kommunistischen Partei, M. G.) die gesellschaftliche Machtverteilung bot, desto ausschließlicher hat er die Kierkegaardsche Kategorie der Entscheidung urgiert [...]. Trotz seines extremen Nominalismus organisiert sich Sartres Philosophie in ihrer wirksamsten Phase nach der alten idealistischen Kategorie der freien Tathandlung des Subjekts. Wie für Fichte ist für den Existenzialismus jegliche Objektivität gleichgültig." (S. 57) „Wahr am Existenzbegriff ist der Einspruch gegen einen Zustand von Gesellschaft und szientifischem Denken, der unreglementierte Erfahrung, virtuell das Subjekt als Moment von Erfahrung austreibt. [...] Die unterdessen real entmächtigte und inwendig geschwächte Subjektivität wird isoliert und – komplementär zur Heideggerschen Hypostasis ihres Gegenpols des Seins – hypostasiert. Die Abspaltung des Subjekts nicht anders als die des Seins läuft, unverkennbar beim Sartre von L'être et le néant, auf die Illusion der Unmittelbarkeit des Vermittelten hinaus. So vermittelt Sein durch den Begriff und damit durchs Subjekt, so vermittelt ist umgekehrt das Subjekt durch die Welt, in der es lebt, so ohnmächtig und bloß innerlich auch seine Entscheidung. Solche Ohnmacht läßt das dinghafte Unwesen über das Subjekt siegen." (S. 127).

an sich sein soll, ist immer nur, was er war: er wird an den Felsen seiner Vergangenheit festgeschmiedet. Er ist aber nicht nur, was er war und ist, sondern ebenso, was er werden kann; keine Bestimmung reicht hin, um das zu antizipieren."[38]

Schien es nicht eben bei Sartre anders, so als wäre die Kontingenz nach vorne, als Freiheit des Daseins des Menschen verstanden, eben jene nicht-antizipierbare inhaltliche Bestimmung der Negation, auf der Adorno besteht? Die Differenz liegt nicht in dem was Adorno zuletzt sagt, sondern in dem womit er beginnt: die Rede vom historischen Gattungsmenschen begreift diesen als Ergebnis geschichtlicher Selbstzeugung, unabgeschlossen und nur im begrenzten Kontext einer jeweils historisch erreichten Weltsicht abschließbar, und sie begreift den Menschen nicht als in die ontische Vereinzelung ‚geworfenes' oder ‚gestelltes' Individuum mit historisch invarianten Existenzialien wie Liebe, Tod und Freiheit. Das Subjekt ist vielmehr vermittelte Totalität historischer Gesellschaft:

„Ist das Individuum gesellschaftlich vermittelter Schein, so auch dessen erkenntnistheoretische Reflexionsform. [...] Gesellschaft ist vor dem Subjekt. Daß es sich verkennt als vor der Gesellschaft Seiendes, ist eine notwendige Täuschung und sagt bloß Negatives über die Gesellschaft."[39]

Und ebenso gesellschaftlich und historisch wird die Freiheit bestimmt:

„Ehe das Individuum in dem für Kant selbstverständlichen, neuzeitlichen Sinn sich bildet, der nicht einfach das biologische Einzelwesen, sondern das durch dessen Selbstreflexion als Einheit erst konstituierte meint, das Hegelsche ‚Selbstbewußtsein', ist es anachronistisch von Freiheit, von realer wie von geforderter zu reden. [...] Das Übel ist nicht, daß freie Menschen radikal böse handeln, so wie über alles von Kant vorgestellte Maß hinaus böse gehandelt wird, sondern daß es noch keine Welt ist, in der sie, wie es bei Brecht aufblitzt, nicht mehr böse zu sein brauchten. Das Böse wäre demnach ihre eigene Unfreiheit: was Böses geschieht, käme aus ihr. Gesellschaft bestimmt die Individuen, auch ihrer immanenten Genese nach, zu dem was sie sind; ihre Freiheit oder Unfreiheit ist nicht das Primäre, als das sie unterm Schleier des principium individuationis erscheint."[40]

Hier also nun vollständig ausformuliert die schon angesprochene, schon andeutungsweise kritisierte These von der ‚totalen Vergesellschaftung': „Gesellschaft ist vor dem Subjekt. [...] Gesellschaft bestimmt die Individuen [...] zu dem, was sie sind." Leicht

38 Adorno 1970, S. 58 f.
39 Ebd., S. 130.
40 Ebd., S. 216.

könnte hier angesichts der Abstraktheit der Begriffe ein falscher Eindruck entstehen: *die* Gesellschaft bestimmt *das* Individuum.[41] So ist es aber nicht. *Diese* Gesellschaft ist zwar über die Produktions- und Tauschverhältnisse total vermittelter Zusammenhang, nichts steht außerhalb ihrer vermittelten Totalität, aber in einer unversöhnten Gesellschaft heißt Totalität nicht, kann sie nicht heißen: *Einheit*. Diese Totalität ist eine von stets reproduzierten Widersprüchen, nicht zuletzt vom Widerspruch zwischen dem was im Individuum, im Subjekt an Allgemeinheit, was in der geschichtlichen Totalität der Gesellschaft an Partikularem teils angelegt, teils kraft geschichtlicher Herrschaft dominant ist. Auch daß Gesellschaft vor dem Subjekt sei und dieses bestimme, ist gegenwärtig dialektisch aus der Einheit dieser Widersprüche zu begreifen, so daß in einer Gesellschaft, in der sich das Partikulare über das Allgemeine zwingt, kraft Produktionsverhältnis und vermittelt über den Tausch, die Reflexion des Allgemeinen noch als das Negierte bloß im individuellen Subjekt aufbewahrt werden kann, sofern es als Anspruch einmal historisch erworben wurde:

„Das Individuum überlebt sich selbst. Bei seinem Residuum aber, dem geschichtlich Verurteilten, ist allein noch, was nicht der falschen Identität sich opfert. Seine Funktion ist die des Funktionslosen; des Geistes, der nicht einig ist mit dem Allgemeinen und darum ohnmächtig es vertritt. Nur als das von der allgemeinen Praxis eximierte ist das Individuum des Gedankens fähig, dessen verändernde Praxis bedürfte. [...] Durch Erfahrung und Konsequenz ist das Individuum einer Wahrheit des Allgemeinen fähig, die dieses, als blind sich durchsetzende Macht, sich selbst und den anderen verhüllt."[42]

Konkret gesagt: wo der historische Prozeß, wie oben bei Horkheimer schon für 1936/37 konstatiert, zur Zerstörung des traditionell als die absolute Negation des Bestehenden gedachten historischen Kollektiv-Subjekts fortschreitet, verschwindet mit ihm nicht zugleich der historische Anspruch, der damit einmal in der Welt war, aus der Geschichte. Er bewahrt sich in der Theorie auf, und er ist verwiesen aufs theoretisch reflektierende Subjekt, das es in diesem historischen Sinne besser weiß. Freilich ist dies die Preisgabe des praktischen Anspruchs, der doch ebenso sehr wie das mögliche

41 So, von gesellschaftlichen Inhalten abstrahierend, M. Landmann, 1971, S. 119f: „Zwischen Gesellschaft und Individuum ist ein alter Kampf im Gange. [...] Heute scheint in diesem Kampf die Gesellschaft gesiegt zu haben. [...] Das Individuum hat selbst den Glauben an sich verloren und gibt auf."
42 Adorno, 1970, S. 335.

Glück der Menschen in einer freien Gesellschaft in ihr aufbewahrt war. Jedenfalls temporär, wie Adorno schreibt:

„Der gängige, aus den Feuerbachthesen extrapolierte Einwand, das Glück des Geistes sei inmitten des ansteigenden Unglücks [...] unerlaubt, hat gegen sich nicht bloß, daß er meist aus der Impotenz eine Tugend macht. [...] Daß an Erkenntnis, deren mögliche Beziehung auf verändernde Praxis zumindest temporär gelähmt ist, auch in sich kein Segen sei, dafür spricht vieles. Praxis wird aufgeschoben und kann nicht warten; daran krankt auch Theorie. Wer jedoch nichts tun kann, ohne daß es, auch wenn er das Bessere will, zum Schlechten auszuschlagen drohte, wird zum Denken verhalten. [...] Dessen Horizont muß keineswegs der einer durchsichtigen Beziehung auf später mögliche Praxis sein. [...] Was einmal einer besseren Praxis obliegt und zuteil wird, kann Denken, der Warnung vorm Utopismus gemäß, jetzt und hier so wenig absehen, wie Praxis, ihrem eigenen Begriff nach, je in Erkenntnis aufgeht. [...] Das Verzweifelte, daß die Praxis, auf die es ankäme, verstellt ist, gewährt paradox die Atempause zum Denken, die nicht zu nutzen praktischer Frevel wäre. Dem Denken kommt heute ironisch zugute, daß man seinen eigenen Begriff nicht verabsolutieren darf: es bleibt als Verhalten, ein Stück Praxis, sei diese sich selbst noch so sehr verborgen."[43]

Fazit: wo, wie eingangs behauptet, Philosophie Antwort auf Erfahrung ist und nur als solche wahr, da haben wir hier auf eine sehr ähnlich definierte geschichtliche Erfahrung nach dem Zweiten Weltkrieg zwei sehr verschiedene Antworten. Die eine geht vom Verlust des historischen kollektiven Subjekts unmittelbar über auf ein anderes, begreift dieses freilich nicht mehr im Kontext befreiender Geschichte, sondern im Verhältnis unaufhebbarer Entfremdung. Veränderung ist in dem angelegt und intendiert, aber sie geht, um es mit einem Wort von Adorno zu sagen, perennierend nur aufs existenziell immer Gleiche aus. Die andere, die Kritische Theorie gibt mit dem Verlust des konkreten historischen Subjekts den geschichtlichen Anspruch auf gesellschaftliche Versöhnung nicht ganz auf,[44] sie orientiert von daher die Kritik des Bestehenden; dem Einzelsubjekt kommt dabei „temporär" die Funktion des Verwesers zu, der den Platz des historischen Subjekts im kritischen

43 Ebd., S. 240 f.

44 Allerdings bleibt die Vorstellung von der Möglichkeit einer „Versöhnung" bei den ‚Frankfurtern' solipsistisch und der übrigen Theorie relativ unverbunden; bei Adorno, wie H. Mayer in seinem „Nachdenken über Adorno" (1970, S. 279) feststellt, auf den Bereich der Ästhetik beschränkt, in Horkheimers Spätwerk schließlich als „Sehnsucht" interpretierbar, die religiöse, zumindest aber metaphysische Züge annimmt. (Dazu W. Post 1971 und in peinlicher Vereinnahmung gegen die Intentionen der Kritischen Theorie: H. Staudinger, 1974).

Bewußtsein besetzt hält, den Anspruch verkörpert und als kritische Reflexion tradiert, ohne doch selbst historisches Subjekt werden zu können.

Beide Philosophien beziehen ihre ungebrochene Aktualität aus der Kontinuität der Situation, in der ein historisches Subjekt fehlt; dabei ist aber in der kritischen noch der Gedanke ihrer Aufhebung vorgestellt. Wenn sie, wie Hans-Jürgen Krahl einmal feststellte, um die Trauer des bürgerlichen Subjekts, daß es nicht so bleiben konnte, wie es einmal war, zentriert ist, so ist in ihr doch auch noch eine Hoffnung übermittelt, daß dessen auf Glück und Allgemeinheit gehende Tendenzen einst ‚aufgehoben' werden könnten. Vielleicht aber muß zuvor die Vorstellung eines historischen Subjekts, als kollektivem Demiurg dieser Aufhebung als rational-aufgeklärte Machtphantasie bürgerlicher Emanzipation begriffen werden, die noch in deren Negation, dem Proletariat und seinen Denkern, wirkte. Die Möglichkeit über das Bestehende hinaus eine Zukunft zu denken, bleibt in den Fesseln des Paradoxes gebunden, daß Subjekte mit der Hoffnung auf Versöhnung die Notwendigkeit ihrer Aufhebung selbst zu denken haben.

Bibliographie

Adorno, Th. W., *Negative Dialektik*, Frankfurt a.M. 1970.

Adorno, Th. W., *Minima Moralia. Reflexionen aus dem beschädigten Leben*, Frankfurt a.M. 1980.

Descombes, V., *Das Selbe und das Andere. 45 Jahre Philosophie in Frankreich, 1933 bis 1978*, Frankfurt a.M. 1981.

Eley, L., *Transzendentale Phänomenologie und Systemtheorie der Gesellschaft*, Freiburg 1972.

Greven, M. Th., *Konservative Kultur- und Zivilisationskritik in „Dialektik der Aufklärung" und „Schwelle der Zeiten". Über einige Gemeinsamkeiten bei aller Verschiedenheit.* In: Hennig, E., R. Saage (Hrsg.), Konservatismus – Eine Gefahr für die Freiheit, München 1983, S. 144–159.

Habermas, J., *Zur philosophischen Diskussion um Marx und den Marxismus.* In: Theorie und Praxis, Neuwied u. Berlin 1969, 3. Aufl., S. 261–335.

Heinrich, K., *Versuch über die Schwierigkeit nein zu sagen*, Frankfurt a.M. 1982.

Holz, H. H., *Jean Paul Sartre. Darstellung und Kritik seiner Philosophie*, Meisenheim a. Glan 1951.

Horkheimer, M., *Traditionelle und Kritische Theorie.* In: Zeitschrift für Sozialforschung, 1937, Heft 2, S. 245–294.

Horkheimer, M., Th. W. Adorno, *Dialektik der Aufklärung. Philosophische Fragmente*, Frankfurt a.M. 1969.

Klär, K., *Der Zusammenbruch der Zweiten Internationale*, Frankfurt/New York 1981.
Krahl, H. J., *Konstitution und Klassenkampf. Zur historischen Dialektik von bürgerlicher Emanzipation und proletarischer Revolution*, Frankfurt a.M. 1971.
Krosigk, F. von, *Philosophie und politische Aktion bei Jean Paul Sartre*, München 1969.
Landmann, M., *Das Ende des Individuums*, Stuttgart 1971.
Lukács, G., *Existenzialismus oder Marxismus*, Berlin 1951.
Marcuse, H., *Der eindimensionale Mensch. Studien zur Ideologie der fortgeschrittenen Industriegesellschaft*, Neuwied u. Berlin 1967.
Marcuse, H., *Existenzialismus. Bemerkungen zu Jean Paul Sartres L'être et le néant*. In: Kultur und Gesellschaft, 2, Frankfurt a.M. 1970, S. 49–84.
Marcuse, H., *Vernunft und Revolution. Hegel und die Entstehung der Gesellschaftstheorie*, Darmstadt u. Neuwied 1972.
Marquard, O., *Abschied vom Prinzipiellen*, Stuttgart 1981.
Mayer, H., *Nachdenken über Adorno*. In: Frankfurter Hefte, 1970, S. 268–280.
Mayer, H., *Anmerkungen zu Sartre*, Pfullingen 1972.
Pivcević, E., *Von Husserl zu Sartre, Auf den Spuren der Phänomenologie*, München 1972.
Post, W., *Kritische Theorie und metaphysischer Pessimismus. Zum Spätwerk Max Horkheimers*, München 1971.
Sartre, J. P., *Marxismus und Existenzialismus. Versuch einer Methodik*, Reinbek b. Hamburg 1971.
Sartre, J. P., *Kritik der dialektischen Vernunft*, 1. Bd., *Theorie der gesellschaftlichen Praxis*, Reinbek b. Hamburg 1967.
Sartre, J. P., *Das Sein und das Nichts. Versuch einer phänomenologischen Ontologie*, Reinbek b. Hamburg 1980.
Staudinger, H., *Humanität und Religion – Briefwechsel und Gespräch*, Würzburg 1974.
Windelband, W., H. Heimsoeth, *Lehrbuch der Philosophie*, Tübingen 1957.

Martin Warnke

Von der Gegenständlichkeit und der Ausbreitung der Abstrakten

Daß das Stilbild der fünfziger Jahre von einer ,,abstrakten Malerei" geprägt ist, muß aus heutiger Sicht ebenso erstaunlich wie rätselhaft erscheinen. Während die Kunstgeschichten dazu neigen, die Vorherrschaft der abstrakten Malerei als das Ergebnis einer Stilentwicklung zu sehen, die in den fünfziger Jahren zur Reife gebracht hat, was in der Formentfaltung der Moderne von Anfang an schon angelegt war,[1] muß ein kunstpolitisches Interesse sich eingestehen, daß wir über die realen Formen der Durchsetzung abstrakter Malerei seit 1950 eigentlich weniger wissen als etwa über die Bedingungen der Ausbreitung des Renaissancestils um 1420 oder des Klassizismus um 1760.

Die Etablierung einer ,,lyrischen Abstraktion" oder eines ,,Informel" als repräsentative Stilform der neu gegründeten Bundesrepublik; die Dominanz jener Kunstrichtung, die Carl Hofer die ,,abstrakte SS" genannt hat, wäre aus historischer Sicht am ehesten als eine kunstpolitische Entscheidung zentraler staatlicher Instanzen erklärbar. Denn gerade auch die modernen Staaten haben selten darauf verzichtet, bestimmten Stilrichtungen einen offiziellen Vorrang einzuräumen. Und in den dreißiger Jahren war nicht nur in Deutschland und Rußland ein staatsoffizieller Stil etabliert worden; auch im Amerika des New Deal suchte man eine nationale Kunst zu wecken und zu fördern.[2] Man müßte sich also nicht wundern, wenn die junge Republik, so wie es in der Nachbarrepublik dann bald geschehen ist, eine künstlerische Norm offiziell gesetzt oder wenigstens insinuiert hätte.

Tatsächlich aber gab es eine solche zentrale Verordnungs- oder auch nur eine entsprechende Willenstendenz nicht. Die Verfassung hatte die Kulturhoheit den Ländern übereignet. Die seit 1948 ta-

1 Vgl. Werner Haftmann: Malerei im 20. Jahrhundert. München 1954.
2 Vgl. Milton Brown, in: Katalog ,,Realismus. Zwischen Revolution und Reaktion 1919–1939". München 1981, S. 259 f.

gende Ständige Konferenz der Kultusminister der Länder entwikkelte kunstpolitisch kaum zentralisierende Initiativen, sondern beschränkte sich darauf, Berichte aus den Regionen zu sammeln, die sie seit 1958 veröffentlichte.[3] Daß von 1955 bis 1968 der Bundespräsident als Schirmherr der Documenta fungiert und Innen- und Außenminister in deren Ehrenkomitee vertreten sind, bedeutet nicht, daß die Bundesregierung dort kunstpolitisch aktiv geworden ist.

Es hat eine großangelegte, staatlich initiierte kunstpolitische Aktion gegeben, deren Ergebnis allerdings nicht zugunsten der Abstrakten ausfiel. Schon 1948 war im Deutschen Städtetag erwogen worden, für die Hilfe, insbesondere die Care-Pakete, die in den Hungerjahren aus aller Welt nach Deutschland gekommen waren, eine nationale Dankesgeste zu vollziehen. Nach Aufhebung des Kriegszustandes übernahm dann der Bundespräsident die Initiative zu einer „Dankspende des Deutschen Volkes". Nach Gründung einer Stiftung verkündete Theodor Heuss, umringt von Vertretern der Kirchen, Parteien, Städte, Gewerkschaften, der Wirtschafts-, Wohlfahrtsverbände und der Medien, am 27. November 1951 über Rundfunk: „Aus den Spenden, um die wir freundlichst bitten, sollen Werke zeitgenössischer Künstler erworben werden. Den Völkern, die uns beschenkt haben, sollen diese Kunstwerke ein Gruß des Dankes sein". Über zwei Jahre lief eine Spendenaktion, für die Mataré eine Plakette mit Symbolen kosmischer Zuneigung schuf. Es war die erste nationale Mobilisierung der Republik: Alte, Kinder, Sanatorien, Schulklassen, Gesangvereine, Sinfonieorchester, Gewerkschaftsgruppen sammelten und spendeten. Nachdem der Deutsche Fußballbund, der für diesen Zweck ein Länderspiel veranstaltet hatte, seinen Scheck überreichen konnte, war im Frühsommer 1953 das erstrebte Sammlungsziel – 1,5 Millionen Mark – erreicht. Eine Jury aus Museumsdirektoren, Experten und staatlichen Vertretern wählte unter den nach Auslobung eingegangenen Kunstwerken 1700 Grafiken, 1308 Leuchterentwürfe und an die 130 Aquarelle und Gemälde aus. Sie wurden an zweitausend Vereinigungen in achtundzwanzig Ländern verschickt. Man darf voraussetzen, daß das Ergebnis dieser gewaltigen Kunstaktion die Geschmackslage sowohl des zentralen staatlichen Organs, der unzähligen Spender aus dem Volk, wie aber auch der in Aussicht

3 Vgl. Berichte Kulturpolitik der Länder. Köln/Opladen 1952, 1961.

genommenen internationalen Empfänger widerspiegelt. Der prunkvoll ausgestattete Dokumentationsband[4] erlaubt einen eindeutigen Schluß: Unter den hunderten von Kunstwerken, die für die ,,Dankspende" angekauft wurden, befand sich nicht ein einziges abstraktes Bild. Obwohl die Feuilletons bereits von einer ,,Weltsprache der abstrakten Kunst" sprachen,[5] die sich für einen internationalen Gefühlsaustausch also angeboten hätte, bevorzugte man figurative Bilder, deren Titel eher an Heimatgrüße denken lassen: Es kommen die expressionistischen Altmeister zu Ehren, etwa Erich Heckel, dessen ,,Nebelwolken" nach São Paolo; Schmidt-Rottluff, dessen ,,Baracken in den Dünen" nach New York; Emil Nolde, dessen ,,Iris mit Feuerlilien" an den Weltkirchenrat in Genf gingen. Max Slevogts ,,Weinlese" von 1911 hatte sich die Argentinische Regierung ausgebeten. Von Carl Hofer, dem von den Abstrakten heftig bekämpften Präsidenten der Berliner Kunsthochschule, wurde eine ,,Tischgesellschaft" nach Stockholm geliefert. Künstler der jüngeren Generation versuchen gelegentlich eine Botschaft ins Bild zu bringen: So lieferte Rudolf Kügler eine Grafik unter dem Titel ,,Dank aus Berlin", worin ein Blocksignal ein weltmännisches ,,Thank you" winkt; der Tübinger Universitätszeichenlehrer Gert Biese ist durch eine Grafik ,,Der Friede" oder Gertraut Boelter-Evers durch ein ,,Mädchen mit Ölzweig" vertreten.

Das einzige Mal also, da sich der Staat auf nationaler und internationaler Ebene kunstpolitisch in Szene setzte, hat er darauf verzichtet, die abstrakte Malerei in Anspruch zu nehmen. Die politischen Instanzen scheiden als Initiatoren für die Durchsetzung der Abstrakten in den fünfziger Jahren aus. Offenbar zwang auch keine Weltmeinung den Deutschen eine Rezeption der abstrakten Avantgarden auf. Wenn die Amerikaner offizielle Wanderausstellungen veranstalteten, boten sie kaum gegenstandslose Malerei dar.[6] Auch ein moralisch kompensierendes Anschlußbedürfnis an die Weimarer Republik kann nicht maßgebend gewesen sein, denn

4 Absender Deutschland. Der Bericht über die Dankspende des deutschen Volkes. Berlin 1955.

5 Vgl. Katalog ,,Westkunst". Köln 1981, S. 172ff.

6 Vgl. den Katalog der vom U. S. Committee of the International Assiociation of Plastic Arts zusammengestellten Ausstellung ,,Amerikanische Maler der Gegenwart" o. J. (um 1955). Gegen eine anderslautende Darstellung bei Haftmann a.a.O. 1962 (3. Aufl.) vgl. Thomas Zaunschirm: Die fünfziger Jahre. München 1980, S. 37f., 62f.

deren offizieller Stil war eher der Expressionismus, während die Abstrakten eine relativ wenig beachtete Nebengruppe gewesen sind. Die Cobra-Gruppe hätte für eine Wiederbelebung des Expressionismus eine internationale Legitimation bieten können. Expressionistische und realistische Künstler gehörten unter die Verfolgten des Naziregimes, so daß ihre Rehabilitierung und Reaktivierung kunstpolitisch opportun hätte sein können.

Wenn kunstpolitische Instanzen und Interssen als die treibenden Kräfte für eine Etablierung der abstrakten Malerei in den fünfziger Jahren ausscheiden, – welche Promotoren könnten dafür verantwortlich sein, wenn man nicht den wenigen Wortführern wie Willi Baumeister, der 1946 einen Lehrauftrag an der Stuttgarter Akademie erhielt, Werner Haftmann, der als Professor an der Hamburger Kunsthochschule oder Arnold Bode, der in Kassel wirkte, einen ausschlaggebenden und übermäßigen Einfluß zubilligen möchte? In seinem Buch über die „Bildende Kunst der BRD und Westberlins" hat Hermann Raum auf diese Frage eine eindeutige Antwort zu geben versucht, indem er den Kulturkreis des BDI, den 1951 in Anwesenheit des Bundespräsidenten Theodor Heuss gegründeten Kulturfond im Bundesverband der Deutschen Industrie, als Hauptverantwortlichen dingfest gemacht hat: „ Die vom Kulturkreis geförderte bildende Kunst wurde zur schlechterdings gültigen aktuellen. [. . .] BDI-Kunst war ‚deutsche Kunst'. Der BDI als ihr Förderer wurde Retter und Mutter der Künste [. . .]. Die Presse registrierte die künstlerische Linie des BDI so, daß jeder karrierebewußte Künstler sein Schaffen darauf einrichten konnte. [. . .]Es setzte sich schließlich die Einsicht durch, das Angebot des Modernismus zu nutzen und die abstrakte Kunst aus der Peripherie des bürgerlichen Lebens ins Zentrum zu rücken".[7] Die Wirtschaft hätte also in diesem Fall nicht erst in anonymer letzter, sondern in personalisierter erster Instanz die Überbauphänomene geprägt. Es war jedoch erst um 1955, daß der BDI „schließlich" der abstrakten Malerei eine gwisse Präferenz einräumte; er hat sich somit an eine herrschende Tendenz eher angehängt als daß er sie hervorgebracht hätte.[8] Es ist jedoch auch zweifelhaft, ob die abstrakte Malerei als solche unter der Tutel des BDI je „ins Zentrum des bürgerlichen

7 Hermann Raum: Bildende Kunst in der BRD und Westberlin. Leipzig 1977, S. 66.

8 Das geht auch aus Raums Darstellung selbst hervor, da die meisten nachgewiesenen Zitate aus der Zeit um 1960 stammen.

Lebens" rückte. Hermann Raum führt auch die ideologischen Gründe an, die dem BDI nahegelegt hätten, die Abstrakten zu fördern: „Die abstrakte Kunst vermied zwar die direkte Bejahung des bestehenden Gesellschaftszustandes, ließ aber auf ihre Förderer das Licht einer radikalen Abkehr von der Vergangenheit fallen. [...] Abstrakte Kunst hatte Inbegriff von Modernität, Fortschrittlichkeit und Freiheit zu sein, – unverzichtbares Image einer Klasse, deren Praxis Machtrestauration und neues Streben nach alten Expansionszielen war. Abstrakte Kunst [...] konnte keine handhabbaren Angaben über die gesellschaftlichen Umstände und Widersprüche machen [...]. Wo sie ideologisch aktiv wurde, wie im Informel und in der Horrorplastik, transzendierte sie Anliegen und Folgen imperialistischer Politik in ästhetische Muster und ‚kosmische' Metaphern. Abstrakte Kunst ermöglichte die Substitution verweigerter politischer Freiheit durch gezielte Hemmungslosigkeit in der ästhetischen Produktion und Rezeption".[9] So einleuchtend die ideologische Dienstfähigkeit der abstrakten Kunst hier formuliert ist, so wenig scheint dies gerade denjenigen Wortführern eingeleuchtet zu haben, die man eher als Parteigänger des BDI einzustufen hätte. Raum erwähnt nicht, daß die abstrakte Malerei am vehementesten von rechts bekämpft worden ist, von Picard, Weidlé, Staiger, Hausenstein und Sedlmayr. Als erster Titel von Rowohlts *Deutscher Enzyklopädie* erschien 1955 Hans Sedlmayrs Schrift über „Die Revolution der modernen Kunst", worin die künstlerische Revolution mit der sozialen zusammengesehen und entsprechend gegeißelt wird.[10] Der Vorwurf gegen die abstrakte Malerei lautete auf Zersetzung der bestehenden Ordnung und des abendländischen Menschenbildes. Es fragt sich, ob die konservativen Wünsche und ideologischen Verschleierungsbedürfnisse, die Raum der abstrakten Kunst unterstellt, nicht viel besser von einer figurativen Malerei hätten eingelöst werden können, zumal diese des Beifalls der Massen sicherer gewesen wäre als die abstrakte, die immer wieder heftige Abwehrreaktionen hervorrief. Deshalb waren auf der Dresdener Kunstausstellung wohl mehr „unhandhabbare", widerspruchsfreie ästhetische Muster kumuliert als je auf einer Documenta.

Dennoch scheint mir Raums Hinweis auf die industrielle Sphäre berechtigt, wenn auch eine Personalisierung der Verhältnisse, wel-

9 Raum a.a.O., S. 68.
10 Hans Sedlmayr: Die Revolution der modernen Kunst. Hamburg 1955.

che auch die Fäden zur abstrakten Malerei noch in die Hände der Bosse verlegt, kaum tragfähig sein dürfte. Auch eine sektorale Eingrenzung der ökonomischen Interssen bei den Kunsthändlern erbringt kaum schlüssigere Ergebnisse. Jürgen Webers heftige Attacke, wonach die neuen Avantgarden Produkte geldgieriger Galeristen sind,[11] findet ihre Grenze an der einfachen Tatsache, daß auch Kunsthändler nur verkaufen können, was ihnen geliefert und was ihnen abgenommen wird. Im übrigen ist das Gebaren der Galeristen in den fünfziger Jahren selbst auch diskutiert worden, so 1959 auf dem Kongreß in Baden-Baden zu dem Thema „Wird die moderne Kunst gemanagt?", wo vor allem die Vorgänge um die Documenta II, die schon stark von Galeristen geprägt war, zur Sprache kamen. 1960 ist Carl Schweicher, der als Direktor der Sammlungen in Schloß Moisbroich die avantgardistische Szene der fünfziger Jahre entscheidend mitgeprägt hat, aus Protest gegen einen Kunstbetrieb zurückgetreten, der noch nicht vom Warencharakter, sondern von den „Saharaölaktien der Kunst" sprach. Ich vermute, daß die Kommerzialisierung der abstrakten Kunst eher zu deren Ruin als zu deren Blüte beigetragen hat.

Den Galerien selbst war der Erfolg der abstrakten Malerei offenbar ein Rätsel, denn sie haben 1957 durch eine Umfrage empirisch zu klären versucht, wie sich ihre Kundschaft soziologisch zusammensetzte. Das Ergebnis war, daß moderne Bilder moderaten Typs, wie seit Jahrzehnten, von Bankdirektoren, Rechtsanwälten, Architekten und Intellektuellen gekauft wurden. Überraschend war, daß für die avantgardistischen Malerereien des Tachismus oder Nachtachismus, also für die damals so genannten „aktiv-abstrakten" Werke, ganz neue Käuferschichten in Erscheinung traten: Chemiker, Betriebsdirektoren, Versicherungsmanager und Elektroingenieure. Friedrich Bayl hat in der FAZ Nr. 57 vom 8. 3. 1958 diese für ihn erstaunliche Tatsache zu deuten versucht: „Es ist eine existenzielle Gemeinsamkeit von Elektroingenieur und aktiv-abstraktem Maler, verschiedenen Intensitätsgrades und verschiedener Motivierung: beide haben sie die Fesseln der klassischen Denkweise gesprengt und haben den Sprung ins Neue und Dunkle gewagt, wo ihnen keine Norm und keine Gesetzmäßigkeit als Stufe und Geländer dienen kann." Hier ist angesprochen ein pragmatisches Bezugsfeld abstrakter Malerei, das deren Durchsetzungsfähig-

11 Jürgen Weber: Entmündigung der Künstler. München 1979.

keit in den fünziger Jahren wohl stärker bestimmt hat als kunstpolitische und ökonomische Interessen. Immer wieder wurden in Feuilletons, Zeitschriften und wissenschaftlichen Abhandlungen die Parallelen beschworen, die Werner Haftmann auch in den Documenta-Katalogen ausführte: So wie die Naturwissenschaft nicht mehr mit der Alltagswahrnehmung von Raum und Zeit rechnete; so wie sie jenseits der sichtbaren Materie die unsichtbaren Atome als ungeheure Energiequelle erschlossen hat; so wie sich die Naturwissenschaft mit Hilfe technischer Apparaturen das Wahrnehmungsvermögen erweiterte und eine Wirklichkeit jenseits der Oberfläche der Dinge als lebensbestimmende Struktur erschloß, – so folgte ihr die Malerei in die Regionen der metaphysischen Bestimmtheit des Seins.[12] Beliebt waren Vergleiche abstrakter Bilder mit Mikrostrukturen der Natur, die durch Röntgenaufnahmen oder durch Mikroskopie zugänglich geworden waren. Der erste Nachkriegs-Brockhaus hat diese Analogien in den Kanon festen Wissens aufgenommen: Dort wird die Röntgenaufnahme einer Handwurzel neben Paul Klees Aquarell „Lichtbreitung“; die Stär-

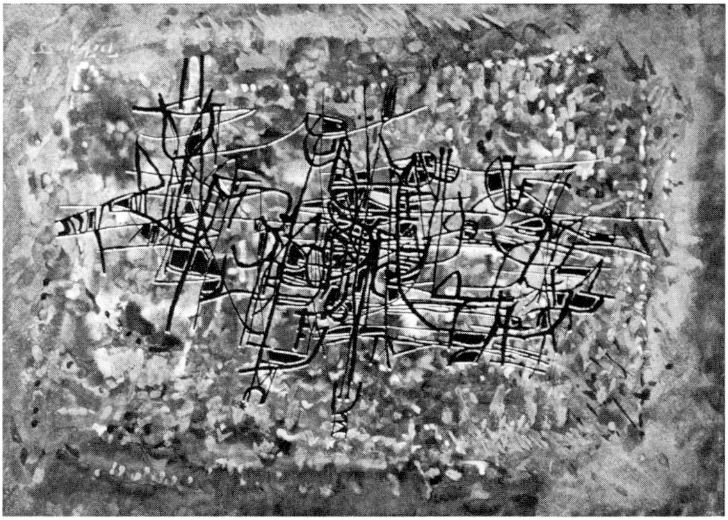

Abb. 33: Heinz Trökes, Rappelmaschine (1955)

12 Vgl. auch Haftmann a.a.O. 1962 (3. Aufl.), S. 500f. und Heinrich Lützeler: Abstrakte Malerei. Gütersloh 1967, S. 173f.

kekörnung in einer Lackeinbettung neben ein abstraktes Gemälde von Sophie Taeuber-Arp gestellt. Die Knochenblättchen im menschlichen Schienbein geben das Muster ab für Max Bills Plastik ,,Rhythmus im Raum", und die Schale einer Meerassel wird in Vergleich gesetzt zu einem abstrakten Gemälde von Serge Poliakoff. Abstrakte Maler haben offensichtlich gern mit solchen Assoziationen gearbeitet, indem sie ihren ,,Strukturen" entsprechende Titel beilegten: Jean Dewasne etwa legt in seinen ,,Feuerinseln", wie ein Elektroingenieur, weiße Drähtchen zwischen die Elemente einer Gerätelandschaft oder Heinz Trökes gestaltet 1955 eine ,,Rappelmaschine" wie eine geologisch durchsetzte Bleikraterlandschaft. Beliebt waren auch kosmische Assoziationen, so bei den ,,Schwarzen Sternenbahnen" von Ernst Wilhelm Nay (1955) oder bei dem Titel ,,Der Himmel und die Erde sind ein Finger" von Degottex (1958) oder bei der ,,Rasenden Sonne" von Peter Lubarda (1952). Organologische Assoziationen, aus der Pflanzenwelt abgeleitete Abstraktionen waren beliebt: Ein mikrobisches Konglomerat gestaltet Alexandre Istrati in seinem ,,Bienenschwarm", submarine Leuchteffekte abstrahiert Serge Charchonne 1950 unter dem Titel ,,Das Meer".[13]

Wo die abstrakte Malerei beansprucht, den kosmischen, atomaren, mikrobiologischen Gesetzen und Strukturen sichtbaren Ausdruck zu geben, ergibt sich für ihre Bestimmung das Paradoxon, daß sie sich entgegen allen theoretischen Verlautbarungen wieder dem Nachahmungsprinzip unterwirft; sie ahmt Natur nicht nur nach, sondern beansprucht, selbst Natur zu sein: seiner Phantasie entnimmt der Maler Naturgesetze, womit abstrakte Malerei stärker an die Natur gekettet wäre als es die nachmittelalterliche Malerei je gewesen ist. Die so emphatisch gefeierte Freiheit der Abstrakten wäre an die Strukturgesetze der Materie preisgegeben. Insofern war die abstrakte Malerei ,,realistischer" als alle nachhinkenden figurativen Strömungen der zeitgenössischen Malerei.

Während der Vergleich mit den modernen naturwissenschaftlichen Erkenntnisformen und -techniken in den Augen der Interpreten die Dignität der künstlerischen Abstraktion erhöhte, ist ein Rückbezug abstrakter Kunstleistungen auf ökonomische Prozesse oder alltägliche Wirklichkeitserfahrung immer als Banalisierung

13 Vgl. dazu auch die Ausstellung ,,Kunst und Naturform", die 1958 in Basel veranstaltet wurde.

empfunden worden. Dennoch bietet die wirtschaftliche Umwelt ein weiteres pragmatisches Bezugsfeld, dem die abstrakte Malerei wesentliche Voraussetzungen für ihre Durchsetzungsfähigkeit verdankt haben dürfte. Denn die abstrakte Malerei kam weniger den ideologischen als den Wahrnehmungsinteressen der Wirtschaft entgegen. Wenn Heinrich Lützeler für die abstrakte Malerei eine Aufnahmefähigkeit voraussetzt, die nicht mehr an realen Erfahrungstatsachen haften bleibt, sondern die eine Sensibilität allein für ,,Komposition aus Formen und Farben" entwickelt, da jene Malerei ,,nichts mehr von der gegenständlichen Wirklichkeit unserer Umwelt spiegelt", dann verklärt er eine Fähigkeit, mit der nicht mehr nur die Malerei rechnen mußte.[14] In einer seiner letzten Weihnachtsansprachen hat der damalige Bundespräsident Theodor Heuss von einem Geschäftsmann berichtet, der in seinem Schaufenster den gleichen Staubsauger einmal in einer konventionellen Farbe und einmal in der modernen Buntfarbigkeit ausgestellt hatte. Obwohl der konventionell lackierte Staubsauger wesentlich billiger angeboten wurde, blieb er stehen, während der teurere buntfarbige reißenden Absatz fand. Der Appell des Bundespräsidenten, sich nicht dem modischen Schein der Waren zu ergeben, formulierte einen bildungsbürgerlichen Vorbehalt gegen eine neue Konsumentenfähgikeit, auf die der sich entfaltende freie Markt vor allem setzte, auf die Bereitschaft nämlich, jenem Scheinwert der Ware, der durch eine ,,Komposition aus Formen und Farben" zustande kam, den Vorzug zu geben gegenüber dem realen, substantiellen Gebrauchswert der Waren. Die Vermutung liegt nahe, daß der Produktions- und Reproduktionsalltag der fünfziger Jahre längst mit einer Abstraktionsfähigkeit arbeitete und rechnete, um deren Berechtigung in der Kunstsphäre die Sachverständigen noch heftig stritten.

Das Durchblättern von Zeitschriften der fünfziger Jahre gibt oft erstaunliche Einsichten in das Ausmaß abstrakter Zumutungen gegenüber einem kunstfremden Publikum. Wenn das neue Chefzimmer eines Textilindustriellen gezeigt wird, dann hängen dort 1955 die Wände voll mit abstrakten Gemälden.[15] Man muß nicht daran erinnern, daß einer der Protagonisten abstrakter Malerei, Willi

14 Lützeler a.a.O., S. 16f.

15 Vgl. Lützeler a.a.O., S. 106: ,,Ich sah mehrfach in den Büros leitender Industrieller einen Miró hängen; sie richteten es so ein, daß sie während einer Verhandlung auf das Blatt sehen konnten. Es ging dann leichter [...]"

Abb. 34: Chefzimmer eines Textilgroßindustriellen

Abb. 35: W. Baumeister (Entw.) Pausa-Stoffe

Abb. 36: G. Kuscher (Entw.): Stoffmuster

Baumeister, seine Formen für die Textilindustrie zubereitete und daß die Gardinen im Normalhaushalt schon bald abstrakte Figurationen aufweisen. Es gibt durchaus auch mutige, sozusagen avantgardistische Ansätze. Der impulsiv gesetzte Farbklecks der Tachisten war auf der Documenta noch nicht zu Ehren gekommen, da war er als Stoffmuster schon in allen Schaufenstern. Die Kleckse auf den Stoffentwürfen von Kuscher aus dem Jahre 1954 entfalten sich schon freier als auf den Bildern eines der führenden Vertreter der action painting, Jean Paul Riopelle, der sie mit dem Spachtel gleichsam noch diszipliniert. Während das Publikum der Documenta sich noch die Namen der Vertreter einer „Colour-field-painting" einzuprägen sucht, konnte das Publikum vor Schaufenstern oder in Annoncen Gardinen angeboten finden, die jene großartige Selbstdarstellung der Farben bereits umgesetzt hatten. Wollner hat

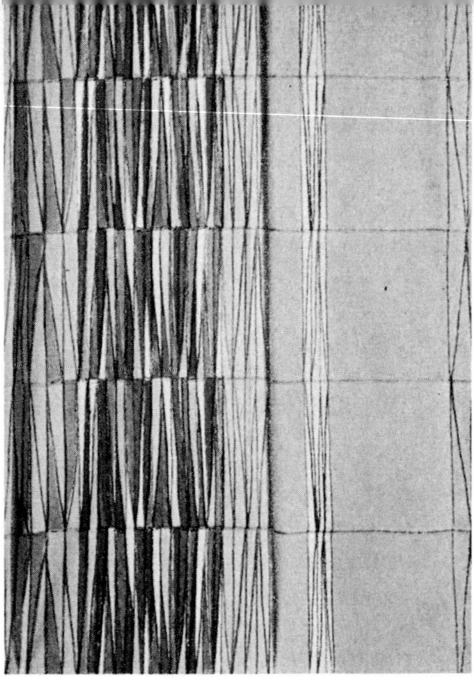

Abb. 37: L. Wollner (Entw.): ,,Dessin Colorado"
(Dek'stoff)

Abb. 38: Möbel der Firma Knoll-International, Stuttgart. Entwurf: H. Bertoia (Sessel), Fl. Knoll (Tisch), I. Noguchi (Lampe)

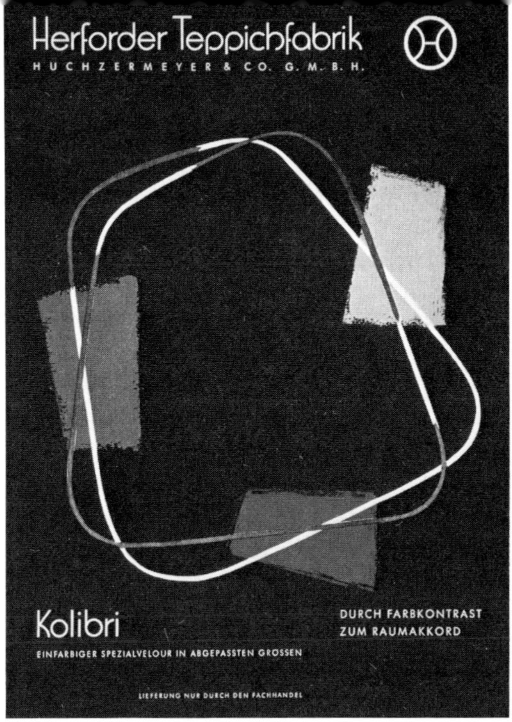

Abb. 39: Anzeige der ,,Herforder Teppichfabrik"

auch in Dekorationsstoffen die ,,Farbinterferenzen" Günter Fruhtrunks verwertet. Die Werbung bietet zahllose Beispiele für das Eindringen abstrakter Formen und Farben in die Alltagssphäre. Hier rechnete man schon mit Rezeptionsfähigkeiten, um die in Museen und Kunstausstellungen noch gekämpft werden mußte.

Während in ideologischen Gefilden noch die Kämpfe um Sinn und Unsinn abstrakter Kunst tobten, haben 1954 die Göppinger Kunstlederwerke eine Anzeige aufgegeben, die unter dem Signet ,,abstracta 54" einen jungen Mann auf einer bequemen Liege vor einem abstrakten Wandbild zeigt. Offenbar arbeitete der Markt schon mit abstrakten Formangeboten und schleuste sie schon in die Wohnungen ein, als in der Sphäre der abgehobenen künstlerischen Rezeption abstrakte Formen noch mühsam gerechtfertigt werden mußten.[16]

16 Aufschlußreich ist der Ausstellungskatalog ,,Mensch und Form unserer Zeit" der Ruhrfestspiele 1952, die auf das Vorbild des Museums of Modern Art in New York zurückgeht, wo seit 1949 Ausstellungen über ,,Modern Art in Your Life" veranstaltet werden. Vgl. auch Katalog Westkunst a.a.O., S. 174 und Raum a.a.O. S. 55f.

Die Frage also, welches die Triebkräfte gewesen sind, die in den fünfziger Jahren die abstrakte Malerei durchsetzungsfähig gemacht haben, läßt sich offenbar nicht so beantworten, daß die Verantwortung politischen, kunstpolitischen oder wirtschaftlichen Instanzen oder Cliquen zugewiesen wird. Es sind auch die Bedürfnisse und Notwendigkeiten in Rechnung zu stellen, die einer Lancierung abstrakter Kunst entgegenkamen. Man mag darüber streiten, ob der technische oder wissenschaftliche Optimismus, ob die neue Konsumhaltung, die vom Schein der Dinge mehr erwartet als von ihrem funktionalen Zweck, legitim und objektiv notwendig gewesen ist. Unbestreitbar aber scheint mir, daß die abstrakte Malerei einen realen Untergrund hatte und daß sie eine legitime Funktion im Rahmen des Modernisierungsschubes innerhalb der deutschen Nachkriegsgeschichte ausübte. Es ist noch nicht ausgemacht, ob die Kunst der folgenden Jahrzehnte, die sich der modernen Wirklichkeit teilweise durch einen Rückgriff auf realistische Traditionen entgegenstellte, ihrer Zeit besser gedient hat als die abstrakte Malerei, die zum Entsetzen vieler die Zeitgenossen vor Figurationen stellte, die eine abstrakt organisierte Lebenswirklichkeit spiegelten.

Bibliographie

Claus, Jürgen, *Kunst heute. Personen, Analysen, Dokumente* (rde), Reinbek 1965.

Bangert, Albrecht, *Der Stil der 50er Jahre. Möbel und Ambiente* (Heyne-Buch), München 1983.

Braun-Feldweg, W., *Normen und Formen industrieller Produktion*, Ravensburg 1954.

Glozer, Laszlo, *Westkunst. Handbuch zur Ausstellung*, Köln 1981.

Haftmann, Werner, *Malerei im 20. Jahrhundert*, München 1954 (3. Aufl.).

Held, Jutta, *Kunst und Kunstpolitik 1945–1949*, Berlin 1981.

Knaurs *Lexikon moderner Kunst*, München 1963.

Kultermann, Udo, *Neue Formen des Bildes*, Tübingen 1974 (Neuausgabe).

Lucie-Smith, Edward, *Kunstrichtungen seit 1945*, Wien 1970.

Lucie-Smith, Edward, Sam Hunter, Adolf Max Vogt, *Kunst der Gegenwart* (Propyläen Kunstgeschichte. Supplementband II), Berlin 1978.

Maenz, Paul, *Die 50er Jahre. Formen eines Jahrzehnts*, Stuttgart 1978.

1950 – Orientierungen nach dem Kriege. Ausstellungskatalog der Neuen Sammlung, München 1980.

Raum, Hermann, *Die Bildende Kunst der BRD und Westberlins*, Leipzig 1977.

Thomas, Karin, *Bis Heute. Stilgeschichte der Bildenden Kunst im 20. Jahrhundert*, Köln 1975 (3. Auflage).

Zaunschirm, Thomas, *Die fünfziger Jahre* (Heyne Stilkunde, Bd. 21), München 1980.

Christian Borngräber

Nierentisch und Schrippendale. Hinweise auf Architektur und Design

Neu- oder Wiederbeginn?

Wer verschwendete denn schon in den allerersten Nachkriegsjahren seine Gedanken an neue Möbelprogramme oder an den formvollendet gedeckten Tisch? Wer Hab und Gut unbeschädigt über den Krieg gerettet hatte und trotzdem Lust nach Veränderung spürte, der griff zur Säge, zu Farbtopf und Pinsel. Da Gründerzeit-Möbel, wie Trödel allgemein, den negativen Beigeschmack des Überkommenen hatten, wurden kurzerhand die Schnörkel abgesägt und die reduzierten Stücke überlackiert. Wie aus den unzähligen Ratgebern hervorgeht, erreicht die ,,Do-it-yourself"- oder ,,Selbst ist der Mann"-Bewegung erst in den sechziger Jahren ihren Höhepunkt. Für den Schminktisch der Dame des Hauses brauchte man z. B. nur ein paar alte Schrankbretter, die der Herr des Hauses in gleichgroße Dreiecke zersägte und in eine der Ecken des Schlafzimmers einpaßte; davor spannte er einen Stoff- oder später einen Plastikrest mit flottem Dessin. Genug Platz für Kosmetika und auch für Schuhe, ein Spiegel war schnell zur Hand.

Selbstverständlich griff man Ende der vierziger Jahre zuerst einmal auf die guten Formen der vorangegangenen Jahrzehnte zurück, auf die Kaffee-, Tee- und Eßgeschirre, die auf der Pariser Weltausstellung das Deutsche Reich repräsentiert, deutsche Designgeschichte gemacht und erste Preise bekommen hatten; auf das Teeservice für die Jenaer Glaswerke von Wilhelm Wagenfeld (Entwurf 1930), Trude Petris ,,Urbino" für die Königliche Porzellan-Manufaktur Berlin (1930) und das Service ,,1382" von Hermann Gretsch in glattweiß oder mit rotem Rand für die Porzellanfabrik Arzberg (1931). Sie waren in Reststücken griffbereit und ihre Gußformen für Neuauflagen vorhanden. Sie galten als einfach, kultiviert und damit als gebrauchstüchtig. Gleich ob Suppenterrine oder Anrichte, die Formvorstellungen von den Werkstätten Hellerau bis zum ,,Amt Schönheit der Arbeit" hatten den Zweiten Weltkrieg ohne

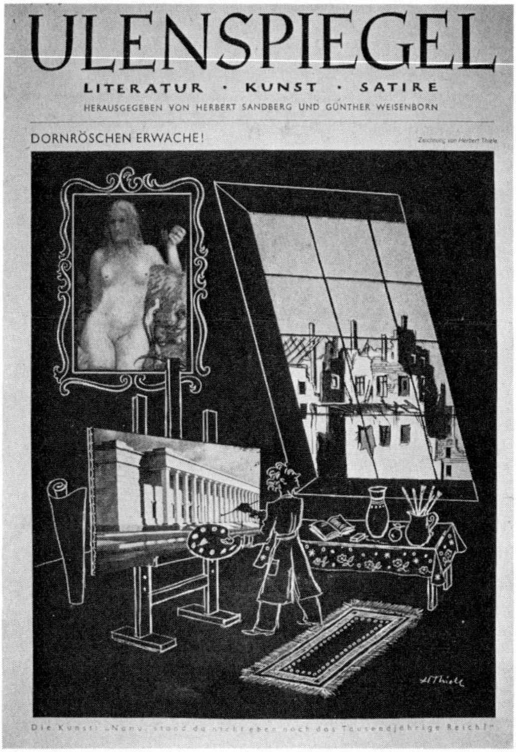

Abb. 40: Titelblatt der ersten Ausgabe vom „Ulenspiegel“, Dezember 1945. Bildlegende: Die Kunst: „Nanu, stand da nicht eben noch das Tausendjährige Reich?“

Knacks und Schramme überstanden. Nur ein neues *Bauhaus* war vorerst noch nicht in Sicht, obgleich sein Begründer 1947 als Sonderbeauftragter der amerikanischen Militärregierung für Fragen des Städtebaus und der Architektur zu Vorträgen nach Deutschland geholt wurde. Walter Gropius galt bei seinen Fachkollegen immer noch als der ideale Vertreter einer sozial engagierten Architektur mit klaren Formen; bei den Nationalsozialisten waren sie als „baubolschewistisch“ verfemt gewesen. Man holte ihn direkt von der Harvard-University in den Berliner Titania-Palast und zu weiteren Vorträgen nach Frankfurt und München. Er sprach vor allem über den amerikanischen Städtebau und bekannte sich recht vage zur „Idee des Bauhauses“, womit er die Einheit des architektonischen Denkens aus Kunst, Technik und Ökonomie meinte. „Mir scheint“, so schloß Gropius, „Deutschland braucht eine gehörige

Dosis Liebe. Jeder muß seinen Teil dazu beisteuern."[1] Den verheerenden Kriegsfolgen war in seinen Augen durchaus noch etwas Positives abzugewinnen: ,,Gropius spricht von der Chance, die wir in der Zerstörung unserer Städte, dieser gewaltsamen Sanierung, haben."[2]

Die Tragweite dieser Worte war zwei Jahre nach Kriegsende noch nicht abzusehen. Finanzielle Mittel zum Abriß all dessen, was der Krieg übriggelassen hatte, waren erst mit dem aufkommenden Wirtschaftswunder vorhanden, das eine trügerische Mentalität von ,,neu gleich besser" hervorbrachte. 1947 stritten sich die Architekten noch darüber, ob Wieder- oder Neuaufbau vorrangig sei. Traditionalisten, die den ursprünglichen Charakter der Städte beibehalten wollten, standen gegen Modernisten, die bis in die Generalbebauungspläne die Erinnerungen an vergangene Jahrhunderte auslöschen wollten. Das Neue Bauen der Weimarer Republik genoß in der unmittelbaren Nachkriegszeit wenig Popularität, und in Klein- und Mittelstädten blieb es so bis weit in die fünfziger Jahre hinein. So gelang es z. B. in Freudenstadt und Münster, alte Stadträume wiederherzustellen, ohne auf neuen Wohnkomfort zu verzichten. In Großstädten wie Berlin, Frankfurt oder Köln setzten sich mit dem Bauboom seit der Gründung der Bundesrepublik die Ideen der Modernisten mit atemberaubender Geschwindigkeit durch.

Geld und Geschmack

Als erste Banknote nach der Währungsreform des Jahres 1948 wurde von der Bank Deutscher Länder der Fünf-Mark-Schein in Umlauf gebracht. Ihr künstlerischer Entwurf wurde innerhalb kürzester Zeit zum Gegenstand heftigster Kritik. Öffentliche Moralvorstellungen erregten sich an der Vorderseite des Scheins, denn dort ritt eine halbnackte ,,Europa" auf dem Rücken eines stilisierten Stiers, die Sonne in der rechten Hand, ein Stückchen Schleier schlaff über dem Knie. Der Busen war unverhüllt und deutlich sichtbar, und dieser Körperteil brachte die Banknote in die beginnende Debatte um ,,Schmutz und Schund" in Literatur und Kunst,

1 R. Pfister, Professor Gropius gibt gute Ratschläge, in ,,Baumeister", 1947, Nr. 11/12, S. 390.

2 R. Hillebrecht, Gespräch mit Gropius, in ,,Bau-Rundschau", 1947, Nr. 9/10, S. 72.

die eine spätere Steigerung in der „Aktion saubere Leinwand" mit Hildegard Knef als „Sünderin" im gleichnamigen Film von Willi Forst erfuhr. Da wurden dann Kinos wegen der „Ehre unserer Frauen und Mädchen" verbarrikadiert. Doch nicht nur Moral-, sondern auch ästhetische Wertvorstellungen wurden durch den Fünf-Mark-Schein verletzt. Gewiß, die Wertangabe als arabische Ziffer und als Schriftzug war noch ganz konventionell in Fraktur gehalten, doch dahinter entspann sich in freiem, asymmetrischem Schwung ein Liniennetz, Guillochen in der Fachsprache. Kritiker konnten darin nur ein „Liniengewirr in Picasso-Manier" entdekken. Der verantwortliche Graphiker mußte seine Arbeit für die junge Republik rechtfertigen. Verwundert wies er auf bekannte Denkmäler hin mit einer selbstverständlich nackten „Europa" in der Reihe der symbolhaft gestalteten Erdteile. Die komplizierte Form der Guillochen sollten die Fälschung der Banknote erschweren. „Welche Kleidung soll Europa tragen? Einen dieser mehr zeigenden als verhüllenden Schleier etwa? Ist der nackte Körper nicht reiner als der aufreizend dekolletierte? [...] Der Notenentwurf entspricht meinem Künstlerstandpunkt, auch wenn ich durch banktechnische Platzvorschriften beengt war. Es ist jedermanns Recht, vom Künstlerischen her anderer Meinung zu sein."[3]

1952 schockierten dann der Fünfzig- und der Hundert-Mark-Schein die Öffentlichkeit: „Sie können vorerst als Gipfel der Ahnungslosigkeit und der Abgeschmacktheit gelten, dessen Erklimmung wir behördlicher Kulturfürsorge verdanken."[4] Grauenhaft, wie zwei berühmte Porträts Albrecht Dürers auf diesen beiden Scheinen entstellt zu sein schienen und so tagtäglich durch die Hände und das Bewußtsein Hunderttausender wanderten! Auf dem ersten waren die Umrißlinie des Haupthaars des Nürnberger Patriziers Hans Imhof und die kühn ausschwingende Linie seines breitkrempigen Hutes, wie überhaupt die „herrische Persönlichkeit" vollkommen mißgestaltet; statt eines feingefältelten Hemdes trug er eine Perlenkette um den Hals. Warum auf dem zweiten Schein neben dem offenen Hemdkragen des Nürnberger Ratsherrn Jakob Muffel die Andeutung eines steifen Papierkragens zu erkennen war, blieb unerfindlich. Gab es Sporthemden denn schon im Mittelalter?

3 K. Zentner (Hg.), Aufstieg aus dem Nichts. Deutschland von 1945 bis 1953, Band 2, Köln/Berlin 1954, S. 112.

4 F. Ehmcke, Schlechte Noten, in „Werk und Zeit", 1952, Nr. 6 o. S.

Abb. 41: Der erste 50-DM-Schein

Das Gewissen der Nation

Wo sollte der designorientierte Großstädter frühzeitig seine Anregungen herbekommen, wenn alle Läden in Trümmern lagen? Möbel- und Hausratausstellungen zeigten die ersten Entwürfe. Als Motto konnte gelten: ,,Die Not ist groß und muß gestaltet werden.“[5] 1949 richtete die reorganisierte Kölner Gruppe des Deutschen Werkbundes die Ausstellung ,,Neues Wohnen“ ein und gliederte Abteilungen zur ,,Deutschen Architektur seit 1945“ und zur ,,Deutschen Malerei und Plastik der Gegenwart“ an, um die Einheit des Kulturschaffens zu wahren. Anzeigen in Fachzeitschriften und Werbezettel in Reisebüros versuchten Interessenten auch von außerhalb zu einer Reise nach Köln zu motivieren. Die Stadt der Frühjahrsmöbelmessen wurde ganz bewußt gewählt, denn der Werkbund wollte sich mit eigenen Entwürfen frühzeitig vom Schwulst der kommenden fünfziger Jahre, von den Jedermannmöbeln in hochglanzdunkelbraun mit goldfarbenen Zierleisten sichtbar distanzieren. Ein Generalthema der fünfziger Jahre wurde bereits 1949 angerissen: Möbel für die Kleinfamilie, Möbel für die Kleinwohnung, die raumsparend, verstellbar, zusammenlegbar, wegwerfbar, aber zweckmäßig waren. Der Kölner Werkbund verfügte über keine Produktionswerkstätten für Möbelprogramme,

5 A. Leitl, Kritik und Selbstbesinnung. Ein Nachwort zur Werkbund-Ausstellung ,,Neues Wohnen“ in Köln, in ,,Baukunst und Werkform“, 1949, Nr. 2, S. 61.

und so ließ er von den Mitgliedern Prototypen anfertigen, die später in Serie gehen sollten. Die erste Werkbundschau zeigte Dinge, „die für jedermann gut und schön sein sollen. Es geht dabei nicht um ein primitives Notprogramm. Man nimmt den Wunsch des Menschen nach Besonderung ernst und zeigt, daß auch mit einfachen Stücken und ohne Uniformierung Wohnungen vielseitig abzuwandeln und behaglich einzurichten sind."[6] Bei allen guten Ansätzen war letztendlich dieses „Neue Wohnen" umstritten. Es gab Vorbehalte, Kritik und Tadel. Das breite Publikum, also Herr und Frau Jedermann, konnte so nicht gewonnen werden. War der moralische Anspruch an Alltagsobjekte zu hoch angesetzt? Bis weit in die fünfziger Jahre hinein beurteilten Designer ihre Entwürfe nach moralischen Kategorien. Dinge des Alltags sollten tüchtig sein, ohne Eitelkeit, ohne Betrug und Täuschung. Wer wollte sich darüber hinaus in der Not der Nachkriegsjahre und erst recht in der Fülle des Wirtschaftswunders mit formal notdürftig gestalteten Möbeln umgeben?

Sei es, wie es war: Werkbunddesigner verstanden sich als „Gewissen der Nation",[7] redeten auf Tagungen in „formvollendeter Klarheit und eindringlicher Schlichtheit"[8] und waren „arm, aber ehrlich".[9] Die Geleitworte zur Ausstellung „Neues Wohnen" klangen lange nach: „Geläutert und geprüft durch die Not, muß jedes Ding sich darauf beschränken, zu sein was es soll: Ein Bett, ein Tisch, ein Topf."[10] Der Traum vom sinngerecht durchgestalteten Gebrauchsgegenstand, der ganz einfach aus seiner guten Form heraus in „echter Weise sozial" erschien, war noch nicht ausgeträumt. Wer konnte, ja wer kann auf Dauer inmitten einer Mehrzahl solcher Gegenstände der aggressiven Unauffälligkeit leben? Das neue Jahrzehnt brachte, wiederum unter der Beteiligung des Werkbundes, die Serie der „Darmstädter Gespräche" auf der Mathildenhöhe, die mit ihrer Künstlerkolonie unter der Protektion Seiner Königlichen Hoheit des Großherzogs von Hessen vor dem Ersten

6 Werbezettel für die Ausstellung „Neues Wohnen. Köln 1949. Werkbundausstellung für jedermann 14. Mai bis 3. Juli".

7 A. Leitl, Kritik und Selbstbesinnung, a.a.O., S. 60.

8 H. Eckstein, Werkbund-Streitgespräch mit Rosenthal, in „Werk und Zeit", 1953, Nr. 19, o. S.

9 A. Leitl, Kritik und Selbstbesinnung, a.a.O., S. 61.

10 Prof. Dr. R. Schwarz im Katalog der Werkbundausstellung „Neues Wohnen", „Deutsche Architektur seit 1945", Köln 1949, o. S.

Weltkrieg eines der Jugendstilzentren Deutschlands gewesen war. 1950 wurde dort „Das Menschenbild in unserer Zeit" ausgestellt und diskutiert, 1951 „Mensch und Raum", 1952 „Mensch und Technik", 1953 „Individuum und Organisation", 1954 „Theater". Die Teilnehmer an diesen Veranstaltungen waren sich durchaus darüber einig, daß derart gut gestaltete Gebrauchsgegenstände in dieser Zahl außerhalb der Ausstellungsräume der Mathildenhöhe nirgendwo in Ost- und Westdeutschland zu sehen waren: „Was uns die Schaufenster vorenthalten, weil es angeblich nicht dem Publikumsgeschmack entspräche, ist hier plötzlich ausgebreitet."[11] Dabei verteidigte 1952 unter Szenenapplaus ein Berliner Architekt die „Harmlosigkeit" von Gartenzwerg und Kuckucksuhr gegen die „Gefährlichkeit" des Stromlinienkitsches, weil dieser sich modern gebärde, letztendlich aber nur modisch sei. Ach, diese zwei Silben, mit denen respektable Design-Karrieren schon im Keim erstickt wurden: mo-disch ...

Gab es eine Norm für die gute Form? Im Werkbund war man sich einig, daß man zur Durchsetzung eben dieser guten Form ganz oben beginnen mußte, und trieb die Gründung des „Rats für Formgebung" voran. Im April 1951 faßte der Bundestag einen Beschluß, in welchem die Bundesregierung ersucht wurde, die bestmögliche Form deutscher Erzeugnisse im Interesse der Wettbewerbsfähigkeit der deutschen Industrie und des deutschen Handwerks sicherzustellen. In einem Rat für Formgebung sollten sich in den nachfolgenden Jahren Vertreter aus Kreisen der Hersteller, des Handels, der Gewerkschaften, der Künstler und der Kunstgewerbler, der Erzieher, der Publizisten und der Verbraucher zusammenfinden. Dieser Rat hatte satzungsgemäß die Aufgabe, Industrie, Handwerk, Handel und Verbraucherschaft aufzuklären, Behörden, Bundes- und Länderregierungen zu beraten, Ausstellungen vorzubereiten, Ausschreibungen und Wettbewerbe zu fördern, Freischaffenden unter die Arme zu greifen und Einfluß auf die Berufsausbildung zum Designer aller Sparten auszuüben. Das Amt der Geschäftsführerin wurde in den Jahren 1954 bis 1967 von Mia Seeger ausgeübt, die fünfzehn Jahre nach ihrem Rücktritt über den „Rat der Formgebung" sagte: „Die Verantwortung war so verteilt, daß es zur Unbeweglichkeit führte. Mich stört diese vorherige

11 H. Schmidt, Das Darmstädter Gespräch, in „Werk und Zeit", 1952, Nr. 7, o. S.

Absicherung eines Projekts, eines Vorhabens, damit es keine Instanz stört. Nein. All diese Rückversicherungen haben die Immobilität verursacht. [...] Heute können wir das alles am Fernsehen miterleben, wir brauchen keine Darmstädter Gespräche mehr. Ich will Ihnen sagen, alle diese Sachen haben ihre Zeit gehabt, und die ist vorbei."[12]

Im Bundeshaus und anderswo

Für die provisorische Hauptstadt der jungen Bundesrepublik wurde die ehemalige Pädagogische Akademie am Rheinufer umgebaut und zwar so, daß dieses Provisorium nicht auf den ersten Blick als solches erkennbar sein sollte. Bundesrat und Bundestag zogen in einen Gebäudekomplex, der den Neubeginn einer parlamentarischen Demokratie schon allein durch die Wahl der architektonischen Mittel suggerierte. Die Um-und Anbauvergabe erfolgte an einen Vertreter der Moderne, an Hans Schwippert. Kurz nach Fertigstellung der wichtigsten Gebäudeteile wurden diese zum hervorragenden Beispiel stilisiert, ,,wie Staatsbauten in einer Demokratie gestaltet werden können. Frei von eklektizistischer Pracht und kalter Repräsentation ist hier ein nobler, sachlicher Rahmen für die parlamentarische Arbeit entstanden. Statt feierlicher Abgeschlossenheit zeigt dieses Haus lichte, zur Außenwelt geöffnete Räume, die es erlauben, zwischen Sitzungen und Debatten auch eine Stunde wirklicher Entspannung einzuschalten."[13] Ein Großrestaurant für etwa 700 Personen wurde zwischen die Gebäudeteile des Bundestages und des Bundesrates gesetzt; auch hier war der Ausblick durch eine großzügige Glasfront gewährleistet. ,,Hell" und ,,frisch" erschien die Innengestaltung: einfache Überfangbirnen in Messingfassung als gleichmäßige Deckenbeleuchtung, Fenster und Türen aus goldeloxiertem Leichtmetall und ein Fußboden aus weißem Mipolam mit schmalen roten Streifen. Als Stühle wählte man sowohl die Freischwinger mit Chromgestell und Rohrgeflecht von Ludwig Mies van der Rohe aus den zwanziger Jahren, deren Produktion die Firma Thonet kurz nach Kriegsende wieder aufgenommen hatte, als auch einen Neuentwurf von Johannes Krahn im typischen Fünfziger-Jahre-Design, also mit schwarzgebeiztem Holz-

12 I. Franksen, Im Gespräch: Mia Seeger, ,,Werk und Zeit", 1982, Nr. 4, S. 27.

13 B. Werner, Neues Bauen in Deutschland, München 1952, S. 10–11.

Abb. 42: Notkirche von Otto Bartning, 1946

gestell und Plastikbezug in grün und rot. Längs der Breitseite des Speisesaals bot ein Vorhang im Dessin „Bonn" von Margret Hildebrand bei allzu starkem Sonnenlicht Blendschutz und wirkte zugezogen wie ein abstraktes Gemälde. Als einer der ersten modernen Stoffentwürfe auf der Ausstellung „Wie wohnen" war er bereits 1949/50 in Stuttgart und Karlsruhe zu sehen gewesen. Die Fachpresse schrieb wohlwollend über das Restaurant im Bundeshaus: „Alles in allem macht der Raum einen freundlichen Eindruck, geeignet, die politischen Gegensätze der Gäste versöhnlich auszugleichen."[14] Auf die Parlamentarier dagegen wirkte die Gestaltung ihrer Arbeitsstätte durchaus nicht so. Einige von ihnen wollten sogar in diesen Räumen nicht arbeiten, wiesen mit Nachdruck auf Baumängel hin und ließen es zum „Krach um das Bundeshaus" kommen.[15] Bundeskanzler Konrad Adenauer sprach seine Mißbilligung moderner Architektur anläßlich des Firmenjubiläums eines weltbekannten Herstellers von Eau de Cologne in der Glockengasse Nr. 4711 offen aus: „Lassen Sie sich nicht von Modernisten in

14 A. Koch, Hotels, Restaurants, Café- und Barräume, Stuttgart o. J., S. 225.

15 vgl. H. Frank, Trümmer. Traditionelle und moderne Architekturen im Nachkriegsdeutschland, in B. Schulz (Hg.), Grauzonen/Farbwelten. Kunst und Zeitbilder 1945–1955, Berlin 1983, S. 64–66.

Abb. 43: Das Wallraf-Richartz-Museum in Köln von Rudolf Schwarz, 1951–1957

die Irre führen. In zwanzig Jahren wird man diese Betonklötze nicht mehr sehen wollen. [. . .] Diejenigen aber, die den Geist der alten Bauwerke zu neuem Leben erwecken, werden damit etwas Unsterbliches schaffen.“[16]
1956 gerieten Architektur und Politik, diesmal in Köln, wiederum aneinander. Bei einer Tischrede erklärte Adenauer: „Ich schlage vor, das neue Wallraf-Richartz-Museum wieder abzubrechen! Tun Sie es, je eher desto besser. Mit diesem Museum machen Sie sich lächerlich in der ganzen Welt. Wie es im Innern aussieht, das weiß ich noch nicht. Das Äußere ist eine Fabrik.“[17] Das neue Kölner Museum war zu diesem Zeitpunkt fast fertiggestellt. Rudolf Schwarz entwarf 1951 für das alte Grundstück einen Neubau, der als gemäßigt modern bezeichnet werden konnte, ja, der eine Syn-

16 Rede zur 160-Jahr-Feier der Firma 4711 in Köln, in „Baumeister“, 1953, Nr. 3, S. 132.
17 Architektur und Politik, in „Werk und Zeit“, 1956, Nr. 2, S. 1.

these zwischen Gestern und Heute anstrebte. Die Äußerung des Bundeskanzlers gelangte in die Presse und provozierte Zustimmung und Ablehnung. Im Kölner Stadtrat gaben daraufhin die Fraktionen der CDU und der SPD gemeinsam eine Erklärung ab, die mit folgender Einleitung begann: „1. Das Grundgesetz garantiert jedem das Recht, seine Meinung in Wort, Schrift und Bild frei zu äußern und zu verbreiten. Wenn der Herr Bundeskanzler in einer Ansprache Kritik an dem Neubau geübt hat, so war er zweifellos dazu berechtigt. Jeder, der an öffentlichen Straßen und Plätzen Gebäude aufführt, muß damit rechnen, daß die Architektur von der Bevölkerung betrachtet und kritisiert wird. Das ist ihr gutes Recht. Wer einer solchen Kritik entgehen will, darf nicht an die Öffentlichkeit treten."[18] Da ist er, dieser belehrende Ton der fünfziger Jahre, der quer durch alle Fraktionen, alle Bereiche des Kulturlebens der Bundesrepublik ging. Immerhin wurde 1957 das Wallraf-Richartz-Museum der Öffentlichkeit zur Benutzung übergeben.

Bauhausschelte in West und Ost

So ultramodern die Architektur von Rudolf Schwarz auch vielen erschien, er selbst gehörte schon Jahre zuvor zu den Kritikern des Funktionalismus und löste unter seinen modern gesinnten Kollegen eine heftige Debatte um das Bauhauserbe aus. 1953 begann das Januarheft von „Baukunst und Werkform" mit einer langen Vorbemerkung des Herausgebers zum nachfolgenden Artikel „Bilde Künstler, rede nicht". Dieser Beitrag von Rudolf Schwarz hatte die Redaktion „nicht ganz glücklich" gemacht, und man hatte „zunächst Bedenken" gehabt, ihn abzudrucken. Schwarz schrieb unter anderem: „Ich meine, so bis zum Ersten Weltkrieg wäre alles ganz ordentlich gelaufen. In den letzten Jahren hat man ja eine dicke Mauer durchgebrochen und nachgesehen, was dahinter war. Diese Mauer hatten die Funktionalisten aufgebaut, indem sie besonders den jüngeren Menschen aufgeredet hatten, mit ihrem Auftreten datiere das Jahr 1 und vorher sei alles wüst und leer gewesen ... Gropius ... Es ist ein ergreifender Anblick, wenn ein Baumeister endlich, endlich seinen Glaswürfel bekommt, mag auch der Vorwand dazu ein Fabrikbau sein, und es ist beruhigend und beinahe metaphysisch notwendig, wenn es ihm von oben hereinregnet und

18 ebenda.

das ganze als Treibhaus funktioniert ... Das Schlimme am Bauhaus war überhaupt nicht sein Versagen im Technischen, sondern seine unerträgliche Phraseologie."[19] Ein „Sturm der Entrüstung" brach wegen dieses „wilden Verdammungsangriffes auf das Bauhaus" über Herausgeber und Autor herein. Auf mehr als achtzig Seiten des 53er Jahrgangs von „Baukunst und Werkform" liefen Rede und Gegenrede.[20]

Die Rudolf-Schwarz-Debatte wurde heftig und voller Widersprüche ausgetragen. Für die einen war sie ein „typisch deutsches Streitgespräch, voll Reinheit und Ernst", für den Herausgeber zielte sie im Fall Schwarz „auf den Tod des Gegners. Nicht nur das. Auch die Leiche muß verbrannt werden."[21] Woher kamen die Verständigungsschwierigkeiten? Zur unbewältigten Vergangenheit zählte die Schließung des Bauhauses nach der Machtübernahme durch die Nationalsozialisten. Jeder, der nach Ende des „Dritten Reichs" Kritik am Bauhaus übte, wurde automatisch mit faschistischem Gedankengut in Verbindung gebracht, ein Vorwurf, der die Mitarbeiter von „Baukunst und Werkform" nicht treffen konnte, da sie sich entschieden gegen die Wiederbeschäftigung und die Vergabe von Professuren an diejenigen Architekten aussprachen, die mit den Nationalsozialisten gemeinsame Sache gemacht hatten. Trotzdem fielen gegen Rudolf Schwarz Hinweise auf „Goebbels", „Gauleiter" und „Schultze-Naumburg", den nationalsozialistischen Architekturtheoretiker. Zur unbewältigten Gegenwart gehörte die nationalsozialistische Begründung zur Schließung, also die „kommunistischen Umtriebe". Hannes Meyer war nach ähnlichen Vorwürfen 1930 aus dem Bauhaus geworfen worden, dessen Leitung dann Ludwig Mies van der Rohe übernommen hatte. Auch Schwarz warf in seiner Polemik zwanzig Jahre später Hannes Meyer nicht nur rigiden Funktionalismus und „Kollektivität" vor, sondern auch, daß unter seiner Leitung am Bauhaus ein „Jargon der Komintern", also die Kommunistische Internationale geherrscht hätte. Trotz seiner Kritik an der Rasterarchitektur Mies van der Rohes sah Schwarz in dessen Bauhausleitung durchaus anerkennend den „Ordnungsfaktor". Gropius stimmte als Vorgänger von

19 R. Schwarz, Bilde Künstler – Rede nicht, in „Baukunst und Werkform", 1953, S. 11–17.

20 Auszüge aus der Debatte um Rudolf Schwarz, in „Baukunst und Werkform", 1953, S. 60–95.

21 A. Leitl, Schlußwort des Herausgebers, in „Baukunst und Werkform", 1953, S. 575.

Meyer in dieser und nur in dieser Frage mit Rudolf Schwarz überein: „Die auf freiwilliger Zusammenarbeit aufgebaute Organisation der Schule konnte ebensowenig mit der marxistischen Gedankenwelt identifiziert werden als mit der nazistischen.“[22] In der Ablehnung von Person und Werk Hannes Meyers ergaben sich am Anfang der fünfziger Jahre ungewollt Gemeinsamkeiten zwischen West und Ost, da die Architekten der DDR zu diesem Zeitpunkt „den Kampf gegen Formalismus und Konstruktivismus“[23] führten, einen Kampf für Baukunst und gegen Überbetonung funktionaler Aspekte. Walter Ulbricht kritisierte selber den „Direktor des sogenannten Dessauer Bauhauses, Hannes Meyer“, der erklärt habe, daß man nicht mehr von Baukunst sprechen solle, sondern nur allgemein vom Bau: „Damit hat dieser Vertreter des Formalismus selbst das Urteil über das kapitalistische Bauwesen gesprochen.“[24]

Mies van der Rohe kam noch vor dem Schlußpunkt der Debatte als der „größte Baukünstler seiner Generation“ nach Westdeutschland und verbreitete „Vertrauen und Sammlung“. Studenten schrieben an „Baukunst und Werkform“ und bewunderten offen die Unbefangenheit z. B. der Italiener, die ohne ständige Selbstkontrolle arbeiteten, ohne sich dauernd zu fragen, ob „man dieses oder jenes darf“. Andere hielten die Debatte für „verknöcherte Architekturtheorie von 1930. [. . .] Wir wollen etwas Vernünftiges lernen [. . .] Man vermittele uns das beste Werkzeug, weiter nichts.“[25] Welche Schäden dieses verkürzte Denken in Stadt und Landschaft anrichtete, wurde erst im Laufe der sechziger Jahre deutlich und mit der „Unwirtlichkeit unserer Städte“ umschrieben.[26]

Made in USA

Die amerikanische Militärregierung hatte eine eigene Abteilung für Ausstellungen, die die moderne amerikanische Architektur in Westdeutschland bekanntmachen sollten, 1948 mit „In USA er-

22 Brief von Walter Gropius an die „Neue Zeitung“ 12. 4. 1953, auszugsweise nachgedruckt in „Baukunst und Werkform“, 1953, S. 191.

23 W. Ulbricht, Das nationale Aufbauwerk und die Aufgaben der deutschen Architektur, Berlin [DDR], o. J. [1952], S. 30.

24 Ebenda.

25 A. Leitl, Schlußwort des Herausgebers, a.a.O., S. 576a.

26 A. Mitscherlich, Die Unwirtlichkeit unserer Städte. Anstiftung zum Unfrieden, Frankfurt am Main 1965.

baut 1932–1944", vom Museum of Modern Art in New York zusammengestellt, 1951 mit ,,Architektur der USA seit 1947" des American Institute of Architects und 1952 mit ,,Walter Gropius – Ein Weg zur Einheit künstlerischer Gestaltung". Der U.S.Informationsdienst schickte ,,Das neue Gesicht der amerikanischen Stadt" durch die Amerikahäuser. Jede dieser Ausstellungen zeigte nur die moderne Seite der amerikanischen Architektur, den ,,International Style", die neuen Materialien, die Durchgrünung und damit die Auflösung der Städte, das Eigenheim als Ideal. Aus der DDR wurde in diesem Zusammenhang gegen westdeutsche Architekten polemisiert: ,,Sie übernehmen einfach die konstruktivistische amerikanische Bauweise, den Bau von Kästen, weil sie selbst keine neuen Ideen haben." Und weiter: ,,Ist das Gebäude der UN in seiner kastenförmigen Gestalt nicht wahrhaft ein Symbol der Weltpolizei, der Machthaber der USA?"[27] Gemeint war das 39stöckige Sekretariatsgebäude der weitläufigen Anlage, das nahezu gleichzeitig auch beim Darmstädter Gespräch auf wenig Gegenliebe stieß: ,,Was würde aus dem Palast, aus dem Aufenthalt der Vereinten Nationen in New York geworden sein, wenn man sich einmal den Kollektivgehalt, den die United Nations repräsentieren wollen, deutlich gemacht hätte." Dieser Palast galt in Darmstadt als ,,deutliches Signal für die Bürokratie dieser UNO-Einrichtung."[28]

Trautes Heim – Glück allein. Auf der Deutschen Industrieausstellung wurde im Oktober 1950 ein amerikanisches Modellhaus aus präfabrizierten Einzelteilen aufgebaut, um ,,einen Eindruck davon zu vermitteln, wie ein Durchschnittsamerikaner – unser Mr. Smith – zu Hause lebt, wie er wohnt, arbeitet, seine Freizeit verbringt, und mit welchen technischen Errungenschaften unserer Zeit er sich sein Dasein erleichtert und verschönt."[29] Ebenfalls 1950 stellte das New Yorker Museum of Modern Art eine Ausstellung zum Thema ,,Industrie und Handwerk schaffen neues Hausgerät in USA" als Wanderausstellung für Westeuropa zusammen. Finanzielle Mittel aus dem Marshall-Plan wurden zur Verfügung gestellt, und da die Anregung zu solch einer Ausstellung vom Landesgewerbemuseum in Stuttgart gekommen war, erfolgte dort die

27 W. Ulbricht, Das nationale Aufbauwerk . . ., a.a.O., S. 28/30.

28 Alfred Weber, in O. Bartning (Hg.), Darmstädter Gespräch ,,Mensch und Raum", Darmstadt 1952, S. 97.

29 Amerika zu Hause, [Broschüre] zur Erinnerung an die Deutsche Industrieausstellung Berlin 1950, o. S.

Abb. 44: Tisch von Isamu Noguchi für Herman Miller, ausgestellt 1950 in „Industrie und Handwerk schaffen neues Hausgerät in USA“

Premiere im März 1951. Das neue Hausgerät aus den USA vermittelte 60.000 Besuchern in einem einzigen Monat Eindrücke amerikanischer Lebensweise, von Ungebundenheit und Kühnheit, großer Vielfalt des Materials, gesunder Unbefangenheit.[30] Ganz im Gegensatz zu den deutschen Möbeln und Haushaltsgegenständen strahlten die 178 amerikanischen Exponate „künstlerische Erfindungsgabe“ und „wünschenswerte Bequemlichkeit“ aus. Als Clou wurde eine nach neuestem amerikanischen Schnitt komplett eingerichtete Küche installiert, die der modernen Hausfrau „jede nur denkbare Erleichterung“ gewährte. Über die Wochenschau „Welt im Film“ gelangten Geschirrspülmaschine, Kinderbett aus durchsichtigem Kunststoff und Schaumgummisessel aus den USA bis in den hintersten Winkel der Bundesrepublik.[31] 1951 gründete Knoll International eine deutsche Niederlassung mit Sitz und ersten Ausstellungsräumen in Stuttgart und stellte im darauffolgenden Jahr eine Wanderausstellung mit eigenen Möbeln und Gebrauchsgegenständen für den deutschen Markt zusammen. Das amerikanische

30 E. Kaufmann, Einführung, in: Industrie und Handwerk schaffen neues Hausgerät in USA, Katalog, Landesgwerbeamt Stuttgart 1951, o. S.

31 Vgl. Wochenschau im WDR-Fernsehfilm „Stromlinie und rechter Winkel, Kunst und Design in den 50er Jahren“ (aus der Reihe Westkunst Nr. 4) von Christian Borngräber und Chika Schultze-Rhonhof, 1981.

Abb. 45: Raymond Loewy und Richard Latham, ,,Form E" (rechts) 1951 und ,,Form 2000" 1954 für Rosenthal-Porzellan

Knoll-Design repräsentierte ,,zeitgemäßes Wohnen", ,,Nützlichkeit", ,,harmonische Schönheit", ,,ehrliche Verwendung der Materialien", ,,ästhetische Freude".[32] Knoll-Möbel wurden auch von denen benutzt, die sie sich für die eigenen vier Wände nicht kaufen konnten oder wollten, da die meisten Kulturbauten mit ihnen ausgestattet wurden. Die Knoll International GmbH prägte das Erscheinungsbild des deutschen Wirtschaftswunders so nachhaltig, daß einige ihrer Stühle in die ,,Deutsche Warenkunde", die ja eigentlich nur ein Spiegelbild der guten deutschen Form sein sollte, aufgenommen wurden.[33]

1951 brachte die Rosenthal-Porzellan AG unter der Bezeichnung ,,Form E" ein Kaffee- und Eßservice des amerikanischen Stardesigners Raymond Loewy auf den Markt. 1954 folgte aus seinem Büro die meistverkaufte ,,Form 2000", etwas später mit unzähligen deutschen Dekorvarianten, wie ,,Seidenbast" oder ,,Bunte Blätter". Termingerecht erschien Loewys ,,Never leave well enough alone" als ,,Häßlichkeit verkauft sich schlecht" in deutscher Übersetzung; die ,,Erlebnisse des erfolgreichsten Formgestalters unserer Zeit" verkauften sich 15. 000 mal in den ersten sechs Monaten. ,,Der Lebensweg Raymond Loewys ist ein klassischer Beweis dafür, daß auch heute noch ein Mann von Ideen, unbeirrbarem Willen und Arbeitslust ohne Geld und im Kampf gegen landläufige

32 R. Gutbier, Neue Ausstellungsräume der Knoll International GmbH Stuttgart, in ,,Innendekoration-Architektur und Wohnform", 1952/53, Nr. 1, S. 24.

33 Vgl. Deutsche Warenkunde, Bildkartei des Deutschen Werkbundes 1956, 18/2 Blatt 8 und 18/4 Blatt 2.

Vorstellungen sein Schicksal erfolgreich gestalten kann", kommentierte der Econ-Verlag auf dem Schutzumschlag. „Es ist kein geistiges Buch", widersprach sauertöpfisch die Monatszeitung des Deutschen Werkbundes, „nichts ist in der modernen industriellen Produktionswelt ohne Mode!"[34]

Kunststoffe – neu und pflegeleicht

Eine aufgeschlossene Bundesbürgerin, die in ihrer Wohnung eine Vielzahl an Gegenständen aus Kunststoffen hatte, soll auf die Frage, wie sie mit diesen neuen Materialien zurechtkäme, geantwortet haben: „Ich fühle mich zwischen ihnen genauso wohl, wie meine Beine sich in Perlon-Strümpfen wohlfühlen, oder ziehen Sie Strümpfe aus Baumwolle vor?"[35] Die Trägerin konnte nicht ahnen, daß Nylon 10 001 durch Polykondensation von Hexamethylendiammoniumadipat erzeugt wurde und daß die Resopalplatte ihres neuen Küchentisches aus Harnstoffharz bestand, weil dieses gegenüber dem Phenolharz Geschmacksfreiheit garantierte. Bei Flaschen und Bechern aus thermoplastischen Kunststoffen mußte man unbedingt darauf achten, keine kochendheißen Flüssigkeiten einzufüllen, da diese Behältnisse sonst Formen annahmen, die an die freigeformte Vasenkollektion von Rosenthal erinnerten.

Von der Mitte der fünfziger Jahre an waren Gegenstände aus Kunststoff in den meisten Haushalten im Gebrauch. Es galt nicht nur als Zeichen von Modernität, beim Picknick von Plastiktellern zu essen, aus Plastikbechern zu trinken und hartnäckig zu versuchen, ein dickes Kotelett mit einem Plastikmesser zu zerteilen. Verbraucherausstellungen versuchten als erste, den Geschmack an der Unverwüstlichkeit der neuen Materialien zu wecken. 1952 stand in Frankfurt auf der „Wirtschaft im Dienste der Hausfrau" eine Vitrine mit Kunststofferzeugnissen aller Art für den Haushalt: „Wie ein unbekanntes Märchenland breitet sich das Gebiet der Kunststoffherstellung und -verarbeitung vor den Hausfrauen aus. Man hat im stillen Wünsche gehegt, die unerfüllbar schienen, und plötzlich werden sie über Nacht von einer Feenhand in die Schaufenster

34 H. Schmitt-Rost, Verkauft Häßlichkeit sich schlecht?, in „Werk und Zeit", 1954, Nr. 1, o. S.
35 W. Fischer, Göppinger Plastics, in „Werk und Zeit" Sonderbeilage 1954, Nr. 4, o. S.

der Läden und die Auslagen der Warenhäuser gezaubert."[36] Ebenso 1952 lief in Düsseldorf eine erste Kunststoffausstellung, die im großen und ganzen jedoch nur den Reiz eines falsch gebrauchten Materials und keineswegs den der neuen Form hatte. Zu den aufregendsten Ausstellungsstücken gehörten aufwendig hergestellte Preßformen aus Stahl für Telefonhörer aus cremefarbenem Kunstharzpreßstoff. Zwar war auch ein Konzertflügel aus kristallklarem Prexiglas zu bewundern, doch schien er eher ein Schau- als ein Spielobjekt zu sein. Und obwohl Elfenit im Klavierbau das teure Elfenbein bereits verdrängt hatte und auf Nylon- oder Perlonsaiten sich ausgezeichnet musizieren ließ, war grundlegende Designarbeit beim Einsatz dieser Materialien nicht zu leisten.

Kunststoff, besser Kunst-Stoff, diese deutsche Wortschöpfung mißfiel dem ambitionierten Produktgestalter. Kunststoff erinnerte ihn an Kunsthonig und damit an Ersatzstoff. Das Künstliche des Produktionsprozesses der neuen Stoffe schien übertont, und so bürgerte sich der aus dem Englischen abgeleitete Begriff „Plastik" ein: „Selbst in wohlhabenden Ländern steigt der Anteil der Plastik-Werkstoffe an der Gesamtproduktion von Jahr zu Jahr. Er beträgt bei Haushaltswaren in den USA schon mehr als 12 %."[37] In der Bundesrepublik gab es aber nach wie vor die ungelöste Formproblematik und die Gefahren der Vielseitigkeit. Sollte Kunstleder wie Leder aussehen? Sollten thermoplastische Stoffe mit eingelegten Geweben als Textilien auf dem Markt angeboten werden? Wie stand es um Kunststoffplatten mit Holzmaserung? Voller Unbehagen diagnostizierte man tief unter der trügerischen Oberfläche die „unvorstellbare Willfährigkeit, Schmiegsamkeit, Charakterlosigkeit vieler neuer Stoffe [. . .]".[38] Doch setzte sich rasch die Meinung durch, die „neuen Werkstoffe des 20. Jahrhunderts seien so legitime und echte Werkstoffe wie Ziegel und Glas, wie Bronze und Papier",[39] und wer sich von da an den neuen Gestaltungsmöglichkeiten verweigerte, belegte damit nur, daß er sich in eine „ana-

36 E. Brödner, Die Hausfrau will mitarbeiten, in E. Barth von Wehrenalp/Dr. H. Saechthild, Jahrhundert der Kunststoffe in Wort und Bild, Düsseldorf 1952, S. 72.

37 W. Braun-Feldweg, Normen und Formen industrieller Produktion, Ravensburg 1954, S. 135.

38 WZ, Die große Chance, Kunststoffausstellung 1952, in „Werk und Zeit", 1952, Nr. 8, o. S.

39 W. Fischer, a.a.O.

Abb. 46: Knöpfbare Überschuhe aus Plastikfolie, 1952

chronistische Kulturidylle" flüchten wollte. Mit Plastik assoziierte nun der aufgeschlossene Benutzer: Klarheit, Frische, Anmut und Gelöstheit.

Die Kunst und das schöne Heim

Besonders kräftig schlug der Puls der fünfziger Jahre in den Redaktionen der Fachzeitschriften und anderen an Architektur und Design interessierten Magazinen wie z. B. in „Magnum – Zeitschrift für das moderne Leben". Es herrschte Übereinstimmung, in einem polystilistischen Jahrzehnt zu leben, mit Kurvenstil, Schalenstil, Ei- und Eifußstil, Knochenstil und Gitterstil, Stilen der gefesselten kinetischen Energien mit jeweils unverwechselbaren Momenten der Raumspannung, in denen die Wechselwirkungen zwischen Na-

Abb. 47:
Anzeige für Tapeten im Picasso-Stil, 1956

tur, Technik und Wissenschaft eins zu werden schienen. Als probate Ausgangsmuster für energetische Formen galten die mathematisch genauen oder künstlerisch überarbeiteten Kurven von Parabeln und Hyperbeln, energetische Formen selber als „erregend-dynamisch", das Nervensystem treffend „zwischen Intellekt und Gefühl".[40]

Welche Kleidung aber sollte Europa tragen? Bereits im Jahr der Währungsreform, 1948, lautete die passende Antwort: ein Picasso-Kleid; auf Strandanzügen wurden Motive à Braque gesichtet. „Wer glaubt, der modische Druckstoff sei nichts weiter als ein Abfallprodukt der Malerei, denkt einseitig."[41] 1955 gab es die erste große Picasso-Retrospektive in der Bundesrepublik; voller Verwunderung wurde bemerkt, daß der „Umstrittenste der Moderne" mit seinen 75 Jahren eigentlich schon zu den alten Meistern gehörte. Unzählige Witzzeichnungen ironisierten seine populäre Gegenwär-

40 H. Oestreich, Zur Phänomenologie moderner Formen, in „Bauwelt", 1957, Nr. 36, S. 945.

41 I. Kadow, Textiles, in „Werk und Zeit", 1949, Juni/Juli, o. S.

tigkeit, etwa in Stühlen im Picasso-Stil, die zu Harakiri-Werkzeugen eines lebensmüden Benutzers gerieten. Typische Karikatur des Besuchers einer Ausstellung moderner Malerei: Nach dem Rundgang hat er zumindest das Auge an der Stelle des Ohrs, das Kinn an der Stelle des Hinterkopfs – alles, was schräg oder verbogen oder ganz einfach ungewohnt war, wurde in der Alltagssprache mit diesem Namen in Verbindung gebracht. Seltsamster Höhepunkt die deutsche Bezeichnung für den Rhinecantus aculeatus: Picassofisch. Ein Steak à Picasso des Restaurants „Giraffe" im Berliner Hansaviertel hatte eine bunte Dekoration aus grünen Mandeln, gelben Maiskörnern und rotem Paprika.

Besonders im Kunsthandwerk waren Formvorstellungen Picassos in unterschiedlichsten Adaptionen wiederzufinden. Am „Kri-Kri-Phantomobile" der Möbelfirma Wilkhahn konnte der Kunstfreund mittels einer Anzahl verschiedenfarbiger Stäbe, Klötzchen, sowie Lanzett- und nierenförmigen Holzkörpern seiner Phantasie freien Lauf lassen. Im beliebig erweiterbaren Verwandlungsspiel konnte, wer wollte, einen undefinierbaren Marsbewohner mit mehreren Köpfen und mehreren Augen, eine abstrakte Kuh oder schräge Giraffe auf die Teak- oder Eschenholzbretter der variablen Bücherwand stellen. Bildende Künstler arbeiteten nicht nur für ihren Galeristen: Willi Baumeister entwarf für die Pausa AG sechs verschiedene Dessins für Vorhangstoffe, Fritz Winter eine Tischdecke für die Firma Göppinger Plastics; es gab Teppiche und Buchumschläge nicht nur von Fritz Trökes. K. O. Götz verdiente sein erstes Geld mit einer Anzeigenserie für die Schokoladenfabrik Sprengel im Stil seiner tachistischen Bilder.

1952 veranstaltete die Pausa AG den ersten großen Wettbewerb für Dekorationsstoffe. Mehr als 1000 Teilnehmer schickten rund 9000 Vorlagen, von denen mehr als 70 % abstrakte Muster hatten. Der freie Stoffdekor wurde zum Verkaufsschlager, Klee, Picasso, Calder und Miró, um nur die bekanntesten Maler zu nennen, zu Vorbildern der Gebrauchsgraphiker. „Gedruckt werden kann alles und gebraucht wird alles, von der Küchenschürze bis zum Traum von Dior, von der Kinderwagendecke bis zum Theatervorhang, also ein unendliches Gebiet, unendliche Möglichkeiten auch für den Entwerfer."[42] Skepsis war nur insofern angebracht, als die

42 F. Roehl, Der freie Stoff-Dekor, in „Die Kunst und das schöne Heim", 1953, S. 260.

kräftigen Farben und bewegten Formen große, lichterfüllte Räume brauchten und im sozialen Wohnungsbau der Nachkriegszeit für eine Zweizimmerwohnung maximal 50 m^2 zur Verfügung standen. Doch der Wiederaufbau hatte sein leicht lesbares Zeichen im Schwung des Designs gefunden, und er trug Skepsis hinweg. Tapeten mit dem Ausblick auf den Golf von Neapel oder mit einem detailgetreuen Blümchenmuster wurden zwar weiterhin gekauft, galten jedoch bei denen, die den Trends folgten, als konservativ. Tapeten, Dekorationsstoffe und Bodenbeläge sahen bald wie ein repräsentativer Querschnitt durch den modernen Kunstmarkt aus. Sie traten aus dem Hintergrund hervor, übernahmen selbst eine Bildfunktion und wurden zu Gegenständen der Kunstkritik: ,,Viele der neuen Muster treten sogar so überzeugend auf, daß die Kunstkritiker die Meinung äußern, in den Kreisen der Textilentwerfer seien viel stärkere Kräfte am Werk als in der Malerei.“[43]

Die Kleinobjekte des Hausrats, die Vasen und Schalen aus Keramik und Porzellan, verletzten alte Gebrauchsgewohnheiten dadurch, daß sie zu Kleinplastiken gerieten. Die einmal so selbstverständliche Herkunft von der Töpferscheibe wurde radikal verleugnet, Symmetrieachsen gab es nicht mehr, dagegen abgerundete Flächen, gebaucht, gedrückt, gestaucht, geschrägt, unabweisbar kitschig, doch einfallsreich und ver-rückt im wahren Sinne des Wortes. Die Kritik verfuhr scharf: ,,Abstrakte ‚Muster‘ an Zimmer- und Hauswänden, auf Teppichen, Decken und Büchern, Vasen und Kaffeetassen sind zur ständigen Persiflage der ‚modernen Kunst‘ geworden. In ihrer Imitation abstrakter und neuerdings auch schon tachistischer Malerei und Graphik wirken sie wie die dreiste Behauptung, an der modernen Kunst wäre im Grunde nichts dran.“[44]

Streitobjekte

Das Jahr 1955 gilt als Wendepunkt in der westdeutschen Designszene. Die Firma Max Braun in Frankfurt zeigte auf der Funkausstellung in Düsseldorf die ersten wirklich neuen Radios und Radio-

43 Schirmer, Sinn für Raum und Farbe, in ,,Die Innendekoration“, 1955/56, Nr. 1, S. 36.
44 K. Pawek, Der moderne Stil wird konventionell, in ,,Magnum“, 1959, Nr. 25, S. 42.

Abb. 48: Fußboden mit künstlerisch „wertvoll" verlegten Dunloplan-Platten, 1957

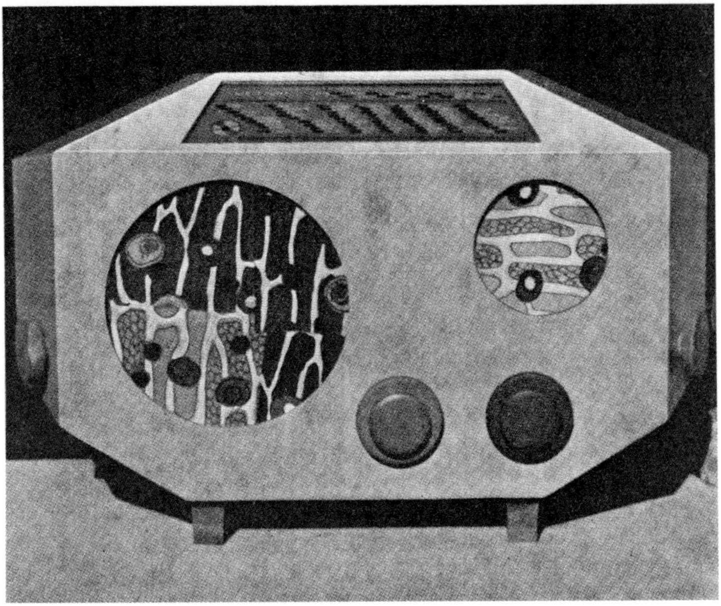

Abb. 49: Radio-Prototyp von Walter Schwagenscheidt, Tassilo Sittmann und Helmut Dornauf, vorgestellt auf der ,,Deutschen Rundfunk-, Fernseh- und Phono-Ausstellung", Düsseldorf 1955

Phonokombinationen. Doch sind diese Geräte wirklich die ersten gewesen, die sich wohltuend von den sogenannten ,,Goldserien" in hochglanzdunkelbraun der anderen Hersteller abhoben? Keineswegs, denn bereits 1953 konzipierte in der Nähe von Frankfurt die Kronberger Werkstatt, zu der die Architekten Walter Schwagenscheidt und Tassilo Sittmann sowie der Maler Helmut Dornauf gehörten, die ersten radikal neuen Radiogehäuse, stark farbig und asymmetrisch. Als Schwagenscheidt sechs Prototypen 1953 auf der Funkausstellung zeigen wollte, wurde ihm vom Komitee der Radioindustrie die Teilnahme mit der Begründung verweigert, daß diese Modelle das Publikum stark beunruhigen und den Absatz der anderen Serien behindern würden. Die Kronberger Werkstatt baute ihre Exponate jedoch unter freiem Himmel zur Pressekonferenz auf; man diskutierte, notierte und fotografierte an Ort und Stelle. Als Schwagenscheidt Anfang 1954 die Firma Max Braun ansprach, lehnte sie dankend ab: ,,Der Deutsche hängt zu sehr an dem Althergebrachten, und keine Rundfunkfabrik kann es sich erlauben,

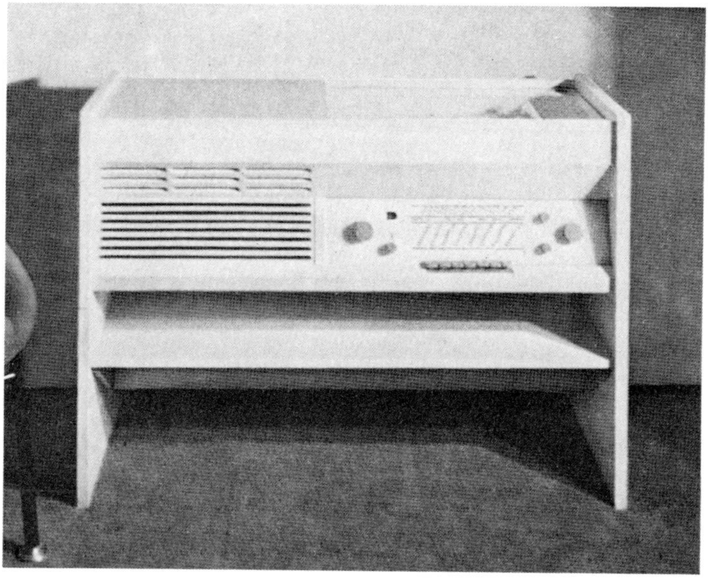

Abb. 50: Phonokombination PK-G1 von Hans Gugelot 1955 für die Firma Braun

mit einer größeren Serie ausgefallener Gehäuseformen zu erscheinen."[45] Zu diesem Zeitpunkt hatte Max Braun freilich schon Hans Gugelot von der Hochschule für Gestaltung in Ulm mit der Entwicklung neuer Gerätetypen in klaren Formen und hellen Farben für die nächste Funkausstellung beauftragt. Dort war dann auch die Kronberger Werkstatt in den Hallen mit einem eigenen Stand vertreten, hatte aber das Nachsehen. Als ein paar Jahre später alle Welt vom „Braun-Design" redete, war die Initialzündung, also das „Kronberg-Design", rasch vergessen; die Prototypen erreichten niemals die Serienreife.

In Bayern führte die Porzellanfabrik Rosenthal einen aufsehenerregenden Prozeß gegen die Porzellanfabrik Lindner. Folgendes lag vor: Als 1950 Philip Rosenthal jr. in das Unternehmen eintrat, wurden neue Formen in Auftrag gegeben, u. a. der zerdrückte Orchideenkrug von Fritz Heidenreich, im Werkjargon „Schwangere Luise", bald in tausenden Exemplaren verkauft. Auch andere,

45 Max Braun, Spezialfabrik für Rundfunk- und Phono-Geräte, Brief an Walter Schwagenscheidt, 19. 1. 1954. Archiv Sittmann/Kronberg.

Abb. 51

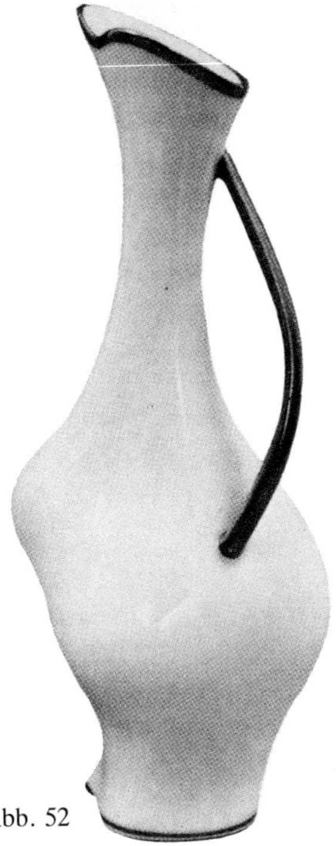

Abb. 52

Abb. 51: Orchideen-Krug von Fritz Heidenreich, die sog. ,,Schwangere Luise", 1950 für Rosenthal-Porzellan

Abb. 52: Krug Nr. 507 von Ludwig Lindner 1951 für die Lindner-Porzellanfabrik

kleinere Porzellanwerke präsentierten Anfang der fünfziger Jahre asymmetrische Entwürfe, darunter die Firma Lindner einen Blumenkrug, der dem asymmetrischen Orchideenkrug der Firma Rosenthal ähnelte. ,,Vielleicht interessiert es Sie", schrieb die Firma Lindner 1980 im Rückblick an den Verfasser, ,,daß wir mit unseren asymmetrischen Formen großen Erfolg hatten. Herr Lindner, Jahrgang 1930, hat nahezu alle selbst entworfen. Er kam 1951 mit neuen Ideen von der Porzellanschule in Selb. Zu dieser Zeit entstanden die ersten asymmetrischen Formen. In der Zeit 1953–1954 hatten die Formen Marktgeltung erlangt und wurden in alle Welt geliefert."[46] Rosenthal klagte; der kleine Unterschied, daß Lindners Porzellanmasse, um dem Massengeschmack entgegenzukommen, cremefarben war, Rosenthal dagegen Dekore nur auf weiß legte, rettete die kleinere Konkurrenz nicht. 1956 wurde in erster

46 Lindner Porzellanfabrik, Brief an Christian Borngräber, 14. 3. 1980.

Abb. 53: Eine typische Einbauküche aus der zweiten Hälfte der fünfziger Jahre

Instanz der Blumenkrug der Firma Lindner als Nachahmung angesprochen; seine Produktion sollte eingestellt werden. Die vielen Presseberichte und die Fotos zu diesem ersten großen Rechtsstreit über Nachkriegsdesign hatten die Wirkung eines neuen Reklameschubs für asymmetrische Formideen.

Zwischen Knoll und Karstadt

Die Ausstellung ,,Wir bauen ein besseres Leben" von 1953 präsentierte ein mit Hausrat aus zwölf Ländern ausgestattetes Idealhaus für die Kleinfamilie. Man sah die Kinder darin mit den schönsten Spielsachen spielen, die Hausfrau kochte in ihrer technisierten Küche und der Hausherr werkelte im Bastelraum. Die Familie schien tatsächlich direkt in der Ausstellung zu wohnen, doch es waren nur Schauspieler, die für ein paar Tage vor aller Augen eine Kleinfamilie darstellten. Kleinfamilie, Kleinwohnung, Kleinmöbel, die Wohnungen sollten nicht vollgestellt wirken. Zeitgemäß wohnen bedeutete beweglich wohnen. Überholt schien die Wohnung mit einem erstarrten Grundriß, der die einzelnen Räume beziehungslos trennte, Räume mit einer Paradeaufstellung kompletter Möbelgarnituren. Die neuen Möbel wirkten in ihrer Konstruktion fast schwerelos grazil und sollten von Raum zu Raum verschiebbar sein.

Abb. 54: Bücherregal mit beliebig verstellbaren Einzelteilen

In sich variabel, ließen sie sich aufbauen, anbauen und ergänzen, in den Einzelteilen verstellen und für den Umzug zerlegen. Improvisation war Trumpf. Der Erfolg der Tütenlampe, deren Schirme an Spiralarmen beliebig biegbar waren, ließ sich aus der Variabilität der Lichtakzentuierung erklären; die Beliebtheit der abstrakten bis skurrilen Mobiles an der Zimmerdecke aus der fortwährenden und scheinbar selbsttätigen Veränderung der Stellung ihrer Einzelteile zueinander. Die Steigerungsform der Variabilität war die Multifunktionalität, angefangen von der Snap-Couch, tagsüber zum Sitzen und nachts zum Liegen, bis zum Elektromotor, mit dem sich dank einer Vielzahl von Zusatzgeräten sämtliche Arbeiten im Haushalt vom Staubsaugen über Lacksprühen bis hin zum Mixen und Kuchenbacken rationeller erledigen ließen.

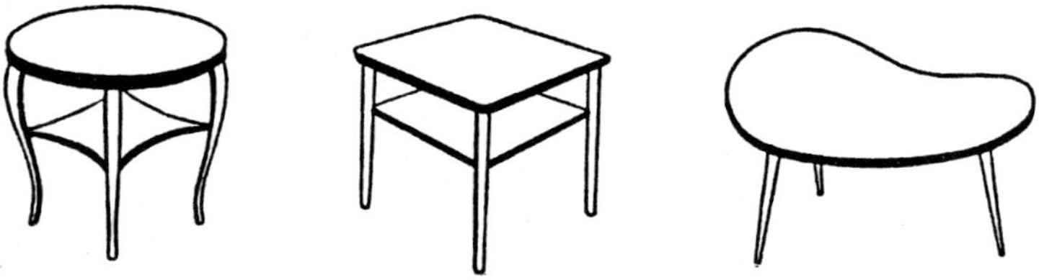

Abb. 55: Couchtische aus einem Fragebogen des Instituts für Demoskopie, Allensbach, 1954

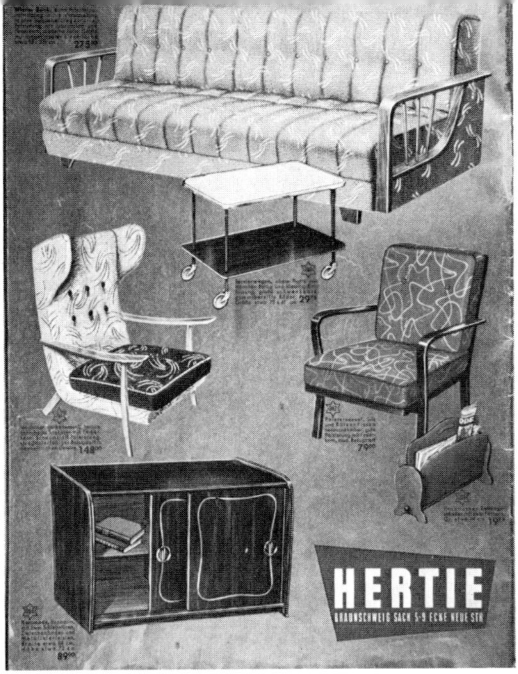

Abb. 56: Aus einem HERTIE-Katalog am Ende der fünfziger Jahre

Abb. 57: Stehender Akt mit Tütenlampe aus einem „Schönheits"-Magazin

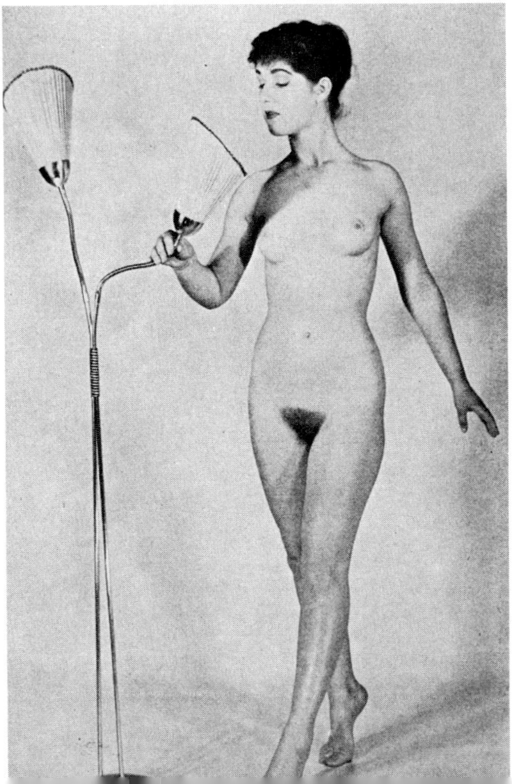

Was wäre, wenn wir solch eine Wohnung hätten: diese Frage wurde mit Musterwohnungen in Neubaublocks zu beantworten versucht. In Berlin-Wilmersdorf richtete die GEHAG, die Gemeinnützige Heimstätten AG, verschiedene Grundrißtypen von der Einzimmer- bis zur Vierzimmerwohnung harmonisch modern und zweckmäßig ein. Kriterium war die Erschwinglichkeit für jedermann. Doch was nicht billig wirkte, war auch in der Anschaffung nicht billig; in den Wilmersdorfer Wohnungen standen ein paar antike Stücke neben Möbeln von Knoll International. Dazu kam das Problem der Reserviertheit der Bevölkerung. ,,Es scheint so", schrieb H. P. Bahrdt schon 1952, ,,als ob die modernen Möbel nicht die Bedürfnisse der meisten Menschen befriedigen. [. . .] Sie sind zu streng. Sie fordern zuviel von einem abgearbeiteten Menschen [. . .]. Der Mensch von heute, der sich mit seinem diffus gefärbten Sakko in einen Sessel lümmeln möchte, ist in einem strengen modernen Raum eine unglückliche Erscheinung."[47]

Das Institut für Demoskopie in Allensbach wollte 1954 in einer Bevölkerungs-Umfrage mehr über den Geschmack der Bundesdeutschen erfahren. Vier Vorlagen zu einem Wohnzimmer wurden vorgelegt. 60 % der Frauen mochten das Zimmer mit dem wulstigen Wohnzimmerschrank, dem Eßtisch in der Mitte, den Stühlen mit geschwungener Lehne und mit dem schweren Polstersessel am liebsten; 29 % das Zimmer, das über Jahrzehnte als zeitlos modern galt; nur 7 % das Zimmer, das aus der Retrospektive als das typische der fünfziger Jahre erscheint: mit Nierentisch, Schalensessel und freischwingender Stehlampe. Und dann gab es noch 2 %, die im Plüschsalon der Gründerzeit leben wollten. Von drei Couchtischmodellen bekam ein runder mit Dackelbeinen 55 Punkte, ein einfach aber geschmacklos recheckiger 29 und ein dreibeiniger Nierentisch nur 8 Punkte. ,,Auch mit den schönsten Möbeln wirkt eine Wohnung kalt und nüchtern, wenn keine Bilder drin sind", lautete eine andere Frage. ,,Was für eine Art von Bildern gefällt Ihnen am besten?"[48] Mehr als zwei Drittel der Gesamtbevölkerung entschieden sich für ,,echte Ölgemälde" mit Landschaftsdarstellungen als Lieblingsmotiv. Religiöse Darstellungen sahen 12 %, surrealistische und abstrakte Kunst nur 3 % am liebsten in der

47 H. P. Bahrdt, Der erschöpfte Mensch kann nicht mehr wohnen, in ,,Baukunst und Werkform", 1952, Nr. 2/3, S. 30–34.

48 E. Noelle/E. Neumann (Hg.), Jahrbuch der öffentlichen Meinung 1947–1955, Allensbach 1956, S. 107.

Wohnung hängen. Das schräge Design der fünfziger Jahre war zwar zeittypisch, jedoch keineswegs repräsentativ für den Massengeschmack dieses Jahrzehnts. Helle Möbel hatten bis zum Ende der fünfziger Jahre kaum einen Markt. Je mehr Wulste auf dem Sofa abgesteppt waren, desto gemütlicher erschien es. Die Hochglanzlackierung der Wohn- und Schlafzimmerschränke ließ das Anschaffungsdatum vergessen, denn bei einer putzfreudigen Hausfrau sahen sie immer „wie neu" aus. Vitrinenscheiben ohne aufgedruckten Golddekor wirkten ärmlich, Messing erschien warm. Wenn schon eine Frisierkommode für die Schlafzimmerecke, dann aber aus afrikanisch Mahagoni schattiert oder aus finnischer Birke silbergrau geflammt – helles Eschenholz war nicht raffiniert genug und Teak hatte keine schöne Maserung: die durchschnittliche Biederkeit feierte Triumphe im Quelle-Katalog und in den Möbel-Abteilungen der großen Kaufhäuser. Möbelwerkstätten und Einrichtungshäuser, die mit Faltblättern Reklame für ihre Erzeugnisse machten, gaben den Modellen nicht etwa eine seelenlose Nummer, sondern einen Namen: Lissy – das elegante Schlafzimmer; Betty – eine Polstergarnitur, die in ihrer Preiswürdigkeit mehr gibt als sie kostet; Petra – endlich die vollkommene Einbett-Couch; Dina – die ideale Sitz- und Schlafecke. Nomen est omen: Amor – moderne glattgearbeitete Liege mit verstellbarem Kopfteil, Federkern mit extra starker Schaumstoffauflage; Eros - äußerst preiswerte moderne Liege mit Nosag-Federung und Polstermatte.[49] War der Hausherr in schwachen Stunden einmal allein und griff zum Aktmagazin, so konnte er mit einem zeitgemäßen Ambiente rechnen, denn worauf stützte sich dort eine rassige Brünette? Auf eine Tütenlampe.

„Ist man dumm, dann wohnt man wie ein Filmstar. Hat man weniger Geld als er, dann kauft man sich in einer Möbelhandlung ein Schlafzimmer mit schillernden Furnieren, einen Wäschekasten mit eingebautem Likörfach [. . .] ".[50] War man klug und hatte pädagogische Ambitionen, dann wandte man sich an die Kunsterzieher. Ein Schulfach „Wohnen", wie es z. B. in Schweden auf dem Unterrichtsplan stand, gab es zwar bei uns nicht, doch ließ das „Werkbundkistenexperiment" aufhorchen. Da gab es 1955 zuerst einmal nur für Berliner Schulen drei große Kisten aus Sperrholz in

49 Vgl. Herbstprospekt 1959 von „Adolf Schulze – Berlins größtes Polstermöbel-Spezialhaus".

50 K. Pawek, Apologie der bösen Form, in „Magnum", 1960, Nr. 30, S. 40.

leuchtenden Farben mit den Aufschriften „Der gedeckte Tisch", „Der Arbeitstisch" und „Küchengeräte". In ihnen lagen in Schaumgummi gebettet Eßservice, Vasen, Arbeits- und Küchengeräte, dazu jeweils eine Tischplatte, für den Arbeitstisch schwarz lackiert und für den Küchentisch mit weißer Resopalauflage, sowie vier anschraubbare Beine. Ein ebenfalls zerlegbarer Hocker komplettierte das Ganze. Das Berliner „Referat für Kunsterziehung" übernahm mit Freuden die Idee der Kisten. „Die Wunderkiste [...] reizt den Betrachter dazu, ohne Umschweife mit dem Auspacken zu beginnen."[51] Für den Lehrer war als Leitfaden für den Unterricht ein hektographiertes Begleitheft beigegeben, in dem unter anderem zu lesen stand: „Auf dem Eßtisch sollte man vor allem niedrige Vasen verwenden, damit die Partner einer Mahlzeit sich gegenseitig sehen können. Es erweist sich beim gedeckten Tisch als unzweckmäßig, die Vase in die Mitte des Tisches zu stellen." Über Anregungen aus dem Elternhaus zur Tischkultur machten sich die Initiatoren der Werkbundkisten allerdings keine Illusionen: „Da ist Wohnungsnot, Interesselosigkeit der überlasteten Eltern, zwangsläufige Vernachlässigung der Häuslichkeit, wenn die Mutter für den Unterhalt sorgen muß."[52]

Die Stadt von morgen

Meinungsumfragen ermittelten, wo der Großstädter zu wohnen wünschte: am liebsten in einem durchgrünten Vorort. Die Tendenz hinaus aus dem Stadtzentrum ließ die „Neue Heimat" schlußfolgern: „Diesen Wünschen kann städtebaulich in aller Regel nur eine Form von Trabantenstädten [...] entsprechen, die aus wirtschaftlichen Gründen als Großwohnanlagen meist von leistungsfähigen und qualifizierten Bauträgern errichtet werden."[53] Und von denen, die der Stadt den Rücken kehrten, hielten die meisten ein bodennahes Wohnen in einem Einfamilienhaus für erstrebenswert. All das galt in ganz besonderem Maß für Mehrpersonen-Haushalte.

51 A. Lancell, Werkbundkisten für Berliner Schulen, in „Die Neue Zeitung" 23. 1. 1955.

52 A. Lancelle, Werkbundkisten für Berliner Schulen, in „Werk und Zeit", 1955, Nr. 3, S. 5.

53 Neue Heimat (Hg.), „So möchte ich wohnen". Ergebnisse einer wohnungswirtschaftlichen Befragung der Bevölkerung in 11 deutschen Städten, Band 1, Hamburg 1955, S. 66.

Abb. 58: Berliner Schüler beim Werkunterricht mit Hochhäusern, die sie aus Pappe bauten, 1957

Nur Alleinstehende bevorzugten häufiger die bequeme Lage einer Wohnung im Stadtzentrum, möglichst mit zwei Räumen neben Bad und Küche. Und nur 12 % aller Befragten wünschten sich, in einem Hochhaus zu wohnen. Der Traum vom Umzug in eine Neubauwohnung blieb in den fünfziger Jahren freilich für viele unerfüllbar. Die DAG fand 1953 und 1955 bei ihren Berliner Mitgliedern heraus, daß 50 % im Altbau wohnten und von ihnen nur 12 % auf Dauer dort bleiben wollten. Die meisten Angestellten in der DAG wohnten in Kerngebieten der verschiedenen Berliner Stadtbezirke, auch sie strebten in der Mehrzahl ins Grüne, wünschten aber gute Verkehrsverbindung zur Arbeitsstelle. Nur 4 % träumten vom Hochhaus, vor allem Ledige.

Die Idee einer Gartenstadt unweit der West-Berliner City sollte zwischen Tiergarten und S-Bahn-Trasse auf dem stark zerbombten Gelände des Hansaviertels erprobt werden. 1953 begann der erste Wettbewerb für eine „Stadt von morgen", den die Berliner Architekten Jobst und Kreuer gewannen, gerade weil sie am konsequentesten die Wohnbauten locker in Grünanlagen streuten. Nichts erinnerte mehr an die alte Straßenführung und an die Blockrandbebauung. Im Herbst desselben Jahres gab der Senat bekannt, daß 1956 eine internationale Bauausstellung stattfände, in die das Hansaviertel einzubeziehen sei; 53 Architekten aus 13 Ländern entwarfen 46 Objekte, vom Bungalow bis zum Hochhaus und von der Bücherei bis zur Kirche. Schwierigkeiten vor allem in Fragen der Umverteilung von Grund- und Hausbesitz ließen die Eröffnung der Interbau allerdings auf 1957 verschieben, und das letzte Haus wurde erst fünf Jahre später fertiggestellt.

Objekt Nr. 1 war ein 17-geschossiges Appartmenthaus von den Berliner Architekten Müller-Rehm und Siegmann; in ihm gab es ausschließlich Einzimmerwohnungen für Alleinstehende. Müllschlucker, Haustelefon und Fernheizung waren damals noch eine Sensation, ebenso die hauseigene Waschküche mit Waschvollautomaten und einer Heißmangel. Bei 32 m^2 Gesamtfläche pro Wohnung schrumpfte die Küche zur Kochnische, mit Elektroherd allerdings: elektrisch kochen galt als besonders sauber. Nur die eine Seite des zweiflügeligen Hochhauses hatte eine Kochnische, für die andere Seite planten die Architekten einen Kochschrank mit Miniatur-Kühlschrank, Spülbecken und zwei Elektroplatten. ,,Man ist geneigt", äußerte sich der Katalog, ,,das Appartement mit der Kochnische als ‚weiblichen', das mit dem Kochschrank als ‚männlichen' Typ zu bezeichnen, denn es ist anzunehmen, daß sich Frauen für den ersten, Junggesellen aber für den zweiten Typ entscheiden dürften."[54] Diese Rechnung ging infolge des kriegsbedingten Frauenüberschusses allerdings nicht auf. Im Volksmund hieß dieses Hochhaus bald ,,Schraubenlager" oder ,,Bienenhaus".

Außerhalb des Hansaviertels, in der Nähe des Reichstagsgebäudes und der Sektorengrenze, stand die Kongreßhalle als amerikanischer Beitrag zur Interbau mit doppeltem Symbolwert, politisch und architektonisch, politisch nicht zuletzt wegen der Sichtweite zu Ost-Berlin. Auf Initiative von Eleanor Dulles wurden die Baukosten aus amerikanischen Spendengeldern beglichen. In ihren Memoiren ist über die Planungsphase der Kongreßhalle zu lesen: ,,Jetzt war es an der Zeit, mehr Aufmerksamkeit der Ausstrahlung Berlins nach draußen und dem Widerstandsgeist seiner Bewohner zu widmen. [. . .] Mir war auch klar: Neue beispielhafte Bauwerke könnten dem Kreml das anhaltende Engagement der Vereinigten Staaten und anderer NATO-Staaten für Berlin signalisieren."[55] Bautechnisch galt das Dach der Kongreßhalle in der Tat lange Zeit

54 Internationale Bauausstellung Berlin GmbH (Hg.), Interbau Berlin 1957, Katalog, Berlin 1957, S. 62.

55 Eleanor Dulles: Wie ich für die Kongreßhalle kämpfen mußte, in ,,Berliner Morgenpost" 25. 5. 1980.

Abb. 59: Titelblatt der „Illustrierten Berliner Zeitung“ zur Interbau 1957

Abb. 60: Bundesdeutsche Kleinstadtrealität am Ende der fünfziger Jahre

als beispielhaft, denn es war in der damals kühnsten Bauweise, aus Spannbeton errichtet. Im Mai 1980 knickte, wahrscheinlich wegen Materialübermüdung, einer der beiden Bögen, gleichsam die Krempe des Huts, ab und riß einen Teil der Dachkonstruktion in die Tiefe. Wird es anderen typischen Bauwerken aus den fünfziger Jahren ähnlich ergehen? In aller Welt sind diese Bauwerke aus Spannbeton errichtet und an den freischwingenden Kurven zu erkennen.

Wiederbelebungsversuche

Frage: Vor zehn Jahren wurden Nierentische verächtlich belächelt, heute gibt es Leute, die sie sammeln. Sind Nierentische, Tütenlampen, Mosaiktische und Cocktail-Sessel der fünfziger Jahre kitschige Entgleisungen, oder handelt es sich um bewahrenswertes Design? Antwort: Bei jeder Wiederentdeckung einer Epoche ist zuerst einmal all das kitschig, was heftig aus dem Gedächtnis verbannt wurde. Möbel im Zeichen von Stromlinie und Asymmetrie der bekannten Architekten und Designer haben seit dem Beginn der achtziger Jahre ihren festen Platz in der Designgeschichte und in den Sammlungen. Es ist nicht leicht, wirklich gute und typische Stücke zu finden, denn niemals zuvor wurde so beharrlich das Design eines Jahrzehnts vernichtet, Gewiß, es war ja auch mit einem Handgriff fortzuräumen, und wer wollte sich ein Leben lang mit billigen Produkten aus Kunststoff umgeben? Bewahrenswert ist aber alles, was eine Zeit prägte. Das gilt in diesem Falle besonders für vieles außerhalb der funktionalistischen Strömungen, deren Erzeugnisse meist schon aus der laufenden Produktion in öffentliche Sammlungen, wie z. B. in die Designabteilung des Museums of Modern Art in New York oder in die ,,Neue Sammlung" in München gelangten. Was wirklich unverwechselbar war, wird aufs neue interessieren und vielleicht sogar Begeisterung auslösen. [56]

56 Vgl. Ch. Borngräber, STILNOVO. Design in den 50er Jahren – Phantasie und Phantastik, Frankfurt am Main 1979. E. Siepmann/I. Lusk (Hg.), Bikini. Die fünfziger Jahre, Kalter Krieg und Capri-Sonne, Berlin (West), 1981. B. Schulz (Hg.), Grauzonen/Farbwelten. Kunst und Zeitbilder 1945–1955, Berlin/Wien 1983.

Ulrich Dibelius

Die Musik in den fünfziger Jahren

Die fünfziger Jahre erscheinen heute als ein Zeitabschnitt, der zunehmender Verdrängung ausgesetzt ist und damit auch zunehmend Verzeichnungen über sich ergehen lassen muß. Wenigstens gilt dies für die Musik und bei ihr nochmals spezialisiert für den kreativen Bereich: die Komposition.

Kompositionsgeschichtlich hält man sich da an die Gleichsetzung der fünfziger Jahre mit der seriellen Musik. Und dies ist nicht nur wie alle formelhaften Etikettierungen eine unzulässige Vereinfachung, sondern grenzt schon an Unterschlagung. Denn zum einen wurde während der fünfziger Jahre keineswegs, wie es sich so bequem behaupten, lehren und merken läßt, am seriellen Komponieren unbefragt und dogmatisch festgehalten, so daß erst die sechziger Jahre eine Gegenbewegung gebracht hätten, für die man in Ermangelung von Besserem dann den Begriff „postseriell" prägte; vielmehr waren Aufkommen und Ausbau des seriellen Konzepts schon fast von Anfang an dauernden Selbstkorrekturen unterworfen, und diese kritischen Neuformulierungen samt gleichzeitigen Eingriffen von außen führten noch innerhalb desselben Jahrzehnts zur Antithese, zu Auflösungserscheinungen und der Preisgabe einst wichtiger Grundpositionen. – Zum anderen ist die serielle Musik, selbst wenn sie nicht mehr blockhaft als historische Einheit gesehen wird, sondern als ein dialektischer Prozeß in ständiger Veränderung, eben kein Phänomen nur für ein Jahrzehnt gewesen, das danach als widersinnig, zwanghaft und übertrieben konstruktiv ad acta gelegt worden wäre, vielmehr wirkt das, was damals gedacht, erprobt und an theoretischen Einsichten formuliert wurde, noch bis zum heutigen Tag nach, es bildet gewissermaßen die Basis für die gesamte musikalische Entwicklung, für jeden Neuansatz in der zweiten Hälfte dieses Jahrhunderts.

Das Komponieren in den fünfziger Jahren wurde eingangs zwar, weil es heute besonders verdrängungsanfällig ist – weil die Stücke aus der damaligen Zeit schlecht gekannt, wenig aufgeführt und nicht geliebt werden – gegenüber der übrigen Musik und überhaupt anderen Erscheinungen aus diesem Jahrzehnt abgegrenzt. Gleichwohl gehört der historische Kontext ohne Frage dazu, ja das hartnäckige Beharren auf Konsequenz und Überprüfbarkeit der eigenen Verfahren bei den Komponisten ist nur durch die gegenläufigen Tendenzen ringsum vollends zu erklären. Die junge Nachkriegsgeneration erkannte in Wiederaufbau-Enthusiasmus, Wirtschaftswunder-Euphorie, sich ausbreitendem Planungsdenken, Eigennutz und Wohlleben durchaus restaurative Züge und war skeptisch genug, sich da nicht einfach das Neue nach alten Rezepten ausrichten und zurechtmodellieren zu lassen. Denn die Untauglichkeit derartiger gesellschaftlicher, ökonomischer oder lebenstechnischer Grundsätze hatte sich ja erst vor kurzem durch ihr Mitverstricktsein in die Nazi-Katastrophe erwiesen. Gerade in der Musik war man hellhörig gegen den Mißbrauch von Ausdruck und Gefühl geworden, gegen die Austauschbarkeit einer letztlich unspezifischen romantischen Emphase, deren individualistische Glückserlebnisse so schnell einem aufgeblähten Nationalismus, manischem Gemeinschaftsbewußtstein oder blinder Siegesgewißheit dienlich gemacht werden konnten. Nicht von ungefähr hatte neudeutsches C-dur-Pathos, hatten Meistersinger-Vorspiel und die Fanfarenklänge aus Liszts Préludes als Staffage für großdeutsche Rauschzustände herhalten müssen. Jetzt, nach dem Ende der Hitler-Ära und im Angesicht von deren Wundmalen an Zerstörung, Not und Lebensvernichtung, wollte man lieber Kargheit, Askese, Sprödigkeit im Gefolge einer aufrechterhaltenen Materialkontrolle in Kauf nehmen als nochmals in den Sog eines derart blendnerischen Massenbetrugs aus Größenwahn zu geraten.

Allein, die Konfrontation mit dem Restaurativen vollzog sich bei der Musik unmittelbar im eigenen Bereich. Allenthalben gingen die Kulturverwalter in den fünfziger Jahren, nachdem die dringendsten Lebensbedürfnisse wieder einigermaßen befriedigt waren, an die Planung von Konzertsälen und Opernhäusern. Und wo man nicht ehemalige Gebäude wieder herrichten oder zurechtflicken konnte, wurden die Richtmaße für Neubauten gerade an den Raumansprüchen des großbesetzten romantischen Orchesters oder den musikdramatischen Anforderungen von Wagner und Richard Strauss genommen. Das Konzertleben begann – quasi unbelehrt durch den zwölfjährigen politischen Sündenfall – wieder Glanz und gesellschaftliches Renommee zu entfalten; die Operndirektoren vergaßen rasch die oft hinreißend aphoristischen Interims-Inszenierungen der ersten Nachkriegszeit und steigerten ihre Produktionen mit neuem Aufwand zu alter Repräsentationsherrlichkeit. Dieses Wiederanknüpfen, Wieder-in-Gang-Setzen, Neu-Installieren von Ehemaligem wurde so überwiegend zur Regel des ganzen Kulturbetriebs, daß selbst die jungen Komponisten von allen möglichen wohlmeinenden Älteren fortlaufend mit angeblich unbefleckten Modellen der Nazi-Vorvergangenheit, also aus den zwanziger Jahren, versorgt wurden. Das verdiene, wenn auch nicht direkte Nachahmung so doch reaktivierende Fortsetzung, ein Weiterverfolgen der damals vorzeitig abgebrochenen, der durchschnittenen Entwicklungslinie.

Gerade solchen Empfehlungen – mochten sie sich nun auf Hindemith, Strawinsky, Bartók oder auch Schönberg beziehen – wollten die jungen Komponisten aber partout nicht folgen. Denn von bewährten Regeln, eingespielten Verfahren, dem ganzen Kanon an Gebrauchsmustern, vorgefertigten Formen oder Stilen hatten sie nach so viel offenkundig trüben Erfahrungen vorerst einmal genug. Unbeeinflußt und völlig selbständig, in einer gleichsam doppelseitigen Abwehrhaltung – da gegen brüchig gewordene Vorbilder der Vätergeneration, dort gegen ein unbekümmert schnell wieder florierendes Musikleben – sollten verläßliche Grundlagen für ein neues Komponieren gefunden werden. Sie müßten objektiv begründbar sein und genügend Kontrollmöglichkeiten für den Umgang mit dem sperrigen Tonmaterial liefern, ohne schon irgend etwas stilistisch oder emotionell zu präjudizieren. Man versuchte sozusagen einen theoretischen Homunculus in den Leerraum, den die kaputt gegangene Vergangenheit übrig gelassen hatte, hineinzukonstruieren. Mochten doch andere – und sie gab es ja durchaus – ihr Glück beim ungeprüften Weitermachen auf der Basis ererbter und oft überständiger Prinzipien finden. Derart schale Kompromisse waren für diejenigen, die den Anspruch und die Chancen der Zeit richtig verstanden zu haben glaubten, unannehmbar und suspekt. Die Prämissen ihrer kompositorischen Arbeit sollten statt dessen modern, gegenwartsbezogen, einsehbar und in den Folgerungen stichhaltig sein.

Dem allem entsprach nun das serielle Konzept in unverhofft idealer Weise. Angeregt durch Messiaens Klavieretüde „Mode de valeurs et d'intensités“ von 1949, die erstmals das Tonmaterial in seinen vier Parametern Höhe, Dauer, Lautstärke und Farbe (beim Klavier: Anschlagsart) begreift und strukturiert, konnte die junge europäische Komponistengeneration Schönbergs Methode der Reihenordnung von ihrer bisher auf Tonhöhen begrenzten Zuständigkeit zu einer Mehrfach-Anwendung auf allen Parameterebenen ausdehnen. Damit war ein Verfahren geschaffen zur Organisation des Klanggeschehens als vierfach determiniertes Zusammenspiel zwischen den Parametern Tonhöhe, Tondauer, Lautstärke und Artikulation. Und die reihenmäßige – oder, wie man jetzt sagte: serielle – Anordnung der einzelnen Werte in den vier Bestimmungskategorien sollte dabei in einer schlüssigen Beziehung zueinander stehen.

Dieses Verfahren war ebenso neuartig wie radikal. Denn seine beiden Teilabstammungen – einerseits von Messiaen, andererseits von Schönberg – hoben sich doch, ehe sie sich zu einer irgendwie verpflichtenden Abhängikeit hätten verdichten können, gegenseitig auf. Und daß man wenig später Anton Webern zum geistigen Ahnherrn erkor, hatte eigentlich auch mehr mit dem propagandistischen Hervorkehren von Exklusivität zu tun – Webern war damals bestenfalls dem Namen nach bekannt – als mit den Traditionsbelastungen einer verfolgbaren oder ungebrochenen Genealogie. Vor allem aber zeichnete sich das Verfahren durch die Einheitlichkeit seines Ansatzes aus: alle Parameter auseinander hervorgehen zu lassen, sie aus einer primären Grundreihe (jener der Tonhöhen) ableiten zu können und ihnen dadurch eine analoge Beschaffenheit, eine – vorgestellte – Identität zu sichern, – das war eine verlockende und, soweit es die auf Sachlichkeit abgestellten Jahre damals erlaubten, sogar begeisternde Idee. Zudem hatte diese Art, Mannigfaltigkeit aus der Einheit zu gewinnen, nichts von den grenzverwischenden Generalisierungen früherer musikgeschichtlicher Synthesen an sich – von der Cantus-firmus-Technik bis zum Gesamtkunstwerk –, sondern ließ sich Schritt für Schritt nachvollziehbar deduzieren. Freilich, es bleibt fürs Hören – vor allem aus der Distanz von dreißig Jahren – ein schwer zu überwindender Widerspruch zwischen der rationalen Konsequenz des Verfahrens und der oft verwirrenden Irregularität des klanglichen Erscheinungsbildes.

Ein paar Beispiele sollen das anschaulich machen. Gleich beim ersten, „Kreuzspiel" von Karlheinz Stockhausen aus dem Jahr 1951, läßt sich die Organisation minuziös begründen, wenn man nur die Voraussetzungen, die Prädetermination von Reihen und Reihenveränderungen, kennt. Noch jede Achtelpause folgt hier dem angewandten Strukturgesetz, wobei der Name „Kreuzspiel"

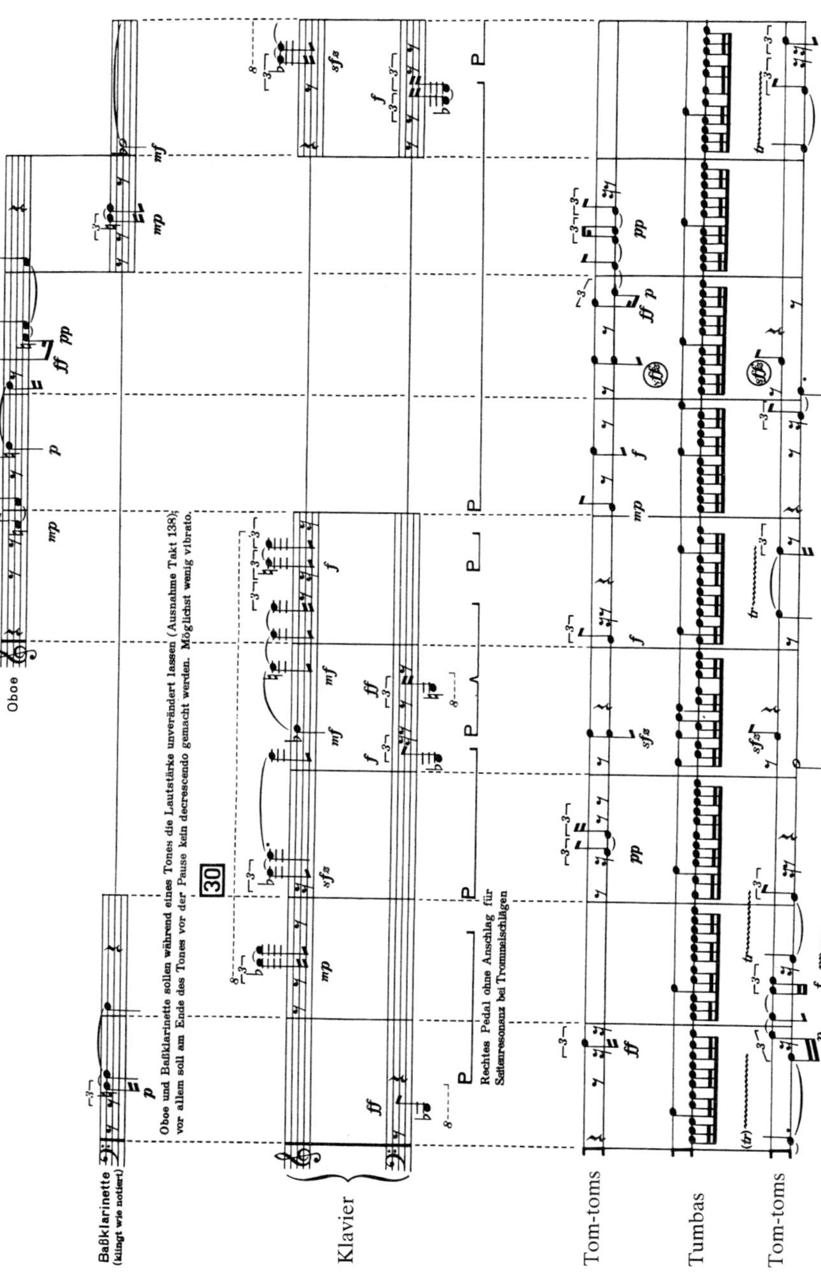

Abb. 61: Karlheinz Stockhausen, Kreuzspiel

bis in den Austausch, den kreuzweisen Positionswechsel innerhalb der Reihen, seine Berechtigung erfährt. Hörbar wird jedoch eher die formale Kreuzungsidee: Im ersten Stadium etwa beginnt das Klavier über einem grundierenden Trommelmetrum in den extremen Lagen und bringt, wie Stockhausen sagt, ,,durch Lagenkreuzung nach und nach sechs Töne ,von oben' und sechs ,von unten' ins Spiel; die vier mittleren Oktaven im Klangbereich von Oboe und Baßklarinette [die erst nach ungefähr einer Minute einsetzen] übernehmen immer mehr Töne, und im Moment der Gleichverteilung aller Töne über den ganzen Klangbereich haben sich auch alle Reihenfolgen der Klangdauern und Intensitäten gekreuzt", so daß aus anfänglich unperiodischen, regelmäßigere Abläufe wurden, das Feld isolierter Tonpunkte sich allmählich aufgefüllt hat. ,,Der ganze Vorgang ist dann spiegelförmig rückläufig, ... die [extremen] Töne aus der ,Höhe' sind jedoch in die ,Tiefe' [gewandert] und umgekehrt."[1]

Das zweite Beispiel ist von der Besetzung her noch einfarbiger, also unsinnlicher, zugleich wird aber der Eigenwert des Verfahrens, die spielerische Komplexität des total Gebundenen, deutlicher erfaßbar. In der ,,Structure I a" von Pierre Boulez aus dem Jahr 1952 für zwei Klaviere verhält sich der Komponist, wie Ligeti in einer sozusagen klassischen Analyse der seriellen Konstruktionsprinzipien feststellte, ,,ganz asketisch [...]; er will eine aus den gewählten Elementen folgerichtig hervorgehende Struktur ganz sauber, quasi ,in sich' wirken lassen [...] [und] ein einfarbiges Gewebe, das sich plastisch und durchsichtig in der Zeit ausbreitet, [ist] mit Klavieren besonders gut realisierbar [...] Alles Tongeschehen wird durch den Klavieranschlag in frequenzmäßig und zeitlich gut definierten Punkten konzentriert. Zwar bleiben die horizontalen Fäden [...] kenntlich, [...] aber dennoch besteht das Gesamtgeschehen eher aus einem strukturierten Konglomerat von Punkten."[2] Das ganze Stück dauert etwa dreieinhalb Minuten; Kürze war

1 Karlheinz Stockhausen im Programm der ,Internationalen Ferienkurse für Neue Musik', Darmstadt 1959. – Der Vortrag enthielt an dieser und späteren Stellen Musikbeispiele, die in der Druckfassung durch Partitur-Ausschnitte oder textliche Umschreibungen ersetzt werden mußten. In Aufbau und Gliederung blieb gleichwohl die ursprüngliche Orientierung an den ausgewählten Hörproben erhalten.

2 György Ligeti: Pierre Boulez. Entscheidung und Automatik in der Structure I a; in: die Reihe (hrsg. v. Herbert Eimert) 4, Junge Komponisten, Wien 1958, S. 43.

STRUCTURES

Pierre BOULEZ

I a

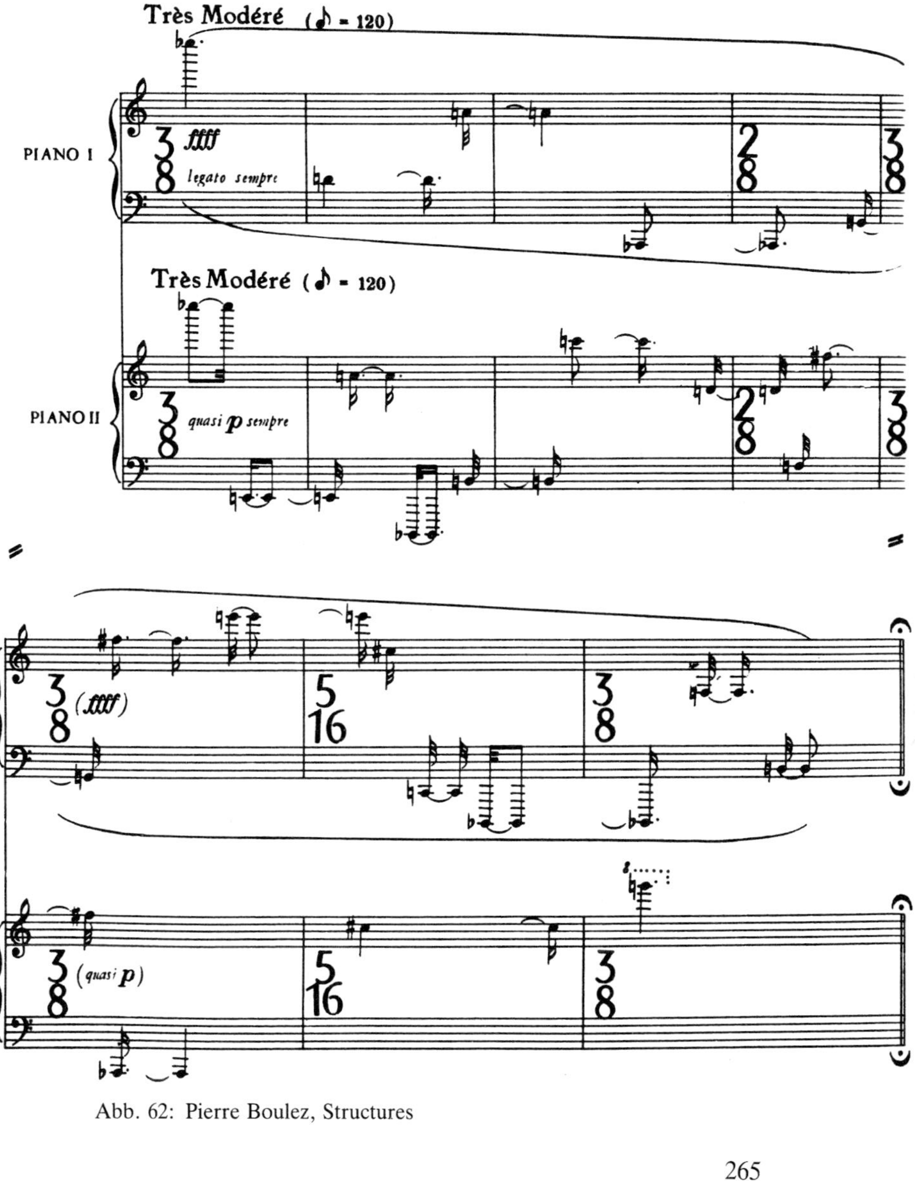

Abb. 62: Pierre Boulez, Structures

damals eben die logische Folge einer äußersten Konzentriertheit und strukturellen Dichte des Verfahrens.

Mit diesen beiden prominenten Beispielen sind schon zwei Stükke aus der unverhältnismäßig kleinen Zahl wirklich streng serieller Kompositionen angeführt. Bald wurden Auswege, kleinere oder größere Befreiungsversuche aus der Engmaschigkeit des Verfahrens konstruiert. Und Ligeti schließt seine Analyse der „Structure I a" von Boulez auch im Hinblick auf den damals bereits komponierten „Marteau sans maître" mit einer auf solche Veränderungen hinweisenden Bemerkung: „Aus dieser asketischen, fast zwangsneurotischen Haltung – allerdings ist es eine selbstgewählte Gebundenheit: der Komponist spaziert daher als ein Wesen, das sich selbst an der Leine führt – mußte dann Boulez ausbrechen, um in etwas ganz Gegensätzliches (doch innerlich Verwandtes) zu stürzen. Und so schuf er die buntsinnliche Katzenwelt des ‚Marteau'."[3] – Diese Gegensätzlichkeit des neunsätzigen „Marteau sans maître", den Boulez zwischen 1952 und 1955 nach Texten von René Char für Alt und sechs Instrumente geschrieben hat, ergibt sich vor allem im Klangeindruck: Bei den „Structures" herrschte das absichtsvolle Schwarz-Weiß der beiden Klaviere vor, oft hart, gezackt, bizarr – im ganzen unverbindlich, fast unnahbar; dagegen haben beim „Marteau sans maître" die Strukturen sich nicht nur vom Punktuellen zum Linearen hin entwickelt, sondern auch Farbe angesetzt – Boulez spricht von „einem eigenartigen, ja exotischen Kolorit",[4] das durch wechselnde Besetzungen aus dem Gesamt von Altstimme und sechs Instrumentalisten (Altflöte, Bratsche, Gitarre, Vibraphon, Xylophon, Schlagzeug) sogar jedem Satz seine besondere Bildhaftigkeit verleiht.

Dennoch, der Zugewinn an Farbvaleurs und unmittelbarer Wirkung wird gleichsam aufgefangen und kompensiert durch eine strenge, vielschichtig verklausulierte Formkonstruktion für die neun Sätze. Boulez zeigt sich darin ganz als Musiker der fünfziger Jahre. Mit dem Aufkommen der seriellen Methodik und ihrem schnellen Terraingewinn hatte ja eine Art zweiter Aufklärungsphase in der Musik eingesetzt. Alle auftauchenden Probleme – wie hier die abgeleiteten des Wort-Ton-Verhältnisses oder die primären der Materialdisposition – schienen sich durch rationale Mittel bewälti-

3 a.a.O. S. 63.

4 Pierre Boulez: Sprechen, Singen, Spielen; in: Werkstatt-Texte, übers. v. Josef Häusler, Berlin 1966, S. 136.

gen zu lassen. Keiner wollte darin zurückstehen und sich etwa ein Abgleiten in die Sphäre ‚mythischer' Komponierbegriffe aus vorserieller Zeit nachsagen lassen. Es mußte doch möglich sein, durch Aufgebot von Scharfsinn und Folgerichtigkeit in einem künstlerischen Medium, das seit jeher aufgrund seines Materials mit der Logik von Zahlenoperationen in engster Nachbarschaft lebt, auch die seltsamen Phänomene des Klangs besser beherrschen zu lernen und Widersprüche, wo sie auftauchten, zu lösen. Und an solchen Widersprüchen zwischen theoretischer Annahme und praktischem, klingendem Ergebnis fehlte es eben, je mehr man sich auf das serielle Konzept einließ und einstellte, keineswegs. Es mußten, um sie zu umgehen, dauernd weiter differenzierende Hilfskonstruktionen ersonnen und eingebaut werden. Stockhausens berühmter Aufsatz ,,. . wie die Zeit vergeht . . ."[5] mit seinem Entwurf einer vereinheitlichenden musikalischen Zeittheorie ist im Grunde genommen schon ein derart heroischer Versuch, das serielle Verfahren nochmals, als es von innen her bereits brüchig zu werden drohte, zu verteidigen, durch verstärkte Rationalität des theoretischen Überbaus zu retten, was daran noch zu retten war.

Einer der ersten unter den jungen Komponisten, der sich überhaupt mit Reihenkomposition beschäftigt hatte, war übrigens Hans Werner Henze gewesen. 1948 ließ er sich bei den Darmstädter Ferienkursen von René Leibowitz in die Methoden der Zwölftonkomposition einweisen, sah darin eine Möglichkeit zur musiksprachlichen Differenzierung über das bisher Gelernte und Erprobte hinaus und schrieb im Herbst und Winter desselben Jahres – er war damals gerade zweiundzwanzig – eine Kantate ,,Apollo et Hyazinthus" für Cembalo, Altstimme und acht Soloinstrumente auf einen Text von Georg Trakl: ,,Wieder wandelnd im alten Park / O! Stille gelb und roter Blumen . . .". Genauer genommen handelt es sich um ,,Improvisationen", die sehr lange schon die zerbrechlich-zarte Stimmung des Gedichts instrumental umkreisen, ehe im letzten Viertel erst die Singstimme auftritt. Henze meinte, das Werk, das er René Leibowitz widmete, sei ,,eine sinfonische Dichtung en miniature, zugleich aber auch ein Cembalokonzert. Die ganze Ausdrucksweise darin war mir damals völlig neu, ich entdeckte und erbaute meine Welt".[6] Henzes Welt war allerdings ungeachtet des

5 Karlheinz Stockhausen: . . . wie die Zeit vergeht . . .; in: die Reihe (hrsg. v. Herbert Eimert) 3, Musikalisches Handwerk, Wien 1957, S. 13–42.

6 Hans Werner Henze: Apollo et Hyazinthus; Kommentar zur Schallplatte DGG 6.42505, Hamburg 1973.

kompositionstechnischen Verfahrens eine der poetischen Verzauberung, und die Zwölftonmethode lieferte ihm dafür nur die geschmeidigeren Mittel, um „das Ohr auf bestimmte, fast bildliche Vorstellungen" hinzuleiten und entsprechende „Assoziationen hervorzulocken."[7]

Dieser Sprung in die Vorzeit der fünfziger Jahre soll hier jedoch vor allem die weitere Entwicklung Henzes verständlich machen, die gerade ab jenem Moment, als seine Kollegen das Zwölftonverfahren dann zur seriellen Komposition verfeinerten und komplizierten, in jäher Abwendung völlig abweichend und separat verlief. Henze ging – die Engherzigkeiten der ‚Darmstädter Schule' verabscheuend und verfluchend – nach Italien, um sich dort der sinnlichen Unmittelbarkeit des Landes und der Leute auszusetzen. Und er machte sich daran, eine gestalten- wie symbolreiche Märchen- und Zauberoper zu komponieren, den „König Hirsch". Gänzlich in den Stoff und dessen auratische Reize vertieft, gedieh ihm die Komposition überdimensional, und so entnahm er ihr, als er dies erkannte, einen ganzen Abschnitt vom Ende des 2. Aktes als selbständige Sinfonie: immerhin schon seine vierte, aus dem Jahr 1955, halbstündig, in einem ununterbrochenen Verlauf zu spielen, wenn auch nach traditionellem Muster gegliedert in Vorspiel, Sonatensatz, Variationen, Scherzo und Rondo. Bezeichnend für den eigenen Weg sind die traditionsorientierten formalen Gegebenheiten samt der Herkunft aus einer Oper, einer damals an sich verpönten Gattung, die sehr persönliche weichfarbige Orchesterpalette, die ungewohnte Besetzungsfülle und schließlich – davon abhängig – die großräumige zeitliche Disposition. Denn das Normalmaß für Kompositionen der fünfziger Jahre bestand eigentlich in einer Dauer von zehn bis fünfzehn Minuten und kleiner, höchstens kammerorchestraler Besetzung. Aber Henze distanzierte sich bewußt von der „Gruppe" der Gleichaltrigen: „Ein jeder muß für sich selbst entscheiden [...] Freiheit, wilder und schöner neuer Klang, kann nur durch das Gefühl von Einsamkeit und Freiheit entstehen. Das wirklich Neue tritt nicht poliert, nicht etablierbar in Erscheinung, sondern robust, freigiebig, nicht einzuordnen."[8]

Später, sehr viel später, mögen sich Henze, der in Italien lebte, und der dort geborene Luigi Nono in der politischen Orientierung

7 Hans Werner Henze: Programmnotiz zu ‚Apollo et Hyazinthus', Radio Bremen 1953; in: Essays, Mainz 1964, S. 11.

8 Hans Werner Henze: Essays, Mainz 1964, S. 15.

ihrer Musik nähergekommen sein. Persönliche Kontakte hatte es schon ziemlich früh gegeben. Für Henze gilt diese nachdrückliche Politisierung erst seit dem Studenten-Revolte-Jahr 1968, während Nono bereits von seinen ersten Stücken an neben dem kompositorischen – und das hieß für ihn seriellen – Konzept auch zugleich ein politisches, bewußt kämpferisches hatte. Sehr deutlich tritt dieses Engagement in den drei Teilen seines Lorca-Epitaphs 1952/53 hervor oder noch schärfer in „La victoire de Guernica" nach einer Dichtung von Paul Eluard für Chor und Orchester aus dem Jahr 1954 – das Sujet ist dasselbe wie in Picassos Guernica-Bild –, wo der Einbau von gesprochenen Partien und extensive Schlagzeug-Verwendung den Charakter eines Appells gegen Diktatur und Krieg, Unterdrückung und menschliches Elend eindrucksvoll unterstreichen.

Noch dringlicher, noch erregter, noch verzweifelter ist danach die inhaltliche Botschaft in Nonos „Canto sospeso" von 1955/56 für drei Soli, gemischten Chor und Orchester. Nur wird in diesem ‚aufgehobenen' – zugleich unterbrochenen wie fortklingend schwebenden – Gesang auf Texte aus Abschiedsbriefen zum Tode verurteilter Widerstandskämpfer das Pathos gleichsam nach innen genommen. Die serielle Technik regiert hier und steuert erstmals nicht nur (wie bisher) das instrumentale, sondern auch das vokale Geschehen bis hin zur Aufteilung von Silben oder Einzelwörtern auf die verschiedenen sich ablösenden und überlagernden Gesangsstimmen. Ein Geflecht von Querbeziehungen zwischen den ineinander verzahnten, sich gegenseitig ergänzenden Stimmen durchzieht den Satz. Und dadurch werden in einer konstruktiven Durchdringung dessen, was musikalischen Ausdruck hervorruft und prägt, Worte eines einzelnen zur gemeinsamen Bekundung: Affekt setzt sich um in kompositorische Disziplin, umgekehrt leuchtet aber in der sachlichen Ordnung des vielstimmigen Satzgefüges spürbar der glühende Idealismus wie der Schmerz des Betroffenen auf – etwa wenn der Chor a capella die Abschiedssätze eines Bulgaren in Klang verwandelt: „Ich sterbe für eine Welt, die mit so starkem Licht und solcher Schönheit strahlen wird, daß mein Opfer nichts ist. Millionen von Menschen sind für sie gestorben auf den Barrikaden und im Krieg. Ich sterbe für die Gerechtigkeit, unsere Ideen werden siegen . . .".

Die Musik der fünfziger Jahre war – nicht gerade in diesem Fall, aber im übrigen – begleitet von Skandalen. Nonos erste Kompsitionen wurden durchweg mit lauten Protesten aufgenommen; ähnliches gilt für Stockhausen, Boulez und eine Reihe anderer. Aber die dauerhafteste Empörung richtete sich doch gegen die Neuheit und das verstörend Ungewohnte einer gänzlich technifizierten Musik, gegen jene, die mit elektronisch erzeugten Klängen operiert. Und da die öffentlichen Vorführungen elektronischer Musik selten waren, entlud sich der Zorn in langen Pressefehden, Pamphleten, empörten Grundsatzartikeln gegen die Roboter-Kunst oder, als Stockhausen eine Vokalstimme in seine ‚sirenenhaften Maschinenklänge' einbezog, – gegen die ‚musikalische Vivisektion'. Dabei war es Stockhausen in jenem „Gesang der Jünglinge" eigentlich gerade um eine Rehumanisierung des ‚kalten' technischen Materials gegangen, um einen Ausbruch aus der sterilen Studio-Welt der Generatoren und Bandmaschinen. Er formte aus gesungenen oder gesprochenen Worten einer Knabenstimme durch Vervielfältigung, Überlagerung und Bearbeitung jenen ‚Gesang der Jünglinge im Feuerofen' (aus dem 3. Buch Daniel), indem er eine differenzierte Skala von vermittelnden Werten zwischen Vokalität und Elektronik einsetzte. Die Stimme sollte dabei von allen einengenden physischen Grenzen des herkömmlichen Singens befreit werden, um – so Stockhausen – „gesungene Laute wie elektronische Klänge, elektronische Klänge wie gesungene Laute erscheinen [lassen zu können]. Die gesungenen Klänge sind an bestimmten Stellen der Komposition zum verständlichen Wort geworden, zu anderen Zeitpunkten bleiben sie reine Klangwerte, und zwischen diesen Extremen gibt es verschiedne Grade der Wortverständlichkeit. [...] Wo immer [aber] aus den Klangzeichen der Musik für einen Augenblick Sprache wird, lobt sie Gott."[9]

Nicht nur die Materialbasis wurde – wie in Stockhausens „Gesang der Jünglinge" durch elektronische Klangerzeugung und Klangbearbeitung – erweitert, nicht nur die kompositorischen Verfahren wurden verfeinert, die Avantgarde-Musik erfuhr in der zweiten Hälfte der fünfziger Jahre auch eine allmähliche Vergrößerung ihres geographischen Radius. Was in wenigen Zentren, wenn auch übernational, begonnen hatte, erhielt nun Zustrom aus diversen Richtungen. So trat nach 1956 etwa die polnische Musik als neues und auch erneuerndes Element hinzu. Reihendenken wurde

9 Karlheinz Stockhausen: Programmnotiz zum Konzert ‚Musik der Zeit', 30. 5. 1956, WDR Köln; nachgedruckt in: Karl H. Wörner, Karlheinz Stockhausen. Werk und Wollen, Rodenkirchen/Rhein 1963, S. 18.

à la mémoire de Béla Bartók

MUZYKA ŻAŁOBNA / MUSIQUE FUNÈBRE

Prolog · Prologue

WITOLD LUTOSŁAWSKI (1958)

Abb. 63: Witold Lutosławski, Muzyka Żałobna/Musique Funèbre

in diesem östlichen Land unter anderen Vorzeichen aufgenommen, verstanden und in durchaus eigene Ausdrucksbereiche übersetzt. Sehr typisch dafür eine der frühesten Kompositionen, die nach dem polnischen Tauwetter-Umschwung des Herbstes 1956 den Westen erreichte: die Trauermusik für Streichorchester von Witold Lutosławski, 1958 geschrieben, von einem damals immerhin schon Fünfundvierzigjährigen, der sich einen unabhängigen, nicht-seriellen Zugang zur Dodekaphonie gesucht hatte, dabei aber auf andere Weise zu einem hohen Grad struktureller Verdichtung gelangt war. Lutosławskis Zwölf-Ton-Reihe besteht ausschließlich aus Halbtönen und Tritoni, wird in kontrapunktischer Schichtung exponiert und steigert sich schließlich in einer Summierung all ihrer dynamischen Energien zu einem Klanghöhepunkt, bei dem alle Töne des chromatischen Totals gleichzeitig erklingen. Diese gespannte, gestaute Kraft spürt man aber schon vorahnend in einem dunkeltönenden Anfang, wenn die Celli in kanonischer Verschränkung und im gleitenden 5/2-Takt den Trauergesang anstimmen. Haltung und Anspruch, versammelter Ernst und expressive Dimensionen des knapp viertelstündigen Werks scheinen damit unverkennbar vorgezeichnet.

Eigentümlich, dieser ernsten Stimme Lutosławskis aus dem Osten stand im Westen ein sogar noch etwas älterer Komponist mit seiner unreglementierten Spiellaune gegenüber, der 1912 geborene Amerikaner John Cage, der die so findungs- und entdeckungsstolze Welt des Serialismus aus einer ganz anderen Ecke zu attackieren begann. Freilich, ohne sich dies tatsächlich vorgenommen zu haben. Aber die einmal initiierte Entwicklung des seriellen Komponierens war ja in eine Eigenbewegung geraten, für die es zunächst nur eine einzige Entwicklungsrichtung zu geben schien: Das Zahlenwesen und die Intellektualisierung nahmen zu. Die theoretischen Erörterungen, Analysen, Tabellen überwogen manchmal an Umfang und Gründlichkeit das faktisch Komponierte, zu dessen begleitender, begründender, erläuternder Kommentierung sie niedergeschrieben worden waren. Dennoch hielt die erst kleine, sich aber zunehmend vergrößernde Gruppe von Komponisten, die aufs Serielle eingeschworen waren, an ihren Grundüberzeugungen fest. Denn von der anderen Seite drohte ja der Ausbruch in eine Freiheit, die das völlige Gegenteil zu den verfochtenen Prinzipien darstellte, eben jener spielerische Umgang mit Zufall und Indetermination, wie John Cage ihn seit 1954 auch in Europa vorgeführt und durch eine Aura lächelnder Unangreifbarkeit erst recht mit Zügen eines virulenten Ärgernisses ausgestattet hatte. Dagegen galt es sich, wenn auch mit jeweils unterschiedlichen Argumenten, abzuschirmen und zu behaupten. In gewisser Weise wird nun latent, aber symptomatisch bei theoretischen Aufsätzen über den Serialismus Cage mit Namen oder wenigstens indirekt genannt und quasi als Kontrast-Partner in die kritischen Überlegungen zum fortgeschrittenen Stand der Technik einbezogen. Und dies charakterisiert ziemlich genau die Schlußphase dieser prinzipiellen Antithese kurz vor ihrer relativ klaglosen Auflösung – oder, genauer, ihrer Dispersion in eine Fülle von Übergangs- und Zwischenstellungen. Die allmähliche Ausdünnung stringenter serieller Praxis, die sich auf solche Weise vollzog, und der gleichzeitige Rückzug einstiger kompositionstechnischer Vorsätze und Programme auf die Ebene von Allgemeinvorstellungen und Theoriebegriffen – dort allerdings durchaus neu und wichtig – bezeichnete schließlich das Endstadium der so ganz eigengeprägten ‚Fünfziger-Jahr-Musik'.

Noch aber befand sich der Promoter solcher Destruktion eines auf Konstruktivität ausgerichteten musikalischen Denkens gewissermaßen ante portas. Erst 1958 nahm man bei der europäischen Erstaufführung von Cages Klavierkonzert in Köln genauer wahr, auf welche Gegensätze und Gegenkräfte man sich da würde einrichten müssen. Denn die in Gang gesetzte Unbestimmtheit bei John Cage hatte ja durchaus Methode, war also – vor allem wegen der ausgelösten Reaktionen und Nachwirkungen – nicht so schnell abzutun. Das Klavier in diesem Konzert hatte eine Stimme von 63 Seiten Umfang und 84 verschiedenen Kompositionsweisen, aus denen der Spieler eine Auswahl treffen kann. Jeder Orchesterinstrumentalist hat seine individuelle Stimme, in der ebenso von wirklich Notiertem bis zu frei ausdeutbarer Graphik alles vorkommt; deren Realisierung probt er alleine, bis bei der gemeinsamen Aufführung ein Dirigent durch Armbewegungen in Sekundenzeiger-Sinn die einzige konstante Größe, den Zeitablauf, nach einer eigenen Stimme – nicht etwa nach einer Gesamt-Partitur – verändert und völlig subjektiviert. Das Ergebnis klingt dann unter gleichzeitigem Aufführen von anderen Stücken, etwa für Stimme solo oder anderes, wie es Cage selbst vorgeschlagen hat, nach einem reichlich ungeordneten Konglomerat aus Einzelaktionen, und es gehört schon einige Unbefangenheit oder Einhörbereitschaft dazu, in dem tönenden Tohuwabohu jenes musikalische Spiegelbild von Selbstbestimmung und Anarchie zu erkennen, das mit all seinen sozialen Aspekten von praktizierter Freiheit intendiert ist.

Unbestimmtheit, Zufall und alles, was um diese Begriffe – angeregt durch Cage – unter dem neu aufgebotenen Terminus der Aleatorik kreiste, waren die antiseriellen Aggressoren von der einen Seite. Und bald wurde klar, daß die Resultate einer immer komplizierteren Prädetermination und jene ihres genauen Gegenteils, einer gewissenhaft inszenierten musikalischen Anarchie, kaum noch zu unterscheiden seien. Ligeti gebrauchte damals das Bild eines Menschen, der auf der Straße läuft und dem es völlig einerlei sei, ob ein Stein, der ihn am Kopf trifft, nun aus Zufall oder mit exakter Berechnung der nach Sekundenbruchteilen richtigen Abwurfzeit herabgefallen ist. Der Effekt – auf die Musik zurückübersetzt: der Höreindruck – bleibt derselbe. – Von der geographisch anderen Seite, aus dem Polen Lutosławskis, untergrub kurz danach ein neuer Dynamismus, mit rigoroser Anwendung von Streicherclustern, Glissandi und Schlagzeugpassagen, die bislang gehütete serielle Ordnung – vorgeführt von dem noch nicht dreißigjährigen Krzysztof Penderecki bei den Donaueschinger Musiktagen 1960 mit dem Stück „Anaklasis" (Lichtbrechung); und vor allem von jenen, die schon länger des theorielastigen seriellen Komponierens überdrüssig waren, stürmisch begrüßt. Denn da ergab sich ein Spektrum aus klaren Farben, kraftvollen Konturen und impulsiver Rhythmik, eine Musik der starken, energischen Pinselstriche, so unmittelbar zupackend und dynamikgeladen, wie es schon das Notenbild mit seinen schwarzen Balken suggeriert.

Schließlich meldeten sich in dieser Endphase der fünfziger Jahre auch noch solche, die dem ganzen übertriebenen Anspruch durch Unbekümmertheit oder Persiflage den Garaus machen wollten, durch Formen einer sketchartigen Theatralisierung sehr unterschiedlichen Ansatzes und Gewichts. Solche Tendenzen sollen die beiden letzten Beispiele andeuten und umschreiben. Das erste stammt von Mauricio Kagel, und zwar betrifft es dessen kammermusikalisches einaktiges Theaterstück für Sprecher, Mime, Sänger und drei Instrumentalisten „Sur scène" von 1959/60. Es handelt sich um die musikalische Verulkung eines hochgestochenen musikwissenschaftlichen Vortrags, bei dem der Referent Vokale, Stimmfärbungen und Register willkürlich austauscht und seiner Rede dadurch, unabhängig von ihrem verquatschten Inhalt, eine neue phonetische Wertigkeit verleiht. Eingestreute Töne des Sängers

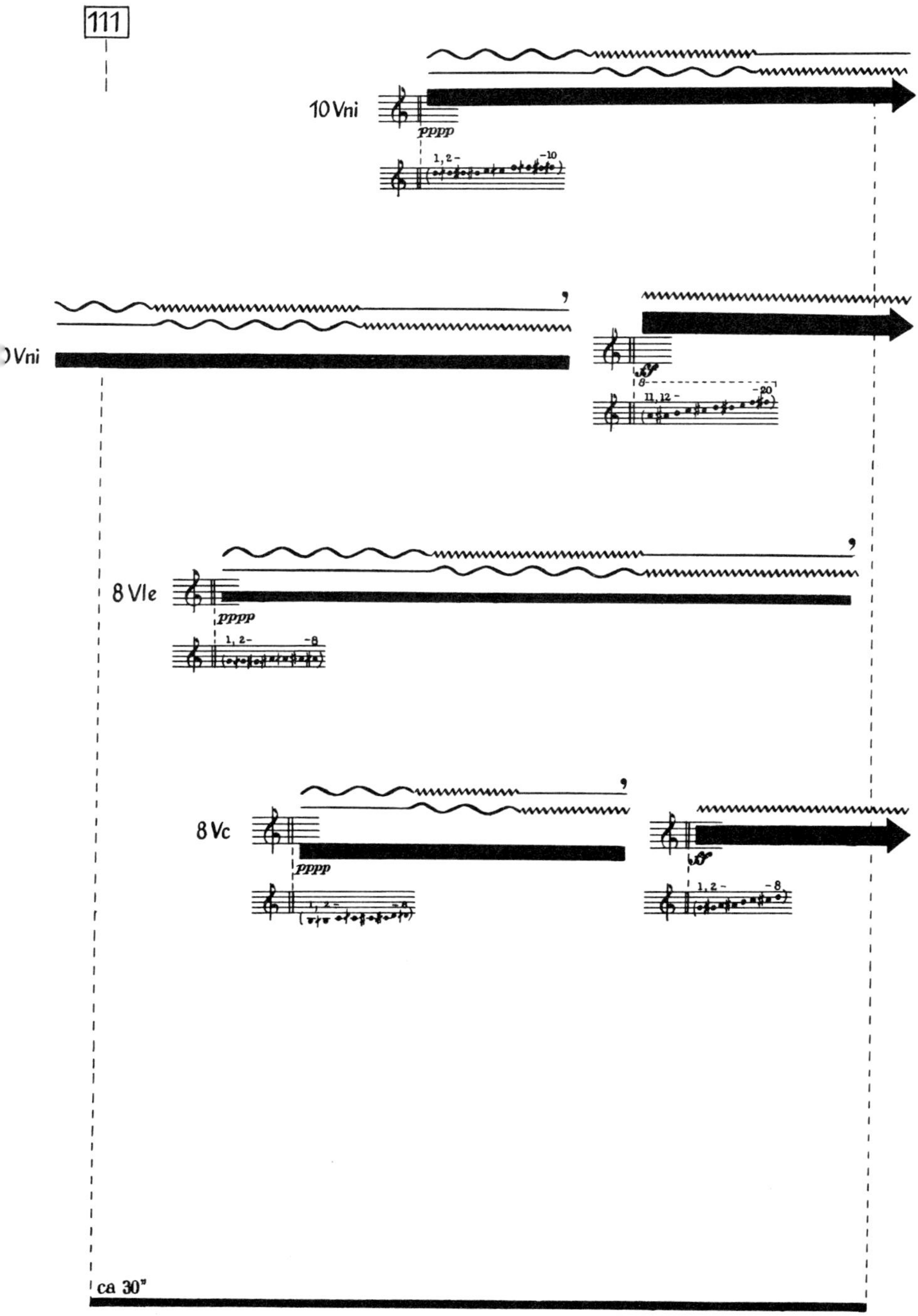

Abb. 64: Krzysztof Penderecki, Anaklasis (für Streicher und Schlagzeuggruppen)

sowie Kommentare der Instrumentalisten umranken den floskelhaften Nonsens des Vortragenden mit ironischen Schlaglichtern und Aperçus, so daß sein Tenor von Bedeutsamkeit ad absurdum geführt wird.

Von anderen Voraussetzungen geht Dieter Schnebels „Glossolalie“ aus. Ihr Grundmaterial, die „Definition einer Musik für Sprecher und Instrumentalisten“ auf 26 losen Blättern, entstand ebenfalls – wie Kagels „Sur scène“ – 1959/60; die daraus abgeleitete eigene kompositorische Realisation, also die Aufführungsversion, ein Jahr später. Der Titel geht auf den frühchristlichen Begriff des Zungenredens in ekstatischer Erleuchtung zurück – dabei setzt Schnebel Sprache und Musik einander gleich oder tauscht ihre Funktionen gegeneinander aus, so daß aus einem vielsprachigen Text in Überlagerung, Verdichtung und Rhythmisierung eine Art Kauderwelsch-Musik wird, die gleichwohl nur mit Mühe als Vokalkomposition zu bezeichnen wäre, eher im Bereich des Redens bleibt, also auf eine musikalisch gewitzte Weise ‚beredt‘ ist. Im übrigen gehen erläuternde Beschreibung und die Sache selbst unmerklich ineinander über: ein perspektivisches Vexierspiel, das munter die Rampe überspringt und Funktionen wie Wahrnehmungsweisen verwirrend gegeneinander austauscht.

Dieser skizzenhafte Überblick über Ausgangspositionen, Verlauf und Auflösungsphasen der seriellen Musik war vielleicht notwendig, um die leichtfertig geäußerten Meinungen über das Komponieren in den fünfziger Jahren wieder etwas näher an die Realität heranzuführen, auf die sie sich eigentlich beziehen. Und damit ergibt sich zugleich ein sehr aktueller Aspekt, der sowohl zur Nutzanwendung für heute als auch zum Resümee taugt. Wenn dabei in erster Linie wieder von Komponisten, nämlich von den derzeit jungen zwischen Mitte zwanzig und Mitte dreißig, geredet wird, so geht es eigentlich nur um berufsspezifisch vorgebildete Vertreter oder Sprecher ihrer Generation, die aus eigenem Interesse vielleicht etwas artikulieren, was weniger deutlich oder weniger ausgeprägt auch Meinung und Haltung anderer, nicht einmal nur der Gleichaltrigen, trifft. Bei der Gruppe dieser jungen Komponisten, die wie auch immer durch ihren ungezwungeneren Umgang mit traditionellen Sprachmitteln, Formen und Vorbildern locker zusammengehalten wird, hat sich nämlich eine gewisse Gepflogenheit gerade in den Äußerungen über die Musik der fünfziger Jahre herausgebildet, bei der Abwertung und ästhetische Denunziation sich um den Vorwurf ihrer Einseitigkeit schon längst nicht mehr scheren. Die serielle Musik und, was aus ihr folgte, wird da zur gern benutzten Abstoßfläche, um der eigenen Position mehr Legitimität zu sichern. Etwa bei Wolfgang von Schweinitz: „In den fünfziger Jahren prägte der Rationalismus euphorisch das abstrakt-konstruktive Denken der seriellen Musik. Die Aleatorik als Folge darauf zeigte seine Absurdität. Der Materialfetischismus der sechziger Jahre hat mit der Suche nach neuen Klangeffekten zwar zur Bereicherung musikalischer Mittel beigetragen, aber durch Reduktion der Substanz aufs Medium die Musik veräußerlicht und deren sinnliche Qualität prostituiert. – Jetzt hat die Musik begonnen, ihre Leere und Entfremdung zu spüren; sie verlangt nach Remusikalisierung.“[10] Diesem Verlangen der Musik, die hier seltsamerweise als handelndes Subjekt auftritt, wollen die Komponisten nun also nachkommen. Und sie sehen offenbar nicht, daß der Grad der aufgewandten Differenzierung, der sie dabei vor dem plumpen Rückfall in eine naive, nun gleichfalls „euphorische“ Neo-Romantik bewahrt, eben dem historischen Zwischenspiel jenes „abstrakt-konstruktiven Denkens“ in den fünfziger Jahren zu verdanken ist.

Denn über eins muß man sich im klaren sein: Mögen die musikalischen Findungen und Ergebnisse aus der Zeit des Serialismus auch kein Äquivalent zu dem emphatischen Einsatz von theoretischem Scharfsinn sein, der dafür aufgeboten wurde, mag die Vergänglichkeit vieler Stücke von damals deshalb auch nicht besonders beklagenswert erscheinen, so kann doch auf den Begriff des Parameters zur Unterscheidung der elementaren Eigenschaften eines Klangereignisses (nach Tonhöhe, Tondauer, Tonintensität, Farbe usw.) seither niemand mehr verzichten. Selbst Schweinitz spricht im selben Artikel – wie zur Bestätigung – von „den einzelnen Parametern musikalischen Materials“, in denen sich seine neuen, rehumanisierten und betont anti-seriellen Vorstellungen „konkretisieren“.[11] Überhaupt nimmt man stillschweigend auf der einen Seite Verfahren und Erkenntnisse aus den fünfziger Jahren an, verurteilt jedoch auf der anderen das ganze damalige Konzept des Komponierens um so unnachsichtiger – und sei's in der milden Form von Manfred Trojahn, der aus dem deklarierten „Scheitern“ eigene Skepsis gewinnt: „Der Aufbruch zu ‚neuen Ufern‘, der in den 50er Jahren zur Konzeption der totalen Stimmigkeit geführt

10 Wolfgang von Schweinitz: Standort; in: Neue Zeitschrift für Musik, Jan. –Febr. 1979, S. 19.

11 a.a.O.

hatte und eine heile Musikwelt zu garantieren schien, hat mich durch sein Scheitern mißtrauisch gemacht – auch gegen mich selbst."[12] Oder, mit politischen Untertönen, Hans-Jürgen von Bose: ,,Mit Spielarten sowohl des Konformismus als auch des Totalitarismus hatten und haben wir es ja gerade auch in den Künsten in den letzten Jahrzehnten immer wieder zu tun. Man denke an das einstige Dogma des Serialismus oder – auf der anderen Seite – an die erschreckende Mode, postserielle Strukturen einfach nachzubasteln."[13]

Andere Vorwürfe der jungen Komponisten richten sich gegen das Engstirnige oder Zwanghafte des seriellen Verfahrens, gegen die Exklusivität, den Geist von ,,Reproduktion unserer technifizierten Welt", die Tendenz zur ,,Nivellierung", die Schematik, die Unfreiheit, die ,,instrumentale Entfremdung". Die Liste der Beschimpfungen ließe sich leicht fortsetzen. Denn der Horror vor dem musikalischen Beginnen der Jüngstvergangenheit ist ziemlich einmütig. Nur zeigen zwei Anschuldigungen – die der vorgespiegelten ,,heilen Musikwelt" (Trojahn) und die des ,,Totalitarismus" (Bose) – doch, wie die sich steigernde Verachtung auch zu völliger Fehlinterpretation führen kann, wie sich ganz offensichtlich Vorurteile und Ideosynkrasien vor die rechte Einschätzung (und Kenntnis) der faktischen Umstände, Absichten und Resultate des seriellen Komponierens schieben, ehe man sich eingehender damit beschäftigt hat. Denn insoweit sollte einer, der ums Jahr 1950 geboren wurde, immerhin ein Bild von der Zeitsituation im Umkreis seines Geburtsjahres haben, daß er die quasi ins Nichts gebaute ,,Konzeption der totalen Stimmigkeit" nicht für eine scheinhaft garantierte ,,heile Musikwelt", also ein Truggebilde ungerechtfertigter Harmonisierung und Versöhnlichkeit, hält. Und auch der Gebrauch des Begriffs ,,Totalitarismus" zur Kennzeichnung derselben Kompositionsmethode aus jenen Jahren kurz nach dem Zusammenbruch eines totalitären Staatssystems und dem Ende eines ,totalen' Kriegs ist höchst unangemessen und deplaciert. Zumindest werden beide Male leichtfertig Mißverständnisse heraufbeschworen, die so gravierend sind, daß selbst der heftigste Widerwille gegen die bezeichnete Sache – die serielle Musik – dafür keine Entschuldigung bietet.

12 Manfred Trojahn; in: Neue Zeitschrift für Musik, Jan.–Febr. 1979, S. 19.
13 Hans-Jürgen von Bose: Versuch einer Bestimmung meines momentanen Standorts; in: Neue Zeitschrift für Musik, Jan.–Febr. 1979, S. 9.

Im übrigen: gegen was richtet sich denn vor allem diese aggressive Abneigung? Nicht gegen die Musik, sondern gegen die Systematik der kompositorischen Methode, das durchrationalisierte technische Verfahren. Eben darauf beziehen sich die Epitheta total, stimmig, heil, totalitär. Nachdem mittlerweile die ‚geschlossenen Systeme' in vielerlei Disziplinen – von der Philosophie über die theoretische Physik bis zur Sprachwissenschaft – als letzte Erbschaft des idealistischen 19. Jahrhunderts allgemein außer Kurs geraten sind, ist dieser Schimpf relativ billig zu haben. Er muß aber gerade bei Komponisten erstaunen, die ihrerseits in einer neuen Freizügigkeit gegenüber der Vergangenheit, speziell dem 19. Jahrhundert, auch wieder tonale Bildungen in Harmonik, Melodik und Form, also Elemente jenes geschlossenen Systems der klassisch-romantischen Musiktheorie, einbeziehen und reaktivieren. Man kann sich doch schlecht gegen das eine System oder Prinzip auflehnen, wenn man das andere restituiert. Abgesehen von dieser Glashäusler-Inkonsequenz scheint jedoch die ganze Angriffsrichtung irrig. Denn es war ja keineswegs das ‚geschlossene System', was die serielle Musik auszeichnete, sondern weit eher das offene, versuchsweise Experimentieren mit nicht sehr viel mehr als dem Entwurf einer systematisierten Methode, die sich allerdings in ihrer Tendenz zur Vereinheitlichung bald als höchst problematisch erwies und real nicht aufgehen wollte. Was heute daran unwiederbinglich und für Jüngere auch schwer erkennbar erscheint, ist seitab der faktisch produzierten Stücke die Intensität und Offenheit, mit der damals alle auftauchenden Fragen als gemeinsame Probleme diskutiert wurden, ist der Geist freundschaftlicher Unvoreingenommenheit und das Bewußtsein eines recht abenteuerlichen, pionierhaften Neulandgewinns, die damals die unveräußerliche atmosphärische Basis, das lebendige Element eines unangekränkelt freien Austauschs bildeten. Komponisten, die sich später isolierten oder zerkriegten, Musikkritiker, Theoretiker, Veranstalter und Verleger, die späterhin immer mehr um Positionen und Marktanteile stritten, – sie alle fanden sich damals wie eine große, weitverzweigte Familie oder zumindest wie eine Crew von Gleichgesinnten zusammen, bunt und international gewürfelt, fast ohne Altersvorbehalte, bestimmt aber ohne Rücksicht auf unterschiedliche Positionen des Denkens und Handelns.

In einer solchen Sphäre von Ungezwungenheit war auch genügend Raum, um aufgrund neuer Einsichten immer wieder zurechtrückende Korrekturen an dem ursprünglichen methodischen Entwurf des seriellen Komponierens vorzunehmen. Bei Unstimmigkeiten im Detail, vor allem Widersprüchen in der Wertigkeit der einzelnen Parameter-Schichten, hatte man sich angewöhnt, das Heil bei einer neuen, nächsthöheren Parameter-Ebene zu finden, sich aber gleichzeitig in der Festlegung der primären Bestimmungsgrößen einige Freiheiten der seriellen Verfahrensweise zuzubilligen. So rückten allmählich globalere Steuerungskriterien für den Gesamtverlauf ins Blickfeld: Register- und Dichteverhältnisse, instrumentale Dispositionen, Gruppen- und Obergruppencharakteristika, Bewegungs- und Strukturtypen, Felder von Fixierung und Austauschbarkeit, starre und veränderliche Zeitrelationen, Tempo-Raster, Raumverteilung usw. Und dieser ständige Prozeß von expandierender Neuformulierung und Selbstredaktion brachte es mit sich, daß es serielle Musik in der strengen ‚klassischen' Form eigentlich nur in ganz wenigen Beispielen gibt. Schon sehr bald war eben das serielle Denken wichtiger geworden als die „Reihen-Bürokratie" im kleinen, jenes Herumbuchstabieren mit vorgegebenen Grundreihen in den primären Parametern und der dadurch in Gang gesetzten Ablaufautomatik.

Höchst seltsam ist demgegenüber, wie die serielle Praxis in Lehrbüchern, Seminaren und Musikgeschichtsvorlesungen fortlebt. Dort wird nämlich – wegen der leichteren Lehrbarkeit – gerade an dem seriellen Grundmuster festgehalten, als sei es schon die Quintessenz alles dessen, was damals, in den fünfziger Jahren, kompositorisch getrieben wurde. Gefährlich an dieser falschen Systematisierung des seriellen Komponierens ist nur, daß dadurch der Übergang zur Entwicklung der jüngsten Musik, also den Kompositionen der sechziger, siebziger und achtziger Jahre, ungewöhnlich erschwert, wenn nicht gänzlich verbaut wird. Dafür spricht, daß Musikstudenten heute (wenn überhaupt) vom seriellen Verfahren allenfalls, wenn auch systemhörig, noch etwas wissen, danach aber ein totales Informations-Manko ausbricht. Und den interessierten Konzerthörern geht es nicht anders. Ohne jedoch das zugrundeliegende, nicht systematisierbare, sondern offene Prinzip – das Prozeßdenken in Parametern – erfaßt zu haben, scheint eben eine historische Weiterorientierung unmöglich geworden zu sein. Dann kann man nur noch die Phase der seriellen Musk, die gewiß ihre Tücken, aber auch ihre Meriten hatte, ungerechtfertigt hart beschimpfen, jedoch keineswegs bündig oder präzis angeben, warum man sich seither in einem vermeintlich so viel gelobteren Land der Musik befindet.

Bibliographie

Allgemein

Adorno, Theodor W., *Philosophie der neuen Musik*, Tübingen 1949.

Adorno, Theodor W., *Dissonanzen. Musik in der verwalteten Welt*, Göttingen 1956.

Adorno, Theodor W., *Klangfiguren. Musikalische Schriften I*, Frankfurt/Main 1959.

Adorno, Theodor W., *Quasi una fantasia. Musikalische Schriften II*, Frankfurt/Main 1963.

Dibelius, Ulrich, *Moderne Musik 1945–1965*, München 1966; Neuausgabe 1984.

Dibelius, Ulrich (Hrsg.), *Musik auf der Flucht vor sich selbst*, München 1969.

Eimert, Herbert, Hans Ulrich Humpert, *Das Lexikon der elektronischen Musik*, Regensburg 1973.

Gieseler, Walter, *Komposition im 20. Jahrhundert. Details, Zusammenhänge*, Celle 1975.

Häusler, Josef, *Musik im 20. Jahrhundert. Von Schönberg bis Penderecki*, Bremen 1969.

Heister, Hans Werner, Dietrich Stern (Hrsg.), *Musik der 50er Jahre*, Berlin 1980.

Metzger, Heinz-Klaus, *Musik wozu. Literatur zu Noten*, Frankfurt/Mainz 1980.

Pauli, Hansjörg, *Für wen komponieren Sie eigentlich?* Frankfurt/Mainz 1971.

Schaeffer, Pierre, *Musique concrète 1967*, dt. Stuttgart 1974.

Stephan, Rudolf, *Neue Musik*, Göttingen 1958.

Stürzbecher, Ursula, *Werkstattgespräche mit Komponisten*, Köln 1971.

Vogt, Hans, *Neue Musik seit 1945*, Stuttgart 1972.

Schriftenreihen

Darmstädter Beiträge zur Neuen Musik, hrsg. seit 1958 von Wolfgang Steinecke, ab 1962 von Ernst Thomas. Bde I–IV, IX (Notation Neuer Musik), X (Form in der Neuen Musik), Mainz 1958ff.

die Reihe. Informationen über serielle Musik, hrsg. von Herbert Eimert unter Mitarbeit von Karlheinz Stockhausen, Bde 1–8, Wien 1955–1962.

Veröffentlichungen des Instituts für Neue Musik und Musikerziehung Darmstadt, Berlin 1961–68, Mainz 1971ff.

Zu einzelnen Komponisten

Boulez, Pierre, *Musikdenken heute 1* (Darmstädter Beiträge V), Mainz 1963.

Boulez, Pierre, *Werkstatt-Texte*, übers. v. Josef Häusler, Berlin 1972.

Cage, John, *Silence. Lectures and Writings*, Middletown/Conn. 1961; teilübers. v. Ernst Jandl, Neuwied 1969.

Kostelanetz, Richard, *John Cage*, Köln 1973.

John Cage (Musik-Konzepte, Sonderband, hrsg. von Heinz-Klaus Metzger und Rainer Riehn), München 1978.

Henze, Hans Werner, *Essays*, Mainz 1964; erweitert zu: *Musik und Politik. Schriften und Gespräche 1955–1975*, München 1976.

Geitel, Klaus, *Hans Werner Henze*, Berlin 1968.

Kagel, Mauricio, *Tamtam. Monologe und Dialoge zur Musik*, München, Zürich 1975.

Schnebel, Dieter, *Mauricio Kagel. Musik, Theater, Film*, Köln 1970.
Nordwall, Ove, *György Ligeti. Eine Monographie*, Mainz 1971.
Kaczyński, Tadeusz, *Gespräche mit Witold Lutosławski*, Leipzig 1976.
Stenzl, Jürg (Hrsg.), *Luigi Nono. Texte, Studien zu seiner Musik*, Zürich 1975.
Luigi Nono (Musik-Konzepte 20, hrsg. von Heinz-Klaus Metzger und Rainer Riehn), München 1981.
Schwinger, Wolfram, *Penderecki. Begegnungen, Lebensdaten, Werkkommentare*, Stuttgart 1979.
Schnebel, Dieter, *Denkbare Musik. Schriften 1952–1972*, hrsg. von Hans Rudolf Zeller, Köln 1972.
Dieter Schnebel (Musik-Konzepte 16, hrsg. von Heinz-Klaus Metzger und Rainer Riehn), München 1980.
Stockhausen, Karlheinz, *Texte* (Bd. 1) *zur elektronischen und instrumentalen Musik. Aufsätze 1952–1962 zur Theorie des Komponierens*, Köln 1963.
Stockhausen, Karlheinz, *Texte* (Bd. 2) *zu eigenen Werken, zur Kunst Anderer, Aktuelles. Aufsätze 1952–1962 zur musikalischen Praxis*, Köln 1964.
Wörner, Karl H., *Karlheinz Stockhausen. Werk und Wollen*, Rodenkirchen 1963.
Karlheinz Stockhausen ... wie die Zeit verging ... (Herman Sabbe. Musik-Konzepte 19, hrsg. von Heinz-Klaus Metzger und Rainer Riehn), München 1981.
Zimmermann, Bernd Alois, *Intervall und Zeit. Aufsätze und Schriften zum Werk*, hrsg. von Christof Bitter, Mainz 1974.

Klaus Kreimeier

Der westdeutsche Film in den fünfziger Jahren

„Der Steuerzahler will nicht provoziert, der möchte unterhalten werden."
Bundesinnenminister Friedrich Zimmermann, 1983

Der westdeutsche Nachkriegsfilm und insbesondere das Filmschaffen in der Bundesrepublik der fünfziger Jahre nehmen im Kontext der internationalen Filmproduktion eine Sonderstellung ein. Gewiß war diese Periode auch in vielen anderen westlichen Ländern eine Phase allgemeiner politischer und geistiger Stagnation mit restriktiven Auswirkungen auf das kulturelle Leben, auch und besonders auf die nationalen Filmkulturen. Erinnert sei nur an die Lähmung der intellektuellen und künstlerischen Kreativität Hollywoods und einiger seiner besten Regisseure als Resultat der antikommunistischen Verfolgungen unter dem Senator McCarthy.

Dennoch existierten im Filmschaffen der USA, Frankreichs, Großbritanniens und Italiens in diesen Jahren noch immer Formenreichtum, ästhetische Phantasie und politische Radikalität; die Widersprüche innerhalb der einzelnen nationalen Filmindustrien hatten auf die Gestalt und die Vielfalt der Produkte selbst eine eher belebende Wirkung. Im Vergleich mit der internationalen Situation stellt sich die rasch prosperierende, an der Zahl ihrer Hervorbringungen gemessen auffallend produktive Filmindustrie der jungen Bundesrepublik als ein monolithischer Block der Ideenlosigkeit, der politischen Anpassung, der ästhetischen und geistigen Regression dar. Es gab im westdeutschen Kino der ersten eineinhalb Nachkriegsjahrzehnte keine „Gruppe 47"; es gab – um bei der literarischen Parallele zu bleiben – bestenfalls die Kategorie Simmel und Konsalik, und es gab einen einzigen Filmregisseur, dessen Rang, dessen politisch-intellektueller Anspruch und dessen Moralismus sich mit den Positionen eines Heinrich Böll vergleichen lassen: Wolfgang Staudte. Bezeichnenderweise nahm er in den fünfziger Jahren eine Résistance-Position ein; seine Filme wurden boykottiert oder waren gar verboten. Eine der „Gruppe 47" vergleichbare Formation meldete sich erst 1962 mit dem „Oberhausener Manifest"[1] zu Wort – einer ersten und noch sehr idealistischen Positionsbestimmung junger Regisseure, die mit ihrer Kampfansage an „Opas Kino" zugleich Abschied vom Geist der fünfziger Jahre nahmen und wenige Jahre später mit ihren ersten Autorenfilmen die Grundlagen für ein neues deutsches Kino legten. Es ist kein Zufall, daß die Filmförderungspolitik der im März 1983 gewählten Bundesregierung, die mit dem Zensurakt gegen Herbert Achternbuschs Film „Das Gespenst" deutlichere Konturen gewonnen hat, darauf abzielt, eben diesen seit 1962 in Gang gekommenen Prozeß der geistigen, politischen und künstlerischen Selbstbestimmung im Filmschaffen der Bundesrepublik wieder rückgängig zu machen.

Die Ursachen der Stagnationserscheinungen im westdeutschen Film der fünfziger Jahre sind zunächst in allgemeinen historischen und gesellschaftlichen Strukturen zu suchen. Der westdeutsche Nachkriegsfilm war nicht nur das Produkt seiner Epoche im engeren Sinn, und er war am allerwenigsten das Produkt einer fiktiven „Stunde Null" – verstanden als Neuanfang, Neukonstitution der sozialen und kulturellen Grundlagen – im Jahre 1945. Er war vielmehr in starkem Maße ein Produkt seiner Vorgeschichte, also der politischen und kulturellen Konstellationen des Nationalsozialismus. Es gibt im deutschen Filmschaffen eine Kontinuitätslinie, die aus der Zeit der faschistischen Reichsfilmkammer bis in die fünfziger Jahre führt. Mit dieser Hypothek hängt es zusammen, daß sich in dem Maße, in dem im Westen Deutschlands bald nach dem Krieg die kapitalistische Produktionsweise allgemein restauriert wurde, in der Filmindustrie eine in anderen Ländern nicht feststellbare, fast widerspruchsfreie Harmonie aller beteiligten Kräfte ausbreiten konnte. Die Interessen des Staates und seiner tragenden gesellschaftlichen Schichten an der Verbreitung systemkonformer, bürgerlich-restaurativer Ideologie; die Profitinteressen der an der

1 Während der 8. Westdeutschen Kurzfilmtage in Oberhausen, im Februar 1962, erklärten 26 Filmregisseure und filmambitionierte Schriftsteller, unter ihnen Alexander Kluge, Edgar Reitz und Peter Schamoni u. a.: „Der Zusammenbruch des konventionellen deutschen Films entzieht einer von uns abgelehnten Geisteshaltung endlich den wirtschaftlichen Boden. Dadurch hat der neue Film die Chance, lebendig zu werden. [. . .] Wir haben von der Produktion des neuen deutschen Films konkrete geistige, formale und wirtschaftliche Vorstellungen. [. . .] Der alte Film ist tot. Wir glauben an den neuen."

Filmproduktion und -distribution beteiligten wirtschaftlichen Kräfte und die geistig-künstlerischen Fixierungen der Filmschaffenden selbst, soweit diese – wie die Mehrheit der im Filmsektor beschäftigten Künstler nach 1945 – ihre Laufbahn unter den Bedingungen und in den Institutionen des Faschismus begonnen hatten, fielen zusammen und bildeten einen einheitlichen Orientierungsrahmen.

Der Film der fünfziger Jahre war der Film der Adenauer-Ära und des ersten CDU-Staats. Er war das Symptom einer autoritären Gesellschaftstruktur, und die an der Filmproduktion Beteiligten handelten, wo nicht im Auftrag, so doch in politischer Übereinstimmung mit den diesen Staat tragenden Instanzen wie der Regierung, den Kirchen und den an der Macht befindlichen Parteien. Diese Feststellung gilt mit zwei nicht ganz unwesentlichen Einschränkungen. Zum einen ist zu berücksichtigen, daß sich die Filmproduktion der Bundesrepublik nicht eigenständig, sondern nur unter der Kontrolle und wachsenden Einflußnahme der amerikanischen Monopole entwickeln konnte. Zum andern war der unmittelbare staatliche Dirigismus der nationalsozialistischen Filmproduktion zerschlagen; der Filmsektor wurde privatwirtschaftlich reorganisiert, d. h. die einzelnen Maßnahmen dirigistischer Filmpolitik funktionierten vermittelt über ein kompliziertes Geflecht von Förderungsinstanzen, kulturpolitischen Gesetzen und wirtschaftlichen Steuerungsmechanismen. Dieses System kann hier im einzelnen nicht dargestellt werden.[2] Stattdessen sollen im weiteren Verlauf dieser Darlegung einige Beispiele den Kontext von politischer Restauration, staatlicher Filmpolitik und bundesrepublikanischer Filmkultur in den fünfziger Jahren genauer beleuchten.

Von der Reichsfilmkammer zum Interministeriellen Ausschuß

Das Problem der Kontinuität im deutschen Film vom Faschismus bis in die fünfziger Jahre ist in der Literatur mehrfach untersucht und materialreich belegt worden.[3] 1966 schrieb dazu der Filmkritiker Hans-Peter Kochenrath:

2 Vgl. die Publikationen: Hans-Peter Herriger, Die Subventionierung der deutschen Filmwirtschaft, Köln und Opladen 1966. – Michael Dost/Florian Hopf/Alexander Kluge: Filmwirtschaft in der BRD und in Europa, München 1973.

3 Einer der ersten, die dieses Thema aufgriffen, war Wolfdietrich Schnurre: Rettung des deutschen Films. Eine Streitschrift, Stuttgart 1950.

„Während in den anderen Künsten versucht wurde, die Barbarei der NS-Kunst zu eliminieren und neu zu beginnen, trat der Film ungeniert das Erbe jener dunklen Zeit an. In Westdeutschland gab es lediglich in den ersten Jahren nach 1945 einige wenige gutgemeinte Versuche, ‚die Vergangenheit zu bewältigen', die Gegenwart zu bewältigen ist nie versucht worden. (...)

Die personale Verflechtung zwischen den Schöpfern des NS-Films und des westdeutschen Nachkriegsfilms ist so stark, daß man ohne Übertreibung von einer kontinuierlichen Fortführung des Films im Dritten Reich in Westdeutschland sprechen kann. Gewiß hat man auf einige zeitbedingte Nuancen verzichten müssen, so auf antisemitische Tendenzen und auf Angriffe gegen die nunmehr verbündeten Westmächte. Doch sonst ist alles erhalten geblieben: die Heimatfilme, die Melodramen, der Antikommunismus, die Verehrung autoritärer Persönlichkeiten und Systeme, die Liebe zur deutschen Wehrmacht, die Betonung des deutschen Gemüts und der billige Verwechslungs- und Bauernschwank; selbst den Arztfilm gab es bereits im Dritten Reich."[4]

Kochenrath weist auch auf einige bruchlose filmkünstlerische Karrieren hin, die das Phänomen der Kontinuität als eines der geistigen, politischen und künstlerischen Stagnation besonders anschaulich illustrieren. Der Regisseur Günther Rittau, der 1941 im Auftrag der großdeutschen Kriegsmarine den Film „U-Boote westwärts" gedreht hatte, inszenierte noch 1960, in Zusammenarbeit mit der Bundeswehr, den Film „Spionage" zur Stärkung der Abwehrbereitschaft gegen die Infiltration der Bundesrepublik durch östliche Geheimdienste. Richard Häußler, Regisseur der faschistischen Propagandafilme „Blutendes Deutschland" und „Deutsches Land in Afrika", konnte 1951 seine Tendenzproduktion mit dem sogenannten Dokumentarfilm „Kreuzweg der Freiheit" über die ehemaligen Ostgebiete ohne wesentliche Abstriche an seiner nationalistischen Gesinnung fortsetzen. Alfred Braun, Autor des 1957 mit dem Bundesfilmpreis ausgezeichneten Films „Stresemann", hatte mit Veit Harlan an berüchtigten Nazi-Propagandafilmen wie „Jud Süß" und „Kolberg" zusammengearbeitet. Ein weiterer Fall ist Gerhard T. Buchholz: 1940 Drehbuchautor des antisemitischen Films „Die Rothschilds" – 1952 Regisseur des im Zuge der Ver-

4 Hans-Peter Kochenrath: Kontinuität im deutschen Film, in: Wilfried von Bredow/Rolf Zurek (Hrsg.), Film und Gesellschaft in Deutschland, Hamburg 1975, S. 286ff.

schärfung des Kalten Kriegs gegen die DDR gedrehten Films ,,Postlagernd Turteltaube". Diese Liste ließe sich verlängern.

Die genannten Filme sind Beispiele unverhüllter politischer Propaganda. Vorherrschend war jedoch im NS-Staat wie später in der Bundesrepublik der sogenannte ,,unpolitische Unterhaltungsfilm". Er repräsentiert eine eher untergründige Kontinuität zwischen den dreißiger und den fünfziger Jahren, eine latente Identität in den Gefühlshaltungen, im Realitätsverhältnis, in jenem Bereich des ,,kollektiven Unbewußten",[5] der vom Medium Film vielleicht sensibler und nuancenreicher reflektiert wird als von anderen Formen der Massenkultur und der Trivialkunst. Diese Identität, dieses Weiterwirken kollektiver Bewußtseinsströmungen werden besonders dort spürbar, wo sich die Klischees des vorgeblich ,,unpolitischen", de facto anti-politischen, in seiner Wirkung de-politisierenden Unterhaltungsfilms fortpflanzen und Rückschlüsse auf den ideologischen Unterbau des deutschen Alltags ermöglichen. Wie noch zu zeigen sein wird, bilden sich in den Filmgattungen der fünfziger Jahre spezifische ideologische Grundmuster ab, die sich keineswegs erst in diesem Dezennium herausgebildet haben – ebenso wenig wie sie mit ihm verschwunden sind.

Der Film ist seiner Natur nach zunächst einmal Ware. Es wäre fahrlässig, von seiner künstlerischen oder ideologischen Gestalt zu reden, ohne die kommerziellen Interessen zu berücksichtigen, die an seiner Entstehung mitwirken. Erst bei genauerer Betrachtung erweist sich der Film als ,,politische Ware": es sind politische Interessen, politische Mächte und Institutionen, die auf die Ökonomie dieses Industriezweigs und damit letztlich auch auf seine Produkte Einfluß zu nehmen suchen.

Für den Wiederaufbau der Filmindustrie in der jungen Bundesrepublik wird dieser ökonomisch-politische Rahmen von den Interessen der Siegermacht USA abgesteckt. Einige Verhältniszahlen mögen dies belegen: Im Jahre 1936 umfaßte das Gesamtverleihvolumen in Deutschland 112 deutsche, dagegen nur 64 ausländische Filmproduktionen. 1952 dagegen sind 75 deutsche Filme auf dem Markt, aber nicht weniger als 375 ausländische, darunter allein

5 Ich beziehe mich hier auf Kracauers berühmte These: ,,What films reflect are not so much explicit credos as psychological dispositions – those deep layers of collective mentality which extend more or less below the dimensions of consciousness." Vgl. Siegfried Kracauer, From Caligari to Hitler, Princeton 1947, S. 6.

mehr als 200 amerikanische Filme.[6] Die ersten Nachkriegsjahre waren eine Periode stürmischer Offensiven des US-amerikanischen Filmkapitals auf dem gesamten Weltmarkt und besonders auf den zerstörten, als Brachland verlockenden Märkten Westeuropas. Die wirtschafts- und kulturpolitischen Gesetze und Maßnahmen der amerikanischen Regierung unterstützen zielstrebig den Expansionsdrang der heimischen Konzerne auf dem internationalen Markt. Das gilt, bezogen auf Westdeutschland, bereits für das System der Lizenzvergabe im Zeichen der alliierten „Umerziehungspolitik" der Jahre 1945 bis 1949 – für die Ära des „Trümmerfilms" also („In jenen Tagen", „Zwischen gestern und morgen", „Liebe 47" u. a.), in der jede Produktionsphase, jeder Filmmeter der Kontrolle und Genehmigung alliierter, vor allem amerikanischer Kontrolloffiziere unterworfen waren.[7]

Die Gründung der „Motion Picture Export Association of America" im Jahre 1946 diente allein dieser großangelegten Exportoffensive und der Okkupation der ausländischen Märkte durch die US-amerikanischen Monopole – unter sehr aktiver Mitwirkung der politischen Führung der USA. So subventionierte die US-Regierung zwischen 1948 und 1953 den Vertrieb amerikanischer Filme allein in den westlichen Besatzungszonen Deutschlands mit über 5 Millionen Dollar. Schon in den fünfziger Jahren beschränkte sich das amerikanische Filmkapital nicht mehr auf den Export seiner Produkte, sondern investierte zunehmend Geld in die nationalen Filmindustrien – besonders in der Bundesrepublik. Es legte damit, für die Nachkriegszeit, den Grundstein für eine Entwicklung, die in wechselnden, teils subtileren, teils schonungsloseren Formen bis heute vorangeschritten ist. Diese Entwicklung hat 1968 der amerikanische Wissenschaftler Thomas Guback in seiner Studie „Hollywood-Imperialismus in Europa" folgendermaßen charakterisiert:

„Die Europäer könnten eines Tages tatsächlich entdecken, daß ein Großteil ihrer Filmindustrie in Wahrheit nicht mehr ihnen gehört, sondern großen Hollywood-Firmen, die sich damit begnügen, die Angehörigen des betreffenden Staates die Arbeit machen zu lassen. Viele europäische Hersteller sind es zufrieden, denn dieses System hat für sie etwas Gutes. Sie sind sicher, nicht arbeitslos zu

6 Zahlen nach Dr. Oskar Kalbus, Die Situation des deutschen Films, Wiesbaden o. J. (1956), S. 55 f.

7 Zum Filmwesen der ersten Nachkriegsjahre vgl. Peter Pleyer, Deutscher Nachkriegsfilm 1946–1948, Münster 1965.

Abb. 65: *In jenen Tagen*

werden. Man garantiert ihnen das für die Produktion nötige Geld. Man sorgt für den internationalen Verleih und für den Zugang zum amerikanischen Markt. Aber die Tatsache der Abhängigkeit von amerikanischen Gesellschaften bedeutet, wie die Monopolkommission von Großbritannien festgestellt hat, daß die Filmhersteller nicht mehr in der Lage sind, selbst zu bestimmen, welche Art von Filmen gemacht werden soll. Die internationale Finanzierung, die Wahl des Drehlandes, die internationalen Produktionsteams sind Faktoren, die internationale Filme entstehen lassen. Sie sind für ein Weltpublikum bestimmt, denn die Investitionen müssen sich rentieren. Das kann zu einem seltsamen Filminhalt führen. In England nennt man das ‚mid-Atlantic'. Ich nenne das ‚gleichgeschaltet'. Der Film versucht aller Welt zu gefallen, aber spiegelt keinerlei Kultur wider. Er ist eine Zahnpasta-Tube."[8]

Amerikanische Interessen diktieren auch die Privatisierung und Entflechtung der UFA Film GmbH im Jahre 1949, also die Auflösung des Zentralkonzerns der staatlichen Filmproduktion unter dem NS-Regime, der bei Kriegsende immerhin noch 138 Firmen in

8 Thomas Guback, Hollywood-Imperialismus in Europa, in: Filmkritik 11/1968, S. 752 ff.

allen Bereichen der Produktion und des Vertriebs umfaßte und der amerikanischen Strategie im Wege stand. Die ,,Entflechtung" und wundersame Wiedergeburt der alten UFA – in die Fachliteratur als kompliziert verschlungenes Drama voller Skandale und Intrigen eingegangen[9] – ist ein Musterbeispiel für die Gesetzmäßigkeit der Wiederherstellung der deutschen Filmindustrie nach Maßgabe politischer Interessen. 1956 hatten westdeutsche Gesetze die alliierten Verfügungen abgelöst – einer Neugründung der UFA stand nichts mehr im Wege.

Das Interesse staatlicher Stellen an der deutschen Filmproduktion gewann in den frühen fünfziger Jahren Gestalt in den Bundesbürgschaften, welche die Bundesregierung den Filmproduzenten zur Deckung möglicher Ausfallrisiken zur Verfügung stellte. In den Jahren 1950 bis 1952 beliefen sich diese Bürgschaften auf insgesamt 20 Millionen Mark. Die Produzenten, die sich um eine Bundesbürgschaft bemühten, mußten freilich das Drehbuch, den Kostenvoranschlag und sämtliche Verträge zur Begutachtung einreichen. Damit war eine politische Kontrolle über die Filminhalte installiert, die sich in zahllosen Fällen restriktiv auswirkte. So wurde 1952 dem Film ,,Das Herz der Welt" von Harald Braun, einer Biographie der Friedensnobelpreisträgerin Bertha von Suttner, eine Ausfallbürgschaft verweigert, weil seine pazifistische Gesinnung nicht ins politische Klima der Remilitarisierung Westdeutschlands und seiner Eingliederung ins westliche Verteidigungsbündnis paßte. Ferner konnten Produzenten, die Kontakte zur DEFA, der staatlichen Filmproduktion der DDR, unterhielten, nicht mit Bürgschaften rechnen. Zum Skandal wurde die Verweigerung einer Bürgschaft an Wolfgang Staudte durch den damaligen Bundesinnenminister Lehr: Staudte war nicht bereit, seine Arbeit bei der DEFA, aus der so hervorragende Filme wie ,,Die Mörder sind unter uns", ,,Rotation" und ,,Der Untertan" hervorgegangen waren, abzubrechen. Die zweite Bürgschaftsperiode lief 1955 aus, aber bezeichnenderweise übernahm die Bundesregierung noch 1956 die Bürgschaft für einen 1,6 Millionen-Kredit, damit Alfred Braun seinen Film ,,Stresemann" produzieren konnte. Der Film sollte sich als Vehikel für den Wahlkampf der CDU im darauffolgenden Jahr bewähren, wurde aber ein geschäftlicher Mißerfolg.

9 Die gründlichste Darlegung erhält man bei Reinhold E. Thiel, Was wurde aus Goebbels' UFA?, in: Film aktuell – Mitteilungen der Arbeitsgemeinschaft der Filmjournalisten e. V., 3/1970.

Abb. 66: *Der Untertan* (Werner Peters; Regie: Wolfgang Staudte)

Bis 1954 war die Vorführung eines Films der DEFA in der Bundesrepublik faktisch verboten. Nach der Aufhebung des generellen Boykotts wurde ein Interministerieller Prüf-Ausschuß eingerichtet, der – als eine Art Filmzensurkammer – die Filmimporte aus der DDR und aus dem Ostblock überhaupt unter politischen Gesichtspunkten zu sichten hatte. Unter ausdrücklichem Hinweis auf das KPD-Verbot von 1956 machte Bundeswirtschaftsminister Ludwig Erhard die Genehmigung solcher Filme davon abhängig, daß der „in das Bundesgebiet zu verbringende Film" keine „verfassungsfeindlichen Tendenzen verkörpert".[10] Das bedeutete eine Sperre für praktisch alle politisch relevanten Filme aus den osteuropäischen Ländern und aus der DDR. Als Eklat der Filmgeschichte wird heute die Tatsache bewertet, daß Wolfgang Staudtes DEFA-Film „Der Untertan" nach Heinrich Manns Roman (anerkanntermaßen einer der wichtigsten Filme der deutschen Nachkriegsgeschichte bis heute) in der Bundesrepublik erst nach fünf Jahren und mit erheblichen Schnittauflagen freigegeben wurde.

10 Zitiert nach: Erhard Kranz, Filmkunst in der Agonie, Berlin (DDR), S. 116.

Alle diese Beispiele belegen, wie eng in den fünfziger Jahren die junge Filmproduktion der Bundesrepublik, die sich sehr bald als ein Ableger der alten Produzenten und Finanzmagnaten erweisen sollte, mit staatlichen Interessen, ja mit Regierungsinteressen verzahnt war. Die im Staate Mächtigen hatten es verstanden, für ihre Kontrollbedürfnisse die geeigneten Instrumente zu schaffen – ein Instrumentarium, das sich auf die Gestalt der Filme notwendigerweise in der einen oder anderen Form auswirken mußte.

Surrogate, Projektionen, manipulierte Tagträume

Filme, die eine möglichst breite Konsumentenmasse erreichen und zufriedenstellen sollen, folgen bestimmten inhaltlichen, dramaturgischen und ästhetischen Klischees, die sich in der Trivialkunst als Genremuster bewährt haben. Meist wendet sich der „Gebildete" mit dem Klischee-Vorwurf von diesen Produkten ab und solchen Gebilden zu, die seinen gehobenen Geschmacksansprüchen angemessener sind. Klischees sind jedoch stilisierte Abbilder ideologischer Vorstellungen – sie verlangen eine genaue „Lektüre", eine Analyse ihrer Struktur. Es wäre verfehlt, für die Beständigkeit von Klischees ausschließlich die intellektuelle Trägheit, die regressiven Sehnsüchte des „Massenpublikums" verantwortlich zu machen; es wäre aber auch eine unzulässige Vereinfachung, in ihnen ebenso ausschließlich synthetische Produkte aus der Hexenküche raffinierter Einflüsterungs- und Manipulationsinstanzen zu sehen. Synthetisch sind sie in einem anderen Sinne: sie sind zweifellos ein Niederschlag von Urteilen und Vorurteilen, Bildern und Zerrbildern in den Köpfen der Produzenten; sie sind nicht minder ein bewährtes Vehikel in den Händen jener, die allein den Warencharakter der Unterhaltung und ein möglichst risikoloses Geschäft im Auge haben – und sie sind nicht zuletzt ein Reflex tatsächlich vorhandener kollektiver Dispositionen, Wertvorstellungen, ideologischer Schemata und Wirklichkeitsabbilder, die sie bestätigen, indem sie sie reproduzieren.

Sicher ist es kein Zufall, daß zu den bereits im Gründungsjahr der Bundesrepublik produzierten Filmen Harald Brauns „Die Nachtwache" (1949) gehörte und eine bemerkenswerte Breitenwirkung hervorrief. Der Film behandelt die Geschichte eines katholischen und eines protestantischen Geistlichen; bezeichnenderweise aber wird der Darsteller des katholischen Kaplans, Dieter

Abb. 67: *Die Nachtwache* (Dieter Borsche, Hans Nielsen; Regie: Harald Braun)

Borsche, zum ersten Kinostar der westdeutschen Nachkriegsgeschichte: zu einer Identifikationsfigur, die vor Augen führt, was Walther Schmieding die „Rückführung der durch den Krieg glaubens- und heillos gewordenen Menschen zu den Quellen des Christentums"[11] genannt hat. Der religiöse Film der Nachkriegsgeschichte, der richtiger als klerikaler Film zu bezeichnen wäre, nimmt mit der „Nachtwache" seinen Ausgang; fast alle männlichen Filmstars der fünfziger Jahre – von O. W. Fischer über Heinz Rühmann und Karlheinz Böhm bis zu Curd Jürgens – müssen sich in den folgenden Jahren als Film-Geistliche bewähren. Dies ist sicher nicht nur dem starken, vielfach diktatorischen Einfluß der katholischen Kirche auf die neudeutsche Filmproduktion zuzuschreiben,[12]

11 Walther Schmieding, Kunst oder Kasse – Der Ärger mit dem deutschen Film, Hamburg 1961, S. 23.

12 Zum Einfluß der katholischen Kirche auf das Filmwesen vgl. die Publikationen von Schnurre (Anm. 3), Schmieding (Anm. 11) sowie Joe Hembus, Der deutsche Film kann gar nicht besser sein, Bremen 1961.

sondern auch einem objektiv vorhandenen Sinn-Defizit nach dem Kriege, einer aus der allgemeinen Sinnsuche resultierenden Bereitschaft zu religiösen Fixierungen in breiten Schichten einer Bevölkerung, die Wolfdietrich Schnurre in einer frühen polemischen Abrechnung mit dem Film der fünfziger Jahre als „christliches Dutzendpublikum“[13] höhnisch abgekanzelt hat. Schon 1947 hatte Konrad Adenauer in der ihm eigenen Apodiktik deklariert: „Aus dem Materialismus stammt der Kapitalismus, stammt der Sozialismus und stammt der Nationalsozialismus. Deshalb wollen wir heute die Rückkehr zum christlichen Denken.“[14] Er hatte damit ohne Zweifel eine Weichenstellung für die ideologische Hauptausrichtung im kommenden Jahrzehnt vorgenommen – er hatte aber ebenso authentisch ausgedrückt, was im Zustand materieller Erschöpfung und geistiger Orientierungslosigkeit in den Köpfen vieler Deutscher an Erwartung, Sehnsucht und Heilssuche vor sich ging.

Es ist nicht zu übersehen, daß von den problembefrachteten „religiösen“ Filmen der Anfangsjahre eine Linie zu solchen Filmen führt, die bestimmte Versatzstücke der christlichen Heilslehre nur noch als Hülle benutzen, um offen für eine christlich-konservative Staatsidee als politische Perspektive zu werben. Das geschieht oft mit dem prätentiösen Zeige-Gestus des „Problemfilms“, der sich gerade damit von der Flut der Trivialfilme abheben will – wirkungsgeschichtlich ist er jedoch dem Trivialfilm durchaus zuzurechnen, zumal sich gezeigt hat, daß kein einziger der sogenannten „Problemfilme“ der fünfziger Jahre sich mit ernsthaftem Problembewußtsein der gesellschaftlichen Realität der Bundesrepublik angenommen hat – stattdessen verbrämen Pathos, Tiefsinn und gelegentlich auch Mystizismus die banalen Mythen und Ängste des Alltags. Das Umschlagen religiöser Gemeinplätze in politische Propaganda führt etwa Harald Brauns Film „Der letzte Sommer“ (1954) vor: hier verkörpert Matthias Wieman als weiser und gütiger Autokrat eines imaginären Staatsgebildes das christlich-hierarchische Prinzip und verteidigt es gegen das negative Prinzip der Anarchie, der Rebellion und des Sozialismus, das in Gestalt des jungen Aufrührers Hardy Krüger auftritt. In ideologiekritischer Sicht stellt der bereits zitierte Film „Stresemann“ eine konsequente Fortsetzung und tagespolitische Aktualisierung dieser Entwick-

13 Schnurre, a.a.O., S. 10.

14 Zitiert nach: R. Badstübner, Die Restauration in Westdeutschland 1945–1949, Berlin (DDR) 1965, S. 161.

Abb. 68: *Der letzte Sommer* (Hardy Krüger, Mathias Wieman; Regie: Harald Braun)

lungslinie dar, die von den allgemein christlichen, meist jedoch nur bigotten Grundhaltungen des frühen „religiösen" Films über die Personifizierung der Gottesstaatsidee bis hin zur Propaganda für einen den fünfziger Jahren angemessenen Staatsautoritarismus führt. Zu den Höhepunkten des Stresemann-Films gehört eine parlamentarische Rede, in der der Politiker ausruft: „Wir müssen weg von den Parteien – hin zum Staat!". Das klingt wilhelminisch, aber es paßt auch ins politische Klima der fünfziger Jahre. Im Kontext dieser konservativen Staatsauffassung, die in großen Teilen der Bevölkerung ja durchaus Resonanz findet, erklärt sich auch der zeitweilige Erfolg jener „Stars mit der Imperatoren-Ausstrahlung" (Joe Hembus):[15] O. W. Fischer in „Herrscher ohne Krone" (Harald Braun, 1956) und in „Ludwig II." (Helmut Käutner, 1954), Curd Jürgens in „Gustav Adolfs Page" (Rolf Hansen, 1960), Dieter Borsche und Ruth Leuwerik in „Königin Luise" (Wolfgang Liebeneiner, 1956), nicht zuletzt Romy Schneider in Ernst Marischkas „Sissi"-Filmen rehabilitieren, indem sie die Menschlichkeit, die Noblesse und die einsame Melancholie ihrer Monarchen preisen, zugleich die politischen Inhalte der Monarchie.

15 Hembus, a.a.O., S. 77.

Abb. 69: *Königin Luise – Liebe und Leid einer Königin* (Ruth Leuwerik, Dieter Borsche; Regie: Wolfgang Liebeneiner)

Dem Priester und dem Staatslenker gesellt sich eine bereits aus dem alten UFA-Film bekannte Autoritätsfigur hinzu: der Arzt. Von „Dr. Holl“ (1951) bis „Sauerbruch“ (1954) werden die Ärzte meist in banale, sentimentale, zudem wenig realistische Filmhandlungen verstrickt – den Arzt selbst jedoch umgibt eine eigentümliche Aura, die ihn aus dem Volk heraushebt und ihn zum Magier, ja zu einem Ersatz-Priester stilisiert. Als Trivialmythos mag diese Figur ihre Wurzeln in populären Wunschbildern haben; seinen zeitgeschichtlichen Resonanzboden findet der Arztfilm der fünfziger Jahre jedoch dort, wo nach dem Zusammenbruch des Faschismus in der Bevölkerung reale Ängste und reale Hoffnungen auf Heilung um sich greifen konnten: Heilung von Krankheiten, Depressionen, Verlusterfahrungen, die allerdings weniger in den Zuständigkeitsbereich der praktischen Medizin fielen. Im Sauerbruch-Film begegnet der begnadete Arzt dem charismatischen Staatsmann, dem todkranken Hindenburg – und in der tiefdunkel gehaltenen Sterbeszene findet nicht weniger als eine filmisch überhöhte „unio mystica“ der großen Geister statt: Amalgam der trivialen Mythen und ihrer Personifizierungen im Film der fünfziger Jahre.

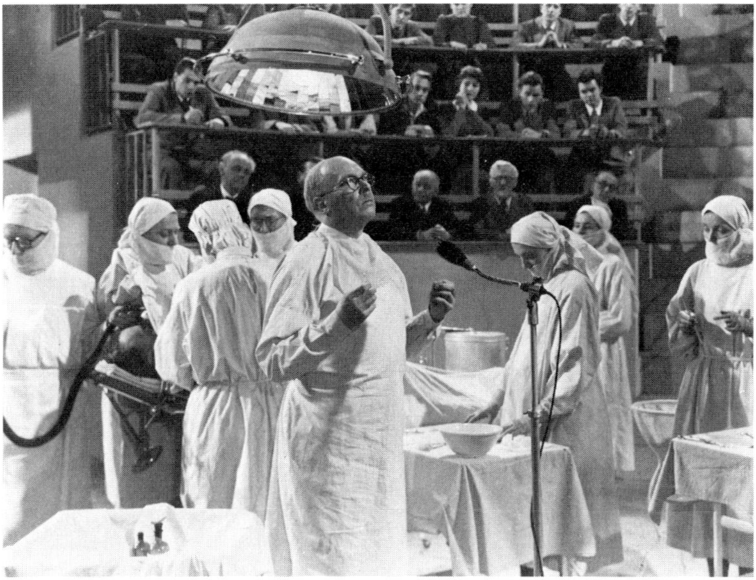

Abb. 70: *Sauerbruch – Das war mein Leben* (Ewald Balser; Regie Rolf Hansen)

Der Heimatfilm dieser Epoche gilt – neben der Flut der Urlaubs- und Tourismusfilme – gemeinhin als überzeugender Beleg für ein Phänomen, das Martin Osterland in seiner Untersuchung der ,,Gesellschaftsbilder" im Film der Adenauer-Ära das ,,eskapistische Ventil"[16] genannt hat: ein Vehikel zur Flucht aus dem Alltag, zur Traumfahrt in ein verklärtes, gleichermaßen das Gemüt und die Sinne verzauberndes Nirgendwo, zu den oft beschworenen ,,Ferien vom Ich", wie programmatisch ein Filmtitel jener Jahre lautet. Zweifellos war der Heimatfilm auch ein solches Ventil – die Landschaften in Filmen wie ,,Grün ist die Heide" (Hans Deppe, 1951) oder in den zahlreichen Schwarzwald- und Alpenfilmen sind bei aller Festlegung in der Geographie und ihrem jeweiligen folkloristischen Szenarium auch immer ein Stück Illyrien oder Arkadien: also Fluchtprojektion aus der gerade in den fünfziger Jahren rapid unwirtlicher werdenden bundesdeutschen Industrielandschaft hinaus in eine gestrige, heimatlich und heimelig überglänzte ,,heile Welt". Aber der Heimatfilm dieser Jahre hat auch eine bemer-

16 Martin Osterland, Gesellschaftsbilder in Filmen (Göttinger Abhandlungen zur Soziologie, 19. Bd.), Stuttgart 1970.

Abb. 71: *Grün ist die Heide* (Sonja Ziemann, Rudolf Prack; Regie: Hans Deppe)

kenswert klare politische, ja tagespolitisch relevante Sinnstruktur. Eine pointierte Beobachtung des Filmhistorikers Curt Riess lautet: „Wenn man sich die deutschen Filme jener Zeit wieder ansieht, so hat man das Gefühl, als seien nicht Millionen Menschen, sondern Millionen Mitglieder von Gesangvereinen aus ihrer Heimat vertrieben worden."[17] Die Bemerkung zielt auf die inflationäre Verwendung von Heimatchören im Film der fünfziger Jahre – in „Grün ist die Heide" z. B. stimmt eine Trachtengruppe mitten in der Heidelandschaft das Riesengebirgslied an. Unschwer ist zu erkennen, daß der Heimatfilm mit seinen Sujets, aber auch mit seinen Handlungen und dramaturgischen Verknüpfungen wie ein Echo auf den Prozeß der Eingliederung der Vertriebenen aus den ehemaligen deutschen Ostgebieten in das Gemeinwesen Bundesrepublik reagiert. Diese Eingliederung nimmt in den Filmen nicht selten die Form einer Rehabilitation des ostelbischen Landadels an – so etwa in „Grün ist die Heide", dem Prototyp der Gattung. In „Wenn die Abendglocken läuten" (Alfred Braun, 1951) wird in großer Ausführlichkeit die versunkene Welt der Gutsbesitzer und Herrenreiter

17 Curt Riess, Das gibts nur einmal, Hamburg 1958, S. 266.

Abb. 72: *Canaris* (O. E. Hasse, Wolfgang Preiss; Regie: Alfred Weidenmann)

zumindest als Sphäre regressiver Identifikationswünsche restauriert. Übrigens ist dieser Film, mit Willy Birgel in der Hauptrolle, ein politisch etwas verharmlostes Remake des nationalsozialistischen Films ,,... reitet für Deutschland" – gleichfalls mit Birgel hoch zu Roß. Um den politischen Kontext dieser Filme zu kennzeichnen, sei nur daran erinnert, daß noch in den sechziger Jahren – nach Erlaß des ,,Gesetzes zur Überwachung strafrechtlicher und anderer Verbringungsverbote" – Filme, in denen polnische, ehemals deutsche Gebiete als polnisch bezeichnet wurden, aus diesem Grund nicht auf die Leinwand kamen.

Der Kriegsfilm der fünfziger Jahre, der sich sehr oft als Anti-Kriegsfilm tarnte, besaß – jedenfalls aus der Sicht jener Instanzen, die für die Verteilung von Bundesbürgschaften und Bundesfilmpreisen zuständig waren – zweifellos einen gewichtigen Stellenwert in der psychologischen Vorbereitung auf die Remilitarisierung Westdeutschlands – und für die geistige Wehrertüchtigung gegen den Feind im Osten. Diese Funktion von Filmen wie ,,Canaris" (Alfred Weidenmann, 1954), ,,Der Stern von Afrika" (A. Weidenmann, 1957), ,,Kapitänleutnant Prien" (Harald Reinl, 1958), ,,Des Teufels General" (Helmut Käutner, 1954), ,,Division Branden-

Abb. 75: *Die Brücke* (Volker Lechtenbrink; Regie: Bernhard Wicki)

◂ Abb. 73: *Hunde, wollt ihr ewig leben* (Regie: Frank Wisbar)

◂ Abb. 74: *Hunde, wollt ihr ewig leben* (Wilhelm Borchert, Ernst v. Klipstein, Jörns Andersson, Carl Lange)

burg" (Harald Philipp, 1960), „Hunde, wollt ihr ewig leben" (Frank Wisbar, 1958), „Taiga" (Wolfgang Liebeneiner, 1958) und vieler anderer ist in der Literatur oft beleuchtet worden.[18] Aus der zitierten Studie von Kochenrath wurde auch schon deutlich, daß gerade in diesem Filmgenre eine fatale personelle Kontinuität zwischen der faschistischen Kriegspropaganda und ihren Filmspezialisten einerseits und dem einschlägigen Filmschaffen in der Bundesrepublik der fünfziger Jahre andererseits bestanden hat – Namen wie Alfred Weidenmann beweisen dies.[19]

In diesem Zusammenhang sei nur auf die innere Problematik des sogenannten Anti-Kriegsfilms hingewiesen, auf dessen ethische Haltung sich oft auch solche Regisseure und Produzenten beriefen, die im Militärgenre vorwiegend das große Publikumsgeschäft witterten. Als Anti-Kriegsfilm galt und gilt bis heute Bernhard Wickis „Die Brücke" (1959), und in der Tat fällt dieser Film ob seines ehrlichen Pazifismus, seiner moralischen Verurteilung der Kriegsgreuel und seiner Realistik, mit der er das Sterben junger Menschen in den letzten Kriegstagen 1945 vor Augen führt, aus dem Rahmen der Kriegsfilmproduktion in den fünfziger Jahren. Eine Analyse zahlreicher Rezensionen zeigt jedoch, daß gerade dieser Film auf äußerst widersprüchliche Rezeptionshaltungen gestoßen ist. Gerade die Kritiker, die sich damals aus gleicher Gesinnung heraus für den Film eingesetzt haben, kamen nicht an der Beobachtung vorbei, daß er zumal beim jugendlichen Publikum eine nachgerade „sportliche Begeisterung"[20] hervorgerufen hat, daß seine Wirkung eher eine depolitisierende war und daß das oft strapazierte Dogma von der „Sinnlosigkeit des Sterbens" hier auch den Umkehrschluß zuläßt: Wären diese jungen Menschen – so fragt die englische Filmkritikerin Brenda Davies zurecht – „also Helden, wenn sich das Schlachtenglück hätte wenden können?"[21] Die Aporie, die damit bezeichnet ist, ist symptomatisch für das Dilemma aller Anti-Kriegsfilme, die zwar von aufrechter Gesinnung inspi-

18 Zur Rolle des Kriegsfilms in den fünfziger Jahren: Reinhold E. Thiel, Acht Typen des Kriegsfilms, in: Filmkritik 11/1961, S. 514ff. – Heinz Ungureit, Filmpolitik in der Bundesrepublik, in: Filmkritik 1/1964, S. 12 – Wilfried von Bredow, Filmpropaganda für Wehrbereitschaft. Kriegsfilme in der Bundesrepublik, in: von Bredow/Zurek, a.a.O., S. 316ff.

19 Alfred Weidenmann hat 1942 für die Hitler-Jugend den Luftwaffen-Film „Junge Adler" gedreht.

20 Schmieding, a.a.O., S. 52.

21 Zitiert nach: Hembus, a.a.O., S. 99.

riert sein mögen, deren Darstellungsmittel jedoch den fragwürdigen Realismus des traditionellen Schlachtengemäldes nicht sprengen und sich insoweit vom ästhetischen Repertoire militaristischer Propaganda kaum unterscheiden.

Eine erschöpfende Behandlung der Films der fünfziger Jahre würde unbedingt ästhetische Fragen mit einbeziehen müssen, also auch eine Analyse der Filmsprache, der Bild-Stereotypen, der filmischen Symbole, der Bild-Ton-Relationen, der Kameraeinstellungen und der Montageformen verlangen. Das ist in den Grenzen dieses Beitrags nicht möglich.[22] Es seien daher nur einige allgemeine Merkmale hervorgehoben. Es fällt auf, daß die dramaturgischen Bauformen, die Dekorationen, die schauspielerischen Mittel, aber auch die Bildsprache im engeren Sinne und die Auffassung von der Montage im Film der fünfziger Jahre sich stark an der von der UFA der dreißiger Jahre entwickelten technischen und stilistischen Perfektion orientieren. Dies ist eine äußerliche Perfektion insoweit, als sie mit ihren ausgearbeiteten, aber auch industriell genormten Stereotypen jenen Erwartungshaltungen entgegenkommt, in denen ein Massenpublikum eine „romanhaft" schablonisierte Geschichte rezipiert und nicht unbedingt sich selbst, wohl aber seine Wünsche, seine Tagträume, vielleicht auch seine enttäuschten Hoffnungen wiedererkennt. Diesem normativen Verständnis von Realität und Realismus, von Welt und Widerspiegelung entspricht eine lineare Dramaturgie, die z. B. das Phänomen der Zeit nicht im Sinne komplizierter Rückblenden, Vorgriffe oder Assoziationstechniken über Gebühr problematisiert. Eine auf „Verständlichkeit" zielende Erzählweise geht einher mit Künstlichkeit: der Film der fünfziger Jahre – Musterfall des Atelierfilms – benutzte vorwiegend gebaute Dekorationen, und selbst dann, wenn er in Außenszenerien gedreht wurde, achtete man darauf, daß diese Szenerien weitgehend im ästhetischen Rahmen einer künstlich nachgebauten Welt der Kulissen und Studioarchitekturen blieben – jener „Kalikowelt", wie Siegfried Kracauer die Scheinrealität des Gesellschaftsfilms der Weimarer Republik einmal genannt hat.[23]

22 Einige Kategorien zur ästhetischen Beurteilung des westdeutschen „Problemfilms" habe ich in meinem Buch über die bundesdeutsche Filmproduktion zu entwickeln versucht. Vgl. Klaus Kreimeier, Kino und Filmindustrie in der BRD – Ideologieproduktion und Klassenwirklichkeit nach 1945, Kronberg/Ts. 1973, S. 150 ff.

23 Siegfried Kracauer, Kalikowelt, in: ders., Das Ornament der Masse – Essays, Frankfurt/M. 1963.

Die Dekorationen der fünfziger Jahre wurden von der Filmkritik sehr bald ironisch als Interieurs der Clubsessel und der weißen Telefone apostrophiert: gemeint war damit das Ambiente und der Chic einer schnell zu Wohlstand gelangten Parvenüschicht, in deren Wohnungen tatsächlich ein großer Teil der Filmhandlungen angesiedelt war. Dazu gehörte ein entsprechendes Figuren-Inventar: der arrivierte Anwalt oder die arrivierte Anwältin etwa (vorzugsweise dargestellt von Ruth Leuwerik: nach den Maßstäben des Sittenkodex der fünfziger Jahre „emanzipiert" – und doch nicht einmal halb emanzipiert, wenn man in Betracht zieht, daß gerade die Ruth-Leuwerik-Filme zuverlässig mit der Moral enden, daß zu jeder Familie ein Mann und die Frau letztlich an den häuslichen Herd gehört.) Andere Filme spielen im Milieu des gehobenen Journalismus oder der Unternehmerschaft, deren Repräsentanten regelmäßig als besonders verantwortungsbeladene, von Sorgen geplagte, „menschlich gefährdete", aber letztlich überragende Stützen der Gesellschaft vorgestellt werden.

Im bundesdeutschen Film dieser Jahre gibt es einen nachgerade bestürzenden Paradigmenzwang: das betrifft die parfümierten Milieus und das wie aus Schnittmusterbogen zusammengesetzte Figurenarsenal ebenso wie die romanhaften Konflikte und die erklügelte Art und Weise, wie sie geknüpft und aufgelöst werden. Es betrifft die Dekorationen ebenso wie die schauspielerischen Mittel, die durchweg dem im bürgerlichen Theater entwickelten Repertoire der Charakterdarstellung entstammen, im Film jedoch verschliffen und zu Mitteln oberflächlicher Typisierung degradiert werden. Stereotypisierungen dieser Art sind zwar ein Kennzeichen des Films überhaupt – ohne sie wäre das Starwesen und der von ihm geschaffene ästhetische Kanon nicht denkbar –; doch im deutschen Film der fünfziger Jahre werden unglücklicherweise die Klischees, die der Gesellschaftsfilm der UFA schon hervorgebracht hatte, noch einmal überarbeitet und zurechtgestutzt – dies alles in einem äußerst engen geistigen Rahmen, der international dem Film der Bundesrepublik den Ruf tiefster Provinzialität eingetragen hat: auf den großen Festivals wurden die westdeutschen Beiträge regelmäßig abgelehnt, und bis heute stehen auch die wenigen „nonkonformistischen" Filme dieser Zeit – etwa die Arbeiten Wolfgang Staudtes – im Ruf, unter künstlerischen Gesichtspunkten eher unergiebig zu sein.

Das sind sie sicher auch. Aber gerade mit einer Semiologie der Trivialästhetik dieser Filme, ihrer genormten Bildsprache und der von ihr diktierten Wahrnehmungsvorschriften müßte eine gründliche filmanalytische Arbeit auf diesem Feld beginnen. Sie würde wahrscheinlich nicht nur die historischen Wurzeln dieser Ästhetik in den kulturellen Codes der NS-Volksgemeinschaft aufdecken, sondern auch das Weiterwirken bestimmter ästhetischer und stilistischer Elemente bis in das Zeichenuniversum unserer heutigen Massenmedien, bis in unseren Fernsehalltag hinein verfolgen können.

Bibliographie

Adam, Wilfried, *Das Risiko in der deutschen Filmwirtschaft*, Wiesbaden 1959.

Bauer, Arnold, *Zur Ideologie des deutschen Films*. In: Die neue Gesellschaft, 4/1956.

Becker, Rolf, *Versuche, wesentlich zu werden. Zeitkritik im deutschen Film*. In: Der Monat, 130/1959.

Cehak, Martha, *Das Bild der Familie im deutschen Film*, Hamburg 1958.

Cramer, Heinz von, *Wer zahlt – darf tanzen. Versuch einer kritischen Biographie des deutschen Films*. In: Hans Werner Richter (Hrsg.), Bestandsaufnahme, München 1962.

Fischer, Kurt Joachim, *Die Krise des deutschen Films*. In: Die politische Meinung, 10/1957.

Hack, Lothar, *Filmzensur in der Bundesrepublik*. In: Frankfurter Hefte, 2–4/1966.

Höfig, Willi, *Der deutsche Heimatfilm 1947–1960*, Stuttgart 1973.

Kempe, Fritz, *Der Spielfilm als Mittel politischer Propaganda*. In: Jugend, Film, Fernsehen, 1961.

Klär, Karl, *Film zwischen Wunsch und Wirklichkeit*, Wiesbaden 1957.

Kroner, Marion, *Film – Spiegel der Gesellschaft? Versuch einer Antwort*, Heidelberg 1973.

Kotulla, Theodor, *Zum Gesellschaftsbild des Films in der Bundesrepublik*. In: Frankfurter Hefte, 6/1962.

Meyer, Barbara, *Gesellschaftliche Implikationen bundesdeutscher Nachkriegsfilme*, Diss. Frankfurt/M. 1964.

Pleyer, Peter, *Nationale und soziale Stereotypen im gegenwärtigen deutschen Spielfilm*, Münster 1968.

Schlinker, Heribert, *Das Verhältnis der Jugend zum Kriegsfilm*, Diss. München 1964.

Helmut Heissenbüttel

Literarische Archäologie der fünfziger Jahre

Wenn ich hier über eine Archäologie der Literatur in den fünfziger Jahren spreche, so muß ich von vornherein deutlich machen, daß ich den Begriff Archäologie in einem übertragenen, ja fast schon in metaphorischem Sinne verwende, wobei ich mich gelegentlich der Grenze des Kalauers nähere, so wenn ich zum Beispiel von literarischen Ausgrabungen rede. Archäologie wird in meinem schon etwas älteren Brockhaus folgendermaßen definiert: „Archäologie, die Altertumskunde; ursprünglich die Forschung auf den nicht zur Sprachwissenschaft gehörenden Gebieten des Altertums (Geschichte, Sitte, Gesetze, Mythen), dann (...) die Wissenschaft von den Kunstdenkmälern des Altertums, heute wieder allgemeiner gefaßt als die Wissenschaft vom Altertum, soweit diese aus Denkmälern und Bodenfunden erschlossen wird."

Zwei Punkte sind hervorzuheben, die die Übertragung des Begriffs, wenn nicht sinnvoll, so doch reizvoll machen. Ich behandle das Jahrzehnt, das vor 35 Jahren begann und an das die meisten von uns doch durchaus lebendige Erinnerung haben, als Altertum, als eine verschollene und zu rekonstruierende Epoche. Geht es darum? Dem in der Erinnerung Verkümmerten durch Verfremdung, ja Entfremdung wieder näherzukommen? Was wäre entfallen? Was wäre zu rekonstruieren? Das ist das eine. Das andere ist die Verlagerung von jenen Denkmälern, denen physische Widerstandskraft und erkennbare Identität zugeschrieben wird, Architektur, Plastiken, kunstgewerbliche Gegenstände, Vasen, Töpfe, Schmuck usw., auf eine Erscheinungsform menschlicher Aktivität, für die physische Widerstandskraft und erkennbare Identität nur in geringem Maße gelten, die Literatur. Ich kann vage etwas von dem, was ich das Altertum der Literatur in den fünfziger Jahren zu nennen vermöchte, ins Blickfeld ziehen, wenn ich zum Beispiel daran erinnere, welche Rolle damals das Werk Jean Paul Sartres gespielt hat. Oder nehme ich die Zeile „mein Gedicht ist mein Messer", die Wolfgang Weyrauch formulierte und die zum Titel einer Anthologie wurde, die Hans Bender 1955 zuerst herausgab (in ihrer veränderten späteren Ausgabe erhielt sie ganz andere Akzente), so ist das, was an diesem Schlagwort heute noch verwendbar ist und verwendet wird, völlig anders als das, was damals darunter verstanden wurde. Was Peter Gan, Marie Luise Kaschnitz, Rudolf Hagelstange, Hans Egon Holthusen, Karl Krolow, Karl Schwedhelm, Max Hölzer, Albert Arnold Scholl oder Heinz Piontek zu ihrer Auffassung vom Gedicht und an eigenen Gedichten beisteuern, widerspricht dem Titel mehr als daß es ihn mit Inhalt und Sinn erfüllt und mutet, wenn ich schon hier ein wenig kalauern darf, wahrhaft altertümlich an.

Ein Archäologe, der, wie die Definition sagt, über Denkmäler und Bodenfunde zu einem Bild von Geschichte, Sitten, Gesetzen, Mythen einer Epoche kommen will, geht von seinen Funden aus. Ich muß hier einen Moment lang persönlich werden. Ich bin im letzten Herbst umgezogen. Vieles, das in einer für das Angesammelte an Papier und Gedrucktem zu klein gewordenen Wohnung nicht mehr zu übersehen war, ist blindlings in Umzugskartons gepackt worden. Darin habe ich nun gegraben, das war der Boden, in dem ich Funde machen konnte. Und ich möchte von drei Sorten Überbleibseln aus den fünfziger Jahren ausgehn, die zum Teil in Vergessenheit geraten sind. Das sind erstens zwei Zeitschriften oder Halbmonatszeitungen: „Das literarische Deutschland, Zeitung der Deutschen Akademie für Sprache und Dichtung", herausgegeben von Gertrud von le Fort, Rudolf Alexander Schröder, Bruno Snell und Gerhard Storz, gegründet 1950, vom Jahrgang 1952 an unter dem Titel „Neue literarische Welt, herausgegeben von der Deutschen Akademie für Sprache und Dichtung", verantwortlicher Redakteur Oskar Jancke; und „Die Literatur", Untertitel: „Blätter für Literatur, Film, Funk und Bühne", Herausgeber: Hans Werner Richter, Redaktion: Hans Georg Brenner. Beide Zeitschriften überlebten das Jahr 1952 nicht. Zweitens fünf Bändchen der, so würde man heute sagen, Taschenbuchreihe des Verlags Fragmente, die 1953 mit dem Titel „Das Testament des Confucius die große Unterweisung oder das Erwachsenenstudium übertragen von Ezra Pound", ins Deutsche wiederum übersetzt von Rainer M. Gerhardt, begann und weiterhin, neben Pound Autoren wie Wolfgang Weyrauch, Rainer M. Gerhardt und Klaus Bremer veröffentlichte. Drittens sechs Anthologien: Hans Benders „Mein Gedicht ist mein Messer" (1955); Walter Höllerers „Transit Lyrikbuch der Jahrhundertmitte" (1956); die zweite Folge „Das Gedicht. Jahrbuch zeitgenössischer Lyrik", herausgegeben von Rudolf Ibel (1955/56); „Junge Lyrik 1956. Eine Auslese", herausgegeben von Hans Bender (1956); „Gedichte aus Ost und West Anthologie 56", Herausgeber Jens Gerlach (1956); „movens. Dokumente und Analysen zur Dichtung, bildenden Kunst, Musik, Architektur", in Zusammenarbeit mit Walter Höllerer und Manfred de la Motte herausgegeben von Franz Mon (1960).

Manche der Namen, die ich in dieser Aufzählung genannt habe, sagen jüngeren literarisch Interessierten gar nichts mehr, einige scheinen verschollen, manche wiederum wecken bei denen, die damals schon aktiv waren oder in den fünfziger Jahren begannen, bestimmte, aber verschieden ausgerichtete Assoziationen und ein plötzlich erinnerndes Achja. Ein Name wie Peter Gan (bürgerlich Richard Moering) hat heute im Bewußtsein der Interessierten einen festeren Platz als in den fünfziger Jahren, für das öffentliche Bewußtsein der Feuilletonkritiker und für das der Germanistikstudenten ist er völlig verschollen (obwohl alle Bücher, die er publiziert hat, im Handel lieferbar sind). Manche Namen haben erst in den sechziger oder siebziger Jahren Aufmerksamkeit gewonnen, manche stehen heute noch zur Diskussion, manche sind im Begriff wieder zu verschwinden. Das Altertümliche, wenn ich noch einmal so sagen darf, geht in meiner Aufzählung mit dem Aktuellen, dem aktuell Gebliebenen keine Mischung ein. Es steht etwas nebeneinander, das sich der Vereinheitlichung widersetzt. Dennoch geschah das alles zur gleichen Zeit. Dennoch hat sich, wenn ich einmal Zeitungsberichte zur Politik der fünfziger Jahre aus den fünfziger Jahren nachlese, in mancher Hinsicht gar nicht sehr viel geändert. Eine Glosse aus der „Zeit" vom 25. Oktober 1951 zum Beispiel, die zwischen meinen Funden lag, kann wie von gestern wirken, wenn man nur die Namen austauscht, die ohne Rest austauschbar sind. Von der Literatur der fünfziger Jahre aus, schon von der Aufzählung meiner halb zufälligen, halb bedeutungsvollen literararchäologischen „Bodenfunde" her, zeigt sich etwas grundlegend Kontroverses. Diese unaufgelöste Kontroverse macht, so meine erste These, das Jahrzehnt zu einer nicht festgelegten, nicht definierten Zeitspanne.

Zur ersten Nummer des ersten und einzigen Jahrgangs der „Literatur" schrieb der Herausgeber Hans Werner Richter einen Leitartikel mit dem fragenden Titel „Courage?" und einem Motto von Willy Haas aus der (sozusagen „alten") „Literarischen Welt" vom

16. November 1928, die lautete: ,,Eine moderne Literaturzeitung zu begründen und durchzusetzen: dazu gehört heutzutage allerhand Courage." Richter seinerseits sagt: ,,Oft sieht es so aus, als hätte sich nicht viel verändert seit 1928. Die Weimarer Republik ist zugrunde gegangen, und das Dritte Reich ist gekommen. Das Dritte Reich ist zugrunde gegangen, und die zwei neudeutschen Republiken sind gekommen. Es war ein ununterbrochener Aufbau. Die erste Republik baute auf, das Dritte Reich baute auf, und jetzt bauen die beiden Republiken auf. Aber es scheint, als hätte sich nicht viel verändert seit 1928. Die Literatur, damals ein Stiefkind des öffentlichen Lebens, ist ein Stiefkind geblieben, und wenn damals Courage dazu gehörte, eine literarische Zeitung herauszugeben, dann ist es auch heute noch so. Zwar würden wir das Wort Courage nicht mehr verwenden, und auch das Wort Mut würde uns schon veraltet erscheinen, denn wir fürchten die großen Worte, seitdem sie entleert worden sind, aber der Tatbestand ist geblieben." Richter, Organisator der Gruppe 47, sprach im fünften Jahr des Bestehens der Gruppe (und es dauerte ja dann noch fünfzehn Jahre, bis sie wegen politischer Kontroversen auseinanderfiel) als Fürsprecher einer neuen Autoren-Generation. Als solcher beschwört er noch einmal das Zerreißen der Tradition in der nationalsozialistischen Kulturdiktatur und in deren Ende. Er sagt: ,,Die Kontinuität der literarischen Entwicklung schien in Deutschland für immer unterbrochen zu sein." Und er fragt dagegen: ,,Und was geschah? Auf dem leeren Feld wurden Fassaden aufgerichtet, eine Fassade neben der anderen, Kongresse, Clubs, Akademien. Aber die Fassaden blieben Fassaden. Eine neue, aus dem Krieg, aus Lagern und Gefängnissen heimkehrende Generation begann zu schreiben, unbeholfen, ohne jede Tradition, karg und sparsam aus Furcht vor dem entseelten Wort von gestern. Die Sprache – ein lebendiger, nicht ein steriler Körper – hatte ein Alltagsleben, aber kein literarisches Leben mehr. Und hier begann das Experiment der neuen Generation. Sie griff bewußt auf die Alltagssprache zurück. Sie ging den gleichen Weg, der in der deutschen Literaturentwicklung schon einmal gegangen war, nämlich in den ersten Jahren des Sturm und Drang. Nur die Voraussetzungen waren anders. Dort stand man am Beginn, hier am Ende einer großen Entwicklung. Hier wie dort aber auf der einen Seite eine manirierte, ziselierte, hoch entwickelte, aber nicht lebensfähige literarische Sprache und auf der anderen Seite eine lebendige Alltagssprache, eine Sprache der Straßen, vital, kräftig, unverbraucht."

Richter versucht hier mehrere und durchaus widersprüchliche Forderungen zugleich durchzusetzen. Er spricht vom Experiment der neuen Generation und verwendet dabei jenen Begriff, der etwa zur gleichen Zeit von Gottfried Benn und, Benn nachfolgend, von Max Bense in einem völlig entgegengesetzten Sinn definiert wurde, als Maxime einer neuen literarischen Kunstsprache, als Tendenz einer neuen literarischen Schule, der der experimentellen Poesie. Richter setzt das Bemühen der Generation, um die es ihm geht, die er in der Gruppe 47 zu sammeln versucht, bei Null an, im „Kahlschlag", wie ihn Wolfgang Weyrauch eben in dieser Zeitschrift „Die Literatur" propagiert. Aber er fühlt zugleich offenbar den Drang, dieses „schreiben ohne jede Tradition" wiederum traditionell zu verankern, nämlich in der Aufbruchstimmung des Sturm und Drang. Es fehlt dennoch jenes Wort, das doch nahegelegen hätte, wenn man sich auf Sturm und Drang beruft, das des Revolutionären. Es fehlt noch, wo in Fortsetzung der Richterschen Linie der Autor, der vielleicht am folgerichtigsten die Position der Gruppe 47 weiterentwickelt hat, Hans Magnus Enzensberger, seine Polemik gegen die Bensesche Vorstellung von experimenteller Schreibweise vorbringt. Das Wort Revolution wird erst in der zweiten Hälfte der sechziger Jahre wieder verwendet und erleidet dann den endgültigen Ausverkauf. Stattdessen, so könnte man sagen, unterläuft Richter ein Adjektiv, das doch auch zum Repertoire der NS-Kultur gehört hatte: vital. Und Richter gab 1955, als Günter Graß, der neben Siegfried Lenz erfolgreichste Exponent der Gruppe 47, zum ersten Mal dort las, diesem mit eben diesem Wort: vital höchste Anerkennung und rückhaltlose Zustimmung.

Widersprüchliches, das stehenbleibt, nicht aufgelöst wird, ja sich der Auflösung widersetzt, kennzeichnet den Leitartikel Hans Werner Richters vom 15. März 1952. Und wenn er programmatisch die „Bildung einer neuen literarischen Öffentlichkeit" fordert, zusammen mit der „Aufhebung der Zersplitterung der deutschen Literatur", Abwehr des Provinzialismus und Orientierung an der internationalen Entwicklung und an neuen internationalen Tendenzen, so tut er das unter den Voraussetzungen, die er selber gegeben hat, denen der deutschen Sondersituation. Und es klingt von heute aus gar nicht so viel anders, wenn Oskar Jancke am 10. Mai 1952 in der „Neuen literarischen Welt" mit Bezug auf einen Briefwechsel zwischen Walter von Molo und Theodor Heuß das Verhältnis „Schriftsteller, Staat und Akademie" abhandelt, obwohl Jancke der Sprecher eben jener von Richter angeprangerten Fassadenkultur der fünfziger Jahre ist. Allerdings stellt Jancke unverblümter die Frage der offiziellen Repräsentanz. ,,Wollten sich aber die Autorenverbände daran erinnern," heißt es bei Jancke, ,,welche Bedeutung am Gründungstage sie der Akademie beimaßen, wollten sie ihre bis zum heutigen Tage andauernde Uneinigkeit, mit der sie ihre Aktionskraft schwächen, einmal bedenken, dann wäre nichts natürlicher, als daß sie von sich aus alles ins Werk setzten, um die Akademie, die nicht bayerisch, niedersächsisch oder nordrhein-westfälisch, sondern schlechthin deutsch ist, und unter deren Mitgliedern sich eine Anzahl der bedeutenden Schriftsteller der Nation befinden, als die gegebene überregionale Vertretung in den die Lage des Schriftstellerstandes in Deutschland berührenden Verhandlungen mit dem Staat zu betrauen." Heute allerdings ist die ,,schlechthin deutsche" eine Darmstädter Akademie, vertritt den Berufsstand die Gewerkschaft VS und ist unter dem höchste bundesdeutsche Prominenz garantierenden ,,Georg-Büchner-Preis", den die Akademie verleiht, fast die gesamte Runde der ehemaligen Teilnehmer der Tagungen der Gruppe 47 und sind auch einige ihrer Gegner versammelt.

Oder haben Jancke und die Akademie nur die Etablierten vertreten und ist Richter für die Proleten, die neuen Kellerkinder des Schreibens eingetreten? Ein Adjektiv, das zum frühen Verhalten der Gruppe 47 passen würde, wäre: hemdsärmelig. Im Hemdsärmeligen gingen progressive und restaurative Tendenzen eine Einheit ein, die zunächst nur auf das Durchsetzen bedacht war. Hatten sie sich durchgesetzt, waren Autoren und Produkte dieser Autoren wiederum ganz verschieden amalgamierbar. Wenn ich die bei mir erhaltenen Nummern der ,,Literatur" durchblättere (z. B. die letzte, Nr. 16, vom 1. November 1952), fällt mir auf, wie dort in Ansätzen eine neue literarische Öffentlichkeit formiert wird, die als solche erst in den sechziger Jahren erkennbar wird. 1952 fand in Niendorf an der Ostsee jene Tagung statt, die wohl einen, wenn nicht den Höhepunkt der Geschichte der Gruppe 47 darstellt, in deren Verlauf Ingeborg Bachmann, Ilse Aichinger und Paul Celan zum erstenmal lasen (Celan auch zum letztenmal). Es lasen aber zum Beispiel auch Hans Weigel, Karl Krolow, Wolfgang Weyrauch, Rolf Schroers, Siegfried Lenz und Walter Hilsbecher. ,,Aus einem notwendigen Experiment unter Freunden scheint eine Art öffentliche Institution geworden zu sein", schreibt Hans Georg Brenner in seinem Bericht. In einer Stichwahl wird Ilse Aichinger gegen Walter Jens der Preis der Gruppe verliehen. In der gleichen Nr. 6, in der Brenner berichtet, polemisiert Christian Ferber gegen die modische Verwendung des Worts vom Kahlschlag. Wehrt sich Carl Zuckmayer gegen eine ironische Polemik von Weyrauch. Entdeckt Brenner John Steinbeck, Nicolaus Sombart den Neuling James Jones („Verdammt in alle Ewigkeit"), ironisiert Kay Hoff Krolow. In Nr. 7 tritt Sombart als Paris-Korrespondent auf, werden Elfenbeinturm wie Benn-Mode aufgespießt, erscheint ein „Gedicht für den Frieden" von Krolow und entdeckt Reinhard Paul Becker den Lyriker Dylan Thomas. In Nr. 12 entdeckt Christian Ferber Nelson Algren, verteidigt Herbert Fischer Max Benses Literaturbegriff, trifft ein Vorabdruck aus Anderschs „Kirschen der Freiheit" zusammen mit einem Grundsatzartikel von Jürgen Habermas. Zitat daraus: „Kulturnarzißmus und Primitivierung sind die Extremwerte der kultursoziologischen Lebenskurve. Und je nach der Tendenz wechseln die Haltesignale: zurück zur Natur oder zurück zur Kultur! Der Aufstand, der heute gegen die komplizierten Ritualien einer weitgehend zur Manier gewordenen Individualkultur anläuft, wird getragen von Neobarbaren unserer Zivilisation. Ihm, dem ‚vierten Menschen', widmet Alfred Weber das Schlußkapitel seiner Kultursoziologie. Er ist der fragmentarische und desintegrierte Funktionär der technischen Apparatur, die auf Großräumigkeit, Großorganisation und Rationalität der Arbeitsgestaltung beruht. Sein Kennzeichen ist eine Art Persönlichkeitsspaltung: derselbe Mann, der sich als Privatmann mit Überzeugung in den geistigen Hülsen des 19. Jahrhunderts herumtreibt, arbeitet gleichzeitig im desinfizierten Klima des Laboratoriums an Ausweitung und -wertung des technischen Fortschritts – ohne Besinnung auf die möglichen Folgen für die Gesellschaft." In Heft 14 die Thesen Anderschs gegen Friedrich Sieburg und Vorstellung Georg K. Glasers durch Erich Kuby. In Nr. 16 schließlich Weyrauchs „13 Fragen an Bertolt Brecht", Hans Werner Henzes milde Kritik an der Zwölftonmusik, Weyrauchs noch mildere Kritik an Gedichten vom Hans Egon Holthusen und die Entdeckung Jean Genets, zitiert nach Jean Paul Sartre.

Dieser etwas kursorische Überblick, diese, so könnte ich sagen, stichwortartige Beschreibung meines Fundstücks, soll nicht so sehr bestimmte Positionen herausarbeiten als vielmehr das Klima kennzeichnen, in dem damals die Diskussion von Literatur stattfand.

Was an Position erkennbar ist, bleibt pragmatisch, auf den konkreten Zweck, das konkrete Werk, die konkrete Absicht bezogen, die Überblicke sind von Schlagworten gesteuert, die sich ebenso pragmatisch gebildet haben. Weyrauch, der eifrigste und erfolgreichste Vermittler zur jüngeren Generation, ohne dessen Einladungslisten die Gruppe 47 nicht das geworden wäre, was sie wurde, erwies sich als fruchtbarer Erfinder solcher Schlagworte. Im Grunde kam ihm darin, auf der anderen Seite der damaligen Frontlinien, nur Max Bense nahe, dessen Zeitschrift „Augenblick" natürlich ebenso zu den literararchäologischen Fundstücken der fünfziger Jahre zu zählen wäre wie „Texte und Zeichen", mit denen Alfred Andersch dem Ende des Jahrzehnts, literarisch gesehen, seinen Akzent gab. Doch Benses Schlagworte, wie das vom Klerofaschismus, das die Adenauer-Ära kennzeichnen sollte, zielten einseitiger auf die politische und kulturpolitische Situation und auf der anderen Seite kam der theoretische Ansatz aus außerliterarischen Bereichen, denen der Informationstheorie, der Kybernetik und der Semiotik. Wie Weyrauch war Bense der entschiedene Vermittler und Anreger der fünfziger Jahre, und es paßt dazu, daß sie schon in den dreißiger Jahren aktiv waren und sich in dieser Aktivität begegneten.

Der entschiedene theoretische Ansatz, der einzige, der sich in der „Literatur" findet, ist der von Jürgen Habermas. Ich habe deshalb aus diesem Beitrag etwas länger zitiert. Das Zitat macht ohne Kommentar deutlich, daß hier etwas angesprochen wird, was erst zehn Jahre später virulent wird, auf dem Weg zu Studentenrevolte, APO und Neomarxismus. Der umfassende theoretische Einfluß, der in dieser Bewegung wirksam wird, der von Theodor W. Adorno, ist in den fünfziger Jahren noch kaum zu spüren. Das Gleiche gilt für die von Adorno herausgegebene erste zweibändige Ausgabe der Schriften von Walter Benjamin. Weiter, um abzuhaken: Brecht ist, wie Weyrauchs Thesen zeigen, ein Autor, um den man streiten, dessen Position man anzweifeln kann, erst nach seinem Tod 1956 gewinnt er Autorität und Exemplarik. Die DDR-Ausgabe der hundert Gedichte von 1949 blieb ein Insidertip, ebenso wie der grundlegende Aufsatz über den Lyriker Brecht von Hannah Arendt im ersten Heft des Jahrgangs 1950 der „Neuen Rundschau", in dem aber auch Rudolf Borchardts These vom „Geschichtsbild der Ilias" zu lesen war.

Stärke und Wirkung der Gruppe 47, und das zeigt ihr kurzlebiges publizistisches Organ deutlicher als alle Tagungsberichte, beruhte auf der theorieabweisenden, theorieersetzenden Pragmatik, die ich zu charakterisieren versucht habe. Die Betonung, es habe sich immer nur um einen Freundeskreis gehandelt, mit der Hans Werner Richter nachträglich die Aktivitäten der Gruppe ein wenig glorifiziert, versucht nur den wechselnden pragmatischen Verhaltensweisen ein notdürftiges Dach zu geben. In dem Moment, in dem mit dem von Mitgliedern der Gruppe ins Leben gerufenen Wahlbüro für die SPD 1965 die Bindung an eine der bundesdeutschen politischen Parteien eindeutig gemacht wurde (im November 1964 wurde zum erstenmal eine Delegation auf einen SPD-Parteitag eingeladen, hier begann die politische Karriere von Günter Graß), in dem Moment auch, in dem über Erich Fried und Reinhard Lettau theoretisch-politische Positionen in das Literaturgespräch eindrangen, zerfiel der Zusammenhalt. Was vorher generell, und eher in der negativen Abgrenzung gegen alles, was als rechts und nazistisch empfunden wurde, unspezifiziert links genannt wurde, was links war in der Gruppe 47, spaltete sich nun auf in eine SPD-Linie und in eine neomarxistische. Dieser Gegensatz war nicht zu überbrükken, da er über das Politische hinaus Auswirkungen auf die Literaturauffassung zur Folge hatte. Die letzte Preisverleihung an Jürgen Becker könnte als ein vergeblicher Kompromiß interpretiert werden.

Das Pragmatische und Theorieabweisende, das übrigens in mehr konservativer Einfärbung auch die Akademiezeitschrift kennzeichnet, vor allem unter der Redaktion von Oskar Jancke, verhinderte nun eine grundsätzliche Besinnung auf die literarischen Möglichkeiten dieses Jahrzehnts. Ein Schlagwort wie das von der Nullsituation oder vom Kahlschlag verhinderte und verschleierte metaphorisch eine historische wie eine prinzipielle Definition von Literatur. Das heißt nun nicht, daß es solche Definitionen nicht gab, im Gegenteil, alles, was in dieser Hinsicht bis heute diskutiert wird, setzte in eben diesen Jahren an. Benses Position habe ich erwähnt. Seine Theorie sollte mathematisch-semiotisch sein, objektivistisch auf jeden Fall, Geist, Literatur, Kunst als Meßbares, Dingliches. Eugen Gomringers Entwurf einer konkreten Poesie, vorgestellt im ersten Band seiner „Konstellationen“ 1953 und in der Zeitschrift „Spirale“, die er mit dem Architekten Marcel Wyss und dem damaligen Werbegraphiker Diter Rot herausgab, lehnte sich an an Vorstellungen aus der bildenden Kunst, Max Bills und der Züricher Allianz konkrete Kunst. Die Wiener Gruppe mit Konrad Bayer und Gerhard Rühm als phantasiereichen Realisatoren (Hans Carl Artmann bewegte sich im Grunde in eine andere Richtung) versucht, von Dadaismus und Gertrude Stein ausgehend, einen vergleichbaren Ansatz. Kontakte fanden ab 1955 statt. In Frankfurt entwarf Franz Mon eine eigene, artikulatorische Theorie. An Bense angelehnt, aber auch von den Pariser Paraphysikern um Raymond Queneau beeinflußt, probierten Ludwig Harig und seine Freunde ihre Schreibweisen aus.

Das alles floß zusammen zu dem, was später als konkrete Poesie bezeichnet wurde, ein methodischer Schreibansatz, der ohne theoretische Grundüberlegung nicht denkbar ist. Die Verbindungen zur Gruppe 47 waren spärlich, Walter Höllerer, ich selber hatten und haben Freunde auf beiden Seiten. Das zählte nicht. Es war auch kein ausgesprochener Gegensatz. So groß die Abneigung Hans Werner Richters war, die, wie er damals sagte, Höllerer-Clique einzulassen, so leicht konnte er doch mich bitten, noch ein abstraktes Gedicht vorzulesen. Zwischen den vielen Keimlingen, die in den fünfziger Jahren Triebe ansetzten, aber nicht zum vollen Wachstum kamen, erscheint mir heute nur einer, der eine sowohl pragmatische wie auch theoretische Ausrichtung hätte möglich sein lassen. Das war das Projekt des Fragmente-Verlags von Rainer M. Gerhardt.

Hier kam auch, wenn überhaupt irgendwo, der historisch-theoretische Anknüpfungsversuch zur Geltung. Bezog die Gruppe 47 sich darauf, daß alles bei Null beginnen, man allenfalls sich auf die erneuernde Frische der Alltagssprache verlassen könne (die allerdings voll von Abgegriffenem, Klischiertem war, wie sich im nachhinein leicht auch an der Literatur ablesen läßt, etwa bei Hans Werner Richter selber oder in den ersten Romanen von Siegfried Lenz, selbst bei Heinrich Böll, der das allerdings schon damals naiv ins Methodische einzubeziehen versuchte), waren die historischen Ankoppelungsversuche der konkreten Autoren eher singulär, manchmal zufällig (Benses durch mich vermittelte Anknüpfung an Gertrude Stein, Joyce-Lektüre der Wiener, Harigs Aufnahme der nachsurrealistischen Bewegungen, Mons Versuch, surreale und konstruktivistische Momente aufzugreifen), so entwickelte Gerhardt mit Verlag, Zeitschrift und Schriftenreihe so etwas wie ein Programm, das versuchte, bestimmte, exponierte literarische Entwicklungen der Moderne weiterzuführen.

Vier Namen könnte man sozusagen als Eckpfeiler dieses Programms einsetzen: Alfred Jarry mit seinem ,,Père Ubu", Max Ernst mit seinen Bildbänden, das Spätwerk Antonin Artauds, von dem zum Beispiel ,,Schluß mit dem Gottesgericht" (original im Französischen Rundfunk 1947) bereits 1955 übersetzt, wenn auch nicht gedruckt, vorlag, und Ezra Pound, dessen Confucius-Übersetzung und ,,wie lesen" gedruckt wurden, dessen ,,Pisan Cantos" Gerhardt selber noch übersetzt hat. Dazu, wohlgemerkt, Weyrauchs ,,Feuersbrunst", Heft 2 der Schriftenreihe. In der Zeitschrift ,,Fragmente" wurde überdies enthusiastisch und eindeutig wie an sonst keiner Stelle Arno Schmidt begrüßt. Das Programm, das sich in diesen Stichworten andeutet, entfaltete einen Gegenentwurf gegen alle restaurativen Tendenzen wie auch gegen den Pragmatismus der Gruppe 47. Dieser Gegenentwurf versuchte, eine andere literarische Tradition zu begründen, indem er aufnahm, was sonst vereinzelt blieb, das, was eben als das Absurde bekannt wurde, Surrealismus und Dadaismus, aber auch die stilisierenden Schreibweisen, wie sie sich im deutschen Sprachbereich am ehesten in der Weiterführung der Georgeschule durch Rudolf Borchardt, Max Kommerell, Peter Gan (die aber alle drei kaum bekannt waren) hätte aufzeigen lassen, wofür im angloamerikanischen Sprachgebiet jedoch T. S. Eliot und vor allem Ezra Pound standen. Liest man heute in dem Gedichtband ,,umkreisung" von Gerhardt selber, hat man am ehesten den Eindruck eines Amalgams aus Borchardt und Pound. Klaus Bremers Entwürfe wiederum in dem Band ,,poesie", 1954, muten, so meine ich, wie ein Vorgriff auf das an, was sich erst in die siebziger Jahre hinein entwickelte.

Ein entschiedener historisch bezogener und theoretischer Ansatz also. Ein Ansatz, der nur von wenigen wahrgenommen wurde und der nicht zur Entfaltung kam durch den Selbstmord Gerhardts 1954. Was seine Witwe Renate Gerhardt in ihrem Verlag von diesen Ansätzen weiterführte (zum Beispiel Jarry oder Max Ernst oder Rudolf Serner) traf auf eine veränderte Situation. Die letzten Ausläufer führten bis in die Aktivitäten des Versandverlags 2001 (Bildbände von Max Ernst, in jener Druckausstattung, die Rainer M. Gerhardt noch eingerichtet hatte). Es war, so könnte man vom Anfang der achtziger Jahre aus sagen, nicht möglich gewesen, einen solchen Ansatz aus den fünfziger Jahren heraus zu entfalten und weiterzuführen. Warum nicht? Weil jede Resonanz fehlte in diesen Jahren der Hemdsärmeligkeit, des pragmatischen Verhaltens, des

Von-heute-auf-morgen. Oder wenn nicht jede Resonanz fehlte, so gaben doch die wenigen, die es wahrnahmen, keine Schicht, die tragfähig genug gewesen wäre für ein neues öffentliches Bewußtsein. Und eben das wäre trotz allem nötig gewesen, hätte sich tatsächlich etwas entwickeln sollen, das dies aufnahm.

Ein persönlicher Einschub. Ich habe mir damals die Bändchen und die beiden Hefte der Zeitschrift „Fragmente" gekauft, erinnere aber nicht, was mich darauf gestoßen hatte. Ich wurde zur Gruppe 47 eingeladen und erhielt im Anschluß an die Herbsttagung 1955 eine Anstellung im Claassenverlag in Hamburg, dessen Cheflektor derselbe Hans Georg Brenner war, der die Zeitschrift der Gruppe 47, „Die Literatur", 1952 redigiert hatte; empfohlen worden war ich zur Gruppe 47 wie zum Verlag durch Wolfgang Weyrauch. Ich ließ mir damals privat den Nachlaß von Rainer M. Gerhardt schicken, nahm das Konvolut mit in den Verlag und sprach Brenner darauf an. Die Reaktion war gespalten. Er sah, was mich reizte und argumentierte, soweit ich mich erinnere, etwa so: wenn das Ihr oder mein Verlag wäre, dann könnten wir vielleicht sowas machen, wahrscheinlich würde es schief gehn, aber man kann es nicht wissen; da wir aber beide Angestellte sind in einem Unternehmen, das uns nicht gehört und das auf Rentabilität achten muß, ist sowas nur eine Belästigung. Schicken Sie es so schnell wie möglich wieder weg. Was ich dann auch tat.

Was vielleicht vergessen wird, wenn ich so erzähle, meine literararchäologischen Funde, besser: Restbestände aus den fünfziger Jahren durch Erzählung ergänze und ausschmücke, ist die Tatsache, daß natürlich alle Bestrebungen, Ansätze, Versuche, Aktivitäten, Organisationen, von Gruppe 47, früher konkreter Poesie, Benses und Anderschs Publizistik bis zu den Fragmenten und den Anthologien, von denen ich noch reden werde, einem Bereich des Inoffiziellen angehörten, daß all dies sich gegen etwas richtete und daß in diesem Punkt, dem des Dagegenseins in jener Zeit die unterschiedlichsten Fraktionen sich im Grunde einig waren. Sie waren gegen die offizielle literarische Öffentlichkeit. Diese wurde anfangs noch repräsentiert durch die „Neue Zeitung", aus deren Feuilletonredaktion jedoch durchaus Zuflüsse zur Gruppe 47 offen blieben, später durch die „Gegenwart", die „Frankfurter Allgemeine Zeitung", die „Zeit", die Zeitschriften „Der Monat", „Merkur" und einige andere. Die Repräsentanten der literarischen Kritik dieser offiziellen Öffentlichkeit hießen Friedrich Sieburg und Hans Egon

Holthusen. Es ging in der Auffassung von Literatur dabei immer um zweierlei: um die Wiederherstellung der Tradition und um Maßstäbe. Neues wurde nur zögernd in den Blick genommen und immer nur unter der Voraussetzung der traditionell abzuleitenden Relation.

Die offizielle kritische Öffentlichkeit, gegen die sich in den fünfziger Jahren alle jüngeren Autoren wandten, war insofern zu Recht offiziell, als sie das Gleiche zu tun versuchte, was in der Politik getan wurde: sie versuchte, eine Tradition zu restaurieren, in der sowohl das Dritte Reich wie auch der Kommunismus wie auch die sogenannten Entgleisungen von Kunst und Literatur korrigiert werden konnten. Noch einmal eine Anekdote. Holthusen bekam meinen ersten Gedichtband ,,Kombinationen" durch seinen Schwager Paul Raabe, mit dem ich befreundet bin, in die Hand. Er suchte mich überraschend auf und zählte mir in großer Geschwindigkeit auf, was an meinen Gedichten poetisch und was bloß avantgardistisch sei. Er hielt auch mich für korrigierbar im Sinne einer restaurierten Tradition. Was mich damals verblüffte.

In seinem Beitrag zur Anthologie ,,Mein Gedicht ist mein Messer" von Hans Bender, 1955, sagt Holthusen unter anderem: ,,Ein Gefühl der Wahlverwandtschaft erwecken in mir vor allem die Lyriker des barocken Jahrhunderts, von Weckherlin bis Hofmannswaldau, diese inbrünstigen Dichter des Seins, eines christlich verstandenen Seins, die erst in der Person des abenteuerlichen Christian Günther ihre Fühler ausstrecken sollten in eine goethisch geartete Zukunft (...) Das metaphysische Gedicht ist ja nicht versifizierte Philosophie oder Theologie, und wenn es nichts als das sein sollte, so wäre es eben mißlungen. Dichtung ist, nach Lessings schöner Formulierung, die ,vollkommen sinnliche Rede', also ein Modus des Sprechens, der sich von jeder anderen Ausdrucksweise, der naiven, der wissenschaftlichen, der philosophischen usw., kategorial unterscheidet. (...) Formale Gesetze und Gebräuche sind (...) historischen Veränderungen unterworfen: für die augenblickliche Situation scheint eine Zuordnung der elegisch-metaphysischen Thematik zur weitausschwingenden, oft frei gefüllten, meist auch reimlosen Langzeile fast zwingend zu sein. Vorbilder wie Hölderlin, Rilke, Trakl, auch Apollinaire und der Benn des rezitativen Parlando beherrschen das Feld; in meinem Falle kommen englische Einflüsse hinzu."

Was an einer solchen Äußerung heute verblüfft, ist, daß sie

gemacht worden ist, als ob nichts passiert sei. Weckherlin, Hölderlin, Rilke, Auden und sogar Apollinaire, den er aber wohl nur unvollständig gelesen hat, bilden sozusagen den Horizont einer poetischen Ewigkeit, die auch dann nicht erschüttert werden kann, wenn sie auf den gegenwärtigen historischen Punkt bezogen wird. Übergreifend bleibt die metaphysische Gewißheit. Das entspricht korrekt der politischen Vorstellung von christlich-sozialer abendländischer Politik, die die Ära des Bundeskanzler Konrad Adenauer kennzeichnete und die heute manchmal fast wie die Fortsetzung des Nazismus mit anderen Mitteln erscheint. Daß in einer Restauration der Tradition, wie sie aus Holthusens Definition des Gedichts spricht, jede kritische Differenzierung der Tradition, der historischen Vergangenheit verschwindet, daß man sie reduziert zu einem Kanon von überzeitlichen, ahistorischen Wertmarken, wird nicht einmal wahrgenommen. Und warum nicht? Weil es überhaupt und um jeden Preis nur auf eins ankommt, nämlich irgendwelche Wertvorstellungen zu propagieren, egal, woher sie genommen werden, wenn sie nur harmonierbar sind. Und dem gleichen Fehler verfallen noch einmal ein Jahrzehnt später die jungen und nicht mehr ganz so jungen Vertreter des Neo-Marxismus, die mit den Wertvorstellungen des Marxismus ebenso hantieren wie Holthusen mit seinen neo-metaphysischen.

Von hier aus wird plötzlich sehr viel deutlicher, was in den fünfziger Jahren die Gegner der offiziellen Kulturauffassung und Kulturpolitik noch einte. Es ist die fundamentale Irritation, die ihnen überall entgegensteht. Nullsituation und Kahlschlag, das meinte die Irritation an dem, was man überhaupt noch von sich, von seinem Leben, von seiner Erfahrung sagen konnte, ja drängte den Redewilligen noch vor das Sagen zurück, er wußte nicht, was seine Erfahrung überhaupt war. Das konnte man gar nicht simpel, banal, rüde, zusammenhanglos genug sagen. Bölls Erzählungen wurden beispielhaft, weil er dieses Weitertappen ohne Sinn artikulierte, dieses Irrewerden noch am nächsten Schritt, an der Beziehung noch zu dem Menschen, dem man sich am nächsten wähnte. Auf der anderen Seite die Irritation am Reden selbst. Waren denn jene Kategorien, von denen Holthusen so gelassen doziert, nicht in Grund und Boden verdorben dadurch, daß sie zu politischer Hetzpropaganda degradiert worden waren? Hätte Holthusens Definition des metaphysischen Gedichts und seiner formalen Entsprechung nicht ebenso innerhalb der Goebbelsschen Doktrinen artikuliert werden können, mit dem einzigen Unterschied, daß der so Definierende noch einen kleinen Schritt weitergehen müsse und dieses Gedicht auf die einzige Metaphysik beziehen müsse, die es gäbe, die des Führers. Und von jüngeren Autoren im Dritten Reich, zum Beispiel Wilhelm Hymmen, ist dieser Schritt ja in den vierziger Jahren auch getan worden.

Aber wenn man am Redenkönnen überhaupt irritiert ist, wenn das traditionell überlieferte poetische Reden, dieser „Modus des Redens", wie Holthusen es nennt, zersetzt erscheint, verderbt, verrottet, dann muß die Reflexion tiefer greifen, hinter diese Thematik und Form. Sie muß zugleich dem nachforschen und nachgehen, was bereits vom Ende des 19. Jahrhunderts an solchen Irritationen entgegengestrebt hat. „Phantasus" und „Blechschmiede" von Arno Holz im deutschen Sprachbereich, die Esoterik Stefan Georges, der Imagism im Englischen, die Spekulationen des späten Stéphane Mallarmé, Alfred Jarry. Und dann die Reaktionen auf den ersten Weltkrieg in Literatur und Kunst, die schon am Anfang der zwanziger Jahre zu den äußersten Positionen führten, die überhaupt je erreicht worden sind, Positionen, in denen die Vorstellung vom Fortschritt selbst abknickt! Rückgewinnung des Rüstzeugs, mithilfe dessen der im Grund Irritierte allenfalls seiner Irritation begegnen kann.

Walter Höllerers Anthologie „Transit" von 1956 sollte wohl in diesem Sinne ein Panorama anbieten, an dem vor allem die sich orientieren könnten, die eben erst angefangen hatten und die, die noch dazustoßen sollten. Die Gedichte, die in „Transit" vorgestellt werden, stammen zu einem nicht unbeträchtlichen Teil von Autoren, die bis dahin kaum bekannt waren. Allerdings finden sich ebenso Standardstücke der älteren oder mittleren Generation. Die Gedichte sind nicht historisch, sondern nach Themengruppen geordnet, sie sind ohne Verfassernamen abgedruckt, die Verfasser muß der Leser sich aus dem Register zusammensuchen. Beabsichtigt war damit wohl eine Vereinheitlichung des Gesamteindrucks, auch eine gewisse Anonymisierung der Autorschaft, so als habe um die Mitte des 20. Jahrhunderts plötzlich der Zeitgeist selber zu dichten begonnen. Dazu kommen Randnotizen, unzusammenhängende Kommentare, die offenbar den Charakter der Anonymität verstärken sollen. Wie so vieles in den vielfältigen literarischen Aktivitäten Höllerers wird jedoch gerade die Absicht der Orientierungshilfe nicht erfüllt. Die Anthologie wirkt verwirrend, unübersichtlich, manchmal abstrus.

Höllerers Wirken, seit der Gründung der Zeitschrift „Akzente" 1953, die er in der ersten Phase mit Hans Bender zusammen herausgab, ist nicht wegzudenken aus der Entwicklung dieser Jahre, wenngleich ihr Hauptakzent in die sechziger Jahre fällt, mit der Reihe der Veranstaltungen des Berliner Colloquiums, deren Grundmuster mit einem monströsen Lyriksymposion 1960 in der Berliner Kongreßhalle gelegt wurde. Eben in diesem Jahr erschien die andere Anthologie, an der Höllerer mitwirkte, das von Franz Mon herausgegebene „movens". Hier wird nach den „Fragmenten" zum anderen Mal in der deutschen Literatur nach 1945 ernst gemacht mit der Forderung nach prinzipieller theoretischer Durchdringung. Die abgedruckten Beispiele sind nicht Sammelobjekte, sondern Belege. Sie zielen auf die versuchsweise Klärung des Bewußtseins- und Erfahrungsstandes in der Mitte des 20. Jahrhunderts. Dem Individuum sei heute, so Mon in seiner „Perspektive", „das adäquate Bewußtsein gerade durch die Konsequenz des ursprünglichen Ausgangspunktes verwehrt. In seinem Verhalten zur Wirklichkeit bleibt ihm nur die Simultaneität von Akzeptieren und Protestieren. Keine der beiden Haltungen ist ohne die andere denkbar, sie sind, wenn sie wirksam sind, zusammen wirksam. Das bedingungslose und unentwegte Akzeptieren würde so sicher zur Minderung und schließlich zum Verschwinden, vielleicht sogar zur handfesten Erledigung des Individuums führen, wie das charakterfest durchgehaltene Protestieren, das nicht in die faktische Auseinandersetzung übergehen, zur Entscheidung treiben und in irgendeine Form des Akzeptierens münden kann, das Individuum aufreibt."

Ich kann hier nicht im einzelnen ausführen, was sich in dieser Position an Folgerungen und Konsequenzen verbirgt. Ich kann nur betonen, daß am Ende dieses Jahrzehnts in der Literatur der Versuch gemacht wurde, die entschiedenste theoretische Position zu artikulieren. Freilich wurde Mons Vorstoß nicht aufgenommen. Die Scheinpositionen des Formalismus und des Engagements wurden in vager Analogie zu früheren Kontroversen aufgebaut und verhärtet. Ihr Scheinkonflikt erfüllt die sechziger Jahre, zerplatzt 1968 und mündet in das, was in siebziger Jahren wie eine Neuauflage des Pragmatismus der Gruppe 47 anmutet. Allerdings war inzwischen das Arsenal der methodischen Möglichkeiten und des thematischen Zugriffs durchaus angewachsen. Der Pragmatismus der siebziger Jahre ist zugleich differenzierter und naiver, unmittelbarer und raffinierter als der der fünfziger Jahre. Der Unterschied springt ins Auge, wenn man heute Rudolf Ibels Lyrik-Jahrbuch von 1955/56 liest oder Jens Gerlachs Versuch, zum erstenmal, 1956, einen Ost-West-Überblick zu geben, er wird am deutlichsten in Hans Benders „Auslese": „Junge Lyrik 1956". Der älteste dort vertretene Autor, Rainer Brambach, war 39 Jahre alt, der jüngste, Peter Hamm, 19. Der Durchschnitt lag bei Mitte zwanzig. Heute allgemein bekannte, ja berühmte Namen wie Hans Magnus Enzensberger, Günter Graß, Herbert Heckmann, damals alle noch ohne Buchpublikation, stehen zusammen mit heute vergessenen oder verschollenen wie Humbert Finck, Claus Henneberg, Gertrud von Marschall.

Müssen nun nicht die Funde aus den fünfziger Jahren der deutschen Literatur an dieser Stelle ergänzt werden durch systematischer angeordnete Listen von Autorennamen und literarischen Werken? Welche Romane, Erzählungs- und Gedichtbände waren denn nun charakteristisch für jene Zeit? Ich möchte diese Frage nicht beantworten, weil ich mich dann aus dem Unternehmen der versuchsweisen Rekonstruktion, das ich hier durchführen wollte, in das der unmittelbar zeitgeschichtlichen Systematik begeben würde. Das Entfremdende der Rekonstruktion, das den anderen Blick auf die Zeit erlaubt, die in unserer Erinnerung noch in lebendigen Bildern anwesend ist, würde dann verwischt. Was ich am Anfang festgestellt habe: die Kennzeichnung des Jahrzehnts durch unaufgelöste Kontroverse, das nicht Definierte, nicht Festgelegte erweist sich am Ende der Rekonstruktion aus Bruchstücken als ein Gegensatz von pragmatischem Verhalten und versuchtem theoretischem Entwurf. Und das Entscheidende liegt darin, so meine ich, daß das pragmatische Verhalten des literarischen Schreibens nie ganz vom theoretischen Entwurf eingeholt werden konnte, das pragmatische Verhalten umgekehrt hinter dem Entwurf zurückblieb. Beide waren ihrer eigenen Definition nach nicht zur Deckung zu bringen, ja das Überstehende, das Ungedeckte erweist sich als das Entscheidende. Das Theorem der positiven Negation, das Adorno der Entwicklung der sechziger Jahre aufprägte, war wie der Übergang von Sartres Hypothesen zu denen des Strukturalismus in Frankreich schon Teil der Scheingegensätze, die eben in den fünfziger Jahren noch nicht bestimmend waren.

Zugleich ist erkennbar, wie sich in den fünfziger Jahren zum erstenmal deutlich die andere Scheidelinie abzeichnet, die zwischen der restaurativen und der offenen Einstellung. Was in der Offenheit des Suchens, habe es nun zur sozusagen blinden Produktion oder zur Theoriebildung geführt, an Rekonstruktionsversuchen unternommen wurde zu einer speziellen und neuen Tradition des progressiven Verhaltens, die spezifisch sein könne für das 20. Jahrhundert, bekam dann seinerseits restaurative Züge. Es scheint, als ob nur der unbedingte Widerstand gegen jede, auch gegen die avantgardistische Restauration, den Impuls lebendig und flexibel erhalten kann. Das, so meine ich, ist die eigentliche Lehre, die aus der literararchäologischen Rekonstruktion der fünfziger Jahre zu ziehen ist. Sie bieten Lehr- und Spielmaterial dafür, das zu studieren wäre. Freilich muß man die unmittelbare Weiterentwicklung und den allgemeinen Hintergrund dazusehn. Was ich zu schildern versucht habe, ist überdies nur ein Vorschlag.

Ich möchte daher enden mit der „Epistel über das Entstehen von Gedichten" (Motto von Goethe: „Der Begriff des Entstehens ist uns versagt"), die Peter Gan für die Anthologie „Mein Gedicht ist mein Messer" schrieb:

„Sie fragen mich, verehrtester Herr Bender:
wie eigentlich so ein Gedicht entsteht?
ob ich zum Beispiel vieles wieder änder'?
ob gleich beim Schreiben oder später, wenn der
Enthusiasmus schon zum Teil verweht?

Du lieber Gott, was soll ich Ihnen sagen?
Ich schreibe meistens so ‚in einem' fort,
ohne nach Form und Inhalt viel zu fragen.
Und soll ich Ihnen ganz die Wahrheit sagen:
ich komm' beim Dichten manchmal kaum zu Wort.

Das geht sogar so weit, daß mir die Worte
vorschreiben möchten, was ich schreiben soll.
Das tut kein Sänger von der älteren Sorte:
denn Worte machen gar zu gerne Worte
und nehmen leicht den Dichtermund zu voll.

Stell' ich mich aber allzu überlegen
und überlegend bei der Sache an,
haben die Worte wieder was dagegen
und fallen mir, statt ein, ins Wort, weswegen
ich, da ich ohne sie nicht dichten kann,

klein beizugeben für das Klügste halte.
Der Klügere gibt auch beim Dichten nach.
Mit einem Wort, ich halte mich ans alte
bewährte Küchenkunstrezept: behalte
den Finger in der Suppe, aber mach'

dich nicht zu breit. Laß' es dem Kopf geschehen,
daß über ihn hinweg und ihm zum Tort,
das Ohr das Herz belehrt. (Ein kühles Wehen
im Hain von Mamre löscht das Weltvergehen;
ein Rauschen ist und hat das letzte Wort.)"

Bibliographie

I Im Text erwähnte Titel

Arendt, Hannah, *Der Dichter Bertolt Brecht.* In: Neue Rundschau. 61 (1950), S. 53–67.

Augenblick. Zeitschrift für aktuelle Philosophie, Ästhetik, Polemik. Hrsg. von Max Bense. Krefeld, Baden-Baden 1955–1958.

Bender, Hans (Hrsg.), *Mein Gedicht ist mein Messer. Lyriker zu ihren Gedichten*, Heidelberg 1955 (Nachdruck: München 1961 = List Bücher 187).

Ders. (Hrsg.), *Junge Lyrik 1956. Eine Auslese*, München 1956.

Benjamin, Walter, *Schriften.* Hrsg. von Th. W. Adorno und Gretel Adorno. Band 1 u. 2, Frankfurt/Main 1955.

Brecht, Bertolt, *Hundert Gedichte 1918–1950*, Berlin 1949.

Bremer, Klaus, *poesie*, Karlsruhe 1954 (= fragmente 19).

Confucius, *Die große Unterweisung oder Das Erwachsenenstudium.* Das Testament des Confucius übertragen von Ezra Pound. Deutsch von Rainer M. Gerhardt. Karlsruhe 1953 (= fragmente 1).

Das literarische Deutschland. Zeitung der Deutschen Akademie für Sprache und Dichtung. Hrsg. von Gertrud von Le Fort, Rudolf Alexander Schröder u. a., Heidelberg 1950–52. Ab 1952 unter dem Titel: *Neue literarische Welt.* Hrsg. von der Deutschen Akademie für Sprache und Dichtung. Redakteur Oskar Jancke.

fragmente. eine internationale revue für moderne dichtung. Hrsg. von Rainer M. Gerhardt, Klaus Bremer u. a., Karlsruhe 1949–1952.

Gan, Peter, *Die Holunderflöte. Gedichte*, Zürich, Freiburg i. Br. 1949.

Ders., *Preis der Dinge. Gedichte.* Wiesbaden 1956.

Ders., *Schachmatt. Gedichte*, Zürich und Freiburg i. Br. 1956.

Die Gegenwart. Hrsg. von Max von Brück, Michael Freund, Robert Haerdter u. a., Freiburg dann Frankfurt/M. 1945/46–1958.

Gerhardt, Rainer M., *umkreisung. gedichte.* Karlsruhe 1952 (= fragmente 5).

Gerlach, Jens (Hrsg.), *Anthologie 56. Gedichte aus Ost und West.* Illustrationen von Guenther Goelver, Berlin 1956.

Gomringer, Eugen, *konstellationen constellations constelaciones*, Bern 1953.

Heißenbüttel, Helmut, *Kombinationen. Gedichte 1951–1954*, Esslingen 1954.
Höllerer, Walter (Hrsg.), *Transit. Lyrikbuch der Jahrhundertmitte*, Frankfurt/M. 1956.
Holz, Arno, *Die Blechschmiede. Mysterium*. Berlin 1902.
Ders., *Phantasus*. Eine Auswahl, hrsg. von Anita Holz, eingeleitet von Alfred Döblin. Baden-Baden 1949 (1. Auflage Berlin 1898–1899).
Ibel, Rudolf (Hrsg.), *Das Gedicht*. Jahrbuch zeitgenössischer Lyrik, 2. Folge, 1955/56, Hamburg 1955.
Jarry, Alfred, *König Ubu (Ubu – roi). Ein Drama in 5 Akten*, Zürich 1959.
Die Literatur. Blätter für Literatur, Film, Funk und Bühne. Hrsg. von Werner Richter. Verantwortlicher Redakteur: Hans Georg Brenner. Stuttgart 1952.
Mon, Franz (Hrsg.), *movens. Dokumente und Analysen zur Dichtung, bildenden Kunst, Musik, Architektur*. In Zusammenarbeit mit Walter Höllerer und Manfred de la Motte. Wiesbaden 1960.
Pound, Ezra, *Die Pisaner Gesänge (The Pisan Cantos)*, Zürich 1956.
Ders., *Wie lesen*. Übertragen von Rainer M. Gerhardt. Karlsruhe 1953 (= fragmente 4).
Spirale. Internationale Zeitschrift für junge Kunst, Bern 1953ff.
Texte und Zeichen. Eine literarische Zeitschrift. Hrsg. von Alfred Andersch. Darmstadt, Berlin, Neuwied 1955–1957.
Die literarische Welt. Hrsg. von Willy Haas. Verantwortlicher Redakteur: Artur Rosen. Jg. 1, 1925, Berlin 1925ff.
Weyrauch, Wolfgang, *die feuersbrunst*. Karlsruhe 1952 (= fragmente 2).

II Weiterführende Literatur

Arnold, Heinz Ludwig (Hrsg.), *Die Gruppe 47. Ein kritischer Grundriß*. München: Text und Kritik 1980 (= Text und Kritik Sonderband 10).
Drews, Jörg (Hrsg.), *Vom ‚Kahlschlag' zu ‚movens'. Über das langsame Auftauchen experimenteller Schreibweisen in der westdeutschen Literatur der fünfziger Jahre*. München: Texte und Kritik 1980.
Endres, Elisabeth, *Die Literatur der Adenauerzeit*. München, Steinhausen 1980.
Hermand, Jost (Hrsg.), *Literatur nach 1945*. Band 1 u. 2. Wiesbaden, Athenaion 1979 (= See, Klaus v. (Hrsg.), Neues Handbuch der Literaturwissenschaft, Bd. 21 u. 22).
Ders. (Hrsg.), *Nachkriegsliteratur in Westdeutschland 1945–1949. Schreibweisen, Gattungen, Institutionen*, Berlin, Argument 1982.
Hüppauf, Bernd (Hrsg.), *„Die Mühen der Ebenen". Kontinuität und Wandel in der deutschen Literatur und Gesellschaft 1945–1949*. Heidelberg, Winter 1981 (= Reihe Siegen. 17).
Kröll, Friedhelm, *Die „Gruppe 47", Soziale Lage und gesellschaftliches Bewußtsein literarischer Intelligenz in der Bundesrepublik*. Stuttgart, Metzler 1977.
Neunzig, Hans A. (Hrsg.), *Hans Werner Richter und die Gruppe 47*, München, Nymphenburger 1979.
Richter, Hans Werner (Hrsg.), *Almanach der Gruppe 47*. Reinbek bei Hamburg, Rowohlt 1962.
Widmer, Urs, *1945 oder die „Neue Sprache". Studien zur Prosa der jungen Generation*, Düsseldorf, Schwann 1966.

Dieter Bänsch

Rückzug in die Heide. Über Arno Schmidts fünfziger Jahre

Von Schmidt reden in einer Ringvorlesung, die große Linien ziehen soll, wirkt beiläufig. Ein einzelner Autor mit unscheinbarer Biographie, in Hamburg geboren, in Schlesien aufgewachsen, Angestellter in kleinstädtischer Textilindustrie, Hochzeitsreise auf einem KdF-Dampfer, Soldat, Kriegsgefangener, beginnt in einem Dorf der Westheide wieder zu schreiben; eine von ihm erfundene Figur stößt in dem Haus, in dem er damals leben mußte, einem Vertriebenenasyl, auf sein Gerippe.[1] Man kann in diesem Haus noch heute herumsteigen, es ist die Cordinger Mühle in Cordingen Kreis Fallingbostel, leere Fensterhöhlen, das Dach eingestürzt, an Gardinenstangen Gardinenfetzen, in dem Raum, in dem die Erzählung „Leviathan" verfaßt worden sein muß, Reste eines Blechofens. Initialen dörflicher Liebespaare im bröckelnden Putz, daneben Obszönes von Einzelgängern, ferner eingeritzt, vielleicht von Germanisten, daß hier Arno Schmidt gewohnt habe. Zu den Vordergrundsakteuren der fünfziger Jahre gehörte er nicht, die Gruppe 47 hat ihm keinen Preis verliehen; mit seinem Namen verknüpft ist heute Bargfeld, Ortsteil der Gemeinde Eldingen Kreis Celle, in das er sich Ende der fünfziger Jahre zurückzog. Auch das weit weg: Dorfanger mit Eichen, an warmen Abenden das Dutzend Traktoren mit bunten Lämpchen heuschreckartig vor dem Gasthaus geparkt, Wittinger Pils; beim Frühstück legt der Wirt, während man die aus dem Kuhstall kommenden Fliegen wegwedelt, sein eigenes aus Zeitungskleinkram bestehendes Schmidt-Archiv vor. Das berühmte hinfällig aussehende Holzhaus hundertundfünfzig Meter weiter noch einmal von einem sperrig grünen Wall umgeben. Sie müssen recht haben, die dem ehemaligen Bewohner undurchbrechbare Selbstbezogenheit, Abkehr von draußen als Bedingung der Möglichkeit seiner Produktivität nachsagen.

1 A. S.: Leviathan und Schwarze Spiegel. Frankfurt: Fischer Taschenbuch Verlag 1974 (= Fischer Taschenbücher 1476), S. 72.

Oder sie folgen der Tendenz, Schriftsteller nicht als Realität bearbeitende, selber von ihr angegriffene, womöglich deformierte, sondern als Realität setzende auszugeben. Die Verschiebungen innerhalb der Rezeptionsgeschichte sind deutlich. Noch der Pessimismus von „KAFF auch Mare crisium“ war als politisches Lesevergnügen aufgefaßt worden, nicht zuletzt aus amüsierter Besserwisserei der Studenten; seit der etymtheoretischen Anthropologie von „Zettels Traum“ verfiel die Fähigkeit politischen Lesens zusehends oder wurde verdrängt. Das fortgeschrittenste Exempel ist die Publikation der „Arno Schmidt Stiftung Bargfeld“ zur Verleihung des Arno Schmidt Preises 1982 an Hans Wollschläger: künstlernd außen und innen, peinliche Selbstbetonung des Mäzens Reemtsma in linguistischem Seminarvokabular, eines postumen Nescafé-Blitzes des gefeierten toten Schmidt bedürftig.[2] Oder hätte er zugestimmt? Zitate wären aufzubieten. Es war wohl die inzwischen erreichte Eingesessenheit dieser Blickweise, die Dieter Kuhn zu der Schärfe seiner Polemik gegen das Mißverstehen Schmidts als eines Unpolitischen reizte – daß Schmidt dabei grobschlächtig als Antidemokrat, Opportunist, Rassist, Eskapist abschnitt, machte das Postulat politischer Reflexion nicht eingängiger.[3] Immerhin lenkte Kuhn über seine Zitate die Aufmerksamkeit wieder auf die Bücher vor dem Opus magnum als auf eine ebensowenig beiläufige wie vorläufige Phase; die damalige Selbsteinschätzung Schmidts faßt er zutref-

2 Vgl. Jan Philipp Reemtsmas Beitrag „Die Reinen“, S. 9ff. Das Bedenkliche von Reemtsmas Mäzenatentum ist nicht, daß er einen Preis finanziert und die Verbreitung der Werke Schmidts fördert – die deutsche Literatur könnte viele solcher Mäzene brauchen –, bedenklich ist die damit verbundene Förderung einer feierlich zuckerbäckernden Interpretation. Hans Wollschlägers im selben Band abgedruckte Festrede hascht so sehr nach dem Nicht-Gewöhnlichen, Erlesenen, Geblümten, daß man zeitweilig glauben kann, die Parodie eines Stückes Gymnasialrhetorik von 1910 vor sich zu haben: „Unser war er nie; so unser, wie Goethes geflügelter Nachruf es meint, wird er auch jetzt noch lange Zeit nicht sein, im Tod so wenig wie im Leben“ usw. usw. (S. 19). Dabei ist es eine Trivialität, Schmidt als „Wortweltenerbauer“ hinzustellen, solange man nicht auch fragt, *was* in diesen Wortwelten erbaut wird.

3 Dieter Kuhn: Das Mißverständnis. Polemische Überlegungen zum politischen Standort Arno Schmidts. München: Edition Text + Kritik 1982. Die methodologische Schwäche dieser Schrift prägt sich schon im Titel aus: indem sie Schmidt auf einen „Standort“ festlegen will, entgeht ihr fast alles vom Prozeß der Gegensätze in Leben und Werk. Wer Schmidt zum Konservativen stempelt, muß auch nachweisen, was an seinem Antimilitarismus und seiner Kriegskritik konservativ oder reaktionär sein soll.

fend in der Devise zusammen: „Der ‚gute linke Mann' der fünfziger Jahre".[4] Offenbar liegen dort Probleme, die „Zettels Traum" mit seinem Umfang, seinem sprichwörtlichen Gewicht und den Schwierigkeiten seiner Aneignung nur verdeckt, aber nicht erledigt. Je mehr sich Ernüchterung über die Veröffentlichungen nach dem Opus magnum verbreitet, desto einsehbarer kann die Bedeutung der früheren Werke für den Prozeß der Herausbildung oppositioneller Meinungen in den ersten anderthalb Jahrzehnten Bundesrepublik werden. Es gibt für diese Bedeutung Schmidts ein öffentlicheres Zeugnis als seine Selbsteinschätzung. Im Mai 1959 erschien im SPIEGEL die Titelgeschichte ,;.–:!–:!!. Trotz ihrer Witzeleien verlieh sie dem schon nach Bargfeld Emigrierten, ob er es wollte oder nicht, und er wollte es wohl, denn sonst hätte er den Reporter nicht vorgelassen, den Rang eines in der Republik Prominenten.

Der politische Begriff „links" ist, seitdem er in die Schibboleth-Rituale der Universitätsrevolten geriet, auch für die Diskussion von Schmidts Büchern ungeeignet. Hier wird das literarische Hervortreten Schmidts einfach auf die Frage bezogen, wie es vor den noch weithin in Trümmern liegenden Städten und Dörfern, den Millionen Toten, Krüppeln und Flüchtlingen zu einer so schnellen Verdrängung der Niederlage und zur Loyalität gegenüber der ökonomischen und kulturellen Restauration hat kommen können. Verschiedene Beiträge dieses Buches haben verschiedene Dimensionen einer Beantwortung dieser Frage sichtbar gemacht; das abgebildete Foto des hünenhaften Metzgers, der vor Heinrich Lübke einen voluminösen Fleischklumpen zerteilt, bezeichnet auch eine. An Arno Schmidt kann man studieren, was damals dazu gehörte, kein Verdrängungskonformist zu sein. Man kann das auch an einigen anderen studieren, aber es ist nicht schwer zu erkennen, daß er und kein anderer der radikale literarische Nonkonformist der jungen Bundesrepublik war. Gewiß gab es Wolfgang Koeppen, aber der Romancier Koeppen hörte mit dem „Treibhaus" von 1953 und dem Panoptikum von Überlebenden, dem „Tod in Rom" von 1954 schon auf zu publizieren; dann kamen die anmutig magereren Reiseberichte. Gewiß gab es Heinrich Böll, er war schon damals unter den Nestbeschmutzern, aber sein christlicher Moralismus zehrte von der offiziellen Glaubenskonjunktur noch dort, wo er sie angriff. Er hat in den fünfziger Jahren Schmidt rezensiert, ich komme

4 Vgl. dazu den Abschnitt II, S. 5ff.

darauf zurück: da sieht man den Unterschied. Oder Andersch, Eich, Grass, Enzensberger, Walser? Andersch hatte im Grunde nur ein großes retrospektives Thema: Desertion und ihre Begründung; Eich war kein Angreifer, seine Gedichte und Hörspiele trugen schon zur literarischen Ausstattung der neuen resignativen Privatheit bei, und Grass, Enzensberger und Walser waren keine die fünfziger Jahre merklich mitbestimmenden Autoren. Die „Blechtrommel" erschien erst an ihrem Ende. Keiner erfüllte wie Schmidt den Typus des rücksichtslosen Raisonneurs und keiner hatte dieselbe merkwürdige Wirkung. Böll hatte und hat Leser, die anderen hatten und haben Leser, Schmidt hat statt Lesern Fans. Dieses rezeptionssoziologisch so auffällige Phänomen datiert aus den fünfziger Jahren, den Jahren der Veröffentlichung des „Steinernen Herzens", der „Gelehrtenrepublik" und der zeitweiligen absoluten Mehrheit der Unionsparteien. Es hat in seinen Anfängen selber einen politischen Kern: den einer an Schmidt orientierten, gegen die Restauration gerichteten radikallibertären Verweigerung; unter dem Druck der Verfemung und Verfolgung politisch und moralisch kontroverser Impulse – die Strafanzeige wegen Gotteslästerung und Pornographie fällt in diese Zeit – wird es geheimbundartig ästhetisch. Schon früh nimmt es den Zug zu aristokratisierender Katakombenintellektualität an, der aus Schmidts Literaturgesprächen vertraut ist. Kuhns Feststellung, eine soziologische Untersuchung der Leserschaft Schmidts sei dringend erforderlich, wäre zuzustimmen, wenn sie nicht, wie es bei ihm naheliegen könnte, auf ein dogmatisches Sortieren von Minusvarianten hinauslaufen soll. Die Behauptung, Schmidt sei der Autor, der „die Kontaktarmen und Furchtsamen in ihrer Armut und Furcht" bestätigt, gerät ins Moralisieren und verdinglicht Resultate der Antriebe und Formen seiner Rezeption.[5]

2

Den Schmidt-Fans Anfang der achtziger Jahre sind diese Ursprünge ihres Fasziniertseins in der Regel nicht geläufig. Es gehört zu den unwillentlichen Selbstbeschränkungen Schmidts, daß viele seiner Raisonnements, Sarkasmen, Witze und Wortspiele sich auf historische Materien beziehen, deren Kenntnis verfallen ist oder verfällt.

5 Kuhn: a.a.O., S. 56 mit Anmerkung 60.

Dasselbe Problem gibt es bei seinem Schreibverwandten Jean Paul; es erschwert die Einsicht in Umfang und Gewicht politischer Reflexion gerade dort, wo sie sich in Anspielungen versteckt oder in unterwendige Tendenzen eines Textes eingeht. Auch sonst erleichtert die Konstitution Schmidtscher Texte den Verzicht auf historisch-analytische Gesichtspunkte. Ihre Sprachmanierismen brauchen nicht mehr wie vor dreißig Jahren provokativ, sondern nur noch amüsant zu sein; ihr Empirismus, die gedrängten Massen sinnlicher Details können die Frage nach den Prinzipien ihrer Auswahl und Anordnung zuschütten; die schon in den fünfziger Jahren publizierte Formprogrammatik – ich meine die ,,Berechnungen" I und II – scheint die Formtheorie der historischen Reflexion bewußt zu entziehen. Zwar wird in den ,,Berechnungen" in wörtlichem Sinn nirgends gerechnet; sie exponieren und begründen vielmehr das Versuchsprogramm, ,,zu gewissen, immer wieder vorkommenden Bewußtseinsvorgängen oder Erlebnisweisen die genau entsprechenden Prosaformen zu entwickeln".[6] Aber sie ordnen nach einer lapidaren Abgrenzung gegen ,,klassische" Formen – Roman, Novelle, Gespräch, alles vor Zuhörern Erzählte – bestimmte Themenkreise bestimmten mathematisch bezeichneten Bewegungskurven zu, und damit wird ein immanent historischer Charakter der neuen Formen analog dem von Schmidt behaupteten Hervorgehen der klassischen Formen aus ,,soziologischen Gepflogenheiten" eigentlich schon bestritten: nicht nur die den Kurven zugeordneten Erlebnisweisen, auch die von den Erlebnisweisen gefaßten Inhalte scheinen zumindest tendenziell zu ,,immer wieder vorkommenden" enthistorisiert zu sein. Wenn Jürke Grau in seinem Aufsatz ,,Aconitumdigitalisbelladonna. Res naturales im Werk Schmidts" sich den umfassenden Kenner vorstellt, dem ein ,,geschlossenes System, eine Aufteilung und Ordnung" der Grundbausteine des Werkes gelingen könnte, dann imaginiert er eine Schmidt-Wissenschaft, die den Naturwissenschaften kategoriell und methodologisch nähersteht.[7] Bei der Lektüre von Texten zeigt sich freilich rasch, daß

6 A. S.: Berechnungen. – In: Rosen & Porree. Karlsruhe: Stahlberg 1959, S. 284.

7 Jürke Grau: Aconitumdigitalisbelladonna. – In: Text + Kritik 20, ^{2}1971, S. 49. Daß es eine Schmidt-Wissenschaft längst gibt, belegt nicht nur dieses Heft. Sie ist eine Folgeerscheinung der beschriebenen Veränderungen innerhalb der frühen Anhängerschaft, hat nur wenige feste akademische Stützpunkte, tritt aber zumindest in einem ihrer Zweige, der Quellen- und Einflußfoschung, in altertümlicher Weise akademisch auf.

das formtheoretische Programm weder für die Beschreibung und Analyse der Formen ausreicht, und dies nicht nur im Hinblick auf die von Schmidt ausdrücklich reservierte sprachliche und rhythmische Feinstruktur, noch für das Aufnehmen und Verstehen von Inhalten unentbehrlich ist. Es offenbart ein eigenes, aus der Idee der Berechenbarkeit entspringendes trockenes Pathos, und dieses Pathos eines Rationalitätsprogramms für die Beschreibung und Durchleuchtung von Wirklichkeit in Sprache läßt den Publikationszeitpunkt in anderem Licht erscheinen.

Die fünfziger Jahre sind nicht bloß die Publikationszeit der „Berechnungen", sondern ihr historischer Ort. Ihr enthistorisierender Zug ist Folge negativer Erfahrung von Geschichte und zugleich Ausdrucksform von Nonkonformität. Nicht zufällig hat Schmidt die angekündigte Erweiterung dieser Formprogrammatik nicht geliefert, und daß in Schlesien verschollene Jugendarbeiten einen Teil der späteren Prosakonzeptionen vorausgenommen haben sollten, ist unwahrscheinlich. Die neuen Formen, soweit sie als ausgeführte Prosa vorliegen, zeigen Spuren ihrer allmählichen Entstehung und sind an die großen gesellschaftlichen Sujets der Nachkriegsjahre, Faschismus, Krieg, Gefangenschaft, Vertreibung, tödliche Schwierigkeiten des Lebens und Überlebens gebunden.[8] Im sogenannten Fotoalbum und dem sogenannten beschädigten Tagesmosaik zeigt sich die Unmöglichkeit, sich selber und die Realität draußen anders als in der Form isolierter oder isolierbarer Stücke zu erfahren; Traum und sogenanntes Längeres Gedankenspiel reagieren auf Bedrohung des Subjekts, indem sie Entrückung und Rettung betreiben, zwar nur im Bilde, aber auf höchster Stufe in ein Allgemeines, demgegenüber das fiktive Überleben des Subjekts gleichgültig wird.[9] Dabei bezweckt die Verknüpfung der Sujets mit Kurventheorie offenbar die Integration der Sujets in exakte Wissenschaft, eine vom Wechsel subjektiver Meinungen und Ideologien nicht berührte kosmische Gesetzmäßigkeit. Mathematik und Physik werden der sprachlichen Darstellung von Wirklichkeit als Medien zugeordnet, innerhalb deren sich für alle als Erzählgegenstände vorstellbaren Inhalte von Geschichte die formbildenden Strukturen finden; die selber aber einer Veränderung durch Geschichte nicht

8 Was von Schmidts Jahren in Schlesien bekannt ist, stammt wohl ausschließlich von ihm selber. Dies sollte zur Vorsicht anhalten, weil darin Schicksalsfiguren mitkonstruiert sein könnten. Vgl. auch Anm. 21.

9 Vgl. §§ 3 ff. der „Berechnungen", a.a.O., S. 285 ff.

unterliegen. Ein Fronteinsatz mit letalem Ausgang in der Bewegungskurve einer Spirale einwärts dargestellt – dieses Beispiel ist der ersten Tabelle der „Berechnungen" zu entnehmen – könnte noch so sehr als beispielloser Einzelfall dargestellt sein: über seine Form wäre er ein immer wieder vorkommendes vorgangshaftes Stück Weltmathematik. Wie diese Formtheorie mit ihrem wohl unausweichlichen Zug zum systematischen Formprogramm in der geschichtsphilosophischen Konzeption der Welt als leviathanischem Prozeß ihre eigene Voraussetzung hat, kann erst später dargelegt werden; daß Geschichte sich auch hier nicht einfach zu einer Folge immer wieder vorkommender Vorgänge neutralisieren läßt, ist schon der Auswahl der Sujets in den Tabellen abzumerken und unterstreicht nur die historische Bestimmtheit der Theorie. Sie ist Schmidts Beitrag zu einer zugleich von traumatischer Erinnerung an die Irrationalität von Faschismus und der Fetischisierung von messend-rechnender Rationalität gekennzeichneter Nachkriegspoetik. Bemüht Wolfgang Proß in seinem Autorenbuch über Schmidt zum Aufweis von Analogien der geistigen und künstlerischen Haltung neben Goethe als dem Synonym für Selbstzentrierung Arnold Schönberg als Synonym für ethischen und methodischen Rigorismus, dann greift er so weit aus, daß die Analogie historisch unkonkret wird.[10] Methodisierung ästhetischer Produktion ist in der literarischen Moderne des 20. Jahrhunderts nichts so Außergewöhnliches, und Schmidts Bewegungskurven sind mit der Prädisposition des musikalischen Materials bei Schönberg nicht vergleichbar.

Man kann die Historizität der Formtheorie Schmidts aber mittels der Reflexion auf ein historisch paralleles ästhetisches Phänomen noch näher beleuchten. Die abstrakte Malerei, die in den fünfziger Jahren rezipiert wird, entsteht nicht aus Faschismuskritik. Innerhalb der deutschen Situation wächst ihren gegenstandslosen Formen indessen eine sekundäre kritische Funktion gegenüber der Erfahrungswirklichkeit und ihrer ästhetischen Verdoppelung zu, die sie als nachträglichen Einspruch gegen den Nazinaturalismus und seine unterschwelligen Nachwirkungen im kleinbürgerlichen Kunstbewußtsein verstehen läßt. In ihrem Rückgang auf Strukturen unterhalb oder außerhalb der Dingwelt, auf mikrokosmisch Organisches oder auf Geometrisches lebt ein der Schmidtschen

10 Wolfgang Proß: Arno Schmidt. München: Beck/Edition Text + Kritik 1980, S. 10.

Zuordnung von Sujets zu Bewegungskurven verwandter ästhetischer Impetus, und auch in ihr hat die gemeinte oder bloß vermutete Kritik an erfahrener Negativität von Geschichte eine Tendenz zur Neutralisierung oder Ausklammerung von Geschichte überhaupt – in ihr wohl noch sinnfälliger als in der Theorie und Erzählpraxis Schmidts. Denn in ihr werden die gegenstandslosen Formen selbst zum Gegenstand, während bei Schmidt die programmatischen Kurvenmodelle im realistischen Erzähltext so völlig verschwinden, daß sie ihm kaum zu entnehmen wären, gäbe es die veröffentlichten „Berechnungen" nicht. Aber auch die Unterschiede der Formtheorie Schmidts gegenüber den von ihm so bezeichneten „klassischen Erledigungsformen" werden von hier aus deutlicher. Ungebrochenes Erzählen, die große Geste positiver epischer Sinnvermittlung, schon lange vor Schmidt problematisch geworden, muß als Illusion und Lüge erscheinen, möglich nur in Parodieformen wie manchen Kurzgeschichten des heutigen Bändchens „Sommermeteor", also Brotarbeiten, oder den Stürenburganekdoten. In authentischer, der Wirklichkeit entsprechender Prosa setzen sich die Bruchstücke gegen die Fiktion glatten Zusammenhangs durch. Bezeichnet man dies als Rasterstruktur oder Rastertechnik, dann unterstellt man freilich eine technoide Gleichförmigkeit der Teile, die nicht da ist, und verkennt seine apokalyptische Semantik. Schon in den fünfziger Jahren ist gesagt worden, der Mensch Schmidts sei der Mensch nach der Katastrophe, aber das erscheint von heute her eher als flotter Slogan zur Einordnung des Autors in die Literaturszene der eben gegründeten Bundesrepublik. Heute sieht man, daß Schmidt von dieser Szene, von der ganzen sich bildenden Literatur und politischen Kultur der Bundesrepublik eine unaufhebbare, gerade in den Jahren seiner ersten öffentlichen Anerkennungen immer größer werdende Distanz trennte. Als er 1950 mit Umsiedlern aus Cordingen kam, wurde er nach Gau-Bickelheim zwischen Bad Kreuznach und Alzey eingewiesen, dann zog er nach Kastel an der Saar, dann nach Darmstadt; 1958 ging er in die Heide, nach Bargfeld zurück. Oft hat er betont, daß Heide die ihm gemäße Landschaft gewesen sei. Aber die Abfolge seiner Wohnorte beschreibt auch eine Kurve aus Annäherung und Abstoßung, die nicht bloß diese Liebe zur Heide zum Grund hat. Was er aus der Heide mitgebracht hatte und was er schrieb, bevor er in sie zurückging, behauptet allumfassende Katastrophe in Permanenz.

3

Ihre Erscheinungsform ist der Krieg. Um die Besonderheiten seiner Darstellung durch Arno Schmidt wahrzunehmen, muß man sich Hauptzüge seiner Darstellungsgeschichte vor Augen führen. Ob in autobiographischem Bericht oder literarischer Fiktion, trivialer Begeisterung oder tragischem Reflektieren: Krieg ist fester, mythologisch, religiös, politisch, ethnisch rubrizierter Bestandteil des Weltlaufs, noch in seinen Schrecken als förderlicher Faktor ausgegeben. Darin unterscheiden sich nicht Goethe und Ernst Jünger, Konsalik und Detlev von Liliencron. Selten, daß jemand so unmißverständlich nicht nur seine Einbeziehung, sondern schon das geltende Propagiermuster von Krieg zurückweist wie der Schweizer Ulrich Bräker, der, von einem Werber in die preußische Armee gelockt, immer in Gedanken an Desertion, einen Feldgottesdienst des Siebenjährigen Krieges mit dem Kontroverskommentar versieht: ,,Bis hierher hat der Herr geholfen! Diese Worte waren der erste Text unsers Feldpredigers bei Pirna. O ja! dacht' ich, das hat er und wird ferner helfen – und zwar hoffentlich mir in mein Vaterland – denn was gehen mich eure Kriege an?[11] Dennoch berichtet Bräker von der mörderischen Schlacht bei Lobositz in einem Tone physischer und psychischer Unversehrtheit, der an seinem Widerwillen gemessen erstaunlich ist. Er hat zwar Angst, alle haben Angst, die Greuel der zurückgeworfenen preußischen Kavallerieattacke sind ihnen dicht vor Augen: Pferde, die ihren Mann im Stegreif hängend, andre, die ihr Gedärm der Erde nachschleppten,[12] aber das trübt die Übersicht nicht und nicht den Gang des Berichtes. Inmitten tödlicher Bedrohung bleibt der Soldat Bräker in seinem Kern unangefochten; noch die Ungewißheit, ob Rettung möglich sei, rückt in eine Alleeperspektive, die vom Vertrauen auf Gottes Walten gebahnt ist, und dieser Gott ist nicht der des preußischen Feldzugs. Kein Zerstücktsein des Erinnerns, keine Löchrigkeit des Daseins: die der Prosatheorie Schmidts zugrunde liegenden Erlebnisweisen sind hier – aber das betrifft die Darstellung von Krieg über Jahrhunderte – nicht oder noch nicht ausgebildet. Freilich ließe sich geltend machen, daß Davongekommene ihre Erinnerungen fast immer bis zur Schlüssigkeit ineinanderkneten, ferner,

11 Ulrich Bräker: Lebensgeschichte und natürliche Ebenteuer des Armen Mannes im Tockenburg. Stuttgart: Reclam 1965, S. 123.

12 Bräker: a.a.O., S. 130.

daß die Kriege des achtzehnten, vielleicht auch noch des neunzehnten Jahrhunderts, die Begrenztheit ihrer Schlachtfelder, das noch Unfeste nationaler Ideologien und die um so größere Festigkeit des alten Glaubens die Selbstbewahrung des Individuums erleichtern. In jedem Fall erleichtert der alte Glaube die Reflexion über das Verhältnis von Kriegsursachen und Weltregiment. Er kann die Leiden der Opfer von vornherein dessen unterstellter Göttlichkeit überantworten.

Der literarischen Verarbeitung des ersten Weltkriegs stehen solche naiveren Möglichkeiten mentaler Distanzierung nicht mehr zu Gebote. Die Bevölkerungen sind in einem langen Anlauf auf die Unausbleiblichkeit des Krieges vorbereitet; nationale Identifikation hält die Massenheere auch dann zusammen, als der Rausch der Siegesmeldungen verflogen ist; die Technisierung des Krieges, die Abstraktheit seiner Schlachtfelder erlaubt es dem Individuum kaum noch, sich als besondere, herauslösbare Größe zu reflektieren. Auch die literarische Kritik dieses Krieges muß sich, um ihn überhaupt vorstellbar zu machen, auf ideelle und ästhetische Hilfskonstruktionen einlassen, wie sie der amtliche Propagandaapparat benutzt. Die geläufigste ideelle ist die Propagierung der Kameradschaft als positiver Ersatzidentität für die aufgehobene bürgerlich subjektive; sie beansprucht, auch die Vernichtung des Individuums zu überdauern. Die ästhetischen versuchen, die neue Nichtdarstellbarkeit des Krieges durch den Gebrauch konkretisierender, episch Synthesis schaffender Mittel aufzufangen, so durch die Installierung von Handlungs- oder Ablaufsschemen, in denen alles bündig ineinandergreift, in Wahrheit aber der Wille des Autors das Kommando hat. Krieg, wie realistisch auch Einzelheiten geschildert sein mögen, wird zum Sandkasten von Spekulationen über seinen Sinn oder Nichtsinn: das jede Sinnkonzeption auslöschende Entsetzen des eben Verstümmelten, der wirkliche Dreck, die wirkliche Totale des Tötens und Getötetwerdens sind darin nicht anzutreffen. Das ist nicht bloß die Stilisierungsbedingung der Kriegsbücher Jüngers und der gußeisern kriegsheroischen Jugendliteratur der zwanziger und dreißiger Jahre, sondern auch von Remarques Antikriegsroman „Im Westen nichts Neues“, vor allem seiner Hollywood-Verfilmung. Ohne Zweifel wird der Krieg hier wahrer dargestellt; die Reduktion der Subjekte und ihrer Hoffnungshorizonte ist breit ausgemalt, und darauf haben die Faschisten mit Verbot geantwortet. Aber auch bei den unter Zwang in die Schlachten Marschierenden bleibt die ideehaft irrationale Gemeinschaft aus Kameraden intakt; Soldatentypen treten auf, als wären sie aus der Militärklamotte entlehnt; zwischen einem blank ins Leben springenden Anfang und einem vollständigen Ende oszilliert, vom Feldherrnhügel des Autors gesteuert, eine kleine großgemeinte Welt in Form von Lebensläufen in absteigender Linie. Das Problem, ob sich die in einem technisierten Massenkrieg entstehenden Wahrnehmungsstrukturen und -inhalte überhaupt in traditionelle epische Formen fassen lassen, wird zwar für den Leser freigelegt, aber nicht als eigene Formfrage begriffen. Die Krieg darstellende Literatur nach dem zweiten Weltkrieg mutet, nebenbei bemerkt, diesem von Remarques Roman markierten Problem gegenüber fast harmlos an. Manchmal scheint sie daran erinnern zu wollen, daß Kriegsliteratur eine ihrer Wurzeln in der Abenteuergeschichte hat, und auf der anderen Seite vorwegzunehmen, daß die einstmaligen Landser einstmals besetzte Länder noch einmal als Touristen besetzen wollen und dabei topographische Orientierung brauchen. Dazu gehört partiell auch Hans Werner Richters Kriegsepik, so respektabel antimilitaristisch sie einzuschätzen wäre. Für das, was sich bei Schmidt abspielt, ist die Kriegsepik Bölls der produktivere Kontrast. Ich zitiere aus dem Roman „Wo warst du, Adam?" von 1951 einige Passagen.

Das Gepäck wurde nach hinten herausgelegt, ausgerichtet, die Gewehre zusammengesetzt, und als sie wieder stillstanden, müde und hungrig, durstig, wütend und überdrüssig dieses verfluchten Krieges, als sie wieder stillstanden, ging ein schmales, rassiges Gesicht an ihnen vorbei: das war der Oberst, blaß, mit harten Augen, zusammengekniffenen Lippen und einer langen Nase. Es erschien ihnen allen selbstverständlich, daß der Kragen unter diesem Gesicht mit dem Kreuz geschmückt war. Aber auch dieses Gesicht gefiel ihnen nicht. Der Oberst nahm die Ecken gerade, ging langsam und fest, ließ kein Augenpaar aus, und als er zuletzt in die offene Flanke einschwenkte, mit einem kleinen Schwanz von Offizieren, da wußten sie alle, daß er etwas sagen würde, und sie dachten alle, daß sie gern etwas trinken möchten, trinken, auch essen oder schlafen oder eine Zigarette rauchen. „Kameraden", sagte die Stimme hell und klar, „Kameraden, ich begrüße euch. Es gibt nicht viel zu sagen, nur eins: wir müssen sie jagen, diese Schlappohren, jagen in ihre Steppe zurück. Versteht ihr?"

Die Stimme machte eine Pause, und das Schweigen in dieser Pause war peinlich, fast tödlich, und sie sahen alle, daß die Sonne schon ganz rot war, dunkelrot, und der tödliche, rote Glanz schien sich in dem Kreuz am Halse des Obersten zu fangen, ganz allein in diesen vier glänzenden Balken, und sie sahen jetzt erst, daß das Kreuz noch verziert war, mit Eichenlaub, das sie Gemüse nannten.

Der Oberst hatte Gemüse am Hals.
,,Ob ihr versteht?" schrie die Stimme, und sie überschlug sich jetzt.
,,Jawohl", riefen ein paar, aber die Stimmen waren heiser, müde und gleichgültig.
,,Ob ihr versteht, frage ich?" schrie die Stimme wieder, und sie überschlug sich so sehr, daß sie in den Himmel zu steigen schien, schnell, allzu schnell, wie eine verrückt gewordene Lerche, die sich einen Stern zum Futter pflücken will.
,,Jawohl", riefen ein paar mehr, aber nicht viele, und auch die, die schrien, waren müde, heiser, gleichgültig, und nichts an der Stimme dieses Mannes konnte ihren Durst stillen, ihren Hunger nehmen und die Lust auf eine Zigarette.
Der Oberst schlug wütend mit seiner Gerte in die Luft, sie hörten etwas, das wie ‚Mistbande' klang, und er ging mit sehr schnellen Schritten nach hinten weg, gefolgt von seinem Adjutanten, einem langen jungen Oberleutnant, der viel zu lang war, viel zu jung auch, um ihnen leid zu tun.
Immer noch stand die Sonne am Himmel, genau über den Dächern, ein glühendes Eisenei, das über die flachen weißen Dächer zu rollen schien, und der Himmel war grau gebrannt, fast weiß, schlapp hing das magere Laub von den Bäumen, als sie weitermarschierten, nun endlich östlich, durch die Vorstadt, an Hütten vorbei, über Kopfsteinpflaster, vorbei an Baracken von Lumpenhändlern, einem völlig deplacierten Block moderner, dreckiger Mietskasernen, Abfallgruben, durch Gärten, in denen Melonen faul am Boden lagen, pralle Tomaten an großen Stauden hingen, staubbedeckt, an viel zu großen Stauden, die ihnen fremd vorkamen. Fremd waren auch die Maisfelder mit ihren dicken Kolben, an denen Scharen schwarzer Vögel herumpickten, die träge aufflogen, als ihr müder Tritt sich näherte, Wolken von Vögeln, die zögernd in der Luft schwebten, sich dann niederließen und weiterpickten.
Nun waren sie nur noch fünfunddreißig mal drei Mann, ein müder Zug, staubbedeckt, mit wunden Füßen, schwitzenden Gesichtern, an der Spitze ein Oberleutnant, dem der Überdruß auf dem Gesicht stand. Schon als er das Kommando übernahm, hatten sie gewußt, was für einer er war. Er hatte sie nur angeblickt, und in seinen Augen lasen sie es, obwohl sie müde waren, durstig, durstig, sie lasen es: ,,Scheiße", sagte sein Blick, ,,nichts als Scheiße, aber wir können nichts machen." Und dann sagte seine Stimme mit betonter Gleichgültigkeit, alle üblichen Kommandos verachtend: ,,Los".[13]

Es gibt mehrere Gründe, warum solches Erzählen trotz seiner redlichen Absicht, das wahre Gesicht des Krieges zu zeigen, falsch wird. Es arbeitet mit fatalen Schablonen, harten Augen, zusammengekniffenen Lippen, einer offenbar negativ veranschlagten langen Nase, überhaupt einem Katalog von Stereotypen, der eher im Milieu von Serienromanen zu suchen wäre. Es trägt so dick Stimmung auf und erfindet so unglückliche Metaphern, daß die ganze sinnlich gegenständliche Realität bis zum gestirnten Himmel hinauf als allzu

13 Heinrich Böll: Romane und Erzählungen 1. 1947–1951. Köln: Kiepenheuer & Witsch, o. J., S. 309–311.

billige Projektionsfläche für rechtschaffene militärische Unlust erscheint. Keinem Schreibeleven könnte man das durchgehen lassen: man sieht, ein wie schlechter Schriftsteller Böll in seinen Anfängen gewesen ist. Im Grunde läßt er den Krieg auf einen affektiven Gegensatz zwischen müden Mannschaften und fanatischen oder passiven Offizieren zusammenschrumpfen, eine der Varianten, den einfachen Soldaten nachträglich so weit wie möglich zu exkulpieren. Ähnliches geschieht bei Richter und anderen Autoren. Es bezeugt nicht mehr als pathetisch gewendetes biblisch-humanistisches Bildungsbewußtsein, wenn im Romantitel Adam zitiert wird.

Schmidts Erzählung ,,Leviathan oder die Beste der Welten" erschien 1949, zwei Jahre vor Bölls Roman. Auch der Name Leviathan klingt wie ein geschmäcklerischer Appell an dasselbe Bildungsbewußtsein, an das sich Bölls Titel wendet. Altes Testament, Buch Hiob, Buch Jesaja: das Ungeheuer aus dem Meere. Appelle dieser Art finden sich in der Nachkriegsliteratur immer wieder; sie sollen nicht nur arabeskenhaft eine Bildungswelt anzusprechen versuchen, die die faschistische Kulturpolitik hatte verdrängen wollen, sondern auch einen Rahmen einfacher mythologischer oder heilsgeschichtlicher Bezüge angeben, in dem der jeweilige Text zu verstehen ist. Nicht so hier: wiewohl Schmidt seinen Hiob gekannt hat, ist sein Titelname Leviathan erst durch apokalyptische Geheimlehren, Naturphilosophie, Staatstheorie und Symbolwissenschaft gegangen, ehe er in dieser Erzählung anlangt. Aber das erschließt sich erst bei der Lektüre. Ein Haufen Versprengter, Männer, Frauen, Kinder, der Berichter ein Unteroffizier mit Marschbefehl nach Ratzeburg, versucht mit einer Lokomotive und ein paar Wagen, aus einer unter Artilleriefeuer liegenden schlesischen Stadt zu entkommen; die Fahrt muß immer wieder unterbrochen werden, immer weiter wird die Gruppe durch Granaten, Krankheit, einen Fliegerangriff dezimiert. Ein Ausschnitt lautet:

Ich klomm die Südböschung hinauf und in den niedrigen grauen Tag (noch immer dünn und gleichmäßig bewölkt, aber schon wesentlich kälter). Im Norden, gar nicht so weit von uns, spritzte erdiger Schnee von den Einschlägen leichter Artillerie. Ich schrie den Heizer an: er sollte das ewige Dampfablassen mal stoppen, aber er zuckte nur die Achseln. Plötzlich kamen die Dreckfontänen sprunghaft näher; setzten über uns, wichen zurück; es pfiff in den Lüften wie tausend Schufte. Ich grölte entsetzt alle zusammen (wie langsam sie kamen), und der Russe schoß sich auf den Zug ein. Ich rief ihnen zu, seitlich auszuweichen, nicht etwa unter der Flugbahn hin- und herzulaufen. Anne kam sofort zu mir gerannt (geschmeidig und sportlich wie früher) und warf den Kopf neben mir auf die Kiesel. Auch die Soldaten krochen an, ihre Mutter, der Alte. Schwarze Punkte glitten aus einem fernen Waldstück – Panzer! – und auf einmal war ein vögelchenfeines heiteres Piepen über uns; ich schob ihren Kopf hinunter und kreischte zum langsam herbeibalancierenden Pfaffen: „Hinlegen!!" 100 Meter rechts von uns, wo der verfluchte Spirituskocher dampfte, stachen zwei mannslange schwarzrote Flammen aus den Kiefernkronen; und wieder „Huiii – Ua!" Und wieder. Eisen tönte unten im Hohlweg; schwere Lasten. Ich fragte keuchend: „Wissen Sie noch – Görlitz. Die kühle Bahnhofshalle. An Sommermorgen." Sie nickte gleichmütig, und ich schob mich flach an einen Busch, und hob die bebrillten Augen über den Rand. It cracked and growled and roared and howled. Aber nicht nur wir hier, sondern auch die Tanks schienen unter heftigem Beschuß zu liegen (Anne war schon neben mir und ihr Marlene-Dietrich-Profil verstörte mich wieder in selige Knechtschaft). Noch einmal klatschte einer eine hysterische MG-Salve in die Baumstämme, dann drehten sie ab und raupten wieder ins Wäldchen. Wir rannten sofort geduckt hinter der Böschung zurück: da war der Boden rot; rot, ach. Einer der alten Bauern saß stumpf und hielt den tropfenden schlenkernden Arm. Und eins der Kinder war fast völlig zerrissen von zwei Riesensplittern, Hals und Schultern, alles. Die Mutter hielt noch immer den Kopf und sah wie verwundert in die fette karminene Lache. Das kranke Ding aß alten Schnee vor Hunger und Durst; ich klopfte ihm ein bißchen die Hände; es hat ja doch keinen Sinn, ich hatte auch nichts zu essen. Dem alten Briefmarkenstempler wurde fast schlecht: „Ist denn das möglich –", flüsterte er und würgte am Speichel. Der Pfarrer tröstete die weinende Frau; er meinte: „Der Herr hat's gegeben; der Herr hat's genommen –" und, hol's der Teufel, der Feigling und Byzantiner setzte hinzu: „Der Name des Herrn sei gelobt!"[14]

Das steht in einer der längeren zusammenhängenden Berichtspartien. Über den Bölls Roman weit zurücklassenden Rang dieser Prosa braucht man kein Wort zu verlieren, ebenso nicht über die pointierende Härte ihres Realismus. Als Substruktur zeigt der Text schon die Form des beschädigten Tagesmosaiks, die wenige Jahre später theoretisch begründet wird; ja die Formidee des ganzen Stückes basiert darauf insofern, als sie den Bericht des Ausbruchsversuchs aus fliegend niedergeschriebenen Notizen des Unteroffiziers zusammengesetzt denkt. Scheinbar überdrehte Wirklichkeitstreue: die Fahrt spielt sich ab auf der Bahnstrecke Lauban-Görlitz; sie beginnt am 14. Februar 1945, dem Tage der dritten Bombardierung Dresdens, und endet am 16. Februar auf der zerschossenen Brücke über die Lausitzer Neiße, dort, wo jetzt die Grenze zwischen Polen und der DDR verläuft. Eisiger Nebel, blicklose Tiefe: die Übrigbleibenden, der Unteroffizier und das Mädchen aus seinen Jugendtagen, können nur noch hinabspringen. Letzte Notiz, „En-

14 A. S.: Leviathan. Frankfurt: Suhrkamp 1965 (= Bibliothek Suhrkamp), S. 58–60.

de“ überschrieben: „Wir werden in die grobrote bereifte Tür treten. Goldig geschleiert wird die Teufels-Winter-Sonne lauern, weißrosa und ballkalt. Sie [Anne] wird das Kinn vorschieben und bengelhaft den Mund spitzen, die Hüften zum Schwung heben. Starr werde ich den Arm um sie legen. / Da schlenkere ich das Heft voran: flieg, Fetzen.“[15] Ein Rotarmist, läßt sich einem ironisch den Aufzeichnungen vorausgehenden Brief entnehmen, hat es gefunden und gegen Zigaretten einem GI vermacht, der es mit Uhren und Armringen an Betty Dear in die Staaten schickt. Noch verstehen sich die Sieger über der kleinen Beute.

Aber die Hauptsache dieser Erzählung sind nicht die Vorgänge, sondern das in sie eingesprengte den Leviathan betreffende lange Gespräch. Es ist das erste der großen Reflexionsgespräche Schmidts und das bedeutendste insofern, als es Linien auszieht, auf denen sich von da an das Raisonnement vieler seiner Figuren: der Schriftsteller, Privatgelehrten und sonstigen Intellektuellen bewegt, die er als mehr oder weniger deutliche Projektionen seiner selbst, entfernte Vettern auch der theologischen Kandidaten aus naturalistischen Dramen, in seine Prosa hineinschickt, damit sie dort niedere oder gehobenere philosophische Skepsis verbreiten. Auch der bebrillte Unteroffizier ist einer von ihnen; das Gespräch, das sich über ihn in den vereisten Waggons anspinnt, betreibt die Erklärung des Grundes der Leiden der in ihnen zusammengepferchten Menschen, der Schrecken des ganzen Krieges, aller Kriege, der ganzen Weltgeschichte, des Universums bis hin zu seinem Ursprung. Im Anfang war ein ungeteilter Dämon; indem er sich teilte, aus sich herausging, explodierte, entstanden Raum und Zeit; alles was seitdem war und ist, auch die Menschen und ihre Machtgebilde, ist dieser Dämon in seiner prozeßhaft universalen Zerteilung, substantiell böse.[16] Religionshistoriker bedürften, vorausgesetzt sie wären Schmidt-Leser, gar nicht der zitierten antiken und neueren Namen, der vielen Anspielungen und eindeutigen Begriffe, um diese Kosmologie als Kompilation von zeitgenössischen physikalischen Theorien und gnostizistischen Überlieferungen zu durchschauen. Ihre Besonderheit liegt darin – aber das wäre auch innerhalb dieser Überlieferungen nichts Singuläres –, daß sie nicht bloß das Resultat des Entäußerungsvorgangs des ursprünglich Einen, sondern schon dieses anfänglich Eine als negatives,

15 Leviathan: a.a.O., S. 80.
16 Leviathan: a.a.O., S. 68 passim.

gegengöttliches setzt und mit Materie oder, wie es im Text auch heißt, mit Natur identifiziert: schon deshalb die höhnischen Ausfälle gegen die Schießbudenfigur des Pfarrers als des Trägers der christlichen Lehre vom Schöpfergott und seiner guten Schöpfung. Schmidt offenbart sich als einer der Autoren der deutschen bürgerlichen Moderne, die den von der Romantik vermittelten Gnostizismus als Möglichkeit nutzen, sich die kollektiven Katastrophen dieses Jahrhunderts in kosmische, irdische Erklärbarkeit und Verantwortung übersteigende Prozesse umzudeuten, sei es auch, wie hier, um den Preis totaler Einbuße geschichtstheoretischen Sinns. Vielleicht sind schon die antiken Ausprägungen des Gnostizismus individuell anpaßbare Krisenideologie gewesen; in seinen romantischen, bis in das Fragment und die poetische Floskel hinabreichenden Manifestationen scheiden sich deutlich politisch konservativere Exempel, wie bei Novalis, von radikaleren, wie bei E.T.A. Hoffmann: hier, bei Schmidt, dient er nicht nur dazu, den Krieg als dämonisch fremden Vorgang zu denunzieren, sondern im Grunde alle naturale und soziale Wirklichkeit abzuwehren. Es ist die ,,Teufels-Winter-Sonne", die auf das übriggebliebene Paar auf der zerschossenen Brücke, einen finalen Adam und eine finale Eva, lauert. Die Frage, woher innerhalb des leviathanischen Prozesses dann die Kraft stammen soll, die ihn beim Namen nennt und ihm nicht angehört, läßt sich aus dem Text nicht beantworten. Dort, wo in gnostizistischen Spekulationen gewöhnlich der Topos der in der materiellen, gottfernen Welt eingeschlossenen Licht- oder Geistfunken und ihrer erstrebten Rückkehr zum Ureinen seinen Platz hat, klafft eine Lücke. Es ist zwar vom Pulsieren des Dämons und seiner Endlichkeit die Rede, aber solange er pulsiert, könnte es wohl das Gute oder die Guten nicht geben. Dennoch wird unvermittelt auch hier von ,,guten Geistern" gesprochen, die der Leviathan zu seiner Korrektur bedürfe, später von Jane Leades Absicht einer magisch veranstalteten paradiesischen Erneuerung der Natur[17], und daß die skeptisch gegen die Wirklichkeit anraunzenden Intellektuellen aus Schmidts Kabinett stehender Charaktere keine Leviathanspartikel sein sollen, wird man zubilligen. Ernst Jünger, um ein Parallel- und Kontrastbeispiel zu nennen, verfährt innerhalb eines zumindest ebenso bunten neuplatonistischen Eklektizismus systematischer. Auch bei ihm ist Krieg unabwendbar, aber dem

17 Leviathan: a.a.O., S. 74f. und 80.

Krieg wird ein Weltplan hinter der sichtbaren Welt vorgeordnet, der ihn als notwendige Form der Bewegung der Welt auf ein noch unbekanntes Ziel hin erscheinen läßt. So können die Toten leicht zu Opfern mystifiziert werden. Aber das Individuum löst sich hier ohnehin im Tod in das Ureine auf, und in seinen Träumen wie im Erforschen der Natur, vorausgesetzt es ist ein dazu fähiges, befindet es sich schon immer auf dem Wege der Weisheit über das empirisch Sichtbare hinaus – selbst im Augenblick des Kampfes, des gegenseitigen Abschlachtens von Menschen, betrachtet es potentiell den Kampf als Schauspiel und produziert Kriegsmetaphysik. Schmidt hätte auch dies noch als pastoralen Byzantinismus abfertigen müssen: so differenziert sich innerhalb derselben Denkform der Militärmystizist vom unerbittlichen Antimilitaristen. Für Jüngers geistige Wege aus den Schrecken der Erfahrungswelt scheint es bei Schmidt in der Fixierung auf Mathematik und Physik, Astronomie und Vermessungswesen freilich eine Entsprechung zu geben. Sie sind antileviathanische Exerzitien. Aber diese ihre Funktion – und das gilt auch für die „Berechnungen" – wird erst auf dem Grunde der Lehre vom Leviathan erkennbar.

4

Es gibt keine Anzeichen, daß sie jemals revidiert worden ist. Wie sich durch das ganze Werk, die Grenzen zwischen den einzelnen Titeln aufhebend, die lange Reihe der aus dem Zettelkasten gesprungenen Mondmetaphern zieht, geht von dieser Erzählung eine die Werkgrenzen aufhebende Reihe von Zitationen des Namens Leviathan und sich wiederholender leviathanischer Motive aus. Das Gespräch über den Leviathan ist kein bloßes literarisches Spielmodell, wie es die von Jost Hermand vorgeführten historisch gleichzeitigen Katastrophen- und Untergangsvisionen sind – ihre Autoren haben sich mit steigendem Nachkriegssozialprodukt neuen Konjunkturen zugewandt –, sondern eine der literarischen Erfindung vorausgehende, erst danach literarisch eingekleidete Theorie der Welt.[18] So sehr für den kritischen Leser auch die sek-

18 Jost Hermand: Unbewältigte Vergangenheit. Westdeutsche Utopien nach 1945. – In: Hermand, Peitsch, Scherpe (Hrsg.): Nachkriegsliteratur in Westdeutschland 1945–1949. Schreibweisen, Gattungen, Institutionen. Berlin: Argument Verlag 1982 (= Literatur im historischen Prozeß N.F. 3),

tiererisch mythologischen Züge den theoretischen Anspruch überwuchern mögen: abmarkten lassen hätte ihn sich Schmidt nicht. Er hätte wohl nur zugestanden, daß er für die Anfänglichkeit des Bösen ein über Jahrtausende tradiertes biblisches Namensbild benutzt habe. Vielleicht nicht unwichtig, daß seine Familie aus einer Ecke Schlesiens stammt, in der besonders großer Leidensdruck religiös-spekulative Traditionen besonders zäh hatte überleben lassen. Jakob Böhme stammt aus derselben Gegend. Der Jury der Mainzer Akademie für Sprache und Dichtung erschien jedenfalls 1950 die Erzählung „Leviathan oder die Beste der Welten" gerade unter dem Kriterium der Bewahrung von Traditionen preiswürdig, wenn auch nur zu einem Fünftel des Preises. Die vier anderen ausgezeichneten Autoren waren Werner Helwig, Hans Hennecke, Oda Schaefer und Heinrich Schirmbeck, Schriftsteller harmloseren Ranges, aber betont antimodernistischen Charakters, einig im Mißtrauen gegen Technik und Rationalität – hier war Schmidt offenbar unter das falsche Rubrum geraten. Nichts hätte ihm ferner gelegen als das Aufbieten irgendeines humanen Alten Wahren gegen die Verderbtheit der Gegenwart. Dennoch war das die Zeit der größten Annäherung an die neue offizielle, den Faschismus humanistisch oder religiös wegredende Nachkriegskultur. Cordingen und die Heide waren verlassen, die literarische Szene öffnete sich; Umfang und Schnelligkeit der Produktion bezeugen einen starken Produktivitätsdruck. Aber die Lehre vom Leviathan wird nicht nur aufrechterhalten, sie hat politische und ästhetische Konsequenzen.

Die erste politische Konsequenz liegt darin, daß eine Anpassung an Wiederaufbauoptimismus und Wiedergutmachungspathos nicht stattfindet. Registriert wird die anwachsende Gegnerschaft zwischen den Siegermächten USA und Sowjetunion; ihre mit allen Kniffen der Groteske arbeitende Fortspinnung in der 1957 erschienenen „Gelehrtenrepublik" und den Mondkapiteln von „KAFF auch Mare Crisium" darf nicht darüber hinwegtäuschen, daß es sich um negative Prognostik handelt. Auf den katastrophischen Fortgang der Geschichte spielt noch das Spätwerk immer wieder an. Die Wiederbewaffnung macht dann die staatsbürgerliche Identifikation mit der Bundesrepublik für immer unmöglich. Bezieht

S. 102–128. Hermands Aufsatz ist als Vortrag im Rahmen der Marburger Ringvorlesung gehalten worden.

man ein, was Wilhelm Michels von den Lebensumständen Schmidts in den fünfziger Jahren berichtet: krasses materielles Elend,[19] dann markiert diese unübersehbare Differenz von allem, was im Interesse des eigenen Fortkommens damals für gut zu halten notwendig schien, die Entschlossenheit, keinesfalls durch Preisgabe politischer Wahrheit zu reüssieren. Zweifellos hat dieses deutlich ablesbare Moment die Bildung der frühen Gemeinde von Anhängern gefördert. Die ästhetische Konsequenz besteht in der Suche nach Ausdrucksmitteln, die das leviathanische Wesen der Realität sinnfälliger machen könnten als der zwar sinnlich genaue, intensive, aber doch bloß dem Programm einer unheroischen Darstellung des Krieges folgende Sprachrealismus der Erzählung von 1949. Als Muster gefunden werden bestimmte Formen der Sprachbehandlung und der sprachlichen Ausbildung von Pantheismen im Expressionismus. Auch dazu scheint es wie für die spätere Rolle von Mathematik, Physik und Astronomie eine lebensgeschichtlich frühe Antizipation zu geben: Wolfgang Proß führt in seiner „Zeittafel zu Leben und Werk" unter dem Jahr 1933 die Aufnahme des Studiums der Mathematik und Astronomie und das vorhergehende Abitur an, bei dem Schmidt, laut eigenem Zeugnis, den Expressionismus preisend um eine Eins in Deutsch gebracht worden sei.[20] Das ist möglich, aber nicht wahrscheinlich; für das bald abgebrochene Breslauer Studium gibt es bis jetzt überhaupt keinen Beleg.[21] Wahrscheinlicher ist, daß die Anregung durch Expressionismus ungeachtet früherer Lektüre aus den Nachkriegsjahren datiert, in denen einige der emigrierten oder längst toten Expressionisten für kurze Zeit zu Objekten warmherziger literarhistorischer Wiedergutmachung wurden. Am Ende haben, wie bekannt, nur die Antiquare davon profitiert; die Lyriker nutzten andere Anknüpfungsmöglichkeiten. Auch in seiner produktiven Aneignung des Expressionismus bleibt Schmidt also, was schon die Anekdote vom Abitur nahelegen soll, ein Einzelgänger; von ihm selber verstärkt wird der

19 Nach einem Video-Interview des Verfassers mit Wilhelm Michels in der Videothek des Instituts für Neuere deutsche Literatur Marburg.

20 Wolfgang Proß: a.a.O., S. 192.

21 Nach Mitteilung von Prof. Dr. Marian Szyrocki, Direktor des Instituts für Germanische Philologie der Universität Wrocław, hat sich eine Eintragung Arno Schmidts in den Breslauer Matrikeln nicht finden lassen. Er könnte danach allenfalls Gasthörer gewesen sein – Gasthörer sind in Breslau im jeweiligen Institut registriert worden –, aber das wäre mit der gängigen Darstellung des Studierversuchs kaum in Einklang zu bringen.

darin liegende Affekt durch die Nennung des Einzelgängers August Stramm als Anreger – eine der vielen Beifälligkeiten zugunsten Verkannter und Vergessener. Stramm dürfte dann aber nicht nur als Anreger sprachmanieristischer Experimente wirksam geworden sein, etwa der willentlichen Nichtachtung von Bildungs- und Gebrauchsnormen, sondern auch als Vorläufer in der Darstellung löchrigen Daseins; nicht formtheoretisch, sondern als Verfasser von Kriegsgedichten. Ich gebe dazu ein Beispiel.[22]

Feuertaufe

Der Körper schrumpft den weiten Rock
Der Kopf verkriecht die Beine
Erschrecken
Würgt die Flinte
Ängste
Knattern
Knattern schrillen
Knattern hieben
Knattern stolpern
Knattern
Übertaumeln
Gelle
Wut.
Der Blick
Spitzt
Zisch
Die Hände spannen klaren.
Das Trotzen ladet.
Wollen äugt
Und
Stahler Blick
Schnellt
Streck
Das
Schicksal.

Es ist nicht das stärkste der Kriegsgedichte Stramms, aber der plötzlich falsch bündige, abstrakt idealistische Aufschwung am Schluß lenkt den Blick auf die Verstörung vorher. Das Gedicht probiert Unmögliches: der Sprache zugleich die äußerste Reduktion des Subjekts und die Simultaneität quasi verselbständigter

22 August Stramm: Das Werk. Wiesbaden: Limes Verlag 1963, S. 82. Stramm wäre freilich nicht der einzige Anreger aus dem deutschen Expressionismus.

schärfster Sinneseindrücke abzunötigen. Es mißlingt, aber es zehrt weniger an der Wahrheit des Krieges als alle auf grammatisch-stilistische Akkuratesse bedachten historisch gleichzeitigen Kriegsdarstellungen. Läßt sich moderner Krieg, läßt der massierte Einsatz von Explosivstoffen mit dem Ziel, soviel Leben wie möglich auf einen Schlag zu vernichten oder zu verstümmeln, sich im Bewußtsein von Betroffenen überhaupt noch mit sprachlogisch oder sprachästhetisch normalen Mitteln ausdrücken: dies ist die Frage, die Schmidt, soweit sie nicht eigenen Kriegserfahrungen entsprungen war, aus Stramm abgeleitet haben muß. Er reagiert darauf mit der Schilderung einer leviathanischen Katastrophe, die durch Kumulation grell expressiver und absurder Elemente schon die Möglichkeit sprachlichen Gewöhntseins aufbrechen und Stramms Sturmangriffe, ja alle bekannten Schreckensbilder der Literatur weit überbieten will. Es ist die Schilderung des Bombardements einer Munitionsanstalt bei Cordingen, enthalten im Kurzroman „Aus dem Leben eines Fauns".

Keines der starken Werke Schmidts. Es fingiert zeitkritisch-sarkastische Aufzeichungen eines in Cordingen wohnenden, in Fallingbostel arbeitenden Landratsamtsangestellten aus den Jahren 1939 und 1944, gerät dabei aber in die Gefahr, in die auch andere kritische Rekonstruktionen des Lebens unter dem Faschismus geraten sind: allzu treffsichere Prophezeiungen des schlimmen Endes zu sein. Siegfried Lenz oder Walter Kempowski können kollegial grüßen lassen. Unverzeihliche Schluderei des Meisters, daß die Frauen schon Nylons tragen und als Summe der Erdbevölkerung die Zahl von 1950 angegeben ist, der Zeit, als der Roman geschrieben wurde. Immerhin wird der Konzeption vom Leviathan ein Motiv eingefügt, das Widerstand symbolisiert und den späteren eigenen Rückzug in die Heide in wildem Gedankenspiel von einem Ausbruch aus Amt und pseudobürgerlichem Leben vorausnimmt. Der Angestelle, eine dem Autor wiederum ähnliche Figur, Widergänger des Unteroffiziers, spekuliert mit der Desertion in Sumpf- und Heidewildnis als Faun, der sich von da an nur noch Frauen zeigt. Auch das würde unter die harte Kritik Hermands an den neuen Wald- und Wiesenrobinsonaden fallen, aber es hat für sich, daß mit fortschreitenden fünfziger Jahren eine Solidargemeinschaft, aus der niemand mehr als Robinson sich auszusondern trachtet, als konkrete Utopie und Kriterium eigenen Handelns immer weniger vorstellbar wurde. Die folgenden Bruchstücke aus dem fotoalbumartig angelegten Mosaik der Bomlitzer Katastrophe lassen erkennen, daß Schmidt bei seiner Übernahme expressionistischer Ausdruckscharaktere nichts so sehr meidet wie den hohen Ton; er forciert das schon bei Stramm bemerkbare Aufladen der Objektwelt mit einem zweiten, satanisch rumorenden Leben und läßt auf der anderen Seite den Zug zur paradox kalten, bis ins scheinbar Schnoddrige, Zynische gehenden, hier und da gespielt ordinären Registrierung immer stärker werden. Es ist wieder die Möglichkeit christlicher Rezeption der Katastrophe, die durchkreuzt werden soll.[23]

[S. 147:] *„Sie greifen die Eibia an!!“* der alte Evers gellte und zitterte wie ein schwarzer Mantel, ich griff in Käthenes und wir galoppierten schon, technische Nothilfe, hinter dem Wind in jene düstere Richtung, mit klatschenden Sohlen, über Zäune flankend; zwei Krähen rasselten entlang; eine wandte sich und schrie mich an: Kärll!! Kärll!!

Es ruckte und pochte wieder, und die Häuser fern lach- [S. 148:] ten hell und irrsinnig aus allen zerklirrenden Gläsern. Die Nachtze klatschte in die donnernden Fäuste, Explosine, und unzählige Knalle haschten um den Horizont. (Die Blitze hackten heute von unten nach oben; und jeder donnerte jupitern genug, wie er in seiner entsetzten Wolke verschwand!).

Die lange Straße zuckte. Ein Baum wies mit mastigem Finger auf uns, taumelte mehr, und schloß den Zweigkäfig hinter uns. Wir klettern über die rotkarierte Erde, durch flammengefütterte Ruinen, kauten mit Kiefern das rauchige Luftgelee, das Getümmel der Lichter stießen wir mit Handplatten beiseite, und unsere Füße taperten vor uns her, in quergeschnürten Schuhen, dicht umeinander. Die Lichthiebe zerkeilten unsere Fronten bis zur Unkenntlichkeit; der Donner kelterte Poren und Drüsen, und füllte den offenen Mund mit Knebellawinen: dann häckselten uns wieder die massigen Klingen.

[S. 149:] *Der Himmel erhielt die Gestalt einer Säge,* die Erde ein roter lebhafter Teich.

Und schwarze zappelnde Menschenfische: ein Mädchen mit nacktem Oberkörper sprengte kekkernd heran, [S. 150:] und die Haut hing ihr um die verschrumpften Brüste als Spitzenkrausen;

23 A. S.: Aus dem Leben eines Fauns. Frankfurt: Fischer Taschenbuch Verlag (= Fischer Taschenbuch 1366), Seitenzahlen wie angegegeben.

aus den Achseln wehten ihr die Arme hinterher wie zwei weiße Leinenbänder. Die roten Wischlappen am Himmel schrubbten polternd Blut. Ein langer Plattenwagen voll gekochter und gebackener Menschen schwebte auf Gummirädern lautlos vorbei. Immer wieder erfaßten uns luftige Riesenhände, hoben uns an und warfen uns. Unsichtbare rempelten uns aneinander, bis wir vor Schweiß und Ermattung zitterten (mein schönes schwitzendes Stinkmädchen: komm doch weg!)

Ein vergrabener Spiritustank rüttelte sich frei, rollte sich auf wie Marienglas auf heißer Hand, und zerging in einen Halemaumau (aus dem Feuerbäche gossen: ein Polizist gebot bestürzt dem rechten davon Einhalt und verdampfte im Dienst). Eine fette Wolkige richtete sich am Magazin auf, blähte den Kugelbauch und rülpste einen Tortenkopf hoch, lachte kehlig: o wat!, und knotete kollernd Arme und Beine durcheinander, wandte sich steatopyg her, und fortzte ganze Garben von heißen Eisenrohren aus, endlos, die Könnerin, daß die Sträucher bei uns knixten und plapperten.

Eine glühende Leiche fiel schmachtend vor mir auf die Kniee, und brachte ihr qualmendes Ständchen; ein Arm flackerte noch und schmorte keck: mitten aus der Luft war sie gekommen, ,,Vom Himmel hoch", die Marienerscheinung. (Die Welt war überhaupt voll davon: wenn wieder ein Dach hochklappte, schossen sie von den Simsen wie Taucher, gehelmt oder mit nacktem Haar, flogen ein bißchen, und platzten unten wie Tüten. In Gottes Bubenhand!)

Man wird sagen dürfen, daß Schmidt seine ungewöhnliche Verfügungsmacht über Sprache an der Thematik der Extremsituation erarbeitet hat; von ihr sind die entscheidenden Anreize zu seiner Stilbildung ausgegangen. Eine Zeitlang muß er Katastrophen gesammelt haben, ohne sie zu sortieren nach Natur und Geschichte: auch der Leviathan umfaßt beides. In den ,,Berichten aus der Nicht-Unendlichkeit", das heißt der Endlichkeit des Leviathan, macht er aus dem Ausbruch des Sundastraßenvulkans Krakatau von 1883, einer dank den neuen Nachrichtentechniken den ganzen Erdball in Schrecken versetzenden urweltlichen Eruption, eine Radio-Collage; den kochenden Lavasee Halemaumau auf Hawaii nutzt er, wie in den Textbruchstücken aus ,,Faun" zu lesen, als satanische Metapher. Von dem sonst geschmähten Adalbert Stifter läßt er den Bericht vom Eisregen aus der „Mappe meines Urgroßvaters“ gelten; aus Heinrich Albert Oppermanns Roman „Hundert Jahre“ zitiert er breit die Schilderung eines Eisgangs auf der Weser, ebenso breit aus Leopold Schefers „Waldbrand“.[24] Die vor 1950 geschriebenen, aber in das Jahr 1960 verlegten „Schwarzen Spiegel“ setzen einen 1955 geführten Atomkrieg voraus, der das Leben in Europa bis auf geringe, sozusagen biblische Reste – es treten auf ein Mann und eine Frau – vernichtet hat; in der „Gelehrtenrepublik“ ist ein großer Teil Nordamerikas verstrahlt und Euroasien ausgelöscht, in den Mondphantasien von „KAFF“ die ganze Erde nach wechselseitigem Abwurf von Atombomben unbewohnbar – die Vision der atomaren Katastrophe reicht hinein bis in das Spätwerk. Wäre das alles der intellektualistischen Untergangsmode zwischen den vierziger und fünfziger Jahren verdankt, dann hätte sie bei Schmidt besonders hartnäckig überlebt; gehörte es zu den ständigen Selbstwiederholungen, die die konservative Kritik, so Marcel Reich-Ranicki, moniert hat, dann brauchte es nicht schon Einfallsarmut zu belegen. Das Andauern des Schreckens und der Schreckensdrohung ist Schmidts Grundthema; es wird unterschiedlich konkretisiert, aber die Existenz und der wiederholbare Einsatz der Atombombe sind die thematische Dominante; der kalte Krieg ein jederzeit in einen heißen umschlagbarer. Erst heute, nach dem Ende der saturierteren, auch über Schmidts groteske Katastrophenmahnbilder rasch zu Geschäften hinweggegangenen Nachkriegsjahrzehnte, in der Zeit des Fulda Gap und anderer atomarer Planspiele, kann man das fortdauernd Triftige dieser Thematik erkennen, und dabei ist die philosophische oder naturwissenschaftliche Stichhaltigkeit der Lehre vom Leviathan unerheblich. Sie tangiert auch nicht die politische Reichweite und Treffsicherheit der Raisonnements, die aus fundamentaler Opposition heraus unmittelbar politisch ansetzen.

5

Systematisiert sind sie bis jetzt nicht: ihrer aphoristischen Verstreutheit entsprach ein langanhaltendes Desinteresse der Leser. Wie weit auf sie gegründete Urteile über Schmidts politische An-

24 Vgl. die Radio-Essays „Krakatau“, „Der sanfte Unmensch. Einhundert Jahre Nachsommer“, „Hundert Jahre. Einem Manne zum Gedenken“ und „Der Waldbrand oder vom Grinsen des Weisen“.

sichten voneinander abweichen können, zeigen Dieter Kuhns schon berührte Schrift ,,Das Mißverständnis. Polemische Überlegungen zum politischen Standort Arno Schmidts" und Wilfried von Bredows 1970 im ,,Kürbiskern" veröffentlicher Aufsatz ,,Der militante Eremit oder: Vom Schicksal eines westdeutschen Jakobiners".[25] Dabei legt von Bredow, begrifflich noch im Sog der Studentenbewegung, ein Problem frei, das Kuhn eher zuschüttet. Der greifbare historisch-politische Inhalt des Begriffes Jakobiner wäre der eines bürgerlich-demokratischen Revolutionärs, der die Revolution, das heißt die erkämpfte Republik notfalls durch Terror verteidigt – auch bei übertragenem Begriffsgebrauch müßte wohl etwas von dieser Bedeutung erhalten bleiben. Wie steht es mit bürgerlich-demokratischer Radikalität bei Schmidt? Die autobiographischen Reflexionen unterstreichen die eigene plebejische Herkunft und ihre Auswirkungen; die Erzählprosa wird dort am dichtesten, wo sie sich auf das Wohnküchenmilieu der kleinen Leute einläßt und deren stockigen bis pfiffigen Jargon nachspricht, auch das absterbende Volksschlesisch. Für das Bekenntnis zu der Idee eines von der Souveränität des Volkes getragenen, seiner Wohlfahrt zubestimmten Gemeinwesens gibt es keine Anhaltspunkte. Steht Demokratie zur Debatte, befindet der Autor Schmidt politisch über Volk und Volksherrschaft, ist sein Urteil negativ: das Volk nicht zurechnungsfähig, die in seinem Namen agierenden Politiker freilich auch nicht. Wie soll man diesen Widerspruch erklären oder auflösen? Ein erster Beweggrund ist dem Roman ,,Aus dem Leben eines Fauns" zu entnehmen; er macht sichtbar, daß Schmidt noch lange Zeit nach dem Krieg am falschen Volkskult der Faschisten und seiner scheinbar unwiderleglichen Sanktionierung durch die Jubelvoten des Volkes laboriert. Das Bewußtsein der durch den Faschismus und seine Folgen erlittenen Verluste, und dazu gehört die in Schlesien verschollene Bibliothek mit ihrem subjektiv ungeheuren ideellen Gewicht, hat sich nicht bloß gegen die faschistischen Herrscher, sondern auch gegen die angepaßten Beherrschten gewendet. In extremer Form äußert sich das in der allgemeinen galligen Misanthropie, die Schmidt-Leser als eine der motivischen Konstanten des Werkes kennen; als ätzende nationalkritische Universalpolemik wird es zu einem Hauptstück gerade der um die fünfziger Jahre gruppierten Werke. Dabei erscheint der Charakter

25 Nr. 4 (Dezember 1970), S. 598ff.

der Deutschen sowohl politisch wie auch ethisch und kulturell defizient; eines der tiefsitzenden Ärgernisse, aus den immer wieder einmal ausgeteilten Seitenhieben gegen die Gewerkschaften zu schließen, ihre Arbeitsmoral. Hier stößt man auf einen zweiten Beweggrund und hinter ihm auf einen Konflikt, der die reizbarste Zone von Schmidts Selbsteinschätzung betrifft.

Offenbar gehört zu den Triebfedern seiner Polemik ein säkularisiert altprotestantisches Arbeitspostulat, das er in der sozialen Wirklichkeit seiner Tage nicht erfüllt sieht, es sei denn vom Künstler, also auch von ihm selber. „Sei es noch so unzeitgemäß und unpopulär; aber *ich* weiß, als einzige Panacee, gegen Alles, immer nur ‚Die Arbeit' zu nennen, und was speziell das anbelangt, ist unser ganzes Volk, an der Spitze natürlich die Jugend, mitnichten überarbeitet, vielmehr typisch *unter*arbeitet: ich kann das Geschwafel von der ‚40-Stunden-Woche' einfach nicht mehr hören: *meine* Woche hat immer hundert Stunden gehabt [...]" – so tönt das noch am 28. August 1973 durch Frau Alice in der Paulskirche, ebenso borniert wie weltfremd.[26] Trotz seiner Jahre als Angestellter in der schlesischen Textilindustrie kann sich der Autor abhängige Arbeit, Arbeit durch Verkauf von Arbeitskraft, Arbeit als Ausbeutung und ein daraus resultierendes Interesse der Arbeitenden an einer Verbesserung ihrer Arbeitsbedingungen, also auch einer Erweiterung ihrer selbstbestimmten Zeit, nicht vorstellen; er setzt den Forderungen nach Verkürzung der Arbeitszeit, hinter denen er wohl einen Hang zu organisierter Faulheit vermutet, die Arbeitsform seines Schreibens am Schreibtisch, eine altertümlich anmutende Einheit von materieller und immaterieller Hervorbringung, von Konzeption und Ausführung, von hineingelegter selbstbestimmter Pflicht und herausgezogener Befriedigung abstrakt als ethisches Korrektiv entgegen. Beides ist so nicht aufeinander beziehbar; nicht einmal ein altkonservativer Unternehmer hätte das argumentum ad hominem, er arbeite hundert Stunden, seiner Belegschaft als Motivationshilfe vorzuhalten gewagt. An solchen Einlassungen beginnen sich nicht nur die schwerwiegenden theoretischen Defizite, sondern auch Wahrnehmungslücken Schmidts zu zeigen. Aber der Konflikt, der sich hier abzeichnet, ist eigentlich auch keiner von heute, vielmehr ein aus der Romantik überkom-

26 Vgl. Schmidts Dankadresse in: Verleihung des Goethepreises der Stadt Frankfurt am Main an Arno Schmidt am 28. August 1973 in der Paulskirche. Hrsg. vom Kulturdezernat der Stadt Frankfurt am Main, S. 12.

mener: der Künstler in seinem selbstauferlegten schwierigen Amt als Mittler des Absoluten vor einer Gesellschaft, die er bloß materiellen Interessen nachjagen sieht. Wie diese Konstellation sich einmal unter bestimmten Bedingungen herausgebildet hat, ist oft beschrieben worden; bei Schmidt – und nicht nur bei ihm – kehrt sie seit seinem Auftreten in der Nachkriegsliteratur als bewußt gelebte, wohl auch zelebrierte Konfliktfigur wieder. Sie enthält den charakteristischen Aspekt eines impulsiven Antikapitalismus und hat vielerlei Adaptationen aus Aufklärung und französischer Revolution vorzuweisen; aber zwischen sie schieben sich immer mehr die Elemente eines objektiv der Demokratie sich entgegenstellenden Elitekultes. Wilfried von Bredow nimmt vornehmlich die Erbstükke aus Aufklärung und Revolution wahr, alles das, was unter der generellen Forderung nach Einlösung persönlicher Freiheitsrechte noch in den sechziger Jahren Furore machen konnte, Kuhn vornehmlich die Revozierungen; beides kann die Widersprüchlichkeit nicht aufheben. So billigt Schmidt dem Volk, aus dem er kommt, am Ende einzig zu, daß es die Gehirntiere, die Genies aus sich hervorbringt, denen er sich zurechnet; die Herrschaft, zu der sie berufen sind, ist die platonische der Philosophen und Künstler, das heißt keine bürgerlich-demokratische. Wie unbefangen dann auch der nicht-politische Schriftsteller an die Stelle des Jakobiners gerückt und mit ihm zusammengeworfen werden kann, zeigt der Karl Philipp Moritz gewidmete Radio-Essay „Die Schreckensmänner“ – „ein Begriff“, so erläutert der Text den Titel, „entlehnt von unser Aller Mutter, der großen französischen Revolution von 1789. Im vorliegenden Fall allerdings nicht Männer der Tat, sondern Objekte der Abteilung ‚Kulturelles Wort‘, wie es bei uns im Westen so reizend blödsinnig heißt.“[27] Das Buch über Fouqué von 1958 entfernt sich von bürgerlich-demokratischer Perspektive so weit, daß es die französische Revolution und die wirklichen Jakobiner fast aus den Augen verliert; in Großaufnahme erscheint der musisch brillierende, politisch zwielichtige preußische Adel. Kein Zweifel, daß Fouqué, der literarisch von Schmidt weit überschätzte, ein Reaktionär war.

27 A. S.: Die Schreckensmänner. Karl Philipp Moritz zum 200. Geburtstag. – In: A. S.: Nachrichten von Büchern und Menschen 1. Zur Literatur des 18. Jahrhunderts. Frankfurt: Fischer Taschenbuch Verlag 1971 (= Fischer Taschenbuch 1164), S. 148.

Dennoch ist Schmidt, wie bekannt, einer der ersten gewesen, die öffentlich ein unverkrampfteres Verhältnis zur DDR bekundeten; in den fünfziger Jahren ein Mut erforderndes Unternehmen. Es empfiehlt sich freilich, die hier zu zitierenden Absätze genau zu lesen.[28]

Guter Rat an die DDR: ich möchte ihr gern helfen, weil die Leute drüben so rührend ehrlich arbeiten; weil sie tapfer gottlos sind. Lebensmittelkarten gewiß; aber die gewährleisten oft auch billige Butter: Viele bei uns können sich *keine* kaufen! (Wenn die Leute in Kastel ⟨Butter⟩ verlangen, legt Merz ihnen stumm Sanella hin; fragt höchstens einmal: „⟨Overstolz?⟩".)

Aber: in einem neuen Staat müßte Alles neu sein! Auch in den Künsten: statt dessen hängt Ihr bürgerlichste Schinken in Eure Galerieen; Eure Schriftsteller wissen scheinbar nicht (oder dürfens nicht wissen), daß seit Gustav Freytag einiges in der Dichtung geschehen ist: formal, mein Fürst, formal!!; die Musiker (obwohl durch ihr Ausdrucksmittel doch beneidenswert getarnt) wagen wenig. Mit Eurem albernen Schlagwort vom ⟨Formalismus⟩ diffamiert Ihr jede Pioniertat: anstatt den Tapferen jubelnd zu Euch zu holen, ihn zu fördern: zur größeren Ehre des Marxismus! Zeigen müßtet Ihr Allen neue Ausdruckskünste, gefährlich-bewegte, tapfer-eckige: daß sich die großen im Volk schlummernden Einzelnen daran entzünden könnten und herausarbeiten:

jawohl: aus dem Volk heraus! – Was aber tut Ihr?!: Ihr setzt das Volk mit seiner plumpen Zunge, seinem Dickohr, seinem Guckkastenauge, zum Richter über Kunstwerke: hat doch Jeder in der Schule Lesen & Schreiben gelernt, versteht also *auch* was von der Dichtung, gelt ja??:

So seht Ihr aus!!

(Und das mit den Wahlen: ändert Ihr auch besser!). –

Das ist eine gönnerhafte politische Kritik, der die eigentlich politische Dimension fehlt. Wahrscheinlich hat Schmidt sich selber etwas in den Tapferen hineingedacht, der da jubelnd zur größeren Ehre des Marxismus aus dem elenden Kastel an der Saar geholt werden müßte; aber er deckt dabei unwillentlich sein totales Un-

28 A. S.: Das steinerne Herz. Historischer Roman aus dem Jahre 1954. Frankfurt: Fischer Verlag 1967 (= Fischer Bücherei 802), S. 102.

verständnis der DDR der fünfziger Jahre, ihrer Politik und ihrer kunstpolitischen Möglichkeiten auf. Er demonstriert, und das wiederholt sich an einer Vielzahl ähnlicher Traktanden, daß er Politisches nicht innerhalb historischer Prozesse reflektiert und beurteilt, sondern innerhalb eines von ihm gesetzten starren Rahmens radikaler ethischer und ästhetischer Prämissen. Sucht man nach dem Grund für die dann doppelt groß erscheinende politische Wirkung, nicht nur dieses einen nonkonformistischen Versuches, öffentlich mit der DDR zu kommunizieren, vielmehr des ganzen Romans, dem die zitierten Absätze entnommen sind, dann zeigen sich gleich mehrere Gründe. Innerhalb der klassischen Ressorts aufklärerischer Kritik, der Glaubens-, Kirchen- und Herrschaftskritik, macht sich ein thematisches Gewicht geltend, das sich ihrer Verschleifung ins Ästhetische widersetzt. Hinzu kommt, daß das politische Bewußtsein von Lesern in den fünfziger Jahren zugleich reizbarer und reaktionsbereiter gewesen ist; das Absterben der öffentlichen politischen Diskussion war erst ein Resultat der Ära Adenauer. Drittens hat es sicher auch an dem für deutsche Verhältnisse umstürzend respektlosen, rotzigen Ton gelegen, über den Schmidt verfügt: einem Schnauzen nicht, wie in alter Tradition, von oben nach unten, sondern von unten nach oben. Dazu ein Beispiel aus dem Ineinandergreifen von Militär-, Obrigkeits- und Kirchenkritik anläßlich der Wiederbewaffnung.[29]

Die ⟨gute alte Zeit⟩, der idealische Zustand, rührte nicht wenig daher, daß die Dichter damals die großen Leiden ihres Volkes überhaupt nicht kannten (hätten sie sich lieber darum gekümmert, warum *dieser* Laokoon nicht schrie!!). Zum Beispiel die Qualen der ⟨Allgemeinen Wehrpflicht⟩: die Regierenden um 1750 waren durchaus nicht dumm oder allzu rücksichtsvoll, wenn sie die geistig Schaffenden grundsätzlich vom Militärdienst eximierten: die wußten genau, was sie taten!: zu gerissen waren sie, um dem alalischen Volk zahllose Sprachrohre zu geben! Sonst hätte man schon aus jenen Zeiten die verzweifelten Flüche gehört, die heute angeblich nur die effeminierten, wurzel- und vaterlandslosen ⟨Intellektuellen⟩ ausstoßen!: stellen S'ich ma Hölderlin als Rekrut auf m Kasernenhof vor! (Oder Faust; oder ETA Hoffmann: warum hat wohl Herder stets, abscheugeschüttelt, vom ⟨Roten Halsband⟩ gesprochen, das ihm schon in die

29 Das steinerne Herz: a.a.O., S. 27.

Wiege gelegt worden war? Warum hat Chamisso den edlen Wehrdienst ein ⟨Metier⟩ genannt, ⟨das Herz und Geist vertrocknen macht⟩?!)

⟨*Wehrmacht*⟩?: das ist etwas, was nicht zu sein braucht! Merken Sie sich das!

‚Es ist immer so gewesen?!': Dann wirds ja Zeit, daß der Unfug mal aufhört! Wozu haben wir etwas mehr Vernunft als die Tiere?

Achso Sie nicht?! – Dann allerdings!

Aber die Herren vom christlichen Gewerbe: sitzen auf Weltkirchenkonferenzen herum, etablieren sich als Päpste, halten dicke geschäftige Reden: anstatt vermittels Himmel & Hölle, Zuckerbrot & Peitsche, vor allem dafür zu sorgen, daß die Uniformen ausgezogen und die Waffen weggelegt werden . . .

Bemerkenswert, daß Schmidt hier selber den sprachmächtigeren Intellektuellen die Funktion von Sprachrohren für das alalische Volk zuweist. Darin könnte sich ein Wunschtraum von eigener, selbstzugemessener Aufgabe und Wirkung ausdrücken. Wäre das so, dann hätte das Volk auch diesem Intellektuellen das Reden in seinem Namen nicht abgenommen; vermutlich schon deshalb nicht, weil es als Reden in seinem Interesse nicht volkstümlich genug war. Schmidt als demophiler, dem Volk Stimme verleihender Autor – ist das ausdenkbar? Der Roman „Das steinerne Herz" dürfte so gemeint sein.

6

Er ist das bedeutendste Ergebnis von Schmidts fünfziger Jahren; zugleich hat sich ihm die Reaktion auf Schmidts literarische und politische Exponiertheit in einer bis heute nachwirkenden Weise eingeprägt. Der Wortlaut, in dem er gedruckt vorliegt, ist nicht der von Schmidt zum Druck vorgesehen gewesene; an etwa achtzig Stellen hat Ernst Krawehl, wie aus einem bei Wilhelms Michels liegenden Durchschlag des Typoskripts hervorgeht, den Text geändert, das heißt vor allem gekürzt. Schmidt will diesen Änderungen nur notgedrungen zugestimmt haben.[30] Liest man sich in die Varianten

30 Im Archiv von Wilhelm Michels befindet sich ein Durchschlag des Typoskripts des „Steinernen Herzens", dessen Aufkleber den Vermerk trägt: „(Wichtig, da ohne alle die im Buch von Krawehl vorgenommenen Kastrie-

ein, dann beginnt man die Beweggründe Krawehls zu begreifen. Hinter den Änderungen steckt die Sorge, daß eine wortgetreue Veröffentlichung des Schmidtschen Urtextes Gegenmaßnahmen attackierter Personen und Institutionen oder anderer sich beleidigt Meinender auslösen würde, die sich nicht mehr, wie das nach der ersten Strafanzeige noch möglich war, auffangen ließen. Ein Akt von Selbstzensur also, gedacht als Abschirmung des Autors und natürlich auch des Verlages Stahlberg gegen neue Angriffe, zu erklären vielleicht auch aus partieller Verinnerlichung des auf der ganzen Literatur lastenden, ihre Disziplinierung bezweckenden politischen und moralischen Druckes, mit dem Resultat aber, daß Teile der anfänglichen Intention des Romans vernebelt werden. Denn es handelt sich bei den gestrichenen oder retuschierten Passagen nicht einfach um beliebige kritische Ausfälle gegen Adenauer, die Regierung, Parteien, Kirchen, Medien und anderes, sondern um Elemente und entscheidende Bindeglieder eines geflechtartigen Zusammenhanges von politisch veranschlagter, wenn auch eben nicht immer substantiell politischer Generalkritik. Die ersten Seiten des Radio-Essays zu Heinrich Albert Oppermann spekulieren über den politischen Roman und das Desiderat eines großen deutschen politischen Romans: das „Steinerne Herz“ ist, wenn man die gestrichenen Stellen einbezieht, auch der Versuch, sich diesem Roman zu nähern, ausgestattet mit allen im Essay diskutierten Merkmalen, zeitgenössisch-historisch und gesichert durch Autopsie.[31] Leicht zu begreifen dann, warum die DDR thematisch ein so großes Gewicht hat. Zur Veranschaulichung dokumentiere ich eine der einschneidendsten Korrekturen. Auf Seite 80 der Ausgabe in der Fischer-Bücherei lautet ein Abschnitt folgendermaßen:

„*Wass iss eigentlich der Grund,* warum ‚ihr‘ so auffällig kampflos den ganzen Osten der Sowjetisierung überlaßt? Der evangelisch klare Osten ist doch keine Ketzerzone oder fürchtet ‚ihr‘ ein paar Milliarden sauber-atheistisch geschulter Stimmen?“. (Ich nicht!

rungen!). Arno Schmidt.“ 1978 hat Bernd Rauschenberg den Durchschlag mit der Erstausgabe von 1956 kollationiert; die hier folgende Gegenüberstellung zweier Textausschnitte bezieht den Wortlaut von Schmidts Urtext auf die leichter greifbare Taschenbuchausgabe.

31 A. S.: Hundert Jahre. Einem Manne zu Gedenken. – In: A. S.: Nachrichten von Büchern und Menschen 2. Zur Literatur des 19. Jahrhunderts. Frankfurt: Fischer Taschenbuch Verlag 1971 (= Fischer Taschenbuch 1217), S. 137 ff.

Aber's gibt schon welche .....) (dann erschienen noch Brummelstücke: ,Mehrheit fürchten' ... ,drei Viertel katholisch' ... ,Klein-Europa' ... ,Albertsweisheit?: Makrobioten!!: Wenige sterben, und Keiner dankt ab'./ dann flitschte noch Nachzüglerisches oben an der Decke der Dankelei, als ,eisige Rücksichtslosigkeit'; meine ich damit nun mich; oder mit ,greisenhaftem Eigensinn'?)

In Schmidts Typoskript lautet dieser Abschnitt folgendermaßen:

„Wass iss eigentlich der Grund, warum ⟨Die Bundesrepublik⟩ so auffällig kampflos den ganzen Osten der Sowjetisierung überläßt?": Dr. Adenauer (dem die Deutschen in einem ihrer periodisch-üblichen – und nur dem Nichtkenner befremdlichen – Akte politischer Selbstentmannung die absolute Mehrheit gaben) empfängt seine Direktiven noch stärker vom Vatikanrom als von Washington: der evangelisch-klare Osten interessiert ihn, als ausgesprochene ⟨Ketzerzone⟩, also nicht nur nicht; sondern er müßte sogar – und völlig mit Recht! – für seine allerchristliche parlamentarische Mehrheit fürchten, wenn die 10 Millionen, jetzt sogar sauber-atheistisch geschulten, Stimmen aus der DDR seine Waagschale hochschnellten; sein aus Kanonen und Kruzifixen gebastelter Thron zusammenstürzte.

„Ja sicher!": Jetzt aber wird auf Anweisung der Firma Pacelli & Eisenhower aus den berufenen 6 Westländern ein zu Drei Vierteln katholischer Block gebildet, in dem jede Opposition leicht mundtot gemacht werden kann. Greise Politiker?: Makrobioten!: Wenige sterben und Keiner dankt ab: Churchill, Stalin, Adenauer, der Papst: voller Altersfrechheit, eisiger Rücksichtslosigkeit, und greisenhaftem Eigensinn, reiten sie ihre Völker immer tiefer in Atomunheil und bebrüllte Dienstbarkeit: wenn die Opposition mal im Staatsrundfunk sprechen darf, ist nach 2 Minuten garantiert Senderstörung: ⟨Wir bitten unsere Hörer um Entschuldigung⟩!

Im nachhinein sieht man, daß einem das Abstruse, Zusammengeklatschte, flüchtig Gelötete der gedruckten Fassung früher hätte auffallen müssen: derartig unkontrolliert schreibt Schmidt nicht. Sogar die Interpunktion deutet auf Eingriffe hin, und das in allen Ausgaben auftauchende Monstrum „Albertsweisheit" scheint eher ein festgebackener Rest des zu emsigen Retuschierbetriebes zu sein als eine stehengebliebene Mißlesung des Setzers. Wäre der Entschluß, hier und an den anderen Stellen in den Text einzugreifen, in Anbetracht der Erfahrungen mit der ersten Strafanzeige und der überreizten Diktion manchen Passus noch verständlich, so bleibt das Ergebnis der besorgten Aktion ein Skandal. Man kann das Buch, solange die Varianten nicht vollständig publiziert sind, eigentlich nur mit spitzen Fingern anfassen. Unscheinbarste und zugleich beflissenste Retusche: im Untertitel „Historischer Roman aus dem Jahre 1954“ sind zwei Worte, nämlich „nach Christi“, weggelassen. Noch die winzige kritische Pointe wird getilgt.

Streichungen betreffen aber auch Passagen eines Inhalts, der gewöhnlich, einigermaßen hilflos, als obszön angesehen wird. Offensichtlich gelten politisch oppositionelle und nicht an der Schicklichkeitsnorm der fünfziger Jahre orientierte als gleich gefährlich. Das wäre insofern auch nicht ganz falsch, als sich politische Kritik und nichtzensierte Darstellung von Sexualität aufeinander beziehen, etwa – jetzt benutze ich der Griffigkeit halber den von Schmidt eingeführten Terminus – wie die unausgesetzte diskursive Verneinung der leviathanischen Wirklichkeit auf skizzenhafte Muster ihrer praktischen Durchbrechung. Was dem Verlag Stahlberg ungeachtet möglicher neuer Strafanzeigen Schwierigkeiten gemacht haben könnte, ist die Frage, ob die anstößigen Stellen in jedem Falle aus der ideellen Disposition des Romans gerechtfertigt seien oder manchmal nur aus einem überschießenden Bedürfnis nach Provokation zu erklären. Zweifellos spricht das überall mit: in der Moral der fünfziger Jahre, einer den sozialhygienischen Vorstellungen des früheren „Volkswartbundes“ nahekommenden, dürfte Schmidt nur ein Pendant der politischen Restauration erblickt haben. Texte wie das Kapitel „Terpsichore“ aus „Caliban über Setebos“ sind, so sehr sie die Provokation in das Manieristische verschieben, ohne sie gar nicht zu denken, zumal dann nicht, wenn sie, wie in diesem Kapitel, Ansichten aus dem „Uni- sive Perversum mitstenographieren“ wollen.[32] Aber die anstößigen Stellen im „Steinernen Herzen“ gehören nicht in diesen Zusammenhang der Denunziation des Alls als perversen, sondern in eine Linie, die mit den Erwägungen der Erzählung „Leviathan oder die Beste der Welten“ beginnt, wie man sich dem ungeheuren Gesamtwillen des Dämons entge-

32 A. S.: Caliban über Setebos. – In: A. S.: Orpheus. Erzählungen. Frankfurt: Fischer Taschenbuch Verlag 1970 (= Fischer Taschenbuch 1133), S. 56.

gensetzen könne. Angeführt werden der Weg Buddhas und der Weg Schopenhauers, auch die schon erwähnte Spekulation der von Böhme inspirierten Mystikerin Jane Leade über die paradiesische Erneuerung der Natur durch den Aufstand der Guten; solche dem Dämon sich entgegensetzenden Wege, nicht mehr entsagende sondern die Sexualität selbst als Weg versuchende, entwerfen aber auch die vielen folgenden Liebesgeschichten, sogar schon die gebrochene vom Unteroffizier und seinem Mädchen. Fast alle enthalten keine Exempel erreichten Glücks oder erreichter paradiesischer Erneuerung; sie bescheiden sich trotz allem Sexualismus meist mit einer verschämt-verklemmten, abbrechenden, ohnmächtigen Bewegung auf sie hin. Der Unteroffizier kann mit dem Mädchen nur noch von der zerstörten Brücke springen; das Mädchen Katrin in den „Umsiedlern" hat, wie sich schließlich herausstellt, eine Fußprothese; der übriggebliebene Mann und die übriggebliebene Frau in den „Schwarzen Spiegeln" schießen aufeinander – Leser Schmidts können diese Reihe leicht fortsetzen. Nur in drei dieser Geschichten scheint die Liebe nicht ihre enthebende, befreiende, den leviathanischen Zwang durchbrechende Kraft einzubüßen; die erste wäre zu finden in dem Kurzroman „Aus dem Leben eines Fauns". Der auf Ausbruch sinnende Landratsamtsangestellte hat ein weibliches Gegenstück, Tochter eines Nachbarn; am Ende, nach dem Inferno des Bombenangriffs und nachdem sie ihre Fluchthütte angezündet haben, spielen sie die Frage durch: Was tätst du, wenn du die Sonne wärst. Die Fantasie darf die Ordnung des Alls durcheinanderbringen. Dann „singt" das Mädchen einen Herbsthymnus, der in das Lob sexueller Berührung übergeht; es ist der wunderlichste Schluß eines Schmidt-Textes.[33] Übrigens ist der Mann verheiratet. Die zweite dieser Geschichten, und hier rückt der Rechtfertigungsgrund für die Änderungen im „Steinernen Herzen" näher, wäre „Seelandschaft mit Pocahontas". Zwei Männer, Kriegskameraden, der eine Schriftsteller, unbemittelt, der andere Malermeister, fahren an den Dümmersee und machen Bekanntschaft mit zwei Mädchen; es bilden sich zwei Paare, aber sie sind eben nicht standesamtlich registriert. Auch heute, wo sich vielleicht so schnell kein Staatsanwalt fände, der Ermittlungen wegen des Verdachts auf Pornographie und Gotteslästerung aufnähme – sie sind damals erst auf ein Gutachten von Hermann

33 Aus dem Leben eines Fauns: a.a.O., S. 164f.

Kasack hin eingestellt worden –, auch heute noch tritt an der „Seelandschaft" eine geradezu polemisch gesetzte Sinnlichkeit hervor; in der auftrumpfenden Mannheit der Männer und der prompten Eroberbarkeit der Frauen dagegen eher ein bloß ungelenkes oder konventionell verderbtes Verlangen nach elementarischer Nähe und der Tilgung aller erfahrenen und erwartbaren Lebensschrekken; in der Lust die Trauer, daß sie begrenzt bleibt. Die Verdammung des Universums scheint für kurze Zeit aufgehoben zu sein, die Natur Atem zu holen – eine der unwiderstehlichsten deutschen Erzählungen. Zum Namen Pocahontas sei nebenbei angemerkt, daß er der Name einer jungen Indianerin des Powhatan-Stammes von Anfang des siebzehnten Jahrhunderts war und diese Pocahontas einem Weißen namens Smith das Leben rettete. Der lebende Arno Schmidt indessen zog nach seinem Zusammenprall mit der Staatsmacht eilig von Kastel nach Darmstadt, wo er in der Nachbarschaft der Akademie sicherer zu sein meinte; das Manuskript des historischen Romans nahm er mit.

Er wäre das dritte, sogar mit einem Happy-end versehene Beispiel für die antileviathanische Macht der sinnlichen Liebe. Würde man ihn mit den Augen des Staatsanwalts der fünfziger Jahre betrachten, dann enthielte er fortgesetzten Ehebruch in zwei Fällen, des kraftfahrenden Ehemanns mit der Freundin in Ost-Berlin, der zu Hause bleibenden Ehefrau mit dem Untermieter, einem anfangs nur nach lexikalischen Schätzen gierenden Büchersammler; ferner unverhohlene Sympathie für die geschichtsnotorische Ehebrecherin Sophie Dorothea von Hannover und andere Greuel, darunter einen Bücherdiebstahl in der DDR-Staatsbibliothek Unter den Linden. Wieviel Mühe die Zeitgenossen wirklich mit ihm hatten, läßt sich von den Extremen der Rezension ablesen. Die in Ost-Berlin erscheinende „Weltbühne", herausgegeben von Ossietzkys Witwe, bezieht die Position schärfster Verurteilung; sie zählt „sechzehn hochnaturalistische Beischlafschilderungen", fragt, ob die „Aufklärung des Menschen auch über die ihm von Jugend an innigst vertrauten Sexual- und Darmentleerungsgebräuche ein so dringendes Anliegen" sei und sieht hinter Schmidt die Literaturen Frankreichs, Englands und Amerikas auftauchen.[34] Heinrich Böll vertritt in Anderschs Zeitschrift „Texte und Zeichen" die Position

34 Korbinian Nemo: Dichtung oder hormonales Irresein. Zu Arno Schmidts Buch „Das steinerne Herz". – In: Die Weltbühne. Neu hrsg. von Maud von Ossietzky u. a. Berlin: v. Ossietzky-Verlag. 12. Jg. (1957), Nr. 50, S. 1581 ff.

kollegialen Wohlwollens und sagt lauter auch heute Richtiges: daß in diesem Roman grimmiger Humor zu entdecken sei, das steinerne Herz des buchgierigen Untermieters gar kein steinernes, sondern ein weiches; daß in ihm die Liebe gefeiert werde, daß Liebe immer Elemente des verlorenen Paradieses habe und die Liebe unter den vier Personen im Hause Thumann viele dieser Elemente.[35] Aber da er Schmidt eigentlich gegen die Angriffe selbsternannter Hüter christlich-bürgerlicher Moral verteidigen will, dies vor Schmidts „eiskaltem Atheismus" indessen nicht recht kann, gerät ihm vieles, symptomatisch für die Unsicherheiten emanzipierter Positionen in der Literaturkritik der fünfziger Jahre, zur Geste der Begütigung. Er übersieht, daß die Liebe hier weniger Elemente des verlorenen Paradieses hat, in dem bekanntlich Eva noch aus der Rippe des Adam geschaffen war, als Elemente eines noch nie existenten anderen, nur poetisch imaginierbaren, in dem keine Angst herrscht, kein Zwang, keine Ungleichheit. Die Geschichte der Sophie Dorothea, Geliebten des Grafen Königsmarck, Prinzessin von Ahlden, ist in den Roman nicht aufgenommen als lokalhistorisch-archivalisches Füllsel, sondern als Beispiel versuchter, aber noch bestrafter weiblicher Selbstbestimmung. Sitzen die zwei Männer und die zwei Frauen mit ihren voreinander einbekannten bürgerlich irregulären Bindungen in der staubgeputzten Ahldener Wohnküche der Thumanns zusammen und essen, dann ist das schon, mit einem Begriff Schmidts gesprochen, eine ziemlich utopieverdächtige Gesellschaft. Dabei ist es das sonst geschmähte Volk, in dessen Mitte diese einzigartige, nirgends sonst vorfindbare Integration des Schmidtschen Gehirntiers sich abspielt, und es ist eine Gesellschaft, in der, nicht zu übersehen, die Frauen dominieren. Frau Frieda Thumann, auch als „Friede" angeredet, und wo könnte bei Schmidt so etwas geschehen ohne präzises Mitwissen des Autors, bekommt aus ihrer Wohnküche heraus mythische Züge, verwandt denen der Magna Mater. Wie das Erscheinungsbild der Pocahontas, so geht auch ihr Erscheinungsbild in andere Texte über; manchmal beziehen sich beide wie die von Mutter und Tochter aufeinander. Wieder hätte man hier zu fragen, worin diese Gegenwelt zum totalen Leviathan, zu der auch die vielen erkünstelten, emblemartigen Mondmetaphern gehören dürften, denn ihren kos-

35 Heinrich Böll: Das weiche Herz des Arno Schmidt. – In: H. B.: Werke. Essayistische Schriften und Reden I. 1952–1963. Köln: Kiepenheuer & Witsch o. J., S. 207ff.

mologischen Ursprung hätte. Nur hat Schmidt eben diese Lücke nicht geschlossen, vielleicht gar nicht bemerkt; er folgte aber dem Roman bald dorthin, wo dieser schon angelangt war: nach Niedersachsen. Darmstadt, der Ort, der ihm hatte Schutz gewähren sollen, das betriebsame Zentrum der Nachkriegsliteratur, war ihm nach kurzer Zeit als Barbarei erschienen; 1958 zog er mit der finanziellen Hilfe seiner Freunde Wilhelm Michels und Eberhard Schlotter nach Bargfeld.

7

Bargfeld – das Bild des sonderlingshaft Zurückgezogenen scheint durch den Niederschlag literarischer Rastlosigkeit aufgewogen zu werden. Wie ,,Vorspiele und Fingerübungen" muten Jörg Drews die Bücher vor ,,Zettels Traum" an, und unter diese Einschätzung fiele ja auch alles, was vor dem Rückzug in die Heide geschrieben und veröffentlicht ist.[36] Man kann aber auch eine andere Perspektive anlegen. Die politischen Raisonnements der früheren Bücher, insonderheit die Ausfälle gegen Adenauer und die Restauration, können nicht ohne die Absicht kalkuliert sein, politisch zu wirken. Sie enthalten kein zusammenhängendes politisches Programm: was Schmidt allenfalls vorgeschwebt hat, wäre erst aus einem langen Katalog von Negationen herauszulesen, aber die angeblich undurchbrechbare Negativität des Weltlaufs muß nicht nur in der Erzählfiktion, sondern punktuell auch innerhalb politischer Geschichte als durchbrechbare, außer Kraft zu setzende gegolten haben, der Schriftsteller virtuell als antileviathanischer Täter. Bargfeld bedeutet daran gemessen Resignation: die Topik leviathanischer Katastrophen bleibt erhalten, die Reflexion politischer Gegenwart stirbt langsam ab. Merkwürdig genug hätte Schmidt dann gerade zu einem Zeitpunkt politisch entsagt, als die politische und literarische Opposition merkbar stärker wurde und die antikapitalistische Revolte der sechziger Jahre sich ankündigte. Dieser, die doch manche kritische Linie seiner Revolte der fünfziger Jahre weiterzuführen scheint, ist er nicht einmal mehr mit Sympathiebekundungen beigesprungen; er hat, nach allem was man darüber erfahren kann, ihre Inhalte und Formen, vor allem die revoltieren-

36 Jörg Drews: Zettels Traum. – In: Kindlers Literatur-Lexikon. Bd. 23. München: Deutscher Taschenbuch Verlag 1974, S. 10376.

den Studenten eher mit idiosynkratischer Reaktion bedacht. War seine Revolte doch bloß radikale Privatgebärde, von Enttäuschung über sein Nachkriegselend und die geringe Resonanz aller Literatur diktiert, in dem Augenblick abgebrochen, als akzeptablere Bedingungen für das Abfassen neuer Bücher erreicht waren? Man würde es sich zu leicht machen, wenn man das unterstellte. Zweifellos haben zu lange ertragene Dürftigkeit und zu hoch aufgestauter Druck, Druck von außen und der andere Druck von innen, große egozentrische Empfindlichkeit hinterlassen, und womöglich verbirgt sich in der ethizistisch gewendeten Arbeitswütigkeit auch der Versuch, versperrt gebliebene Bildungswege durch rechthaberische Autodidaxe zu ersetzen. Nur bekommt das alles die schroffe, schneidend nonkonformistische Kontur, seinen objektiven Aspekt erst unter dem Zwang, sich vor der antiaufklärerischen Vehemenz der Restauration und gegen den dröhnenden literarischen Markt zu behaupten. Dabei machen sich dann bald die Begrenztheiten der Selbstaufklärung, die vielen Untilgbarkeiten kleinbürgerlichen Bewußtseins bemerkbar, auf denen Kuhn bei seiner Standortbestimmung herumreitet.

„Zettels Traum", von hier aus besehen, nötigt keinen unumschränkten Respekt ab. Er bleibt der monströse Kraftakt, das Rekordkunststück; zugleich erscheint er als Dokument des Rückzugs. Nur zwei Überlegungen dazu. Die erste: Drews spricht von einer „zumindest problematischen [...] Gültigkeit" des in ihm entwikkelten Psychogramms Edgar Allan Poes[37] – ist nicht Schmidts ganzes Privatexerzitium der Freudschen Psychoanalyse ein Abdrängen ihrer Erkenntnismöglichkeiten in einen obsessiven Hinterweltsymbolismus, der von den sozialen Faktoren im Triebschicksal des Individuums nicht viel übrig läßt? Wird nicht dem armen Karl May, in „Sitara und der Weg dorthin" das erste Objekt dieses Verfahrens, mit riesigem Aufwand eine Art rosa Winkel angeheftet? Zweitens: Enthält nicht die Etym-Theorie das Musterbeispiel einer neoromantisch geheimen inneren Ordnung, die den Betrachter nur immer weiter von den Ordnungen der politischen Empirie und der manifesten Ordnung der ästhetischen Werke weglockt? Daß Fans schon über dem Terminus „Etym" in Schwärmerei fallen und sich selber etymtheoretisch zu reflektieren anfangen, läßt aufmerken: darin hat der Prozeß der Erhöhung Schmidts zur Kultfigur den von

37 Drews: a.a.O., S. 10376.

seinen Ursprüngen am weitesten entfernten Horizont erreicht. Immerhin, die Bargfelder Putzfrau soll das Buch geschenkt bekommen und auch gelesen haben, sofern das nicht eine der Anekdoten ist, die sich mit einer bemerkenswerten Stelle im „Steinernen Herzen" zusammenschließen. Als dort der Intellektuelle Walter Eggers eine neue Theorie zur Rezitation der Nibelungen-Strophe vorbringt und dazu die erste Strophe zitiert, fällt Chauffeur Karl, bis dahin spirituell hauptsächlich mit Mampe halbundhalb befaßt, auf einem Blechdeckel als Begleitinstrument ungesäumt in die Rezitation der zweiten ein. Das ist kein Lob des Bildungskanons der deutschen Schule; es betreibt wieder die Aufhebung des Gegensatzes zwischen dem Gehirntier und den kleinen Leuten, markiert, was Schmidt dem Volk volkspädagogisch zubilligt und zumutet. Der dumm-gute Karl wird momenthaft zum utopieverdächtigen Kompagnon des forschklugen Theoretikers und die Bargfelder Putzfrau zur Bürgin für die Allverständlichkeit Bargfelder Zettelträume: Kommunikationsmuster, die den Katastrophenfiguren entgegengesetzt werden, wenn auch um den Preis ihrer Glaublichkeit. Auch „Zettels Traum" würde darin wohl noch Anspruch auf antileviathanische Praxis erheben; fast alle der in ihm auftretenden Personen sind je nach Bedarf Doktores Allwissend und überspringen die von der Erzählrealistik gezogenen Schranken. Das geschieht auch schon vorher, paradigmatisch schon im Gespräch über den Leviathan in der frühen Erzählung; die Radio-Essays zimmern an einem kryptischen Nachtstudio, in dem unersättlich über literarische Geister kommuniziert wird. In „Zettels Traum" hat das unersättliche Reden miteinander wohl aber den Charakter endgültiger Einkehr in Gesprächskatakomben, die Außenwelt nebst Aufriß des Schauerfeldes auf Zettel 4 den der Gesprächsstaffage, und das wäre die extremste Form von Schmidts Aufstand der Guten: der Versuch des Wegdrängens oder Unterlaufens der Katastrophen durch nicht endenden Diskurs über Bücher und Buchmenschen. Von Anfang an war die Errichtung dieser Bücherwelt eine Illusion, die Illusion eines in aller Rationalität fast unvorstellbar naiven genialen Autodidakten; er hat, insoweit aufsteigerhaft weltfremd oder in einer obsolet gewordenen Stufe von Aufklärung befangen, seinen Skeptizismus auf die Literatur, die ganze Kultur und ihre Alibifunktion nicht angewandt, und Bargfeld war darin vielleicht erst recht weit weg. Schon im „Steinernen Herzen" steht allerdings ein Passus, der alle Buch- und Kulturgläubigkeit zu durchschlagen scheint:

„Ich: gehörte nicht hierher. (Aber wohin *denn*?! [...]).“[38] So redet deutsche Misere der fünfziger Jahre.

Heute können weniger Arno Schmidts Panazeen bewegen als die Hartnäckigkeit, mit der er an der Voraussage atomarer Vernichtung festhielt. Die Ängste der Nachkriegszeit, die noch aus den Schreckensbildern der Erinnerung gezogenen Visionen gekochter und gebackener Menschen haben die Gegenwart erreicht; die Gegenwart ist auf sie zurückgefallen. Wenn der mächtigste Mann des Erdballs bei der Mikrophonprobe den Beginn der Bombardements der UdSSR in fünf Minuten ankündigt, verlieren die gewagten Personalisierungen der Katastrophe in dem vom Stahlberg-Verlag geänderten Urtext des „Steinernen Herzens“ manches von ihrer Anstößigkeit. Was unterstellt wird, indem die Vernichtung von Kontinenten als schon zurückliegende erscheint: daß die technologische Fähigkeit zu ihrer globalen Auslösung schon ihr Anfang sei und die einmal geworfene Bombe einen Wiederholungszwang nach sich ziehe, sehen und befürchten inzwischen viele. Was kann die rekonstruierende Literaturwissenschaft daran ändern? In einer Situation daran ändern, wo das Aufschlagen einer Zeitung von der Empfindung vollständiger Ohnmacht begleitet sein kann und die Literatur es immer schwerer zu haben scheint, nicht in virtuose Abfertigung der Welt zu verfallen oder ihren Verzicht auf Schreiben mitzuteilen? Sie kann nur damit rechnen, daß das Sichtbarmachen solcher Korrespondenzen zur Stimulierung der Kräfte beiträgt, die den Gang der Weltgeschichte nicht als Blindmarsch eines Dämons anerkennen.

38 Das steinerne Herz: a.a.O., S.97.

Bibliographie

Bock, Hans-Michael, *Bibliografie Arno Schmidt 1949–1978*. München, Edition Text u. Kritik [2]1979.

Dietrich Schwanitz

Steife Oberlippe und Blick zurück im Zorn: England in den fünfziger Jahren

Der Literaturwissenschaftler Hans Ulrich Gumbrecht hat die These entwickelt, daß es ein anthropologisch fundiertes Bedürfnis nach Geschichten und Geschichte gebe, das in dem Wunsch eines jeden Menschen begründet sei, zu erfahren, was vor seiner Geburt geschehen sei.[1] Das Interesse an den fünfziger Jahren scheint die These zu stützen: An den Universitäten studiert eine Generation von Studenten, die nach den 50er Jahren geboren wurden. Aber auf den Lehrstühlen – und notabene an den Schalthebeln der Macht in Politik und Wirtschaft – sitzen die Angehörigen einer Generation, die in den 50er Jahren an der Universität oder in der Schule geprägt wurde. Damit sind die 50er Jahre in jenes Zwischenreich gerückt, das für die einen noch zur Gegenwart gehört und mit dem für die anderen die Geschichte beginnt. Funktional ersetzen sie zunehmend die Zeit des zweiten Weltkrieges und beginnen, jene kritische Masse zu bilden, die dem vielbeschworenen Dialog der Generationen seine spezifische ‚Differenzqualität' verleiht. Dabei spielt für die deutsche Variante dieses Dialogs die angelsächsische Welt im allgemeinen und England im besonderen eine symptomatische Rolle: die re-education im Westdeutschland der Nachkriegszeit orientierte sich an dem Vorbild der angelsächsisch/englischen Demokratie. Mit seiner abnehmenden politischen und wirtschaftlichen Bedeutung schwand aber England in den 60er Jahren zunehmend aus dem öffentlichen Bewußtsein, und die Generation nach 68 ging mit ihrem Vietnam-Protest und ihrer Kapitalismus-Kritik gegenüber den angelsächsischen Vorbildern zunehmend auf Distanz. Ein Essay über England in den 50er Jahren hat deshalb seinen Platz innerhalb dieses Diskurses zu kennzeichnen und dem Doppelaspekt seines Gegenstandes, Geschichte und Gegenwart zu sein, Rechnung zu tragen. Dies soll in einem doppelten

1 Auf der Dubrovniker Tagung vom April 1983 mit dem Thema ‚Structures and Transitions of Periods in the History of Language and Literature'.

Kommentar in Form einer Vorrede und eines Postskripts geschehen: Die Vorrede bezieht sich auf die Auswahl der gewählten Themenaspekte, das Postskript auf die Tatsache, daß seit Ende 1981, als dieser Essay in Form eines Vortrages verfaßt wurde, bedeutende Ereignisse geschehen sind.

Vorrede

Der (inzwischen verstorbene) deutsch-ungarische Emigrant Arthur Koestler, der sich als englisch schreibender Romancier und Theoretiker einen Namen gemacht hatte, edierte 1963 im Auftrag der Zeitschrift *Encounter* eine Sammlung von Aufsätzen, die sich mit der sog. state-of-England-question beschäftigen sollten. *Encounter* vertrat damals die neue Labour-Intelligentsia, deren Mitglieder vor allem in Oxford Wirtschaftswissenschaften studiert hatten und unter der Sammelbezeichnung ‚The Hampstead Set' bekannt wurden. Zu ihnen gehörten neben Hugh Gaitskell Patrick Gordon Walker, Douglas Jay, Anthony Crosland und Roy Jenkins. Sie waren alle Revisionisten, die eine Art englischer Variante des Godesberger Programmes vertraten. 1963 war das Jahr, in dem de Gaulle den Eintritt Englands in die EWG verhindert hatte und in Großbritannien das Gefühl übermächtig wurde, daß etwas mit dem Kurs des Landes nicht stimmte. Die seit 1951 regierende konservative Partei war 1962 durch die sogenannte ‚Profumo-Krise' gestolpert und zeigte Erschöpfungszustände. Der Titel der von Koestler edierten Artikel-Sammlung hieß denn auch ‚Suicide of a Nation – Selbstmord einer Nation?'[2]

Was war in den 18 Jahren seit Kriegsende geschehen, das eine solche Diagnose rechtfertigte? Um die Veränderung in den richtigen Proportionen zu sehen, muß man an Selbstverständliches erinnern. 1945 lagen außer der glücklichen Schweiz und Schweden alle westeuropäischen Länder in Trümmern. Alle – selbst das vom Bürgerkrieg verwüstete Spanien, das nicht am Weltkrieg teilgenommen hatte – hatten die Erfahrung des Faschismus gemacht. Fast alle waren besiegt und von feindlichen Armeen besetzt worden. Sie alle hatten ein Terrorregime durch Gestapo und SD hinter sich; in allen Länder hatte es die Dreifaltigkeit aus Kollaboration, Widerstand im Untergrund und Verfolgung von Minderheiten gegeben;

2 *Encounter,* 120, Sept. 1963.

in vielen Ländern hatte der Krieg bestehende Sozialstrukturen planiert.

Ganz anders in England. Wieder einmal hatte England – zugegeben zusammen mit zwei mächtigen Verbündeten – eine Kontinentalmacht besiegt, die die Hegemonie über Europa an sich reißen wollte; wieder einmal hatte es eine Zeitlang alleine einem Moloch getrotzt und eine drohende Invasion abgewehrt. Und es hatte all dies in Übereinstimmung mit seinen traditionellen, dem gesellschaftlichen Konsensus zugrunde liegenden Werten der individuellen Freiheit, der Demokratie und des Respekts vor der Menschenwürde getan. So stand England 1945 zusammen mit seinem Empire als eine der drei großen Sieger- und Weltmächte einem darniederliegenden Europa gegenüber.

15 bis 18 Jahre später, Anfang der 60er Jahre, hatte sich das Blatt gewendet. Westeuropa, von den Briten inzwischen ‚Europe' genannt, hatte einen einzigartigen, von niemand für möglich gehaltenen wirtschaftlichen Aufschwung hinter sich. Es war dabei, sich politisch zusammenzuschließen und neben den beiden Weltmächten zu einer dritten Kraft zu werden.[3] England hatte dagegen 1947 Indien in die Freiheit entlassen und begann ab 1957 sein restliches Empire zu demontieren.[4] Bis 1963 war ein Großteil des afrikanischen Imperiums von Ghana bis Kenia selbständig geworden. In der Zwischenzeit hatte das Mutterland vergeblich versucht, das Commonwealth als eigenständiges politisches und wirtschaftliches Gebilde zu etablieren[5] und mit Rücksicht darauf alle Offerten, an der Entwicklung der europäischen Gemeinschaft mitzuwirken, abgelehnt. 1961 wurde dieser Versuch als hoffnungslos aufgegeben. Der entscheidende Umschwung kam mit der 10. Commonwealth Prime Minister Conference 1961, auf der es zu schweren Auseinandersetzungen über Südafrikas Apartheid-Politik und zum Austritt Südafrikas aus dem Commonwealth kam. Von nun an bestand der Fundus an Gemeinsamkeiten in den Commonwealth-Ländern vor allem aus den gemeinsamen administrativen Traditionen, der Mo-

3 Hans A. Schmitt, *The Path to European Union* (Baton Rouge 1962); M. Shanks u. J. Lambert, *Britain and the New Europe* (London, New York 1962).

4 Stewart Easton, *The Twilight of European Colonialism: A Political Analysis* (New York 1960); M. B. Brown, *After Imperialism* (London, New York 1963).

5 Patrick Gordon Walker, *The Commonwealth* (London 1962).

narchie und dem Kavallerie-Handbuch. Am 10. August des gleichen Jahres stellte England den Antrag auf Aufnahme in den Gemeinsamen Markt, die Verhandlungen dauerten während des ganzen Jahres 1962, und im Januar 1963 sprach General de Gaulle sein berühmtes ‚non'.

Vorausgegangen war dieser letzten Entwicklung gegen Ende eine immer intensiver werdende Diskussion um die Identität Englands zwischen Commonwealth und Europa einerseits und eine Debatte über das Problem der Modernisierung des Landes andererseits.[6] Zu diesem letzten Problem gab es die unterschiedlichsten Stellungnahmen, die sich letztlich alle an der Alternative orientierten, die Modernisierung entweder für die Rettung vor dem Untergang oder für seine Ursache zu halten. Zwei Bezugspunkte der Diagnose kehren dabei immer wieder: sozialdarwinistische Reflexionen über die Unfähigkeit eines Volkes, sich veränderten Bedingungen anzupassen, und Vergleiche mit dem Niedergang großer Imperien der Geschichte, etwa des spanischen und österreichischen, vor allem aber des Römischen Reiches.[7] So schloß Anthony Sampson sein 1962 erschienenes, äußerst symptomatisches und einflußreiches Buch *Anatomy of Britain*,[8] das für den Beitritt Großbritanniens zur EWG und die Reform seiner Führungsschicht plädierte, mit einem Zitat des Ökonomen, Verfassungsrechtlers und Sozialdarwinisten Walter Bagehot aus dem 19. Jahrhundert:

> Die charakteristische Gefahr für große Nationen wie Römer und Engländer, die eine lange Vergangenheit fortgesetzter Schöpfungen hinter sich haben, ist, daß es ihnen vielleicht nicht mehr gelingt, jene großartigen Institutionen zu verstehen, die sie einst schufen.[9]

Es ist diese ab der zweiten Hälfte der 50er Jahre in England geführte Debatte über das Problem der Modernisierung, die als Leitfaden für die folgenden Überlegungen dienen soll. Hierfür spricht eine geschichtliche Konstellation, deren Bewußtwerdung in den letzten

6 Eine detaillierte Darstellung des Wandels in der öffentlichen Meinung und der Debatte um den Beitritt zum Gemeinsamen Markt bietet Robert L. Pfaltzgraff, *Britain Fans Europe* (Philadelphia 1969).

7 Noch in seinem letzten Artikel über die bevorstehenden Unterhauswahlen von 1983 bemühte Karl-Heinz Wocker die seither etwas abgedroschene Parallele: „Sie (die Briten) bleiben die Römer unserer Tage: Zyniker-Patrioten und Lebenskünstler." In: ‚Keine Chance für die Lady-Killers' in *Die Zeit,* Nr. 21, 20. Mai 1983, S. 6.

8 dt.: *Wer regiert England? Anatomie einer Führungsschicht* (München 1963).

9 *ibid.*, p. 564, Essay über Lord Althorp.

Jahren der englischen historischen Erfahrung eine besondere Relevanz verleiht: Das Problem der Modernisierung stellt sich uns heute angesichts der Grenzen des Wachstums mit einer bisher nicht dagewesenen Dringlichkeit. England ist aber das Pionierland der Modernisierung in Industrialisierung, Finanztechnik und Verfassungsentwicklung gewesen. Die revolutionären Umwälzungen, die diese Modernisierung möglich machten, fanden bereits im 17. Jahrhundert statt.[10] Alle weiteren Modernisierungsschübe konnten von da an in das Anfang des 18. Jahrhunderts entwickelte sozialpolitische System durch Reformen eingebaut werden. Dessen Stabilität wurde befestigt durch die Verschmelzung der neuen Finanz- und Industrie-Eliten mit dem Adel, ein Vorgang, der erst durch die völlige Ausrichtung des englischen Adelserbrechts auf die Primogenitur ermöglicht wurde.[11] Dadurch erhielten sich zahlreiche Züge einer traditionellen Gesellschaft. Hierzu gehört vor allem die Tradition einer zivilen liberalen Humanität. In den 50er Jahren nun wurde England nach seinem eigenen Bewußtsein zum ersten Male im Prozeß der Modernisierung von anderen Nationen nachhaltig und entscheidend überholt. Zum ersten Mal stellt sich das Problem als eine Wahl zwischen Zivilisation und English Way of Life einerseits und Modernität andererseits.

Vor dem Hintergrund dieser Problemkonstellation werden im folgenden vor allem die Kontraste und Parallelen zu Deutschland und weniger die zur späteren englischen Entwicklung betont. Naturgemäß sollen dabei mehrere Aspekte beleuchtet werden. Die weiteren Ausführungen entsprechen einer groben Gliederung mit folgenden vier Stichworten: Datierung – Aspekte der Diskussion – zwei literarische Positionen – Folgerungen.

10 Gemeint ist die Englische Revolution 1641–1660, die Glorious Revolution von 1688 und die daraufhin einsetzende Entwicklung des Parlamentarismus, des Zwei-Parteien-Systems, die Entfaltung des Pressewesens mit der Erklärung der Pressefreiheit von 1694, die Gründung der Bank of England 1696, die Eröffnung der Börse 1698 und die darauffolgende Entwicklung neuer Finanztechniken, die mit den technischen Erfindungen die Industrialisierung in der 2. Hälfte des 18. Jhdts. ermöglichten. Vgl. I. Roots, *The Great Rebellion* (London 1966); D. Hill, *The Century of Revolution* (Edinburgh 1961); P. G. M. Dickson, *The Financial Revolution in England* (London 1967).

11 vgl. J. H. Plumb, *The Growth of Political Stability in England 1675–1725* (London 1967).

Datierung

In einem unlängst erschienen Buch über die Nachkriegszeit[12] präsentiert der Historiker Andreas Hillgruber die Zeit von 1945 bis 1963/64 als eine Einheit, die sich sowohl von der Zeit der Weltkriege als auch von der um die Mitte der 60er Jahre einsetzenden Gegenwart deutlich unterscheidet. Denn ab Mitte der 60er Jahre trat nach Hillgruber die deutsche Frage als Hauptthema des Ost-West-Konflikts zurück. Stattdessen trat ein umfassender Nord-Süd-Konflikt hinzu, der mit der Ost-West-Auseinandersetzung so interferierte, daß diese eine neue globale Qualität annahm. Hinzu kamen Regierungswechsel in Amerika, der Sowjetunion und vielen europäischen Ländern. Und schließlich folgte ab Mitte der 60er Jahre die Studentenrevolte, die viele der bis dahin gültigen Selbstverständlichkeiten in Frage stellte. Verengt man diese Perspektive auf Großbritannien, so stellt man fest, daß die Einteilung insgesamt bestätigt wird, aber weiterer Unterteilung bedarf.

Als zwischen dem 7. Juli und 2. August 1945 die Potsdamer Konferenz im Cäcilienhof tagte, erschien zu Stalins Verblüffung zur Sitzung am 29. Juli nicht mehr Churchill, sondern Attlee; denn am 5. Juli hatte die Labour Party die Unterhauswahlen gewonnen und stellte die Regierung bis 1951. Diese Wahlniederlage des siegreichen Kriegsführers Churchill mag aber nur für den ausländischen Beobachter verblüffend und als typisch englisch verbucht worden sein. In Wirklichkeit war sie nicht so erstaunlich, denn beide Parteien – Konservative und Labour – waren ja während des Krieges unter Churchill als Koalitionspartner in der Regierungsverantwortung gewesen. Und beide Parteien – aber die Konservativen noch mehr als Labour – hatten sich vor dem Krieg desavouiert. Labour hatte zwar antifaschistische Propaganda betrieben, gleichzeitig aber für Abrüstung agitiert. Aber sie war in der Opposition gewesen. Die Konservativen hingegen hatten in der Regierung appeasement-Politik betrieben,[13] und einzelne Mitglieder hatten sogar zeitweise ein gewisses Verständnis für die Nazis erkennen lassen. Von ihnen hatte sich Churchill in einer sehr lautstarken Kampagne abgesetzt und vor den Nazis gewarnt.[14] Als er dann nach Ausbruch des

12 A. Hillgruber, *Europa in der Weltpolitik der Nachkriegszeit 1945–1963* (München/Wien 1981).

13 A. L. Rowse, *Appeasement: A Study in Political Decline:* 1933–1939 (London 1961).

14 W. Churchill, *The Second World War.* Vol. I (London 1949).

Krieges die Regierung bildete, wurde er weniger als Tory als vielmehr als über den Parteien stehend angesehen. So war es denn für die englische Wählerschaft durchaus möglich, den Mann zu verehren und gegen seine Partei zu stimmen. Hier zeigt sich ein gewisses Muster: Auch de Gaulle ging bereits 1946, aber wie für ihn sollte es auch für Churchill ein come-back geben.

Von 1945 bis 1951 regierte also Labour unter Attlee; und sie schuf in diesen sechs Jahren das England der 50er Jahre durch eine Reihe tiefgreifender sozialer Reformen, die auch für England den Wohlfahrtsstaat einführten. Die Bank von England, die Kohle- und Stahlindustrie, Gas- und elektrische Kraftwerke wurden verstaatlicht und das öffentliche Gesundheitswesen wurde geschaffen, das jedem Briten und ausländischen Besucher freie medizinische Versorgung bescherte, die durch eine obligatorische Sozialversicherung finanziert wurde. Zugleich wurden umfassende Wohnungsbauprogramme durchgeführt und die Klassenschranken im Erziehungswesen durch die Weiterentwicklung des Schulsystems und die Schaffung neuer Universitätsplätze abgebaut.[15]

Die Verstaatlichung und die Schaffung des Wohlfahrtsstaates waren Teile des alten Labourprogramms. Was den Wohlfahrtsstaat betraf, gab es keine tiefgreifenden Differenzen mit den Konservativen. Anders war es bei der Verstaatlichung. Hier gab es dann die inzwischen auch bei uns bekannten Rede- und Zeitungsschlachten über die Notwendigkeit der Verstaatlichung der Schlüsselindustrien einerseits und die Gefahren eines bürokratischen Wirtschaftsdirigismus andererseits. Die Durchführung all dieser Programme forderte erhebliche finanzielle Opfer, die mit den wirtschaftlichen Kriegsfolgen zusammentrafen. Hier – bei den Kriegsfolgen – ist vor allem an die Umstellung der Industrie auf Kriegsproduktion, den Verlust vieler Märkte an die USA und – sozusagen als Friedensfolge – an das Ende der land-lease-Hilfe zu denken. Deshalb werden die sechs Jahre von 1945 bis 1951 in englischen historischen Standardwerken auch oft als ‚age of austerity' bezeichnet.

15 Vgl. hierzu P. H. Andy und C. D. H. Worsick (eds.) *The British Economy 1945–1950* (Oxford Univ. Press 1952); R. Kelf Cohen, *Nationalisation in Britain* (London 1958); A. Shonfield, *British Economic Policy Since the War* (Harmondsworth, Penguin, 1958); R. Titmuss (ed.), *Essays on the Welfare State* (London 1958); H. C. Dent, *Growth in English Education, 1946–52* (London 1954); W. O., Lester Smith, *Education* (Harmondsworth, Penguin, 1955).

Dies war also eine Zeit, in der England einen tiefgreifenden Wandel durchmachte, ohne es eigentlich zu bemerken. Zur Einführung des Wohlfahrtsstaates kamen die Umstellung der Industrie nach dem Krieg auf die eigentlich modernen Industriesektoren der Elektro-, Auto- und chemischen Industrie und die Entlassung des Kronjuwels des Empire, nämlich Indiens, in die Unabhängigkeit.

Als das Unterhaus nach dem Wahlsieg von Labour 1945 zum ersten Mal zusammentrat, hatten die Tories beim Auftritt des besiegten Churchill zwar ‚For he's a jolly good fellow!' gesungen, aber die Labour-Abgeordneten hatten mit ‚The Red Flag' repliziert. Das geschah in dem Gefühl, daß Großbritannien Seite an Seite mit dem verbündeten Rußland ein sozialistisches Europa zu neuen Ufern des Wohlstands und des Friedens führen würde. So war es dann umgekehrt nicht verwunderlich, daß zusammen mit dem sich ab 1948, der Berlin-Blockade und der Natogründung 1949 verschärfenden Kalten Krieg eine Art revival der Konservativen einsetzte. Die Maschinerie der Wirtschaftsplanung, die die Labourregierung aus der Kriegszeit geerbt hatte, schien mit der von ihr selbst langsam inaugurierten Erholung immer weniger plausibel zu werden. Die nationalisierten Industrien produzierten Defizite, die der Steuerzahler finanzieren mußte, so daß die Tories die Verstaatlichung von Kohle und Stahl auch gleich nach ihrem Regierungsantritt rückgängig machten. Hinzu kamen monetäre Probleme, die durch einen Mangel an Goldreserven, die Konvertibilität der Ziehungsrechte der Empfänger von Marshallplanhilfe in Dollars und Handelsbeschränkungen der USA verursacht wurden. Im September 1949 wurde das Pfund abgewertet, und danach konnte, wie es hieß, nichts mehr wie früher sein. Zwar gewann Labour noch eine Wahl – 1950 –, aber im Oktober 1951, nach dem Ausbruch des Korea-Kriegs, gewannen die Tories die Unterhauswahlen. Und nun begann über eine Dekade relativer Prosperität unter den Tories, nicht unähnlich der Adenauer-Ära in der Bundesrepublik Deutschland. Die Konservativen regierten 13 Jahre bis 1964, erst unter Churchill, dann kurze Zeit unter Eden und schließlich unter Macmillan, genannt Super-Mac, der den Wahl-Slogan erfand: ‚You never had it so good', und schließlich noch kurz unter Douglas-Home.

Die letzten Jahre aber waren zugleich gekennzeichnet von einem Gefühl der Krise und der Stagnation, wie sie durch die Auflösung des Empire, den vergeblichen Eintrittsversuch in die EWG, den sogenannten Profumo-Skandal 1962 und Veröffentlichungen mit Titeln wie ‚Suicide of a Nation' markiert wurden. Die 50er Jahre in England reichten also von 1951 bis 1962/63. Sie werden genau in der Mitte gehälftelt durch das Krisenjahr 1956. Es ist dies das Jahr des Ungarnaufstands, der Suezkrise und der Erstaufführung jenes Stücks, das zugleich mit der von ihm repräsentierten Stimmung rebellischen Mißmuts die Erneuerung des englischen Theaters einleiten sollte: John Osbornes *Look Back in Anger.*

Die Suez-Krise unter dem glücklosen Nachfolger Churchills, Anthony Eden, wurde ausgelöst durch Nassers Verstaatlichung des Suez-Kanals, mit der dieser die wegen seiner prosowjetischen Politik weggefallene westliche Hilfe beim Bau des Assuan-Staudamms ersetzen wollte. Franzosen und Engländer drohten mit der Anwendung von Gewalt, als die Israelis, die Gunst der Stunde nutzend, ihrerseits Ägypten angriffen, worauf Franzosen und Engländer von beiden kriegsführenden Parteien ultimativ die Einstellung aller Kampfhandlungen forderten. Als Nasser sich weigerte, folgte die anglo-französische Intervention, die aufgrund sowjetischen und amerikanischen Drucks in einem kläglichen Rückzug endete. Die ganze Affäre mit ihrer Aura eines sterbenden und ohnmächtigen Kolonialismus zeigte der englischen Öffentlichkeit, daß die Tage Englands als Kolonial- und Weltmacht der Vergangenheit angehörten. Eden trat wenig später aus Gesundheitsgründen zurück, und es folgte die Ära Macmillan, während derer die Demontage des Empire begann. Damit teilen sich die konservativen 50er Jahre in das Kabinett Churchill in der ersten Hälfte und die Regierung Macmillan in der zweiten Hälfte mit der Regierung Eden als Halbzeit.

Aspekte der Diskussion

Diese Teilung läßt sich auch im intellektuellen Klima mit Blick auf das Problem der Modernisierung feststellen. Zuerst einmal zehrte man von dem moralischen Kapital, das die ganze Nation durch ihre Opfer im Kriege angesammelt hatte. Man fühlte, daß Europa, ja, die ganze Zivilisation, in Englands Schuld stand. Dies ist wohl der Grund dafür, daß England während der ganzen 50er Jahre vom kontinentalen Existentialismus wenig beeinflußt wurde, wie er im Anschluß an die deutschen philosophischen Vorläufer vor allem von Sartre und Camus formuliert wurde und in ihren Dramen und im Drama Becketts und Ionescos poetische Gestalt erhielt. Da England während des Kriegs nicht besetzt war, waren auch nicht die Voraussetzungen für jenes Klima aus Absurdität und moralischer Isolierung zwischen Kollaboration und Widerstand geschaffen worden, das das Pathos des Existentialismus einfärbte. Philosophisch herrschte stattdessen die sprachanalytische Philosophie. Der größte Einfluß wird hier Ludwig Wittgenstein eingeräumt, der bis 1951 in Oxford lehrte und dessen nachgelassene Papiere in den 50er Jahren veröffentlicht wurden, und John Austin, der bis 1960 White's Professor of Moral Philosophy ebenfalls in Oxford war. Sie begründeten bereits in den 30er Jahren die sogenannte ordinary language philosophy, die aber ihre volle Wirkung erst in den 50er Jahren entfaltete.[16] Diese im kantischen Sinne kritische Philosophie, die die Logik der Alltagsrede untersuchte, wollte alles lassen, wie es ist, und war gleichermaßen weit entfernt von den poetischen Emphatisierungen der Existentialisten und den historischen Perspektiven der späteren Neuen Linken. Einen guten Einblick in das Klima dieser Philosophie vermittelt Tom Stoppards Stück *Jumpers,* das die Ineffektivität der Oxforder geistigen Akrobaten – daher der Titel – einer technokratisch-faschistischen Machtübernahme gegenüberstellt.[17] Eine Ausnahme der Insularität bildet übrigens die Schriftstellerin Iris Murdoch, die stark von Sartre beeinflußt war und in ihrem Roman *Under the Net* (1954) Wittgenstein und Sartre ins Gespräch zu bringen suchte. Die eigentliche klimatische Wende aber kam 1956/57. 1957 schaffte England mit dem sogenannten Sandys White Paper die Wehrpflicht ab und verschrieb sich der Doktrin massiver nuklearer Vergeltung. Die Folge war eine breite Antiatomkriegskampagne, die sogenannte ban-the-bomb-Bewegung. Aus ihr ging der Keim einer neuen Linken hervor. 1960 wurden nach Verschmelzung verschiedener Oxforder Universitätszeitschriften *The New Left Review* gegründet, in dessen Herausgebergremium Doris Lessing, Edward Thompson und Raymond Williams saßen. Zum engeren Kreis gehörte auch Michael Foot, der in der Zeitschrift die Nato, die EWG und Gaitskell an-

16 BB. Williams und A. Montifiore (eds.), *British Analytical Philosophy* (London 1966). Eine berühmt gewordene Kritik an der sprachanalytischen Philosophie entwickelte E. Gellner, *Words and Things* (London 1959).

17 Vgl. D. Schwanitz, "The Method of Madness: Tom Stoppard's Theatrum Logico-Philosophicum", in: H. Bock/A. Wertheim (eds.), *Essays on Contemporary Drama* (München 1981), pp 131–154.

griff. Gegen diese Gruppe gründeten dann 1960 bereits einige Mitglieder des eingangs erwähnten Hampstead Set zusammen mit der Sekretärin der Fabian Society, Shirley Williams, die sogenannte Campaign for Democratic Socialism (CDS). Die Serie *New Left Books* wurde mit dem bezeichnenden, von Thompson herausgegebenen Titel *Out of Apathy* (1960) begonnen. Symptomatisch aber für den spezifisch englischen Diskussionszusammenhang dieser Zeit und die Stellung der Neuen Linken in ihm ist das Werk von Raymond Williams. Sein 1958 erschienenes Buch *Culture and Society* deutet schon im Titel an, daß er das Problem des neuen Modernisierungsschubes nicht so sehr als bloß ökonomisch, sondern als eines der Kultur begreift. Deswegen knüpft er nicht an die marxistischen Klassiker, sondern an die englische sozialistische Tradition von Cobbett über Owen, den sozialen Roman, Shaw, die Fabier, Lawrence bis Orwell an und beschließt sein Buch mit einer Diskussion der neuen Massenkultur. Ihm geht es dabei um – so die Überschrift seines letzten Kapitels – die Entwicklung einer alle Schichten umfassenden Kultur. Diese Betonung der Kultur durch Williams und Teile der neuen Linken legt folgende Schlüsse nahe: Die in den 50er Jahren erfolgende tiefgreifende Veränderung der Sitten und der alltäglichen Lebensführung, die zugleich durch den Wohlfahrtsstaat, die Konsumgesellschaft, die Ausweitung der Medien[18] und einen weiteren Technisierungsschub bewirkt wurde, wird in England stärker als auf dem Kontinent als Kulturrevolution erlebt, und dies, obwohl sie hier wie dort im wesentlichen denselben Linien folgt. Man braucht deshalb nur ein paar Stichworte zu nennen wie sexuelle Permissivität,[19] Mechanisierung von Küche und Haushalt, Tiefkühl- und Konservenkost, Nylon- und Wegwerfwaren, Verpackungs- und Reklame-Industrie, Rundfunk und Fernsehen, um verständlich zu machen, was gemeint ist.[20] Auf dem Kontinent aber war diese Kulturrevolution Teil des Wiederaufbaus und setzte sich durch gegenüber einer bankrotten Kultur der Väter. In England hingegen trafen diese Veränderungen auf eine vom Faschismus nicht gebrochene Überlieferung traditioneller Werte. Und

18 1959 gab es den ersten Fernsehwahlkampf der englischen Geschichte.

19 Ein Symbol für den zusammenbrechenden Widerstand der Konservativen war, daß 1960 D. H. Lawrences *Lady Chatterley's Lover* freigegeben wurde.

20 S. H. Hopkins, *The New Look. A Social History of the Forties and Fifties in Britain* (London 1963) und B. Martin, *A Sociology of Contemporary Cultural Change* (Oxford 1981).

hier gibt es Berührungspunkte zwischen links und rechts. Konnte die Neue Linke auf ihre eigene Tradition zurückgreifen, so bezog man sich auf konservativer Seite auf die Werte der Gentleman- und Amateur-Kultur und der Tradition der Public Schools und der beiden alten Universitäten, von den Engländern in der Regel zu ‚Oxbridge' kontaminiert. Beide Traditionen aber waren letztlich literarisch und humanistisch und rüsteten ihre Anhänger mit einer gehörigen Portion Skepsis gegenüber den neuen Typen des Technokraten und Managers aus. Hier hatte die konservative Variante die frühen 50er Jahre determiniert. Eigenartig dabei ist, daß frühere Vertreter der Avantgarde wie Eliot zum Doyen und Elder Statesman – dies der Titel eines seiner Stücke – des Kulturkonservativismus werden konnten. Seine Betonung der Tradition und sein gepflegter Anglo-Katholizismus kamen ähnlich der konservativen Grundstimmung der Zeit entgegen wie die Romane Evelyn Waughs, die die traditionellen Tugenden betonten.

Dann aber, Mitte der 50er Jahre, wird das Bild differenzierter. Im folgenden sollen einige Aspekte aus den verwirrenden Details und unübersichtlichen Frontstellungen herausgefiltert und idealtypisch vereinfacht werden.[21]

a) Am deutlichsten aufgenommen, reflektiert und begrüßt wurden die genannten Änderungen in der Kunst, die die 60er Jahre beherrschen sollte, nämlich der sogenannten pop-art.[22] Das Geburtsjahr ist auch hier 1956. In einer Ausstellung mit dem Titel ‚This is To-morrow' wurde das erste Exemplar der pop-art, nämlich Richard Hamiltons Collage ‚Just What is it that Makes Today's Homes so Different, so Appealing?' gezeigt. Die sogenannte ‚independent group' von Künstlern (Hamilton, Peter Blake, David Hockney) war hier vor allem der Reklame, den Comics, den Katalogen und den Girlie Magazines verpflichtet, und Hamilton formulierte ihr Credo, wenn er sagte, die angestrebten Qualitäten seien ‚popularity, transience, expendability, wit, sexiness, gimmickry,

21 Da ein Gutteil der Debatte zur Lage Englands sich auf die Beziehung zwischen Kultur und Technokratie bezieht, steht sie in thematischem Zusammenhang mit Problemstellungen, die durch den Positivismusstreit und die Kritische Theorie aufgeworfen wurden, auf die in diesem Zusammenhang aber nicht eingegangen werden kann. Für eine Bewertung unter Weitwinkelperspektive s. G. Lichtheim, *Europe in the Twentieth Century* (N.Y. 1972), Kap. 14c: 'Technocracy and Democracy'.

22 Vgl. E. Lucie-Smith, *Movements in Art Since 1945* (London 1969).

and glamour'.[23] Hier findet man dann auch eine uneingeschränkte Hinnahme dessen, was man als Amerikanisierung bezeichnete.

b) Diese Amerikanisierung, die sich unter konservativen Regierungen während der 50er Jahre vollzog, bot zugleich konservativen Kulturkritikern Anlaß zu Weltuntergangsvisionen. Zwei Probleme stehen dabei im Vordergrund: 1. die Massenkultur mit ihrer Kombination aus Proletarisierung, Trivialisierung, Sport, Wohlfahrt, Libertinage und Niedergang des Empires. Das mußte zu Vergleichen mit dem dekadenten Rom herausfordern; 2. die neuen Führungstechniken und -eliten in Politik und Wirtschaft, denen man sich nur widerwillig anpassen wollte. Gemeint ist vor allem die sogenannte ‚managerial revolution'. Beide Punkte werden in historischen Handbüchern unter alliterierenden Formeln wie ‚mediocrity and meritocracy' – Mittelmäßigkeit und Meritokratie – zusammengefaßt. Dieser für die konservativen Eliten so bedrohliche Begriff der Meritokratie – und das ist ein bedeutsamer Unterschied zu den deutschen Konservativen – wäre vielleicht am besten mit Leistungsgesellschaft wiederzugeben, die ja bei uns gerade von konservativer Seite verteidigt wird. Der Begriff wurde durch einen Essay von Michael Young popularisiert, der aus der Perspektive des Jahres 2034 geschrieben ist.[24] Er schildert die Ausweitung des nur auf Leistungen basierenden Erziehungssystems, bis die Ausgesiebten durch die ständigen Hinweise auf ihre Unterlegenheit so erbittert sind, daß sie eine Revolte beginnen. Auch dieser Essay ist vielleicht durch die Entwicklung seit den 50er Jahren interessanter geworden.

c) Gegen den konservativen Kult des Dilettantismus und der literarischen Bildung wandten sich Kritiker wie der zitierte Anthony Sampson, die den Widerstand gegen weitere Modernisierung als die Unfähigkeit oder mangelnde Bereitschaft der alten englischen Eliten auslegten, notwendige Veränderungen durchzuführen oder sich ihnen gar nur anzupassen. Diese Kritik an der Politik von Gentlemen-Amateuren hatte angesichts der Krisen des Kapitalismus bereits Shaw vorgetragen und den Briten mangelnden Sinn für Technizität und Professionalismus vorgeworfen.[25] Aber Shaw galt

23 Zit. nach E. L. Smith, "The Other Arts" in: C. B. Cox u. A. E. Dyson, *The Twentieth Century Mind* (Oxford U. Pr. 1972), p. 470.

24 *The Rise of the Meritocracy,* dt. *Es lebe die Ungleichheit. Auf dem Wege zur Meritokratie* (Düsseldorf 1961).

25 Vgl. D. Schwanitz, *G. B. Shaw: künstlerische Konstruktion und unordentliche Welt* (Frankfurt/M. 1971).

als Ire, der zu Übertreibungen neigte. Einen neuen Impuls erhielt diese Kritik nun Ende der 50er Jahre durch die von C. P. Snow ausgelöste Debatte der sogenannten Two Cultures, nämlich der technisch-naturwissenschaftlichen und der literarischen Kultur.[26] Snow war Wissenschaftler und Schriftsteller, und er hatte seit den dreißiger Jahren formal sehr konventionelle Romane geschrieben, in denen auch Wissenschaftler und ihre Welt dargestellt wurden.[27] In seiner berühmten Rede-Lecture von 1959 über die zwei Kulturen wies er darauf hin, daß die wissenschaftliche Forschung in der literarischen Kultur Englands viel zu wenig zur Kenntnis genommen würde. Ebenso wurde nun von anderen Kritikern allenthalben das mangelnde Ansehen und die mangelnde Ausbildung der englischen Wissenschaftler, Techniker, Manager und Ingenieure im Vergleich zu den USA und der Sowjetunion beklagt.[28].

Demgegenüber fochten die Vertreter dessen, was Aldous Huxley ‚literarism' nannte, unter der Führung des Literaturkritikers F. R. Leavis ein Rückzugsgefecht, in dem sie die Universalität der literarischen Bildung gegen die Gefahren des Spezialistentums beschworen.[29] Es ist bemerkenswert, daß ein theoriefeindlicher kon-

26 C. P. Snow, *The Two Cultures and the Scientific Revolution* (Cambridge 1959), ebenfalls in *Encounter* 69, June 1959 und *Encounter* 70, July 1959. Diskussion von Snows Thesen in *Encounter* 71, August 1971, durch A. C. B. Lovell, Walter Allen, Sir John Cockcroft, Bertrand Russell, Michael Ayrton, J. H. Plumb, David Riesman. Zu Leavis' Gegenposition s. Leavis, *Two Cultures? The Significance of C. P. Snow, with an Essay on Sir Charles Snow's Rede Lecture by Michael Yudkin* (London 1962); F. R. Leavis (ed.), *A Selection from Scrutiny,* 2 Bde (Cambridge u. New York 1968); ders., ‚Literarism' versus ‚Scientism', in: *The Times Literary Supplement,* 23 April 1970.

27 Vor allem *The Search* (1934) sowie die beiden Romane *The Masters* (1951) und *The Affair* (1960), die dem großen Romanzyklus *Strangers and Brothers* angehören, in dem es auch um große Politik und Atombewaffnung geht (*Corridors of Power* /1960/).

28 vgl. M. Shanks, *The Stagnant Society* (London 1961); A. Hill und A. Whichelow, *What's Wrong with Parliament?* (London 1964); R. Malik, *What's Wrong with British Industry?* (London 1964).

29 In gewisser Hinsicht reproduzierte diese Debatte eine Opposition, die bereits einmal in der zweiten Hälfte des 19. Jhdts. durchgespielt worden war. Repräsentativ hierfür waren die Positionen von Matthew Arnold auf der einen und T. H. Huxley auf der anderen Seite. Der Dichter Arnold, Professor für Dichtung in Oxford, war von 1851 bis 1886 Schul-Inspektor. In seinem einflußreichen Essay *Culture and Anarchy* von 1867/68 beschwor er das Idealbild einer aufgeklärten christlich-klassischen Bildung als Bollwerk gegen den Ungeist der modernen Ökonomie und die mit ihm verbundene

servativer Vertreter des ‚Cambridge humanism' wie Leavis auf derselben Seite kämpfte wie später die Vertreter der kritischen Theorie, die allerdings auf theoretisch wesentlich fundiertere Weise die Technologie als Ideologie zu entlarven suchten. Abgesehen davon, daß diese Debatte in England sehr viel früher als bei uns geführt wurde, demonstriert sie auch, daß dort die Literatur und Literaturkritik als ‚criticism of manners and morals'[30] im öffentlichen Diskurs, der wesentlich weniger akademisiert ist, weitgehend die Funktion hat, die in Deutschland der akademischen Theorieproduktion zukommt.

d) Der literarische Protest selbst richtete sich naturgemäß nicht gegen die konservative Betonung der literarischen Kultur, sondern gegen deren angebliche Obsoletheit. Am spektakulärsten – im wahrsten Sinne des Wortes – war die Veränderung im Bereich des Dramas. Die frühen 50er Jahre wurden noch von Importen aus Amerika, dem Versdrama von Christopher Fry und Eliot und traditionellen Technikern wie Noel Coward und Terence Rattigan beherrscht. Dann wurde 1955 *Waiting for Godot* aufgeführt. 1956 besuchte das Berliner Ensemble London, der Theaterkritiker Kenneth Tynan inszenierte einen wahren Werbefeldzug für Brecht, und Osbornes *Look Back in Anger* wurde im Royal Court Theatre uraufgeführt. Im gleichen Jahr kam mit Arnold Weskers *The Kitchen* das Stück eines engagierten sozialistischen Dramatikers heraus, der später mit seinem ‚Center 42' ein großangelegtes Experiment entwickelte, Kultur für das Volk zu schaffen.[31] Man sieht die Berührungspunkte zur Neuen Linken. Und plötzlich, als ob ein Durchbruch erzielt worden wäre, gab es eine Sturmflut junger Ta-

Koalition von Barbaren, Philistern und Plebs. T. H. Huxley wurde als Propagandist von Darwins Evolutionstheorie bekannt und warb als Präsident der Royal Society und Mitglied der Londoner School Board in zahlreichen Schriften für die Einführung einer naturwissenschaftlichen Erziehung. Es stellt eine gewisse Ironie dar, daß die Mutter von Huxleys Enkelkindern Sir Julian und Aldous Huxley eine Nichte von Matthew Arnold war, und daß Aldous Huxley mit *Brave New World* eine der schärfsten Kritiken des Szientismus und der Amerikanisierung geschrieben hat, wobei die schärfste Waffe des Widerstands bezeichnenderweise Shakespeares Werke darstellen. In der genannten Debatte war Huxley allerdings auf Seiten Snows.

30 s. etwa L. Trilling, *The Liberal Imagination. Essays on Literature and Society* (Garden City N. Y. 1954).

31 F. Coppieters, „Arnold Wesker's Theatre Fortytwo: A Cultural Revolution Betrayed", *Theatre Quarterly* 5/18 (1975), 37–54.

lente im britischen Drama, die Literaturkritiker zu Büchern mit Titeln wie *The Second Wave* veranlaßten.[32] Sie zeigten – wie sollte das auch anders sein – Verschiedenheiten, die von dem Brechtianer Arden über den absurden Pinter zum grausamen Bond reichten, aber sie hatten gegenüber der früheren Generation etwas gemeinsam, was ihnen den durch Osbornes Stück popularisierten Titel ‚Angry Young Men' eintrug.[33] Dazu wurden dann auch Romanciers wie John Wain *(Hurry on Down)*, Kingsley Amis *(Lucky Jim)*, John Braine *(Room at the Top)* und Allan Sillitoe *(Saturday Night and Sunday Morning)* gezählt, von denen die ersten beiden ihre Romane schon vor 1956 veröffentlicht hatten. Was ihnen allen gemeinsam ist, ist die Frontstellung gegenüber einem gepflegten konservativen Kulturverständnis, selbst wenn es sich dabei um ein aus Bloomsbury stammendes avantgardistisches Interesse an Formexperimenten handelt. Deshalb ist die von ihnen produzierte Literatur auch formal manchmal weniger innovativ als die Literatur des sogenannten high modernism von Joyce, Eliot, Woolf oder Auden. Stattdessen pflegen diese Autoren alle einen ruppigen Ton, zeigen proletarische Milieus und stammen selbst häufig entweder aus dem Jewish East End von London oder kommen aus der ersten Generation der neuen kleinbürgerlichen Universitätsabsolventen nach der Ausweitung des Erziehungswesens. Ihr Protest aber richtet sich dabei weitgehend gegen die abgelebte sophistication und gepflegte Oberklassen-Kultiviertheit der literarischen Tradition, die ihnen ebensoweit von der neuen Wirklichkeit der Moderne entfernt zu sein schien wie den technokratisch und ökonomisch orientierten Kritikern die traditionellen Eliten überhaupt.[34]

Dies sind Züge einer spezifisch englischen Konfrontation von Altem und Neuem. Der Unterschied zu Westeuropa bestand darin, daß das Alte noch wesentlich lebendiger und vitaler war. Das lag daran, daß die englische Tradition nicht durch den Faschismus kompromittiert und das Land nicht besetzt gewesen war. Dies ist kurz an zwei typischen literarischen Oeuvres näher zu zeigen.

32 John Russel Taylor, *The Second Wave. British Drama in the Sixties* (London 1978).

33 s. H. F. Plett, *Englisches Drama von Beckett bis Bond,* UTB (München 1982).

34 s. R. Weimann, ,,Die Literatur der ‚Angry Young Men'. *Zeitschrift für Anglistik und Amerikanistik* (1959), 117–189.

Zwei literarische Positionen

Ein Symptom für die Stärke des traditionellen Patriotismus auch auf der Ebene des Trivialen war die außerordentliche Beliebtheit des Spionageromans, wie er von Ian Fleming, John le Carré (D. J. M. Cornwell) und Len Deighton in Anknüpfung an die Tradition von John Buchan, Sapper, Somerset Maugham und E. Ambler weiterentwickelt wurde. Von diesen drei war Fleming mit seinen James-Bond-Romanen der früheste, populärste und primitivste, und die Renaissance dieser Literaturgattung beginnt 1953 mit der Veröffentlichung seines *Casino Royale.* Bond ist ausgesprochen patriotisch, politisch rechts, ein Gegner des Wohlfahrtsstaats und ein Bewunderer der Public Schools. Überall in Flemings Werk findet sich die Hochachtung vor den männlichen spartanischen Tugenden, der Festigkeit des Muts und der physischen Courage, die auch in den Public Schools gepflegt wurde nach dem Motto, 'that the Empire was won on the playing grounds of Eton'. Dabei ist es bezeichnend, daß Fleming selbst Eton-Schüler war und zu jenem Ordner-Club mit dem Namen Pop gehörte, dessen Mitglieder Prügel- und Geldstrafen verhängen dürfen. (Der Headmaster von Eton in den 50er Jahren war übrigens Robert Birley, der den Wiederaufbau des Erziehungswesens in Deutschland nach dem Krieg beeinflußte.) Darüber hinaus bedient sich Fleming, wie Umberto Eco nachgewiesen hat,[35], des literarischen Formelarsenals des Schauerromans, der großen viktorianischen Feuilletons und der Dekadenz, um mit der viktorianischen Weltanschauung ein nostalgisches Gefühl vom auserwählten Britentum zu beschwören. Gleichzeitig wird in den frühen Romanen Englands Machtverfall völlig ignoriert. Von *Casino Royale* (1953) bis *Goldfinger* (1959) figuriert England und darin sein Geheimdienst und darin wiederum James Bond als der Hauptgegner der Russen. Auch die sogenannte ‚special relationship' zwischen den USA und England, mit Großbritannien als Juniorpartner, wird in Flemings Romanen umgedreht: In *Live and Let Die* (1954), in dem Bond dem amerikanischen Geheimdienst unterstellt ist, und in *Diamonds are Forever* (1956), das zum größten Teil in den USA spielt, ist es Bond On Her Majesty's Service, der die großen Siege erringt; und in *From Russia with Love* wird ausdrücklich betont, daß England noch immer

35 U. Eco, „Die Erzählstrukturen bei Ian Fleming", in: J. Vogt, *Der Kriminalroman* I (München 1971), 250–293.

die Hauptlast bei der Verteidigung des Westens trägt. Sein Secret Service ist der beste. Die Russen haben dafür nur eine Erklärung: die Tradition der Public Schools und der Elite-Universitäten.

Die Wende kam genau 1960 mit der Sammlung von Geschichten mit dem Titel *For Your Eyes Only,* in der Bond konsequenterweise nur noch am Rande vorkommt. Fleming hatte eine Weltreise unternommen und festgestellt, daß Englands Einfluß zurückging. Zugleich ging der Kalte Krieg seinem Ende entgegen. So wie in England und später auch in Deutschland mit der Entspannung die konservativen Regierungen gegen sozialdemokratische ausgewechselt wurden, so wechselte Fleming in der Anlage seiner Geschichten die Gegner aus. Nun war nicht mehr die sowjetische Terrororganisation SMERSH der Hauptfeind, sondern professionelle, unabhängige Gangsterorganisationen wie Spectre mit ihrem Boss Blofeld *(Thunderball, On Her Majesty's Secret Service, You Only Live Twice).* Flemings Romane der 60er Jahre unterscheiden sich daher deutlich von denen der 50er, in denen England als erste Weltmacht den Kampf gegen einen totalitären Gegner so weiter führt, als ob es keine Änderung in der Machtkonstellation gegeben hätte.

Es ist noch immer die Bürde der Zivilisation, eine Variante von Kiplings ‚the white man's burden', die England mit der klaglosen Ataraxie seiner Oberklasse trägt. Es ist dies jene stoische Klaglosigkeit, die in England selbst mit der Formel ‚stiff upper lip' umschrieben wird.[36]

Eine andere realistischere und differenziertere literarische Reaktion auf diese Haltung bietet Osbornes zweites Stück *The Entertainer* von 1957.[37] Der Titelheld, Archie Rice, übt den Beruf eines Music-Hall-Komödianten und Conferenciers aus. Das ermöglicht ein formales Arrangement, in dem zwei theatralische Rahmen, die zugleich miteinander verflochten sind, alternieren: In dem eigentlichen Stück wird die Desintegration von Archies Familie, bestehend aus drei Generationen, seinem Vater, ihm selbst und seinen Kindern, vorgeführt. Die Szenen dieses Stückes sind aber arrangiert wie ein Varietéprogramm und werden durch Einlagen des Conferenciers Archie unterbrochen. Im Verein mit der Drei-Ge-

36 Es gibt sogar einen Kriminalroman dieses Titels. Vgl. Peter Israel, *The Stiff Upper Lip* (New York 1978).

37 vgl. D. Schwanitz, „John Osborne: The Entertainer – und John Osborne, the entertainer". In: H. F. Plett, *op. cit.*, pp. 100–117.

nerationen-Struktur der Familie kann Osborne durch dieses Arrangement der mit ihm evozierten Zeiterstreckung drei thematische Reihen zuordnen: den Verfall der Familie, den Verfall der Music-Hall und den Verfall des Landes und des Empire. Dabei werden von den Familienmitgliedern symptomatische Positionen vorgeführt: Der Sohn Mick fällt, als er 1956 auf Zypern für das Empire kämpft; Sohn Frank ist Wehrdienstverweigerer, geht ins Gefängnis und entschließt sich später zur Auswanderung nach Canada; und Tochter Jean demonstriert auf dem Trafalgar Square zivilen Ungehorsam. Das ist die Generation, die in den 50er Jahren jung ist. Die Generation der Großväter wird repräsentiert durch Archies Vater Billy, dem ehemaligen Helden der Music-Hall. Er wird merkwürdigerweise positiv dargestellt und repräsentiert Würde und Stil des alten England. Osborne läßt ihn über die alte Music-Hall sagen:

„We all had our own style, our own songs – and we were all English . . . It was different. We all knew what the rules were, and even if we spent half our time making people laugh at them, we never seriously suggested that anyone should break them." (81)

Aber, als er auf Archies Drängen in einem neuen Programm die alten Zeiten wieder aufleben lassen will, stirbt er an Überanstrengung. Zwischen beiden Generationen steht Archie, der Entertainer. Er fällt wie keine andere Figur unter das Verdikt, die Gegenwart zu ignorieren und die Vergangenheit konservieren zu wollen. Die Figur, die er sein möchte, existiert jedoch nur noch in der Stilisation des Music-Hall-Entertainers: Es ist der nonchalante, souveräne und witzige Causeur, dessen stoische Ungerührtheit sozialgeschichtlich das Bild des alten Gentleman beschwört. Doch Osborne macht deutlich, daß Archie psychisch abgestorben ist, daß seine Witze schal sind und daß er nur noch im Modus der Inauthentizität existiert. Mit anderen Worten: Archie repräsentiert eine Lebensform im Zeitalter ihrer Überlebtheit. Um sie zu erhalten, muß er sie spielen. Bezeichnend ist, daß Osborne diese Haltung nicht durchweg verdammt: denn er konfrontiert sie nicht nur mit dem illusionslosen Realismus einer jüngeren, emotional vitalen Generation, sondern auch mit einem äußerst negativ bewerteten spezifisch modernen Konformismus, der durch verschiedene andere Figuren des Stücks repräsentiert wird. Und gegenüber diesen gewinnt der Held die Konturen eines tragischen Bravado, der die intendierte Figur des Gentleman in die Tradition der Donquichottes rückt, die auf eigene Kosten an den überlebten, aber schönen Stilisationen einer vergangenen Zeit festhalten. Die Rolle wurde bei der Uraufführung bezeichnenderweise von Sir Laurence Olivier gespielt.

Das Stück markiert den Abschied an die großen Posen und imperialen Gesten, die schon – siehe Suez im Jahr vorher – eine Zeitlang nur noch gespielt und simuliert worden waren und nun nicht einmal mehr in der Music-Hall erträglich schienen. Der Blick zurück aber ist ambivalent: nicht nur einer des Zorns, sondern auch der Trauer. Diese Ambivalenz kennzeichnet bei allem Protest die Stärke der Tradition und damit die Qualität der 50er Jahre.

Folgerungen

Bei der bisher komplexesten und gründlichsten Gallup-Umfrage in allen EG-Ländern[38] kam heraus, daß trotz des wirtschaftlichen und politischen Niedergangs die Engländer immer noch die Nation darstellen, die am meisten mit sich einverstanden ist. Kein Volk hat so viel Vertrauen zu seiner Armee und seiner Polizei; kein Land hat so viele Bürger, die bereit sind, für es zu kämpfen[39], keines anderen Landes Bürger legen soviel Wert auf traditionelle Werte bei der Erziehung; in keinem anderen Land wurde der individuellen Freiheit ein so großer Vorrang vor der sozialen Gleichheit eingeräumt wie in England. Daran sieht man, daß der englische Konservativismus auch der 50er Jahre eine andere Einfärbung und Tradition hatte als der deutsche der Adenauer-Zeit, der gerade umgekehrt mit Symptomen der Vergangenheitsverdrängung und -kompensation durchsetzt war. Weiterhin gilt, daß Motive dieses Konservativismus auch von Labour für die Kritik am technokratischen Europa, am Kapitalismus und am Wirtschaftsliberalismus der Konservativen benutzt werden. Es ist dies der Rekurs auf eine Tradition ziviler liberaler Humanität jenseits von Technokratie, Materialismus, Konkurrenz und wirtschaftlichem Erfolg, die über die frühe Verschmelzung der englischen Wirtschafts- und Industrie-Elite mit dem englischen Landadel weitertransportiert wurde. Es ist dieses Labour und Konservativen gemeinsame Fundament, das England trotz seines wirtschaftlich-politischen Abstiegs psycholo-

38 vgl. Karl-Heinz Bohrer, „Glückliches England“, *FAZ* 23. 12. 1981, S. 25.
39 Es ist daran zu erinnern, daß dies vor dem Falkland-Krieg geschrieben wurde.

gisch so stabil und krisenfest zu machen scheint. In den meisten englischen Veröffentlichungen zum britischen Niedergang findet man neben der bereitwilligen Bewunderung für französische Erziehung und deutsche Gewerkschaften und Technische Hochschulen den Hinweis auf die zivilisatorische Überlegenheit Englands und des English Way of Life.

Dies klingt keineswegs – entgegen englischer Selbstcharakterisierungen – nach Dekadenz, zumal, wenn man das mit der augenblicklichen trüben, weniger fortschrittsoptimistischen, ja fast apokalyptischen Stimmung auf dem Kontinent, zumal in der Bundesrepublik vergleicht. Wie kommt das? Es lassen sich hier nur Vermutungen über Vergleiche anstellen:

1. Unsere technologiefeindliche Alternativbewegung kann als eine psychologische Reaktionsbildung auf einen vergleichsweise ungehemmten Modernisierungsschub nach dem Krieg verstanden werden, der jedoch seelisch kaum verarbeitet wurde. Bemerkenswert ist, daß man dabei inzwischen auch bei uns auf hausgemachte Traditionsbestände der Romantik und der Lebensreformgesellschaften zurückgreift, die politisch eher auf der rechten Seite lagern. Demgegenüber deutet die bereits Ende der 50er Jahre in England geführte Debatte über Modernisierung und Zivilisation darauf hin, daß man sich hier gegenüber der Modernisierung kulturell zögernder, skeptischer und distanzierter verhielt und sich damit vielleicht auch die heftige Reaktionsbildung ersparte. Wenn C. P. Snow in seiner bekannten ‚Rede-Lecture' von 1959 über die zwei Kulturen die damaligen Intellektuellen Englands als moderne Ludditen – also Maschinenstürmer – bezeichnete, so war das in bezug auf die von ihm angegriffenen Vertreter der literarischen Kultur wohl eine Übertreibung, trifft aber inzwischen auf unsere alternative Bewegung zum Teil zu.

2. Die in den letzten Jahren beobachtbare kulturalistische Wende des Neomarximus auf dem Kontinent kann als Zeichen dafür verstanden werden, daß man auf Überfremdungen der natürlichen Lebenswelt – was immer man darunter versteht – durch Erscheinungsformen der Modernisierung jenseits der Unterschiede der gesellschaftlichen Systeme reagiert. Symptomatisch hierfür scheinen Veröffentlichungen wie Habermas' gerade erschienenes 2bändiges Werk *Theorie des kommunikativen Handelns*, die Max-Weber-Renaissance in der Soziologie und die Konjunktur des Begriffs der Alltagswelt zu sein. Dies sind aber Erscheinungsformen von

Tendenzen, die – vielleicht weniger deutlich und theoretisch ausgeprägt – Vertreter der Neuen Linken in England bereits Ende der 50er Jahre erkennen ließen. Ließe sich diese Parallele halten, wäre sie eher eine Bestätigung für die Gleichzeitigkeit des Ungleichzeitigen als für die Ähnlichkeit zwischen den 50er Jahren bei uns und in England.

3. Als die Engländer in den 50er Jahren von anderen Ländern zum ersten Mal im Prozeß der Modernisierung überholt wurden, konnten sie dies als einen Aspekt des von ihnen immer schon gehegten Verdachts interpretieren, daß andere Länder Opfer der Modernisierung würden und deswegen außerstande sind, Zivilisiertheit und Modernität zu vereinbaren. Diese Interpretation ist Teil einer zivilisatorisch-patriotischen Tradition, aus der heraus die Weltkriege und Englands Rolle als Verteidigerin der Zivilisation gegen die Barbarei legitimiert wurden. Man sieht das deutlich an der Fortschreibung alter Feindbilder durch die weiterhin populären Kriegsfilme und Spionageromane. Bereits der erste klassische Spionageroman von 1915, John Buchans *The Thirty-Nine Steps* enthält in der Beschreibung eines deutschen Spions die voll entfaltete Stereotypie, die heute noch gilt:

> He was sheer brain, icy, cool, calculating, as ruthless as a steam hammer [. . .]. His jaw was like chilled steel, and his eyes had the inhuman luminosity of a bird's (p. 136).

An dieser Stereotypie, die mit Varianten nach dem 2. Weltkrieg auf die Russen übertragen wurde, fällt die mechanische, roboterhafte Qualität maschinenhafter Entmenschlichung auf, die die entsprechenden Figuren als Opfer verschiedener Formen der Überrationalisierung ausweisen, seien deren Werkzeuge nun preußischer Militärdrill, die Lager-Ordnung des KZ oder kommunistische Parteidisziplin. Dieser Überrationalisierung setzt man das Bild der eigenen humanen Gesellschaft gegenüber, zu dem immer auch und bewußt Symptome des Nicht-Funktionierens gehören.

4. Dieser Anteil des sozusagen selbstinduzierten Nicht-Funktionierens als Distanzierungssignal gegenüber den Anforderungen der Modernisierung zugunsten einer resistenten Humanität ist m. E. eines der Haupthindernisse bei der Verständigung zwischen Engländern und Deutschen.[40] Deutscherseits hat man seit der wilhel-

40 Eine dafür typische Veröffentlichung wie *The Book of Heroic Failures* von Stephen Pile (London 1980) wäre in Deutschland kaum denkbar. Der

minischen Rivalität mit England die Kaschierung des Erfolgs meist als Heuchelei ausgelegt. Die Verkennung der wirklichen Psychogenese dieser Haltung wird bis heute in der deutschen Publizistik in neuen Formen weitertransportiert. Typisch hierfür sind nun – zu Zeiten von Englands vorgeblichem Mißerfolg – zwei Haltungen: Die eine – repräsentiert von liberalen Englandkennern wie den ZEIT-Redakteuren Leonhardt oder Wocker – neigt dazu, die Gelassenheit Englands angesichts seiner Krisen darauf zurückzuführen, daß die Engländer professionelle Komiker sind. Die andere wird von Herablassung und Schadenfreude – ein Begriff, der im Englischen als deutsches Fremdwort bekannt ist – geprägt und läßt sich aus der von Neidaffekten geprägten deutsch-nationalen Geschichtsschreibung herleiten. Repräsentativ hierfür war die SPIEGEL-Serie *Das kranke England* (4–7, 1979), die völlig auf das britische Empire fixiert war und dabei die wirklichen Gründe für Englands historischen Erfolg in Verfassungsentwicklung, Klassenkompromiß und vorimperialen Frühkapitalismus völlig übersah und zur Bewahrung dieses Geschichtsbildes umstandslos mit falschen Fakten, schiefen Darstellungen und irreführenden Verallge-

Autor bezeichnet sich darin als Renaissance-Mensch, ,,equally inable to do a vast range of activities,“ und beginnt seine Einführung mit der Feststellung: ,,Success is overrated. Everyone craves it despite daily proof that man's real genius lies in quite the opposite direction. Incompetence is what we are good at: it is the quality that marks us off from animals and we should learn to revere it.“ Das Buch enthält ein Antragsformular für die Mitgliedschaft im Klub der Inkompetenten, das zitiert zu werden verdient.

MEMBERSHIP
APPLICATION FORM
FOR NTGCGB

Name ....
Address ....
....
....
Exams failed ....
....
Main areas of incompetence (give details) ....
....
....
Subsidiary areas of incompetence ....
....
....
Cases of sustained chaos occasioned by any of the above:
....
....

I would like to attend next year's International Festival of incompetence as the Royal Albert Hall. □

I am interesting in demonstrating my main area of incompetence at the festival. □

* Please place tick or cross in the box.

meinerungen arbeitete. Dieser Unterschied im Verhältnis zum Erfolg im Sinne des Funktionierens im Kontext moderner Strukturen hat verschiedene soziale Typisierungen in beiden Ländern hervorgebracht. Daß in England eine spezifisch britische, letztlich ironische und distanzierte Vermittlung von Erfolg und Mißerfolg zur Kristallisation eines kollektiven Selbstbildes Anlaß gab, ist deshalb in der interkulturellen Begegnung nur äußerst schwer zu vermitteln.[41] Zur Illustration sei dafür eine längere Passage aus dem berühmt gewordenen Buch eines ungarischen Emigranten[42] zitiert:

‚You foreigners are so clever', said a lady to me some years ago. First, thinking of the great amount of foreign idiots and half-wits I had had the honour of meeting, I considered this remark exaggerated but complimentary.

Since then I have learnt that it was far from it. These few words expressed the lady's contempt and slight disgust for foreigners [...].

In England it is bad manners to be clever, to assert something confidently. It may be your own personal view that two and two make four, but you must not state it in a self-assured way, because this is a democratic country and others may be of a different opinion.

A continental gentleman seeing a nice panorama may remark:

‚This view rather reminds me of Utrecht, where the peace treaty concluding the War of Spanish Succession was signed on the 11th April, 1713. The river there, however, recalls the Guadalquivir, which rises in the Sierra de Cazorla and flows south-west to the Atlantic Ocean and is 650 kilometres long. Oh, rivers [...] What did Pascal say about them? „Les rivières sont les chemins qui marchent [...]"'

This pompous, showing-off way of speaking is not permissible in England. The Englishman is modest and simple. He uses but few words and expresses so much – but so much – with them. An Englishman looking at the same view would remain silent for two or three hours and think about how to put his profound feeling into words. Then he would remark:

‚It's pretty, isn't it?'

An English professor of mathematics would say to his maid checking up the shopping list:

‚I'm no good at arithmetic, I'm afraid. Please correct me, Jane, if I am wrong, but I believe that the square root of 97344 is 312.'

And about knowledge. An English girl, of course, would be able to learn just a little more about, let us say, geography. But it is just not ‚chic' to know whether Budapest is the capital of Roumania, Hungary or Bulgaria. And if she happens to know that Budapest *is* the capital of Roumania, she should at least be perplexed if Bucharest is mentioned suddenly.

41 An deutschen Universitäten hat dies zu dem Vorurteil geführt, daß die Anglisten, die dieses spezifisch britische kulturelle ‚Identitätsmuster' (Popitz) gern repräsentieren, als Idioten gelten, während sie ihrerseits die mit im gleichen Fachbereich tätigen Germanisten für pompös halten.

42 George Mikes, *How to Be an Alien* (Harmondsworth, Penguin, 1966), p. 37f.

> It is so much nicer to ask, when someone speaks of Barbados, Banska Bystrica or Fiji:
> ‚Oh those little islands [...] Are they British?'
> (They usually are.)

Daß aber in diesem Identitätsmuster amateurhafte Inkompetenz mit Heroismus verbunden ist, läßt sich an einer äußerst populären Romanfigur illustrieren, die von einer – wieder einmal ungarischen – Emigrantin namens Baroness Orczy geschaffen wurde. Ab 1905 – also während der Rivalität mit Deutschland vor dem 1. Weltkrieg – schrieb sie neben Kriminalromanen eine außerordentlich erfolgreiche Serie von historischen Romanen, die unter der Bezeichnung *The Scarlet Pimpernel Novels* bekannt wurden. Ihr Held ist Sir Percy Blakeney, ein englischer Aristokrat, der während der Französischen Revolution unschuldige Opfer der französischen Polizei vor der Guillotine rettet. Diese mit unglaublicher Kühnheit ausgeführten Rettungsaktionen gelingen um so besser, als Sir Percy allgemein als unfähiger und halb schwachsinniger Modegeck und Society-Beau gilt. Die Albernheit dieser Rolle unterstreicht den besonderen Heroismus, der darin besteht, daß man sein großartiges und mutiges Verhalten unter einer Maske kraftloser Inkompetenz und Affektiertheit verbirgt. Die Erklärung für Sir Percys Kühnheit ist aber schon dieselbe, die später die Russen für die Überlegenheit von James Bond vorbringen: Sport, Eton, die Liebe zum Abenteuer.

In diesem Bild hat sich England wiedererkannt. *Scarlet Pimpernel* wurde 1934 mit Leslie Howard in der Titelrolle verfilmt. Der Film wurde vor allem während des 2. Weltkrieges ein großer Erfolg. Es ist diese darin zum Ausdruck kommende Tradition des englischen Patriotismus, die das England der 50er Jahre am stärksten von den kontinentalen Ländern unterscheidet und die mit ihren Rückgriffen auf Traditionen des aristokratischen Dilettantismus, der Amateurkultur und der literarischen Öffentlichkeit damals und heute die Modernisierung und ihre Krisen psychologisch besser abfängt. Sie konnte das in den 50er Jahren um so erfolgreicher, als die dazugehörige Infrastruktur noch ziemlich intakt war: gemeint sind damit so spezifisch englische Einrichtungen wie die Monarchie, das House of Lords, die Aristokratie, die Klubs, die Public Schools, die beiden Universitäten Oxford und Cambridge, der exklusive Club der Barristers in den Inns of Court, die TIMES, deren Artikel den Eindruck erwecken, als bestünden sie aus einer intimen Korrespondenz mit der Regierung, und andere ehrwürdige Institutionen, so daß Macmillian 1959 sagte: „Mr. Attlee hatte in seinem Kabinett drei ehemalige Eton-Schüler. Ich habe sechs. Unter den Konservativen stehen die Dinge also doppelt so gut."

All dies sind Symptome einer Kontinuität, zu der auch der Patriotismus mit den in ihn eingeschmolzenen Werten des English Way of Life gehört.

Postskript

Seit der Abfassung dieses Essay hat der Falkland-Krieg stattgefunden und der Wahlkampf des Sommers 1983. Jenseits der Alternative von Zustimmung oder Ablehnung der englischen Regierungspolitik in der Falklandkrise hat die Kommentierung des Krieges in den deutschen Medien wieder einmal gezeigt, wie wenig man die Motivationslage für politische Entscheidungen in Großbritannien hierzulande richtig einzuschätzen weiß, und es mischt sich sardonische Bitterkeit in die Genugtuung darüber, daß diese offenbar unausrottbare deutsche Neigung zur Fehleinschätzung Englands heute nicht mehr wie bereits zweimal in diesem Jahrhundert zu einem großen Krieg führen kann. Immerhin bietet der Falkland-Krieg Anlaß zu der Erinnerung, daß der 2. Weltkrieg in der englischen mémoire collective als eine Art heroisches Drama über den Kampf von St. Georg (die alte englische Identifikationsfigur) mit dem Drachen in fünf Akten figuriert: schmähliche appeasement-Politik – Umkehr und Kampf – heroische Isolation und Standhalten von St. Georg gegen das Ungetüm – Hilfe durch die inzwischen wach gewordenen Verbündeten – Sieg; und daß ein dadurch geprägtes öffentliches Bewußtsein in Zeiten außenpolitischer Krise eine andere Politik abstützt als dies bei uns der Fall sein würde.

Der Wahlkampf, der durch Erinnerungen an den Falkland-Krieg bestimmt wird, zeigt allerdings deutlicher als alle vorherigen, daß einige der in den 50er Jahren sichtbar werdenden Entwicklungstendenzen sich inzwischen durchgesetzt und damit das Gesamtbild verändert haben: Bei den Konservativen haben mit Margaret Thatcher die neuen Technokraten, die sich an Markt und Leistung orientieren, die älteren undynamischen Tories fast völlig verdrängt; in der Labour Party hat der durch Michael Foot einerseits und Roy Jenkins andererseits markierte Dissens zur Abspaltung der SPD unter Jenkins und Shirley Williams geführt, während Labour unter dem Zustrom neuer Mitglieder aus dem Kulturbereich, vor allem aus Schule und Universität, immer radikaler wurde. Das hat den in den 50er Jahren entwickelten Konsens gesprengt, der durch die Zustimmung zu einer Keynesschen Wirtschaftspolitik durch die Konservativen und zur Mitgliedschaft in der EWG und der Nato durch Labour gekennzeichnet war. Der Thatcherismus hat jetzt, bei aller Vagheit seines Wirtschaftsprogramms, dem Instrumentarium von Keynes und dem Sozialvertrag abgeschworen. Die Labour-Party ihrerseits plant neben der Abschaffung der Atomrüstung den Austritt aus der EWG, um unabhängig von der kapitalistischen Wirtschaftsgemeinschaft durch Handels- und Devisenkontrollen die Kapitalströme zu lenken und in einem nationalen 5-Jahresplan mit dem Aufbau des Sozialismus zu beginnen. Und der Zusammenbruch dieses Konsensus hat wiederum die Allianz aus SPD und Liberalen möglich gemacht, die ihn nun als einzige repräsentiert. Damit hat jener Aufbruch von Technokraten und New Left in der zweiten Hälfte der 50er Jahre zu einer Veränderung der politischen Struktur Großbritanniens geführt, deren Konturen sich zum ersten Mal mit aller Deutlichkeit im Wahlkampf des Sommers 1983 abzuzeichnen begannen.

Bibliographie

Bartlett, C. J., *A History of Post-War Britain 1945–74*, London 1977.

Sked, A., Ch. Cook, *Post-War Britain: A Political History*, Harmondsworth 1979.

Hopkins, H., *The New Look. A Social History of the Forties and Fifties in Britain*, London 1963.

Monk, L. A., *Britain 1945–1970*, London 1976.

Robertson, C. L., *International Politics Since World War II*, New York/London/Sydney 1966.

Cox, C. B. and A. E. Dyson (eds.), *The Twentieth Century Mind*, Oxford Univ. Pr. 1972, Vol. 3, 1945–1965.

Sampson, A., *Anatomy of Britain*, London 1962.

Lichtheim, G., *Europe in the Twentieth Century*, New York/Washington 1972.

Hermann Hofer

Die schöne Grausamkeit. Frankreich zwischen Françoise Sagan und dem Algerienkrieg

Für Heide, Hans und Herbert

Das Frankreich der Nachkriegszeit findet sich im politischen Umfeld schlecht zurecht. Es sucht bei den beiden Großen der Weltpolitik Anerkennung, ohne in der Lage zu sein, die nationalen Traditionen der Jahre des zweiten Weltkrieges alle in eine neue Selbstdefinition miteinzubringen. Es leidet an der eingestandenen Unfähigkeit, die Niederlage von 1940 zu begreifen: Deutschland war von bösen Mächten verführt worden, in Frankreich aber, das sich weit mehr betroffen fühlen mußte, hatte die Demokratie anscheinend versagt. Frankreich hatte sich als besiegbar erwiesen, und der Anspruch, den es seit 1789 als demokratisches Vorbild der Welt hatte, ließ sich aus seiner neuesten Geschichte nicht mehr legitimieren. Als ungeliebte Siegermacht mit schlechtem Gewissen, unfähig, einen neuen Republikanismus aus der Résistance abzuleiten, erklärt es sich bereit, seine alte Kolonialpolitik neu aufzunehmen, von den Vereinigten Staaten darin ermutigt und unterstützt. Als Vasall findet es Anerkennung, weil es bereit ist, sich in die Pflicht nehmen zu lassen. Indochina ist das Symbol dafür. Diese neue Politik ist ein Entscheid gegen jene Freiheitspolitik, die in der Résistance politisch gedacht und gelebt worden ist, und wie endgültig dieser Bruch sein sollte, zeigt auch die Tatsache, daß die 4. Republik im Mai 1947 die Kommunisten aus der Regierungsverantwortung entläßt. Die politische Aussperrung der im Widerstand 1940 bis 1944 gewichtigsten politischen Gruppe, hinter der nach 1945 fast das ganze französische Proletariat steht, ist ein Verzicht auf eigene, am nationalen Interesse und an der in der Résistancezeit versprochenen Freigabe der Kolonien orientierte Politik. Der unheilvolle Entscheid stärkt die politischen Rechtskräfte und reißt viele Generäle aus ihrer politischen Abstinenz heraus, in deren Grenzen sie bisher eine demokratische Politik gehalten hatte. Manche von ihnen schliefen seit 1940 das Elend ihrer Niederlage aus und waren schon als nationale Notstands-Patienten beunruhigend, aber der nationalistische Aufschwung, der sie nun zum politischen Leben erweckte, ließ sie in ihrer Gefährlichkeit erscheinen: Sie traten an, Frankreich das Fürchten zu lehren, und wollten zeigen, daß Frankreich gerettet werden müsse, gerettet vor der schon 1940 verhängnisvollen Demokratie. Sie hängten sich in Anlehnung an Klischees einfachster Schulbuchvorstellungen Kassandra-Kostüme um und spielten ihre Rollen unterschiedlich nach Begabung, waren sich aber in einem Punkt alle gleich: in ihrer Skrupellosigkeit. Generäle, eine für viele Franzosen stets höchst befremdliche Spezies, der man gerne nur ästhetische Tauglichkeit in den opéras-bouffes des großen Jacques Offenbach bescheinigte, sie standen, scheinbar plötzlich, als nationale Sendboten mitten auf der Bühne der französischen Politik und gaben sich als Retter Frankreichs aus. Sie fühlten sich gebraucht und gerufen: Der französischen Großbourgeoisie, die sich durch den drohenden Verlust der Kolonien in ihren materiellen Grundinteressen bedroht sah, und den französischen Kolonialherren in Asien und Afrika, die um ihre Zukunft bangen mußten, stellten sie sich als das militärisch wirksame und kraftvolle Bindeglied zur Verfügung, das sie beide einen und stützen konnte und durch das Frankreich seine alte wirtschaftliche und militärische Macht wiedererhalten konnte. Ohne sie schien Frankreich verloren, und die Industrie- und Handelswirtschaft des französischen Mutterlandes unterstützte sie in Absprache und Übereinkunft mit den französischen Siedlern in den Kolonien Asiens und Afrikas in diesem Selbstverständnis, das auf der Grundlage einer historisch notwendig gewordenen Symbiose beruhte. Diese Generäle fanden Rückhalt und gaben vor, Frankreichs wirtschaftliche Interessen als einzige nationale Gruppe wirksam vertreten zu können. Die Stofflieferanten kamen nicht mit bei der ungeheuren Nachfrage nach Kampfanzügen und Uniformen für Generäle in allen Kampfsituationen, und die Photographen ersetzten ihre Fotomodelle durch die jetzt neu entdeckten schönen Generäle. In 25 Jahrgängen von *Paris-Match* finden sich nicht soviel Generäle wie in einem einzigen Jahrgang der gleichen Zeitschrift der fünfziger Jahre.

Die wichtigsten Stationen der Entwicklung sind die folgenden. Am 7. Mai 1954 fällt die Festung von Dien Bien Phu: Frankreich hat einen 8 Jahre dauernden Kolonialkrieg in Indochina verloren. Am 1. November des gleichen Jahres beginnt der algerische Befreiungskrieg, der ebenfalls 8 Jahre dauert. Die Generäle, allen voran Massu, entreißen die Kriegsführung der politischen Führung und führen den Krieg mit letzter Grausamkeit, auch gegen die Zivilbevölkerung und unter Verwendung systematischer Folter. Polizei und Militär geraten außer Kontrolle, verselbständigen sich in immer neuen Putschversuchen gegen die Regierung. In dieser Situation bietet sich de Gaulle als Retter an: er wird am 1. Juni 1958 Ministerpräsident und am 21. Dezember desselben Jahres Präsident der 5. Republik. Er bekennt sich nach seinem Amtsantritt, obwohl er von den Generälen in Algier gestützt worden war, zur Selbstbestimmung Algeriens, das eine starke *Front de Libération Nationale* (Nationale Befreiungsfront) aufgebaut hat. Die Generäle antworten mit der Bildung der *Organisation Armée Secrète* (Organisation der Geheimarmee), Bombenattentaten auf de Gaulle, Malraux und Sartre. Paris sollte angegriffen und bombardiert werden. Frankreich stand vor einem Bürgerkrieg, Frankreich war in zwei Lager gespalten. De Gaulle verfolgte zwar halbherzig die putschenden Generäle und Bombenleger, betrachtete sie aber als pittoreske Randfiguren und Zeugen großer Politik. Sie wurden geduldet und als Statisten gebraucht: Daß sie die französische malaise darstellten, begriff er nicht. Er hielt sich an ihn bestärkende Frankreich-Symbole: den Radrennfahrer Bobet, Brigitte Bardot, den Citroën GS, die Arbeiterpriester, den Abbé Pierre und Generäle, die sich im Busch pommes frites servieren ließen.

Seine Auswahl von modernen Mythen, die den politischen tristen Alltag der Franzosen bürgergerecht aufhellen und dynamisieren sollten, findet sich auch in dem Band *Mythologies,* den Roland Barthes 1957 herausbringt. Was sich da findet, ist hygienisches Ausstellungsgut, streng selektioniert und gefiltert, für die Schauvitrinen und Museen putzig aufgebaut und bei freiem Eintritt zu besichtigen. Vor Überraschungen war man hier sicher, störende Autoren waren nicht zugelassen. Dieses Frankreich bindet keine Intellektuellen an sich. Wenn für das politische Frankreich seit dem 17. Jahrhundert gilt, daß es versteht, Autoren an sich zu binden, und daß diese Autoren ihm zugleich in kritischer Haltung gegenüber- oder beistanden, muß man hier feststellen, daß die historisch sehr alte Bindung zwischen Staat und Intellektuellen radikal in Frage gestellt wird. Der Staat stellt sich gegen Autoren – ein in der Geschichte Frankreichs einzigartiges Faktum. Die Zeit schien dazu günstig: die Weltgroßen der vergangenen Literaturperiode starben eben in diesen Jahren: Paul Valéry, Paul Claudel, Georges Bernanos, André Gide, und die letzten aus der heroischen Epoche der 20er und 30er Jahre, André Malraux und François Mauriac, waren zu ergebenen Gefolgsmännern de Gaulles geworden. Als im Oktober 1960 mit Sartre 120 Intellektuelle offen für den bewaffneten Freiheitskampf des algerischen Volkes gegen Frankreich eintraten, fühlt sich dieser Staat im Stich gelassen, verraten, einsam, er sinnt auf Rache.

Als im Verlauf der immer wirrer gewordenen Ereignisse verschiedene Minister de Gaulle eine Verhaftung Sartres nahelegten, wies dieser sie mit dem authentischen Wort ab: ,,On n'emprisonne pas Voltaire". Er rettet damit zwar seine Reputation als Liebhaber klassischer Literatur, aber nicht die literarische Reputation der Republik, denn der Ratschlag, den man de Gaulle für Sartre gegeben hatte, hätte nie ein Minister des XVI. Ludwig für Voltaire auszusprechen gewagt. Voltaires Denunziation der französischen Folter ist im Frankreich des 18. Jahrhunderts nicht verboten worden – Sartres Denunziatioin der französischen Folter im 20. Jahrhundert aber ist in Frankreich verboten worden unter demselben de Gaulle. Politiker lehnen es ab, im Autor ihren Gesprächspartner, ihr alter ego, ihr Korrektiv zu sehen. Sie erklärten sie zum Freiwild für Generäle und die von ihnen angeheuerten politischen Attentäter. Es gab aber auch schon die ersten Gruppierungen von Kriegsdienstverweigerern: Das politische Chanson *Le Déserteur* von 1955, das Boris Vian, eine der wichtigsten Erscheinungen im Nachkriegsfrankreich, für sie schrieb, war wärend zehn Jahren in Frankreich verboten und durfte im Rundfunk nicht ausgestrahlt werden.

Sartres Zeitungsartikel über die Folterpraktiken der französischen Armee in Algerien werden in Frankreich beschlagnahmt und erscheinen unter anderem in der *Weltwoche* in Zürich. Die blaue Schweizer Presse wird durch Jean-Paul Sartre politisch ansehnlich und ändert ihre Farbe: wahrlich ein blaues Wunder. Frankreich verbannt einen seiner größten Autoren ins politische Niemandsland: der französische Korporal hat in jener Zeit mehr Gewicht als Sartres Autorität. Sartre muß ins Ausland, wenn er seine politischen Artikel drucken lassen will. Neben dieser Demütigung von Literatur nehmen sich die öffentlichen Literaturprozesse, die das Zweite Kaiserreich gegen Flaubert und Baudelaire, die Dritte Republik gegen Barbey d'Aurevilly geführt hatte, als harmlose Entgleisungen bornierter, in ihrem moralischen Empfinden aufgescheuchter, unsicherer Familienväter aus.

Am 28. März 1958 schrieb Sartre in der *Weltwoche*: ,,Im Jahr 1943 schrien Franzosen im Gestapogefängnis an der Rue Lauriston vor Angst und Schmerz – ganz Frankreich hörte sie. Der Ausgang des Krieges war ungewiß, und wir vermieden es, an die Zukunft zu denken. Nur eines schien uns für alle Zukunft unmöglich: daß man eines Tages in unserem Namen Menschen zu solchen Schreien bringen werde. – ,Unmöglich' ist ein unfranzösischer Begriff: im Jahre 1958 foltert man in Algier regelmäßig und systematisch. Jedermann weiß davon, von Lacoste bis zu den Bauern von Aveyron, niemand spricht davon. Oder fast niemand – nur vereinzelte Stimmen durchbrechen das Schweigen. Kaum unter der Besetzung war Frankreich so stumm, und damals hatte es wenigstens die Entschuldigung, daß sein Mund geknebelt war. Im Ausland ist man zur Ansicht gekommen, daß wir unaufhörlich immer tiefer sinken: seit 1939 nach der einen, seit 1918 nach der anderen Auffassung. Doch das ist leicht gesagt: es fällt mir schwer, an einen Abstieg eines Volkes zu glauben; ich glaube eher an Tiefpunkte und Krisen. Als uns während des Krieges das englische Radio und die Untergrundpresse von Oradour berichteten, betrachteten wir die deutschen Soldaten, die so harmlos in den Straßen spazierten, und sagten uns manchmal: ,Das sind doch Menschen, die uns gleichen; wie können sie das tun, was sie tun?' Und wir waren stolz darauf, daß wir es nicht begreifen konnten."[1]

Im selben Jahr 1958 erschien in dem im zweiten Weltkrieg im Untergrund gegründeten Verlag *Les Editions de minuit* das Buch *La Question/Die Folter* von Sartres Freund Henri Alleg. Ohne Anklage gegen den Verfasser zu erheben, der bereits vorsorglich inhaftiert und gefoltert worden war, beschlagnahmte das Ministerium der nationalen Verteidigung das Buch wegen ,,Teilnahme an einem Unternehmen, das die Armee zersetzt und es sich zum Ziele setzt, die nationale Verteidigung zu untergraben".[2] Das Ungeheuerliche war möglich geworden: Ein verselbständigtes Ministerium, nachträglich vom Staatsoberhaupt gedeckt, brachte es unter

1 J.-P. Sartre, ,,Sieg über die Folter", in: *Die Weltwoche,* 28. März 1958, S. 3. Der Text, als Besprechung von Allegs Buch *La Question* entstanden, diente diesem später als Nachwort und wurde in den Band V der *Situations* aufgenommen.

2 Henri Alleg, *La Question,* Paris, Pauvert, 1965, S. 13.

Umgehung der Justizbehörden zustande, ein Buch zu beschlagnahmen. Das Phänomen hat den traurigen Ruhm eines Sonderfalls in einem Land, dessen Literaturgeschichte stolz berichten kann, daß der völlig amusische und unliterarische Minister Colbert sich im 17. Jahrhundert schützend vor Molière gestellt hatte und daß Ludwig XIV. Fénelon und Racine ausdrücklich das Recht zubilligte, den königlichen Standpunkt als fehlbar in Wort und Schrift anzugreifen.

Was waren die Fakten? Henri Alleg war von 1950 bis 1955 Direktor der Tageszeitung *Alger Républicain* gewesen, die im September 1955 verboten wurde. Das Verwaltungsgericht rügte das Verbot als illegal, vermochte indessen die von ihm verfügte neue Zulassung nicht durchzusetzen. Henri Alleg ging in den Untergrund, wurde am 12. Juni 1957 von Fallschirmjägern gefangengenommen und während einiger Monate in einem Lager interniert und gefoltert. Seine Eingaben an die politischen Behörden blieben unbeantwortet, und erst die Presseverbände, die auf Allegs Verschwinden hinwiesen. brachten durch ihre Interventionen zustande, daß er einem Richter vorgeführt wurde. Die Anklage, die gegen ihn erhoben wurde, beruhte auf einem einzigen Punkt: Mitgliedschaft in der algerischen kommunistischen Partei und aus diesem Grund Gefährdung der Staatssicherheit. Frankreichs Justizapparat war von Generälen überspielt worden. Das Verfahren gegen Alleg ist nie abgeschlossen worden – weder mit der Entlastung des Autors noch mit der Verhaftung seiner Folterer. General Massu, eine Hauptfigur seines Buches *La Question* von 1958 über seine Hafterfahrungen, hatte seine Karriere noch vor sich, auf deren Höhepunkt er 1966 Oberbefehlshaber der französischen Streitkräfte in der BRD wurde.

Alleg analysiert das System, nicht das Zufällige der Folterknechte. Der Herrschaftsapparat der Militärs hat sich alle Befugnisse angeeignet, anerkennt keine politische Gewalt über sich und richtet sich das Land nach seinen Gesetzen ein. Gleichsam als Test seiner Perfektion läßt er Inhaftierte verschwinden. Der Folterknecht bleibt in der Ausübung seiner Aufgaben perfekt, unangefochten, und unanfechtbar erfüllt er täglich sein Pensum. Frankreich dienen ist ein Vorwand, das Herrschaftsgefüge der Generäle ist Selbstzweck geworden. In ihm wird nach folgenden Devisen gearbeitet: Schweigen, keine Spuren hinterlassen, perfekte Arbeit, jeder Mensch ist ein mögliches Opfer, wer nicht foltert, ist ein prädestiniertes Opfer.

Die Folter verselbständigt sich, ist nicht mehr einem Ziel untergeordnet, wird nicht mehr einer bestimmten Absicht wegen angewandt, sondern grundsätzlich und ohne Grund und ohne Ziel. Sie ist die Dauermanifestation eines Systems, das von sich bekennt, in der „putain de République", „in der Hure von einer Republik"[3], seinen Todfeind gefunden zu haben. Die Mittäterschaft ist risikolos in einem Folter-Betrieb, wo General Massu persönlich mitarbeitet. Die Sicherheit des Folterers ist absolut, er geht kein Risiko ein, er tut seine Arbeit als Dienst am Ganzen. Angst braucht er keine zu haben, und letzte Skrupel beseitigt der mitwirkende Arzt, der durch seine Mittäterschaft dem einzelnen Soldaten Ablaß gewährt. Der junge Soldat wird bald dazu gebracht, Folterungen wie Fußballspiele zu betreiben. Er wird verwandelt, seiner Sensibilität beraubt und brauchbar für die Perversion gemacht. Frankreich, so Alleg, sollte hier pervertiert werden. Ihren Opfern gegenüber leben die Offiziere ihre politischen Wunschphantasien aus: Sie werden an ihrer Aufbauarbeit in Algerien von Kommunisten gehindert, und eigentlich müßte Frankreich einen Krieg mit Amerika beginnen, damit endlich einmal geordnete Verhältnisse geschaffen werden könnten. Das fundamentale Buch des schwarzen Psychiaters Frantz Fanon *Les Damnés de la terre* von 1961 bestätigt aus den Erfahrungen des algerischen Befreiungskrieges heraus die Analysen von Henri Alleg.

Wenden wir uns nun der Frage zu: Welche Literatur entstand in diesem Jahrzehnt der Generäle? In den 50er Jahren erscheinen einige der Hauptwerke von Camus und Sartre; die beherrschenden, neuen Strömungen aber, die im Roman und im Drama den Existentialismus konkurrieren, sind das absurde Theater und der neue Roman, der *Nouveau Roman.* Von den großen Einzelwerken des französischen Schrifttums im weitetsten Sinne seien genannt: Georges Bataille: *L'Abbé C,* Julien Green: *Moira,* Roger Nimier: *Le Hussard bleu,* Julien Gracq: *Le Rivage des Syrtes,* Simone de Beauvoir: *Les Mandarins,* Arthur Adam: *Paolo Paoli,* Jean Genet: *Les Nègres,* Roland Barthes: *Le Degré Zéro de l'écriture,* Lucien Goldmann: *Le Dieu caché,* Jean-François Revel: *Pourquoi des philosophes?,* Claude Lévi-Strauss: *Tristes tropiques.* Im folgenden werde ich mich auf drei Werke, respektive Richtungen der 50er Jahre beschränken, die aus unterschiedlichen Gründen in der Zeit selber zu literarischen Massenphänomenen geworden sind und für

3 Ibid., S. 34.

den Versuch einer Zeitdiagnose aus diesem Grund das ergiebigste Material abgeben: *Bonjour tristesse,* von Françoise Sagan, *Histoire d'O,* von Pauline Réage und den Nouveau Roman.

Françoise Sagan, 1935 geboren, hat ihren Erstlingsroman *Bonjour Tristesse* 1954 bei Julliard, der auch der Verleger von Sartres Zeitschrift *Les Temps modernes* war, veröffentlicht, und von dem Buch wurden im ersten Jahr in Frankreich eine halbe Million Exemplare verkauft. Die Fabel ist rasch berichtet. Cécile, die 17jährige Tochter des verwitweten Raymond erzählt in der Ich-Form ihre Ferien an der Riviera, wo sie im Sommer mit ihrem Vater und dessen Geliebter Elsa in einer großen Villa lebt. Das Auftauchen von Anne, einer alten Bekannten von Céciles Mutter, schafft für die drei Figuren eine bedrohliche Situation, als deutlich wird, daß sie eine Heirat mit Raymond anstrebt. Ihre mühselige psychologische Dickichtarbeit zur Bewältigung dieser Aufgabe zerstört ebenso naiv wie zynisch Cécile, die Anne in den Selbstmord treibt und damit für sich und den Vater die durch Anne bedrohte Freiheit zurückgewinnt.

Der Roman liefert eine ästhetische Verklärung des von Pinay 1952 eingeleiteten französischen Wirtschaftswunders, stilisiert kunstvoll Kleinstprobleme zu den einzigen Problemen einer problemlosen Gesellschaft empor. Da wirkliche Probleme für die Protagonisten nicht bestehen, treten an ihre Stelle Kleinstängste: Die Falten eines aus dem Koffer gezogenen Kleides könnten zu Störelementen des Lebens führen. Anne ist in der Modebranche tätig und Raymond in der Werbung: dementsprechend ist ihr Alkoholkonsum, ihr Zwang zur ästhetischen Selbstdarstellung, der zum Dauerstreß wird, und ihre Bevorzugung von riesigen amerikanischen Automobilen. In dieser sterilen Welt des Luxus gedeiht Bürgerlichkeit mit riesigen Zuchterfolgen: Braunwerden, Mode, Make-up, gepflegte Manieren, Bergson und Pascal, am Rande als Zitatezulieferer zugelassen, sind wesentliche Werte, die dieses Bürgertum krampfhaft pflegt. Es tut es gepflegt und mit ästhetischer Raffinesse, stets auf Oberflächenwirkung bedacht. Daß Elsa am Morgen nach dem Aufstehen die Zeichen ihres erotischen Nachtstresses nicht dezent mit Make-up zu verbergen versteht, wird ihr als Unanständigkeit angelastet, als unverzeihliches Verhalten angesichts einer sensiblen Umwelt. Céciles raffinierter Mord an Anne aber wird belobigt als Reüssite des in seiner Freiheit bedrohten Intellekts. Der kleinste Verstoß gegen Normen wird geahndet: Mord ist straffrei, aber schon die Benennung geduldeter, jedoch aus der Sprachzone gesellschaftlicher Betätigung ausgeschlossener Tabuaktivitäten führt zur Bestrafung durch eine Ohrfeige. Als Cécile von den Heiratsplänen ihres Vaters und Annes erfährt, sagt sie beiden:

„Ich werde ... ich werde ihr (Elsa, der Verf.) sagen, daß mein Vater eine andere Dame gefunden hat, mit der er schlafen will, und daß sie sich trollen kann – so ist es doch?" – Der Ausruf meines Vaters und die Ohrfeige von Anne erfolgten gleichzeitig. Hastig zog ich meinen Kopf aus der Tür zurück. Anne hatte mir weh getan. – „Entschuldige dich", sagte mein Vater. – Ich blieb unbeweglich an der Tür stehen, mir schwirrte der Kopf. Immer fällt es mir zu spät ein, wie man sich vornehm und anständig benimmt."[4]

Anstand und Vornehmheit sind noch einmal gerettet worden, die Gesellschaft ist noch einmal gut weggekommen, und Cécile wird sich in Zukunft merken, daß man nicht an die Fundamente der guten Gesellschaft rührt. Nichts schadet ihr mehr als ein unanständiges Wort, nichts nimmt sie gelassener, nachsichtiger und wohlwollender hin als einen perfekten Mord. Bereits im Alter von 17 Jahren ist Cécile mit diesen Spielregeln vertraut und entschlossen, den Kampf gegen den Fremdkörper, gegen den Eindringling Anne mit dem Messer zu führen. Nicht, daß Anne eine echte Bedrohung wäre. Aber ihre minimale Überlegenheit macht sie verdächtig. Sie ist kultiviert, weil sie am besten von allen verbergen kann, daß sie es nicht ist. Sie spielt Noblesse so gut, daß Cécile und ihr Vater zum Glauben kommen, sie würden diese Noblesse morgen auch von ihnen beiden erwarten. Sie haben Angst davor, im Komfort ihrer unverbindlichen Freiheit aufgescheucht zu werden, und reagieren darauf mit einem perfekten Mord. Auf die kleinste Erschütterung ihres Lebens reagieren sie mit brutalem Vernichtungswillen. Der Feind, der mit allen Mitteln bekämpft werden darf, ist der Bedroher des Komforts, der kleine Abweichler von der großen Generallinie der guten Gesellschaft. Kolonien sind ferne, und hier werden schon gegen die Kleinstfeinde Mittel von Mordkommandos eingesetzt. Ihre Sklaven hält diese *bonne société* sich in Menschen wie Elsa, die sich unterwerfen und die ihre Dümmlichkeit akzeptabel und brauchbar macht – nicht allein für sexuelle Dienstleistungsfunktionen. Die ausgehaltene Vertreterin der *demi-monde* wird mit in den Vernichtungsplan gegen Anne

4 Françoise Sagan, *Bonjour tristesse,* Übers. von Helga Treichl, Berlin, Ullstein, Taschenbuch Nr. 135, 1957, S. 49.

eingesetzt: Damit wird ihr ihre Wichtigkeit bescheinigt, und sie nimmt es dankbar zur Kenntnis, als Zeugnis der Wertschätzung, die man für sie hat. Sie ist nur als Komplizin benutzbar, aber durch ihre Käuflichkeit stets zur Komplizenschaft bereit. Das Mutterland Frankreich hat auch seine Sklaven: Elsa steht für sie.

Wenn ein voreiliger Leser schon die Hoffnung genährt haben sollte, in Anne eine zwar seltsam verkappte, aber immerhin achtbare Vertreterin eines geheimen Pariser Marquies entdecken zu können, so muß ihn der Literaturwissenschaftler enttäuschen. Annes Code ist vollkommen kongruent mit dem ihrer Umwelt und ihrer Mörderin. Als Opfer ist sie in hervorragendem Maße geeignet, denn ihr Verschwinden hinterläßt nichts und erzeugt nichts: keine Leere, keine Spuren, keine Tränen, kein Blut, keine Verwünschungen, keine Rachedrohung, keinen unnötig aus dem Schlaf geholten Kommissar. Einen so perfekten Mord kann nur der Ermordete selber begehen. Bei soviel Takt wird Rührung beim noch anständigen Leser zur unvermeidlichen Pflichtübung. Wären alle Opfer so perfekt, der letzte Kommissar dieser Gesellschaft hätte wegen Arbeitsmangel längst in Pension geschickt werden müssen, wo er, über das definitive Verschwinden des schlechten Gewissens verstört, seines Lebens nicht mehr froh geworden wäre. Anne ist ein so wundervolles Opfer, daß sie nicht nur ästhetisch untadelig von der Lebensbühne abtritt, sondern der Täterin auch noch die Möglichkeit gibt, ihren Tod als Unfall zu deuten. Und nicht genug damit: Da die Täterin um diese wunderbare Bereitschaft Annes an einer gesellschaftsgerechten Interpretation ihres Todes im voraus weiß, hat sie die Möglichkeit, ihrem Opfer auch noch gleich einen Entschuldigungsbrief mit Verweis auf das nächste Wiedersehen in Paris zu schreiben:

„Ohne fertigzuessen, schoben wir das Tischtuch und die Teller zurück; mein Vater holte eine große Lampe, den Federhalter, ein Tintenfaß, sein Briefpapier, und wir setzten uns einander gegenüber an den Tisch, beinahe lächelnd, so wahrscheinlich erschien uns plötzlich Annes Rückkehr [...]. Vor dem Fenster beschrieb eine Fledermaus ihre seidigen Kurven. Mein Vater neigte den Kopf und begann zu schreiben.“[5]

Die Ermordete hat sich selber umgebracht und durch diese Tat Kommissare arbeitslos gemacht und Pädagogen zur Verzweiflung

5 Ibid., S. 146.

getrieben. Cécile brauchte nicht zur Mörderin zu werden, das Opfer hatte ihr diese lästige Funktion abgenommen. Annes Respekt vor der Gesellschaft ist so gewaltig, daß sie für sich ein Todesurteil für eine Nichtigkeit akzeptiert und sogar bereit ist, dafür den Mörder in eine Richterfunktion zu heben. Auch damit noch nicht genug: Obwohl sie die Möglichkeit hätte, Cécile zumindest mit Gewissensbissen zu bestrafen, gibt sie ihr die Möglichkeit, noch bevor die Unfall-Version durch die Polizei ihre offizielle Bestätigung findet, im gesellschaftlich geheiligten Ritual des Entschuldigungsbriefes die Versöhnung anzubieten. Das Opfer wollte um jeden Preis schuldig sein und gab damit der Gesellschaft Blankovollmachten. Annes Opfer-Rolle und Elsas Sklaven-Rolle benennen Arbeitsfunktionen in einer Gesellschaft, die Sklaven und Opfer auf dem freien Markt anbietet: Warenfetischismus einer Konsumgesellschaft, in der Elsa nicht mehr ist als ein erotischer Wegwerfartikel. Annes Funktion ist es, der Welt ihren Anschein von Heil zu erhalten und sie vor dem schlechten Gewissen zu bewahren. Es darf alles weitergehen so wie bisher, und Sklavinnen à la Elsa werden am Ende des Romans auch gleich neu angeliefert, damit ja im Leser keine Zweifel an der Funktionstüchtigkeit kolonialer Systeme in Frankreich auftauchen. Aus der Bewährungsprobe mit Anne geht die junge Heldin Cécile siegreich hervor, und ihre Werte sind mehr denn je gesichert.

Ihr Leitbild ist der reife Mann, der mit seiner Fähigkeit, Geld anzuhäufen, nur das eine zu belegen hat: daß dieses Geld nach den Gesetzen ausgegeben wird, nach denen es eingenommen worden ist. Er ist 40jährig und wird von seiner Tochter vergöttert: Er wurde im Ersten Weltkrieg geboren und führte Frankreich nach dem Zweiten Weltkrieg wirtschaftlich zu seiner Blüte. Ihm gibt sie als eine neue Jungfrau von Orléans seine Freiheit zurück, indem sie Anne aus dem Wege räumt, damit er die Möglichkeit erhält, sein Leben (oder das, was er dafür hält) in Ungebundenheit zu genießen. Die neue Generation, symbolisiert durch Cécile, verdeutlicht den Sklavenhalterstatus des Menschen in dieser Gesellschaft noch deutlicher: Sie agiert nur dort, wo ihre materiellen Interessen berührt werden. Sonst bleibt sie passiv und ist etwa an Sexualität und Liebe nur so mäßig interessiert, daß hier selbst weniger kritische Leser aufschrecken und ihre Bedenken anmelden.

Ihren Liebhaber Cyril verkuppelt sie kalt an Elsa. Ihr Objektdenken ist fanatisch berechnend, so eingeschliffen, daß jeder

Denkzwang entfällt. Sie sagt selber: ,,Ich war es nicht gewohnt nachzudenken, es ging mir auf die Nerven."[6] Sie tut alles spontan richtig. Die Perversion ist bei ihr zur Routine geworden. Im Umgang mit den Leerformeln der Höflichkeit ist sie Meisterin, und vom Streß in der Selbstdarstellung sieht man nichts, merkt man nichts. Céciles und Raymonds Bemühungen um Unabhängigkeit erhalten ihre Bedeutung erst voll, wenn man sie sich vergegenwärtigt als ungewollte Parodie des existentialistischen Freiheitsbegriffes. Sie geben beide vor, Freiheit zu wollen, meinen aber damit die Sklavenschaft der anderen. Cécile gibt vor, ,,Gewohnheit und das ewige Einerlei"[7] zu hassen: just darauf aber ist sie fixiert. Wenn sie über sich und ihren Vater schreibt: ,,Wir gehörten zur gleichen Rasse, er und ich: zu der schönen, reinen Rasse der Nomaden",[8] so meint sie damit das Gegenteil, die Verwerfung von Freiheit als Möglichkeit des Neuentwurfes. Sie ist festgelegt, hat ihre Freiheit abgegeben an die Gesellschaft, die ihr damit dankt, daß sie ihr Opfertiere zur freien Verfügung überläßt. Das Opferritual moderner Gesellschaften ist selten so intensiv beschrieben worden wie in diesem Buch.

Der riesige Erfolg des Buches erklärt sich nicht mit der ihm angedichteten Frivolität, Libertinage oder Revolte – im Gegenteil. In der 17jährigen Cécile findet die Gesellschaft eine denkbar mächtige Stütze, und für Frivolitäten und Revolte ist sie nicht anfällig. Daß die junge Heldin so wacker und stets affirmativ für die Gesellschaft kämpft, dankt ihr diese durch großzügige Auflageziffern. Hier wird ein ganzes bürgerliches System von einer Romanheldin bis zum Exzeß verteidigt, und der Leser erhält die Möglichkeit, in einem Vollrausch, auf den kein Katzenjammer von Schuldgefühlen folgt, sich als Komplize zu betätigen. Die angepaßte Heldin ist Erbin einer alten Gesellschaft, die früher Mörder und Sklavenhalter zu ihrer Aufrechterhaltung heranzog und duldete; Cécile, überreif und schon mit 17 Jahren in der Lage, Stützfunktionen innerhalb des Systems zu übernehmen. Die Hochburgen der sichtbaren Machtausübung sind an der Cote d'Azur zu finden: Françoise Sagan gibt erste verklärte Darstellungen der Ferienlandschaften der haute volée, eine Momentaufnahme mit ideologischem Kom-

6 Ibid., S. 65.
7 Ibid., S. 133.
8 Ibid.

mentar. Der deutsche Riviera-Tourist der fünfziger Jahre, Wolfgang Koeppen, hat es eindrucksvoll beschrieben:

„Man geht einträchtig barfuß und in Lumpen und läßt durch die Löcher des Hemdes die Eitelkeit schimmern. Dazu trägt man Frisuren und Hüte, deren Preis jeder kennt, und setzt sich unbequem, selbstquälerisch in die in gefährliche PS umgewandelten Vermögen. Die Seele ist von Françoise Sagan bezogen, Rudimente des Verstandes stammen von Sartre oder vom reichen Vater, für das Gesicht lieferte der Filmfriseur den Schnitt, und das Herz schlägt für de Gaulle oder für Monsieur Bill. Infantilismus ist Trumpf! Kein Mensch will über Zwanzig sein, und wer graue Haare hat oder kahl wird, hüllt sein Haupt in ein parfümiertes Schaffell. Die Scheidungen, die Verhältnisse, die Mariagen einer Saison registrierten Experten des Klatsches, und niemand kennt sich drin aus oder kümmert sich drum. Wer an der Börse nicht notiert wird, sorgt schnell für das Unwahrscheinlichste.“[9]

Françoise Sagan arbeitet eine restaurative Phase der französischen Gesellschaft wirkungsvoll auf und bestätigt ihren Glauben an ihre Werte. Da eine 19jährige Autorin dies tat, mußte der Wert der Aussage besonders glaubwürdig sein. Eine 19jährige Autorin schreibt für die Gesellschaft just im Augenblick ihrer Anfechtung die höchstdenkbare Apologie. Sie erfährt von einer jungen Autorin, wie recht sie hat, wie sicher ihre Werte sind. Für die Weihnachtsbescherung im Jahre 1954 ließ sich kein sinnigeres Geschenk denken als dieser Roman. Cécile kennt keine Wagnisse: Schule, Abitur, Ehe, Ansehen, Schönheit und Erfolg sind die Markenzeichen der Gesellschaft, und an sie hält sie sich blind. Die Rituale des Bürgertums werden mit heiligem Schauder nachvollzogen. Sie ist fanatisch gläubig, und ihre scheinbare Kälte richtet sich ja bloß gegen die Kräfte, die die bestehende Ordnung beeinträchtigen könnten. Es bleibt zu bedenken, wozu sie erst fähig sein wird, wenn ganz andere Kräfte sie bedrohen oder gar in Frage stellen. In diesem Buchgeschenk lag auch etwas für den kulturbeflissenen Leser, der beim Weihnachtsbaum von Madame Quoirez, die sich bescheiden nach einer Figur von Marcel Proust Sagan nannte, nicht leer ausgehen sollte: Kultur findet sich in *Bonjour tristesse* in beängstigender Dichte: Bergson, Eluard, Pascal und Kant werden bemüht,

9 Wolfgang Koeppen, *Reisen nach Frankreich,* Frankfurt, Suhrkamp Taschenbuch Nr. 530, 1979, S. 55.

und Elemente des französischen psychologischen Romans mitbenutzt. Auch hier gilt: kein Wagnis, nur Verweigerung von Neuheit. Wenn der Literaturwissenschaftler vom Fazit seiner Interpretationsbemühungen her nach einem verständnisvollen, idealen Sagan-Leser sucht, kann er ihn sich leicht vorstellen mit der Maske von General Massu.

Im gleichen Jahr wie Françoise Sagans *Bonjour tristesse* ist der Roman *Histoire d'O* von Pauline Réage mit einem Vorwort von Jean Paulhan, Mitglied der Französischen Akademie, erschienen, und zwar bei dem für pornographische Werke ebenso wie für verlegerische Außenseiterprojekte wie die Sade-Ausgabe bekannten Jean-Jacques Pauvert, der auch die politisch linke Reihe *Libertés* betreut. Zuerst verunmöglichte ein rigoros gehandhabtes Reklameverbot des französischen Staates den Massenerfolg. Das Mysterium ungeklärter Verfasserschaft trug denn viel zum Erfolg bei: Pauline Réage ist das Pseudonym eines nicht identifizierten Autors, vielleicht von Paulhan, einem der Direktoren der altehrwürdigen *Nouvelle Revue Française* vor 1940 und Führer der Résistance im besetzten Frankreich. In der eben damals in Frankreich anflutenden ersten Welle einer Pornographie, die sich gerne als demokratisch und demokratisierend begriff, ist die *Geschichte der O* ein pseudo-pornographisches Werk, das sich offen zum Sadismus bekennt und in gediegener literarischer Wertarbeit Machträusche verklärt. Ideologische Stoßrichtung wie Themenarsenal sind vergleichbar und zum Teil identisch mit denen von *Bonjour tristesse.*

Die Fabel der dürftigen Geschichte, soweit sie sich überhaupt berichten läßt, ist die folgende: Auf ihren Wunsch hin wird O von ihrem Freund René dem sadistischen Sir Stephen ausgeliefert, der sie durch die von ihr ausdrücklich gewünschten sexuellen Mißhandlungen zum willenlosen Objekt seiner Wünsche macht. Die ideologischen Strategien sind nicht weniger deutlich als in *Bonjour tristesse* ausgeführt. Die Fahrt zu Sir Stephen ist die Reise an einen Ort, wo die Frau ihr Ziel und ihre Unterwerfung sucht – genau wie im Roman von Françoise Sagan. Sie gibt alles auf, was sie ausmacht oder was ihr gehört: Kleider, Willen, Neigungen, Gefühle, Körper, Freiheit – aber sie tut es auf eigenen Wunsch hin, um in der strahlenden Luxuswelt von Sir Stephen Macht zu erdulden und sich zu unterwerfen. Sie drängt zurück in den männlichen Herrschaftsbereich, findet sich mit der Rolle der freien Frau in der freien Gesellschaft nicht ab, sehnt sich nach einer Objektfunktion in einem absolutistischen männlichen Herrschaftsbereich, dessen Grausamkeit durch sie ihre Legalisierung findet. Sie will ihren Untergang und sucht im leidvoll erduldeten Genuß sexueller Folterungen ihre Selbstzerstörung. Das wird apologetisch vorgetragen, als Reise der Frau zurück in die absolute Männerbeherrschung, wo sie allein Erfüllung findet und wo sie auch hinstrebt, und zwar bewußt. Dem anständigen und sich selber für lieb haltenden Leser, der sich so gern empören möchte, wird keine Möglichkeit für Entrüstung eingeräumt. Seine Empörung wäre höchst deplaziert und unschicklich, ja er darf sogar ohne schlechtes Gewissen Spaß am Sadismus haben, da die Frau sich offen zum Masochismus bekennt und in diesem Fall die dem Mann zugeordnete sadistische Rolle als fraugewollt erscheint. Empörung gegen den anonymen Autor wäre ebenfalls höchst ungerecht, da Sir Stephen in seiner Ausübung erotischer Macht und sexueller Gewalt ein ausländischer Potentat ist, der Frankreich – das ihm keinen gleichwertigen Gegner gegenüberzustellen hat – als Herrscher besetzt hält: Dies wird noch dadurch unterstrichen, daß der Geliebte von O, René, als willenloses Objekt, als Instrument in den Händen von Sir Stephen dargestellt wird und diesem stets als ein Vasall begegnet, für den die Abtretung der Geliebten eine feudale Pflichtleistung ist, der nicht mehr Bedeutung zuzumessen ist als der Verschiebung eines Möbelstückes.[10] Die gewollte Auslieferung des Opfers an seinen Unterdrücker spiegelt psychologisch wie literarisch – peinlich und kümmerlich! – weibliche Phantasmen, in denen jede Rationalität zerstört ist und wo die Vorstellung von einem nur durch Selbstzerstörung zu erreichenden höchsten Genuß dominierend geworden ist. O verweigert das Geliebtwerden und denunziert durch ihre sexuellen Wünsche jede Form von Zärtlichkeit als abnorm. Das Herrschaftsinstrumentarium von Sir Stephen gleicht einem faschistischen Zerstörungsapparat, und die Bedenklichkeit der Erzählung wird deutlich, wenn man sich vergegenwärtigt, mit welchem Zynismus hier Vernichtungsdenken des Faschismus verklärt wird, indem sie offen ausspricht: Das Opfer setzt seine Henker voraus, und die Bereitschaft des Menschen, Opfer zu sein, erzeugt Henker. Im Opfer findet also der Henker seinen beredten Anwalt.

Machtausübung wird hier ausdrücklich in der Perspektive des masochistischen Opfers legitimiert, herrschende Gewaltverhältnis-

10 Cf. Pauline Réage, *Histoire d'O,* avec une préface de Jean Paulhan, Paris, Pauvert, 1971, S. 96/97.

se werden ausdrücklich gerechtfertigt durch Zwangsbedürfnisse des Opfers nach ständiger Unterwerfung. Terror siegt, weil das Opfer diesen Sieg will und möglich macht. Die sadistische Folter wird im Namen der Freiheit, des gesunden Menschenverstandes und der Vernunft praktiziert als Lustspender. Im Gegensatz zu echter obszön-pornographischer Literatur, in der der Freiraum des Spielerisch-Unverbindlichen der eigentliche Sakralraum des Handlungsgeschehens ist und für deren wirkliche Würdigung gerade ein Leser der *Histoire d'O* hervorragend qualifiziert ist, beschwört hier ein Autor die Verbindlichkeit eines Herrschaftsanspruches im Namen einer Herrenmoral, für die das Verbrechen ungestraft bleibt, weil das Opfer selber sich zum kausalen Anlaß der Notwendigkeit von Gewalt erklärt. Sexuelle Leistung und Arbeitskraft bestimmen den Marktwert dieser modernen Sklavin ebenso wie ihre Bereitwilligkeit, sich zerstören zu lassen. Der Autor resp. die Autorin des Buches ist ein Architekt eines neuen Konzentrationslager für freiwillige Häftlinge: das Bauprojekt braucht deshalb nicht geheimgehalten zu werden. General Massu hätte eigentlich ein verständnisvoller Leser des Buches sein müssen, scheint mir. Paulhan nennt im Vorwort den Roman den „wildesten Liebesbrief, den ein Mann je erhalten hat"[11] und bescheinigt ihm „einen jederzeit reinen und mächtigen Geist".[12] Dem ist nichts hinzuzufügen, was nicht schon ausgeführt worden wäre.

Der *nouveau roman*, der Neue Roman bietet neben dem absurden Theater im Frankreich der fünfziger Jahre das authentische Phänomen einer literarischen Avantgarde. Ihre Hauptwerke waren in Frankreich schon kurz nach ihrem Erscheinen mit einer Auflage von einer halben Million Exemplaren verbreitet. Einer ihrer Begründer und Hauptvertreter, Jean Cayrol, Überlebender des Konzentrationslagers Mauthausen, nennt Lazarus als Symbolfigur für seine neue Romankunst. Lazarus wurde auf wunderbare Weise ins Leben zurückgerufen. Cayrol fordert eine lazarenische Kunst, die dem Gegenwart und Alltag gebliebenen Konzentrationslager seinen Raum gewährt – erkennt aber in Lazarus auch den Menschen, der in einer neuen Welt wohl lebt, aber sich nicht in ihr zurechfindet. Seine Erfahrungen, seine Logik stoßen sich wund an der Allmacht der Dinge. Der Triumph der Dingwelt ist absolut, und das gilt für alle Vertreter des Nouveau Roman. Bezüge zwi-

11 Ibid., S. XIV.
12 Ibid. S. IV.

schen Mensch und Ding sind aufgehoben, entlarvt als Konstrukte des Menschen, die es abzureißen, abzubrechen gilt. Robbe-Grillet gebraucht in seiner Techniker-Sprache den Ausdruck ,,Abbruch-Arbeit". Dinge erscheinen in der brutalen, anstößigen Nacktheit ihres Nur-Vorhandenseins als bedeutungslos. Robbe-Grillet sagt 1956 in *Une voie pour le roman futur:* ,,Die Welt ist weder sinnvoll noch absurd. Sie existiert ganz einfach." Dieser Abwesenheit von Werten steht im konventionellen Roman – bei Françoise Sagan z. B. – eine magische Berufung auf die kleinsten Überbleibsel etablierter Dingwerte gegenüber: Sagans Heldin findet im großbürgerlichen Dekor Stützen, und jedes Sofa hat hier seine verläßliche Funktion. Lucien Goldmann hat 1962 in dem grundlegenden Aufsatz *Nouveau roman et réalité*[13] auf die Einseitigkeit eines nur formalen Begreifens der Dingwelt von Robbe-Grillet hingewiesen und für den Romanautor beansprucht, was Karl Marx von der kapitalistischen Gesellschaft gesagt hatte: daß der Mensch in ihr immer mehr dem Ding-Universum zu gleichen beginne. Spätere Interpreten Goldmanns, wie sein Schüler Jacques Leenhardt[14] und der deutsche Romanist André Stoll,[15] haben diese Anregungen weiterverfolgt. Die Dinge überwuchern alles, sie sind der Krebs, ein Totalgeschwür. Der Held wird ausgetrieben, er flieht. Madame Bovary findet in der Welt von Alain Robbe-Grillet keinen Stuhl mehr zum Träumen, René keine Ruine mehr zur Illustration seiner Melancholie. Die Dinge haben ihre Rechte geltend gemacht gegen Usurpatoren und Kolonialherren und kehren siegreich in die ihnen entrissenen Gebiete zurück. Der Kolonialkrieg der siegreichen Objekte hat im Schlafzimmer von Madame Bovary begonnen.

Der Roman *Les Gommes, Die Radiergummis,* ist 1953 erschienen und entlarvt die Fama vom sinnstiftenden Menschen als *die* kapitale Zeitungsente der Geschichte. Die Antifabel des Romans ist die folgende: Eine Untergrundorganisation, die sich einen gewissen Daniel Dupont als Opfer vorgenommen hat, verfehlt diesen. Dupont versteckt sich und wird für tot gehalten. Der Detektiv, der auszieht, seinen Mörder zu finden, tötet Dupont selber.

13 Lucien Goldmann, *Pour une sociologie du roman,* Paris, Gallimard, coll. Idées Nr. 93, 1965, S. 279–324.

14 Jacques Leenhardt, *Lecture politique du roman ,,La Jalousie" d'Alain Robbe-Grillet,* Paris, Editions de Minuit, 1973.

15 Vgl. A. Stolls Nachwort ,,Zur Transparenz der ästhetischen Chiffre" in: J. Leenhardt, *Politische Mythen im Roman,* Frankfurt, Suhrkamp, 1976, S. 275–303.

Eine Panne ist behoben. Die Organisation arbeitet perfekt weiter. Die Fabel hat mehr schwarzen Humor, als man es gemeinhin dem Autor bescheinigt: Der Kommissar hat den nicht mehr möglichen Kriminalroman überlebt und stellt sich rapide auf einen Berufswechsel ein. In einer Welt, wo man ihn als Kommissar nicht einmal mehr im Fernsehprogramm nach Mitternacht brauchen kann, wird er Täter, problemlos und undramatisch. Er kollaboriert ohne böse Absicht. Man braucht ihn nicht zu bestechen. Selbst als Killer ist er umsonst zu haben. Er ist ein unschuldiger Mensch, einer, der sich gar nicht erst zur Verfügung stellt oder sich anbiedert. Er tut auf eine selbstverständliche Art das, was man von ihm erwartet. Das heißt auch: Wo Opfer benötigt werden, sind freiwillige Mörder da. Der Kommissar Wallace von Robbe-Grillet könnte einer der Folterer von Henri Alleg werden. Angenommene und als logisch beschriebene Funktion versagen: Der Detektiv findet nicht den Mörder, sondern tötet erst das Opfer. Die Willkür in dieser Umkehrung von Aufgabenzuweisungen verweist auf Willkür in der Realität. Die früher als verläßlich geltenden Funktionen werden nicht mehr sichergestellt. Die fiktive Welt, in der Zuordnungen möglich waren, ist aus den Fugen geraten, hat aber ihre starre Scheinordnung bewahrt.

Ein Fazit kann lauten: Die Menschen haben Funktionen erfunden, zu denen keine Menschen passen. Daraus folgt, daß ein Detektiv Träger neuer Aufgaben werden kann, da sein Beruf ihn nicht sinnvoll und logisch auf die Rolle Mörderergreifung festlegt. Und erst in dieser neuen, ebenso absurden Funktion wie alle übrigen Funktionen wird sein Tun „sinnvoll“: Er behebt die Panne der politischen Organisation, er wird „sinnvoll“ als Mörderfigur.

Indem er Sinnloses berichtet, berichtet Robbe-Grillet über den abhanden gekommenen Sinn. Das gilt auch für den 1957 erschienenen Roman *La Jalousie, Die Eifersucht,* der in einem kolonialen Afrika spielt, die Dreiecksgeschichte des Ehepaares A. und seines Freundes Frank. Herr A., der offenbar eifersüchtige Ehemann, ist nur indirekt feststellbar, für keinen Kommissar greifbar. Man könnte auch sagen: Herr A. hat es nicht nötig, existent zu sein, er ist so überflüssig wie seine Eifersucht. Die Dingwelt scheint ihn erfaßt und weggespült zu haben. Der Kolonialherr ist der Macht der Dinge erlegen und still untergegangen.

Den Prozeß der Verdinglichung hatten, wie wir wissen, vor Robbe-Grillet *apologetisch* Françoise Sagan und Pauline Réage beschrieben. Es kann nicht geleugnet werden, daß sie neue, außerliterarische Geschehnisse bekräftigen: Daß Generäle Zulieferanten für den Literaturwissenschaftler geworden sind, ist als neues Phänomen zur Kenntnis zu nehmen, das wir den fünfziger Jahren in Frankreich verdanken.

Es bleibt nachzutragen, daß Jean-Marie Le Pen 1984 mit einem Stimmenanteil von elf Prozent in Frankreich zum Europa-Abgeordneten gewählt worden ist: 1957 war er als Leutnant in Algier persönlich an Folterungen algerischer Widerstandskämpfer beteiligt. Dieser Führer der rechtsradikalen *Nationalen Front* der achtziger Jahre verleugnet seine ideologische Herkunft aus dem Geist der fünfziger Jahre nicht.

Bibliographie

Améry, Jean, *Geburt der Gegenwart,* Olten und Freiburg im Breisgau, Walter, 1961.

Aron, Robert, *Les Origines de la guerre d'Algérie,* Paris, Fayard, 1962.

Brée, Germaine, *Le XXe siècle II. 1920–1970* (= *Littérature française,* ed. Claude Pichois, t. 16), Paris Arthaud, 1978.

Bromberger, Merry und Serge, *Les 13 complots du 13 mai,* Paris, Fayard, 1959.

Deforges, Régine, *On m'a dit, Entretiens avex Pauline Réage,* Paris, Pauvert, 1975 (Livre de poche Nr. 4875).

Dufresnoy, Claude, *Des officiers parlent,* Paris, Julliard, 1961.

Ferrandon, Marie-Christine, Isabelle Waquet, *La France depuis 1945,* Paris, Hatier, 1979.

Goguel, François, Alfred Grosser, *Politik à la française,* Übers. Alexander von Platen, Gütersloh, Mohn 1966.

Grosser, Alfred, *La quatrième République et sa politique extérieure,* Paris, Colin, 1961.

Guérin, Daniel, *Ci-gît le colonialisme. Témoignage militant,* Paris/La Haye, Mouton, 1973.

Lüthy, Herbert, *Frankreichs Uhren gehen anders,* Zürich/Stuttgart, Europa, 1954.

Mendès-France, Pierre, *Frankreich morgen. Vorschläge,* Berlin/Neuwied, 1963.

Nadeau, Maurice, *Le Roman français depuis la guerre,* Paris, Gallimard, coll. Idées, Nr. 34, 1963.

Pingaud, Bernard (ed.), *Schriftsteller der Gegenwart. Französische Literatur. Roman – Drama – Essay. Siebenundvierzig Porträts,* Übers. Guido G. Meister, Olten und Freiburg im Breisgau, Walter, 1965.

Planchais, Jean, *Le Malaise de l'armée,* Paris, Plon, 1958.

Sagan, Françoise, *Réponses. 1956–1974,* Paris, Pauvert, 1974 (Livre de poche Nr. 4764).

Staub, Hans O., *Frankreich zwischen gestern und morgen,* Olten und Freiburg im Breisgau, Walter, 1963.

Zeltner-Neukomm, Gerda, *Das Wagnis des französischen Gegenwartsromans,* Reinbek, Rowohlt, rde 109, 1960.
Ziebura, Gilbert, *Die Fünfte Republik. Frankreichs neues Regierungssystem,* Köln, 1960.

Andreas Altenhoff

Bunte Chronik der Fünfziger

1948

20. Juni. Währungsreform. Der wirkungsvoll arrangierten Rückkehr zur Marktwirtschaft in den westlichen Besatzungszonen geht eine Reihe von Entscheidungen auf internationaler Ebene voraus. Bereits 1944 wird in Bretton Woods die künftige Welthandelsordnung festgelegt. Als Gläubiger maßgeblicher europäischer Länder und im Besitz des zur Leitwährung avancierten Dollar drängen die USA auf einen zügigen Wiederaufbau der durch den Krieg geschwächten Ökonomien.

Im Zeichen einer 1947 von George F. Kennan propagierten Strategie der „Eindämmung“ sowjetischen Einflusses überwinden bald auch Großbritannien und Frankreich ihre Vorbehalte gegen eine Rehabilitierung Westdeutschlands. Während der Londoner Sechsmächtekonferenz vom Februar 1948 einigen sie sich mit den USA und den Benelux-Staaten über die innen- wie außenpolitische Integration der drei Westzonen, deren Beteiligung an der am 16. April geschaffenen Organisation für europäische wirtschaftliche Zusammenarbeit (OEEC) ihnen Kredite aus dem Marshallplan (ERP) sowie den Zugang zu einem liberalisierten internationalen Markt sichert. Auf Grundlage des gleichzeitig erlassenen amerikanischen Auslandshilfegesetzes stehen Produktionsmittel zur Verfügung, die von den Abnehmern längerfristig über ein nationales Gegenwert-Konto zu bezahlen sind. Der sich konstituierende Staat verfügt damit über einen ständigen Fonds zur Investitionssteuerung.

Um in seine durch diese und andere Vorgaben bestimmte Rolle hineinwachsen zu können, benötigt Westdeutschland zunächst eine am Dollar ausgerichtete, als Wertmaß geeignete Währung. Die für Zwecke einer in den Nachkriegsjahren dominierenden Zwangswirtschaft noch fungible Reichsmark wird daher nach dem 20. Juni binnen weniger Tage eingezogen. Alle Einwohner der Westzonen erhalten einen sogenannten Kopfbetrag (60 DM für 60 RM), Unternehmer zusätzlich für jeden Beschäftigten eine Übergangshilfe in gleicher Höhe. Von einem Tag auf den andern füllen sich die Schaufenster mit den von Herstellern und Verkäufern in Erwartung soliden Gewinns zurückgehaltenen Waren. Ebenso schnell leeren sich allerdings die meisten Geldbeutel. Da den Kopfbetrag übersteigende Reichsmark-Vermögen offiziell im Verhältnis 10:1, effektiv aber erheblich darunter umgestellt werden, verlieren in erster Linie die Sparer ihre Rücklagen. Der drohenden Enteignung zuvorzukommen, bietet sich ihnen nur eine in § 20 des Währungsgesetzes angedeutete Möglichkeit: „Vernichtung von Altgeld ist straffrei".[1]

In dieser Situation erweist sich der Besitz materieller Werte, namentlich einer Fabrik, als vorteilhaft, denn vom rasch eintretenden Anstieg der freigegebenen Preise bleibt nur verschont, wer sie selber festsetzen und großzügig gewährte Steuerprivilegien zum Ausbau seines Maschinenparks nutzen kann. Für die designierten Bundesbürger mit bescheidenerer Mitgift besteht indessen Gelegenheit, durch vermehrte Leistung zum Erfolg der Operation Wirtschaftswunder beizutragen. Daß sie sich dieser Herausforderung nicht versagen, macht die Währungsreform zum gelungenen Start in die fünfziger Jahre.

24. Juni. Die Sowjetische Militäradministration sperrt alle Land- und Wasserverbindungen zwischen Westdeutschland und Berlin, „um einer Desorganisation des Geldumlaufs vorzubeugen" (in ihrem Hoheitsbereich bleibt die sonst schon entwertete Reichsmark noch kurze Zeit gültig).[2] Gleichzeitig veranlaßt sie einen eigenen Geldumtausch. Ihr Versuch, so der Gründung eines selbständigen Staats in den Westzonen entgegenzuwirken, scheitert jedoch, da deren Schutzmächte mit Gegenblockade und Luftbrücke antworten.

1. Juli. In den „Frankfurter Dokumenten" legen die Westalliierten den elf westdeutschen Regierungschefs ihr Programm für den Aufbau einer staatlichen Ordnung vor. Die Länderparlamente entsenden daraufhin Bevollmächtigte zum Verfassungskonvent von Herrenchiemsee (10.–23. August), der den Entwurf eines Grundgesetzes ausarbeitet, und ernennen Abgeordnete für den am 1. September in Bonn gebildeten Parlamentarischen Rat.

12. November. In einem 24stündigen Generalstreik bekunden

1 Keesing's Archiv der Gegenwart 18 (1948) S. 1536.
2 ib., S. 1550.

Gewerkschafter der Bizone ihre Unzufriedenheit über steigende Preise und wachsende Arbeitslosigkeit.

Während in den Westzonen literarisch-kulturelle Blätter mit dem Ende von Reeducation und Papierbewirtschaftung in Schwierigkeiten geraten, kann die marktorientierte Presse sich sehr bald einen überragenden Einfluß sichern (definitive Aufhebung des Lizenzzwangs im Spätsommer 1949). Neben zahlreichen neuen Tageszeitungen erscheinen Illustrierte wie *Quick, Stern, Neue Revue, Bunte* bzw. ihre Vorläufer. – Fußballtoto wiedereingeführt. – Notopfer Berlin als Sondersteuer.

Film. Howard Hawks *Red River* mit John Wayne, Montgomery Clift; *Key Largo* mit Humphrey Bogart, Lauren Bacall; Robert Adolf Stemmle *Berliner Ballade* mit Gert Fröbe in der Rolle des Otto Normalverbraucher (Buch Günter Neumann).

Literatur. Nach unfreiwillig verlängertem Exil in den USA wegen einer Vorladung des Ausschusses zur Untersuchung unamerikanischer Umtriebe im Herbst 1947 übersiedelt Bertolt Brecht nach Berlin; Ilse Aichinger *Die größere Hoffnung*; Gottfried Benn *Statische Gedichte*; Günter Eich *Abgelegene Gehöfte* (enthält *Inventur* und *Latrine*); Peter Huchel *Gedichte*; Wolfgang Kayser *Das sprachliche Kunstwerk*; Walter Kolbenhoff *Heimkehr in die Fremde*; Karl Krolow *Gedichte.*

1949

4. April. Gründung der NATO (Nordatlantikpakt).

12. Mai. Aufhebung der Berliner Blockaden.

15./16. Mai. Wahlen zum 3. Deutschen Volkskongreß (Einheitslisten).

23. Mai. Verkündung des Grundgesetzes der BRD.

13. Juli. Um der Gottlosigkeit einen Schlag zu versetzen, greift Papst Pius XII. zur vatikanischen ultima ratio und exkommuniziert die Kommunisten in aller Welt.

25. Juli/1. August. Thomas Mann hält in Frankfurt am Main und Weimar seine „Ansprache im Goethejahr" („Ich kenne keine Zonen. Mein Besuch gilt Deutschland selbst ...").[3]

14. August. Wahlen zum 1. Deutschen Bundestag (CDU/CSU 31 %, SPD 29,2 %, FDP 11,9 %, KPD 5,7 %).

3 Gesammelte Werke XI. Frankfurt am Main 1960. S. 481.

7. September. Konstitutierung von Bundestag und Bundesrat.

20. September. In seiner Regierungserklärung setzt sich Bundeskanzler Adenauer für ein Zusammenwirken mit den Westmächten und eine Politik der Stärke als Mittel zur deutschen Wiedervereinigung ein.

21. September. Besatzungsstatut. Die Westalliierten konzedieren der Bundesrepublik eine eingeschränkte Selbstregierung unter Kontrolle Hoher Kommissare.

1. Oktober. Proklamation der Volksrepublik China durch Mao Zedong.

7. Oktober. Bildung einer Provisorischen Volkskammer und Inkrafttreten der Verfassung der DDR.

12.–14. Oktober. Gründungskongreß des DGB in München.

22. November. Petersberger Abkommen (diplomatische und wirtschaftliche Vergünstigungen für die BRD).

3. Dezember. Adenauer erklärt in einem Interview, die Bundesrepublik solle sich zu geeignetem Zeitpunkt an einer europäischen Armee beteiligen. Alle Fraktionen des Bundestags versichern wenige Tage später, sie dächten nicht an eine Wiederaufrüstung.

Sechs Jahre früher als die BRD genießt der (West-)*Deutsche Fußballbund* wieder volle Souveränität. – Rudi Schuricke bringt die schon 1943 produzierten *Caprifischer* zu Gehör, Goldy und Peter de Vries behaupten *Von den blauen Bergen kommen wir.*

Film. *My Friend Irma* mit Jerry Lewis und Über-Ich-Partner Dean Martin. Die beiden werden zum lange unzertrennlichen Kino-Paar; *Kind Hearts and Coronets (Adel verpflichtet)* mit Alec Guinness; Wolfgang Staudte *Rotation*; Curt Goetz *Frauenarzt Dr. Prätorius*; *Das Fräulein und der Vagabund* u. a. mit Dietmar Schönherr, Hardy Krüger.

Literatur. Gründung eines gesamtdeutschen PEN-Zentrums (ab 1951 separates Zentrum der BRD); Debüt für Heinrich Böll *Der Zug war pünktlich*; Bertolt Brecht *Kalendergeschichten*; Günter Eich *Untergrundbahn*; Max Frisch *Als der Krieg zu Ende war*; Ernst Jünger *Heliopolis*; Wolf von Niebelschütz *Der blaue Kammerherr*; George Orwell *1984*; Hans Werner Richter *Die Geschlagenen*; Arno Schmidt *Leviathan*; Wolfgang Weyrauch *Tausend Gramm* (darin die Aufforderung zum literarischen ,,Kahlschlag“).

8. Januar. Block der Heimatvertriebenen und Entrechteten (BHE) gegründet. Die Partei verzeichnet bis Mitte der Fünfziger einige Wahlerfolge. Im Bundesgebiet leben rund 8 Millionen Flüchtlinge aus Ost- und Mitteleuropa, in den Folgejahren kommen noch hunderttausende hinzu. Sie bringen „ein intellektuelles Kapital ... von etwa dreißig Milliarden Mark" ein, bilden „eine Arbeitskraftreserve von seltener Mobilität".[4]

Januar. 74,4 % aller Befragten sprechen sich laut Emnid-Erhebung gegen die Aufstellung westdeutscher Militärverbände aus.

14. Februar. Beistandspakt zwischen UdSSR und VR China.

15. Februar. In der Bundesrepublik steigt die Zahl der Arbeitslosen auf 2,018 Millionen. Vier Fünftel aller privaten Haushalte müssen mit meist erheblich weniger als 500 DM im Monat auskommen, ein Kilo Bohnenkaffee kostet 28,44 DM. Karnevalsschlager der Saison: *Wer soll das bezahlen.*

Februar. US-Senator Joseph McCarthy legt eine Proskriptionsliste vor, die zeigen soll, daß das State Department kommunistisch unterwandert sei. Seine Anschuldigungen stellen sich als haltlos heraus. Die Sicherheitsbehörden können zugleich darauf verweisen, seit Herbst 1947 drei Millionen Beamte politisch durchleuchtet zu haben. Dennoch setzt McCarthy seine Kampagnen bis Ende 1954 unbehelligt fort.

April. Großbritannien verschärft seine Kriegführung gegen die Partisanenbewegung in Malaya u. a. durch massenhafte Zwangsumsiedlungen. Die Royal Air Force setzt chemische Kampfstoffe zur Erntevernichtung ein.

25. Mai. Adenauer vor belgischen Journalisten. „Auf die Frage, ob die Bundesrepublik einen Beitritt zum Nordatlantikpakt wünsche, antwortete der Bundeskanzler mit einem klaren Nein. Er führte an, daß Deutschland im letzten Krieg soviel Menschen verloren habe, daß es sich nicht mehr leisten könne, noch mehr Blutopfer zu bringen" (*Frankfurter Allgemeine* vom 26. Mai).

Mai. Wer den Tod nicht scheut, fährt Lloyd: der LP 300 feiert Premiere. Ein 12 PS starker Motor, dem gute Laufruhe nachgesagt wird, bringt die 400 kg schwere Kleinlimousine auf bis zu 80 km/h;

4 Deutsche Wirtschaft seit 1870. Von Gustav Stolper, fortgeführt von Karl Häuser und Knut Borchardt. Tübingen 1964. S. 310.

ihr Preis beträgt 2800 DM. Zum Vergleich: Ford Taunus Spezial (34 PS) 5350 DM, Opel Kapitän (55 PS, 1210 kg, 126 km/h) 9600 DM.

6. Juni. Im *FAZ*-Feuilleton schreibt Gerhard Nebel zum 75. Geburtstag Thomas Manns: „Exponent einer bis zur Dummheit gehenden Abneigung gegen Deutschland ... Anwalt der östlichen Schinderwelt ... Er ist am schwächsten da, wo er zu denken beginnt ... wühlt im Schmutz ..."

17. Juni. Rowohlt startet mit Hans Falladas *Kleiner Mann, was nun?* die erste deutsche Taschenbuchreihe.

25. Juni. Beginn des Koreakriegs. Nordkoreanische Verbände überschreiten den als Trennungslinie des geteilten Lands festgesetzten 38. Breitengrad, erobern Seoul und bewegen sich weiter nach Südosten. Die Vereinten Nationen ergreifen Partei für Südkorea. Im Juli erreichen erste UNO-Einheiten das Kampfgebiet. In den USA wird gleichzeitig der Militäretat erhöht, die Dienstzeit für Soldaten um ein Jahr verlängert und das Einberufungsgesetz wieder angewendet. Mitte September beginnen die Alliierten mit einer von massiven Luftangriffen auf Städte in Nordkorea begleiteten Gegenoffensive unter dem Kommando General MacArthurs, der den Auftrag erhält, die zurückweichenden nordkoreanischen Truppen zu zerschlagen, und sie schon bald zur Kapitulation auffordern kann. Gestützt auf eine UNO-Resolution vom 7. Oktober, in der die Bildung eines vereinten demokratischen Korea vorgesehen ist, marschieren die Verbündeten im Norden ein und dringen bis zur mandschurischen Grenze vor. Durch die Intervention chinesischer Heere werden sie jedoch zum Rückzug weit hinter den 38. Breitengrad gezwungen. US-Präsident Truman droht der VR China mit dem Einsatz von Atombomben; er ruft zugleich den nationalen Notstand aus. Die amerikanische Armee wird von 2,5 auf 3,5 Millionen Mann verstärkt. Nach erneutem Vorrücken beziehen die UN-Truppen im Frühjahr 1951 Stellungen nahe der alten Demarkationslinie. Trotz im Juni beginnender Waffenstillstandsverhandlungen geht der Krieg noch etwa zwei Jahre weiter.

Die Bundesrepublik profitiert vom weltweiten Koreaboom. Da viele westliche Länder sich auf Rüstungsproduktion konzentrieren, gelingt ihr durch gezielte Exportförderung vor allem für Rohstoffe und Investitionsgüter, bei strikter Beschränkung des Binnenmarkts, eine beschleunigte Etablierung in der Weltwirtschaft.

September. Außenminister der Westmächte beraten in New

York über deutsche Mitwirkung an einer europäischen Armee, erkennen die Bundesregierung als alleinige rechtmäßige Vertretung des deutschen Volks an.

19. September. Mitglieder und Sympathisanten linker Gruppierungen von der KPD bis zur Vereinigung der Verfolgten des Naziregimes und einiger neofaschistischer Organisationen gefährden als Angehörige des öffentlichen Diensts laut Beschluß der Bundesregierung die freiheitliche demokratische Staatsordnung und werden aus ihren Ämtern entfernt. In den Bonner Ministerien zahlreich vertretene ehemalige NSDAP-Angehörige fallen nicht unter diesen auch von SPD und Gewerkschaften gebilligten Erlaß.

30. September. Elly Ney spielt wieder Beethoven. Sie gastiert in Bonn.

9. Oktober. Innenminister Heinemann tritt aus Protest gegen Adenauers eigenmächtige Remilitarisierungspolitik zurück. In der Bundesrepublik entsteht unterdessen eine *Ohne-mich*-Bewegung gegen Wiederbewaffnung.

21. Oktober. Die Ostblockstaaten schlagen in ihren Prager Deutschland-Beschlüssen Maßnahmen zur Rüstungsverhinderung und Wiedervereinigung vor.

29. Oktober. Theodor Blank, Gewerkschafter der ersten Stunde, übernimmt eine Dienststelle, die sich den „mit der Vermehrung der alliierten Truppen zusammenhängenden Fragen“ widmet. Das „Amt Blank“ wird 1955 in Bundesverteidigungsministerium umbenannt.

19. Dezember. NATO-Konferenz in Brüssel beschließt Schaffung einer atlantischen Streitmacht unter bundesdeutscher Beteiligung.

In der Zigarettenreklame werben bevorzugt Sportler und Ärzte für anregend würzige, filterlose Marken wie *Collie*, *Onkel Tom, Texas, Fox* usw.

Film. *Annie Get Your Gun*; John Ford *Rio Grande* mit John Wayne, Maureen O'Hara; Billy Wilder *Sunset Boulevard*; *The Lavender Hill Mob (Einmal Millionär sein)* mit Alec Guinness; Walt Disney *Cinderella*; Erik Ode *Herrliche Zeiten – 50 Jahre heiter betrachtet* mit Willy Fritsch. Günter Neumanns Montage-Lichtspiel präsentiert ein halbes Jahrhundert Mode und Krieg aus der Froschperspektive eines „netten, kleinen Bürgers“;[5] *Das doppelte Lottchen*; *Der Theodor im Fußballtor* mit Theo Lingen, Hans Moser;

5 Der Spiegel 3, H. 53 (1949) S. 36.

Geliebter Lügner mit Elfie Mayerhofer, Hans Söhnker; *Vom Mädchen zur Frau* Österreichischer Aufklärungsfilm, warnt vor leichtsinnigem Lebenswandel; *Auf der Alm, da gibt's koa Sünd'*; *Jetzt schlägt's 13* mit Theo Lingen, Hans Moser.

Literatur. Werner Bergengruen *Die heile Welt*; Heinrich Böll *Wanderer, kommst du nach Spa*; Eduard Claudius *Vom schweren Anfang*; Max Frisch *Tagebuch 1946–1949;* Gerd Gaiser *Eine Stimme hebt an*; Martin Heidegger *Holzwege*; Stephan Hermlin *Mansfelder Oratorium*; Stefan Heym *Bitterer Lorbeer*; Walter Jens *Nein. Die Welt der Angeklagten*; Wolfdietrich Schnurre *Die Rohrdommel ruft jeden Tag*; Wolfgang Weyrauch *An die Wand geschrieben*; Carl Zuckmayer *Der Gesang im Feuerofen* EA in Göttingen. Erfolgreichstes Stück der Saison 1950/51.

1951

18. Januar. Hildegard Knef ist *Die Sünderin* und in einer kurzen Einstellung des Films unbekleidet zu sehen. Pfarrer Werner Hess mobilisiert das öffentliche Sittenempfinden; es kommt zu heftigen, oft handgreiflichen Auseinandersetzungen.

6. März. Erste Revision des Besatzungsstatuts. BRD erhält erweiterte außenpolitische Vollmachten, kann diplomatische Vertretungen einrichten.

17. März. SED fordert zum Kampf gegen Formalismus in Kunst und Literatur, zum Anknüpfen an das klassische kulturelle Erbe und zur Entwicklung einer realistischen Kunst auf.

10. April. Verabschiedung eines Mitbestimmungsgesetzes für die Montanindustrie, vom DBG als bedeutender Erfolg begrüßt: „Mit diesen Paragraphen ist ein revolutionärer Akt vollzogen, ist ein Markstein gesetzt – auf dem Wege zu einer neuen Sozialordnung“.[6] Die paritätische Mitbestimmung gilt nur für Großbetriebe des Kohle-und-Stahl-Sektors. Da diese aber den Weisungen der supranationalen Montanbehörde in Luxemburg unterstellt werden, partizipieren die an das Unternehmensinteresse gebundenen Arbeitervertreter vornehmlich an der reibungslosen Abwicklung von Maßnahmen zur Rationalisierung und Personalverminderung.

18. April. Vertrag über die Gründung der Europäischen Gemeinschaft für Kohle und Stahl unterzeichnet, ab Juli 1952 in Kraft.

6 Gewerkschaftliche Monatshefte 2 (1951) S. 226.

Durch Handelsbefreiungen und kartellähnliche Zusammenarbeit auf Regierungsebene trägt die Montanunion dazu bei, zunächst noch gravierende Rückstände in der Herstellung der für eine industrielle Expansion dringend benötigten Grundstoffe zu überwinden.

24. April. Bundesregierung verbietet Volksbefragung über Remilitarisierung und Friedensvertrag.

26. Juni. Verbot der westdeutschen FDJ; am 26. Juli auch der Vereinigung der Verfolgten des Naziregimes.

30. Juni. In Frankfurt am Main wird eine neue Sozialistische Internationale gegründet.

11. Juli. Annahme des von der SPD initiierten ersten Strafrechtsänderungsgesetzes („Blitzgesetz") durch den Bundestag; es stellt Hoch-, Landes-, Friedensverrat und Staatsgefährdung unter Zuchthausstrafe. Als staatsgefährdend gelten „Bestrebungen gegen den Bestand der Bundesrepublik Deutschland" und die Verunglimpfung ihrer Organe in Wort und Schrift. Da „die Fassung des Staatsschutzgesetzes der Bundesrepublik so allgemein gehalten sei, daß es sowohl auf Freund als auch auf Feind angewandt werden könnte",[7] erläßt die alliierte Hochkommission ein einschränkendes Gesetz zum Schutz ihrer Informanten. Über 8000 Strafverfahren werden nach Inkrafttreten der neuen Bestimmungen allein bis 1954 eingeleitet, wobei schon ein Besuch in der DDR auf Einladung dortiger Institutionen als Anlaß ausreichen kann.[8]

1. September. Australien, Neuseeland und USA schließen ANZUS-Pakt (Pazifikpakt).

28. September. In Karlsruhe konstituiert sich das Bundesverfassungsgericht, bestehend aus vom Parlament gewählten Richtern. Im November reicht ihm die Bundesregierung einen Verbotsantrag gegen KPD und SRP ein.

Erste Bayreuther Festspiele nach sieben Jahren Pause (Dirigenten Furtwängler, Karajan, Knappertsbusch). – Die ersten deutschen *Micky Maus*-Hefte mit den Donald-Duck-Geschichten von Carl Barks erscheinen.

Film. Elia Kazan *Endstation Sehnsucht* mit Vivian Leigh, Marlon Brando; Hans Deppe *Grün ist die Heide* mit Sonja Ziemann, Ru-

7 Keesing's Archiv der Gegenwart 21 (1951) S. 3022, 3092.

8 Carl Nedelmann: Die Gewalt des politischen Staatsschutzes und ihre Instanzen. – In: Der CDU-Staat. Frankfurt am Main 1969. S. 174–210, hier S. 177f.

dolf Prack. Einer der erfolgreichsten Heimatfilme, in dem einem seiner Besitzungen verlustig gegangenen Ost-Adligen das Riesengebirgslied im Niedersächsischen erklingt; *Die verschleierte Maja* Anneliese Rothenberger singt „Liebe ist ja nur ein Märchen"; Wolfgang Staudte *Der Untertan* nach dem Roman von Heinrich Mann; *Nachts auf den Straßen* mit Hans Albers, Hildegard Knef.

Literatur. Theodor W. Adorno *Minima Moralia*; Heinrich Böll *Wo warst du, Adam?*; Heimito von Doderer *Die Strudlhofstiege*; Günter Eich *Träume*; Max Frisch *Graf Öderland*; Hans Egon Holthusen *Der unbehauste Mensch*; Wolfgang Koeppen *Tauben im Gras*; Siegfried Lenz *Es waren Habichte in der Luft*; Thomas Mann *Der Erwählte*; Hans Werner Richter *Sie fielen aus Gottes Hand*; Jean-Paul Sartre *Was ist Literatur? (Qu'est-ce que la littérature?* 1948, dt.).

1952

7. Januar. Das Investitionshilfegesetz gestattet Regierung und Industrieverbänden einmal mehr eine Ausnahme von der marktwirtschaftlichen Regel. Da die Rohstoff- und Energieversorgung mit dem Entwicklungstempo anderer Branchen nicht Schritt halten kann, Kohleeinfuhren zudem die Zahlungsbilanz belasten, werden Gewerbebetriebe über eine Zwangsanleihe zur Finanzierung von Innovationen im Engpaßbereich herangezogen.

1. März. Rückgabe Helgolands an die BRD.

10. März. In ihrem Entwurf für einen Friedensvertrag mit Deutschland unterbreitet die UdSSR Vorschläge zur Wiedervereinigung und eröffnet einen Notenwechsel mit den Westmächten, der im September ergebnislos abbricht. Der sowjetische Plan sieht u. a. einen Abzug aller Besatzungstruppen binnen eines Jahrs vor, freie Wahlen unter Viermächtekontrolle sowie die Schaffung eines souveränen Staats mit eigener Armee, der keinem Militärbündnis beitreten dürfe, das gegen einen der früheren Kriegsgegner gerichtet sei. Die Westalliierten verhalten sich ablehnend: „Deutschland ist gespalten, weil Europa gespalten ist" (Note vom 13. Mai). Sie fordern uneingeschränkte Bündnisfreiheit und gesamtdeutsche Wahlen vor Abschluß eines Friedensvertrags.

24. März. Vertreter der Regierungsparteien, der SPD, des DGB und des einstigen ostelbischen Grundbesitzes beginnen mit ihrer Tätigkeit im Westberliner „Forschungsbeirat für Fragen der Wie-

dervereinigung Deutschlands". Sie erörtern administrative Details einer Machtübernahme in der DDR, stellen eine Schattenregierung auf. Vorsichtshalber verschaffen sich die Gewerkschaften entwertete Ost-Aktien. Minister Kaiser: „Es liegt durchaus im Bereich der Möglichkeit, daß dieser Tag X rascher kommt, als die Skeptiker zu hoffen wagen."[9]

11. Mai. Essener Polizei schießt auf die Teilnehmer einer Friedenskarawane; der 20jährige Philipp Müller wird getötet.

26./27. Mai. Unterzeichnung des Deutschlandvertrags und des Vertrags über die Europäische Verteidigungsgemeinschaft (EVG). Auf ihrer Grundlage soll die Bundesrepublik souveräner Staat und Mitglied einer westeuropäischen Armee werden.

24. Juni. Erste Ausgabe der *Bild*-Zeitung, Auflage 250 000.

14. August. Lastenausgleichsgesetz. De jure als Vermögensteilung zwischen Gewinnern und Verlierern der wirtschaftlichen Neuordnung gedacht, tatsächlich eine Art Sozialfonds für Währungsgeschädigte bzw. zur Unterstützung von Flüchtlingen.

10. September. „Israelvertrag". Die Bundesrepublik verpflichtet sich, Israel innerhalb von zwölf Jahren Warenlieferungen im Wert von 3 Mrd. DM als Ersatz der Kosten für die Eingliederung jüdischer Flüchtlinge zur Verfügung zu stellen.

11. Oktober. Das Betriebsverfassungsgesetz verpflichtet die Beschäftigten privater Unternehmen auf Arbeitsfrieden und Betriebswohl. Lediglich bei sozialen und personellen Fragen steht dem Betriebsrat ein Mitspracherecht zu, in Aufsichtsräten stellen die Arbeitervertreter eine Minderheit. Das Gesetz stößt auf Protest beim DGB, der seine wirtschaftspolitischen Vorstellungen darin unzureichend repräsentiert sieht und sich für erweiterte gewerkschaftliche Mitbestimmung einsetzt, „zur Steigerung der Arbeitsproduktivität, die letzten Endes die entscheidende Quelle zur Erhöhung des Reallohnes ist".[10]

23. Oktober. Verbot der Sozialistischen Reichspartei, einer NS-Nachfolgeorganisation. Bei den Landtagswahlen 1951 in Niedersachsen erhielt sie 11 % der Stimmen.

Oktober/November. Ausnahmezustand in der englischen Kronkolonie Kenia (bis 1960 andauernd), Verhaftung des schwarzen Politikers Jomo Kenyatta. Eine unter dem Spottnamen Mau-Mau

9 Der Spiegel 6, H. 27 (1952) S. 9.
10 Gewerkschaftliche Monatshefte 3 (1952) S. 528.

bekannt gewordene Befreiungsbewegung kämpft für soziale Verbesserungen und Regierungsbeteiligung. Britisches Militär schlägt den Aufstand nieder. Dabei werden bis 1956 über 11 000 Afrikaner getötet, hunderttausende vertrieben oder in Lagern interniert.

Ende November. Politischer Prozeß in der Tschechoslowakei gegen den früheren KP-Generalsekretär Slánský und weitere Parteimitglieder endet mit elf Todesurteilen.

25. Dezember. Der Nordwestdeutsche Rundfunk beschert 4000 TV-Familien in seinem Sendegebiet ein zweistündiges weihnachtliches Programm. Es markiert den Beginn regelmäßiger Ausstrahlungen, darunter der *Tagesschau* (erstmals am 26.)

Im Hamburger Landgebiet läßt ein Bauer, um dämonische Mächte von seinem Anwesen zu vertreiben, jeden Abend die ganze Familie nackt auf der Diele mit Besen durch die Luft fegen. Aberglaube und Hexenwahn haben in den fünfziger Jahren Hochkonjunktur.[11] Wunderdoktor Bruno Gröning inszeniert ab 1948 spektakuläre Massenheilungen (eingefangen im Dokumentarfilm *Gröning*, 1949). Seine für 50 DM im Versand erhältlichen Stanniolkügelchen helfen auch den am persönlichen Erscheinen verhinderten Anhängern. Noch 1957 zählt der Gröning-Verein 12 000 eingeschriebene Mitglieder. – Blutig geht es bei der Austreibung böser Geister zu. Vor den Gerichten finden jährlich mehrere Mordprozesse im Zusammenhang mit Schwarzer Magie statt. Die Dunkelziffer der psychischen und physischen Opfer allenthalben verbreiteter Hexen- und Teufelshysterie bleibt unbekannt.

Film. George Sherman *Gegen alle Flaggen* mit Errol Flynn; Fred Zinnemann *High Noon* mit Gary Cooper, Grace Kelly; Richard Thorpe *Ivanhoe*; *Don Camillo und Peppone* mit Fernandel. Nach G. Guareschi; *Casablanca* DEA am 24. 12.; Geza von Bolvary *Fritz und Friederike* Sog. Militärlustspiel mit Liselotte Pulver; *Dämonisches Afrika* Reisefilm.

Literatur. Alfred Andersch *Die Kirschen der Freiheit*; Werner Bergengruen *Der letzte Rittmeister*; Heinrich Böll *Nicht nur zur Weihnachtszeit*; Paul Celan *Mohn und Gedächtnis* (enthält die 1945 geschriebene *Todesfuge*); Friedrich Dürrenmatt *Der Richter und sein Henker. – Die Ehe des Herrn Mississippi*; Günter Eich *Der Tiger Jussuf*; Wolfgang Hildesheimer *Lieblose Legenden*; Marie Luise Kaschnitz *Ewige Stadt.*

11 Herbert Auhofer: Aberglaube und Hexenwahn heute. Freiburg 1960.

20. Januar. Vereidigung des neuen amerikanischen Präsidenten Dwight D. Eisenhower. In seiner Regierungserklärung erhebt Eisenhower einen weltweiten Führungsanspruch für die USA. Entsprechend der von den Republikanern vertretenen Roll-Back-Ideologie, kündigt Außenminister Dulles eine Konfrontation mit der UdSSR an der Schwelle des Kriegs an, durch die sie aus ihren Eroberungen in Europa hinausgedrängt werden solle.

26. Februar. Im Literaturteil der *Zeit* erfährt die Biographie *Josef Weinheber. Die Geschichte seines Lebens und seiner Dichtung* besondere Würdigung. Der Rezensent dankt für die „Rehabilitierung eines großen Dichters ... aus der hierzu zweifellos besonders berufenen Feder des bekannten Literarhistorikers Josef Nadler".

27. Februar. Im Londoner Schuldenabkommen, das nur die deutschen Auslandsverbindlichkeiten der Vor- und Nachkriegszeit berücksichtigt, wird die Bundesrepublik bis auf einen relativ geringen Rest entlastet.

5. März. Der Tod Stalins löst – nicht nur im Ostblock – Spekulationen über politische Veränderungen aus.

2. Juni. Europäische Fernsehzuschauer erleben in Direktschaltung die Krönung Elizabeth II. In der Bundesrepublik versammelt sich Ihrer Majestät Publikum hauptsächlich vor öffentlich aufgestellten Apparaten.

17. Juni. Aufstand in der DDR. Offenkundige Schwierigkeiten der DDR-Führung, auf den von der Sowjetunion eingeleiteten „neuen Kurs" einzuschwenken, gehen der Erhebung voraus. Noch Ende Mai hält sie zu Sparsamkeit und zügiger Erhöhung der Arbeitsnormen an. Bereits am 9. Juni empfiehlt dagegen das SED-Politbüro Maßnahmen zur „entschiedenen Verbesserung der Lebenshaltung aller Teile der Bevölkerung", Steuererleichterungen, vor allem auch eine Besserstellung von Bauern und Selbständigen. Ebenso wie zwei Tage später Ministerrat und Zentralkomitee, räumt es Fehler im bisherigen Sozialisierungskonzept ein. Preiserhöhungen werden zurückgenommen, die geplante Normensteigerung jedoch erst nach einer Demonstration Berliner Bauarbeiter am 16. Juni. Dennoch greift der Protest am folgenden Tag auf weite Teile der DDR über, wobei er sich zur Revolte gegen Regierung und Besatzungsmacht erweitert. Volkspolizei und sowjetisches Militär ersticken den Aufstand; dabei kommt es zu Toten.

20. Juni. Hinrichtung von Ethel und Julius Rosenberg wegen angeblichen Verrats amerikanischer Atomgeheimnisse an die UdSSR.

27. Juli. Waffenstillstand in Korea. Die Zahl der Kriegstoten wird auf 4 Millionen geschätzt.

6. September. Bundestagswahl (CDU/CSU 45,2 %, SPD 28,2 %, FDP 9,5 %, GB-BHE 5,9 %, DP 3,2 %, KPD 2,2%).

18. September. Axel Springer übernimmt *Die Welt.*

26. September. Madrider Vertrag. Die USA erhalten Militärstützpunkte, Spanien Wirtschaftshilfe und eine moderne Ausrüstung seiner Armee. Das im gleichen Jahr abgeschlossene Konkordat mit dem Vatikan sichert der Franco-Diktatur den geistlichen Segen, der katholischen Kirche ein Religionsmonopol.

15. Oktober. Der Nobelpreis für Literatur geht an den englischen Premierminister Winston Churchill.

4.–7. Dezember. Bermuda-Konferenz der drei Westmächte. „Der Atlantikpakt ist und bleibt der Grundstein unserer gemeinsamen Politik". Dazu gehöre als unverzichtbarer Bestandteil eine Allianz westeuropäischer Streitkräfte. „In der Überzeugung, daß unsere gemeinsame Stärke die beste Garantie für Frieden und Sicherheit ist, sind wir entschlossen, unsere gemeinsamen Anstrengungen zu ihrer Vervollkommnung fortzusetzen". Die Konferenzteilnehmer finden sich auf Basis dieser Erklärung bereit, den sowjetischen Vorschlag eines Vierertreffens in Berlin anzunehmen. Eisenhower am 8. Dezember zum Verhandlungsziel: „An Stelle der Unzufriedenheit, welche über Ostdeutschland, dem besetzten Österreich und den Ländern Osteuropas lastet, erstreben wir eine harmonische Familie freier europäischer Nationen".[12]

Hugh Hefner gründet das Magazin *Playboy.*

Film. Howard Hawks *Gentlemen Prefer Blondes* mit Marilyn Monroe, Jane Russell; *Wie angelt man sich einen Millionär* mit Marilyn Monroe; *Vergiß die Liebe nicht* mit Luise Ullrich, Paul Dahlke, Will Quadflieg; *Das war unser Rommel.*

Literatur. Brecht-Boykott an westdeutschen Bühnen; Ingeborg Bachmann *Die gestundete Zeit*; Heinrich Böll *Und sagte kein einziges Wort*; Bertolt Brecht *Buckower Elegien*; Friedrich Dürrenmatt *Der Verdacht*; Günter Eich *Die Mädchen aus Viterbo*; Max Frisch *Don Juan oder die Liebe zur Geometrie*; Gerd Gaiser *Die sterbende*

12 Keesing's Archiv der Gegenwart 23 (1953) S. 4282, 4283.

Jagd; Eugen Gomringer *Konstellationen*; Rudolf Hagelstange *Zwischen Stern und Staub*; Wolfgang Koeppen *Das Treibhaus*; Ernst Meister *Unterm schwarzen Schafpelz*; Hans Werner Richter *Spuren im Sand*; Arno Schmidt *Aus dem Leben eines Fauns*; Günther Weisenborn (Hg.) *Der lautlose Aufstand. Bericht über die Widerstandsbewegung des deutschen Volkes 1933–1945.*

1954

25. Januar–18. Februar. Außenministerkonferenz der Vier Mächte bleibt ohne unmittelbares Ergebnis.

Januar/Februar. Diskussion um die im Grundgesetz (Art. 117) vorgeschriebene Anpassung des Bürgerlichen Rechts an das Prinzip der Gleichberechtigung (Art. 3). Ein Entwurf der Bundesregierung bestätigt zwar die Gültigkeit dieses Grundsatzes, ,,nach der natürlichen Ordnung"[13] soll aber bei ehelichen Meinungsverschiedenheiten oder der sog. Ausübung elterlicher Gewalt der Mann das letzte Wort behalten, die Frau sich seinem Entschluß nur entziehen dürfen, wenn dadurch das Wohl der Familie gefährdet ist. Die SPD sieht hingegen den häuslichen Frieden eher gewährleistet unter der Voraussetzung, daß beide Partner gemeinsam entscheiden. Hierzu eine zeitgenössische Stimme: ,,Die Anbeter einer mechanischen Gleichberechtigung, darunter vor allem die SPD, zielten mit der Abschaffung der ehemännlichen und väterlichen Entscheidungsgewalt auf die innere Lähmung der Ehe und Familie. Ausgerechnet diese Urmodelle aller irdischen Gemeinschaften und Vereinigungen sollen um jenes in letzter Instanz und vor allem auch nach außen verantwortliche Organ betrogen werden, ohne das keine Vereinigung von Menschen handeln kann."[14]

26. Februar. Das Parlament billigt ein verfassungsänderndes Gesetz zur Begründung der Wehrhoheit des Bundes. Es sieht die Einführung einer Militärdienstpflicht vor und gestattet Grundrechtsbeschränkungen für Angehörige der Streitkräfte.

25. März. Sowjetunion gesteht der DDR weitgehende Souveränität zu.

13 Justizminister Fritz Neumayer. – In: Keesing's Archiv der Gegenwart 24 (1954) S. 4380.

14 P. W. Wenger: Zwischenrunde im Eherecht. – In: Rheinischer Merkur. Köln. Nr. 5 vom 20. Januar 1954, S. 3.

31. März. Da die NATO „unter entsprechenden Bedingungen ihren aggressiven Charakter verlieren könnte, ... erklärt sich die Sowjetregierung ... bereit, gemeinsam mit den interessierten Regierungen die Frage der Beteiligung der Sowjetunion am Nordatlantikpakt zu erörtern".[15]

April. *Null-Acht-Fünfzehn.* Gegen Hans Helmut Kirsts Wehrmacht-Reißer (verfilmt von Paul May) machen alte Kämpfer des „Bundes Deutscher Soldaten", Buchhändler und ein General mobil, der durch den Roman – so seine Eingabe ans Innenministerium – die „Untergrabung des Verteidigungswillens der Bundesrepublik" heraufbeschworen sieht.[16]

April. Eröffnung eines Verfahrens gegen den amerikanischen Physiker J. Robert Oppenheimer wegen angeblicher früherer Beziehungen zu Kommunisten.

7. Mai. Mit der Kapitulation der französischen Festung Dien Bien Phu endet der seit Dezember 1946 dauernde Indochinakrieg zwischen Viet-Minh-Einheiten und dem durch massive materielle Hilfe aus Washington unterstützten französischen Expeditionskorps. Ein im Juli in Genf geschlossenes Abkommen erklärt Laos, Kambodscha und das am 17. Breitengrad provisorisch, bis zur Abhaltung allgemeiner Wahlen geteilte Vietnam für unabhängig. Die USA und das von ihnen geförderte Saigoner Regime erkennen diese Übereinkunft nicht an.

17. Mai. Rassentrennung in den Schulen der USA aufgehoben.

14. Juni. Kuratorium „Unteilbares Deutschland. Volksbewegung für die Wiedervereinigung" konstituiert.

4. Juli. Bundesdeutsche Fußball-Nationalelf gewinnt Weltmeisterschaft. Wegen eines Herzschlags, der ihn während der packenden Endspiel-Reportage ereilt, versäumt ein Berliner Hörer die Siegerehrung: Mannschaftskapitän Fritz Walter „nahm den Becher aus purem Gold, Wert 30000 DM, und das Stadion sang ‚Deutschland über alles!'"[17]

20. Juli. Otto John, Präsident des Bundesamts für Verfassungsschutz, setzt sich nach Ost-Berlin ab.

15 Note der Sowjetregierung an die Westmächte. – In: Europa-Archiv 9 (1954) S. 6534.

16 Nach Paul Hühnerfeld: Dienstpistole 0815. – In: Die Zeit. Hamburg. Nr. 13 vom 1. April 1954, S. 6.

17 Guido Zöller: Und jetzt ganz oben auf dem Sockel. – In: Rheinischer Merkur vom 9. Juli 1954, S. 11.

19. August. US-Gesetz über Illegalität der Kommunistischen Partei. Verurteilte KP-Mitglieder können ihre Staatsbürgerschaft verlieren und in ein anderes Land deportiert werden.

30. August. Französische Nationalversammlung lehnt Vertrag über Europäische Verteidigungsgemeinschaft ab.

8. September. Gründung der SEATO (Südostasienpakt). Im Zusatzprotokoll sprechen die Signatarstaaten eine Beistandsgarantie für Laos, Kambodscha und Südvietnam aus, obwohl diese Länder weder dem Bündnis angehören noch um Protektion gebeten haben.

28. September–3. Oktober. Londoner Konferenz neun westlicher Länder empfiehlt als Ersatzlösung für EVG Schaffung einer Westeuropäischen Union (WEU).

23. Oktober. Pariser Verträge unterzeichnet (Inhalt u. a. Beitritt der BRD zu WEU und NATO, Aufhebung des Besatzungszustands, Saarstatut).

1. November. Offizieller Beginn des „Deutschen Fernsehens" für mehrere zehntausend TV-Besitzer, die schon seit einigen Wochen an den Erlebnissen der „Familie Schölermann" teilhaben (Nachfolger „Familie Hesselbach"). Ihrem Bildungsauftrag kommen die Sendeanstalten mit Werner Höfers „Internationalem Frühschoppen" und Robert Lembkes heiterem Beruferaten „Was bin ich" nach. Für gute Laune sorgen fortan Peter Frankenfeld, Hans-Joachim Kulenkampff, Georg Thomalla, Lou van Burg und wenige andere.

1. November. Beginn des Algerienkriegs. Durch Zweiklassen-Wahlrecht und habituelle Wahlfälschungen französischer Kolonialbehörden sind die algerischen Bewegungen für Demokratie von parlamentarischer Mitwirkung ausgeschlossen. Ein Revolutionäres Komitee für Einheit und Aktion (CRUA), das sich zunächst nur auf etwa 3000 bewaffnete Partisanen stützt, leitet daher eine nationale Erhebung ein. Die Pariser Regierung antwortet mit Härte. Innerhalb weniger Monate verstärkt sie ihre Kolonialtruppen auf 80000 Mann. Innenminister François Mitterrand: „Algerien ist Frankreich; von Flandern bis zum Kongo gibt es nur ein Gesetz, nur eine Nation, nur ein Parlament. So will es die Verfassung, so wollen wir es ... Die einzige Verhandlung ist der Krieg."[18]

18 Erklärung vom 5. November 1954. – Zit. n. Franz Ansprenger: Auflösung der Kolonialreiche. München 1966. S. 231.

8. November. Erster Staatsbesuch eines veritablen Monarchen in der Bundesrepublik. Beim Empfang Kaiser Haile Selassies von Äthiopien verläuft „manches ganz wie im Märchen".[19]

29. November–2. Dezember. Moskauer Ostblock-Konferenz bietet gegen den Verzicht auf eine Remilitarisierung Westdeutschlands freie gesamtdeutsche Wahlen an. Sie besteht nicht mehr – wie die Sowjetunion noch bis Anfang des Jahres – auf vorherigem Abschluß eines Friedensvertrags.

Nach der Rentenerhöhung für Kriegsopfer erhält eine Witwe mit zwei Kindern 72 DM im Monat; die sog. durchschnittliche Arbeitnehmerfamilie gibt bei einem monatlichen Einkommen von 467,73 DM für Nahrungsmittel 179,86 DM aus.

In den US-Pop-Charts führen die Chordettes mit *Mr. Sandman*, in der Bundesschlagerparade Caterina Valente mit *Ganz Paris träumt von der Liebe.*

Film. Elia Kazan *On the Waterfront (Die Faust im Nacken)* mit Marlon Brando; *Vera Cruz* mit Gary Cooper, Burt Lancaster; Alfred Hitchcock *Das Fenster zum Hof* mit James Stewart, Grace Kelly; *Glenn Miller Story*; Robert Adolf Stemmle *Emil und die Detektive* Remake. Nach dem Roman von Erich Kästner; Kurt Hoffmann *Das fliegende Klassenzimmer* nach Kästner; Bundesfilmpreis für *Weg ohne Umkehr* mit Ivan Desny (russischer Ingenieur entdeckt Vorzug westlicher Freiheit); *Canaris* mit O. E. Hasse, Martin Held; *Auf der Reeperbahn nachts um halb eins* mit Hans Albers, Heinz Rühmann.

Literatur. Ernest Hemingway erhält Nobelpreis; DEA von Arthur Millers *Hexenjagd*; *Akzente. Zeitschrift für Dichtung* gegründet, Hg. Walter Höllerer und Hans Bender; Ernst Bloch *Das Prinzip Hoffnung* (vollst. 1959); Heinrich Böll *Haus ohne Hüter*; Bertolt Brecht *Der Kaukasische Kreidekreis* DEA am 9. 11. durch das Berliner Ensemble; Friedrich Dürrenmatt *Ein Engel kommt nach Babylon*; Max Frisch *Stiller*; Peter Hacks *Eröffnung des Indischen Zeitalters*; Helmut Heißenbüttel *Kombinationen*; Thomas Mann *Bekenntnisse des Hochstaplers Felix Krull*; Bodo Uhse *Die Patrioten.*

19 Die Zeit, Nr. 46 vom 18. November 1954, S. 21.

1955

25. Januar. Sowjetunion erklärt Kriegszustand mit Deutschland für beendet.

29. Januar. In der Frankfurter Paulskirche nehmen Vertreter von Kirche, Sozialdemokratie und Gewerkschaften ein „Deutsches Manifest" an, in dem sie zum „Widerstand gegen die sich immer stärker abzeichnenden Tendenzen einer endgültigen Zerreißung unseres Volkes" aufrufen.[20]

8. Februar. UdSSR-Außenminister Molotow wiederholt Angebot gesamtdeutscher freier Wahlen, die bei Ablehnung der Pariser Verträge noch im gleichen Jahr möglich seien.

27. Februar. Bundestag ratifiziert Pariser Verträge und hält in einer Entschließung daran fest, daß die Wahrung der Einheit und Freiheit Deutschlands eine vordringliche Aufgabe seiner Politik bleibe.

5. Mai. Die Bundesrepublik wird souveräner Staat, einige Tage später Mitglied der Westeuropäischen Union und der NATO.

14. Mai. Warschauer Vertrag der östlichen Länder über militärische Allianz, an der sich die DDR ab 1956 auch mit Aufstellung eigener Truppen beteiligt.

15. Mai. Österreichischer Staatsvertrag unterzeichnet. Die vier Besatzungsmächte ziehen ihre Soldaten ab; am 26. Oktober erklärt Österreich seine „immerwährende Neutralität".

Mai. Bei einer Allensbach-Umfrage meinen 48 % der Befragten, ohne den Krieg wäre Hitler einer der größten Staatsmänner gewesen.

2. Juni. Belgrader Erklärung zur jugoslawisch-sowjetischen Wiederannäherung.

5. September. „Grüner Plan" zur Modernisierung der bundesdeutschen Landwirtschaft. Umfangreiche Subventionen bewirken eine Steigerung der internationalen Konkurrenzfähigkeit und ein neuzeitliches Bauernlegen im großen Stil (die Zahl der landwirtschaftlichen Erwerbspersonen nimmt jährlich um rund 100 000 ab).

9.–13. September. Adenauer in Moskau. Der Bundeskanzler erreicht die Aufnahme diplomatischer Beziehungen zwischen BRD und UdSSR. Nach seiner Rückkehr skizziert er eine außenpolitische Leitlinie, die im Dezember unter dem Titel Hallstein-Doktrin for-

20 Keesing's Archiv der Gegenwart 25 (1955) S. 4984.

muliert wird (Alleinvertretungsanspruch der Bundesregierung erlaubt keinen Botschafteraustausch mit Ländern, die die DDR völkerrechtlich anerkennen).

17.–20. September. Grotewohl in Moskau. Staatsvertrag über die Beziehungen zwischen DDR und UdSSR (Souveränität bestätigt, sowjetischer Hochkommissar durch einen Botschafter ersetzt).

20. September. Sturz des argentinischen Präsidenten Perón durch Militärputsch.

Oktober. Rückkehr der letzten deutschen Kriegsgefangenen.

12. November. 101 Bundeswehr-Offiziere nehmen ihre Ernennungsurkunden entgegen, darunter die Generalleutnante Heusinger und Speidel.

26. November. Britischer Generalgouverneur auf Zypern verkündet Ausnahmezustand.

24. Dezember. Das Christentum kann laut päpstlicher Weihnachtsbotschaft „eine unterschiedlose Koexistenz mit allen um jeden Preis“ nicht billigen.[21]

Westberliner Polizei führt den elastischen Schlagstock ein. – Auftrittsverbot für Wolfgang Neuss beim Südwestfunk. – In Dingolfing läuft die Serienfertigung des Goggomobils an; neben Isetta und Messerschmidt-Kabinenroller bietet sich damit dem Einsteiger in die Kompaktklasse eine neue ernstzunehmende Alternative. – Gertrud Oheims Sittenkatechismus *Einmaleins des guten Tons* gelangt über den Bertelsmann-Lesering in die Hausbücherei aller an adrettem Benehmen interessierten Bundesbürger. – Die ARD meldet ihren 100000. Fernsehteilnehmer. – Erste *documenta* in Kassel.

In der amerikanischen Hitliste tauchen Rock'n' Roll-Titel auf: *Rock Around the Clock* von Bill Haley aus dem Film *The Blackboard Jungle* (*Saat der Gewalt*), *Tutti-Frutti* von Little Richard mit der epochalen Zeile „awopbopaloobop alopbamboom“, *Maybellene* von Chuck Berry.

Film. Elia Kazan *East of Eden (Jenseits von Eden)* mit dem im Alter von 24 Jahren tödlich verunglückten James Dean; Nicholas Ray *Rebel Without a Cause (... denn sie wissen nicht, was sie tun)* mit James Dean; Michael Anderson *1984; The Ladykillers* mit Alec Guinness; *The Benny Goodman Story*; *Huis clos (Geschlossene Gesellschaft)* nach Jean-Paul Sartre; *Schwedenmädel* mit Maj-

21 Europa-Archiv 11 (1956) S. 8565.

Britt Nilsson, Karlheinz Böhm, Walter Giller; Kurt Hoffmann *Drei Männer im Schnee* mit Paul Dahlke, Claus Biederstaedt, Günther Lüders. – *Ich denke oft an Piroschka* mit Liselotte Pulver; Helmut Käutner *Des Teufels General* mit Curd Jürgens. – *Himmel ohne Sterne* (über die ,,Zonengrenze", Bundesfilmpreis 1956); Ernst Marischka *Sissi* mit Romy Schneider und Karlheinz Böhm; *Charleys Tante* mit Heinz Rühmann; *Der Förster vom Silberwald; Drei von der Tankstelle*; *So war der deutsche Landser.*

Literatur. *Texte und Zeichen. Eine literarische Zeitschrift*, hg. v. Alfred Andersch (bis 1957); Leopold Ahlsen *Philemon und Baucis*; Walter Benjamin *Schriften*; Heinrich Böll *Das Brot der frühen Jahre*; Bertolt Brecht *Kriegsfibel*; Friedrich Dürrenmatt *Grieche sucht Griechin*; Günter Eich *Botschaften des Regens*; Max Frisch *Die chinesische Mauer*; Albrecht Goes *Das Brandopfer*; Eugen Gomringer *Vom Vers zur Konstellation*; Felix Hartlaub *Im Sperrkreis*; Richard Hey *Thymian und Drachentod* EA am 26. 3. in Stuttgart; Wolfgang Hildesheimer *Prinzessin Turandot*; Walter Höllerer (Hg.) *Transit. Lyrikbuch der Jahrhundertmitte*; Siegfried Lenz *So zärtlich war Suleyken*; Hans Erich Nossack *Spätestens im November*; Herbert Marcuse *Eros and Civilisation* (dt. 1957); Ernst Schnabel *Die Erde hat viele Namen*; Emil Staiger *Die Kunst der Interpretation.*

1956

1. Januar. Die ersten 1000 Bundeswehr-Freiwilligen rücken in ihre Standorte ein.

18. Januar. Volkskammer der DDR beschließt Gesetz über Aufstellung einer Nationalen Volksarmee und Errichtung eines Verteidigungsministeriums.

14./15. Januar. SPD-Kongreß befaßt sich mit der ,,Neuordnung Deutschlands", die – Wiedervereinigung vorausgesetzt – weder volksdemokratisch noch durch eine einfache Gleichschaltung der Sowjetzone geschehen dürfe.[22]

14.–25. Februar. 20. Parteitag der KPdSU. Chruschtschow leitet mit einer Rede zum Thema ,,Der Personenkult und seine Folgen" die sog. Entstalinisierung ein.

6. März. Verabschiedung wehrpolitischer Grundgesetzänderun-

22 ib., S. 8600.

gen und des Soldatengesetzes. Die Bundesregierung setzt im April die Sollstärke der Armee auf 500 000 Mann fest.

9. März. Britische Kolonialbehörden deportieren Erzbischof Makarios, Führer der zypriotischen Bewegung für eine Vereinigung mit Griechenland, auf die Seychellen.

1. Juni. Großbritannien verteidigt nach Ansicht von Premierminister Eden auf Zypern die Ölquellen des Mittleren Ostens, damit zugleich seine lebenswichtigen Interessen.

28./29. Juni. Posener Aufstand. Ab Herbst entschließt sich die polnische Regierung unter dem wiedereingesetzten Parteisekretär Gomulka zu einer Reihe vor allem wirtschaftlicher Liberalisierungen.

17. Juli. Togliatti bezeichnet sowjetisches Modell als für die KP Italiens nicht verbindlich.

25. Juli. Wehrpflichtgesetz in Kraft.

26. Juli. Ägyptens Präsident Nasser verstaatlicht die Suezkanal-Gesellschaft, nachdem am 19. Juli die USA ihre Finanzierungszusage für den Assuan-Damm zurückgezogen haben. Englands Premier Eden sieht erneut den Zugang zum Öl gefährdet. Für die europäische Wirtschaft gehe es um Leben und Tod.

17. August. KPD-Verbot. Das Bundesverfassungsgericht begründet seine Entscheidung nicht mit konkreten Gesetzwidrigkeiten der KPD, sondern definiert nach eingehendem Studium des Marximus-Leninismus die Zielsetzung einer proletarischen Revolution als unvereinbar mit der freiheitlichen demokratischen Grundordnung. Dem in der Verfassung verankerten Wiedervereinigungsgebot stehe das Urteil nicht im Weg. Innenminister Schröder bezeichnet es in einem Kommentar als besonders wichtig, daß die Bevölkerung der Sowjetzone aus dem Karlsruher Spruch entnehme, daß die Sicherung der rechtsstaatlichen Ordnung und der Schutz der Freiheit vor den Feinden der Freiheit in der Bundesrepublik mit aller Konsequenz gewährleistet werde.[23] Die Behörden führen in der Folgezeit landesweite Polizeiaktionen gegen Mitglieder und Einrichtungen der KPD durch.

Oktober/November. Sowjetisches Militär schlägt nationalen Aufstand in Ungarn nieder.

Israel greift Ägypten an; englisch-französische Truppen bombardieren und erobern Ziele im Suezkanalgebiet.

23 laut Frankfurter Allgemeine vom 20. August 1956. – In: Archiv der Gegenwart 26 (1956) S. 5947.

November. General Salan setzt eine Verstärkung der französischen Armee in Nordafrika auf 500 000 Mann durch. Damit bietet Frankreich fast sein ganzes Heer gegen die für algerische Souveränität und allgemeine Gleichberechtigung kämpfende Nationale Befreiungsfront (FLN) auf.

In der bundesdeutschen Industrie liegt die Produktivität je Arbeitsstunde um 39,1 Prozent über dem Stand von 1950. – Jugendliche der Kategorie Halbstarke machen nicht nur in Hannover Randale gegen die Polizei. – Die *Andrea Doria* versinkt im Atlantik. – Münchner *Lach- und Schießgesellschaft* gibt ihre erste Vorstellung. – In New York hat *My Fair Lady* Premiere.

Großes Jahr des Rock'n' Roll. Little Richard *Long Tall Sally*; Chuck Berry *Roll Over Beethoven*; Carl Perkins *Blue Suede Shoes;* Gene Vincent *Be-Bop-a-Lula.* Elvis Presley schafft den Durchbruch mit *Heartbreak Hotel* und *Don't Be Cruel.* In der Bundesrepublik überschreitet Freddy Quinn mit *Heimweh* als erster die Millionengrenze verkaufter Schallplatten. Wolfgang Sauer singt *Nur weil du bei mir bist.*

Film. Das westdeutsche Kino verzeichnet einen nie wieder erreichten Besucherrekord; George Stevens *Giant (Giganten)* mit Elizabeth Taylor, Rock Hudson, James Dean; Roger Vadim *Et Dieu créa la femme (Und immer lockt das Weib)* mit Brigitte Bardot; DEA von Chaplin *Moderne Zeiten* (1936); Helmut Käutner *Der Hauptmann von Köpenick* mit Heinz Rühmann. (Mitarbeit von Carl Zuckmayer); *Hochzeit auf Immenhof* mit Heidi Brühl, Paul Klinger; *Liane, das Mädchen aus dem Urwald,* mit Marion Michael, Hardy Krüger; *Die Halbstarken* mit Horst Buchholz, Karin Baal; *Die Geierwally* Remake. Mit Barbara Rütting; *Die Christel von der Post*; *Sissi, die junge Kaiserin.*

Literatur. Ingeborg Bachmann *Anrufung des Großen Bären;* Max Bense *aesthetica* (bis 1960); Bertolt Brecht *Der gute Mensch von Sezuan* DEA im Volkstheater Rostock; Alfred Döblin *Hamlet oder Die lange Nacht nimmt ein Ende*; Heimito von Doderer *Die Dämonen*; Friedrich Dürrenmatt *Der Besuch der alten Dame. – Die Panne*; Günter Grass *Die Vorzüge der Windhühner*; Peter Hacks *Die Schlacht bei Lobositz*; Ernst Jandl *Andere Augen*; Heinz G. Konsalik *Der Arzt von Stalingrad*; Hans Erich Nossack *Spirale. Roman einer schlaflosen Nacht*; Arno Schmidt *Das steinerne Herz*; Wolfdietrich Schnurre *Kassiber.*

1. Januar. Das Saargebiet wird zehntes Bundesland.

4. Januar. Ulbricht hält Konföderation beider deutschen Staaten als Zwischenlösung auf dem Weg zur Wiedervereinigung für notwendig.

5./30. Januar. Eisenhower-Doktrin will den kommunistischen Einfluß in Nah- und Mittelost beschränkt, den amerikanischen ausgeweitet wissen. „Die Sowjetunion hat von den Vereinigten Staaten im Mittleren Osten oder irgendwo in der Welt gar nichts zu fürchten, solange ihre Herrscher nicht selbst als erste zu einer Aggression Zuflucht nehmen."[24]

Januar. General Massu erhält Befehl, den Widerstand der FLN in Algier zu brechen. Er hinterläßt zahllose zu Tode gefolterte Moslems. Ab Juni errichtet Frankreich einen 450 km langen, elektrisch geladenen Zaun an der algerisch-tunesischen Grenze (ligne Morice).

25. März. Verträge von Rom über Europäische Wirtschaftsgemeinschaft (EWG) und Atomgemeinschaft (EURATOM).

1. April. Die ersten Pflichtsoldaten treten ihren zwölfmonatigen Grundwehrdienst an (2 DM täglicher Sold).

5. April. Adenauer äußert auf einer Pressekonferenz, er sehe in taktischen Atomwaffen „nichts weiter als die Weiterentwicklung der Artillerie".[25]

12. April. 18 führende Atomforscher drücken in der „Göttinger Erklärung" ihre „tiefe Sorge" über die geplante Ausrüstung der Bundeswehr mit nuklearen Waffen aus und weisen eindringlich auf deren verheerende Zerstörungskraft hin. Obwohl es schwer sei, daraus die politischen Konsequenzen zu ziehen, empfehlen sie der Bundesrepublik, auf den Besitz von Atomwaffen zu verzichten. „Wir bekennen uns zur Freiheit, wie sie heute die westliche Welt gegen den Kommunismus vertritt. Wir leugnen nicht, daß die gegenseitige Angst vor den Wasserstoffbomben heute einen wesentlichen Beitrag zur Erhaltung des Friedens in der ganzen Welt und der Freiheit in einem Teil der Welt leistet. Wir halten aber diese Art, den Frieden und die Freiheit zu sichern, auf die Dauer für unzuverlässig. Und wir halten die Gefahr im Falle ihres Versagens für tödlich."[26]

24 Archiv der Gegenwart 27 (1957) S. 6191.
25 ib., S. 6370.
26 ib., S. 6385.

9. Mai. Außenminister Heinrich von Brentano möchte nicht ausschließen, „daß Bert Brecht einer der größten Dramatiker der Gegenwart sei. Man mag darüber diskutieren. Aber ich bin wohl der Meinung, daß die späte Lyrik des Herrn Brecht nur mit der Horst Wessels zu vergleichen ist".[27]

10. Mai. Atomwaffendebatte. Bundestag plädiert für allgemeine, kontrollierte Abrüstung, sieht aber keinen Anlaß, von den Verbündeten eine Einschränkung ihrer Stationierungspläne zu fordern.

20. Mai. Memorandum der Bundesregierung zur Wiederherstellung der deutschen Einheit bezeichnet Konföderationskonzept und Verhandlungen mit der DDR als unannehmbar. Dadurch würde die „Sowjetzone" anerkannt, folglich die deutsche Teilung besiegelt werden.

9. September. Der Gouverneur von Arkansas läßt die High School in Little Rock von Nationalgarde und Polizei umstellen, um schwarze Schüler am Zutritt zu hindern. Es sei seine Pflicht, die Bevölkerung vor Gewalttätigkeiten zu schützen. Weiße Demonstranten gegen Rassengleichberechtigung fassen diese Geste als Ansporn zu Ausschreitungen gegen Farbige auf.

15. September. „Keine Experimente!" Bundestagswahl (CDU/CSU 50,2 %, SPD 31,8 %, FDP 7,7 %).

2. Oktober. Polen schlägt die Schaffung einer atomwaffenfreien Zone in Mitteleuropa vor (Rapackiplan).

4. Oktober. Start des sowjetischen Satelliten „Sputnik".

Internationale Bauausstellung in Berlin (das Hansaviertel liefert ein Vorbild moderner Trabantenstädte, die Kongreßhalle ein Symbol deutsch-amerikanischer Freundschaft). – Die Zeitschrift *Konkret* erscheint.

Die Zahl der in westdeutschen Gaststätten aufgestellten Musikboxen (eingeführt um 1953) steigt bis 1960 sprunghaft an. Neu im Sortiment: Dale Hawkins *Susie-Q*; Buddy Holly *Peggy Sue*; Paul Anka *Diana. – Put Your Head on My Shoulder*; Margot Eskens *Cindy, oh Cindy.*

Film. *Jailhouse Rock* mit Elvis Presley; David Lean *Die Brücke am Kwai* mit Alec Guinness. Musikalisches Leitmotiv der „River-Kwai-Marsch"; Otto Preminger *Bonjour Tristesse* nach Françoise Sagan; Erich Engels *Witwer mit fünf Töchtern* mit Heinz Erhardt.

27 Zit.n.: Vaterland, Muttersprache. Berlin 1979. S. 136.

Katholische Filmkommission: „Durchgehend sauber“; Veit Harlan *Anders als Du und Ich (Das dritte Geschlecht)*; Karl Anton *Viktor und Viktoria* mit Johanna von Koczian, Georg Thomalla, Johannes Heesters; *Das einfache Mädchen* mit Caterina Valente. Sie singt „Tipitipitipso“; *Die Frühreifen* mit Heidi Brühl; *Das Wirtshaus im Spessart* mit Liselotte Pulver; *Sissi – Schicksalsjahre einer Kaiserin*; *Dr. Crippen lebt.*

Literatur. Ernst Bloch an der Leipziger Karl-Marx-Universität zwangsweise emeritiert. Er übersiedelt 1961 in die BRD; erste Stipendiaten nach dem Krieg in der Villa Massimo; Alfred Andersch *Sansibar oder der letzte Grund*; Roland Barthes *Mythen des Alltags (Mythologies* dt.); Heinrich Böll *Irisches Tagebuch*; Hans Magnus Enzensberger *verteidigung der wölfe*; Max Frisch *Homo faber*; Hugo Hartung *Wir Wunderkinder*; Heiner Müller *Der Lohndrücker*; Helmut Schelsky *Die skeptische Generation*; Arno Schmidt *Die Gelehrtenrepublik*; Erwin Strittmatter *Der Wundertäter*; Martin Walser *Ehen in Philippsburg.*

1958

Januar. Regierungskrise in Israel wegen geplanter Waffenkäufe in der Bundesrepublik.

10. März. Der aus Intellektuellen, Sozialdemokraten und Gewerkschaftern zusammengesetzte Ausschuß „Kampf dem Atomtod“ veröffentlicht einen Aufruf gegen deutsche Beteiligung am atomaren Wettrüsten. Die Bundesregierung solle sich stattdessen für eine atomwaffenfreie Zone als Beitrag zur Entspannung zwischen Ost und West einsetzen.

25. März. Bundestag beschließt Ausrüstung der Streitkräfte mit Atomwaffen.

7. April. Erster Ostermarsch. Britische Rüstungsgegner ziehen zum Atomforschungszentrum Aldermaston.

13. Mai. Putsch französischer Offiziere in Algerien führt zum Ende der Vierten Französischen Republik. Am 1. Juni übernimmt General de Gaulle die Regierungsgewalt.

30. Juli. Bundesverfassungsgericht verbietet Volksbefragung über atomare Bewaffnung.

27. November. Sowjetregierung fordert Aufhebung des Viermächtestatus von Berlin binnen eines halben Jahrs, da das ihm zugrunde liegende Potsdamer Abkommen von den Westmächten

gebrochen worden sei, und die Umwandlung West-Berlins in eine Freie Stadt.

Der Start einer amerikanischen Interkontinentalrakete erregt Protest: britische Tierschützer sorgen sich um das Schicksal einer zu Versuchszwecken mitfliegenden Maus. – Während Chuck Berry *Sweet Little Sixteen* und *Johnny B. Goode* herausbringt, tritt GI Elvis Presley zum Wehrdienst im hessischen Friedberg an. Zum Höhepunkt des deutschen Musiklebens entwickelt sich die Tournee von Bill Haley and His Comets. Seine Auftritte im Berliner Sportpalast und in der Hamburger Ernst-Merck-Halle werden durch unvergeßliche Saalschlachten gekrönt.

Film. *Die Katze auf dem heißen Blechdach* mit Elizabeth Taylor, Paul Newman. Nach Tennessee Williams; Alfred Hitchcock *Vertigo;* John Sturges *Der alte Mann und das Meer* mit Spencer Tracy. Nach Ernest Hemingway; DEA Chaplin *Der große Diktator* (1940); Hans Deppe *Der Haustyrann* mit Heinz Erhardt, Grethe Weiser. Berührt unaufdringlich Fragen der Erziehung („Wenn ich mal groß bin, hau' ich meine Kinder auch") und moderner Wohnraumgestaltung („Auf jeden Fall wird jede Ecke anders tapeziert"). – *Immer die Radfahrer* mit Heinz Ehrhardt, Hans-Joachim Kulenkampff; Robert Siodmak *Nachts, wenn der Teufel kam* mit Mario Adorf; Frank Wisbar *Nasser Asphalt* mit Martin Held, Horst Buchholz. Attackiert Sensationsjournalismus am Fall des Schwindels um die „Bunkermenschen" von Gdingen; *Der eiserne Gustav* mit Heinz Rühmann; *Bühne frei für Marika* Revuefilm mit Marika Rökk, Johannes Heesters.

Literatur. Im Rahmen einer bundesweiten Kampagne organisieren verantwortungsbewußte Erzieher Bücherverbrennungen jugendgefährdender „Schmutz- und Schundliteratur"; Boris Pasternak muß den Nobelpreis ausschlagen; Bildung des Grazer „Forum Stadtpark" und der „Wiener Gruppe"; Bruno Apitz *Nackt unter Wölfen*; H. C. Artmann *med ana schwoazzn dintn*; Ingeborg Bachmann *Der gute Gott von Manhattan*; Heinrich Böll *Doktor Murkes gesammeltes Schweigen*; Max Frisch *Biedermann und die Brandstifter*; Gerd Gaiser *Schlußball*; Günter Grass *Onkel, Onkel*; Peter Hacks *Der Müller von Sanssouci*; Marie Luise Kaschnitz *Wer fürchtet sich vorm schwarzen Mann*; Heiner Müller *Die Korrektur.*

2. Januar. Nach dem Sieg über Diktator Batista ziehen kubanische Guerilleros in Havanna ein. Im Februar wird Fidel Castro Ministerpräsident, im Mai beseitigt eine Bodenreform den Großgrundbesitz.

10. Januar. Sowjetunion stellt Entwurf eines Friedensvertrags mit (beiden) Deutschland vor.

6. März. USA schließen Sicherheitsabkommen mit Ländern des Bagdadpakts (am 20. August in CENTO umbenannnt).

18. März. Deutschlandplan der SPD entwirft das Modell einer Entspannungszone (Abzug von „Fremdtruppen" der NATO aus der BRD, des Warschauer Pakts aus der DDR, CSSR, Polen, Ungarn) und einer stufenweisen Entwicklung zu staatlicher Einheit, die sich wirtschaftlich durch Investitionsfonds und Gesamtdeutschen Markt gestalten soll.

April. Die Lage etwa einer Million von Frankreich in „Umsiedlungszentren" internierter Algerier nimmt katastrophale Formen an.

Mai–August. In Genf beraten die Außenminister der vier Großmächte unter Beteiligung von BRD und DDR über die Deutschland- und Berlin-Frage.

1. Juli. Lübke zum Bundespräsidenten gewählt.

September. Chruschtschow zwei Wochen zu Besuch in den Vereinigten Staaten: „Es gab sehr viel Gutes, man darf aber auch das Schlechte nicht vergessen." Gastgeber Eisenhower: „Das Beste, was hier getan werden konnte, ... ist ein erster Anfang."[28]

9. Oktober. Volksaktien (Preußag) mit einem Nominalwert von höchstens 100 DM erschließen breiten Kreisen der Bevölkerung neue Wege zum Eigentum. Bisherige Verteilung nach Angaben des Abgeordneten Leber: 17 % der Bundesdeutschen besitzen 75 % aller Privatvermögen, die verbleibenden 83 % teilen sich den Rest.[29]

15. November. Godesberger Grundsatzprogramm der SPD sieht demokratischen Sozialismus in christlicher Ethik, Humanismus und klassischer Philosophie verwurzelt, bejaht Landesverteidigung, freie Unternehmerinitiative und Einbindung der Bundesrepublik

28 Archiv der Gegenwart 29 (1959) S. 7970, 7972.

29 Vgl. Herbert Lilge (Hg.): Deutschland 1945–1963. Hannover ^{7}1977. S. 184, 260.

in den Westblock. Die SPD sei aus einer Partei der Arbeiterklasse zu einer Partei des Volkes geworden. ,,Sie hat sich jetzt die Plattform gegeben, von der aus sie den Kampf um die Macht im Staat führen wird" (J. v. Puttkamer). Ollenhauer in seiner Programm-Rede: ,,Das Wort vom ‚Materialismus' der Arbeiterschaft und ihrer Bewegung ist eine der großen historischen Lügen unserer politischen Gegner ... Wir wissen, daß die Anerkennung des Anspruchs auf die Freiheit in jeder Gemeinschaft die Bereitschaft zur Verantwortung und zur Verpflichtung gegenüber dem Ganzen einschließen muß."[30]

Zahl der Fernsehteilnehmer überschreitet Drei-Millionen-Marke. – Bundesregierung scheitert mit dem Entwurf eines neuen Rundfunkgesetzes. – Im Glücksspiel herrscht nach Einführung des Deutschen Lottoblocks (6 aus 49) bundesweite Chancengleichheit.

Film. *Bettgeflüster* mit Doris Day, Rock Hudson; Howard Hawks *Rio Bravo* mit John Wayne; Billy Wilder *Manche mögen's heiß* mit Marilyn Monroe; Paul May *Und ewig singen die Wälder* mit Gert Fröbe und Hansjörg Felmy in einer seiner kürzesten Rollen. 1961 mit dem ,,Bambi" als größter Kassenschlager der Spielzeit ausgezeichnet; Wolfgang Staudte *Rosen für den Staatsanwalt*; Frank Wisbar *Hunde, wollt ihr ewig leben*; Fritz Lang *Der Tiger von Eschnapur/Das indische Grabmal* Remake; *Freddy, die Gitarre und das Meer.*

Literatur. Zum Schiller-Jahr inszeniert Fritz Kortner in Berlin *Die Räuber*; Erste Bitterfelder Konferenz unter der Losung ,,Greif zur Feder, Kumpel, die sozialistische deutsche Nationalliteratur braucht dich!" versucht die Arbeiter der DDR zu aktivem Umgang mit Literatur zu ermuntern. Berufsschriftsteller sind aufgefordert, Erfahrungen in den Betrieben zu sammeln; Heinrich Böll *Billard um halbzehn*; Paul Celan *Sprachgitter*; Günter Grass *Die Blechtrommel*; Uwe Johnson *Mutmaßungen über Jakob*; Peter Rühmkorf *Irdisches Vergnügen in g*; Anna Seghers *Die Entscheidung*; Otto F. Walter *Der Stumme.*

1960

4. Januar. Gründung der Europäischen Freihandelsassoziation (EFTA).

30 Vorwärts. Bonn. Nr. 47 vom 20. November 1959, S. 1, 19, 20.

19. Januar. Erster Notstandsgesetzentwurf.

Januar. Antisemitische Ausschreitungen von Neonazis werden publik.

15.–18. April. Erste bundesdeutsche Ostermärsche.

20. Juni. ,,Goldener Plan" zur Einrichtung von Erholungs- und Sportstätten (bahnbrechend u. a. für die siedlungspolitische Neuheit des standardisierten Kinderspielplatzes).

30. Juni. Wehner bezeichnet im Namen der SPD das europäische und atlantische Bündnissystem als Grundlage deutscher Außen- und Wiedervereinigungspolitik.

25. Juli. Adenauer gründet ,,Deutschland Fernsehen GmbH" mit geplanter Anteilsmehrheit des Bundes (am 28. Februar 1961 vom Bundesverfassungsgericht für grundgesetzwidrig erklärt).

16. August. Nach Abschluß eines Stationierungsvertrags mit Großbritannien kann Makarios Zyperns Unabhängigkeit erklären.

14. Dezember. OEEC in atlantische OECD umgewandelt.

Film. Alfred Hitchcock *Psycho* mit Anthony Perkins, Janet Leigh; *The Misfits* mit Clark Gable, Marilyn Monroe; Federico Fellini *La dolce vita (Das süße Leben)*; Louis Malle *Zazie*; Bernhard Wicki *Die Brücke*; Fritz Lang *Die tausend Augen des Dr. Mabuse* mit Gert Fröbe.

Literatur. Alfred Andersch *Die Rote*; kein neuer Böll; Elias Canetti *Masse und Macht*; Walter Höllerer, Franz Mon, Manfred de la Motte (Hg.) *movens*; Dieter Noll *Die Abenteuer des Werner Holt*; Arno Schmidt *KAFF auch Mare Crisium*; Johannes Mario Simmel *Es muß nicht immer Kaviar sein*; Martin Walser *Halbzeit*; Peter Weiss *Der Schatten des Körpers des Kutschers*.

1961

20. Januar. Nach dem Amtsantritt Kennedys gehen die USA zur (militärischen) Strategie der ,,flexible response" über.

April. Der von Regierung und Geheimdienst der USA lancierte Versuch einer aus Exil-Kubanern gebildeten Invasionstruppe, die Regierung Castro zu stürzen, scheitert nach wenigen Tagen bei Playa Girón.

13. August. DDR sperrt Demarkationslinie zwischen West- und Ost-Berlin durch eine Mauer ab.

17. September. Bundestagswahl (CDU/CSU 45,4 %, SPD 36,2 %, FDP 12,8 %).

November. SPD entledigt sich ihrer Studentenorganisation SDS.

Konkurs bei Borgward, dem bis dahin fünftgrößten westdeutschen Automobilkonzern. Seine Modellpalette reichte von fragilen Fahrzeugen wie dem dreirädrigen *Goliath*-Lieferwagen oder dem „Leukoplastbomber" mit Sperrholzkarosserie bis zu gehobenen Schöpfungen im Ponton-Look wie dem *Hansa 1500* oder der *Isabella*.

Literatur. Gründung der „Gruppe 61" in Dortmund; Johannes Bobrowski *Sarmatische Zeit*; Max Frisch *Andorra*; Uwe Johnson *Das dritte Buch über Achim*; Brigitte Reimann *Ankunft im Alltag*; Peter Weiss *Abschied von den Eltern.*

1962

1. Januar. Deutschlandfunk nimmt Sendebetrieb auf.

18. März. Ende des Kriegs in Algerien, in dem nach offiziellen französischen Angaben über 160 000 Menschen getötet worden sind. Am 3. Mai proklamiert Algerien seine Unabhängigkeit.

21. März. Maßhalte-Appell Erhards.

26. Oktober. „Spiegelaffäre" beginnt mit nächtlichem Polizeieinsatz gegen Redakteure und Büros des Hamburger Magazins.

Oktober/November. Kuba-Krise.

Platz 21 in den U. K.-Charts für *Love Me Do* von den Beatles. – Erster James-Bond-Film *(Dr. No)*; Stanley Kubrick *Lolita*; *Lawrence of Arabia* mit Peter O'Toole, Omar Sharif. – Friedrich Dürrenmatt *Die Physiker*; Martin Walser *Eiche und Angora*; Peter Weiss *Fluchtpunkt.*

1963

22. Januar. Vertrag über deutsch-französische Zusammenarbeit.

1. April. Sendebeginn des Zweiten Deutschen Fernsehens.

23.–26. Juni. Kennedy besucht die Bundesrepublik.

15. Juli. Egon Bahrs Formel vom „Wandel durch Annäherung" bestimmt die künftige SPD-Ostpolitik.

15. Oktober. Rücktritt Adenauers.

5. Dezember. Regierungsbeteiligung der Sozialisten in Italien.

20. Dezember. Beginn des Auschwitz-Prozesses in Frankfurt.

Platz 1 für die Beatles *She Loves You.* – Ingmar Bergman *Das Schweigen.*

Literatur. Heinrich Böll *Ansichten eines Clowns;* Günter Grass *Hundejahre*; Max von der Grün *Irrlicht und Feuer*; Rolf Hochhuth *Der Stellvertreter*; Erwin Strittmatter *Ole Bienkopp*; Martin Walser *Überlebensgroß Herr Krott* UA am 30. 11. in Stuttgart; Peter Weiss *Das Gespräch der drei Gehenden*; Christa Wolf *Der geteilte Himmel.*

Zu den Autoren

Andreas Altenhoff, geb. 1954, Doktorand am Marburger Institut für neuere deutsche Literatur. Arbeitet über den Mythos Italien in deutschsprachiger Gegenwartsliteratur. Zahlreiche Beiträge in Zeitschriften und für den Rundfunk.

Dieter Bänsch, geb. 1925, Professor für neuere deutsche Literatur in Marburg. Hauptarbeitsgebiete: Romantik, Jahrhundertwende und Expressionismus, Nachkriegsliteratur; Literatur und Sozialgeschichte.

Christian Borngräber, geb. 1945, freier Architekturhistoriker in Berlin. Schriften sowie Rundfunk- und Fernsehsendungen zur akademischen Architektur der UdSSR und der DDR, zu Architektur und Design der zwanziger und fünfziger Jahre in Westeuropa und zum neuen deutschen Design der achtziger Jahre. Mitarbeit bei Ausstellungen.

Ulrich Dibelius, geb. 1924, arbeitet in der Musikabteilung des Bayerischen Rundfunks, daneben Hochschuldozent und Publizist. Veröffentlichungen u. a. zu Schönberg, Schubert, Berlioz und Offenbach, Béla Bartók.

Imanuel Geiss, geb. 1931, Professor für Geschichte in Bremen. Hauptarbeitsgebiete: Der erste Weltkrieg und seine Vorgeschichte, Neuere afrikanische Geschichte. Herausgeber des sechsbändigen Kompendiums „Geschichte griffbereit“.

Michael Th. Greven, geb. 1947, Professor für Politikwissenschaft und Soziologie in Marburg, Mitbegründer des Komitees für Grundrechte und Demokratie. Hauptarbeitsgebiete: Gesellschaftstheorie, Politische Theorie und Soziologie.

Gerd Hardach, geb. 1941, Professor für Sozial- und Wirtschaftsgeschichte in Marburg, Gastprofessor in Tokyo. Hauptarbeitsgebiete: Frühindustrialisierung, sozialistische Wirtschaftstheorie, Sozial- und Wirtschaftsgeschichte des 19. und 20. Jahrhunderts.

Helmut Heißenbüttel, geb. 1921, als Soldat schwerverwundet, Redakteur beim Süddeutschen Rundfunk von 1957–1981, lebt als Rentner in Borsfleth. Ordentliches Mitglied der Akademie der Künste Berlin, der Akademie für Sprache und Dichtung Darmstadt, der Freien Akademie der Künste Mannheim. Träger des Bundesverdienstkreuzes 1. Klasse. Zahlreiche literarische und literaturkritische Veröffentlichungen.

Hermann Hofer, geb. 1938, Professor für Romanische Philologie in Marburg, Mitherausgeber der Zeitschrift „Lendemains". Hauptarbeitsgebiete: Aufklärung, Frühromantik in Frankreich, Französischer Roman, Faschismus und Kollaboration in der französischen Literatur; Musik und Literatur.

Wolfgang Klafki, geb. 1927, Professor für Erziehungswissenschaft in Marburg. Hauptarbeitsgebiete: Didaktik, Bildungstheorie, Fragen der Curriculumsentwicklung, Methodenfragen der Erziehungswissenschaft.

Klaus Kreimeier, geb. 1938, Fernsehdramaturg beim Hessischen Rundfunk, Redakteur beim SPIEGEL, Dozent an der Deutschen Film- und Fernsehakademie Berlin. Wegen Betätigung in der Vietnam-Bewegung Berufsverbot als Hochschullehrer in Oldenburg. Lebt als freier Publizist für Hörfunk und Fernsehen bei Köln.

Ingrid Langer, Professorin für Politikwissenschaft in Marburg. Hauptarbeitsgebiete: Medien, Frauenfragen, Jugend, Familie und Familienpolitik.

Theodor Mahlmann, geb. 1931, Professor für Systematische Theologie in Marburg. Hauptarbeitsgebiete: Theologiegeschichte der Spätreformation und Orthodoxie, Theologiegeschichte des 20. Jahrhunderts, Religionsphilosophie.

Peter Römer, geb. 1936, Jurist mit Zweitem Staatsexamen, Professor für Politikwissenschaft in Marburg. Hauptarbeitsgebiete: Politische Rechtslehre, Allgemeine Staats- und Verfassungslehre,

Verfassungsrecht der Bundesrepublik Deutschland; Kelsens Reine Rechtslehre und marxistische Theorie.

Hans Karl Rupp, geb. 1940, Professor für Politikwissenschaft in Marburg. Hauptarbeitsgebiete: Geschichte und Innenpolitik der Bundesrepublik, Politische Bildung.

Theo Schiller, geb. 1942, Professor für Politikwissenschaft in Marburg. Hauptarbeitsgebiete: Verfassungspolitik, Parteiengeschichte und -soziologie, Parlamentarismus, Politische Bewegungen und Demokratie.

Dietrich Schwanitz, geb. 1940, Gastprofessuren am Wells College/N.Y. und der University of Massachusetts, Professor für Anglistik in Hamburg. Hauptarbeitsgebiete: Geschichte der englischen Literatur, Literatur- und Kultursoziologie im Bereich der englischen Kulturgeschichte.

Martin Warnke, geb. 1937, Professor für Kunstgeschichte in Hamburg. Hauptarbeitsgebiete: Mittelalterliche Architektur, Hofkunst, Bildersturm, Rubens, Goya.

Ingeborg Weber-Kellermann, geb. 1918, von 1946–1960 Wissenschaftliche Mitarbeiterin an der Deutschen Akademie der Wissenschaften zu Berlin, danach Professorin für Europäische Ethnologie und Kulturgeschichte in Marburg. Hauptarbeitsgebiete: Ländliche Arbeitswelt und ihre Bräuche, Geschichte der deutschen Familie, Kindheitswelt, Interethnik.

Register

Aufgenommen sind die wichtigeren Namen aus dem Text der Beiträge und den diskutierenden Anmerkungen. Die Namen der Bunten Chronik erscheinen in Auswahl.

Bildnachweis

Archiv Chr. Borngräber *40, 42, 43, 44, 45, 46, 47, 48, 50, 51, 52, 53, 54, 55, 56, 59.* Deutsche Bundesbank *41.* Verlag Dieter Fricke *13*; aus *Die Pubertät der Republik – Die 50er Jahre der Deutschen* von Nikolaus Jungwirth/Gerhard Kromschröder. Kurt Halbritter *23.* Keystone Pressedienst *7, 20.* *Die Kunst und das schöne Heim,* seinerzeit erschienen im Verlag Bruckmann, München, seit 1967 herausgegeben von Karl Thiemig, München, *33:* Bd 55, S. 370; *34:* Bd 53, S. 355; *35:* Bd 54, S. 147; *36:* Bd 52, S. 121; *37:* Bd 57, S. 432; *38:* Bd 54, S. 110; *39:* Bd 52, S. 117. Landesbildstelle Berlin *12.* Wolf Lücking *21.* H. Moeck Verlag *64.* Nobis-Film *73, 74.* Hilmar Pabel *9.* Reinhard Peesch *26, 32.* Polskie Wydawnictwo Muzyczne *63.* Presse- und Informationsamt der Bundesregierung/Bundesbildstelle *3, 18.* Roebild *19.* Pressebild-Agentur Schirner *14.* Otfried Schmidt *8.* Schorcht International *67, 68.* Tassilo Sittmann *49.* Alfred Strobel *16.* Süddeutscher Verlag/Bilderdienst *2.* Unidoc Film *66.* Universal Edition, London *61, 62.* Archiv I. Weber-Kellermann *22, 24, 25, 27, 28, 29, 30, 31.* Dr. Alfred-Maurice de Zayas *6.*

Herausgeber und Verlag möchten sich für die freundliche Abdruckgenehmigung des Bildmaterials bedanken. Trotz intensiver Nachforschung ist es bei einigen Bildern nicht gelungen, die Rechteinhaber zu ermitteln. Eventuelle Rechteinhaber wollen sich bitte an den Verlag wenden.